LA MUJER HISPANA EN EL MUNDO:
SUS TRIUNFOS Y SUS RETOS

HISPANIC WOMEN IN THE WORLD:
ACCOMPLISHMENTS AND CHALLENGES

EDITORES:

Jorge H. Valdivieso

L. Teresa Valdivieso

Enrique Ruiz-Fornells

LA MUJER HISPANA EN EL MUNDO:
SUS TRIUNFOS Y SUS RETOS

HISPANIC WOMEN IN THE WORLD:
ACCOMPLISHMENTS AND CHALLENGES

EDITORES:

Jorge H. Valdivieso

L. Teresa Valdivieso

Enrique Ruiz-Fornells

Serie Reflexión
No. 3

Año 2000

Editorial Orbis Press
Universo de Palabras

www.orbispress.com

LA MUJER HISPANA EN EL MUNDO: SUS TRIUNFOS Y SUS RETOS.
HISPANIC WOMEN IN THE WORLD: ACCOMPLISHMENTS AND CHALLENGES.

EDITORES: Jorge H. Valdivieso, L. Teresa Valdivieso, Enrique Ruiz-Fornells

Serie Reflexión
No. 3

Primera Edición/First Edition, 2000

International Standard Book Number/
Número Internacional Normalizado para Libros:
ISBN: 968-7472-08-1

Oficinas: 919 N. First St. Phoenix, Arizona, 85004. Dirección Postal: P.O.Box 1525 Phoenix, Arizona, 85001 U.S.A.

WWW.ORBISPRESS.COM

Portada: *Mi ángel azul.* Lápiz sobre papel. Creación original de Mario César Verdugo: Pintor mexicano. Fotografía del planeta tierra tomada por la NASA. Concepto y diseño de portada y contraportada a cargo de Manuel Murrieta Saldívar, Jorge Omar Soto Tapia y Jay Parco.

IMPRESO EN LA UNIVERSIDAD DE SONORA, HERMOSILLO, SONORA, MÉXICO.

PALABRAS LIMINARES

Al empezar a escribir estas contadas líneas sobre la mujer española y latinoamericana en el mundo, no pude dejar de sentir cierta inquietud. En principio pensé que sería fácil describir su quehacer y que no encontraría grandes tropiezos. Sin embargo, cuanto más recapacito sobre el tema, más entreveo su gran amplitud, su extraordinaria complejidad y su profundidad universal.

Es imposible encontrar un tipo modelo que pueda definirla internacionalmente. Desarraigada de su base territorial y en la lejanía de su familia, con acusada persistencia se nota su presencia en un sinnúmero de profesiones así como en actos, congresos y conferencias académicas, científicas, técnicas, intelectuales... Las he conocido como profesoras, químicas, médicas, ingenieras, abogadas, maestras, enfermeras, trabajando en las más importantes cadenas hoteleras, en agencias de viajes, oficinas de turismo, en bancos... Me consta que su arrojo y capacidad de trabajo las ha hecho escalar altos puestos tanto en la vida académica e intelectual como en la política, el comercio y la industria. Y no hay que olvidar a aquéllas que han preferido formar un hogar fuera de su patria y dedicarse a la vida familiar o, con gran sacrificio, han combinado su ambición profesional con el cuidado y la formación integral de sus hijos.

Los que no conozcan la realidad de la emigración quizá interpreten estas palabras de exageradas. Pero no es así. La emigración es esfuerzo constante por vivir y superarse en un ambiente extraño, en una sociedad desconocida; con costumbres, religión e idioma diferentes; con diferencias económicas, sociales y políticas marcadas y distintas a las que aporta la emigrante. Por ello, el trabajo es duro, la dedicación completa, el aprender constante y el descanso exiguo.

Estas consideraciones, así como el hecho de que la mujer española y latinoamericana ha realizado, realiza y, sin duda realizará una función que la eleve a puestos significativos en la sociedad global y abierta en que vivimos, hizo que se organizara el I Congreso Internacional sobre la Mujer Española y Latinoamericana en el Mundo.

Los ensayos publicados en este volumen proporcionan una imagen clara y perfecta de lo que la mujer hispana ha conseguido y las cimas que ha alcanzado. A su vez, muestran tanto sus éxitos en todos los campos de la actividad humana como sus aspiraciones futuras en los albores del nuevo milenio. Estas, sin duda, se harán también realidades gracias al tesón y a las grandes dotes que la caracterizan.

Los trabajos despiertan en el lector el máximo respeto hacia los resultados de sus investigaciones, hacia su patriotismo ejemplar y hacia las conquistas conseguidas por ellas en una sociedad dominada, competitiva y diversificada, más y más por los avances científicos y tecnológicos de los últimos años.

Nadie, que yo sepa, ha estudiado de cerca esta actividad de la mujer española, latinoamericana e hispana en un medio-ambiente extranjero. Sin mucha dificultad se la puede encontrar luchando contra las enfermedades en el Africa, el Asia o Latinoamérica; dirigiendo empresas; trabajando en experimentos científicos o espaciales; como abogada al frente de un prestigioso bufete; como empresaria; en la política; y hasta en las fuerzas armadas de incontables países. Por encima de todo ello, cualquiera que sea su trabajo, siempre ha sido la orgullosa y genuina representante de su cultura.

La mujer hispana en el mundo: sus triunfos y sus retos es una demostración del respeto y de los parabienes que todas ellas se merecen.

Enrique Ruiz-Fornells

PROLOGO

Editar *La mujer hispana en el mundo: sus triunfos y sus retos/Hispanic Women in the World: Accomplishments and Challenges* ha significado para nosotros un gran ejercicio intelectual, no sólo por la calidad de los trabajos sino también por las ideas que presentaron, los datos que nos dieron y las incógnitas que despejaron.

Guiados por los autores de los sesenta ensayos escogidos para aparecer en este volumen, hemos recorrido siglos, razas y continentes en pos de la mujer hispana—española, latinoamericana, latina y judeo-española—descubriendo así los retos que ha enfrentado, admirando los éxitos que ha alcanzado y avizorando el porvenir prometedor que gracias a ella ya se vislumbra en el dintel del Milenio que se inicia.

Bajo apropiados titulares, hemos agrupado en discretas secciones aquellos ensayos que presentan las investigaciones llevadas a cabo por estudiosos de tres continentes sobre algunas mujeres hispanas de reconocido valor en el campo de las ciencias, las artes, la educación, la política, la literatura, así como las reivindicaciones sociales, el devenir histórico y la realización personal.

La primera sección del libro—**Irrupción de la mujer en los bastiones patriarcales de la educación**—hace honor a la importancia que la formación académica de la mujer tiene en la consecución de sus metas y sus ideales intelectuales y profesionales. Los trabajos aquí reunidos analizan diacrónica y sincrónicamente su lucha por abrirse paso como discípula y maestra en el campo educativo, y presenta los nombres de preclaras mujeres que tuvieron papeles protagónicos en sus esfuerzos por lograrlo.

No se puede negar que la mujer hispana tiene conciencia del entorno social en el que le ha tocado actuar a lo largo de los siglos. Sobre este tema álgido hay valiosos ensayos que analizan el conflicto femenino ante lo heredado; el medio económico en el que le ha tocado desenvolverse; las reivindicaciones que justamente ha reclamado; el contexto dicotómico de su ontología; su visión ante lo ficticio y lo real; el androcentrismo del lenguaje y su impacto en el papel histórico de la mujer. Estos son los temas presentados en la segunda sección del libro, la cual lleva como título **Sociotexto y discurso feminista en la concientización de la mujer**

Es en la creación lírica donde el poeta vierte con sincera transparencia, con emoción intensa y con universales polisemias el pensar y el sentir de sus íntimas vivencias. En los estudios incluidos en la sección **Tiempo y espacio en la poesía femenina** se analiza la obra poética de españolas y latinoamericanas, representantes de varias épocas, particularmente de la correspondiente a la segunda mitad del siglo XX. Es que la voz de la mujer-poeta ha resonado más firme e identificada, con mayor conciencia de su propio valor y con un acierto y perfección innegables a raíz de la segunda conflagración mundial. España y Sud América están bien representadas, pero no faltan en este

Parnaso femenino poetisas cubanas y hasta brasileñas que han dejado una impronta perenne en la lírica hispano-luso-americana.

La literatura de ficción atrajo a numerosos investigadores que con profunda erudición analizaron el impacto de la mujer como objeto, sujeto y agente de la producción narrativa. **Transparencia verbal y densidad estética en la literatura de ficción** es el apartado donde se agrupan estudios reveladores sobre los personajes femeninos que desfilan por las obras de narradores y narradoras; sobre las innovadoras técnicas utilizadas por autoras de ayer y de hoy; sobre el lenguaje de ficción como instrumento de apertura vivencial, de expresión de sentimientos androfónicos—en el sentido griego de "matador de hombres"—y como vehículo de artificio estructural que por sí mismo constituye labor de creación artística.

Decía Octavio Paz que "Estamos condenados a inventarnos una máscara y, después, a descubriir que esa máscara es nuestro verdadero rostro" (*Posdata* 11). Hacia allá apuntan los ensayos que sobre teatro y cine hemos reunido bajo el título **Escenario y pantalla: alegorías de "el ser mujer"**. Históricamente la mujer (y la mujer hispana en particular) ha tenido que cubrirse el rostro con miles de caretas y ha tenido que desempeñar innumerables papeles, tales como consolar, serenar, aquietar, enjugar lágrimas, calmar pasiones, engendrar, rezar y sacrificarse siempre. Sin embargo, es curioso advertir que, como bien lo anotaba Paz, "El Teatro y la Epica son también Fiestas, ceremonias. En la representación teatral [...] el tiempo ordinario deja de fluir, cede el sitio al tiempo original. Gracias a la participación, el tiempo mítico, original, padre de todo los tiempos que enmascara la realidad, coincide con nuestro tiempo interior, subjetivo" (*El laberinto de la soledad* 190). Lo que nuestros críticos han logrado en sus ensayos es iluminar las máscaras que, pre-concebidas por la sociedad, cubren los rostros femeninos, para que una vez destruidas puedan aparecer las verdaderas facciones de la mujer hispana—su verdadero ser.

Las sociedades hispanas a través de los siglos han sido renuentes a abrir espacios para que la mujer se auto-realice. Afortunadamente, la mujer, en su afán de superación, ha levantado su voz vibrante y vigorosa para reivindicar sus derechos, para denunciar injusticias, para reclamar oportunidades; en suma, para declarar ante el mundo que tiene derecho a transgredir las normas que le fueron impuestas sin siquiera consultarla y a invadir los espacios que arbitrariamente le fueron vedados. Y nada mejor que los artículos reunidos en la sección **Voces femeninas: rebeldía, revolución y reivindicación** para entender esas aspiraciones que, generación tras generación, han mantenido viva la llama de las justas reivindicaciones femeninas.

Grandes satisfacciones nos ha traído la edición de este libro; tesón y paciencia, sin embargo, han sido menester para culminar la obra. La diversidad de las normas bibliográficas seguidas, de los recursos informáticos utilizados, y hasta de los sistemas métricos que sirvieron para hacer que la tecnología electrónica funcione; todo ello significó un mayor esfuerzo para culminar nuestra tarea de editores. A eso habría que añadir el aparente entusiasmo con el que las editoriales acogían, en principio, la publicación de esta colección de ensayos, el cual era seguido por una sutil actitud de vacilación al considerar la magnitud de la obra que se les ofrecía. Sin embargo, todo ello significó muy poco ante la confianza que los autores depositaron en nosotros y ante la paciencia con que esperaron por mucho tiempo la culminación de esta obra. A ellos, a quienes entregaron los frutos de sus investigaciones en trabajos de gran erudición, les corresponden los aciertos; si hay errores, serán involuntarios e imprevistos deslices en la edicion de la obra.

La mujer hispana en el mundo: sus triunfos y sus retos empieza hoy a cumplir la misión que le corresponde: reivindicar la necesidad vital de que la mujer tenga un espacio y vida propios; señalar su progresiva incorporación a una sociedad global y tecnológica; y presentar a través de una lúcida crítica esa nueva sensibilidad femenina que se convertirá en conquista y afirmación en el Tercer Milenio que ya comienza.

Jorge H. Valdivieso
L. Teresa Valdivieso

INDICE DE AUTORES

INDICE GENERAL

II
SOCIOTEXTO Y DISCURSO FEMINISTA EN LA CONCIENTIZACION DE LA MUJER

III
TIEMPO Y ESPACIO EN LA POESIA FEMENINA

IV
TRANSPARENCIA VERBAL Y DENSIDAD ESTETICA EN LA LITERATURA DE FICCION

V
ESCENARIO Y PANTALLA: ALEGORIAS DE "EL SER MUJER"

VI
VOCES FEMENINAS: REBELDIA, REVOLUCION Y REIVINDICACION

AGRADECIMIENTOS

Queremos expresar nuestro agradecimiento a la Asociación Hispánica de Humanidades que nos confió el trabajo editorial de *La mujer hispana en el mundo: sus triunfos y sus retos/Hispanic Women in the World: Accomplishments and Challenges*, tercer volumen de la Serie Reflexión de la *Editorial Orbis Press*. Expresamos también nuestro reconocimiento a Arizona State University y a Thunderbird-The American Graduate School of International Management, ya que el respaldo institucional que nos brindaron hizo posible la realización de este ambicioso proyecto.

En el plano personal, no podemos callar los nombres de nuestras asistentes de investigación—Ana Maslesa, Amy Friedlander y Natalie Dane que con tesón y paciencia nos ayudaron a superar los escollos informáticos inherentes al trabajo editorial. Especiales gracias se merecen Peggy Petthel, Executive Assistant del Departamento de Lenguas Modernas de Thunderbird, porque en todo momento puso a nuestra disposición los recursos logísticos necesarios; así como Carrie Stein, la asistente de investigación que colaboró con nosotros hasta la culminación de la labor editorial.

Debemos dejar constancia de nuestra gratitud al Dr. Manuel Murrieta Saldívar, Presidente de la *Editorial Orbis Press*, porque acogió con entusiasmo el proyecto; porque se encargó personalmente de todos los detalles inherentes a la publicación del libro; porque no escatimó sus valiosas sugerencias, fruto de su dedicación profesional, de su sensibilidad de escritor y de su erudición literaria; y porque puso a nuestra disposición la pericia del personal y la calidad de las instalaciones de la *Editorial Orbis Press*.

No hay que olvidar que un libro cobra forma en manos de los editores; existe por la inspiración y el esfuerzo de quienes lo escriben; pero sólo fructifica en manos de los lectores. Por eso, llegue con anticipación nuestro agradecimiento sobre todo a los lectores que encontrarán en las páginas de este libro los retos que ha enfrentado la mujer hispana y los triunfos logrados hasta el dintel del Tercer Milenio.

J. H. V.
L. T. V.
E. R-F.

I

IRRUPCION DE LA MUJER EN LOS BASTIONES PATRIARCALES DE LA EDUCACION

El papel de la mujer en la educación universitaria: historia, éxitos y retos

Reyes I. Fidalgo
California State University, Fullerton

El tema de este estudio—la mujer y la educación universitaria—ha sido discutido y analizado repetidamente en foros culturales, sociales y académicos bajo múltiples formas y aspectos; a pesar de ello, su misma actualidad es medida de lo mucho que queda por hacer. Después de más de siglo y medio, aún estamos peleando las mismas batallas: el acceso a la igualdad profesional, a formar parte de las fuerzas que modelan las instituciones que a su vez dan forma y gobiernan nuestra cultura; aún nos dirigimos a un lector hostil, y aún luchamos para que se nos escuche y se nos reconozca, dentro y fuera del sector académico. Así pues, se puede afirmar sin peligro de equivocarse que la historia de la lucha de las mujeres por acceder a la educación y, a través de ella, a la igualdad social es una historia llena de valor, resistencia y determinación.

Si analizamos los modelos que rigen nuestra cultura, incluso en un análisis muy superficial, es evidente que, como señala Conable en *Women at Cornell: The Myth of Equal Education*, nuestros esquemas culturales son esquemas basados en elaborados patrones patriarcales, en la tradición judeo-cristiana[1] que por siglos se ha erigido en la máxima autoridad en la definición de la esfera apropiada de la mujer y en los patrones que corresponden a pautas económicas de sociedades de otros tiempos[2] y que no reflejan la realidad actual. Estos esquemas están firmemente arraigados en el pensamiento social, cuya pervivencia impide que ocurran cambios de importancia.

Existen innumerables textos de donde se pueden extraer numerosos ejemplos que ilustran esta afirmación y que prueban el arraigo del concepto social de la diferencia de los roles masculino y femenino. Son textos que quizá resultan cómicos hoy en día, pero que pierden esa comicidad si consideramos cuán cerca están de nuestro tiempo.

La Corte Suprema de Justicia del estado de Wisconsin, por ejemplo, enunció con gran énfasis lo que en 1875 se pensaba sobre esta teoría diferencial de los géneros:

> The Law of Nature destines and qualifies the female sex for the bearing and nurture of the children of our race and for the custody of the homes of the world [...] in love and honor. And all life-long callings of women, inconsistent with these radical and sacred duties of their sex [...] are [...] when voluntary, treason against it. (Conable 21)

En medio de este ambiente social, las mujeres reclaman por primera vez el acceso a la educación universitaria. Por consiguiente, no es de extrañar que la principal razón que entonces se esgrimiera fuera la de que la mujer debía estar mejor preparada para cumplir su función social de guardiana moral de la familia, mientras que el derecho a mejorar su situación general a través de la entrada en las universidades y en la vida pública, se considerase como una razón secundaria.

Estos dos aspectos no son irreconciliables con la definición cultural de femineidad; en realidad, ambos permiten que las mujeres expandan "su apropiada esfera" sin alterar la adjudicación de los roles que esta misma esfera prescribe. A pesar de ello, las mujeres que intentan acceder a la educación universitaria en la segunda mitad del siglo XIX se enfrentan a actitudes como la que refleja la obra del Dr. Edward H. Clarke, *Sex in Education*, en la que se cuestionan los efectos supuestamente positivos de la educación de las mujeres, y que provoca respuestas como la de Julia Ward Howe en *Sex and Education*:

> He asserts the fact of an ascertained and ever increasing deterioration in the persons of American Women from the true womanly standard. He finds them tending ever more and more towards a monstruous type, sterile and sexless; and these facts, which some of us may strongly doubt, he considers accounted for by the corresponding fact that boys and girls receive the same intellectual education. According to him, you cannot feed a woman's brain without starving her body. Brain and body are set in antagonism over against each other, and what is one organ's meat is another's poison. Single women of the intellectual type he characterizes very generally, not only as `agamai', but as `agenes'. (14-15)

Como ella misma resume, la propuesta del Dr. Clarke no es sino una reposición de aquel cuento de viejas que se ha trasmitido de generación en generación, el cual recrea una visión apocalíptica sin ningún fundamento científico:

> The Doctor's prognosis is even more dismal and unpromising. Open the doors of your colleges to women, and you will accomplish the ruin of the Commonwealth. Disease [...] will become without exception. Your girls will lose their physical stature, and your boys their mental stature, since the tasks set for the latter would be limited by the periodical disability of the girls. (16)

Es sumamente interesante comparar el tono de informada autoridad con que el Dr. Clarke expresa las opiniones más peregrinas sobre el tema, y la manera analítica, razonable y razonada en que se expresan estas respuestas:[3]

> When a book challenges public attention to its special object and intention, we may not inappropriately deal with it before we consider its author. As to the book, then, called "Sex in Education," let us endeavor to make up our minds concerning its character, before we pass on to deal with the topics it suggests.
>
> Is the book, then, a work of science, of literature, or of philosophy, or is it a simple practical treatise on the care of health? We should call it none of these. It has neither the impartiality of science, the form of literature, the breadth of philosophy, nor the friendliness of counsel. (1)

Estas fueron las respuestas que recibieron las mujeres en sus primeros intentos de acceder a la educación universitaria en la segunda mitad del siglo XIX.[4] Con gran esfuerzo y años de resistencia, las mujeres finalmente consiguen puestos académicos limitados básicamente a las Ciencias Sociales y a otras disciplinas consideradas adecuadas para ellas. Posteriormente, serán las exigencias de las materias académicas y la especialización las que impongan aún más límites a sus esfuerzos: las formas tradicionalmente masculinas de investigación basadas en un supuesto rigor científico desplazan los ideales de reforma que formaban la base de este movimiento.[5]

A partir de este momento, el establecimiento gradual de la jerarquía universitaria y de procedimientos y estándares académicos que siguen patrones fuertemente establecidos, refuerzan la noción de que la universidad es un bastión masculino. Aun dentro de estas fronteras, las mujeres se las arreglan para adquirir la formación académica necesaria, y muchas de ellas desarrollaron brillantes carreras en matemáticas, física, inglés y otros campos del saber.[6]

La creciente tendencia de la universidad hacia "el profesionalismo" fuerza a los movimientos feministas a adoptar un esquema integrador tanto en lo profesional como en lo político. Este esquema era necesario para sobrevivir y para ser aceptadas como profesionales en el mundo académico; pero al mismo tiempo, significó la integración y la asimilación de la mujer en términos masculinos, así como el rechazo de una cultura femenina, vital y llena de significado que había dado ímpetu a la lucha de las mujeres por tener acceso a la educación. La necesaria adaptación de estos grupos de mujeres al sistema establecido mantiene la antigua división entre la esfera pública y la privada que su propia filosofía rechazaba. Las mujeres académicas se quedan aisladas y, con ello, sumamente vulnerables ante la fuerte resistencia masculina y la regresión social de la década de 1920.

La evolución de las ciencias, especialmente de las ciencias sociales, y la diseminación de la información que entonces se consideraba científica no disminuye el efecto de coerciones previas, sino que las refuerza y las sustenta en el siglo XX. Investigaciones en psicología, sociología y biología presentan pruebas que validan conceptos tradicionales. Los datos se obtienen del análisis del cuerpo humano, del estudio de tribus primitivas y del comportamiento de primates[7] para llegar a conclusiones sobre diferencias de capacidad y comportamiento basadas en diferencias sexuales.

Con la Depresión termina la primera etapa en el movimiento feminista. La Depresión trae consigo la represión de los movimientos radicales, y la propaganda de después de la guerra ensalza la maternidad y la unidad familiar.[8] Al mismo tiempo se producen drásticas reducciones en la contratación universitaria, en los fondos de investigación y en la expansión de áreas específicas de estudio; factores todos ellos que afectan primordialmente a las mujeres en su avance hacia el reconocimiento de sus derechos en la esfera pública. Es de notar, sin embargo, que de 1920 a 1960, aunque no crece el número de mujeres profesionales, sí aumenta la población de mujeres empleadas en trabajos asalariados. Esta situación se mantiene hasta los años 60, momento en que comienza lo que se ha llamado la segunda etapa del movimiento feminista en general, y que a su vez tiene una gran importancia en el mundo académico.

En los 60 y los 70 la familia, como unidad de la esfera privada, es la base social y psicológica para la perpetuación del sistema patriarcal y es utilizada como la unidad del control social. La década de los 60 es de turbulencia, de fuerte énfasis en las libertades individuales y de intenso reto para las instituciones establecidas. Esos años coinciden con un momento de esplendor económico de las universidades.[9] En este ambiente, las mujeres una vez más se dan cuenta de su "estatus" de minoría carente de oportunidades sociales, económicas y políticas a causa de su sexo.

Los levantamientos estudiantiles y las actividades antibélicas crean una atmósfera académica en la que se permite la participación de grupos radicales que reclaman, como puntos básicos, el acceso a las universidades y la igualdad de oportunidades. Como resultado de la presión de estos grupos, al final de los 70, algunas disciplinas académicas son consideradas como áreas de dominio masculino, especialmente en términos de tema y contenido, método, teoría y lenguaje.

Es en este momento cuando los grupos feministas redactan revisiones de la estructura jerárquica de la universidad y de los contenidos del currículum y hacen pública su crítica de la ausencia de las mujeres en los cuerpos docentes de las universidades.[10] Todo ello da lugar a la creación de los Departamentos de Estudios de la Mujer (Women's Studies Departments), desarrollándose pronto un nuevo modelo de pedagogía y un nuevo currículum.[11] Sin embargo, estas innovaciones no supusieron cambios drásticos en la estructura de la universidad. La utilización de estrategias políticas de tipo tradicional condujo a lo que se ha llamado "añada mujeres y revuelva" (add women and stir).

La inmediata adición de un pequeño grupo de mujeres al sistema, implica que las estructuras a las que las mujeres habían sido incorporadas no presentaban necesariamente ningún problema en sí mismas y, que al mismo tiempo, eliminaba la capacidad de los grupos feministas de hacer visible hasta qué punto la universidad apoyaba la opresión específica de las mujeres. De la misma manera, los grupos que invocaban la necesidad de transformar las actitudes de las mujeres hacia la división de roles sexuales, no tuvieron en cuenta la profundidad con que tanto las actitudes de las mujeres como la definición de roles sexuales estaban circunscritos y arraigados en las culturas patriarcales.

La creación y puesta en práctica de las nuevas reglas no desplazó a las antiguas. Las convicciones y creencias de largo arraigo son muy difíciles de erradicar, y las viejas normas se ven reforzadas en el pensamiento moderno. Como consecuencia, vivimos en una situación de coexistencia de dos conjuntos de normas. Por un lado, tenemos las nuevas creencias sociales y políticas referentes a la individualidad personal, a la posibilidad de oportunidades y a la igualdad de responsabilidades entre hombre y mujer; y por otro, un sistema de viejas creencias basadas en el hecho y el derecho de la desigualdad. Para comprobarlo, sólo tenemos que ver las estadísticas de empleo de las universidades (Kreps 75-94).

Joan Abramson traslada esta situación paradójica a datos reales de empleo en *The Invisible Woman (Discrimination in the Academic Profession)* y concluye que los datos de la situación de empleo se pueden utilizar como un argumento cíclico exculpatorio de las estructuras y las políticas universitarias: hay pocas mujeres que quieren o que son capaces de alcanzar puestos en el mundo académico, por lo tanto, hay pocas mujeres en puestos permanentes en el mundo académico. (115)

Este proceso de razonamiento circular elimina limpiamente la discriminación, al menos la discriminación en la educación universitaria, y el problema de la discriminación de la mujer en el mundo académico se trasvasa al terreno social y queda reducido a la educación recibida en nuestros años de infancia. Pero este razonamiento no explica el hecho de que haya mujeres que quieran un puesto y no lo consigan, o de que haya mujeres que ocupen puestos y no estén contentas de la manera en que se las trata en ellos.

El análisis de los cambios ocurridos en los 90 revela facetas positivas y facetas negativas en cuanto al estatus de la mujer tanto en el mundo académico como en la sociedad en general. Entre las positivas cabe destacar que los esfuerzos anteriores han aportado una amplia documentación según la cual sería posible apoyar la crítica de los años 90, y que este mismo conocimiento no sólo ha hecho surgir y ha facilitado críticas generales sobre el estado subordinado de la mujer en la sociedad en general, sino que además ofrece explicaciones más detalladas de los diferentes mecanismos que la universidad utiliza para mantener dicha subordinación: la hegemonía masculina sobre el saber académico,[12] el lenguaje, la metodología y las funciones ideológicas de la separación social en dos esferas.

La experiencia conseguida en estos años pone de relieve que la separación tradicional, física, de la familia y el trabajo ha sido utilizada ideológicamente para perpetuar la sumisión de la mujer. Incluso si seguimos considerando las dos esferas de lo privado y lo público como socialmente distintas, se ha demostrado que no hay ninguna razón válida para mantenerlas separadas. La experiencia de la presencia simultánea de la mujer en ambas ha probado que la separación ha sido determinada por las definiciones patriarcales de los papeles adecuados para la mujer, y que este dualismo de oposiciones ha sido manipulado para asegurar la subordinación de la mujer en el hogar y en los trabajos asalariados.

El arraigo social de esta dualidad se manifiesta constantemente en todos los niveles socioeconómicos. Las fuerzas de presión social intervienen en la decisión de una mujer respecto a continuar su carrera, en mucha mayor medida de la que influyen en la de un hombre. Mientras que para el sector masculino de la población el seguir una carrera es un hecho vital totalmente asumido, para las mujeres es una disyuntiva o una sobrecarga de trabajo y un exceso de responsabilidades.

Es un hecho comprobado que, pasados los primeros años, la trayectoria profesional de una mujer de carrera se diferencia marcadamente de la trayectoria seguida por un hombre. Existen dos sistemas de responsabilidades y salarios. El avance de las mujeres en los campos profesionales se atasca, a causa de la interferencia de las antiguas normas sociales que en el pasado prohibieron a las mujeres figurar en la vida pública.

La experiencia adquirida también nos enseña que, como se ha visto en el pasado, un simple aumento del número de mujeres en puestos universitarios no resolvería el problema. Tal aumento debe ir acompañado del compromiso de las comunidades académicas de reexaminar los valores y las estructuras. La promesa de igualdad, estrictamente a través de la asimilación, ha dejado de ser una posibilidad, pues se ha comprobado que significa la integración bajo condiciones en las que la mujer no ha participado. Otra circunstancia que se debe tener en cuenta en el análisis de este cambio es que, a diferencia del pasado, existe hoy en día un firme establecimiento de la voz femenina en el mundo académico.

Las mujeres del mundo académico de hoy han visto las incongruencias y los problemas creados por nuestra herencia político-filosófica,[13] y consecuentemente han establecido un nuevo proyecto. El proyecto actual incluye, entre otros, dos objetivos de inmensa magnitud: el diseño de áreas de conocimiento que no estén afectadas por la persuasión patriarcal, y la puesta en marcha de una estrategia académica basada en estas creaciones teóricas independientes.

La faceta negativa más importante del análisis de estos años es que en el futuro, y de forma general, no se prevé un clima de crecimiento. En cierto modo, estamos en un punto que refleja muchas de las características políticas y económicas de los años finales de la fase anterior. Las opciones de las mujeres, igualmente que las de los hombres, tienden a estar limitadas por estrecheces económicas. En comparación con la economía del pasado más reciente, nos enfrentamos ahora a una serie de circunstancias de orden económico, político y social que no favorecen la expansión ni el cambio: reducciones de presupuesto, disminución de la confianza pública y el moribundo estado de las instituciones que protegen las artes liberales.

Esta situación se ve agravada por el hecho de que los avances teóricos de las mujeres en los foros intelectuales no han supuesto necesariamente mejoras en su vida cotidiana. Los datos reflejados en el porcentaje de divorcios y de madres solteras, la alta incidencia de estados depresivos, la adición a drogas y al alcohol, y hasta el suicidio, están siendo utilizados por los grupos religiosos, pro-familia, antiaborto y otros que representan a la Nueva Derecha[14] para fomentar la vuelta a patrones de tipo patriarcal más rígidos.

La combinación de los factores sociales y económicos actualmente en vigor puede acabar afectando la evolución del proyecto de igualdad. Las presiones económicas actuales pueden disminuir los éxitos recientes de las mujeres, si no hay un acuerdo ideológico intenso y estable que asegure la diversidad en el desarrollo humano y un esfuerzo constante dirigido hacia las similaridades de los dos sexos y no hacia sus diferencias.

La conclusión de este análisis es que el tema de la relación de la mujer con la universidad no es un tema que se reduce simplemente al área de la educación y al ámbito académico. Es un problema moral de profundo arraigo que integra, por un lado lo que las fuerzas sociales de perpetuación de sistemas patriarcales han hecho de la educación de la mujer, y por otro, la forma como las instituciones resultantes de este sistema se han basado a la hora de proporcionar posibilidades educativas y laborales a las mujeres en relación con su vida familiar, moral y social, así como con la división sexual de la maternidad y el trabajo.

Entre otros muchos ejemplos se puede considerar el siguiente proveniente del discurso pronunciado por el Dr. G. Stanley Hall en la conferencia de la National Education Association en 1903:

> The first danger to a woman is over-brainwork. It affects that part of her organism which is sacred to heredity. This danger is seen in the diminishing number of marriages. The postponement of marriage is very unfortunate in its influence upon civilization. (Gies McGuigan 102)

Estos han sido los puntos que siempre se han tomado en cuenta a la hora de admitir a la mujer en en la universidad, y básicamente son los mismos que se siguen utilizando actualmente. Hoy en día el avance de las mujeres se sigue considerando a la luz de cómo su admisión al mundo laboral afecta a la familia y, en último caso, cómo su avance afecta al estado y a la sociedad.

Obras citadas

Abramson, Joan. *The Invisible Woman (Discrimination in the Academic Profession)*. San Francisco: Jossey-Bass Publishers, 1975.

Aisenberg, N., and M. Harrington. *Women of Academe: Outsiders in the Sacred Grove*. Amherst, MA: University of Massachusetts Press, 1988.

Conable, Charlotte Williams. *Women at Cornell: The Myth of Equal Education*. Ithaca, N.Y.: Cornell University Press, 1977

Gies McGuigan, Dorothy. *A Dangerous Experiment: 100 Years of Women at the University of Michigan*. Ann Arbor: Center for Continuing Education of Women, 1970.

Kreps, Juanita. "The Woman Professional". *Women in Higher Education*. Washington D.C.: American Council on Education, 1972.

Thibault, Gisele Marie. *The Dissenting Feminist Academy: A History of the Barriers to Feminist Scholarship*. New York: P. Lang, 1987.

Ward Howe, J. *Sex and Education*. New York: Arno Press, 1972.

Notas

1 * Se citan como ejemplos el concepto bíblico de la mujer como origen de todos los males que afectan a la humanidad, y la oración matinal del judaísmo ortodoxo en que se agradece a Dios el no haber nacido gentil, ni esclavo, ni mujer. Ello se extiende a las *Cartas de S. Pablo*, en las que se exhorta a la mujer a no participar activamente en asuntos religiosos ni a intentar ejercer autoridad sobre el marido.

2 * Como se refleja en el código legal inglés, en el que se especifica que mujer y marido son una misma unidad. En la práctica, la unidad se reduce al marido, y la mujer no tiene derecho a la propiedad, a salario, ni patria potestad sobre sus hijos.

3 * Al ejemplo que se cita se unen otros como la carta que escribe la Dra. Alida C. Avery, médico residente de Vassar, una mujer con experiencia directa en el caso que se discute. Respuestas similares partieron de otras instituciones que, en ese momento, practican la educación: Antioch College, Lombard University y Oberlin College. Curiosamente, la crítica más severa proviene de ex-alumnas, supuestamente las personas más perjudicadas.

4 * Las siguientes instituciones abren sus puertas a la coeducación en este período: Elmira College en 1855, Vassar en 1855; Mount Holyoke se inaugura en 1837, pero no recibe la denominación de college hasta 1893. Se permite la coeducación en Harvard en 1937, pero no en todo el campus, sólo en Oberlin College.

5 * Como comenta Aisenberg en *Women of Academe*, el ideal es la integración de la mujer en la esfera pública, no como excepción, sino como miembro de derecho, aportando su experiencia y conocimientos en la expansión del sistema.

6 * Estos ejemplos considerados excepciones son grupos de cierta magnitud cuantitativa, no casos aislados (Thibault)

7 * Burt Wilder relaciona el tamaño del cerebro y la capacidad intelectual para probar que la mujer es menos inteligente. Igualmente debe tenerse en cuenta la enorme influencia de Sigmund Freud en estos años.

8 * Gies McGuigan comenta que la gran preocupación de los pensadores sociales en los años 1900 era que la población proveniente de las masivas corrientes de inmigración tenía una tasa de nacimiento muy superior a la de los ciudadanos nativos del país. Esta preocupación se extiende hasta el punto de que Roosevelt la hace propia y afirma públicamente que a no ser que el grupo nativo americano aumente su tasa natal, el pueblo americano estará perpetrando un suicidio racial (10)

9 * La historia demuestra que en momentos de bienestar económico la matrícula femenina aumenta notablemente.

10* Se refiere a la práctica generalizada de la contratación de una mujer por departamento, como muestra.

11* Juntamente con el esfuerzo por crear un espacio para las mujeres, se pone de relieve la relación de poder entre alumnos y profesores, y se rechaza este esquema para incorporar la experiencia subjetiva individual en el formato de seminario (Thibault 168).

12* Incluye siglos de producción exclusivamente masculina, en cuyas obras se reproducen y mantienen tópicos tradicionales sobre el papel de la mujer.

13* Incluso entre las obras que supusieron una revolución del pensamiento social, como en el caso de Rosseau, se encuentran tratados sobre la esfera apropiada de las mujeres que no se desvían ni un ápice de los conceptos tradicionales. Ello es prueba de la profunda inserción de estos puntos de vista en la conciencia social.

14* Sólo hay que comprar un periódico o ver las noticias en la televisión para darse cuenta del rápido avance que tienen estos grupos actualmente en el proyecto político-social.

Sistema educativo español y coeducación

Carmen García-Rodeja Arribí
María Luisa Herraiz Gallego
Gloria Soneira Veiga
Fernanda López Gato
Concepción Rdz. Horta
Mar Sendino Canosa
Instituto Xosé Neira Vilas

La educación siempre ha tenido una extraordinaria importancia en el papel que la mujer debe desempeñar en la sociedad. A partir del siglo XIX la mujer ha ido incorporándose progresivamente al sistema educativo que con anterioridad era patrimonio exclusivo de los hombres. En España, en el primer tercio de esa centuria, se produce la incorporación de las mujeres a las fábricas, al trabajo de la confección y al servicio doméstico, tras el trasvase de mano de obra procedente del campo.

A pesar de que la Iglesia, cuya influencia seguía siendo muy importante, desaconsejaba expresamente su instrucción, a finales del siglo pasado se empezó a valorar que las mujeres tuviesen un cierto grado de educación, para que así ejerciesen mejor su papel de esposa y madre. De consiguiente, la educación femenina ha servido como instrumento de control social de las mujeres: se les ha inculcado unas determinadas pautas de comportamiento y un sistema de valores diferenciado del de los hombres con lo que sus expectativas tanto personales como laborales se veían sensiblemente reducidas.

No es de extrañar, por tanto, que una de nuestras más ilustres pensadoras, Emilia Pardo Bazán, dijese en 1892 que no podía la educación de la mujer llamarse tal educación, sino doma, pues tenía como fin la obediencia, la pasividad y la sumisión, y que calificase de inicuas las leyes que permitían estudiar una carrera y no ejercerla (la mujer en esta época sólo podía ser maestra de niñas pequeñas).

A pesar de todo, el derecho a la educación ha sido una de las reivindicaciones tradicionales en la lucha por la igualdad. La supuesta inferioridad física e intelectual de las mujeres sirvió como argumento para impedir su acceso a la educación superior y al desempeño de profesiones y cargos públicos; pero como dice Concepción Arenal, la supuesta inferioridad con respecto al varón sólo existe donde hay diferencia en cuanto a la educación.

El cambio de siglo supondrá un cierto avance en la educación femenina debido al progreso social y económico, a la necesidad de que la mujer de clase media aporte un salario y al interés que el tema de la educación suscitó en las distintas corrientes ideológicas.

En los congresos pedagógicos de 1882, 1888 y 1892 se enfrentan posturas distintas: la de las personas que reclaman el derecho a la educación para las mujeres no podría encontrar mejor portavoz que Emilia Pardo Bazán, quien en el Congreso Pedagógico de 1892 lanza un auténtico alegato pidiendo que se le reconozca a la mujer el derecho a la cultura, cuyo fin esencial debe ser su felicidad y dignidad personal. Sin embargo, también existen quienes se oponen terminantemente a ese derecho, porque piensan que para desempeñar el papel de esposa y madre no se necesita más que unas nociones básicas de aritmética y economía doméstica.

Con la Segunda República, en 1931, se promulga una serie de leyes que reconocen la igualdad política de hombres y mujeres: se las admite en empleos y cargos públicos, se elabora la Ley de Divorcio y se aprueba el derecho al voto entre otras medidas. De todas formas, en estos años sólo el 14% de la población activa femenina trabajaba fuera de casa y casi la mitad lo hacía en el servicio doméstico. Una de las profesiones más asequibles a las mujeres era el magisterio y en él llegaron algunas a ocupar puestos relevantes. Surgen en esta época algunas asociaciones de mujeres tanto de izquierda como de derecha, vinculadas al Partido Comunista, al Movimiento Anarquista o a la Falange.

La guerra civil tendrá consecuencias funestas en la vida de muchas mujeres. Aparte de ver frustradas muchas posibilidades vitales, se fomenta un prototipo de mujer sumisa y resignada, dedicada a "sus labores", esto es, al cuidado del hogar y la familia, en el marco de un estado autoritario donde el varón ocupa el centro de la organización social. Este es el ideal de mujer que inculcará por toda España la Sección Femenina de Falange, coincidente con el de la tradición católica más conservadora.

El régimen franquista deroga la ley del matrimonio civil y la del divorcio, potencia la natalidad y excluye a las mujeres del cuerpo de abogados del Estado, notarios, judicatura y cuerpo diplomático, lo que no impide que, al cambiar la política económica en los años 60 y necesitar más mano de obra, se incorpore a las mujeres al mundo laboral de forma espectacular, pasando a ser la población femenina ocupada de un 8% en 1940 a un 27% en 1970.

Con la democracia se restauran los derechos laborales y civiles y mejora sensiblemente la situación de las mujeres, que aprovechan las oportunidades que se les ofrecen y se dedican a estudios y profesiones más valorados socialmente y con mejor retribución económica. Sin embargo aún persiste, de manera más sutil que antaño, la discriminación a la hora de conseguir empleo, promocionar y cobrar el mismo salario que el hombre.

En Europa, la creación de los sistemas educativos estatales sólo surge en las primeras décadas del siglo XIX. En España, la tardía implantación del liberalismo político hace que no se pueda hablar en rigor de sistema educativo hasta la aprobación de la Ley de Instrucción Pública, más conocida como Ley Moyano, en 1857. El pensamiento liberal recoge de los ilustrados la importancia de la educación como elemento de reforma y regeneración social, pero excluye de ella a las mujeres del mismo modo que las excluía de los derechos políticos. La educación femenina se recomienda, pero no se hace obligatoria, así que si el índice de analfabetismo masculino llega al 56% en 1900, el de las mujeres es del 71%.

En la Constitución de 1812, la elaborada en Cádiz por los diputados en plena Guerra de la Independencia contra los franceses, se empieza ya a elaborar un sistema educativo liberal. Dos principios contenidos en la Constitución van a influir durante todo el siglo: la afirmación de la competencia del Estado en materia educativa y la uniformidad de la enseñanza. Se ordena la creación de escuelas de primeras letras en todos los pueblos del reino, universidades y otros centros. Se declara la gratuidad absoluta de todos los niveles educativos y se contempla la libertad de cátedra, de elección y creación de centros. Por lo tanto, es en la Ley Moyano donde se plasman los principios fundamentales del sistema educativo liberal entre los que figuran cierta gratuidad restringida, la escolaridad obligatoria de 6 a 9 años, la centralización administrativa y la secularización de la enseñanza.

Por lo que respecta a las mujeres, se establece una diferencia entre la instrucción que deben recibir niños y niñas. La educación se impartirá en escuelas segregadas y el modelo educativo femenino se basará en el desarrollo de las capacidades consideradas inherentes a la naturaleza femenina, teniendo como finalidad su formación para el ámbito doméstico y la maternidad. La ley establece la creación de escuelas para niñas en poblaciones de más de 500 habitantes, pero en la práctica esto no se llevó a cabo. En regiones como Galicia, de población muy dispersa, niños y niñas compartían la escuela, aunque el currículo era diferente.

Estos principios estuvieron vigentes durante más de un siglo, aunque la izquierda liberal propugnara posteriormente algunas mejoras. Sin embargo, la pirámide escolar no se cuestionó en sus fundamentos y, en definitiva, a los niveles medio y superior del sistema se accederá en función de la pertenencia a una clase social y no por mérito o capacidad.

Las posibilidades culturales para las mujeres cambian a partir de la revolución de 1868 debido en parte al ambiente favorable creado por el krausismo, un sistema de pensamiento que basado en la filosofía del alemán Krause, fue muy bien acogido por la minoría culta española y que tuvo gran influencia en los escritores del 98. Uno de sus mayores logros fue la creación de entidades tales como la Institución Libre de Enseñanza (1876), La Junta para Ampliación de Estudios o la Residencia de Estudiantes. Bajo su inspiración se crearán el Ateneo Artístico y Literario para Señoras y la Asociación para la Enseñanza de la Mujer.

Hasta el siglo XX estarán vigentes las escuelas segregadas. A partir de entonces y hasta la guerra civil, en un ambiente de mayor preocupación por la educación femenina, alternarán con las mixtas. Sin embargo, las fuertes críticas que todavía suscitan estas últimas harán que sólo los sectores más progresistas, como la Institución Libre de Enseñanza, las Escuelas Anarquistas o las Escuelas Montessori, incorporen a niñas y niños en las aulas.

Con todo, la presencia de las niñas en el ámbito escolar será cada vez mayor y se verá favorecida por la ampliación de la obligatoriedad de la enseñanza hasta los 12 años. El modelo educativo masculino se generaliza, pero a las niñas se les desarrolla además el modelo femenino, implícito más que explícito en el currículo. En el ámbito universitario, se inaugura la Residencia de Señoritas (1915) y en 1916 Emilia Pardo Bazán se convierte en la primera mujer catedrática.

Tras la guerra civil, la enseñanza en España se hace confesional, se centraliza al máximo y se articula en compartimentos estancos por tramos educativos. La enseñanza primaria seguirá siendo obligatoria y gratuita y la universitaria continuará siendo monopolio del Estado.

En los primeros años del franquismo el sistema se impregna del totalitarismo reinante; la formación de las mujeres españolas (según las consignas de la Falange, de la Iglesia y del Movimiento) es encomendada a la Sección Femenina; y se propone la aceptación resignada de su papel de esposa y madre, reduciendo su actividad social prácticamente a la parroquia con abstención total de la política.

A partir de 1945 predomina la influencia de la Iglesia, por lo que la escuela pública sufre un gran retroceso. En la posguerra, las niñas de la clase media se educarán en colegios de religiosas y las hijas de la clase obrera o procedentes del campo carecerán prácticamente de instrucción. Manuales, cartillas escolares y otros materiales escolares se llenarán de consignas tales como "El niño mirará al mundo, la niña mirará al hogar". El resultado de esta política es que el índice de analfabetismo entre las mujeres, que en 1940 era del 23%, todavía en 1970 duplicaba al de los hombres, aunque había bajado al 12%.

En los años 50 el Estado empieza a intervenir y comienza la secularización. Se puede acceder al bachillerato elemental, se promociona la formación profesional y se incrementan las construcciones escolares. La enseñanza primaria hasta los catorce años se hace obligatoria y gratuita.

La Ley General de Educación de 1970 establece un sistema educativo más moderno y dinámico, adaptado a una sociedad ya no fundamentalmente rural sino industrializada, urbana y moderna. Esta ley introdujo profundas reformas: establecimiento de una educación básica, obligatoria y gratuita entre los 6 y los 14 años para niñas y niños, bachillerato unificado y polivalente, nueva concepción de la formación profesional y reconocimiento de la autonomía universitaria. Se estipula que los centros sean mixtos, lo que no se llevará a efecto totalmente hasta 1984, y se implanta el currículo masculino para todo el alumnado, a la vez que se especifican en Trabajos Manuales y Educación Física algunas actividades para las niñas.

También se intentó realizar una profunda reforma pedagógica: evaluación continua, reforma de la metodología, modernización del currículo y actualización del profesorado fueron algunos de sus objetivos. Su logro más destacado fue romper la estructura bipolar de la Ley Moyano: todo el alumnado seguirá a partir de ahora el mismo currículo en un mismo tipo de centros y con la misma clase de profesores. Entre sus fracasos más notables está la formación profesional, que en los años 80 ya quedó obsoleta.

La novedad más importante ha sido la descentralización política y administrativa de la educación. Además, se ha roto la uniformidad de la enseñanza: el Estado establece las enseñanzas mínimas, pero las comunidades autónomas pueden decidir el resto de los contenidos si tienen plena competencia en este campo.

La Constitución consagra la secularización de la enseñanza. Es el Estado quien decide la pogramación general de la enseñanza y la creación de centros docentes. Se democratiza el sistema: la población no sólo tiene derecho a la educación, sino también a participar en el control y gestión de los centros.

Tres leyes han servido para llevar a efecto este modelo: la Ley de Autonomía Universitaria de 1983, la Ley Orgánica del Derecho a la Educación (LODE) por la que se crean los consejos escolares, y la Ley Orgánica de Ordenación General del Sistema Educativo de 1990 (LOGSE), que extiende la educación básica hasta los 16 años y aspira a una reforma profunda.

El concepto de coeducación no es equivalente al de escuela mixta. En ésta, chicos y chicas comparten los distintos espacios, aulas, laboratorios, etc., pero el modelo educativo sigue siendo el masculino. La escuela coeducativa ha de tener un currículo que integre ambos géneros, atento a las motivaciones, intereses y necesidades de las niñas, y cuyo tratamiento sea equitativo. Se trata con ello de potenciar el desarrollo integral de las personas.

La Ley General de Ordenación del Sistema Educativo (LOGSE) establece como un principio educativo de carácter general la igualdad entre los sexos y el rechazo de toda forma de discriminación. Asimismo, pone de relieve que la elección de materiales didácticos debe favorecer la superación de toda clase de estereotipos discriminatorios. Este principio básico se concreta como objetivo en la educación primaria y secundaria obligatoria, a la vez que se determina que la educación para la igualdad entre los sexos estará presente a través de todas las áreas a lo largo de las dos etapas.

La LOGSE supone, pues, un avance cualitativo importante al dar entrada en el currículo a la educación para la consecución de la igualdad de oportunidades entre los sexos como contenido transversal, esto es, presente a través de las diferentes áreas, junto a la educación para el consumo, para la paz, el cuidado ambiental, etc.

Estas son algunas de las estrategias que se recomiendan:

- Reflexionar sobre el papel de la mujer en la sociedad actual y en épocas anteriores, haciendo hincapié en la ocultación del trabajo femenino y destacando la aportación de la mujer a los distintos campos.

- Identificar y corregir los planteamientos sexistas, tomando conciencia de la imagen estereotipada y falsa que se transmite todavía en los medios de comunicación y especialmente en la publicidad.

- Valorar y respetar el trabajo doméstico, considerado tradicionalmente exclusivo de la mujer, potenciando en niños y niñas las habilidades necesarias para poder manejarse tanto en la esfera privada como en la pública.

- Fomentar la adquisición de destrezas y actitudes positivas en las niñas con respecto a la ciencia y a la tecnología, procurando que accedan en igualdad de condiciones a los recursos escolares—aulas, laboratorios, ordenadores—y que participen en todo tipo de actividades escolares y extraescolares.

Consecuentemente, el profesorado deberá evitar hacer diferencias entre el alumnado, no encomendando tareas distintas a niños y niñas (por ejemplo, que las alumnas recojan las cosas y los alumnos las transporten), no prestando más atención a los niños ni esperando mejores resultados de ellos. Tampoco orientará al alumnado hacia determinadas carreras siguiendo criterios estereotipados ni valorará en las alumnas los aspectos relacionados con el orden, la limpieza y la buena presentación, y en los alumnos los aspectos considerados propiamente intelectuales. Asimismo, deberá impedir que los alumnos acaparen espacios (laboratorio, gimnasio, ordenadores, máquinas, etc.) y usen expresiones sexistas o que éstas aparezcan en las publicaciones escolares, material didáctico, carteles, etc.

Varios son los problemas que pueden plantearse: el propio carácter transversal de estos contenidos puede llevar a que el profesorado de una determinada materia piense que en las otras ya se le presta suficiente atención y por ello no le dedique ninguna en su clase; la actitud del profesorado puede no ser la más favorable por falta de concienciación acerca del problema o por falta de formación sobre estos temas, o por la creencia equivocada de que en las aulas se trata igual a las niñas que a los niños. Por otra parte, la coeducación debe proponer la enseñanza de valores relacionados con el desarrollo afectivo y personal, que pueden ser considerados ajenos al currículo escolar.

Es probable que la actitud del alumnado no sea uniforme: se presupone una actitud positiva por parte de las niñas, pero quizá no sea así en el caso de los niños. Entre otros factores, influirán la educación recibida en casa, el medio social y el deseo de autoafirmación a expensas del otro sexo por no querer renunciar a ciertos "derechos adquiridos".

Por lo que respecta al resto de la comunidad educativa, puede ocurrir que se consideren estos contenidos innecesarios o incluso contraproducentes, por infringir un orden doméstico consolidado de sesgo tradicional. Para evitar estos problemas sería necesario lo siguiente:

- Formar al profesorado para sensibilizarlo hacia este tema, interviniendo en el medio educativo y revisando el modelo de currículo.

- Fomentar la colaboración entre el profesorado para fijar objetivos, introduciendo los aspectos coeducativos en todas las asignaturas y evaluando periódicamente los resultados.

- Informar a los padres sobre lo importante que es para las niñas el estimularlas a alcanzar cualquier meta académica que se propongan; el valorar las actividades consideradas "femeninas" sin excluir a los niños de estas actividades en el hogar; y el no utilizar criterios distintos a la hora de permitir, potenciar o prohibir ciertas actividades a niños y niñas.

- Conocer la realidad del medio escolar y el sexismo implícito y explícito, realizando encuestas de opinión al alumnado para poder diseñar las actividades coeducativas necesarias. Evitar el enfrentamiento directo si se percibe una disposición negativa en los chicos, mediando en los conflictos que puedan surgir y fomentando la colaboración entre chicos y chicas. Realizar la evaluación permanente de los procesos llevados a cabo para comprobar si se han producido cambios positivos.

- Estar permanentemente informado sobre problemas o situaciones específicas que puedan interferir en el aprendizaje y en las relaciones interpersonales dentro del centro educativo.

En conclusión, la coeducación tiene que contribuir a la consecución de actitudes y comportamientos que conduzcan a una organización social más justa, más igualitaria y menos violenta. Debe desarrollar en chicas y chicos actitudes responsables ante sí mismos y ante otras personas, favoreciendo la tolerancia hacia otras culturas y otras costumbres, desarrollando la autoestima, la comunicación, la solidaridad, la cooperación y, ante todo, inculcando la idea de que las personas somos cuerpo-mente-afecto y que los objetivos de la escuela deben dirigirse al desarrollo equilibrado de la persona sin olvidar ninguno de los tres aspectos.

Obras citadas

ABC. *Los análisis de ABC*. 6 de diciembre de 1994.

Comunidad Europea. *Manual de acción: cómo llevar a la práctica la igualdad entre los sexos*. Madrid: Ministerio de Cultura, Instituto de la Mujer, 1988.

Cortada Andreu, Esther. *Escuela mixta y coeducación en Cataluña durante la 2ª República*. Madrid: Instituto de la Mujer, 1988.

Gabriel Fernández, Narciso. *Leer, escribir y contar. Escuelas populares y sociales en Galicia*. A Coruña: Ed. do Castro, 1990.

Instituto de la Mujer. *La investigación en España sobre mujer y educación*. Madrid: Ministerio de Cultura, 1987.

—. *La mujer en cifras. Una década: 1982-1992*. Madrid: Ministerio de Asuntos Sociales, 1994.

—-. *La presencia de las mujeres en el sistema educativo.* Madrid: Ministerio de Cultura, 1988.

Jiménez, Encarnación. "Doctrina y acción de la Sección Femenina: La mujer en el franquismo". *Tiempo de Historia* 83 (1981): 4-15.

LOXSE. Lei Orgánica de Ordenación do Sistema Educativo. Santiago de Compostela: Xunta de Galicia, 1992.

Nielfa Cristóbal, Gloria, coord. "Historia de las mujeres en España". *Historia de las mujeres: una historia propia.* B.S. Anderson y J.P. Zinsser. Tomo 2: 583-665. Barcelona: Crítica, 1991.

De Puelles Benítez, Manuel. "De las Cortes de Cádiz a la LOGSE (1812-1990)". *El libro y la escuela.* Madrid: ANELE, 1992.

Sopeña Monsalve, Andrés. *El florido pensil, Memoria de la escuela nacional/católica.* Barcelona: Crítica, 1994.

Profesionales españolas en los Estados Unidos: retos y logros

María-Paz Haro
Stanford University

El siguiente trabajo está basado en la compilación y análisis de las respuestas dadas por 55 profesionales españolas residentes en los Estados Unidos a un cuestionario de treinta preguntas. La muestra representa el 30% del total de encuestas enviadas. La encuesta revela los antecedentes, estudios, pensamientos, retos y logros de estas españolas que respondieron anónimamente. Los resultados fueron los siguientes:

Un tercio de las españolas consultadas nacieron en Madrid, seguido de Barcelona (17%) y Valencia (10%). Todas las antiguas regiones y veintiocho de las provincias están representadas (no decimos autonomías porque todas las encuestadas nacieron antes del 78). Solamente una encuestada nació antes de 1930; un 40% nació en la década de los 30; un 20%, en la de los 40; otro 25% en los 50; un 14% en los 60. Estos datos son interesantes pues quizás reflejan que quienes nacieron durante y poco después de la guerra civil y eran jóvenes en los 60 fueron también las más dadas a salir de España.

Tres cuartos de esas muchachas emigrantes salieron ya terminado su bachillerato; un 62% con su licenciatura. Quizás esta preparación académica sea la explicación de los éxitos que, como veremos más adelante, estas españolas han logrado en los Estados Unidos.

La mitad de las encuestadas son casadas; un tercio solteras; un 15% divorciadas. Una persona que no respondió a la pregunta dijo no hacerlo por considerarla irrelevante y discriminatoria. Dato curioso es que nació después del 70 y quizás por eso se ha criado en un ambiente que está muy alerta a la discriminación por estado civil. El 60% de las encuestadas tiene de uno a tres hijos; con dos excepciones, éstos estudian en los Estados Unidos.

Dos tercios de las encuestadas llegaron a estas tierras cuando tenían entre los 20 y los 30 años de edad. Un 17% llegaron entre los 30 y 40 años; solamente 4 llegaron antes de los veinte. Un 25% de las encuestadas admitieron haber tenido, como razón principal para cruzar el charco, la busca de la libertad. Con gran sinceridad explica una que vino "por cambiar de aires y de profesión" y otra afirma que su motivo "fue lúdico, de aventura y libertad; otro espacio". Un 17% llegaron a EE.UU. a causa de su matrimonio con un norteamericano. Solamente tres mujeres tuvieron que "seguir al marido", que se deduce era español.

Más de la mitad vinieron a Estados Unidos después de haber terminado sus estudios universitarios en España. Pero solamente 6 españolas habían terminado su doctorado antes de su venida: cuatro en la Complutense y dos en el extranjero. Sus doctorados eran en materias muy diferentes: Historia, Antropología Cultural, Filología, Física, Química y Bioquímica.

Licenciadas salieron muchas: un 75%. De ellas, más del 20% se graduaron en la Complutense; un 17% en Barcelona; un 10% en Valencia. De las demás universidades, uno o dos botones de muestra.

Los títulos en Filosofía y Letras (Filología) representan más del 50%. Otro 11 % se licenciaron en Derecho. El resto en Física, Biología, Química, Física Nuclear, Medicina, Empresariales, Sicología, Pedagogía, Bellas Artes, Profesorado Mercantil, etc.

Un 20% de las inmigrantes españolas hicieron su "BA" o "BS" en los Estados Unidos. Poco más de un tercio obtuvieron una maestría en Literatura Española; otras en campos tan distintos como Cine, Arte, Matemáticas, Literatura Francesa, Bibliotecas, Derecho y Administración de Empresas.

Un 43% obtuvieron el doctorado en Literatura Española; tres en Literatura Comparada; dos en Lingüística; otras en Matemáticas, Derecho y Literatura Francesa.

Todos estos títulos fueron obtenidos en una variedad de instituciones que van desde la media hasta la élite de las universidades norteamericanas tales como Harvard, Yale, Cornell, Columbia, Urbana Champaign, Berkeley y UCLA.

Un 25% vinieron con contrato de trabajo. Aunque no se les preguntó específicamente en el cuestionario, es de suponer que a una mayoría de ellas las universidades norteamericanas les ofrecieron ayudantías para realizar estudios de postgrado y enseñar español. Quizás esto explique el que la mitad de las encuestadas se dedican hoy día a la enseñanza superior. Un 46% se dedican a la enseñanza de Literatura Española, principalmente de los siglos XIX y XX (aunque hay especialistas en Medieval, Siglo de Oro, Siglo XVIII, Contemporánea, etc). Un 15% se especializan en Teoría Literaria y Estudios Feministas. El resto se divide entre Lingüística, Adquisición de Segundo Idioma, Didáctica, Matemáticas, Bioquímica, Geología, Neuro-endocrinología, etc.

Muchas no especificaron su nivel de "assistant", "associate" o "full-professor". Si consideramos como "full-professors" a quienes dijeron que eran "profesoras", un 25% han llegado a ese nivel (o sea el equivalente a catedrática de universidad).

El otro 50% de las encuestadas tienen profesiones sumamente variadas e interesantes: abogadas, médicas, inversionistas, agentes de bolsa, agentes de ventas, traductoras, escritoras, científicas, profesoras de secundaria... Una directora de cine, una editora, una agente de viajes, una dueña de restaurante, una hostelera, y la fundadora de Amigos de la Zarzuela. Aun cuando no hayan respondido a la encuesta, añadimos a título anecdótico que hay artistas españolas que dan clases de baile español o flamenco en muchas ciudades de Estados Unidos; una fabricante de charcutería que provee de jamón serrano y chorizo de Cantimpalo a todos los españoles que los añoramos ; y hasta una propietaria de Bodegas que provee de sus vinos a todos los restaurantes que sirven algún vino español en este país.

Pero ¿qué les interesa a estas españolas? Sin duda alguna su pasatiempo favorito es el cine; no han olvidado esta afición tan nuestra: un 45% la ha anotado. Curiosamente otro 43% ha mencionado practicar algún tipo de deporte, cosa que propablemente no habrían hecho en España: desde natación y remo hasta esquí y ciclismo, pasando por la equitación y footing (que en EE.UU. se llama jogging). El deporte más practicado es el tenis. Un 10% de las españolas son aficionadas a la lectura y a la pintura. A otras les gusta cuidar de su jardín, la naturaleza, acampar; algunas se declaran ecologistas. Una disfruta tranquilamente haciendo punto de cruz.

La encuesta presentó una serie de posibles problemas. Se les pidió a las encuestadas que los numeraran del 1 al 10, o sea de mayor a menor. Los problemas incluidos en la encuesta son los siguientes: problemas lingüísticos; falta de adaptación; desconocimiento del sistema; falta de amigos; falta de recomendaciones; discriminación en rango o sueldo; discriminación por ser extranjera o española; seguir al marido; ninguno.

El problema mayor con que se enfrentaron y siguen enfrentándose las recién llegadas es sin duda el desconocimiento del sistema; un 45% lo incluyen entre el primero y, el tercer lugar en una escala de 10. Otro 35% señala los problemas lingüísticos entre los tres primeros, aunque algunas aclaran que "al principio sobre todo".

Varias encuestadas afirman haber tenido practicamente todos los problemas en un momento u otro, pero no especifican cuál de ellos fue más grave. Algunas mencionan otros problemas tales como: la falta de apoyo o la oposición familiar a su venida a los Estados Unidos; la falta de ayuda familiar en la casa o con los niños; la falta de apoyo del sistema a la mujer que trabaja; la soledad y falta de conexiones ("tenértelo que hacer todo tú sola"); el casamiento con extranjero y la añoranza de lo español; el divorcio; la falta de dinero; la dureza del trabajo; la competencia brutal; la discriminación por nepotismo; la discriminación por ser "española" por parte de latinos o chicanos que todavía ven a los españoles como "conquistadores", etc.

Dos de las encuestadas afirman no haber tenido problema alguno. Una de ellas lo aclara así: "Son situaciones o realidades con las que una se enfrenta y las supera, pero problemas no."

Ese es quizás el rasgo común de la mayoría aplastante de españolas profesionales: la superación de esos obstáculos, problemas o situaciones, llámeselos como se quiera. Son retos que las profesionales españolas han superado a fuerza de una gran tenacidad y de muchísimo trabajo y esfuerzo.

Entre los retos superados encontramos los siguientes:

- "De ser profesional reconocida en España (abogada) llegué aquí como simple estudiante de postgrado. Fue duro adaptarme".

- "El querer educar a mis hijos con mentalidad totalmente española. Mis hijos no comprendían mi forma de ser comparada con otras familias americanas. Hoy mis hijos me agradecen mi forma de ser."

- "La adaptación a un medio nuevo es siempre muy dura. Tuve que aprender (todavía lo hago) las "reglas del juego". Pasé de una posición social muy hedonista a un ambiente de trabajo duro y exigente. (A veces pienso que debo ser masoquista)".

-"El desconocimiento del sistema es un impedimento notable desde el principio (más que la barrera lingüística o la falta inicial de amigos apoyo en mi campo). He procurado superarlo haciendo un esfuerzo consciente y continuo para comprender mejor la cultura y modo de vida norteamericanos y por adaptarme al sistema en la medida de lo posible".

- "El aislamiento con respecto a España y la familia".

-"La soledad. El no tener el entorno familiar y el paisaje de mi tierra natal".

- "La identidad. No ser ni anglo, ni hispana, ni latina ni chicana".

- "Todavía estoy superando retos, uno cada día. Nueva York es un poco jungla. Nunca te relajas y siempre hay un reto que superar".

Para una encuestada ciertos retos son insuperables:

- "La comunicación con personas estadounidenses. Me refiero a conseguir un nivel de conocimiento profundo. Me ha sido imposible hasta la fecha tener un amigo íntimo de esta cultura. No lo he superado todavía".

Pasemos a otra pregunta: ¿Cómo influyó la formación española en su vida? ¿Las ayudó en sus problemas? Una gran mayoría de las españolas afirman que su formación influyó positivamente en su vida. Dos personas tienen una opinión ambivalente: positiva y negativamente, dicen. Sólo un 10% creen que fue negativa.

Y ¿cómo cambiaron al adaptarse al ambiente norteamericano? Una afirma: "Se vive, se agrandan horizontes, se crece". Un 20% de las encuestadas afirman haberse hecho más tolerantes hacia otras ideologías, más liberales, más sensibles hacia otros grupos raciales, religiosos, etc. Otra dice: "Me siento más liberal frente a esta pandilla de conservadores que viven en Arizona". Unas aprecian más la democracia: "He comprendido el sentido de la tolerancia, respeto y diálogo político-social desde una pluralidad mucho mayor que la que ofrece España". Otras se dan cuenta de que la democracia es un mito, no una verdad inamovible. Algunas se han hecho más feministas: "Me he liberado completamente como mujer". Otras aprecian más la vida social española: no todo es el trabajo". "Este país cambia a la persona; la hace más dura, más autosuficiente".

¿Cómo no va a ser dura la vida profesional cuando un 50% de las encuestadas afirman haber encontrado discriminación de algún tipo? Curiosamente muchas han sido discriminadas por sus jefes o colegas latinoamericanos. Una afirma: "Los latinos tienen muchos celos de la preparación, cultura y personalidad de la mujer española". Y añade otra: "Los latinos tienen una gran manía contra los españoles...es falta de seguridad personal o complejo de inferioridad; por eso nos atacan". Aun una encuestada, que no siente esta discriminación tan tajantemente, apunta: "No sé si utilizaría la palabra 'discriminada', pero hay un 'algo' ahí, que siento a veces..."

Sin embargo hay quien comenta: "Mi carácter sociable y el ayudar a los hispanos en todo supongo que les hizo olvidar las ideas distorsionadas que a muchos les han inculcado acerca de los españoles".

Curiosamente señala una: "A veces en este país ser española entre latinos y chicanos va en detrimento de que se nos valore por nosotras mismas. Los anglos, sin embargo, creo que por ser españolas nos valoran más". Y otra añade: "Nunca me he encontrado en una situación en que tuviera que competir con un grupo latino y, en cualquier caso, en Nueva York creo que el ser española era un plus. Damos la imagen de gente seria y educada".

En efecto, el ser españolas y sobre todo el dominar el idioma y la cultura españolas ha sido de gran utilidad para aquellas que trabajan como profesoras, investigadoras o traductoras ; en otros casos, en fin, simplemente como expresa una encuestada: "me evitó la discriminación que sufren frecuentemente los hispanos mulatos o mestizos por su raza".

Los resultados de la encuesta revelan que estas mujeres profesionales españolas radicadas en EE.UU. han logrado éxitos importantes a pesar de todos los problemas y obstáculos. En el ámbito personal han superado crisis psicológicas debidas a la soledad y a dificultades de adaptación; cambios constantes de residencia, debido a la necesidad de seguir al marido o de mejorar de posición; separaciones y divorcios, sacando adelante a sus hijos. Por ejemplo, dice una sobre lo que considera su mayor éxito: "Tener dos hijos sanos en este mundo confuso".

En el ámbito profesional, han obtenido becas prestigiosas de estudios como Fullbrights; han realizado estudios universitarios y han obtenido títulos "Cum Laude" en este país, muchas veces trabajando y criando hijos a la vez, algunas ya con más de 40 años; han logrado puestos permanentes en universidades famosas; se han independizado personal y económicamente; han presentado ponencias en congresos; han tenido éxitos científicos reconocidos; han perforado pozos de petróleo en Texas; han ganado pleitos contra el gobierno español; han cooperado con el gobierno estadounidense en la creación de NAFTA; han expuesto sus pinturas en más de cincuenta salas; o han sido invitadas personalmente a la Casa Blanca...

Las publicaciones, tanto creativas como de investigación de algunas de las encuestadas, son extraordinarias: hay quien va por su docena de libros de poemas, quien por su centenar de artículos científicos en inglés...

A la pregunta sobre cuál ha sido su mayor éxito, las encuestadas han dado respuestas como estas: "Pasar el examen de la barra de derecho en Nueva York ... el mismo en el que suspendieron a John John Kennedy". "El cariño que en mis 38 años de enseñanza me han brindado mis alumnos y el reguero de amigos que he dejado en todos los lugares en que he vivido". "Ser directora de Estudios de Postgrado y Senadora en mi universidad". "Ser directora y cofundadora de *Catalan Review*". "Fui durante 14 años Directora Ejecutiva de Publicaciones de Lenguas Extranjeras en una prestigiosa editorial. Hice conocer a España en los EEUU". El haber hecho lo que vine a hacer en este mundo, es decir, a decir mi poema, a escribir mi poesía". Y finalmente: "Ser feliz. Las causas no han sido tanto profesionales ni sociales como personales. Pero sí es cierto que alcancé todas las cimas que me propuse al llegar, cosa que no hubiera ni siquiera soñado viviendo en España".

Las españolas profesionales en Estados Unidos han participado plenamente en la vida social de sus barrios, sus ciudades, sus condados y el país en general. Desde ayudar a los niños necesitados de los barrios pobres a través de escuelas, parroquias y clubes benéficos, hasta involucrarse en la liga de mujeres votantes , en cuestiones de medioambiente y defensa de la naturaleza y los animales, y en la acción política a favor de sus candidatos o en contra de las guerras.

¿Añoran las inmigrantes a España? Pues, sí. Un tercio de las encuestadas regresa allí cada año de vacaciones. Otro 25% va por lo menos de vez en cuando a ver a la familia y amigos. Hay quien tiene casa en España y quien "va a nadar en el Mediterráneo y comer salmonetes". Un tercio de las encuestadas mantiene relaciones profesionales frecuentes con españoles residentes en España.

El tema de la jubilación no lo tienen tan claro. Muchas—un 45%— posiblemente las más jóvenes, no piensan todavía en ella. Un 25% se quedarán definitivamente en Estados Unidos, posiblemente porque aquí estarán sus maridos e hijos, ya que el número de respuestas coincide. Entre las preocupaciones sobre su posible vuelta a España, algunas dicen que se han americanizado bastante, que la vida no sería tan cómoda...Pero veamos sus razones en sus propias palabras: "No sé si me adaptaría al desorden y al ruido, a la burocracia, a la retórica y a la prepotencia". "Me preocupa la falta de profesionalismo y civismo de la gente". "La falta de espacio y de bibliotecas". "La crispación y los malos modales de la gente". "La vida está carísima y mi pensión va a ser pequeña". A pesar de todo ello, un tercio de las encuestadas volverían a España.

Y si tuvieran una segunda oportunidad, ¿volverían estas españolas a emigrar a Estados Unidos? Un aplastante 90% contestaron afirmativamente.

Hay quienes admiran y agradecen a los EE.UU.: "Creo que sí. Todo el sufrimiento me ha merecido la pena. Soy más abierta. Tengo menos miedo a todo. Creo que la obstrucción y limitación de miras con la que se vive en España, empeñados en ser el ombligo del mundo, ni es conducente a la felicidad ni a la reflexión objetiva, dos cosas que intento tener siempre a mano".

"Sí, porque me ha dado la libertad de poder explorarme a mí misma y entrar en terrenos en los que nunca hubiera osado en España".

"Sí. Aquí aprendí a amar y conocer más profundamente mi propio país, cultura y literatura. Me ha dado la oportunidad de conocer otra cultura y destruir ciertos estereotipos. Ha sido una experiencia enriquecedora".

"Sí, este país sigue siendo la tierra de la oportunidad y, desde luego, es una tierra de aprendizaje para los tiempos futuros. Aquí todo pasa antes de que llegue al resto del mundo".

Otras solamente vinieron por necesidad: "Dadas las circunstancias de España en los 60, sí. Si fuera ahora no me vendría".

"Si hubiera podido conseguir una posición postdoctoral en España me habría quedado allí. La cultura, las raíces, la familia y los amigos son muy importantes en mi vida".

"No estoy segura. Tal vez intentaría hacer mi vida en España ... aunque siendo mi marido americano, no es tan fácil..." Finalmente una respuesta más pragmática: "Me gustaría combinarlo: mitad en España, mitad en EE.UU.".

Pero también hay eternas admiradoras de la España en que nacieron como la que dice que no volvería a irse a Estados Unidos "sobre todo por la desorientación que les causa a los hijos y porque en España se vive mejor". "No, no, no. Porque el perder un país es como perder un miembro del cuerpo o de la familia. Se sufre demasiado". O esta otra respuesta: "Jamás. Perdí mi familia en España por culpa de mi matrimonio y pienso que nunca más cometería tal locura. América para los americanos y España para los españoles".

La conclusión a que se llega tras el análisis de la encuesta es que evidentemente las españolas profesionales residentes en los Estados Unidos constituyen un grupo modélico de mujeres inteligentes y bien preparadas intelectualmente; llenas de entusiasmo por sus carreras, y con una extraordinaria capacidad de trabajo y creatividad; valientes para afrontar no solamente las dificultades propias de la emigración sino las que su sexo y nacionalidad conllevan en esta sociedad; activas e involucradas en un sinfín de tareas y proyectos profesionales; excelentes representantes y propagadoras de nuestra lengua y cultura; ciudadanas responsables e interesadas en los asuntos tanto de sus propias comunidades como del país que las acogió y en el que se han realizado como probablemente no lo hubieran hecho en España.

Apéndice A

Cuestionario sobre profesionales españolas en los EE.UU.

1. Lugar de nacimiento:______________ Provincia de ______________
   Ciudadana de ______________ Estado civil: ______________

2. Nacida entre 1930-1940_______ 1960-1970_______
   1940-1950_______ después 1970_______
   1950-1960_______

3. Estudios realizados en España:
   Bachillerato _______ Carrera universitaria _______ Otros _______

4. Llegada a EE.UU.:
   Menor de 20 _______ entre 40 y 50_______
   Entre 20 y 30 _______ otro _______
   Entre 30 y 40 _______

5. Razón de venida:
   Realizar estudios _______ Con beca _______
   Matrimonio con americano _______
   Siguiendo al marido _______
   Buscando más libertad _______
   Contrato de trabajo _______
   Otras ______________________

6. Título universitario español:
   Licenciatura en ______________________Universidad de ____________
   Doctorado en ______________________Universidad de ____________

7. Título universitario obtenido en EE.UU.:
   BA _____ BS _____ en ____________________ Uni. De __________
   MA _____ MS _____ en ____________________ Uni. De __________
   PH.D. en ____________________________ Uni. De __________
   Otros ____

8. Ocupación actual:
   ____

9. Otros intereses
   (deportes, cine, etc.): ______________________________

10. Problemas enfrentados en la emigración; enuméralos de mayor a menor (1 a 10)
    ____Problemas lingüísticos
    ____Falta de adaptación
    ____Desconocimiento del sistema
    ____Falta de amigos/soledad
    ____Falta de recomendaciones/padrinos
    ____Discriminación en rango
    ____Discriminación salarial
    ____Discriminación por ser extranjera
    ____Discriminación por ser española
    ____Tener que seguir al marido
    ____Otros ____

12. ¿Cómo calificarías tu formación española?
    Franquista ____ católica ____
    Antifranquista ____ liberal _____
    Socialista ____ atea ____
    Otra ____________________________

13. Desde la perspectiva actual, ¿cómo ha influido esta formación en tu vida? ¿positiva? ¿negativamente? Explícalo.

14. ¿Ha cambiado tu ideología durante tu estancia en los EE.UU.? ¿en qué sentido?

15. ¿Cúal es el mayor reto con que te enfrentaste en EE.UU. y cómo lo superaste?

16. ¿Te ha ayudado el ser española en tu profesión? ¿Por qué?

17. ¿Te sentiste discriminada alguna vez por colegas chicanos o latinoamericanos? ¿Crees que se te negó algún puesto por razón de la acción afirmativa?

18. ¿Cúal ha sido tu mayor éxito? ¿éxitos?

19. ¿Has publicado libros en EEUU?
En inglés ____________ ¿cuántos? ____________
En español __________ ¿cuántos? ____________

20. ¿Has publicado artículos?
En inglés ____________ ¿cuántos aproximadamente? ____________
En español __________ ¿cuántos aproximadamente? ____________

21. ¿Cuál consideras tu mejor publicación?

22. ¿Qué contribuciones de otro tipo has hecho a tu profesión?

23. ¿Cómo has contribuido a la sociedad?
¿a tu comunidad? ________________________________
¿a tu ciudad? __________________________________
otra ____

24. ¿Vuelves a España?
De vacaciones cada año ______________
De vez en cuando a ver a la familia ______________
Por motivos profesionales _____________
Otro __________________

25. ¿Mantienes relaciones profesionales con colegas españoles?
Raramente ___________ Frecuentemente __________ Constantemente _________

26. ¿Tienes hijos? _____ ¿Cuántos? _________

27. ¿Dónde estudian? ¿en EE.UU.? _______ ¿en España? ________

28. ¿Esperas jubilarte en España? Sí _____ No ________

29. ¿Qué te preocupa principalmente de tu vuelta a España?
    Que te has americanizado demasiado _____
    Que la vida no es tan cómoda allá _____
    Que el seguro médico no sería tan bueno _____
    Que económicamente vivirías peor _____
    Que dejas hijos casados en EE.UU. _____
    Otras ______________________________

30. Si pudieras volver a empezar, ¿volverías a venirte a los EE.UU.? ¿por qué sí? ¿por qué no?

La enseñanza de la literatura escrita por mujeres hispanas a nivel no graduado en la universidad norteamericana

Jean M. Hindson
University of Wisconsin—La Crosse

Por regla general, un programa de estudios hispánicos a nivel no graduado en los Estados Unidos pone como requisito varios cursos de literatura, que no siempre están ordenados de manera cronológica o de manera genérica. Un examen de varios programas revela que a veces se exige el estudio de un panorama histórico y geográfico y a veces no. Entre los varios objetivos que se proponen generalmente están el conocimiento de la historia literaria y el de obras y autores considerados como clásicos, el desarrollo de la capacidad de interpretar literatura y una mayor comprensión del idioma y de las culturas que representan las obras estudiadas. El estudio de escritoras femeninas ofrece, como cualquier otro curso de literatura, la ocasión de lograr estos mismos objetivos; pero al mismo tiempo, presenta un modo ideal para desarrollar otros conocimientos deseables, y yo diría esenciales, no sólo para los estudiantes especializados en literatura sino también en cualquier otra especialidad.

En muchas universidades, la típica clase de literatura a nivel no graduado consiste en su mayoría de mujeres. El porcentaje de hombres en las clases de literatura que yo he enseñado no ha superado al 30% del grupo total, y lo más común es que sea mucho más bajo. Sin embargo, el canon literario generalmente aceptado y enseñado comprende en su mayoría obras escritas por autores masculinos. Este mismo hecho presenta un buen punto de arranque para un curso de literatura en el que sólo se estudien obras escritas por mujeres, un curso que en mi experiencia serviría como un vehículo idóneo para mostrar la relevancia de la literatura en nuestras vidas, para abrir el camino a un examen de nuestros propios valores, para despertar una conciencia de la importancia histórica de la mujer como copartícipe de los problemas que sufre en diferentes partes del mundo; para presentar una perspectiva femenina y feminista con respecto a la interpretación de la literatura y de la realidad, y para ayudar a los estudiantes a relacionar la visión particular de cada obra con temas más universales. Mi propia experiencia ha comprobado que las ventajas especiales de este tipo de curso contribuyen a solucionar varias dificultades comunes a la enseñanza de cursos de literatura: falta de motivación, falta de preparación, tanto lingüística como teórica y una falta de sofisticación a la hora de pensar de manera crítica.

Cualquier profesora o profesor sabe que la motivación es la clave del éxito: si los estudiantes tienen interés en lo que leen, se abre más fácilmente el camino a la discusión y al aprendizaje. Por consiguiente, el problema de la motivación está ya medio resuelto con el mero hecho de formular el curso a base de obras escritas por mujeres, porque la mayoría de los estudiantes matriculados en una clase de literatura son mujeres, lo cual contrasta con el hecho de que la mayoría de los textos que han leído en otras clases de literatura son de autores masculinos.

Otro factor esencial en cuanto a la motivación de los estudiantes es la selección de las obras que se van a leer. Es aconsejable escoger obras cortas e interesantes por su tema o su trama: cuentos, novelas cortas, obras dramáticas y algo de poesía y de ensayo. También es muy importante ajustar el nivel de la dificultad al nivel de los lectores, porque estamos en una época en que el aspecto de la comunicación oral ha llegado a ser más importante y en que la habilidad de leer fácilmente un texto auténtico ha decaído. El orden de textos no tiene que ser cronológico; a veces, incluso, es mejor que no lo sea porque así los textos más fáciles se pueden comentar primero.

La lectura de obras más difíciles se puede hacer con ayudas esenciales para hacerlas asequibles. En mis cursos, por ejemplo, leímos María de Zayas en inglés, con pasajes seleccionados en español. A la hora de enfrentarnos con la primera obra larga que leímos, *La última niebla* de María Luisa Bombal, cedí a los ruegos de los alumnos y les preparé listas de vocabulario. Nos sirvió la estrategia para facilitar la lectura y para poder así concentrarnos en la discusión de temas y no del argumento. "Hombres necios que acusáis" de Sor Juana Inés lo leímos con la traducción al lado. La segunda vez que utilicé *Las bodas de una princesa* de Concha Romero, preparé esquemas especiales para explicar las referencias históricas. Con estas ayudas sencillas, se facilita la lectura y se capta el interés de leer y discutir temas femeninos, se ensaya acercamientos feministas y se crea en los lectores, y en particular las lectoras, más entusiasmo y deseo de comprender los textos.

La prueba, en cuanto a motivación, se refleja en las evaluaciones de los estudiantes: una aclamación universal de gusto sobre las obras leídas. Si una de nuestras metas en la enseñanza de la literatura es conseguir que sigan leyendo literatura, tenemos que infundir el placer de la lectura y de la interpretación.

Otro factor que influye en la selección y en la motivación es la variedad temática, geográfica, cronológica, genérica y estilística. De esta lista, destacaré tres características que veo como fundamentales. La variedad geográfica y la cronológica presentan ventajas bastante obvias. Es importante que el alumno norteamericano conozca un panorama de circunstancias literarias tan amplio como sea posible. Además, el presentar autoras y obras que abarcan varios siglos muestra la continuidad de la lucha por los derechos de la mujer. Ya que muchos estudiantes creen que la conciencia feminista es algo reciente y moderno, es importante que ellos se identifiquen con los problemas que han experimentado las mujeres a lo largo de los años para que comprendan a nivel más real el significado del término "patriarquía". Además, incluir obras de muchos países y de varias épocas históricas les da una idea de la riqueza y de la extensión de la producción literaria femenina.

La variedad temática es esencial, en parte, por razones de inclusividad. Ha sido por sugerencia de mis alumnos, en particular de los hombres, el haber incluido la segunda vez que enseñé este curso más obras de tema no abiertamente feminista. Obras como "Pena de muerte" y "Ocho nueces" (cuentos regionalistas de Emilia Pardo Bazán), "El árbol de oro" de Ana María Matute, "La Memorial de Tlatelolco" de Rosario Castellanos, "Pavada de suicidio" de Luisa Valenzuela y "El Prócer" de Cristina Peri Rossi mostraron la versatilidad de las escritoras. Esta variedad de temas satisfizo en particular a los hombres que, por lo menos, en nuestra universidad se cansan más fácilmente de la temática feminista. Yo creo que es importante que los hombres reconozcan que no toda la literatura escrita por mujeres va a ser conflictiva en sentido sexual. Al mismo tiempo, si una quiere, el estudio de estas obras puede conducir a una discusión de la cuestión de diferencia en la escritura: de la posibilidad entre autores según su sexo, o sea ¿hay modos masculinos y femeninos de escribir?

Es obvio que la cuestión del lugar que ocupa la crítica feminista actual tiene que jugar un papel importante en la preparación y en la presentación de la materia. Sin embargo, no es un problema tan fácil de resolver. Las metas que tenemos nosotros en un programa de estudios de carácter general ponen énfasis en mejorar el nivel de concimientos de lengua y cultura en todos los cursos de la especialización; por lo tanto cuanto más lean y escriban en español, mejor. En un programa no graduado, por lo menos el nuestro, los estudiantes no son capaces de explicaciones de teoría literaria en español. Sin embargo, yo creo que nos urge presentar tantos conceptos de crítica feminista como sea posible, porque esto ayuda a formar en los estudiantes una mentalidad más abierta para enfrentarse con los dilemas de una cultura eminentemente patriarcal. Para algunos, aunque no todos, es ésta su primera y única introducción al feminismo; para otros, puede ser la semilla que les atraiga a un estudio más intenso de la crítica literaria feminista o del feminismo en general.

Habiendo hecho el planteamiento de la necesidad de presentar la teoría, queda la tarea problemática de acercarnos al tema. Aunque sólo he comenzado a seguir la metodología que propongo, estoy convencida de que es la más adecuada para nuestro público. El método consiste en presentar breve y sintéticamente cualquier aspecto práctico de crítica femi-nista que surja a la hora de estudiar las obras seleccionadas. Así, a base de ejemplos concretos—enseñados de manera deductiva o a veces inductiva—se presenta una variedad de conceptos básicos de los acercamientos feministas a la literatura. Aunque estamos a un nivel de enseñanza donde todavía hay problemas lingüísticos, no por eso hace falta pres-cindir de conceptos más sofisticados al realizar la interpretación. Generalmente, el nivel intelectual en el que pueden operar los estudiantes es más alto que el nivel de expresión oral o escrita que poseen. No debemos privarles de la oportunidad de exponer pensamientos más elevados. Conociendo el nivel del grupo, cada profesora puede decidir qué conceptos va a presentar, sin olvidar que el esbozar nociones que apenas alcanzan a atisbar no representa un esfuerzo perdido. Por el contrario, de esta manera, les inspiramos la curiosidad y estimulamos su imaginación.

Las sugerencias que siguen son en su mayoría ejemplos que he empleado ya en mis propios cursos, más algunos otros que quedan todavía por ensayar. Es obvio que al principio conviene escoger obras asequibles y con temas fáciles de captar o tan intrínsicamente interesantes que despierten de inmediato la imaginación. En este sentido, funciona muy bien el hermoso y altamente poético "Apéndice arbitrario" a *Desde la ventana* de Carmen Martín Gaite para subrayar la existencia de una herencia creativa femenina, aunque no siempre aparezca en forma escrita. Para que desde el principio participen todos en la discusión, interesa leer obras en las que se vea claramente el "doble estándar" y los efectos del patriarcado, como "La inocencia castigada" de María de Zayas, *Noches de amor efímero* de Paloma Pedrero y "Mujeres de ojos grandes" de Angeles Mastretta. "Las dos palabras" de Isabel Allende conduce fácilmente a una discusión enérgica sobre la cuestión del poder en la sociedad y a la identificación de quiénes son los verdaderos dueños del discurso predominante.

La última niebla de María Luisa Bombal está repleta de posibilidades para enseñar aspectos de la temática y crítica feminista: la alienación y la soledad de la mujer, "L'écriture féminine", la alteridad de la mujer junto con la falta de identidad propia, el deseo femenino, la imposibilidad de expresar lo femenino y la crítica sicoanalítica. *Balún Canán* y varios cuentos de Rosario Castellanos hacen surgir la cuestión de la subjetividad y de los paralelos entre la opresión de la mujer y la opresión de los indígenas. La problemática del modelo del "Bildungsroman" en sus versiones masculinas y femeninas se puede explorar en obras tan diversas como *Balún Canán* de Castellanos y en *Caperucita en Manhattan* de Carmen Martín Gaite.

"Afra" de Emilia Pardo Bazán es un medio ejemplar para estudiar varias estrategias textuales, tales como el punto de vista, la focalización, el concepto de "la mirada" [the gaze], la autoridad autorial y la subversión de la narración superficial. En general este cuento, junto con "Reportaje" de Carmen Riera, ofrece una buena introducción a la perspectiva feminista con respecto a la interpretación de la literatura y de la realidad, articulando la pregunta de quién controla el discurso sobre la mujer, quién lo produce y de qué manera está condicionado este discurso por la sociedad que la rodea, que es en su esencia patriarcal.

Alfonsina Storni, reconocida como una de las principales poetisas feministas en lengua española, ofrece una gama extensa de poesía en la que Evelyn Fishburn ha visto una evolución que coincide con las tres etapas históricas de la escritura femenina concebidas por Elaine Showalter: la femenina, la feminista y la "hembrista". Se puede estudiar una selección de poesía que sigue una progresión desde lo más elemental hasta lo más ofuscado y aun erótico, con posibilidades infinitas de aplicarle una interpretación feminista. Un acercamiento interesante sería mirar las interpretaciones y juicios masculinos tempranos sobre su poesía frente a otras lecturas más recientes, en particular feministas.

"The Kinsey Report" de Rosario Castellanos ilustra la apropiación de un texto o tipo de discurso ya común en la sociedad—aquí caben unos informes científicos sobre la sexualidad—de manera paródica e irónica, con propósito de minar la veracidad de los discursos tradicionales patriarcales sobre la mujer. Para una discusión interesante sobre Rosario Castellanos y Hélène Cixous véase el Cap. 4 del libro de Paul Julian Smith, *Representing the Other; "Race", Sex, and Gender in Spanish and Spanish American Narrative.*

Selecciones de *Su Vida* y de *Las Moradas* de Santa Teresa abren el campo para explorar la conexión entre la espiritualidad y la sexualidad y para considerar el concepto de la alteridad como un punto de salida para discutir "la mujer". A un nivel más práctico, el estudio de Santa Teresa y también de Sor Juana Inés de la Cruz presenta la cuestión de la relación entre el poder y la mujer, del acceso de la mujer a posiciones de autoridad y de su propia habilidad y de su derecho a controlar las condiciones de su vida.

Las bodas de una princesa de Concha Romero es otra manera de presentar y de aprovechar la historia para llevar a cabo propósitos feministas y para ofrecer una oportunidad de discutir los factores políticos y sociales que condicionan la vida de las mujeres en una sociedad patriarcal. "El indulto" de Emilia Pardo Bazán es otra obra que ilumina algunos factores sociopolíticos y mantiene una visión particularmente actual al elaborar el tema del abuso sexual.

Para los que no quieren abandonar por completo un acercamiento formalista, varios cuentos de Emilia Pardo Bazán son ejemplares y presentan la oportunidad de destacar la contribución de esta mujer al movimiento del naturalismo, de preguntarse si hay un naturalismo particularmente feminista, o de si es legítimo formular esta misma pregunta dentro de un acercamiento feminista. Aun sin abarcar la problemática posición de Pardo Bazán en relación con el establecimiento literario español de su época, es esencial que la lucha histórica de la mujer por encontrar su propia voz literaria y la aceptación de su derecho a expresarla formen parte de la temática de un curso sobre literatura escrita por mujeres.

Aunque la selección del contenido de un curso sobre escritoras femeninas es de gran importancia, tampoco se puede dejar a un lado la cuestión de la metodología. En un curso dedicado a estudiar la literatura de mujeres que no siempre han podido encontrar la manera de hacer oír su propia voz, es esencial intentar dar voz a todos. Hay que examinar el papel de la autoridad en la sala de clase y de cómo ella afecta la participación de todos en la discusión. Esto se consigue si la profesora acepta como válidas las opiniones de los estudiantes, (siempre que puedan apoyar sus juicios en evidencias textuales), si hay suficiente tiempo para responder a preguntas hechas por la profesora, si la profesora valora las opiniones de los alumnos y si ella tiene una actitud que muestra que también aprende de lo que dicen los alumnos. Cuando la profesora mira el proceso de leer, de estudiar y de enseñar la literatura como una oportunidad de aprender algo sobre la vida y sobre sí misma, y cuando el trabajo hecho en clase es una empresa común de búsqueda de una comprensión más completa de la obra literaria, hay más confianza entre alumnos y profesora y el curso rinde mejores resultados.

Esta relación entre la vida y su representación, que me parece una característica clave de la crítica feminista nos trae a lo que es una de las funciones principales de la literatura: hacernos reflexionar sobre la esencia de la vida, sobre nuestra visión del mundo y sobre nuestro lugar en el orden del universo. Para las mujeres matriculadas en cursos sobre la literatura escrita por mujeres, esto ocurre de manera natural. Los temas de las obras estudiadas salen de la experiencia de mujeres reales y las lectoras se sienten identificadas con los problemas presentados. Al reconocer la universalidad de los conflictos, es fácil trascender la particularidad del problema y llegar a una discusión de valores condicionados por la humanidad entera y no sólo limitados a un sexo o a otro.

Los beneficios que reciben los participantes en tales cursos van más allá, como comprueban las evaluaciones hechas por los alumnos en los cursos que yo he enseñado. Resumidas las reacciones personales de los estudiantes que recientemente han estudiado conmigo la literatura escrita por mujeres, ellas presentan el testimonio del gran valor de este tipo de curso. Los comentarios indican lo siguiente: 1) que el curso les ha servido como un estímulo a la reflexión y como un impulso a la acción, en particular a la lucha por conseguir un grado mayor de oportunidad y de igualdad para la mujer; 2) que les ha inspirado a seguir más cursos sobre la literatura escrita por mujeres; 3) que les ha inspirado un deseo de estudiar más teoría feminista en relación con la literatura; 4) que les ha proporcionado una apertura personal a otro mundo desconocido; 5) que les ha despertado el interés y la simpatía por el movimiento feminista; 6) que ha llenado una laguna en el currículum de la universidad; y finalmente, 7) que les ha ampliado la visión que del mundo hispanoamericano y español tanto literario como cultural tenían.

Obras citadas

Agustini, Delmira. "Desde lejos", "El intruso" y "Lo inefable". *An Anthology of Spanish American Literature*. 2ª ed. New York: Apple Century, 1968.

Allende, Isabel. "Clarisa" y "Dos palabras". *Cuentos de Eva Luna*. Buenos Aires: Ed. Sudamericana, 1993.

Bombal, María Luisa. *La última niebla*. Barcelona: Seix Barral, 1994.

Castellanos, Rosario. *Balún Canán*. México: Fondo de Cultura Económica, 1957.

—-. "Madre India" y "Memorial de Tlatelolco". *Another Way to Be*. Myralin F. Allgood, ed. Athens: Univ. of Georgia Press, 1990.

Castro, Rosalía de. "Silencio" y "O xusticia pola man". *Obra poética*. 8ª ed. Madrid: Espasa Calpe, 1975.

Sor Juana Inés de la Cruz. "Hombres necios que acusáis". *Renaissance and Baroque Poetry of Spain*. Elias Rivers, ed. Prospect Heights, Illinois: Waveland Press, 1966.

Laforet, Carmen. "Rosamunda". *Pasajes: Literatura*. New York: Random House, 1983.

Martín Gaite, Carmen. *Caperucita en Manhattan*. Madrid: Siruela, 1990.

—-. "De su ventana a la mía". Apéndice arbitrario a *Desde la ventana*. Madrid: Espasa Calpe, 1987.

—-. "Recetas contra la prisa". *La búsqueda de interlocutor y otras búsquedas*. Barcelona: Destino, 1982.

Matute, Ana María. "El árbol de oro" y "Bernardino". *El Cuento*. John Crow, ed. 2ª ed. Orlando: Harcourt Brace Jovanovich, 1984.

—-. "El arrepentido". *Modern Spanish Prose*. Andrian, ed. 4ª ed. New York: MacMillan, 1987.

Pardo Bazán, Emilia. "Afra", "El encaje roto", "Primer amor", "Sí, Señor" y "La última ilusión de don Juan". *El Cuento*. John Crow, ed. 1ª ed. New York: Holt, Rinehart, and Winston, 1966.

—-. "El indulto". *Pasajes: Literatura*. New York: Random House, 1983.

—-. "Ocho nueces" y "Pena de muerte". *Las setas y otros cuentos*. Madrid: Mondadori España, 1988.

Pedrero, Paloma. *Noches de amor efímero*. Murcia: Universidad de Murcia Secretariado de Publicaciones, 1991.

Peri Rossi, Cristina. "El Prócer". *Contextos*. Teresa Méndez- Faith, ed. New York: Holt, Rinehart, and Winston, 1986.

Poniatowska, Elena. "La ruptura". *De noche vienes*. México: Era, 1985.

Riera, Carmen. "El reportaje". *Modern Spanish Prose*. Andrian, ed. 4ª ed. New York: MacMillan, 1987.

Romero, Concha. *Las bodas de una princesa*. Madrid: Lucerna, 1988.

Salisachs, Mercedes. "El niño del café de Paix". *Modern Spanish Prose*. Andrian, ed. 4ª ed. New York: MacMillan, 1987.

Storni, Alfonsina. "Cuadrados y ángulos", "Peso ancestral", "Bien pudiera ser", "Hombre pequeñito", "La que comprende" y "Tú que nunca serás". *An Anthology of Spanish American Literature*. 2ª ed. New York: Appleton-Century-Crofts, 1968.

Santa Teresa de Jesús. "Su vida" (Selecciones). *Literatura Española*. Diego Marín, ed. Tomo I. New York: Holt, Rinehart & Winston, 1968.

Valenzuela, Luisa. "Pavada de suicidio". *Modern Spanish Prose*. Andrian, ed. 4ª ed. New York: MacMillan, 1987.

Zayas y Sotomayor, María de. "La inocencia castigada". *Tres novelas amorosas y tres desengaños amorosos*. Madrid: Castalia, 1989.

—-. "Innocence Punished". H. Patsy Boyer, trad. *The Enchantments of Love*. Berkeley: Univ. of California Press, 1989.

El placer de escribir: talleres de escritura de Barcelona

Zulema Ester Moret

A mi llegada a la ciudad de Barcelona, en el año 1986, y después de trabajar durante más de quince años en la tarea pedagógica en distintos niveles—desde la escuela primaria y secundaria hasta la formación de profesores—decidí abrir un **Taller de Escritura Creativa** para adultos que no necesariamente se hallaran vinculados con la Escuela o que vinieran a aprender "cómo enseñar", sino que en una inversión de sentido eligieran asistir al Taller para disfrutar de algo que, sin duda, ya llevaban en sí mismos, o ejercían en el silencioso quehacer solitario de la escritura. Un taller de creación sin ningún tipo de condicionamiento previo (graduaciones, títulos, lenguas), sino bajo dos premisas que aún hoy considero indispensables y que se definían en estos tres interrogantes:

- ¿Te gusta leer? ¿Lees?
- ¿Sientes deseos de escribir, reales deseos de escribir?
- ¿Escribes, qué escribes?

Así, poco a poco, y explicando con infinita paciencia que no formamos escritores, que no enseñamos caligrafía, los talleres comenzaron a tener un lugar propio en la ciudad. No había experiencias similares al momento ni con estas características en la ciudad, y la novedad, como todos bien sabemos, genera todo tipo de reacciones: la desconfianza, sobre todo si la novedad es llevada por una extranjera, y además, sudamericana; la envidia, si los resultados son positivos; y si el espacio se reafirma y crece, la imitación. Este es el singular destino o ley de fuerzas de las empresas culturales.

En estas páginas expondré un detalle de los objetivos perseguidos, las metodologías elaboradas en esta permanente inter-acción entre un saber y una acción, los deseos que operan en el interior de los grupos y los resultados de esta triple dinámica.

Los Talleres de Escritura de Barcelona, abarcaban tres zonas:

1. Una zona-topos del espacio creado y la tarea a realizar: Taller/escritura (literatura).
2. Una zona real: la ciudad de Barcelona. La Barcelona divina a la que muchos escritores sudamericanos llegaron en los 70.

3. Una zona interior: esa zona de intersección en la que la escritura desarrolla su trabajo de transformación en compañía de los otros—los que nos habitan—y los que nos rodean; espacio interior, espacio de la cultura.

El lema que define el taller es el **placer de escribir**, un homenaje personal a uno de los pensadores que más admiré durante mi formación y una paráfrasis que transforma el título de una de sus obras básicas y fundamentales para comprender los aspectos que subyacen en nuestra tarea, *El placer del texto*, de Roland Barthes.

¿Quiénes asisten a los talleres?

El 80% de los asistentes a los Talleres son mujeres, cuyas edades oscilan entre los 20 y los 60 años. Los hombres que también se incluyen en los grupos son, o jóvenes o personas de mediana edad, de 30 a 40 años.

Sorprende que la gente que asiste al taller sean personas tan diferentes, desde lo particular y obvio, hasta las profesiones que desarrollan: profesores, secretarias, empleados de bancos, ejecutivos, cartero/as, enfermeras, trabajadores sociales, gente del barrio, de la ciudad y vecinos. Esta singular mezcla brinda una riqueza insospechada, desde la mezcla de lenguas—catalán, castellano de acento sudamericano y de diferentes zonas de España—hasta los extranjeros que optan por escribir su obra en una segunda lengua, el castellano como es el caso de algunos alemanes y franceses.

Por qué asisten tantas mujeres, me han preguntado algunos reporteros. Creo que es bastante claro: la mujer se halla en movimiento interior y en acción; a pesar de las dificultades que le acarrea la doble responsabilidad de la tarea doméstica—los hijos, la casa, el trabajo profesional—quiere además realizar "estos gustos que me quiero dar", o una asignatura que había quedado a menudo pendiente.

Algunos asisten al taller simplemente porque es un espacio en el que se puede compartir desde la escritura y la lectura hasta aspectos de la cultura en general y de la literatura en particular. Otros manifiestan su secreto deseo de ser escritores, aunque éstos sean menos y aun mínimos en el caso de las mujeres. He tenido pocas alumnas que desde el inicio tuvieron claro el deseo de ser escritoras, aunque quizá muchas lo sueñen o lo mantengan en secreto en el interior de sí mismas. Lo que ocurre es que no hemos sido educadas para definir nuestros deseos y expresarlos tan abiertamente.

El objetivo del taller no se circunscribe de ninguna manera a formar escritores, pues la escritura como práctica creativa se va definiendo a través de su propio quehacer y de los deseos que surgen en cada participante. Por eso considero muy importante el proceso constructivo realizado con los grupos. La tarea se halla dividida en varios años que evolutivamente permiten esta gradación en su doble inter-acción: la vivencia de la tarea y el aprendizaje de unas estrategias; la paulatina conciencia del hecho literario, sus reglas de juego y la disciplina y exigencias de la tarea misma.

El rol de la coordinación

Es fundamental para el logro de la tarea el vínculo que se establece entre el sujeto con su historia lingüística (en algunos casos, una historia de exclusiones, divisiones, lenguas impuestas); el respeto a su modo de abordar el lenguaje; el respeto que demuestran hacia su actitud los encargados de la coordinación y del grupo.

Sólo un vínculo basado en el escuchar con atención, en la entrevista oportuna, en el respeto al silencio—cuando no se puede escribir, porque algo está sucediendo por dentro—permitirá una mayor cercanía, una búsqueda profunda en el propio lenguaje.

En el Taller de Escritura no formamos máquinas de escribir, orientamos a los sujetos para que se hagan responsables de su propia realidad lingüística y, a partir de ello, sean capaces de crear un discurso propio, armonioso o lleno de quiebras; pero veraz, íntimo, sin negaciones ni vergüenzas.

Este vínculo consigo mismo, con la tarea y con los otros miembros del grupo es la base y eje de esta reflexión. Creo que a partir de este vínculo, el objeto se reafirma, se amplía y se modifica, y el compromiso con el quehacer literario se hace cada vez más exigente, fuera de las modas impuestas por el mercado y los best-sellers del momento. Dicha práctica conlleva el asumir compromisos o el abandonarlos, y este vínculo tiene mucho que ver con los otros vínculos familiares, los de la comunidad en la que se ha crecido y los políticos.

No es casual que la entrada al taller signifique para muchas mujeres una puesta en escena de sus capacidades creativas en el orden intelectual. Esto las lleva a diversas vivencias: mostrar lo que alguna vez se escribió y se va escribiendo; ponerse en contacto con nuevas lecturas; desmitificar los modelos creativos del "escritor/a idealizado/a" que llevamos en nuestro interior; ir escribiendo en algunos casos "su propia historia"; o tal vez atravesar apenas este terreno—el de sí mismas—hasta poder acceder al de los otros.

El agobiante trabajo productivo que significa ponerse en la escena de la escritura en grupo; re-aprender a leer/se, a ser tolerantes, a no autoexigirse ni complacerse en el "no puedo", disfrutar de la lectura en grupo; todo ello significa otra mirada hacia el mundo y hacia la cultura.

Hélène Cixous en su ensayo *La risa de la Medusa* aclara:

> Pero escribir es trabajar; es ser trabajado; [...], cuestionar (y dejarse cuestionar) el proceso mismo y el todo sin el que nada está vivo; deshacer el trabajo de la muerte. (47)

Sin duda este recorrido es multiplicador de miles de transformaciones. Por eso, en las reflexiones siguientes intentaré esbozar, a modo de conversaciones mantenidas en distintos momentos del proceso creador en el marco del taller, una aproximación a las problemáticas que plantea la actividad y a los temores y zozobras que conlleva. Va junto a estas conversaciones—a media voz y siempre a muchas voces—mi mayor agradecimiento a mis alumnas y ex-alumnas que me han permitido compartir estos momentos íntimos del proceso creador.

Miradas creativas en torno a la escritura

Creo profundamente en la mujer que, al transgredir pautas atávicas, crea campos de conocimiento y de apertura para sí y para otros. Creo en la mujer que lucha por ganar la paridad con el hombre. Creo que la mujer democrática es la que puede responder autocríticamente. La que corre el riesgo de asumir su propia libertad. La que al transgredir produce verdaderas transformaciones y sustenta los procesos de cambio que desencadena. La que abandona el lugar de la pasividad ingenua por el de la inteligencia valiente.

(Liliana Mizrahi, *La mujer transgresora*, 111)

Nunca escribiré como...

Siempre llevamos con nosotros objetos idealizados, objetos tan amados en cualquier quehacer, que pueden funcionar tanto positiva como negativamente. Será bueno reflexionar sobre esto. Puede ser que no escriba una obra tan buena como considero tal o cual; pero este concepto no puede actuar negativamente anulando mi capacidad de crecimiento. Los modelos sirven para crecer, para abrir caminos; no para cerrarlos antes de ser iniciados.

No hay corrección. ¿Quién debe corregir? ¿por qué?

Corrección de estilo, prueba, correcciones. ¡Vivan los diccionarios! Lo demás es la búsqueda, la frase. ¡Cuidado con tocar las palabras de los otros! No hay espacio para la competencia, sí para el aprendizaje que surge de la investigación, para los diccionarios, las normas que se eligen y luego se rompen, para los juegos que intentamos jugar. Transgresión y búsqueda, jamás sometimiento.

¿Qué lenguaje escribir ? No soy de acá; escribo mi diferencia...

El taller se mueve en el respeto al bilingüismo de la sociedad a la que pertenece. Se lee y se habla; se escribe en las lenguas que habitamos: catalán, castellano, variantes del castellano en Latinoamérica, ingleses, franceses, austríacos que han optado por el castellano para escribir. Respetamos las diferencias; la literatura es tan universal como el aire, el viento. Amamos lo particular, lo específico. El realismo enseña, la mirada realista deviene en otras miradas; pero la realidad no puede ser la cárcel en que se detengan nuestras miradas. No hay traición por mirar lo Otro. Hay aprendizaje.

Y esta guarrería va a llevar mi nombre. Es guarro (texto pornográfico)

Hablamos de lo erótico. Fuerte discusión. Lo feo, lo bello, lo siniestro que nos habita. Lo leído florece en contrastes. Discusión sobre los tratamientos literarios, los géneros. Da seguridad hablar de los géneros, hacer referencias precisas. Eso quieren. Sé dónde piso. No hay riesgos: ¿qué figuras de lo erótico circundan nuestro imaginario? Reconocemos las figuras impuestas por ellos, la herencia de un patriarcado, lo *heavy* de sus fantasías; las negamos, las vivimos como guarras. El problema tal vez estribe en hallar las nuestras...

Elección de imágenes, búsqueda de una escritura que funde lo erótico. Lectura, silencio. Búsqueda. Escribir desde nuestro cuerpo, desde las prácticas impuestas, desde la ausencia de deseo, desde la violación, la violencia, la diferencia... escribir una escritura–cuerpo, escritura–piel, escritura–deseo. Elipsis. Metáfora. Condensación. Escritura–cuerpo. Escritura– goce.

Cuando se lo leo a él, a ella (mi objeto de amor), no le gusta lo que escribo

Escribimos para gustar, para agradar, para ser leídas... ¿Para quién/es escribimos? ¿Qué lector imaginario nos habita? ¿Escribimos para los novios/as, para las esposas/os? ¿Por qué tiene que gustarle a él/ella mi obra?

¿Por qué escribimos ?

Sin deseo, no hay impulso creador. Sin necesidad, carencia, miedo, vacío (de Dios; de los otros; del mundo; de mí mismo; de amor; de cobijo...). Herida, grieta...

Escribimos para explicarnos; para explicar el mundo; para gozar; para evadirnos; para crear utopías; para exorcizar fantasmas que nos habitan; para elaborar situaciones traumáticas; para cubrirnos y para descubrirnos ... pero escribimos.

Quiero aclarar que esto no lo viví. Es puro invento.

Pasaje de persona a personaje. Trabajo de la ficción. Construcción difícil en la que agonizan nuestras partes perdidas.

Me enamoré, dejaré el taller por un tiempo...

Escribir las pasiones, los miedos, los temores, lo que vivimos en nosotros. Escribirnos.

Construcción del personaje. Desde que nace hasta que muere.

El humor cuesta tanto. Es más fácil la tragedia. Este año todos los personajes mueren de SIDA. Escribimos muchas cosas que se viven en nuestra época, tal vez sea porque no deseamos vivirlas. Exorcismo al escribirlas. Voyeur de la historia, la escritora puede escoger. Puedo escoger. Plagas de Egipto, plagas del medioevo. Nadie me impide entrar en la madeja de la historia individual o social. Tal vez, yo misma... me lo impida. El humor es tomado como trabajo inútil. "No me tomarán en serio", vaya redundancia. Pero si no llega el humor, al menos investiga en la tragedia...

¿Es malo escribir sobre uno mismo, sobre lo vivido? ¿Sirve o no sirve?

No hay malo ni bueno. ¿En relación a qué?. Me escribo, me explico. Escribo, explico. Invento. En la literatura todo es posible. Liberar a la loca, a la asesina, a la ladrona, a la apasionada, a la cómica, a la niña... habitarnos y habitarlas.

Ahora conozco las estrategias. Sé construir diálogos, reconozco las voces, construyo monólogos. Me falta la historia.

Es lo único que no puedo darte: la historia, la ficción es tu trabajo. Asomarse al balcón de la vida misma. Confiar en las intuiciones y las percepciones. Soñar y confiar en los sueños. Dejarse poblar por las otras, los otros. Nutrirse de la historia. Parodiar, jugar a imitar, leer, robar... (con lo propio, lo único, lo inevitable, lo que es de cada una).

Necesito un lugar para escribir. También autonomía. Pero no es lo único que necesito.

Comento:

X tiene tres sirvientas filipinas. Tiene varias habitaciones propias y vacías. Tiene varios peniques en el bolsillo. ¿Y el deseo? ¿El hambre de palabras, dónde está en X? ¿Se ha dejado preñar por las palabras? (A. Gorodischer, escritora argentina, afirma que hay que dejarse preñar por las palabras) ¿Se ha entregado X a su propio deseo, se ha entregado a sus palabras para llegar a engendrar su obra?

Tengo miedo al ridículo al leer

Voces que tiemblan. Lee tú por mí. No sé leer. Cómo voy a leerles a los demás este texto y en voz alta... No puedo. No quiero.

Desmitificar los mitos

No hay inspiración. No hay aislamiento; aunque la escritura de hecho es un acto solitario. Escribimos todas al mismo tiempo. Luego leemos. Confiamos. No hay juicios de valor. Ni bueno ni malo. Ni bello ni feo. Este texto es este texto. Puede ser otro. Por mi trabajo. Por mi conciencia. Por mi mirada. Por mi vínculo con mi propia palabra.

Ahora leo de otra manera...

Leer el mundo, leer los textos, leer desde las diferencias de nuestras historias. Leer es hacer de la obra texto, tejido de significaciones. Cada lectura es una reescritura del texto. Leer es un trabajo. Leer desde la multiplicidad de textos posibles. Desde allí; no desde las voces de los otros.

Decir yo pienso, yo creo, asociar, crear analogías... el texto se abre como un caleidoscopio y la escritura se enriquece. La nuestra, la que vendrá. ¿Quién puede dar una verdad absoluta frente a un texto? ¿Quién puede instaurarse en juez supremo de un texto? Somos herencia de lecturas impuestas, masificadas, por ser mujeres, por ser receptáculos pasivos de un saber.

Leer desde nuestra diferencia, desde nuestras historias particulares, es nuestra tarea. Leer sin prejuicios ni imposiciones. Respeto y libertad, respeto y construcción. No hay peor crítico que un escritor frustrado, que alguien que no se ha realizado en la creación. No hay peor mirada que la que funda la imposibilidad del otro, su carencia. ¿Qué mirada elijo para mis textos? Me preparo para los "noes" de los otros, puedo comprender de dónde vienen...

Firmo: mi nombre y apellido me delatan. Soy la autora.

Miedo, sentimientos de enfermedad, negación, mareo, vértigo. ¿Y cuando me lean? Porque me van a leer, ¿no es cierto?

Obras citadas

Cixous, Hélène. *La risa de la medusa*. Madrid: Anthropos y Comunidad de Madrid, 1995.

Mizrahi, L. *La mujer transgresora*. Buenos Aires: EMECE, 1987.

II

SOCIOTEXTO Y DISCURSO FEMINISTA EN LA CONCIENTIZACION DE LA MUJER

Latinas Self-narratives

Raysa E. Amador
Adelphi University

Mireya Pérez Erdelyi
College of New Rochelle

The reorganization of boundaries in the autobiographical texts alters the silenced issues which had been constrained by societal, political and economical forces. The reader must compose or solve the puzzle of loose pieces. The essence of autobiography can imply that of telling the truth but also the opposite. The "autobiographical truth is to be found, not in the 'facts' of the story itself, but in the relational space between the story and its reader" (qtd. in Dow Adams 12). The autobiographical narrative announces the self into being and charges the self's mission with meaning. The visual and written autobiography by women suggests a new way of writing and of presenting future alternatives. For Carolyn G. Heilbrun, autobiography "is a feminist undertaking" (18). Feminism as Nancy Miller tells is the desire "to articulate a self-consciousness about women's identity both as inherited cultural fact and about women's identity both as a process of social construction" and to "protest against the available fiction of female becoming." (Heilbrun 18).

The function of the autobiography leads the reader to believe in the truth of the material exposed but when it is elaborated at the level of fiction, for example the novel, the writer brings the expectation of a truthful rendering of a life. These fragmented discourses make claims for participation. The fragments of memory realize the assertion and existence of a self, the "I". Those memories are the ones that allow the self to be present and assert itself; more than it signifies the true representation of power. The female autobiographical written and visual act renders importance to a concatenation of continual homely or bodily events which contrast with the unilineal model of revaluation such as we find in the self narratives of Sts. Paul and Augustine. Carolyn Heilbrun argues in favor of a true representation of power as "the ability to take one's place in whatever discourse is essential to action and the right to have one's part matte" (18).

As in the visual (re)presentation the held autobiographical material suggests, the forces that have shaped how women see themselves and how one woman has come to view herself: the artist retrieves and rewrites history, not only through a textual critique but through a process of material excavation. The relation of events are important and we agree with George Gusdof who declares that the truth told or created is by one "who, for his own enchantment and that of his readers, realizes himself in the unreal" (qtd. in Dow Adams 16). We would suggest that rather than speaking of the "unreal" we should state that it is a question of choice for a woman who has to reinvent her life and that of her subjects.

The mundane experience of living is the means to and understanding of the consciousness of exploitation or an awareness of the subject's own condition. In Sandra Cisneros' collection of short stories *Women Hollering Creek*, the author make the attempt to denounce the home as the patriarchal domain where one can find the "Barb-Q", the smell of corn, the wrinkled shirts and the popular music which reinforce the stereotypes. The music begins to construct a sensory world which the self inhabits at some point. The popular music permits the "I" to address itself in the third person which allows Cisneros to (re)create a family-home world. We stress the importance of these rhetorical devices because they establish a figure of musical enunciation, a representation of social confrontation which the narrator is trying to enact, to use to her own advantage. The stories which begin with lyrics of a popular song suggest the ironic, melancholic self-spoofing style of the Spanish popular song which at the same time represent those elements of the "other" culture. The juxtaposition of structures situates the narrator in the borderlands. The confrontation is not limited to music, it is also present in the fact that two languages are used, Spanish and English. The exposure of these relevant elements represent an inner perspective of the self to a larger community. The writer tells a story that she has shared and inhabited. The factual objective reality of past experience is subordinated to the transforming power of memory. We have an account of those personal experiences in which the self transforms. These acts of appropriation are part of the process by which the subject creates and manifests the self. These discourses allow for the identification of women alone not as sufferers but as fellow achievers and fighters in the public domain and in doing so, she makes fiction of the past, the narrative becomes that part of her life which is not submerged. The "use" one makes of what is appropriated is the important factor.

An examination of the visual text in artist Amalia Mesa-Bains' installations reveals them as commemorative sites, paying homage to and narrating an elusive past.* The written and the visual text interact to make a representation in which the visual mediates and undercuts memory's continuity. In a sense, they transform history by transcending the limits of the colonized self because the visual and written text document the wounds. The elements that make possible this transformation are constituted by the music in Sandra Cisneros' collection of short stories *Woman Hollering Creek*, the sea, the sand, the dance, the "santeria" in the Cristina Garcia's novel *Dreaming in Cuban*, the "altares", the blood, the sand, the ocean, the earth, the flower petals in the art pieces of Ana Mendieta and Amalia Mesa-Bain and the verbal photographs in Isabel Allende's *Paula*. These structuring elements generate dialogues and testimonies across time that serve as agents for transformation and focus the reader to those broken fragments of the past that the narrative is ordering to transform into a whole. The presence of grandmother's objects, mirrors, pearl earrings, bridal head pieces and letters are traces that evoke origins, roots leading us to explore and excavate the reversal or mysteries of the self. The autobiographical narrative attempts to find the reflection of the fragments of the self and to explain them.

Another element, in the narratives we are exploring, is the use of the camera which Elena Poniatowska's novel *Tinísima* highlights the woman who participates fully in the elaboration of images. Tina Modotti's photographs, which appear at the beginning of the chapters in the novel, redirect the reader's gaze. It is interesting to notice that in their artistic work Tina Modotti's (Modotti's nude photographs were taken by Edward Weston) and Ana Mendieta's nude photographs inform the reader or the self as they mediate between the private space and the public. Both artists return to "the female body itself as a complex focus of social meanings" (Waugh 174). The images they produced could be critically considered, the body could be positioned according to individual desire. Moreover, both artists recognize the relationship between the female body and the construction of femininity.

The camera was a central instrument for both artists since it could disprove representations of women created by others. Their obsession with the body, in the case of Modotti, revolves about her fight for social justice, and her refugee status and in Mendieta's case to her exile status, in both cases produce works which can only be understood in the light of the denied, hidden, erased history that evolves from their borderland status. The idea of using the body as self-representation or as a form of self-inscription speaks contrary to the traditional treatment of it as domestically colonized and subjugated in which the woman's body as the source of sin had to be covered and signified. Ana Mendieta's and Tina Modotti's nude representations make their bodies bridges for reintegration; in Mendieta to her lost homeland and in Modotti to her physical self. Gloria Anzaldúa explains that much of our culture is embedded in a series of selfless acts, the last of which is the self. Mendieta, Modotti, inverted the accepted formula and begin their self-inscription with their own body.

In the conversational tone of the protagonist of *Tinísima* the self establishes her authority over its own experience. The conversation or dialogue, in the private space of the subject which Poniatowska adopts, makes Tina an eyewitness-participant and a narrator and places the reader within that private sphere. The autobiographical subject narrated in the third person singular accumulates and makes compatible events glorifying the self who does not speak its own name. It does not matter whether the truth is exposed because the self produces an authenticity as an informer and participant. There is no need to reject the autobiography on the grounds of being a self-portrait because for each representation there is a lit mirror that undercuts memory. Poniatowska" character discovers her sense of identity by rejecting a middle-class culture in order to discover a connecting power to her own family cultural forms and structures (Tina Modotti's father defense of rights of the working class). In this manner Poniatowska achieves the expectation of the autobiography or biography which is for a transparency of revelation of the other when in essence it is both a transparency and opacity. There is a constant interplay between revelation and secrecy in the autobiographical act. There is a distancing technique in what is left out. It is a rhetorical tool to set the self-defined boundaries from the reader's craving to know. It is a performative act that frames what is to be known. In this process the act of remembering functions as a paradoxical element for what we remember is a combination of what we choose, what we really want, what actually happened and what we are force to remember. The moment we transmute this into language and we write it down, it becomes our personal truth without much consideration for its literal accuracy.

Meaning is revealed in the reconstruction of the events memory recalls. In essence memory reaches the boundaries of imagination and embraces it. It is not a secrecy or distortion but an act of necessity since we all need to share our innermost experiences and writing them down furnishes us with a created version of the past. Isabel Allende states: "My life is created as I narrate, and my memory grows stronger with writing; what I do not put in words on a page will be erased by time" (8). The visual and written texts mentioned in this essay tell of "the necessity of assuming a self-concept which recognizes the possibility of human agency, the need for personal history, self-reflexiveness" which in effect will produce "the capacity for effective action in the world" (Waugh 210).

In all works discussed, fragments of every day life function as a performance of identity and simultaneously they create a version transforming experience into a construction of the self. The revelation of the self embraces the autobiographical "I" to tell us its story and its powerful entry into the self-identity of the subject. The act of writing is a performance to reclaim a life that cannot be forgotten. Writing or visualizing the self constitute an appropriation of subjectivity to give testament, whether it is true or false, to a personal version of the past. For this matter, the self appropriates the ability to represent its own experience. For Paul de Man the process of creating the self in the act of representation involves the formulation that the "subject of autobiography is not an objective fact" (qtd.in Schaefer 22).

Memory allows for fragmentation and in that sense the written and visual discourse resemble that fragmentation. The fragments that are silenced comprise the traumatic events glossing over details that are meant to be submerged. In speaking of the visual acts we agree that documentation becomes a very important issue for "the camera provided a means to document a reality that could, if necessary, be packed, stored, moved from place to place" (Hooks 60).

Modernity has spurred voices that challenge the complexity of our world because they give way to the uncertainties of an ex-centered voice. In this research we are proposing a dialogue that would address the "small fragments of truth". This suggests a reformulation of a language and experience of inclusion of self-narratives in the literary dialogue of the twenty-first century.

Work Cited

Allende, Isabel. *Paula.* New York: Harper-Collins Publishers, 1995.

Dow Adams, Timothy. *Telling Lies in Modern American Autobiography.* North Carolina: The University of North Carolina Press, 1990.

Heilbrum, Carolyn. *Writing Women's Life.* New York: W.W. Norton & Co., 1988.

Hooks, Bell. *Art on My Mind. Visual Politics.* New York: The New Press, 1995.

Schaefer, Claudia. *Textured Lives. Women, Art, and Representation in Modern Mexico.* Tucson: University Arizona Press, 1992.

Waugh, Patricia. *Feminine Fictions. Revisiting the Postmodern.* New York: Routledge, 1989.

Notas

* This paper has two parts to it. One which is constituted by a slide presentation of the works of artist Tina Modotti, Amalia Mesa-Bains, Ana Mendieta, and Edward Weston. We felt that these visual autobiographical acts document and disapprove representations of the self by the social order. The visual acts provide a text that captures or re-captures the life-history of the subject, consciously aware, of creating one's own identity.

El androcentrismo en el lenguaje

Carolina Corbacho-Cortés
Universidad de Extremadura

El *Diccionario de la Real Academia Española* define la voz *hombre* como "ser animado racional" y el término *mujer* como "persona de sexo femenino". Se precisa, en el primer caso, que la citada caracterización es extensible a todo el género humano, por lo que se induce que el rasgo de racionalidad también es un atributo del que no carecen las personas de sexo femenino. Sin embargo, la segunda acepción añade que el vocablo *hombre* se refiere también al varón, "criatura racional del sexo masculino", por lo que podría presumirse que las nociones de insistencia y de lo consabido—aun cuando en su redacción se puedan argüir simples móviles estilísticos—poseen un tratamiento diferente en ambos casos.

Otro dato interesante de la citada obra se refiere a la extensión que ocupa cada una de las definiciones, ostensiblemente más amplia en el caso de *hombre*, con múltiples construcciones donde aparece el vocablo como núcleo del sintagma. Locuciones, asimismo, que revelan la pertinencia, en el consenso social y cultural, de valores como la inteligencia y el saber (*hombre de buenas letras, hombre de cabeza, lleno de ciencia*), la honestidad y la bondad (*hombre de capa negra, hombre de copete, hombre de corazón, hombre de distinción, hombre de palabra, hombre de veras, hombre liso*), el negocio (*hombre de mundo, hombre público, de Estado*), o bien la carencia de otras virtudes como la valentía o la autoridad (*ser poco hombre, menudo, no ser hombre de pelea*). Cualidades, por otro lado, supuestamente de rango masculino porque no existen los correlatos *mujer de verdad, de palabra, de cabeza, espiritual, de puños*, etc. Y aquellas locuciones creadas como correspondencia formal presentan una disyunción en el plano del significado (*mujer de la calle, de mundo, mujer pública*). Asimetrías lingüísticas que ponen de manifiesto que existen unos modelos culturales de *hombre* y *mujer* que tienen asignados unos atributos y unas pautas de comportamiento que cuando se transgreden pueden sancionarse, entre otros medios, con la invectiva verbal.

El lenguaje, pues, como instrumento de comunicación, no revela sino las proyecciones ideológicas del pensamiento, construido como conjunto de representaciones simbólicas de la realidad. Por tanto, el estudio de las lenguas nos puede resultar altamente esclarecedor para comprender las colectividades humanas, sus códigos culturales y la configuración que poseen los individuos dentro de las mismas. El lenguaje, como transmisor de conceptos y valores comunes para sus usuarios, lleva aparejado una determinada manera de interpretar el mundo que no sólo expresa sino que también consolida y crea. Por esta razón, las desemejanzas examinadas con anterioridad no señalan sino una consideración diferente de lo que en nuestra cultura se entiende por "modelo masculino" y "modelo femenino", como conjunto de rasgos característicos que deben poseer los miembros de cada grupo.

Se construyen, así, los estereotipos o moldes sociales que cincelan una manera de ser a través de valores, normas y actitudes; en definitiva, la personalidad de los individuos. Llevan implícita la segregación, en cuanto que se alinean las conductas según unos patrones y se restringen las posibilidades de actuación. Si a ello añadimos que con frecuencia los arquetipos culturales no poseen la misma estima porque su valía depende de la función y del espacio que posean con respecto a los grupos de poder social, el resultado será la jerarquización de tales patrones, donde la primacía de un modelo sobre otro está en correspondencia con la escala de valores ideológicos.

Cuando se habla de *cultura androcéntrica* se suele aludir a la supremacía que el modelo masculino ha adquirido a lo largo de la historia, no sólo para construir una imagen relevante (sostenida y propiciada desde otras matrices del entramado social como son la economía o la política), sino también para elaborar otro paradigma del sexo femenino que contribuya a fortalecer su preeminencia. El androcentrismo, por tanto, supone el caudal de representaciones simbólicas—los registros ideológicos—que consolida las diferentes funciones y actitudes que cada sexo posee en la sociedad. De ahí que en bastantes ocasiones (sobre todo en los estudios y en los movimientos sociales que en los últimos tiempos reclaman el protagonismo de la mujer en nuestra historia) se hable de "invisibilidad", porque la imagen femenina resulta ser un trasunto de la masculina en cuanto que el proceso histórico ha minusvalorado, o incluso invalidado, su quehacer y sus propuestas ideológicas.

Afortunadamente, también la historia se define por los cambios sociales que son los propiciadores de sacudidas al fondo aletargado de las mentalidades. Y en este sentido, la mayor presencia de las mujeres en el ámbito público a lo largo de nuestro siglo ha supuesto una reestructuración de los estereotipos tradicionales, donde determinados rasgos basculan o cambian o se vuelven inoperantes. De ahí que construcciones como *ser una mujer de su casa, estar en edad de merecer* o *quedarse compuesta y sin novio* no posean la misma pertinencia que en épocas pasadas, porque se están creando otras formas alternativas de vivencias.

El estudio del androcentrismo en el lenguaje se refiere a la proyección en el discurso de los estereotipos culturales y de su diferente trascendencia social a favor del modelo masculino. Con frecuencia, lleva aparejado el *sexismo*, es decir, la relegación de la imagen femenina a un estatus secundario[1] que deriva, en ciertas situaciones, en una representación degradante y deformadora, que comparte con otros grupos sociales no privilegiados (como los homosexuales).

El que las lenguas se conviertan en transmisoras y afianzadoras de tales arquetipos ha llevado a plantear la existencia de *dos estilos de lengua*, es decir, dos usos diferentes del código por parte de hombres y mujeres que se ejemplifica en la preferencia de unas estructuras sobre otras y en el sentido distinto que adquieren ciertas construcciones.[2] Esta fue la tesis defendida por Robin Lakoff en su conocido estudio de 1975 sobre la lengua inglesa,

El lenguaje y el lugar de la mujer, y tema de interés compartido por estudiosos de otras lenguas en las últimas décadas.[3]

Respecto a la lengua española, numerosas publicaciones han aparecido ya donde se incide en aspectos concretos como los estereotipos, la lengua como instrumento de enseñanza, propuestas de cambio, el sexismo en los diccionarios y otros.[4] Entre ellas, *Gramática femenina* de Angel López García y Ricardo Morant ejemplifica la defensa de los estilos al hacer un repaso, entre otros apartados, de los elementos y estructuras gramaticales (interjección, vocativos, afijos, oraciones) que son más reiterativos en el habla de un determinado sexo. El estudio se basa, por tanto, en diferencias cuantitativas[5] que perfilan tendencias, ciertas correspondencias entre lenguaje y sexo que no son unívocas, porque los hábitos lingüísticos se modifican impelidos muchas veces por cambios en las costumbres sociales. Esto ocurre, por caso, con el uso generalizado de las voces procaces en la juventud actual o por motivaciones de diversa índole.[6] En este sentido, los estilos representan preferencias formales que pueden ser indicadoras o no de estereotipos sociales.

El que las tendencias varíen con el devenir no implica, sin embargo, una transformación de la cultura androcéntrica, porque los códigos ideológicos se mantienen aun cuando cambie el sexo del emisor o del receptor de un discurso (como ocurre, por ejemplo, con las connotaciones de *mujer pública*). Quizás, por ello, a la hora de estudiar la connivencia que existe entre la cultura y el lenguaje resulten más reveladoras aquellas estructuras cuyo significado posea una impronta ideológica muy explícita.

Por este motivo, se ha seleccionado para este trabajo el estudio de los matices que portan ciertas voces del campo semántico del *sexo*, tema que ha gozado en mayor o menor medida de cierta proscripción en nuestra tradición cultural, y que quizás pueda ser un paradigma muy estimable para desvelar los espacios menos pudorosos y más descarnados de las ideas. Se trata, además, de un vocabulario que muestra la creación de innumerables imágenes (unas más festivas, otras más poéticas y, las más, procaces) que se mueven en el límite de las *buenas formas*, dejando al descubierto el lugar que ocupan los individuos en función del sexo y de su comportamiento sexual.[7]

Así, a partir de la caracterización de los atributos masculinos y femeninos y de su proceder, será sugestivo desvelar las analogías formales y las redes ideológicas que las voces mantienen dentro del código, obedeciendo a ciertos mecanismos que operan en la creación léxica (presumiblemente, impulsos poco candorosos y bastante deliberados). Hay que añadir también que estamos ante un campo semántico de gran atractivo dentro de las lenguas (índice evidente es el número amplio de entradas recogidas en los diccionarios), y con una gama amplia de variedades dialectales y geográficas, como bien ponen de manifiesto los manuales manejados para este trabajo, donde se incluyen variantes del español de la Península y de Hispanoamérica.[8]

Atributos masculinos

Muy variadas son las imágenes prodigadas para señalar los distintivos masculinos. Con frecuencia, la semejanza formal suele ser el artificio impulsor que actúa en la creación de las nuevas voces; símiles de diverso tipo que representan objetos cotidianos en un intento de enriquecer la nomenclatura de los miembros y de emparentarlos con el quehacer diario, a modo de proyecciones de los mismos en el entorno. El orbe adquiere, de esta manera, una nueva lectura semiótica en clave genésica.

La forma cilíndrica o esférica impele a producir designaciones como *pincel*, *chimba* (del quichua *chimpa*, "trenza" - Cela 2: 310-, *cirio*, *rabo*, *cola*, *tubo*, *pirulí*, *caño*, *canuto*, *péndola*, *bolas*, *borlón*, *botón*, *arracada*, *péndulo*, *canica*, *cascabeles*, *ovillo*, *pesa*, o bien imágenes del tipo *columna*, *columna fálica*, *dólmen*, *estandarte*, *señal*, *picota*, *poste de telégrafos*, *ariete*, *as de bastos*, *báculo*, *bastón de mando*, *bastón fálico*, que ponen de relieve (en "óptimo sañalamiento" según C.J. Cela) la representación gráfica a modo de efigie distintiva y prominente.

Otros símiles formales tienen que ver con instrumentos musicales (*flauta*, *batuta*, *cascabeles*, *timbales*), con ciertas viandas (*chorizo*, *moronga*, *salchicha*) u otros objetos donde la comparación no carece de ciertas connotaciones festivas (*chira*, "jirón", "hilacha" en Méj.—Cela 2: 312—*cuerda*, *reata*, *cáñamo*, *brizna*, *las doce en punto*, *estantigua*, *mondadientes*, *atado de nervios*, *periscopio*, *cabezón*, *cabecipelao*).[9] Variaciones dispares como *los tristes*—en construcciones del tipo "andar como los tristes", "echar los tristes"—o *las alegrías*, o bien apelativos como *los adornos* o *el inocente* que introducen notas de chanza, asegurando otra vía también posible de enaltecer la singularidad, incrementada, no pocas veces, por la composición fónica de los vocablos (*perendengue*, *argamandijo*, *morrongo*).

Un grupo interesante de imágenes está compuesto por vocablos que reiteran la idea de "objeto punzante", sobre todo para perfilar el órgano fálico. La nómina es abundante y variada (*clavija*, *clavo*, *dardo*, *espina*, *espolón*, *espuela*, *estaca*, *estoque*, *flecha*, *garrancho*, *garrocha*, *garrote*, *jabalina*, *lanza*, *lanzón*, *leño*, *pica*, *puya*, *raigón*, *raspa*, *rejón*, *taladro*, *pincho*, *aguayón torneado*) y enlaza con otras entradas que subrayan el parentesco de los miembros con ciertas armas o instrumentos punitivos (*chilillo*, "látigo", "zurriago" en CentroAm. y Méj.— Cela 2: 309—*comba*, "martillo grueso", en Ec. y Perú—Cela 2: 340—*macana*, *machete*, *máuser*, *mosquete*, *pistola*, *rifle*, *tizona*, *trabuco*, *arcabuz*, *balas*, *balero*).

Estas asignaciones exhiben un concepto de la sexualidad apoyado en las ideas de violencia, de actos vehementes, que se corresponden con la virulencia que deben poseer órganos tan esclarecidos (según las analogías descritas). Los atributos femeninos, en consonancia, representarán objetos que se apresten a tal fogosidad y fustigamiento, y las relaciones entre los sexos, un despliegue de juegos bélicos.[10]

El símil formal puede tener otras formulaciones expresivas. Así, determinados frutos, árboles y productos de la naturaleza en general, representan un conjunto de nutridas imágenes que se completa con aquellas expresiones en las que el término de comparación es un animal o ciertos órganos del cuerpo humano.

Varias motivaciones concurren, probablemente, en estas creaciones léxicas. Propiedades como la vitalidad, la viveza o el vigor fértil son semas que por traslación se suman a los órganos masculinos, tras buscar la analogía gráfica. No falta, tampoco, una voluntad de ejercicio creativo, presente en todo símil y especialmente relevante en los registros más coloquiales y humorísticos del lenguaje.

La textura de productos tan cotidianos como las *aceitunas, criadillas, nueces, talayotes, azofaifa, garbanzos, haba, fríjol, granos, güitos, alcaparrones, cacahuetes* o *papas* conmina a la asociación visual. Esta se hace más ostensible y exuberante en otros casos (*calabaza, coco, ayote, plátano, berenjena, mandioca, rábano, pepino, yuca*),[11] y especialmente singular en las imágenes de árboles (*algarrobo, cacao, ciruelo, pino, guáimaro*, "árbol muy corpulento", Cela 2: 392), como nuevos registros de señales notables.

La comparación con objetos de la realidad próxima ofrece una gama amplia de nombres según las distintas zonas geográficas (*aguacate, pagua, huanqui*, Méj.; *luma, tuna*, Ch.; *caima, guama*, Col.; *coyol*, Guat.; *peras, tomates*, Esp.). Y no faltan tampoco en este grupo las asignaciones más festivas, propiciadas por símiles menos ennoblecedores que tiene en las hortalizas y plantas los referentes más prolíficos (*cebolla, chile, choclo, espárrago, nabo, verdolaga, zanahoria, coronta*).

El tópico popular del "pájaro" como imagen fálica tiene sus ejemplificaciones más frecuentes *gorrión, canario, perdiz, chincol* ("pajarito alegre y de pequeño tamaño", voz colombiana, Cela 2: 311), *chinguango* (voz chilena, Cela 2: 312), *avión, loro, tórtola*. Y también tradicional es la imagen de la serpiente con sus modalidades más diversas (*culebra, masacoate*, "boa mejicana"—Cela 2: 439—*boa*) y sus eufemismos correspondientes (*bicha, bichito, bicho*). Otras voces, sin embargo, resultan más insólitas (*avechucho, camarón, chucumite*, "róbalo joven", voz mejicana—Cela 2: 321—*gusano, pescada, sardinas*).

Respecto a la comparación con órganos humanos, se eligen determinados elementos bien por su forma (*amígdalas, ganglios, glándulas, tiroides, riñón, lóbulos*), o por sus connotaciones metafóricas de "valor" y "temple" (*corazón, hígados*).[12] Otras imágenes, sin embargo, hacen un alarde de humor con palpable donosura (*dedo largo, dedo sin uña*).[13]

Las imágenes que pueden catalogarse de funcionales ponen el énfasis en las actividades de suministro y acopio del líquido seminal (*frasco, noria, alambique, fuente*). Otras subrayan una curiosa complicidad entre los actores (*acólitos, adminículos, amigos, compañeros, cuates*) o su facultad de maniobra (*instrumento, cimbel, aparejo*).

Más usuales son, sin embargo, aquellas voces que reúnen similitudes formales y funcionales a la par (*alforja, barril, cantimplora, bolsa, talega, tompeate* o *tompiate*—del náhualtl *tompiatl*, sinónimo de *tanate*, 'zurrón', voz mejicana (Cela 2: 262). La mayor parte de ellas (*bala, acicate, perdigón, aguijón, avispa, cuchillo, daga, espada, arma, armadura,*[14] *cañón, escopeta, fusil, hierro, trabuco*) insiste en la imagen del objeto punzante o bélico y en sus actos lacerantes. El campo léxico comprende toda una gama amplia de instrumentos defensivos que persevera en un arquetipo de la sexualidad sustentado en el protagonismo y poder de los órganos masculinos y en la idea de contienda.

La selección, por tanto, de unas determinadas imágenes sobre otras desvela la mentalidad que actúa como mecanismo impulsor de las construcciones lingüísticas. En este sentido, el campo semántico que estudiamos no representa sino un fragmento muy elocuente de la ideología que sustenta nuestra cultura, la preeminencia de los atributos masculinos. Una vez creada la imagen, puede actuar la derivación, como mecanismo verbal que no sólo contribuye a incrementar el léxico sino también a reiterar ciertos semas; los sufijos diminutivos y aumentativos que determinan el tamaño de los miembros en correspondencia con la menor o mayor posesión de las propiedades asociadas a los mismos; [15] y también ciertas duplicidades, es decir, voces que magnifican una cualidad y términos que la ponen en entredicho o que aluden a rasgos no tan meritorios.[16] Troquelaciones más modernas parecen ser aquellas palabras creadas a partir de las terminaciones -men o -amen, no sólo para destacar determinadas partes masculinas sino también las femeninas (*bolamen, cojonamen, testiculamen, pechamen, muslamen, coñamen, culamen, tetamen*).

Muchos vocablos, además, poseen un carácter ambivalente al designar los genitales de los dos sexos. Suelen ser vocablos de significación muy imprecisa y con un marcado cariz eufemístico (*asunto, chisme, cosa, verija, juguete, estuche, órganos, miembros, partes,*[17] *bacalao, tamal*—voz mejicana, del náhualtl *tamalli*, "empanadas de maíz rellenas" (Cela 1: 258)— *mamey*—con diferente significado en Cuba y en Méjico)—*vergüenzas*, etc.).

Finalmente, en un último grupo podríamos reunir aquellas voces más ambiguas que parecen tener en común ciertos trazos festivos impelidos por la composición fónica o por su significado. Así, por ejemplo, construcciones del tipo *atarantachanchos* (Cost.Ric. Cela 2: 268), *barambas, bisbís, borondanga* (Mej. Cela 2: 284), *chinguilindango, dinguilindón, dingolondando* (con valor onomatopéyico para indicar el "balanceo de una cosa" Cela 2: 312), *cascajo, cachucha* o *pipiroche, pipisote, pispirincito* son vocablos en los que se pone de relieve la resonancia lúdica de los significantes. Mientras el humorismo de otros sintagmas reside en el mayor o menor ingenio que prodiga la imagen (*colgajo, cosa larga, lo que cuelga, el largo, la guía de adelante, fuente de placer, quitasueño, la sin hueso, el sin orejas*).[18]

Atributos femeninos

Una primera nota destacable que presenta este campo semántico con respecto al anterior es el menor número de entradas léxicas que registran los manuales. Se trata de un dato cuantitativo que bien puede responder a la preeminencia cultural que poseen unos atributos sobre otros, ya perfilada en las imágenes descritas. Es curioso, sin embargo, que la cifra se incrementa cuando se trata de describir la actividad sexual o de designar a prostitutas y homosexuales, individuos poco estimados socialmente, dado que su exigua *honorabilidad* es una consecuencia del lugar que ocupan con respecto a los estereotipos primarios o secundarios.

Las imágenes referidas al busto femenino suelen hacer hincapié en su turgencia. Aparece el "topos" del edificio (*aldabas, balcón, balconada, escaparate, mostrador*), del cuerpo humano (*amígdalas, jorobas, chepas, orejas, ganglios*), de la naturaleza (*naranjas, limones, melones*). Pero más enfáticas son, sin embargo, las expresiones peyorativas que subrayan la desmesura o nimiedad de los senos (*pechugona, espetera, tetona, tetorra, pechotabla*), según un prototipo de belleza.[19]

Son muy populares ciertas voces que aluden a elementos naturales o animales (*breva, higo, mazorca, patata, panocha, papaya, bacalao, conejo, marisco, chacón, jaiba, mico, mono, zorro*). También lo son otras que juegan con la recurrencia de sonidos: *chichi, chicha* (P.Ric. Criado 23), *chorcha*, El Salv. (Criado 25), *papo*, Arg. (Criado 45-), *pachpala* o *pashpala*, Guat. (Criado 43), *tete, totó*, Rep. Dom. (Criado 59), *yoyo*, Arg. y Méj. (Criado 62). Y no faltan creaciones festivas del tipo *bigote, barbas, felpudo, fandango, motete, tonto*.

Mayor es el número de vocablos que designan los genitales, insistiendo más que en la forma en su función de órganos receptivos. La representación de los atributos de la mujer como receptáculo del órgano masculino configura construcciones como *alcancía, concha, cuenco, crica, gruta, nido, tintero, bote, cajeta, capacha, cueva, hoyo, morral, pilón,* o bien otras como *cenicerito, sartén , raja, raya, rendija* o *tajo,* en correspondencia con la fogosidad fustigadora de Príapo.

Ars amandi

El epígrafe subraya, por contraste, la ausencia de afecto en la mayoría de las construcciones verbales que designan el encuentro carnal, descrito con frecuencia como una confrontación donde se sojuzga al adversario.

Así, en correspondencia con la forma y la función de cada uno de los sexos, las relaciones consisten en *echar un caliqueño,*[20] *remojar la brocha, pegarse una cacha, llevársela al catre, cochar, cabalgar,*[21] *coger, empiernarse, enhebrar, darse el filete, dar lija, mojar el pizarrín, ponerse negro.* Locuciones que están entre las más gentiles y distinguidas, porque otras veces la voluptuosidad no se arredra en *cargarse o cepillarse a alguien, trincar, clavar, chingar, echarse un fierro, golpear, abrir el pozo, pasarse por la piedra, machacar, moler, picar el higo, raspar, refregar, rempujar, serruchar, romper la tela, trincar* o *tronar.*

Hetairas y Monfloritas

Cada actor tiene asignado su papel en la representación y pretender obviarlos o cambiarlos lleva consigo el apartamiento de la escena. Si una mujer se arroga la libertad de provocar el juego de la seducción, se sale del estereotipo de la "mujer honesta" (tradicionalmente "una mujer de su casa") para englobar el grupo de la "mujer pública".[22]

El primer paso suele ser el de convertirse en una "mujer fácil", es decir, en una persona que accede con excesiva desenvoltura a los requiebros libidinosos; entonces se hace una *cachonda,* una *quedona,* una *putilla,* un *pendón* o una *pendona* que *le gusta el cuento* o que *entra* a él. Si termina haciendo de la afición una especialidad, obtiene el "respetable" título de *ramera, fulana* o *elementa,* con sus consiguientes variedades geográficas (*alambique* Bol., *culeadora* o *petate* C.Ric., *culiaringa* o *pilla* Ec. *levante* Arg. y Urug., *magalla* Hond., *patinadora* Ch., *pizona* El Sal., *quilombera* Arg., Par. y Urug.; *tierrita* R.Dom., *yira, yiro* o *yirona* Arg. *piruja* Méj.).

Y dentro de la profesión, hay una variedad de artes a las que consagrarse. Puede ser *cabaretera* o *camaruta* ("camarera de bar de alterne" Oliver 52), *fichera* ("chica de descorche" Oliver 129), *rutera, mujer de la calle, de la carrera, mujer al taxi, caminanta, trotera, pindonga* o *peripátética* (sinónimos todos ellos de "prostituta callejera"), *una protegida* ("prostituta que goza de la protección de un proxeneta" Oliver 252), o una *gabasa, lumiasca, marca, meuca* o *cocota.* Y, como todo oficio que se precie, éste también goza de categorías, porque no es lo mismo ser una *burraca, buscona, penca* o *raspa* (prostitutas de ínfima calidad) que una *descricajada* ("prostituta muy experimentada", R.Dom. Criado 26) o una *chai* (prostituta jovencita).

Otras designaciones contienen un marcado matiz eufemístico no exento de penetrante sarcasmo (*funcionaria, horizontal, instantánea, media virtud, pisadora, pinchada, niña bien, mujer de vida alegre, de posturas, cariñosa*).[23] Mientras la invectiva se dispara sin indulgencia con *gata, leona, perico, rata, sucia, cuero, pelleja, ganado*. Así, pues, ejercer la prostitución constituye, sin duda, uno de los mejores blancos donde recibir los dardos de una cultura y de una sociedad que tienen muy bien delimitadas las pautas de conducta para sus usuarios.[24]

Suerte parecida tienen quienes hayan elegido la homosexualidad como práctica sexual. En la masculina destaca fundamentalmente la idea de apartamiento de la norma habitual, sancionada de forma lingüística mediante expresiones como *ser de la acera de enfrente*,[25] *de rosca izquierda, amanerado, equivocado, desviado, invertido*. La exclusión, además, lleva aparejado el estigma (*raro, dañado, loca, mano caída, mano quebrada, virado, viraicambia*) y la aproximación al arquetipo femenino, en el amaneramiento (*rosita, mariquita, mariposa, amanerado, esteta, hermafrodita, fileno, cacorro, manflorita, ruminé*) y en las prácticas carnales (*canco, hueca, jibia, ciento ocho, culastrón, rosquete, culero, nefandario, piernijunto*). No faltan tampoco los vocablos que clasifican al apelado por su edad o por su actividad especializada (*efebo, carroza, patriarca, patricio, reinona, padre, madre, bardaje, chapero, puto*).[26]

Menos numerosos son los términos que se refieren a la homosexualidad femenina. En tales casos, también se pone de manifiesto el alejamiento del estereotipo propio para acercarse al del otro sexo. Así lo certifica la marca verbal que señala su carácter advenedizo (*marimacho, machote, machorra, tiorra*). Otras voces,sin perder su connotación peyorativa, son una derivación de los calificativos creados para designar los genitales (*tortilla, tortillera, bollera, bollaca*).[27]

Para concluir, vamos a citar algunas interesantes semejanzas formales que se dan en este campo semántico, fundamentalmente entre las designaciones de los atributos masculinos y los vocablos referidos a la prostituta y al homosexual masculino. Se trata de un conjunto de voces que comparten el mismo lexema (aunque a menudo representan modalidades geográficas).

Ejemplos diversos serían aquellos en los que se dan analogías de expresión entre el órgano fálico y la mancebía: *pinga* y *pindonga* 1. "puta" 2. Arg. y Par. "pija" (Cela 2: 505-06); *pizca* 1. Méj "pija" 2. Col. "puta" (Cela 2: 514); *pendeja* Col. "pija" (Cela 2: 490), Esp. "prostituta" (Oliver 231); *paloma* 1."puta" 2. Bol., Col., Hond.,Nic., Pan., Perú, Ven. "pija" (Cela 2: 474); *camote* 1. Méj. "pija" 2. Ch., Perú "amante", "querida" (Cela 2: 294); *mona* 2. Méj."puta" 3.Salv."pija" (Cela 2: 453). O entre el citado atributo y el apelativo del homosexual (*bicho* "órgano sexual masculino" Cuba, P. Rico y R.Dom /*bicha* "homosexual" Brasil (Criado 10); *mamerro* "pene" P.Ric./*mamaíta, mamón* "homosexual" Salv. (Criado 37); *pájaro*"pene" Arg., Bol., Guatt., Méj., P.Ric.; "homosexual" R.Dom., Pan., CRic., Perú, Salv., (Criado 44); *plátano, platanazo* "pene" Méj., CRic., "homosexual" CRic., (Criado 50).[28]

Así pues, "hetairas" y "manfloritas" participan en ocasiones de voces muy afines, quizás como una forma de prolongar también en la lengua la proximidad de sus *fortunas*.[29] Y todo lenguaje es un inestimable espejo en donde se reflejan, para contemplación de todos, las luces y las sombras de nuestra cultura.

Obras citadas

Aebischer, V. *Les femmes et le langage.* París: Presses Universitaries de France, 1985.

Alvarez Munárriz, L. "Lenguaje, Cultura y Cibernética". *Lengua y Cultura. Aproximación desde una semántica.* Ed. J.A. Fernández de Rota y Monter. La Coruña: Ediciós do Castro, 1989. 29-47.

Beinhauer, W. *El humorismo en el español hablado.* Madrid: Gredos, 1973.

Buxó Rey, M. Jesús. *Antropología de la mujer. Cognición, lengua e ideología cultural.* Barcelona: Anthropos, 1988.

Calero, Mª Ángeles. "Términos y expresiones sexistas en español: los 'duales aparentes' y los tacos". *Actas del XIX Congreso Internacional de Lingüística y Filología Románicas.* La Coruña: Fund. Pedro Barrié de la Maza, Conde de Fenosa, 1992.

Cela, C.J. *Diccionario Secreto.* 2 tomos. Madrid: Ediciones Alfaguara, 1968.

Criado del Val, M. *Palabras Equívocas o Malsonantes en España, Hispanoamérica y Filipinas.* Madrid: Ins. Oficial de Radio y Televisión, 1985.

Demonte, Violeta. "Naturaleza y estereotipo. La polémica sobre un lenguaje femenino". *Actas de las Primeras Jornadas de Investigación Interdisciplinaria. Nuevas perspectivas sobre la mujer.* Madrid: Seminarios de estudios de la Mujer, 1982. 215-21.

Fuertes, Pedro A. *Mujer, lenguaje y sociedad: los estereotipos de género en inglés y en español.* Alcalá de Henares: Centro Asesor de la Mujer, 1992.

García Meseguer, A. *Lenguaje y discriminación sexual.* Madrid: Montesinos, 1984.

—-. *¿Es sexista la lengua española? Una investigación sobre el género gramatical.* Barcelona: Paidós, 1994.

Instituto de la Mujer. *Propuestas para evitar el sexismo en el lenguaje.* Madrid, 1989.

—-. *Uso no sexista del lenguaje administrativo.* Madrid, 1990.

Izquierdo, M.J. *Mujer y lenguaje.* Barcelona: La Sal, 1983.

—-. *Las, los, les (lis, lus). El sistema sexo/género y la mujer como sujeto de transformación social.* Barcelona: La Sal, 1983.

Kurtz. *¿Por qué los hombres dicen lo que dicen y las mujeres oyen lo que oyen?* Barcelona: Paidós, 1988.

López García Á. y Morant R. *Gramática femenina.* Madrid: Cátedra, 1991.

Michel, A. *Fuera moldes. Hacia una superación del sexismo en los libros infantiles y escolares*. Barcelona: La Sal, 1987.

Miller, R.A. *The Japonese Language*. Chicago: University of Chicago Press, 1967.

Oliver, J.M. *Diccionario de Argot*. Madrid: Ed. Sena, 1985.

Preisler, B. *Linguistic Sex Roles in Conversation*. Berlín: Mouton de Gruyter, 1986.

Sabatini, Alma. *Il sessismo nella lingua italiana*. Roma: Commi ssione Nazionale per la realizzazione della parità tra uomo e donna, 1987.

Notas

1 ✶ Así lo sostiene M. Jesús Buxó Rey en la obra citada: "Históricamente, la mujer ocupa una posición social secundaria. Por esta razón ajusta su comportamiento a unas reglas socioculturales y sociolingüísticas específicas y complementarias, opuestas y secundarias en relación con las que desempeña el hombre" (19).

2 ✶ En este sentido, es significativo que en los últimos tiempos hayan aparecido títulos tan sugestivos como *¿Por qué los hombres dicen lo que dicen y las mujeres oyen lo que oyen?* de Kurtz, reveladores de la importancia que poseen los códigos de interpretación de los mensajes.

3 ✶ Cfr., por ejemplo, *Les femmes et le langage* de V. Aebischer, *Mujer, lenguaje y sociedad: los estereotipos de género en inglés y en español* de Pedro A. fuertes, *The Japonese Language* de R.A. Miller, *Linguistic Sex Roles in Conversation* de B. Preisler o *Il sessismo nella lingua italiana* de Alma Sabatini.

4 ✶ Podemos citar, como ejemplos ilustrativos, *Mujer y lenguaje* o *Las, los, les (lis, lus). El sistema sexo/género y la mujer cono sujeto de transformación social* de M.J. Izquierdo, *Fuera moldes. Hacia una superación del sexismo en los libros infantiles y escolares* de A. Michel, *Propuestas para evitar el sexismo en el lenguaje* y *Uso no sexista del lenguaje administrativo*, editados por el Instituto de la Mujer, o los estudios de A. García Meseguer, uno de los pioneros en estas lides con *Lenguaje y discriminación sexual* y, más recientemente, con *¿Es sexista la lengua española? Una investigación sobre el género gramatical.*

5 ✶ Así, por ejemplo, el *estilo femenino* se caracterizaría por el empleo de ciertos elementos (hipocorísticos en -i, -u, interjecciones propias, el prefijo súper-, los diminutivos, los acortamientos léxicos, los eufemismos, etc.) que insisten en los rasgos de 'sensibilidad', 'delicadeza', 'pequeñez', 'mesura', entre otros. Mientras que el *estilo masculino* sería más proclive a otras formas (las interjecciones impropias— en particular las locuciones obscenas y blasfemas—el intensificador re-, las creaciones léxicas en -men o -amen, la afirmación categórica, etc.) que compelen a subrayar los atributos de 'rudeza', 'seguridad', 'fuerza' o 'perseverancia' (91-136).

6 * Violeta Demonte en su artículo "Naturaleza y estereotipo. La polémica sobre un lenguaje femenino" incide en los riesgos que en este sentido deben solventar trabajos cuyas afirmaciones se basan en resultados más cuantitativos que cualitativos. Las diferencias expresivas no tienen por qué justificarse necesariamente desde la correlación lenguaje-sexo, sino desde la intervención de otras variables de carácter social (215-21).

7 * El pudor verbal no es sino un exponente de la *inconveniencia* de ciertas ideas. A este respecto C.J. Cela en su *Diccionario secreto* hace un alegato a favor de las voces menos distinguidas: "Es cierto que las palabras se subliman o se prostituyen, se angelizan o se endemonian, a consecuencia de una cruel determinante—la vida misma—en cuyo planteamiento, evolución y último fin no tienen ni voz ni voto; pero no lo es menos, a todas luces, que el peligro de esta mixtificación debe ser denunciado y, hasta donde se pueda—y sin perder una última y quizás escéptica compostura—también combatido" (1: 18-19).

8 * Nos estamos refiriendo al *Diccionario Secreto* de C.J. Cela, a *Palabras Equívocas o Malsonantes en España, Hispanoamérica y Filipinas* de M. Criado del Val y a *Diccionario de Argot* de J.M. Oliver. Hay otros trabajos (como *Diccionario de argot español* de V. León, *Diccionario de expresiones malsonantes del español* de J. Martín, *Buenas y malas palabras en el castellano de Venezuela* de Á Rosenblat, *Diccionario Cheli* de F. Umbral, *El lenguaje del cuerpo. Vocabulario sexológico. A-Z* de VV. AA.) que tratan el mismo tema. Interés que, lejos de ser moderno, ya goza de una larga tradición en las letras españolas (recordemos, por ejemplo, las citas tan deliciosas que nos brindan los *Cuentos* de Bocaccio, *La Celestina*, *La Lozana andaluza*, el *Cancionero de obras de burlas provocantes a risa*— Valencia 1519—la poesía jocosa de Quevedo, el *Vocabulario de refranes y frases proverbiales* de G. Correas, el *Arte de las putas* de Nicolás Fdez. de Moratín y *Fábulas futrosóficas* de Leandro Fdez. de Moratín, *Cuentos y poesías más que picantes* de Tomás de Iriarte, etc).

9 * Hay bastantes locuciones donde los términos *cabeza* y *cara* dan lugar a expresiones jocosas del tipo *cabeza de alcancía, cabeza de bombero, cara de haba, cara de gallo, cara de naipe, cara de papa.*

10* Mª Ángeles Calero ha insistido ya en la relación que poseen los términos que aluden a los genitales masculinos con sinónimos que ponen de relieve la idea de 'golpear' o 'matar' (*as de bastos, escopeta, estar bien armado, pistolo, porra...*), propiciadoras de locuciones como *cargarse a una, dar un latigazo, pasarse a una por la piedra, trincarse, ventilarse*, etc.

11* W. Beinhauer ha señalado la propensión que muestra la lengua española a crear hipérboles y asociaciones de palabras en donde interviene un notorio poder de representación visual, (59-106).

12* No carecen de ambigüedad tales formas porque "echarle corazón" o "tener hígados" son construcciones que ponen de relieve el arrojo como otras expresiones menos pulidas. A este respecto, señala C.J. Cela que "*corazón* y *cojones* son ambos eufemismos de 'valor'; ahora bien: en este sentido, ¿es *corazón* eufemismo de *cojón*?, sí, ya que puede suplirlo—y no a la inversa—" (Cela 1: 90).

13* "Según Dámaso Alonso, la perífrasis como medio estilístico pretende 'comunicar a la representación del objeto una plasticidad, un coloreado relieve, un dinamismo que la palabra concreta no puede dar", (W. Beinhauer 40).

14* De donde derivan construcciones del tipo *pasar por las armas, estar bien armado.*

15* Las formas de diminutivo poseen un carácter más familiar y eufemístico (*pipizón, pipicito, colita, colilla, chichín, pajarito*), que las de aumentativo, de matices toscos y enfáticos (*pollón, cipotazo, cirión, ciriote, mazorcón, vergón, clavón*, etc.).

16* *Cojonudo* ('valiente', 'magnífico' Cela 1: 125)-*cojonazos* ('estúpido', 'versátil' Cela 1: 125), a partir de los cuales se forman las correlaciones *huevudo-huevazos, bragado-braguillas, carajazo-carajada, acojonar-acojonarse.* Incluso una serie de locuciones donde aparecen tales lexemas se ha especializado en el significado de presencia o ausencia de 'valor ', 'fuerza', 'voluntad', 'abuso', 'estupidez', etc. Cfr., por ejemplo, Cela 1: 105-17 y Oliver 69-70.
Otras veces la duplicidad de significados la proyecta el mismo lexema, dando lugar a ciertas asimetrías: *badajo* (1.'pija'//2.'necio' Cela 2: 273), *capullo* (1.'prepucio'// 2.'glande'//3.'pene'//4.'estúpido', 'imbécil'//5.'novato', 'inexperto', Oliver 56-57), *gandumbas* (1.'testículos'//2. *un gandumbas*: 'un vago' Oliver 140), *minguín* (1.Ast.'pija'//2.Ast.'hombre pusilánime' Cela 2: 450).
Las diferencias pueden responder, sin embargo, a modalidades dialectales, como ocurre, por ejemplo, con la palabra *chafarote* (1. Ch., Méj. 'pija'// 2. Col. 'persona ignorante'// 3. Guat. 'militar de alta graduación, sin cultura' Cela 2: 306-07).

17* Estos vocablos suelen reunir ambas designaciones sobre todo en aquellos casos en los que aparece un calificativo que insiste en el significado genérico de la construcción (*órganos sexuales, miembros genitales, partes naturales, inferiores, obscenas, pudendas, púdicas, sensuales, vergonzosas*, etc.). Sin embargo, cuando se obvia el complemento del sintagma la referencia a los distintivos masculinos parece ser más evidente (*el órgano, sus partes*).

18* Se podrían sumar a estas expresiones los nombres propios de persona que por antonomasia designan el órgano masculino: *Carlos Quinto, Carlitos, Jorgito, Juanito, Juan Lanzarote, Pancho, Filiberto.*

19* Son muy significativas las construcciones que destacan el físico de la mujer (*bombón, mujer de bandera, monumento, muñeca, mujer fatal, bello sexo*), pero aún lo son más las que magnifican la fealdad: *cacatúa* 'mujer vieja, fea o ridícula' (Oliver 45); *ser un callo*, 'es ser muy feo, se aplica especialmente a la mujer' (Oliver 52); *escoba* 'mujer flaca que tiene escasas formas femeninas' (Oliver 119); más *aborto, bigotuda, loro, peluda, pandorga, carantoña.* Dicterios dirigidos al físico que están en la línea de otros que ponderan defectos de comportamiento, tales como la maledicencia o la perfidia (*verdulera, rabanera, cotorra, portera, suripanta, piltraca, arpía, pécora, sota*).

20* Con las variantes *echar un casquete, un brinco, un palo.*

21* O bien *jinetear, lavar el caballo, echarse a una mujer, tener una montadita.*

22* Resulta curioso observar cómo el lenguaje puede desvelar las contradicciones ideológicas de la cultura. Una muestra es el sintagma "mujer pública" que debería corresponderse con "hombre público" en una época en la que las mujeres también se han insertado en el mundo laboral y en el negocio; pero, sin embargo, la construcción no puede desprenderse de sus connotaciones peyorativas como una marca de los modelos disociados de conducta.

23* También poseen estas notas los sintagmas referidos al prostíbulo: *casa mala, casa de pensión, casa de tapadillo, escuelita, picadero, casa de citas, aduana*, etc.

24* La mayoría de estos vocablos se utiliza en el lenguaje como injurias contra pautas supuestamente inmorales, lo que no asombra que otros rasgos semánticos hayan terminado por asociarse a tales térmimos. Así, por ejemplo, una *putilla* es también una 'persona aviesa, malintencionada e hipócrita' o una *putorra* una 'persona astuta' (Oliver 257).
A este respecto, habría que citar también las correlaciones asimétricas que se dan en la lengua con respecto al significado tan dispar que ciertas palabras poseen en su forma masculina y femenina . Los ejemplos no son pocos: *elemento/-a, gorrón/-a, hurón/-a, lagarto/-a, león/-a, lobo/-a, pájaro/-a, pendejo/-a, pendón/-a, perro/-a, prójimo/-a, tirado/-a, zorro/-a.*

25* Con las modalidades *ser del otro bando, de la otra banqueta, del otro equipo, del otro lado, de la vereda de enfrente.*

26* Asimismo, como ocurría con los sinónimos de la voz "puta", también algunos de estos vocablos llevan asociadas connotaciones no muy gratas: *bujarra* (2.'torpe', 'necio' Oliver 40), *jula* (2.'tonto', 'incauto' Oliver 164), *julai* (1.'incauto', 'tonto'//2.'persona a la que se desprecia' Oliver 164), *mamporrero* (1.'inútil', 'tonto' Oliver 182).

27* También *cueca, chalonera, tríbada, arrepera, cachapera, minetera, rarosa.* Resulta interesante comprobar que cualquier tipo de "comportamiento irregular" tiene su refrendo en el lenguaje: *ninfómana, calientabraguetas, estrecha, viuda alegre/ sátiro, maníaco, pitiflojo, viejo verde* . Es evidente, que en tales casos— como en todos los ejemplos que hemos enumerado—el código no hace sino dar forma verbal a los referentes ideológicos.

28* Algunos vocablos registran el parecido con la palabra que alude al órgano femenino: *chicha* 'designación del sexo femenino' PRic., *chichera* 'homosexual' Pan. (Criado 23); *cocho* 'órgano sexual femenino' Bol., *cochón* 'homosexual' Nic. (Criado 18).

29* *Culeadora* 'prostituta' CRic., /*culero* 'homosexual' Hond.,Salv.,Méj. (Criado 22); *culiaringa* y *culiona* 'prostituta' Ec. y Pan., /*culiolo* 'homosexual' CRic. (Criado 22); *huecona* 'prostituta' Pan., /*hueco* 'homosexual' Guat. (Criado 33); *ponedora* 'prostituta' Méj., /*ponedor* 'homosexual' CRic. (Criado 51); *loca* 'prostituta' Arg., 'invertido' Ch. (Criado 36); *pluma* 1. 'homosexual'//6. 'prostituta' (Oliver 245).

La mujer ante el conflicto de lo heredado y la nueva visión de lo que quiere ser

Zheyla Henriksen
University of the Pacific

En la actualidad la mujer se debate entre el deseo de realizarse profesionalmente y el de cumplir el legado socio-histórico de madre y ama de casa. La lenta evolución de la sociedad le ha ido abriendo el camino a la educación y el derecho al voto. La libertad a la educación y al ejercicio de su profesión le han llevado a la revaluación de su yo interior, en tanto que el derecho al voto le ha permitido participar activamente en la política.

Ante esta nueva perspectiva, la mujer lucha por autodefinirse y, en ese intento, se puede intuir una ambivalencia y una profunda soledad. Esta condición se trasmite en poemas o en signos que se invierten o que tratan de desmitificar los códigos sexuales. Por eso, nuestro intento es indagar y señalar los efectos literarios de este conflicto y analizar de qué modo, a través de los siglos, la mujer ha sido regida por una sociedad predominantemente patriarcal.

Por mucho que la sociedad haya permitido a la mujer el desarrollo intelectual, profesional y político, la actitud tradicional sigue predominando. Como lo aseveran Angela Labarca y Raquel Halty Pfaff en *Convocación de palabras*:

> [Su ser se debate] (...) entre lo que ella es como un ente individual y lo que debería ser según cánones existentes de nuestra sociedad. El matrimonio [que la sociedad ve como meta máxima de toda mujer] no es más que una especie de cárcel. Sus logros profesionales, no son valorados como lo serían si se tratara de los logros de un hombre. (164-65)

El poema "Autobiografía" de Rosario Castellanos traspasa lo individual y se universaliza cuando dice:

> Yo soy una señora: tratamiento arduo de conseguir, en mi caso, y más útil para alternar con los demás que un título extendido a mi nombre en cualquier academia. (*Convocación 166*)

El poema denuncia ciertos "atributos" designados para la mujer como son los de tratar de no brillar en el campo profesional; la sublimidad del hecho de ser madre; tener como único logro intelectual el "escuchar música" y "ver pinturas"; como máxima ambición, el "sufrimiento".

El tratar de no brillar la apartará de la envidia y a la vez le ganará la admiración de los hombres. Castellanos lo dice así en estos versos:

Mi apariencia ha cambiado a lo largo del tiempo
—aunque no tanto como dice Weininger
que cambia la apariencia del genio.
Soy mediocre.
Lo cual, por una parte, me exime de enemigos
y, por la otra, me da la devoción
de algún admirador y la amistad
de esos hombres que hablan por teléfono
y envían largas cartas de felicitación.
Que beben lentamente whisky sobre las rocas
y charlan de política y literatura.

El sufrimento, dice, es más un "hábito y herencia" que algo individual; no sabe ser feliz porque no la aleccionaron en ello, más bien le enseñaron a llorar.

Pero el llanto
es un mi mecanismo descompuesto
y no lloro en la cámara mortuoria
ni en la ocasión sublime ni frente a la catástrofe. Lloro—dice—
cuando se me quema el arroz
o cuando pierdo
el último recibo del impuesto predial.
(*Convocación 167*)

El humanismo renacentista italiano intentó darle un sitio a la mujer dentro de la historia literaria. Esta tentativa la encontramos representada en un cuadro de Botticelli, donde por primera y tal vez única vez aparece la Virgen María, modelo de la feminidad, como escritora. En el cuadro de Sandro Botticelli, "La Madonna del Mannificat" (1483), se ha basado Susan Schibanoff para indagar este fenómeno.[1] Aquí la crítico explora las implicaciones "de la pintura cuatrocentista" que explica un hecho importante en la historia literaria: la aparición y desaparición repentina de un grupo de escritoras del Renacimiento, las autoras humanistas del siglo XV en Italia. Este cuadro celebra a la mujer como escritora y trata de persuadir al observador de que ella es un "modelo imposible, es decir que el cuadro participa en la amplia retórica humanística que buscó control y finalmente silenció a la mayoría de las escritoras que el movimiento había amparado.[2]

A finales del siglo XIX en Europa, se despierta en el campo de las letras la preocupación por la igualdad de los sexos. En 1891, el congreso socialista de Erfurth declara el voto para los dos sexos y promueve la derogación de las leyes que declaren la inferioridad de la mujer;[3] pero en 1908 aún el sufragio estaba restringido por la edad y el sexo. Sin embargo, en 1882, en la declaración que hace Concepción Arenal en *La mujer y el porvenir*, dice que la mujer no desea ni derechos ni actividad política ya que es un campo de confusión, de mentiras y muchas veces de iniquidad (Dash 5). Como lo explica Robert Dash en su tesis doctoral, en 1995, la misma Arenal declaraba:

> A la mujer que estudia se le da un documento que acredita su suficiencia, pero se le prohibe ejercer la profesión para que se le reconoce aptitud. La autoridad dice: te concedo que sabes, pero si aplicas tus conocimientos, te perseguiré porque... mando la Guardia Civil. (5-36)

Según el análisis comparativo que hace Dash entre la novela *Memorias de un solterón* de la Condesa de Pardo Bazán y *Tristana*, de Benito Pérez Galdós,

> [...] el contraste esencial entre Tristana y Fe [...] parece radicar en las diferencias entre el entendimiento de lo que constituye la emancipación de la mujer: mientras doña Emilia parece ocuparse principalmente de la falta trágica de instrucción para alcanzar la genuina independencia que es la económica, Galdós va más allá y concibe el honor como otro de los principales impedimentos de la emancipación. (8-9)

Las pocas posibilidades que la sociedad deparaba a la mujer se limitaban a hacerse monja, para la que deseaba seguir su inclinación por el estudio y lo artístico; o vestirse de hombre, para la que psicológicamente podía ser admitida en el círculo de los hombres. Entre estas mujeres, mencionaremos unos pocos ejemplos: Santa Teresa de Avila, quien dudó por largo tiempo entre situarse entre los hombres o entregarse a Dios;[4] Sor Juana Inés de la Cruz quien, al igual que la anterior, decidió ingresar en el convento porque era el único sitio donde podía consagrarse a su inquietud, el saber. Y aun allí, al final, se vio forzada a renunciar a su intelecto. En su último intento de independencia escribe una carta que es el resumen del amor a la sabiduría y tal vez el primer manifiesto en defensa de la mujer escrito en América—"Respuesta a sor Filotea de la Cruz"—carta autobiográfica que aparece el primero de mayo de 1691.

En 1804 nace la francesa George Sand, cuyo verdadero nombre era Aurore Dudevant; mujer de gran intelelecto, admiraba y resentía a los hombres y se distinguía por su vestimenta varonil (Arias Fábrega, *Las mujeres* 183-90). En 1851 nace la española Emilia Pardo Bazán, quien llegó a ser llamada la Lope con faldas, y quien por su inclinación a la política y a lo intelectual es criticada despiadadamente. Ella es la primera mujer que desempeñó una cátedra,[5] lo cual le atrajo la incomprensión aun de las de su propio género, por abordar temas científicos y políticos. Sus primeros poemas son publicados bajo el seudónimo de Jaime.

Otra española, Concepción Arenal, tuvo que disfrazarse de hombre para poder seguir sus estudios universitarios. Al ser descubierta causó una gran algarabía; la aceptaron pero tuvo que seguir vistiéndose de hombre para disfrazar su intelectualidad. En 1883 nace la puertorriqueña Luisa Capetillo que luchó por la emancipación de la mujer y aseguraba que su esclavitud se debía al ideal patriarquista y al sistema económico[6]. Otra puerto-rriqueña, Carmen Marrero, denuncia en su obra la resistencia del hombre ante el deseo de la mujer que no quiere ser encasillada, sino que quiere estar a la par del hombre.

El cambio social de la mujer se percibe en el campo de la expresión literaria. Surge un verso nuevo, vigoroso; mientras unas tratan de encontrar una reconciliación, otras luchan por liberarse. En el verso la mujer va perdiendo su estereotipo, va delineando una actitud activa, ya sea como participadora o como portadora de la antorcha no sólo de lo **tuyo** que es el hombre, sino del **tú** y del **yo**. Como dice Julia de Burgos en su poema que lleva su propio nombre:

Ya las gentes murmuran que soy tu enemiga porque
dicen que en verso doy al mundo tuyo.
Mienten, Julia de Burgos. Mienten, Julia de Burgos.
La que alza en mis versos no es tu voz: es mi voz.
porque tú eres ropaje y la esencia soy yo;
y el más profundo abismo se tiende entre las dos.
Tú eres muñeca de mentira social,
y yo viril destello de la humana verdad.
Tú eres dama casera, resignada, sumisa,
atada a los prejuicios de los hombres; yo no;
que soy Rosinante corriendo desbocado
olfateando horizontes de justicia de Dios. (*Convocación 98*)

El verso también se torna futurista. Es la mujer como portadora de la antorcha, corriendo en una sociedad renovada:

Cuando las multitudes corran alborotadas
dejando atrás cenizas de injusticias quemadas,
y cuando con la tea de las siete virtudes[7]
tras los siete pecados[8] corran las multitudes,
contra ti, y contra todo lo injusto y lo inhumano,
yo iré en medio de ellas con la tea en la mano. (*Convocación 98*)

Otras veces en el verso femenino brota la queja de la desigualdad, porque lo que el hombre exije de ella no lo puede reciprocar y, en consecuencia, la mujer se siente prisionera de su destino. En "Tú me quieres blanca", Alfonsina Storni se rebela ante la idea que ha impuesto el hombre sobre el ideal de la mujer. Arguye que el hombre está tan lejos de dar lo que pide, que sería necesaria una extensa purificación para que él pudiera llegar al nivel de la mujer.[9]

Alfonsina Storni siente en carne propia lo paradójico de la situación y nos lo expone al declarar:

Soy superior al término medio de los hombres que me rodean, y físicamente, como mujer soy su esclava, su molde, su arcilla. No puedo amarlo libremente: hay además demasiado orgullo en mí para someterme. Me faltan los medios para someterlo. (Nalé Roxlo 109)

La posesión unilateral y la falta de comprensión del hombre han creado en la mujer una desvaloración de él, por eso lo llama "hombre pequeñito". Su canto brota en la búsqueda de la libertad:

Hombre pequeñito, hombre pequeñito,
Suelta a tu canario que quiere volar...
Yo soy el canario, hombre pequeñito,
Déjame saltar.
Estuve en tu jaula, hombre pequeñito,
hombre pequeñito, qué jaula me das.
Digo pequeñito porque no me entiendes,
ni me entenderás. (Storni 76)

Al encasillarse la mujer como virgen-madre, humilde, hacendosa, falta de aspiraciones y modelo de sacrificio y sufrimiento, se ha forzado ella misma a una especie de esclavitud. La que no cumpla este requisito se expone a que la tomen a la ligera e inclusive a que la degraden. En la novela de Vargas Llosa *Elogio de la madrastra* encontramos el signo que temática y semánticamente se invierte. El tema de la mujer madura, pecadora e ingenua que, sin darse cuenta, es seducida por el joven hijastro, un niño de rostro angelical quien, con gran pasión y maestría ingenua, logra que su madrastra tenga relaciones sexuales con él. Al final con la misma ingenuidad con que la sedujo, la descubre ante su padre quien, al saberlo, la echa de la casa. Como cerrando la novela, Vargas Llosa, también ingenua e inocentemente, pone ante el lector el cuadro donde la narradora es la Virgen María de la Anunciación. Lo curioso es que este cuadro último está como superpuesto al tema de la novela, como si el escritor nos alertara de que la mujer debe seguir permaneciendo dentro de ese modelo.

La mujer actual trata de dar a entender que tenemos las mismas inquietudes sexuales que el hombre. En las obras de Angeles Mastretta y en las de Esther Tusquets, la primera presenta a un personaje femenino que trata de poner los ojos en otro hombre que no es su marido, y la segunda pretende lograr la independencia sexual. En *Arráncame la vida*, el personaje nos describe su atracción y la reacción del esposo:

> Desde que vi a Fernando Arizmendi, me dieron ganas de meterme a la cama con él. Lo estaba oyendo hablar y estaba pensando en cuánto me gustaría morderle una oreja, tocar su lengua con la mía y ver la parte atrás de sus rodillas.
> Se me notaron las ansias,...
> —Qué obvia eres Catalina, dan ganas de pegarte.
> —Y tú eres muy disimulado, ¿no?
> —Yo no tengo por qué disimular, yo soy un señor, tú eres una mujer y las mujeres cuando andan de cabras locas queriéndose coger a todo el que les pone a temblar el ombligo se llaman putas. (75)

En "Las sutiles leyes de la simetría", de Esther Tusquets, Sara hace uso de un acuerdo de libertad sexual que ha concertado con su novio, un hombre que se considera liberado. Sin embargo, como este acuerdo debía llevarse a efecto sólo con la venia de su novio Carlos, cuando Sara sale con Diego sin el visto bueno de su novio, lo ancestral impera en él.[10]

El título y la descripción ambiental del cuento funciona como una metáfora, no sólo individual sino universal, narrada desde un punto de vista personal e íntimo. La atmósfera del atardecer es símbolo del pasado patriarcal que se está cerrando; los cristales son símbolo presagiador de inversión en los papeles que juegan el hombre y la mujer; y hasta el amanecer que anticipa el futuro diferente que ya comienza, además de los dos años de la relación de los enamorados, es símbolo de los veinte siglos de opresión (*Convocación* 147-49).

En otras obras se expone que no a todas les gusta el papel de madre. La protagonista de *Arráncame la vida* pone en duda el papel de madre:

—Se ve usted muy linda embarazada—dijo Chofi. Se le endulzan tanto las facciones.
—Es que engordan—dijo la Bibi.
—Pues sí, hay cosas que ni remedio. ¿Cómo va una a estar esperando y delgada? Pero es muy noble la maternidad. Yo no conozco una sola mujer que se vea fea cuando está esperando.
—Yo muchas—dije recordando a Chofi que desde que se embarazó la primera vez quedó como pasmada. Nunca se supo si iba o venía, se le puso una panza del tamaño de las nalgas, y unas chichis como de elefanta. Pobrecita, pero daba pena. Se iba a convertir en presidenta y ni así dejaba de comérselo todo.
—¿Tú muchas? ¿A quiénes conoces que se vean feas esperando un hijo?
—A muchas, Chofi, no vas a querer que te las nombre.
—Tú con tal de llevarme la contra.
—Si quieres te digo que todas las mujeres embarazadas son preciosas, pero no lo creo. Yo nunca me sentí más fea.
—Pues no te veías mal. Ahora estás demasiado flaca. (Mastretta 96)

Además, como mujer-madre, su papel está subordinado al cuidado de los hijos. El elogio que recibe del hombre está ligado a ese oficio y jamás al verdadero sentimiento que debe existir entre el hombre y la mujer:

> Al día siguiente, otra vez quería llorar y meterme en un agujero, no quería ser yo, quería ser cualquiera sin un marido dedicado a la política, sin siete hijos apellidados como él, saliendo de él, suyos mucho más antes que míos, pero encargados a mí durante todo el día y todos los días con el único fin de que él apareciera de repente a felicitarme por lo guapa que se estaba poniendo Lilia, lo graciosa que era Marcela, lo bien que iba creciendo Adriana, lo estiloso que se peinaba Marta o el brillo de los Ascensio que Verania tenía en los ojos. (Mastretta 55-56)

El sentimiento de prisionera en su propia casa se intensifica al pasar a un estado de cosificación, ya que para su esposo la mujer es un objeto de adquisición, de dominio:

> Para mucha gente yo era parte de la decoración, alguien a quien se le corren las atenciones que habría que tener con un mueble si de repente se sentara a la mesa y sonriera... La cosa era ser bonita, dulce, impecable. ¿Qué hubiera pasado si entrando las visitas encuentran a la señora gimiento con la cabeza metida bajo el sillón? De todos modos me costaba disimular el cansancio frente a aquellos señores que tomaban a sus mujeres del codo como si sus brazos fueran el asa de una tacita de café. En cambio a ellos se les veía tan bien, tan dispuestos a comerse una buena cena, a saber por el menú el modo en que se les quería. (Mastretta 55-56)

La inquietud de la mujer al tratar de autodefinirse se encuentra en la poesía, donde ella puede descubrir esa intimidad. En la poesía no sólo se revela una revalorización, sino también una transgresión a los códigos sexuales que le han sido impuestos a la mujer por la cultura patriarcal. Esta tendencia puede expresarse en términos èxistencialistas, de realismo social, de vanguardismo o de hedonismo—como es el caso de la española Ana Rosetti—pero siempre proyectando la visión del mundo de la mujer actual que se rebela a los códigos patriarcales diseñadores del discurso.

> El discurso, entonces, [...] tiende a ser feminista, dejando a un lado la dominación y la agresión masculina. La única alternativa que tiene la mujer ante el patriarcado y su dominación simbólica, es construir un lenguaje femenino que se divorcie del discurso masculino para de esta forma poder ejemplificar la diferencia sexual. (Rosas 11)

Los versos bipartitos, la inversión de signos y el discurso que intenta romper los códigos sexuales que aparecen en las obras femeninas es el reflejo de la búsqueda de la mujer por situarse en un mundo más justo en el que se la considere partícipe en un acto de igualdad.

El día que el hombre esté dispuesto a compartir con la mujer los deberes y derechos de la sociedad, entonces erigiremos un mundo más comprensivo. Por el momento, la mujer va ganando poco a poco "pequeñas victorias" que, al término del camino, esperamos nos lleven de signos opuestos a senderos que convergen a un mismo propósito.

El proceso, sin duda, ha comenzado. Por eso, en el poema "Una pequeña gran victoria" de Francisco Alarcón, la voz que brota es la del hombre que entiende la necesidad de la mujer:

esa noche de verano
mi hermana dijo
no
se iba a poner ella
a lavar los trastes
mi madre sólo
se le quedó viendo
quizá deseando
haberle dicho
lo mismo
a su propia madre
ella también había odiado
sus tareas de "mujer"
de cocinar limpiar
siempre estar al tanto
de sus seis hermanos
y su padre
un pequeño trueno
sacudió la cocina
cuando silenciosos
nosotros recorrimos
con los ojos la mesa
de cinco hermanos
el repentino aprieto
se deshizo cuando
mi padre se puso
un mandil y abrió
la llave del agua
caliente en el fregadero
yo casi podía oír
la dulce música
de la victoria

resonando
en los labios de mi hermana
en la sonrisa de mi madre. (36-38)

Tomemos este poema, salido de la pluma de un hombre, como el augurio del nuevo amanecer, donde éste reconozca que el compartir responsabilidades no es una desvalorización de su hombría, sino una alianza que formarán dos seres para hacer de éste un mundo mejor. Y que el verso del hombre y la mujer alaben esa unión.

Obras citadas

Alarcón, Francisco. *Body in Flames: Cuerpo en llamas.* Trans. Francisco Aragón. San Francisco: Chronicle Books, 1990.

Arias Fábrega & Fábregas. *Las mujeres más famosas de la historia.* Panamá: Editorial América, 1991.

Cypress, Sandra Massinger. "Carmen Marrero y su drama feminista". *Explicación de textos literarios* 17.1:88-91

Dash, Robert. *Tristana: Sociedad, historia y estructura literaria.* Diss. La Escuela Española de Middlebury College, 1976.

LaBarca, Angela, and Raquel Halty Pfaff. *Convocación de palabras.* Boston: Heinle & Heinle, 1991.

Mastretta, Angeles. *Arráncame la vida.* México: Aguilar y Cal Editores, 1992.

Nalé Roxlo, Conrado y Mabel Mármol. *Genio y figura de Alfonsina Storni.* Buenos Aires: Editorial Universitaria de Buenos Aires, 1964.

Rosas, Yolanda, and Hilde Cramsie. "La apropiación del lenguaje y la desmitificadión de los códigos sexuales de la cultura en la poesía de Ana Rosetti" en *Explicación de textos literarios.* 20.1 (1991-92).

Schebanoff, Susan. "Boticelli's 'Madonna del Magnificat': Constructing the Woman Writer in Early Humanist Italy". *Publications of the Modern Language Association* 109 (1994): 190-206.

Storni, Alfonsina. *Poesía.* 3ra ed. México: Editores Mexicanos Unidos, 1992.

Vargas Llosa, Mario. *Elogio de la madrastra.* Buenos Aires: Emecé Editores, 1988.

Notas

1 * Susan Schebanoff, "Boticelli's `Madonna del Magnificat': Constructing the Woman Writer in Early Humanist Italy", *Publications of the Modern Language Association* 109 (1994): 190- 206.

2 * Susan Schibanoff en su artículo dice que: Sin embargo el cuadro confirma la creencia de que el logramiento intelectual de la mujer fue un fenómeno milagroso y no natural. En el cuadro de Botticelli, según entendimiento de Moshe Barasch, el gesto de tomar la mano o la muñeca tiene una cognotación simbólica en el arte y la ley antigua: tomar posesión de alguien, y por lo general ese alguien es una mujer. Este gesto niega el logro literario de la mujer, y si lo hacen es bajo guía del hombre. El cuadro a la vez sirve como un precedente a lo que más tarde debía de pasar con la escritora humanista Laura Cereta de Brescia (1469-99), mujer que bajo el tutelaje de su padre, Silvestro, es educada desde muy temprana edad en el latín, el griego y en la literatura. Ella tuvo que defenderse de la insinuación de que alguien componía sus cartas. Aunque Cereta admite la tutoría de su padre, defiende que su creación es independiente de él. Cereta añade, para mayor defensa, y para comprobar la sabiduría del conocimiento retórico en la mujer, una lista de mujeres desde la antigüedad hasta sus contemporáneas. Careta reconoce que si ella está entre esa rareza humana es porque se le dotó la oportunidad de adquirir el conocimiento intelectual. Entonces, la falta de logro intelectual de ciertas mujeres, refuta Careta, no se debe a falta de capacidad natural, sino a la oportunidad que no se le ha otorgado, y también exhorta a la mujer a que se dedique a obtener el conocimiento ya que éste no es un milagro sino que se puede obtener por medio de la dedicación, pues lo único que la naturaleza ha regalado al hombre o mujer es el don de razonamiento (197-203).

3 * Robert Dash Tesis doctoral, "*Tristana*: Sociedad, historia y estructura literaria". Diss. La Escuela Española de Middlebury College, 1976, 5-36. Dash hace un profundo estudio de la situación política, la sociedad, economía, educación y vocaciones de la mujer en la España de finales del siglo XIX y principios del XX.

4 * Véase Arias Fábrega and Fábregas, *Las mujeres más famosas de la historia* (Panamá: Editorial América, 1991) 162-67.

5 * En el libro *Las mujeres más famosas de la historia*, se dice que su inquietud la lleva a exponer ideas políticas y éstas ocasionan divisiones entre los partidos políticos: "para el sentir de la mayoría, la escritora era una extravagante que no hacía honor a su sexo, pues se inmiscuía en asuntos que eran privativos de los hombres, y esta actitud molestaba tanto a las mujeres, que no tenían el valor ni la capacidad para imitarla, como a los hombres, a los cuales les hacía la competencia. Y hasta de pornográfica fue tildada por sus libros *Insolación* y *Morriña* donde aborda temas que las mujeres nunca habían sacado a la luz pública" (193-94).

6 * Véase a Sandra Massinger Cypress en "Carmen Marrero y su drama feminista", *Explicación de textos literarios* 17.1: 88-91. En este artículo se destaca la importancia del drama feminista que aunque ha existido por mucho tiempo, ha llegado a llamar la atención de la crítica recientemente.

7 * Las siete virtudes son prudencia, justicia, fortaleza, templanza, fe, esperanza y caridad.

8 * Los siete pecados son avaricia, orgullo, impureza, envidia, gula, cólera y pereza.

9 * Tú que el esqueleto
conservas intacto
no sé todavía
por cuáles milagros,
me pretendes blanca
(Dios te lo perdone),
me pretendes casta
(Dios te lo perdone),
Me pretendes alba!
....
Y cuando las carnes
te sean tornadas,
y cuando hayas puesto
en ellas el alma
que por las alcobas
se quedó enredada,
entonces, buen hombre,
preténdeme blanca,
preténdeme nívea
preténdeme casta.

10* [E]ntonces, Carlos "empezó a agredirla a gritos, a insultarla a gritos, llamándola, a ella y a todas las mujeres, cosas espantosas, repitiendo hasta la saciedad que Sara era una mala puta, porque había dos clases de mujeres, **las buenas y las putas**, y las buenas eran mujeres como su madre y sus hermanas, y las que llegaban vírgenes al matrimonio y no jodían con nadie más que con su marido, y **ni con éste encontraban acaso de verdad placer**, (*el subrayado es mío*) y ni se les ocurría pensar en otros hombres, mujeres entre las cuales todo hombre sensato debía elegir a su compañera... y no como él, que era un loco, y un vicioso y un perdido y en el fondo un soñador, y por eso las mujeres buenas no le interesaban ni le gustaban para nada, y había ido a enamorarse de una de las otras, esas putas reputas hijas de la gran puta, que se acostaban con uno, jurándole que era el primero y que lo hacían por amor, y acababan a los dos años acostándose con cualquiera, con el primero que llegaba, mujeres a las que no debería sacarse del burdel, sino gozarlas allí por un precio convenido y sin comprometerse nada de uno mismo, en lugar de hacer lo que había hecho él, que se había enamorado de esta mala puta" (*Conv* 148-9).

11* Rosas y Cramsie hablan de la apropiación del lenguaje y la desmitificación de los códigos sexuales y aún hay alguien que propone algo más drástico, la castración y decapitación del hombre (Hélène Cixous, *Castración y decapitación*) donde se promulga un discurso que al expresar la sexualidad femenina explícitamente niegue la dominación y agresión masculina. La única alternativa que tiene la mujer ante el patriarcado y su dominación simbólica es construir un lenguaje femenino que se divorcie del discurso masculino y, de esta forma, ejemplificar la diferencia sexual. Para este fin, Cixous propone que la mujer debe escribir su propio cuerpo.

El feminismo americano hacia el Siglo XXI: la posibilidad de los hombres feministas

Elena Gascón-Vera
Wellesley College

Hoy, en las sociedades de Occidente, nuestros demonios más populares son los inmigrantes, los negros, los homosexuales, los enfermos mentales, las mujeres, los adolescentes, los liberales, los conservadores, quienes se oponen al aborto y quienes lo defienden. Todos estos diablos son el producto del principio diferenciador de los otros: la convicción casi siempre sobreentendida pero muy generalizada, de que existen conjuntos de individuos con quienes no tenemos nada en común, ni siquiera una parte discernible de humanidad.

Luis Rojas Marcos
"Nuestros demonios"[1]

Desde los 70 con el libro de Kate Millet, *Sexual Politics* hasta los últimos estudios que van saliendo en todos los campos del saber, el feminismo americano va planteando límites permeables del concepto de la mujer y del hombre. Ella pasa de ser sujeto oprimido y desigual a ser sujeto diferente, y él va renunciando inevitablemente a su hegemonía. Con ello se consigue definir más certeramente las teorías de la diferencia y de la construcción de la otredad hasta adquirir dimensiones interdisciplinares que trascienden la dicotomía del género.

De los feminismos liberal, marxista, radical, socialista etc., que afirmaban que "lo personal es político" en los años 70 y 80, surgen en los 90 gran cantidad de estudios que hablan también del feminismo peculiar y propio de las mujeres negras, de las mujeres de color, de las lesbianas, de las árabes, de las cristianas, judías, etc. Esto da lugar a la pregunta de que, ya que hay tantos tipos de actitudes feministas con características y planteamientos dispares y, a veces, antagónicos, ¿por qué no puede haber un feminismo masculino?

La intención de las feministas americanas en los 90 es la de deshegemonizar el mundo capitalista y occidental, heredero del patriarcalismo grecolatino y judeocristiano, denunciando sus tendencias etnocéntricas y falocéntricas. Para ello analizan la situación de las mujeres blancas, las mujeres latinas, asiático-americanas, afro-americanas y afro-caribeñas dentro de los Estados Unidos, y también examinan la dinámica de las mujeres en el Islam, en la India y en otros núcleos silenciados y marginados del mundo. Sus estudios muestran los mecanismos teóricos y prácticos de la construcción de la mujer como el 'otro', tratando de definir un concepto de 'otro' que se acerque a lo universal y que supere los límites de cultura, clase, raza y preferencia sexual.[2] Con ello intentan llegar a un feminismo más evolucionado que trascienda el feminismo y el machismo y que elimine verdaderamente la relación sexo/género, y que plantee la posibilidad de un feminismo elaborado desde ese 'otro' próximo y antagónico, es decir, desde el punto de vista de los hombres (Harding).

El proceso de la consecución de lo que podríamos llamar el feminismo masculino parte de estas teorías realizadas por la evolución del feminismo científico y académico de los EE.UU. que estudia a la mujer no como víctima, sino como el 'otro'(Rhode). Se teoriza a partir de la falacia que propone que la verdad y lo objetivo en cualquier disciplina, es decir la norma y lo canónico, siempre deberán estar determinados por el grupo dominante. Según ella, el concepto de ser humano que todos tenemos sólo será explicable desde el punto de vista de los miembros masculinos que lo han definido; también el concepto 'mujer' estará determinado a partir de las mujeres blancas occidentales y de clase alta y media.

Desde este punto de vista se nos obliga a prescindir por un lado de la tendencia a-historicista del pensamiento científico de Occidente que se representaba a sí mismo como verdad universal a-temporal y supuestamente objetiva, y por otro, a matizar sobre cualquier tendencia que intente universalizar las experiencias subjetivas, históricas y espaciales. El feminismo americano más avanzado pretende extraer lo que es cierto e iluminador de estas dos posturas, aceptando en lo que sea posible que la validez del conocimiento va más allá de la experiencia, al mismo tiempo que legitima la fuerza de la propia experiencia, porque epistemológicamente es importante quién y cómo se define la experiencia. Por ejemplo, como regla general, es indudable que es más aceptable la opinión que el oprimido tiene sobre el opresor, que la opinión del opresor sobre el oprimido, asumiendo siempre que ambas son parciales y cuestionables. Por lo tanto, es posible afirmar que el sujeto mujer auto-concienciada podrá tener ideas más claras sobre sí misma y su opresión que el sujeto hombre no concienciado.

Una posibilidad para poder objetivar subjetivando el conocimiento es inventarse a sí mismo, hombre o mujer, como un "otro" que simultáneamente acepta la apariencia de conocimiento universal a la par que admite la pluralidad de experiencias individuales. Un paso previo significa uno de los mayores aprendizajes que la conciencia feminista ha conseguido, es decir, aceptar como propia, con orgullo y como vehículo de conocimiento, la identidad de mujer no apreciada socialmente. Esto es, ver el conocimiento desde el punto de vista de la marginación, ya sea una mujer de color o trabajadora o lesbiana o minusválida o maltratada. Esta identificación puede ser hecha por el hombre y por la mujer, y en sí misma implica una gran valentía ya que los guardadores de la tradición intelectual han insistido por miles de años que las opiniones y creencias desde la marginación no pueden ser base de ningún conocimiento válido.

El pensamiento hegemónico y canónico admite que sólo los representantes personales, desinteresados y socialmente anónimos de la razón humana—una descripción que normalmente suele referirse al hombre occidental—son capaces de producir conocimiento. Insiste en que el conocimiento que producen los otros está basado en la auto-consciencia de su propia experiencia, es decir, su subjetividad, y por lo tanto son sólo opiniones. Por eso el feminismo más reciente puede sentirse muy orgulloso de haber mostrado que esas identidades devaluadas pueden ser epistemológicamente poderosas y que una perspectiva sin auto-consciencia no solamente no es universal, sino que su parcialidad va incluso más allá de lo subjetivo. Ya que lo que tradicionalmente se considera como universal por el grupo dominante es de hecho local, histórico y subjetivo porque sólo permite a unos pocos hombres de ese grupo dominante el derecho de legitimizar las perspectivas de sus vidas y de su pensamiento.

Este mecanismo exclusivista ocurre en todo grupo, incluso en los grupos considerados marginados y deslegitimizados por el conocimiento científico del hombre occidental. Todo grupo organizado ya sea hegemónico o no hegemónico, (ya sea el Banco Mundial o los indios de Chiapas, los tutsis de Ruanda o los bosnios) que hable desde un punto de vista objetivo y universal está siempre desplazando la voz del marginado. En el núcleo de ese espacio se encuentra la mujer porque su voz siempre es subjetiva, múltiple y contradictoria, ya que en el proceso de búsqueda de su propia identidad se encuentra inevitablemente en el margen donde están los espacios de género, clase, raza y sexualidad.

La mujer pensadora y crítica es a la vez sujeto de pensamiento y originadora del pensamiento y al hacerlo está simultáneamente en dos sitios a la vez, fuera y dentro, en el margen y en el centro. Las mujeres, a diferencia de los hombres que hablan desde el centro, nunca podrán escapar, quieran o no, de estar situadas y determinadas, además de en su cultura y en su historia también en su género femenino. Los estudios feministas desde sus comienzos intentaron mostrar la diferencia y el espacio que hay entre una concepción del mundo producida desde la posición de los deslegitimizados, oprimidos y explotados en el que se encuentra el género femenino, y la concepción del mundo producida por esquemas conceptuales dominantes producidos tradicionalmente por el género masculino.

Así pues, el feminismo americano de los 90 es consciente de la necesidad de la teorización desde el margen y desde la subjetivación, y en esta posición se enfrenta con cuatro objeciones: primera, la científica, ante la dificultad de que el grupo dominante pueda representarse las experiencias del otro sin verdaderamente vivirlas; segunda, la epistemológica, ante la creencia de aceptar que sólo los grupos oprimidos son los únicos que pueden producir conocimiento libertador, (lo cual se enfrenta con la existencia de los burgueses revolucionarios; los blancos anti-racistas; los heterosexuales anti-homofóbicos; los ricos anti-explotadores); tercera, la pedagógica, ante la necesidad de animar a los jóvenes, a los colegas y a las nuevas generaciones, para que se erijan en sujetos y agentes del conocimiento liberador que les lleve más allá de sus propias identidades y situaciones sociales; y cuarta, la política, ante el deseo de fomentar las mayores tendencias democráticas en todas las actitudes sociales, científicas y políticas que lleven a una mayor igualdad que trascienda experiencia y conocimiento.

Teniendo estas premisas en cuenta el feminismo americano de los '90 tiende a una política de la identidad basada en la decisión de liberar a un grupo concreto y cercano, en vez de a toda la humanidad, porque creen que enfocándose en la liberación de la propia opresión se tiende a una decisión más certera y eficaz que la de luchar por la liberación de otros grupos.

La política de la identidad feminista huye de la política de la situación que pretende liberar a un grupo desde fuera, imponiéndole una ideología ajena y universal consensuada por el poder tradicional. La liberación de los grupos oprimidos debe venir de un desarrollo político y unos proyectos epistemológicos que se originen desde sus propias experiencias devaluadas, en vez de proyectos originados fuera de su propia experiencia. Para ello hay que intentar aislar y distinguir aquellas sub-identidades que yacen ocultas dentro de las identidades ya detectadas por los teóricos del conocimiento ya sean científicos, pensadores, intelectuales e historiadores. Esas identidades subyacen individualizadas dentro de las políticas de la identidad y presionan intentando manifestarse y definirse hasta adquirir legitimidad. Un ejemplo claro en los Estados Unidos es la reivindicación de las mujeres de color con respecto a las blancas, o de las lesbianas con respecto a las heterosexuales, y dentro de las lesbianas la emergencia de la voz de las lesbianas latinas con su base cultural católica y mariana.

Volviendo a la posibilidad teórica de los hombres feministas, está en la misma línea de los blancos anti-racistas y de los heterosexuales contra el heterosexismo y con ello se plantea el dilema de si los oprimidos deben colaborar con los opresores concienciados. Sin embargo, es una realidad que muchas feministas radicales prefieren mantenerse en la actitud del separatismo epistemológico y no ayudar en el proyecto de los hombres feministas por la experiencia que tienen de que, cuando un hombre se mete en un proyecto feminista, tiende a imponer su punto de vista masculino y lo controla y lo domina, al mismo tiempo que lo des-margina y lo centraliza desvirtuando su intención. El hombre tiene la tendencia a apropiarse, dirigir, juzgar y organizar todo lo que le cae entre manos y muchos de ellos han tratado de controlar el feminismo imponiendo el mismo modelo explotador tradicional del hombre. Muchos hombres se erigen en feministas sin haber solucionado su propio sexismo y misoginia.

Por otra parte, este mecanismo de apropiación del 'otro' sin el proceso de devenir el 'otro,' no es exclusivo del hombre con respecto a la mujer, sino que también aparece en las mujeres entre sí. A las feministas blancas les resulta difícil indentificarse plenamente con las feministas negras que a veces las acusan de explotadoras y a éstas con las lesbianas y a éstas con las islámicas y así *ad infinitum*. Pero está probado que, a través de un proceso de concienciación e identificación voluntaria del 'otro', las feministas llegan a entenderse. Y si esto les cuesta a las mujeres, pero lo hacen, ¿por qué no lo pueden hacer los hombres?

También es cierto que, como hemos dicho más arriba y desde un punto de vista objetivo, el feminismo es múltiple y plural y existe desde identidades que pueden ser contradictorias porque actúan desde posiciones sociales contradictorias. Sin embargo, ha sido y es el gran papel del feminismo de aprender a pensar y actuar desde esas contradicciones. Por ejemplo, el término de 'mujer pensadora' en contraposición a un a-genérico 'pensador' es un término que todavía cuesta trabajo que sea aceptado por el pensamiento occidental en general que tiende a quitar la dimensión género al pensamiento (Lloyd). Pero la mujer siempre que habla, quiera o no, habla desde una identidad localizada, la de mujer, aunque esto le cause grandes problemas desde un punto de vista político, social y económico. Esto se vio claramente en el caso de Anita Hill en EE. UU: su palabra no fue creída porque ella era una mujer deslegitimizada contra un hombre legitimizado por su género hegemónico. En España, como se vio en una sesión del Congreso el año pasado cuando una mujer trataba de aproximarse epistemológicamente a un conflicto a-genérico, el de la corrupción, la reacción del poder dominante masculino fue descalificarla en la localización de su identidad deslegitimizada de mujer.

Sin embargo, el feminismo ha aceptado que el resultado del análisis epistemológico producido desde el margen, también puede ser experimentado epistemológicamente en el centro a través de un análisis intelectual y de una reevaluación de la posición del conocimiento. Es decir que el feminismo no necesariamente puede ser una postura de las mujeres, sino, aunque parezca paradójico y difícil, puede ser también de los hombres. La realidad es que aunque aceptemos todo lo dicho hasta ahora no se nace feminista, uno se hace feminista, sea hombre o mujer.

Para terminar, es indudable que la única forma de llevar a cabo esa identificación es a través del proceso de adoptar la persona crítica del 'otro'. Es decir, la feminista heterosexual tiene que voluntariamente devenir epistemológicamente la feminista lesbiana que observa a la feminista heterosexual que la deslegitima, pero lo tiene que hacer sin asumir que verdaderamente sabe exactamente lo que la lesbiana siente, y siempre teniendo que aceptar que su conocimiento será necesariamente parcial y especulativo. Es decir, la posibilidad de entender el punto de vista del "otro" sólo puede existir cuando se asimile que del "otro" tiene su propia experiencia única a la que uno sólo puede aproximarse en la ambigüedad, en el proceso y en un constante replanteamiento.

Esta concienciación hacia el "otro" marginado es el camino que va tomando la teoría crítica feminista en los últimos años, para que poco a poco se eliminen las diferencias de género, de clase y de raza que esperamos defina el mapa social del siglo XXI.

Obras citadas

Harding, Sandra. "Reinventing Ourselves as Other: More New Agents of History and Knowledge". *American Feminist Thought at Century End: A Reader.* Ed. Linda S. Kauffman. Cambridge, MA.: Blackwell, 1993.

Lloyd, Genevieve. *The Man of Reason: "Male" and "Female" in Western Philosophy.* Minneapolis: University of Minnesota Press, 1984.

Rhode, Deborah L. *Theoretical Perspectives on Sexual Differences.* New Haven: Yale University Press, 1990.

Rojas Marcos, Luis. "Nuestros demonios". *El País* 28 julio 1995, Opinión: 11.

Notas

1 * Citado del artículo "Nuestros demonios" que apareció en *El País* 28 de julio de 1995, Opinión: 11.

2 * Véanse Carla Trujillo, *Chicana Lesbians: The Girls Our Mothers Warned Us About* (Berkeley: Third Woman, 1991); Rachel T. Hare-Mustin, Jeanne Marecek, *Making a Difference: Psychology and the Construction of Gender* (New Haven: Yale University Press, 1990); Betsy Warland, *Inversions: Writing by Dykes, Queers and Lesbians* (Vancouver: Press Gang Publishers, 1991); Henry Louis Gates, *Reading Black, Reading Feminist: A Critical Anthology* (New York, 1990); Bell Hooks, *Yearning: Race, Gender, and Cultural Politics* (Boston, 1990).

La reivindicación femenina en la novela histórica actual

Carmen T. Sotomayor
University of North Carolina, Greensboro

Urraca, publicada en el año 1982 y considerada por críticos eminentes como Biruté Ciplijauskaité como una de las mejores, si no la mejor novela histórica de la narrativa española actual, es la cuarta novela de su autora, Lourdes Ortiz. Mi interés se centra en presentar un análisis de la novela haciendo hincapié en aquellos elementos compositivos que reafirman un aspecto clave de la misma: la función reivindicadora de esta obra, dentro del panorama de la narrativa española actual y, específicamente, de la novela histórica.

En España, contamos con el valioso esfuerzo de una serie de profesionales que han comenzado a llenar los enormes huecos existentes en el campo de la investigación histórica, literaria, sociológica y científica, en todo lo que atañe particularmente a las mujeres. En los últimos años, se han impulsado los estudios femeninos en nuestro país, provocando un conocimiento más profundo de la circunstancia femenina. Contamos con las aportaciones de profesionales que, desde sus cátedras de investigación y con el apoyo de entidades como el Instituto de la Mujer, o de asociaciones como la Asociación Española de Investigación Histórica (o de Historia) de las Mujeres, fundada en 1991, han conseguido una serie de logros importantes para el mejor y mayor conocimiento y difusión de los estudios que tienen en común el análisis de la problemática femenina. Estos esfuerzos, individuales y colectivos, han comenzado a dar ya sus primeros frutos, ayudando en su conjunto a cubrir un vacío significativo en lo que se refiere a todo tipo de publicaciones que traten sobre la mujer y, en particular, la mujer española.

En este sentido, me parece muy importante la aportación de la autora cuya obra voy a analizar. Además de *Urraca*, Ortiz cuenta con una colección de relatos, *Los motivos de Circe*, publicada por primera vez en 1988, en la cual la autora trata sobre varias figuras femeninas "pertenecientes al mundo bíblico, al homérico y al arte pictórico—Eva, Circe, Penélope, Betsabé, Salomé y Gioconda—que se han convertido en arquetipos míticos de nuestra cultura" (*Los motivos* 25). Como indica Felicidad González Santamera:

> Los textos [...] están protagonizados por siete mujeres, cuyas historias son ya conocidas; la novedad, que sin duda tienen, reside en que a través de la pluma de su autora las veamos desde un punto de vista, hasta ahora, inusual: el femenino. (25-26)

En su condición de mitos, surgidos de una concepción del mundo con una fuerte impronta masculina, actúan como tales dentro de la cultura occidental. Lourdes Ortiz "reta" esta visión de los mitos femeninos y lo hace confiriéndoles una voz propia. Como mitos han sufrido un proceso de estilización, que los ha reducido a un gesto, a unos trazos únicos, mediatizados por una cultura patriarcal. Lourdes Ortiz, según palabras de González Santamera, "[...] entra a saco en los mitos, les da la vuelta, los vacía de contenido y los vuelve a llenar de una forma sorprendentemente distinta" (*Los motivos* 40).

En la novela que nos ocupa, su autora lleva a cabo un proceso similar. Ortiz elige a una reina olvidada, relegada a un segundo plano en los manuales de historia: Urraca I (1109-1126), reina de Castilla, Galicia y León, hija de Alfonso VI, contemporáneo del Cid Campeador. La reina Urraca ha sido estereotipada por las crónicas oficiales que la nombran: la tachan de ser una mujer lujuriosa, lasciva e histérica, cuyo desgraciado matrimonio con el rey de León, Alfonso I, pudo haber logrado la unidad político-geográfica de casi todos los reinos de la península ibérica. Esta unidad, como sabemos, no tuvo lugar hasta que se realizaron las bodas reales de Fernando e Isabel.

La urraca, en inglés, "the magpie" es, según *The Woman's Dictionary of Symbols and Sacred Objects*:

> The most "talkative" of birds, the magpie was often credited with oracular announcements and the communication of secrets to those who could understand the mystical bird language. Like other relatives of the crow, magpies could learn to imitate human speech when kept in captivity. (404)

En esta novela, crónica y confesión de una reina retenida, contra su voluntad, en un monasterio, Urraca, como el pájaro del que toma su nombre, aprende a imitar el habla humana al vivir en cautividad, aunque la suya sea una cautividad en solitario. Urraca aprende a imitar el habla humana en cuanto se decide a escribir una crónica que la justifique ante el futuro. Pero esta Urraca, retirada de la compañía de otros humanos, aprende su propio lenguaje, expresión íntima de su condición femenina. Recuenta para y por sí misma su propia historia, reinventándose, motivada por su deseo de reconocerse, justificarse, encontrarse y reconciliarse consigo misma.

Urraca se revela contra el orden patriarcal en un intento de hallar "un sentido de sí y del mundo en femenino" a través de la reflexión y de la escritura de su experiencia personal (*Nombrar* 82). Urraca establece su discurso, paralelo al de los cronistas oficiales, que influidos por un discurso masculinizante nos han proporcionado una imagen muy negativa de la reina. Esta nos confiesa su propósito en los siguientes términos: "para que los juglares recojan la verdad y la transmitan de aldea en aldea y de reino en reino" (10). A lo largo de su texto, en múltiples ocasiones, nos advierte de sus "desvíos":

> [...] esto que yo he redactado no se parece a una crónica [...] Tú la escribirás para mí y en ella no ha de haber vacilaciones; volverás a contar la historia como tú querrías haberla trazado: tu pobre y abandonada reina, desposeída por la ambición de todos los que la rodeaban, maltratada por un marido que sólo se sentía bien en compañía de caballeros cruzados. (191)

Urraca afronta esa experiencia del "decir" desde su presente histórico y sus circunstancias personales: reina y mujer, mujer y reina. Mujer en todas las facetas posibles: hija, esposa, amante, madre, hermana. Reina con todos los atributos del poder: ambición, astucia, traición, errores políticos, crueldad, violencia:

> A las crónicas, monje, no les conciernen los humores o los abrazos, sino sólo los hechos y las batallas y yo pagaré un escribano para que tú le dictes lo que tuvo que ser [...]. (191)

Como indica María-Milagros Rivera Garretas:

> A lo largo de la historia de Occidente, nos encontramos una y otra vez con pensadores una de cuyas preocupaciones recurrentes ha sido, precisamente la de hacer suyas las relaciones sociales, la de nombrar la realidad, buscando la unidad interior y la coincidencia entre sí y el mundo. (*Nombrar* 20)

Este es el gran reto que afronta Urraca al hacer un recuento de su vida. ¿Cómo logrará Urraca llegar a la "decibilidad" de su experiencia y de sus deseos? ¿Cómo hacer realidad lo "inaudito"? Su narración se inicia con los recuerdos de la infancia y se prolonga hasta el presente, durante su permanencia en el monasterio donde se encuentra materialmente prisionera por dictamen de su hijo, el futuro Alfonso VII. El relato está estructurado en tres partes, en las que se advierte un avance cronológico, aunque el trazado de la novela no es lineal en absoluto. Su recuento, que incluye memorias pertenecientes a la infancia, adolescencia, juventud, vida adulta y vejez, avanza y retrocede recogiendo momentos claves dentro de la vida de la monarca. Urraca hace hincapié en aquellos aspectos de su experiencia que podríamos describir como fundamentales, y vuelve sobre ellos para irlos clarificando gradualmente, mostrándonos en cada revisión una visión más depurada, más reflexionada de las circunstancias y de sus motivaciones personales. Motivaciones personales que le sirven para autojustificarse, aunque según va avanzando en su relato, Urraca se va mostrando más sincera y más crítica consigo misma.

Significativamente, la narración se abre con un momento clave en la vida de Urraca y de su padre, Alfonso VI: la entrada triunfal de este último en la ciudad de Toledo. Urraca sólo tiene, nos dice, cinco años, pero este acontecimiento histórico se halla claramente retenido en su memoria. Desde este momento, al ser partícipe y testigo visual de la gloria de su padre, Urraca se marca un destino: ella quiere, como su padre, obtener y mantener el poder real. Pero ya en esa primera memoria podemos advertir la presencia del que será uno de los más grandes impedimentos en la consecución de su ambicioso ideal: su condición femenina. Lourdes Ortiz aglutina en un breve y elocuente párrafo, la opresión que sufrirá Urraca y contra la cual se rebelará a lo largo de su vida, destacando además la figura de la madre, como representante del "status quo": "Y yo comprimida en aquellas telas de Damasco, que mi madre había elegido para mí, adormilada por los colores [...]" (14).

La segunda parte de la novela comienza con otro acontecimiento fundamental en la vida de Urraca. Nos narra su esotérica estancia en Muxía, cuando, a la edad de 12 años, Poncia la somete a un ritual iniciático. Poncia, en mi opinión, representa en la novela la conexión de Urraca con el mundo femenino, con la "Emperatriz", con el "principio fecundador":

> [...] aquella ceremonia, sobre aquellas rocas que año tras año he vuelto a visitar, fue el espaldarazo que vino a confirmar lo que dentro de mí se había gestado y sirvió para que asumiese como un reto la promesa que me brindaba una corona y un reino [...]. (58)

La tercera parte de la novela, la más intimista del relato, se inicia con el recuento de algunas de sus intimidades sexuales. A lo largo del texto, Ortiz nos va presentando la faceta de la vida sexual de la reina, la cual ha sido muy denostada por la historiografía oficial. José María Perceval comenta lo siguiente:

> En la temprana edad de comienzos del siglo XII—dice Sánchez Albornoz—fracasó el intento de fusión de los dos más poderosos reinos peninsulares. Chocaron la aspereza de carácter y la debilidad sexual de Alfonso el Batallador con la versatilidad y la libido exaltada de doña Urraca de Castilla. (Bodas reales 74)

Lourdes Ortiz utiliza magistralmente en la reconstrucción de las memorias de la reina Urraca una serie de "mecanismos que configuran su actuación histórica" (*Textos* 20-21), ofreciéndonos una visión global en el sentido en que esos mencionados mecanismos nos muestran diversas formas de enfrentarse a una situación de subordinación. Urraca no adopta nunca, a lo largo de su relato, una postura de sumisión, aunque a veces se vea obligada, por razones de estrategia, a "pactar" con la autoridad masculina. Urraca se niega a aceptar un papel pasivo dentro de ese entramado de poderes que vivió tan de cerca. Se revela contra los cánones trazados por la sociedad patriarcal feudal con su fuerte impronta masculina:

> Cánones que imponía—a hombres y a mujeres, pero de manera muy distinta—la caballería, la organización vasallática, de hombre a hombre, y la ideología peyorativa hacia las mujeres que sostenían los clérigos y la Iglesia en general. (*Textos* 131)

El concepto de género, como categoría de análisis histórico, ha sido definido en los siguientes términos:

> [...] una construcción cultural y social que se articula a partir de las definiciones normativas de lo masculino y de lo femenino, la creación de una identidad subjetiva y las relaciones de poder tanto entre hombres y mujeres como en la sociedad en su conjunto. (*Textos* 21)

Urraca se ve obligada a combatir esos prejuicios, los conceptos normativos que interfieren en su ambicioso proyecto de mando:

> Y a partir de aquel día comprendí que si yo era capaz de aunar el rigor de mi padre con el "saber hacer" de Constanza, no habría nadie que pudiera interponerse en mi camino hacia el Imperio. (19)

Durante toda la novela se juega con la metáfora del ajedrez como plasmadora del juego de poderes entre el rey, la nobleza y la Iglesia, los otros reinos moros de la península y la naciente burguesía. Urraca no se resigna a ser una pieza inferior en ese juego de poderes. Ella quiere asumir el papel central en el fichero. Según Margaret Wade Labarge, Jacobo de Cessolis publica en 1325 un tratado titulado *El solaz del juego de ajedrez*, en el cual explica el significado que los movimientos de las fichas tenían para los soberanos de entonces:

> [...] las reglas por las que se rige el movimiento de las distintas piezas en este juego, [eran] de gran aceptación entre la nobleza, como estructura alegórica para describir los deberes de la reina en las distintas situaciones de su vida. (71) La reina es la única mujer mencionada por Cessolis, que destaca como virtud principal de la misma, la castidad, dada su importancia en la sucesión hereditaria al trono. Además debe ser "prudente, discreta, capaz de guardar en secreto asuntos confidenciales, y ser cuidadosa con la educación de sus hijos" (71). Urraca montada a caballo y relegando la educación de su heredero a terceros, rompe con los roles femeninos de su tiempo y, específicamente, con aquellos que apuntaban a delimitar su papel social como reina.

En el caso de la Europa feudal, puntualiza Milagros Rivera lo siguiente:

> [...] las mujeres participarían del modo de producción doméstico y del modo de producción feudal simultáneamente. Pertenecerían todas ellas, por tanto, a dos clases sociales a la vez: todas ellas a la clase mujer, y unas a la clase servil y otras a la noble, según el caso. (109-10)

Según Lidia Falcón, las explotaciones que definen la "clase mujer" son tres: a) la explotación en el trabajo doméstico; b) la explotación en la reproducción y c) la explotación en la sexualidad. (*Nombrar* 106-07). La reina Urraca, tal y como se configura a sí misma en sus memorias, habría logrado liberarse de la primera clase de explotación, en el trabajo doméstico, gracias al privilegio de pertenecer también a la clase noble. Urraca se sustrae así de los deberes domésticos femeninos, que eran muchos y muy variados:

> Monje, yo no he amasado el pan, ni he limpiado uno a uno los garbanzos para despojarles de su piel, ni he cosido mis sayas, ni he tejido las mantas que cubren mi cama [...]; en tu casa, monje, las mujeres se levantan al amanecer para ordeñar la cabra, para recoger los huevos frescos, para hacer el queso y separar la manteca. (140)

Si Urraca puede sustraerse a la explotación en el trabajo doméstico, gracias a su situación social, sí se vio, sin embargo afectada por los otros dos tipos de explotación: la explotación en la reproducción y en la sexualidad.

Desde su infancia Urraca tiene una visión muy clara de los objetivos que quiere alcanzar, ya que "hereda" de su padre y de su contacto directo con el mando y la corte, el deseo de poder. Su meta es "llegar a ser reina". Pero su condición femenina se interpone siempre entre sus deseos de poder y los planes de sucesión de su padre, el rey:

> Alfonso lamentaba que mi madre no le hubiera dado ningún varón, como tampoco se lo había dado su primera mujer, Inés de Aquitania, por eso me miraba a mí y a mi hermanastra Teresa como a dos piezas de rompecabezas que, ensamblado adecuadamente, le serviría para ampliar sus tierras. Sólo le interesábamos en tanto que podíamos ser entregadas en matrimonio [...]. (19)

Urraca se ve a sí misma como "moneda que podía ser comprada, que podía ofrecerse en matrimonio" (25-26). Como indica Perceval:

> Detrás de los matrimonios regios hay la mayoría de las veces una calculada estrategia, un tira y afloja entre dos partes que entregan marido por un lado y dote real por otro [...]. Siempre existen unas pretensiones apenas disimuladas al dominio de la casa contraria [...]. El matrimonio real nos revela la ambigua posición que la mujer ha tenido en todas las sociedades hasta la actualidad. Muchas veces fue considerada como una simple transmisora de propiedades y fabricadora de hijos. La mujer pudo caer en la consideración de simple objeto o utilizar este poder—tener hijos y poder decidir en otros matrimonios—para hacerse un sitio entre los varones e, incluso, gobernarlos. (11-12)

En su estudio "Mujeres medievales. Al-Andalus y reinos occidentales cristianos" Reyna Pastor hace la siguiente afirmación:

> [Las] esposas reales, princesas, infantas y damas nobles estuvieron en cierta manera protegidas por su posición social y por su calidad de esposas, y aunque sirvieron para que, por su intermedio, se sellaran pactos políticos, estuvieron separadas de la política formal casi sin excepciones. (Textos 129)

En sus memorias, Urraca recrea su relación con sus dos maridos: Raimundo de Borgoña y Alfonso I de Aragón, de sobrenombre, el Batallador, por su afición a la guerra, especialmente a la lucha contra el moro. Ambas uniones se han llevado a cabo como consecuencia de intereses políticos y se han visto siempre mediatizadas por intereses de poder, externos a una dificultosa "armonía conyugal".

Urraca queda pronto liberada de la obligación reproductiva ya que de su corta unión con el francés nace un heredero al trono: Alfonso Raimúndez. Precisamente su hijo, el futuro emperador Alfonso VII, llegará a ser el mayor adversario que encontrará Urraca para su mantenimiento en el poder. Gelmírez, arzobispo de Santiago y otros nobles, en especial gallegos, usarán al hijo para oponerse a Urraca a lo largo de todo su reinado:

> Dios te ha elegido a ti Urraca. Una mujer es sólo mediadora; pero a través tuyo se perpetuará la dinastía y ahora que Raimundo nos ha dejado, entre tú y yo tenemos que preparar las cosas. (26)

Existe una diferencia importante entre Urraca y su madre, Constanza de Borgoña. Constanza se alía al poder eclesiástico para mantenerse en una situación de influencia y evitar el repudio por parte de Alfonso VI:

> El monje era así su arma secreta, la más segura, ya que los monjes aunaban la habilidad de las cortesanas con una sutil dialéctica, protegida por la palabra divina. Frente al rey sólo había un poder que pudiera servirle a Constanza y ese poder era el del Papa, ya que sólo él contaba con ese instrumento que hace plegarse a los ejércitos y a los monarcas: la excomunión. (17-18)

En cuanto a la explotación de la mujer a través de la sexualidad, Urraca se nos presenta como una persona fuerte y decidida en este aspecto. La historiografía oficial la ha tachado de lujuriosa, permisiva, lasciva, etc. En su recuento, Urraca se presenta a sí misma como una mujer vibrante y gozadora que busca fuera de los límites estrictos del matrimonio legal su satisfacción sexual. Su actitud es abiertamente subversiva, al no aceptar la doble moralidad de la época, que era muy rígida en cuanto a la función sexual reproductiva del goce femenino y mucho más permisiva con el varón. Se asemeja, en su tendencia a disfrutar del sexo, a su padre Alfonso que "repartía sus dones entre las muchas doncellas que el reino y la cruzada conducían hasta su cama" (12).

Zaida, la concubina de su padre, representa la aceptación de la subordinación sexual al varón. Trata de utilizar lo mejor que puede su sexualidad, de ahí que Urraca, al hablar de ella, muestre una postura ambigua. A veces Zaida tiene "ojos de vaca mansa donde no cabía la rebeldía" (27). Y, sin embargo, en otras ocasiones, Urraca reconoce que Zaida sabe ejercer un cierto poder sobre la voluntad de su padre.

Urraca es una mujer de su tiempo, en un sentido amplio, es un "producto" de venta e intercambio, la matriz reproductiva de descendientes al trono más importante de la península. Es moneda de cambio, objeto de compra-venta, y de placer sexual. Todo ello derivado de su condición femenina, producto de su género. Pero Urraca tiene así mismo la palabra y lucha contra esa condición, ese rol femenino que le quieren imponer. Al final de su vida, conocemos a esta reina vieja pero obstinada, reafirmándose, creándose a sí misma por última vez.

Si bien Urraca ha logrado superar, gracias a un proceso de reafirmación constante, su posición como gobernante, al final de su confesión personal, para ella misma, admite que la idea del Imperio, "la ajorca de oro que me arrastró a una lucha sin descanso" (138), no le ha permitido desarrollar aspectos de su condición femenina:

> Si yo tuviera tiempo, monje, volvería también a empezar: mecería cunas, cantaría nanas, echaría gallinas en la olla y zanahorias y nabos y mezclaría la miel con la harina para hacer rosquillas cubiertas de azúcar blanco y empanadas de hojaldre, añadiendo levadura, esperando que subiera para poner las uvas y meterla en el horno [...]. (142)

Pero Urraca no puede aceptar ese papel pasivo, ni llevando a cabo las labores de una mujer de otra clase social, ni en su papel como madre del rey:

> [...] satisfecha por los triunfos de Alfonso Raimúndez; tocaría el salterio y cantaría canciones; recibiría la pleitesía de mis súbditos y podría ser generosa. (142)

Urraca no puede aceptar las condiciones sociales exigidas a su género. Aunque se confiesa vencida "ellos han cortado mis alas" (164), Urraca hace una bella declaración de principios:

> Elegí ser reina y no cabían Zaidas dentro de mi piel, porque yo no podía ni sabía ser Zaida sumisa, reposo del guerrero, cojín dorado donde reposar la cabeza, ya que yo, por mi parte, tenía la mía que en ningún momento dejaba de funcionar. (184)

Urraca hubiera deseado poder gobernar de otra manera. Hubiera querido en sus años de reinado poder orientar sus energías hacia su pueblo, en lugar de dedicarlos a combatir a sus enemigos, hombres y mujeres ambiciosos que deseaban suplantarla a toda costa. Ahora, cuando todo llega a su fin, la reina recrea utópicamente como hubiera querido que fuese su reino:

> Tengo muchos proyectos y tú podrías ayudarme a realizarlos: llenaré mi corte, esa antigua corte de León, de juglares y poetas, cambiaré mis sayas de lana por vestiduras de seda y construiré jardines más floridos aún que los de la lejana Córdoba. [...] Aprenderé a tocar el salterio y el laúd,... y los tuyos podrán ir al molino todos los días de la semana..., podrán cortar leña en el monte, dejar pastar sus vacas en los prados para siempre libres, sin cercar, sin mojones, y no habrá más pruebas de Dios, ni más torneos justicieros. (187)

Urraca toma la palabra, comparte su crónica con nosotros, con el lector, y en el momento final actúa libremente, toma una decisión propia. Será ella, Urraca, quien a partir de la ingestión de un veneno, se quite a sí misma la palabra, termine con su propio ser. Urraca prevalece así por encima de los designios del nuevo rey y de aquellos que la rodean, culminando su vida en la libertad de la muerte.

Obras citadas

Aguado, Ana María et al. *Textos para la historia de las mujeres en España*. Madrid: Cátedra, 1994.

Ciplijauskaité, Biruté. *La novela femenina contemporánea (1970-1985)*. Barcelona: Anthropos, 1988.

Ortiz, Lourdes. *Urraca*. Madrid: Debate, 1991.

Rivera Garretas, María-Milagros. *Nombrar el mundo en femenino. Pensamiento de las mujeres y teoría feminista*. Barcelona: Icaria, 1994.

Wade Labarge, Margaret. *La mujer en la Edad Media*. Madrid: Nerea, 1988.

Walker, Barbara G. *The Woman's Dictionary of Symbols and Sacred Objects*. New York: HarperCollins, 1988.

III

TIEMPO Y ESPACIO EN LA POESIA FEMENINA

Aproximación crítico-feminista a la poesía de Ana María Fagundo

Myrian Alvarez
Universidad de La Laguna

Sólidamente afianzada en el panorama literario, la presencia de la mujer no ha encontrado aún un aparato teórico convincente para aislar lo que pudiera constituir y definir una estética feminista, que permita hablar de una cultura propiamente femenina. No parece suficiente—al menos en mi opinión—acumular temas y preocupaciones, como propias de los textos femeninos, sin aludir a la formalización de tales temas en el ámbito concreto y preciso de la obra literaria.

No puede olvidarse que el texto femenino es, como cualquier otro texto literario, una representación artística de una sección de "mundo" por medios lingüísticos, lo que exige una atención especial a la expresión de esa sección del mundo, esto es, la interpretación del texto como construcción verbal. Pese a que se está aún lejos de conseguir este objetivo perseguido por autoras/es de tendencias muy dispares, lo que sí parece cierto es que, consciente de la carencia de una tradición verbal y literaria femenina, la crítica feminista se enfrenta a la creación de una *identidad femenina*, en donde se reconocen diferencias y matices de "género", respecto tanto a los sexos como a la cualidad textual. Parece una paradoja, sin embargo, que este enfoque crítico en momentos en los que la crítica posmoderna no sólo cuestiona el concepto histórico de identidad, sino que, más aún, proclama la "muerte del autor", haya surgido con la clara intención, expuesta desde sus comienzos, de recuperar la imagen de la mujer/creadora, como una identidad basada en la autoexpresión.

Nuestro intento por analizar los textos auto-expresivos femeninos, se orienta hacia la búsqueda y, si es posible, hacia la confirmación de la existencia de una cultura diferente y propiamente femenina, en donde ocuparía un espacio fundamental la descripción de las imágenes y todo tipo de representaciones que codifiquen significados específicamente femeninos. Esta búsqueda se convierte en un reto—y ahí precisamente reside su atractivo—pues partimos de la base de que la mujer escribe inmersa en una cultura que no ha creado y que en cierta forma le es ajena. Tarea ambiciosa, desde luego, pero de la que se pueden obtener resultados insospechados porque, como Aránzazu Usandizaga pone de manifiesto, la "inestable" relación del texto femenino con una cultura que no es suya, convierten al texto en "particularmente rico".

Pretendemos contribuir con nuestro trabajo, en la medida de lo posible, al estudio de lo que viene siendo uno de los objetivos esenciales de la crítica feminista en los últimos tiempos, esto es, la búsqueda y configuración de la *identidad femenina*. Para ello hemos elegido la obra de la poetisa canaria Ana María Fagundo, y muy concretamente un conjunto de poemas, que comparten una temática de trascendental importancia para la escritura femenina: las relaciones madre-hija. Se trata de una experiencia femenina singular, ya que la mujer tiene como primer contacto el cuerpo de otra mujer, la madre. Los lazos afectivos y emocionales que de esta unión se derivan son exclusivos de la mujer. Un sector muy amplio de la crítica feminista insiste sobre la particularidad de este discurso (femenino) y las posibilidades que tal tema entraña para la escritura femenina. Así por ejemplo, Adrienne Rich señala que la conservación del vínculo madre-hija es el relato que queda por hacer; y Luce Irigaray subraya la necesidad de la relación con la madre, porque de esta relación depende la búsqueda de la identidad sexual femenina, además de marcar el momento en que se sale del silencio al que se está sometida.

Puede afirmarse que este tema, específicamente caracterizador de la escritura de mujeres, fue un hallazgo original de Virginia Woolf, quien inaugura el discurso *matrilineal* en esa escritura confesional, que titula *Momentos de vida* y a través de la cual logra dar cauce a su intimidad inexplorada en torno a "una emoción sentida durante muy largo tiempo, y muy profundamente"; la emoción que le suscitaba su madre, muerta cuando ella era aún adolescente. Virginia Woolf, a la vez que hace el relato de los sentimientos hacia su madre, afirma su identidad en relación con la identidad de la madre, en estrecha dependencia.

Y como Virginia Woolf, Ana María Fagundo accede al discurso matrilineal cuando se encuentra en plena madurez artística, cuando su quehacer poético ha alcanzado ya cotas muy altas. Los poemas aquí recogidos, en donde se abordan las relaciones madre-hija, pertenecen a los libros *Desde Chanatel el canto*, *Retorno sobre la siempre ausencia*, y *El sol, la sombra, en el instante*, publicados en 1982, 1989 y 1994 respectivamente. Son, pues, dos escrituras de madurez, dos formalizaciones literarias diferentes—relato confesional en un caso, expresión poética en el otro—unidas por el mismo sentir, por la misma razón de "serse" y reconocerse en la madre. En ambas autoras el tratamiento de este tema no responde a especulaciones abstractas, sino sobre todo a situaciones empíricas concretas, tomadas de sus propias vidas. En una y otra, **vida** y **obra** no pueden separse, puesto que son sus vidas las que constituyen la materia prima de la producción literaria.

El tema de las relaciones madre-hija se articula en los poemas de Fagundo en dos etapas bien definidas: poemas escritos cuando la madre vivía, y aquellos otros que, después de su muerte, tratan de evocar la presencia materna. Cambia lógicamente el tono en uno y otro momento, pero se mantiene firme ese vínculo, esa dependencia que la hace exclamar:

> Retorno a mi comienzo,
> a tu acto de amor,
> a tu entrega más alta que las nubes,
> más inmensa que el cosmos,
> más madre que la tierra.
> "Nacimiento" 447 1

La poetisa canaria construye en estos poemas un mundo simbólico, cuyo eje esencial corresponde al origen de su existencia. De ahí, la mención insistente y recurrente de ese **trece de marzo / marzo trece**, fecha de su cumpleaños, o el hecho de que dos de estos diez poemas lleven el título de **nacimiento**. Es casi el recuerdo constante del paso del tiempo que fluye, pero que regresa al lugar de origen; como si de un tiempo cíclico se tratara. A este propósito nos parece acertada la opinión de Luce Irigaray, cuando afirma que:

> [...] el cumpleaños en la mujer no puede reducirse a un año más; la repetición que no evoluciona cansa, agota; pero las mujeres, a causa de su cuerpo, están en perpetuo crecimiento. Avanzar en edad puede ayudarnos a franquear etapas que nos dejen más libres para velar por la realización de nuestra identidad. (110-11)

Incluso, la propia autora parece desvelarnos el porqué de esta vuelta al pasado:

> [...] La presencia viva del entorno que el poeta ha vivido en su despertar a la existencia es fundamental, porque es ahí donde ha aprendido a serse. El ser humano se yergue desde el misterio de su nacimiento—de su mar—hasta el misterio de su muerte—su cielo. (Mi literatura 89)

Además, la perspectiva autobiográfica adoptada con más frecuencia favorece la fusión entre los distintos tiempos. Ana María Fagundo, que utiliza la poesía como medio para situarse en el tiempo, retorna a un pasado para profundizar en el presente. Tal vez sea ésta la razón por la que emerge del pasado la relación con la niña que fue, con tanta nitidez como aquella otra relación con la madre, que nunca llegó a romperse.

Ana María Fagundo crea un universo simbólico, en ocasiones hermético, que le pertenece, porque en él se halla su experiencia vital. Con el "relato" de la relación madre-hija, construye la propia afirmación de su destino de mujer, esto es, consolida su identidad:

> Marzo trece hoy como una cumbre.
> Mi madre un canto, un sol, un útero
> pugnando contra el polvo su porfía
> de tiempo [...]
> Mujer de otra mujer, feliz designio [...]
> Gozoso el instante, profundo el surco
> y en medio de la nada: el sello
>   poderoso,
>   pletórico,
>   único.
> ("Nacimiento" 20)

Y comprobamos que no habla en nombre de todas las mujeres; que su relato es único. Un relato de auto-reconocimiento, en el que toma consciencia de su género ("Nací mujer de otra mujer"), de su cuerpo como huella del de la madre ("y modelaste mi cuerpo como el tuyo"; "el templo de tu cuerpo que fue mi origen/y junto a él mi cuerpo"). Porque re-torna a su origen, des-cubre su identidad y, en consecuencia, se re-conoce, como rotundamente nos explica en estos versos:

> ...Esta mujer que va conmigo, que me lleva niña primero
> adolescente después,
> y ahora, mujer, mujer entera en esta hora de dolor,
> en esta hora de vida,
> en esta hora de entrega total.
> ("A modo de explicación" 280)

Ana María Fagundo, cuando construye y re-crea este mundo que ya ha pasado, proyecta la visión de la madre en estrecha relación con el espacio de la casa—el hogar— que ella abandonó un día para cumplir su destino de mujer, al otro lado de ese mar junto al que creció. La madre aparece en el corpus seleccionado como representante fiel del "ángel de la casa", empleando el término utilizado por la crítica feminista. Y esto es así porque se convierte en el centro **silencioso** del hogar, perpetuando la cultura tradicional—orden patriarcal— de la que inevitablemente forma parte. La madre vive una vida ritualizada—vida doméstica—en la que cuida de los intereses familiares con una gran generosidad. Pero también la madre es la **luz del hogar**, hacia donde vuelve su mirada la autora en una etapa determinada de su vida, para ofrecerle su "tributo de vida a quien me dio vida". La hija, sin embargo, resolvió de forma diferente el conflicto que se le plantea a la mujer: permanecer en la casa o salir al mundo exterior, para realizar, en este caso, su vocación literaria.

En ocasiones, podría pensarse que la autora pretende dar expresión a la voz elocuente, pero silenciada, de la madre; como si le otorgara a la madre la posibilidad de manifestar, mediante la escritura matrilineal, **el silencio de su entrega**, esa "entrega más alta que las nubes". Es decir, le da la palabra, como antes también lo había hecho la madre, "la mujer que me había puesto sangre y palabra / la palabra con que hoy escribo". En este punto es importande destacar la relevancia que esta relación posee en la adquisición de un lenguaje femenino. Uno de los objetivos que tal vez persigue la escritura femenina sea el de mantener viva la emoción de la primera voz—**canto**—("mi madre un canto, un sol, un útero) y el de revelar aquella voz profunda y antigua de la madre, pues, como afirma Hélène Cixous, "en la mujer siempre existe *algo de la madre* que repara y alimenta" (56).

Se trata casi de un autodescubrimiento gozoso, basado en la palabra. Es la toma de conciencia, la regeneración por medio de la palabra, en el preciso instante en que asume con libertad la responsabilidad de su destino de mujer. Y así nos lo comunica:

> ...y ya no eres isla prisionera
> en una jaula azul de aire y agua
> sino que jubilosamente madura
> te desgajas en palabras
> que irrumpen gozosas y te dejan
> limpia, recién estrenada,
> dura y al mismo tiempo frágil.
> Entonces te liberas de tu destino de isla
> y te alzas más allá de la sangre
> de la piel, de los músculos
> y así crecida te levantas sobre ti misma.
> ("Isla" 228)

Se observa que los poemas escritos cuando su madre era aún presencia viva poseen un marcado carácter narrativo, y aluden de forma mucho más directa al "cuerpo a cuerpo con la madre", según palabras de Luce Irigaray. Así, a lo largo de un extenso poema "¡Guerra! gritaban", se relata la experiencia del parto, pero desde el punto de vista de la hija. Tal vez con este cambio de perspectiva—no cuenta la madre la vivencia de serlo—se quiera poner de relieve el protagonismo que la mujer exige hoy desde el momento mismo de su nacimiento:

El cuerpo se me hacía duro
al salir del útero
y lloré mi primer llanto de mujer
con la sangre de otra mujer
todavía en mis mejillas,
la mujer que me había puesto sangre y palabra...
("¡Guerra! gritaban" 372)

Experiencia vital sencillamente contada que responde a una situación concreta y personal, enclavada en unas determinadas coordenadas temporo-espaciales, "el país en guerra" y "la isla de retama y pimentera"; experiencia suya que quiere hacernos creer el yo poético, pero que es sólo materia poética, verosímilmente narrada; experiencia específicamente femenina, en donde la madre sobrevive, como mujer, en la hija.

En otro de los poemas se alude a la maternidad a través de la imagen del alfarero que modela objetos en su alfar. En este caso, la madre es **el cuenco abierto** que modela la arcilla a su imagen y semejanza, creando por tanto, un cuerpo de mujer. La madre "con su vientre" se copia entera en la hija, dando lugar a otro cuerpo ("pechos, regazo, mujer") que es, a su vez, "un cuenco virgen de otro aliento, que es arcilla modelada". Es importante subrayar la utilización de **cuenco**, metáfora de índole feminista que remite a "lo cerrado y protegido" de la primera envoltura y que está asociada naturalmente al seno materno. En estos poemas, la relación matrilineal se explicita mediante la relación de dependencia, de continuidad, y está guiada por el sentimiento de gratitud en la hija y de entrega en la madre. Estos ejemplos dan muestra de la relación mencionada:

nací mujer de otra mujer
palabra que crea otra palabra
ella es la sangre de mis venas
modelaste mi cuerpo como el tuyo
sangre derramada para mi hoy
mi tributo de vida a quien me dio vida (373)

Los poemas restantes tienen como objetivo evocar y revivir la felicidad de la infancia, tanto como re-memorar el acontecimiento traumático y doloroso de la muerte de la madre. La escritura se convierte ahora en instrumento idóneo para la re-visión de un pasado y para recobrar el ámbito afectivo y cultural que la autora pierde con la muerte de su madre. Nuestra poetisa busca identificarse con las imágenes de la identidad femenina en relación con la cultura materna, tal vez porque como afirma Simone de Beauvoir "la mujer no nace se hace".

Vuelve una y otra vez a evocar a la madre y al ambiente que la rodeaba, en un intento desesperado por recuperarla, pues "¿dónde va uno sin raíz ni norte?". En estos poemas predomina una profunda emoción, que actúa sobre la realidad evocada. En la madre y en su infancia está el origen de su percepción del mundo. De ahí que la poetisa canaria regrese a este punto en busca de las sensaciones y los sentimientos aprendidos, y valore las consecuencias de la desaparición materna en este sentido.

Podría afirmarse que el papel de la madre, ahora ausente, queda limitado al recuerdo de la hija. Pero, como tal vez estos datos no son suficientes, Fagundo introduce lo que podría considerarse una novedad en el tratamiento poético de las relaciones madre-hija: la inclusión de su hermana en el relato. Si bien es verdad que Virginia Woolf, por ejemplo, se refiere inevitablemente a la presencia de sus hermanos cuando hace su relato matrilineal, la participación de la hermana en estos poemas parece tener una función estructural justificada y, por tanto, no debe considerarse en ningún momento como mera información ociosa.

La hermana cumple el papel de coadyuvante en la re-creación del mundo de la infancia, porque ambas transitaron juntas las "veredas compartidas de la infancia". A ellas les pertenece ese caudal de recuerdos de la niñez, de la adolescencia, que han asimilado a sus vidas. Pero también son poseedoras de la esencia y del ser mujer que la madre depositó en ellas; este poder "decir que estamos/ con su cuerpo en nuestros cuerpos". De la madre, por lo tanto, reciben la propia identidad femenina, como afirma Ana María en estos versos:

> Era tan mía como yo misma;
> tan cuenco en el mismo vientre:
> sangre suya, mía,
> mujer ella,
> mujer yo;
> mujeres que hermanó otra mujer
> con la entrega más alta que las nubes.
> ("Juventud" 450)

La madre, por su parte, responde al tipo de amor maternal, volcada en las hijas; la cultura afectiva se continúa de este modo entre las hermanas; una y otra comparten la experiencia del amor materno: el regazo (materno), la ternura, la suavidad, todo aquello que mantiene la unión entre ambas. Cabe destacar como hecho curioso que cada una de las hermanas tiene asignado un "rol" diferente, que remite a las posturas más frecuentes que la mujer puede adoptar hoy en la sociedad. La hermana, como la madre, cumple la tarea de procrear y cuidar a los hijos, y de esta forma contribuye a consolidar el esquema madre-hija:

> Se alzó alta en tu cintura,
> afanando tus horas con los hijos
> de su vientre,
> de tu vientre,
> ("Su creación" 27)

En ella se copia la madre, que "está en tu mirada / y en las manos con que amasas el pan"; pero también es la madre presencia en la realización de la vocación literaria de la hija, lo que supondría una ruptura del mencionado esquema, pues está

> en las plantas apenas perceptibles
> de mi voz,
> en este temblor callado de mi canto,
> en estas derrotadas estrellas de mi firmamento.
> ("Su creación" 27)

Así pues, la hija se apoya en la hermana para emprender la difícil tarea de rescatar el mundo perdido con la muerte de la madre. Y a la vez la hermana le ofrece, con su vida, un reflejo de lo que fue la madre. La hermana, en consecuencia, representa una función esencial en estos poemas. Además, se pone de manifiesto una relación muy particular, relación entre mujeres, que podría inscribirse en lo que en los últimos tiempos viene denominándose generalmente el **mito de la sorelidad**[2] —sororidad.

La forma de expresión en que se configura la cultura afectiva de la madre en estos poemas es el ámbito del "hogar", y, concretamente, el de *la cocina*. La cocina es el lugar de la casa en donde la madre ejerce un dominio exclusivo, y en donde no sólo prepara el alimento reparador—"sopa de besos" y "huele a un caldo tierno de horas compartidas"—sino también suministra ternura, protección ("cobijó mis miedos"), da "sabios consejos"; donde sencillamente es más palpable su amor maternal ("tu tacto de madre acariciando"). Esta fusión entre elementos de diferentes esferas ("el olor" a comida, "la ternura", el sentimiento "maternal") produce en el discurso conexiones nuevas e insospechadas:

> huele a cocina redonda y maternal
> huele a caldo tierno
> habita de cocina la ternura
> sopa de besos, azafrán de fuego
> tomates alegres como tu risa

que intentan, tal vez, reflejar la simultaneidad de sensaciones con que el recuerdo llega a la autora. Como si la utilización de la denominada hipálage fuera el procedimiento más adecuado en estos momentos para plasmar la co-existencia de sensaciones placenteras y vivencias entrañables. La mención de la "cocina" despierta un cúmulo de sensaciones diversas, desde los naturales olores que la invaden, al eco de la voz de la madre o la huella de "los pasos que fueron", desde el tacto "limpio y blando" de las sábanas o el recuerdo de las "manos tibias" de la madre, que crearon tantas cosas, pero, sobre todo, acariciaron, hasta la gratitud ("aquel tributo a la mujer / que fue principio y fin del poema") y el doloroso pesar por la definitiva ausencia de la madre.

La presencia—o ausencia, puesto que se contempla desde un presente lejano—de la madre y de su mundo afectivo, se sitúa en otros lugares del "hogar", aunque con menos frecuencia. Concretamente, dos enumeraciones aluden a la *sala* y al *patio*, por donde derrama su energía la madre: "en los sillones, el armario, la mesa / la mecedora de los sueños". Y no podía faltar la mención al patio canario, en esa enumeración estallante de color que ofrecen los geranios y el clavel, los nardos y la salvia que, seguramente, veía crecer y atendía con el mismo "redondo cuidado" con que atendía a las hijas... Mediante este detenimiento explicativo, se pretende potenciar al máximo el conocimiento de la realidad, porque la voz poética se remansa en estos versos y adquiere el movimiento lento del objetivo de la cámara recorriendo cada uno de los rincones de la casa y de las flores del patio.

Cabe señalar finalmente cómo estos poemas seleccionados perfilan un universo singular que, si bien tienen una plausible explicación dentro de la vasta producción poética de Ana María Fagundo, adquieren una cohesión y empaste admirables, tomados en su conjunto. En la consecución de tal fin intervienen no sólo los elementos temáticos—relación materno-filial, re-visión del mundo de la infancia, participación de la hermana en este re-memorar el pasado—sino muy especialmente ciertos "mecanismos" expresivos, tales como la repetición de imágenes ("cuenco en voluntad de entrega"), e incluso de versos enteros ("la precaria piel de mi alegría") o con alguna variación ("pugnando contra el polvo su porfía" / "que porfía en pie de pugna"), cuya aparición en poemas diferentes origina la conexión entre estos, a la vez que se obtiene una circularidad enriquecedora. Puede observarse asimismo cómo la voz poética experimenta una maduración, a medida que va construyendo este universo; cada poema incluido en él supone una etapa de este desarrollo, una variación sobre el mismo tema, hecho este que supone, como es evidente, otra forma de cohesión.

La poetisa canaria parece construirse en el discurso, revelando en ocasiones la dificultad que supone mantener el equilibrio entre la necesidad de articular su propia experiencia—las ideas que atraviesan sus poemas—y la imposibilidad de recurrir a un lenguaje propio, pues en general está adscrita a unos modelos aceptados. Por esta razón su obra poética representa una valiosa contribución en la común tarea de perpetuar una tradición cultural, aunque también sus esfuerzos por conseguir un estatuto que pueda calificarse de exclusivamente femenino.

No creo que Ana María Fagundo base su escritura femenina en la transgresión. No creo que su particular forma de expresión pueda explicarse por su pertenencia al "género", según es estudiado por la Crítica Feminista. Sin embargo, considero que el mundo que logra plasmar en este discurso matrilineal es específicamente femenino, por cuanto se trata de la auténtica y genuina expresión de unas vivencias esenciales y determinantes de su condición de mujer, apoyada en las experiencias de otras mujeres—la madre, la hermana—con las que compartió etapas trascendentales de su vida.

Ana María Fagundo es la voz poética que emerge enérgica desde lo más remoto de la isla, que cautiva a todo aquel que se aventura a navegar por los mares azules y misteriosos de su poesía, y que queda atrapado, como tantos otros viajeros, por el canto que viene de lejos... Ana María Fagundo, voz poética, palabra que viene de lejos y trasciende más allá del aquí y el ahora de su isla, de mi isla, de nuestra isla...

La palabra—nos dice—
El único cielo, mar, roca, isla
de mi ansia de entonces,
de mi clamor de ahora,
de mi postrera sed.

Obras citadas

Blaise, Suzanne. *Le rapt des Origenes ou Le meurtre de la Mère.* Paris: De la comunication entre femmes, 1989.

Beauvoir, Simone. *El segundo sexo.* Buenos Aires: Editorial Siglo XXI, 1968.

Cixoux, Hélène. *La risa de la medusa. Ensayos sobre la escritura.* Barcelona: Editorial Antrophos y la Dirección General de la mujer, 1995.

Fagundo, Ana María. *Desde Chanatel, el canto.* Sevilla: Angaro, 1982.

—-. *El sol, la sombra, en el instante.* Madrid: Editorial Verbum, 1994.

—-. "Mi literatura es mía en mí", *Selected Proceedings.* La Chispa (1986): 83-92.

—-. *Retornos sobre la siempre ausencia.* Riverside, California: Alaluz, 1989.

Irigaray, Luce. *El cuerpo a cuerpo con la madre. El otro género de la naturaleza.* Barcelona: LaSal, Editorial de les Dones, 1985.

—-. *Yo, tú, nosotras.* Madrid: Ediciones Cátedra, 1992.

Rich, Adrienne. *Nacida de mujer (Of Woman Born).* Barcelona: Ed. Noguer, 1976.

Uzandizaga, Aránzazu. *La búsqueda literaria de la identidad femenina,* Barcelona: PPU, 1993.

Woolf, Virginia. *Momentos de vida.* Barcelona: Editorial Lumen, 1972.

Notas

1 * Los poemas recogidos están incluidos en la *Obra poética 1965-1990,* Ed. Endymion, Madrid, 1990, salvo los que pertencen al último poemario *El sol, la sombra, en el instante* de Ana María Fagundo (Madrid: Ed. Verbum,1994).

2 * Quien ha destacado en los últimos años la importancia del **mito de la sorelidad** es Suzanne Blaise. Se puede consultar su libro *Le rapt des Origenes ou Le meurtre de la Mère* (París: De la communication entre femmes, 1989).

Concha Zardoya: poetisa, crítico y maestra en el exilio

Antonio Barbagallo
Stonehill College

Española por los cuatro costados, aunque nacida en Chile, Concha Zardoya ha dejado honda huella en el universo literario como creadora y como crítico, y ha entregado un enorme bagaje de conocimientos y de contagioso entusiasmo y amor a cuantos tuvieron la suerte de ser alumnos suyos.

Con 18 años se trasladó a España, y, lejos de sentirse exiliada, Concha pronto se sintió como "renacer", porque de hecho fue en España, país republicano y liberal, donde nació a la vida intelectual y sentimental. De raíces navarras y cántabras, después de haber residido en Zaragoza y en Barcelona, es en Madrid donde la joven estudiante de Valparaíso comulga con el espíritu castellano. Al igual que con el bilbaíno Unamuno y con el sevillano Machado, Castilla llena el alma de Concha. Su amor por España es incondicional y total, pero ella siente una especial debilidad por Castilla, y en particular por Madrid. Este dato es significativo, ya que influye en la obra literaria de la joven escritora.

Los estudios de Filosofía y Letras, interrumpidos por la guerra civil y por una difícil y dolorosa posguerra, se reanudaron en 1947, y en 1948 Concha se licenció en Filología Moderna por la Universidad de Madrid. Mientras tanto, entre el año 1942 y el 1946, y bajo el seudónimo "Concha de Salamanca", publicó 13 volúmenes de cuentos clasificados como "Historias y leyendas españolas" e "Historias y leyendas de Ultramar". Aquí, con sugestivos títulos como *El Anahuac conquistado, El Inca Garcilaso* y *La desolada Patagonia*, la autora demuestra que no ha olvidado su infancia y su primera juventud andinas. Pero, no es sólo en los cuentos donde muestra estar todavía ligada a su pasado de Ultramar, sino también y principalmente en el primer libro de poemas *Pájaros del nuevo mundo* publicado en 1946 por Adonais. En esta colección de poemas a las aves americanas, la poetisa explícitamente recuerda su pasado al poner debajo del título "Cóndor" la dedicatoria: "Al Aconcagua de mi niñez". Las aves pues, se convierten en símbolo de anhelada libertad durante la dura posguerra. Una libertad a la que se llega levantando el vuelo, un vuelo que, por añadidura, lleva a la niñez libertadora. Y así, con este libro dedicado a los pájaros, casi de forma simbólica, Concha Zardoya emprende el vuelo en el mundo de la poesía, el mundo que, más que otra forma de creación, le llenará la vida.

No podemos entretenernos en el análisis de la obra poética de esta excepcional mujer, porque éste no es el lugar para ello, y porque hay muchas más cosas que decir de ella; sin embargo, es absolutamente necesario hacer un brevísimo recorrido por algunos de sus libros.

En 1948, año de su licenciatura, Concha Zardoya se traslada a Estados Unidos, donde obtiene su doctorado por la Universidad de Illinois, y donde su quehacer poético, ya iniciado en España, se intensifica y multiplica. En tierras americanas empieza para la joven, pero madura Concha, un exilio voluntario que se traduce en honda, sentida, humana poesía. De las tres actividades emprendidas, la poética, la crítica y la docente, es lógicamente la primera la que nos revela la sensibilidad de una mujer que ha dejado atrás lo que había amado y sigue amando: España, sus ciudades, sus rincones, sus gentes. *Dominio del llanto*, accésit del Premio Adonais de 1947, había sido testimonio de cuán trágica y dolorosa se había revelado la guerra española para nuestra poetisa, y ahora, como modo de salvación de este llanto, Concha vuelve su atención y sus sentidos a los animales, a los árboles, a las cosas, creando *La hermosura sencilla* que se publica en 1953.

Pero detrás de las cosas y junto a ellas hay un mundo de signos llenos de misterio que en 1954 dan origen al libro *Los signos*. En 1955 gana el Premio Boscán por *Debajo de la luz*, libro que se publica en 1959. Es en esta obra, a mi parecer, que Concha Zardoya, con delicada sencillez y hermosura, intuye lo que es el mundo, el universo con todos sus seres que, justamente, viven "debajo de la luz". Demasiados son los poemas que merecen por lo menos un breve comentario, pero no puedo dejar de mencionar "La ventana", donde la poetisa se desdobla, o mejor dicho, donde ocurre una personificación o humanización de la ventana. La pobre ventana, como la poetisa, es testigo de lo que ocurre dentro y fuera y, como ella, se duele y llora, o se alegra y sonríe. Esta "pathetic fallacy" culmina en la última estrofa:

> Y maternal almohada le has dado
> a mi dolida frente: tú la sabes
> cercada por la vida y por los sueños
> que no pueden cumplirse en este mundo.
> Y he visto tu verdad y la he sentido
> tocarme el corazón muy quedamente.
> Y he mirado a la calle por tus ojos
> y con tu mismo amor reconocido
> la piedrecita azul, el niño rubio
> y el airoso caballo que galopa
> Ahora ya no sé si soy yo misma
> o si soy tu mirada enternecida.

"El jardín" es un hermoso poema donde al amanecer todavía todo duerme, donde el hombre y sus malas pasiones no han despertado:

> ¡Qué descanso mirar que todo duerme!
> Ni la pasión secreta ni los odios
> se asoman a este mundo de las rosas,
> dormidas en sus oros y granates.
> No existe el hombre así. El sueño solo.

Detecto en estos versos, quizás equivocadamente, lejana influencia albertiana, concretamente de algún poema de Sobre los ángeles y, en los siguientes, advierto ecos de la barbarie humana que la poetisa no consigue olvidar:

Duerme aún el jardín. Es cementerio
sin cruces y sin lápidas. Silencio.
Anticipos de muertos, ¡ay!, los hombres
descansan y son buenos cuando duermen.
¡Qué gran corona blanca, sí, la aurora!
Están muertos. En paz. Están dormidos.
¡Cuántos aman así! ¡Oh, cuánto aman!

El amor por el arte en todas sus formas le inspira a Concha Zardoya más de un libro de poemas, desde *Mirar al cielo es tu condena* de 1957, gran homenaje a la figura creadora de Miguel Angel, hasta *Poemas a Joan Miró* de 1984, pasando por *Los ríos caudales* de 1982, apología a los grandes poetas del 27, amigos suyos. La soledad causada por el destierro y por la pérdida de seres queridos es el origen de *La casa deshabitada*, 1959, colección de poemas hondos, bonitos y llenos de humanidad. Basta señalar aquí que el libro se abre con esta dedicatoria: "Para los que son o están solos..." El tema de la muerte, presente en más de un libro, ocupa en particular todas las páginas de *Elegías* de 1961, y muchas de *Corral de vivos y muertos*. Este libro, publicado en Buenos Aires en 1965, está saturado de la España vivida y añorada por la poetisa. España triste y sola, España de la guerra y de la muerte, pero España noble, la que nos hace pensar en Unamuno y Machado. Los poemas de una sección del libro habían sido escritos entre 1939 y 1947 en Madrid, y algunos formaban parte de *Dominio del llanto*, 1947, pero, por razones de censura habían sido suprimidos. *Hondo Sur*, de 1968, recoge en forma poética el drama de los negros de las tierras bajas del Mississippi y de las plantaciones sureñas; y libros como *Donde el tiempo resbala*, 1966, *Las hiedras del tiempo*, 1972, y *Manhattan y otras latitudes*, 1983, recogen poemas escritos en diversos lugares del mundo o dedicados a distintas ciudades como su Valparaíso de la infancia o la Florencia artística. Preceden o siguen muchos otros libros; entre ellos, *El corazón y la sombra* ganó el premio "Fémina 1975", y *Ritos, cifras y evasiones* el premio "Café Marfil de Elche 1980".

Con la llegada de la democracia y después de casi treinta años de ausencia, de angustioso destierro y de añoranzas, Concha Zardoya vuelve a España definitivamente en 1977. De todo lo que supone este regreso nace la obra culminante que cierra el círculo del quehacer poético del exilio; *Retorno a Magerit*, 1983, recoge poemas que en primera persona o en un desdoblamiento en segunda persona derraman todas las emociones e impresiones de un ser sensible que tanto ha añorado su querida ciudad. La emoción de la expectativa, la tristeza de la constatación de que ya ha desaparecido lo que se quería y se esperaba encontrar, la dulce sorpresa, el pasmo de ver que calles, plazas, rincones y cosas siguen como antes, como en los días jóvenes, la decepción de una juventud sin rumbo y sin ideales, la extrañeza de lo nuevo, como la vida subterránea del "metro" o el lenguaje de los jóvenes, todo esto, y más, está vertido en títulos como "Sumerges en la calle tu mirada", "Aquí viví", "Ha venido la ausencia a sepultarse", "Jóvenes somos", "Bazar de las desdichas" y "Plaza Mayor". Termino estas observaciones sobre la actividad poética de Concha Zardoya, añadiendo que, aun en los más dolorosos poemas, lejos de encontrar sentimentalismos, sólo intuimos la tragedia humana y el dolor personal, ya que respiramos la estoica entereza y serenidad de una mujer herida, pero fuerte y llena de perseverancia, amor, fe en los demás, y sobre todo en sí misma.

Antes de trasladarse a Estados Unidos en 1948, Concha Zardoya había traducido la obra en prosa y verso de Walt Whitman, iniciando así unos estudios americanistas y comparativos que todo estudioso de literatura comparada (hispano-norteamericana) debería conocer. Los continuó con una tesis doctoral en Illinois, titulada "España en la poesía americana", y con una *Historia de la literatura norteamericana*, valioso monumento a una literatura poco conocida en España. Como ella misma menciona en la "Nota Preliminar" al libro *Verdad, belleza y expresión*, los estudios comparativos por parte de españoles han sido pobres. Por esa razón, esta mujer de aspecto frágil pero de espíritu fuerte, ha participado en muchos congresos internacionales sobre literatura comparada "con el fin de representar a España de algún modo [...] y hacer presente la "contribución" o "participación" española—modesta, modestísima—en tales estudios" (11). El libro que acabo de mencionar, lo publicó la autora en Barcelona en 1967 (EDHASA), y es en gran parte un análisis agudo y fino de obras o aspectos de obras de poetas americanos como Edgar Allan Poe, Ezra Pound, John Dos Passos y Robert Frost. Estos no son los únicos autores estudiados en este libro, y entre otros figura un madrileño, contemporáneo de Unamuno, que escribe en inglés. Su nombre es Jorge Santayana.

A pesar de la importancia de las mencionadas obras, lo que sitúa a Concha Zardoya en el podio de los grandes críticos es su amplia colección de estudios sobre literatura española. Ha publicado innumerables artículos en las más prestigiosas revistas literarias del mundo sobre distintos autores de distintas épocas, entre ellos Cervantes, Bécquer, Unamuno, Machado, Lorca y Miguel Hernández. Del joven poeta-pastor publicó una importante biografía crítica titulada *Miguel Hernández. Vida y obra*, y la editorial Guadarrama le publicó *Poesía española contemporánea* en 1961. A este libro le siguió *Poesía española del 98 y del 27*, publicado por Gredos en 1968, pero una versión modificada, ampliada y definitiva de ambos libros apareció en 1974 bajo el título de *Poesía española del siglo XX*, también publicada por Gredos. Los cuatro tomos que componen este título no deberían faltar en la biblioteca de quien estudie o simplemente ame la poesía española de este siglo. Concha Zardoya ha participado en muchísimos congresos internacionales y ha dado innumerables conferencias en entidades culturales de Europa y de América sobre los más variados temas literarios.

Con esto ya podemos pasar a hablar de su actividad docente que empezó a su llegada a Estados Unidos en 1948. Se podría resumir con una palabra, "excelencia", pero no estoy seguro de que esa palabra llegue a decir todo de esta mujer, de esta maestra de maestros. Creo que habría que inventar un calificativo sólo para aplicárselo a ella.

La profesora Zardoya empezó a dar clases de literatura española en la Universidad de Illinois, y después pasó por las de Tulane, Yale, California, Barnard-Columbia, Indiana y Massachusetts, de donde se jubiló y donde yo la conocí. Era en las aulas de la Universidad de Massachusetts-Boston, en donde yo y tantos otros oíamos la entusiasmada y entusiasmante voz de mi querida maestra, junto a los ruidos metálicos de los antiguos radiadores, las pisadas de Rocinante y del rucio, la voz iracunda de don Quijote, los gritos del Sancho manteado, las risas de las mozas de la venta. La señorita Zardoya explicaba y a la vez exigía nuestra participación; pero, más que exigir, inspiraba en nosotros la confianza de poder participar. Daba vida a los personajes de las novelas que estudiábamos, como también daba emoción y sentido a los más herméticos poemas de Lorca, Alberti o Alexandre. Veíamos también a don Antonio en el entierro de un amigo, le oíamos preguntar patéticamente a su amigo Palacios por la primavera soriana, y lo observábamos pasear debajo de los álamos del río o trepar por los grises peñascales. Valle Inclán, Baroja y en especial Unamuno se metían por nuestras venas, en nuestra sangre.

La vivacidad, la energía, el entusiasmo, la sabiduría y el amor que mi profesora derramaba eran para todos enfermedades contagiosas. Este era el gran don de Concha Zardoya, el saber contagiar el amor por la literatura, el amor por la hermosura, el amor por la cultura, por España, y sobre todo, por la verdad. Sabía al mismo tiempo dialogar con el alumno, respetar sus opiniones y enseñarle a querer aprender. Muchos han sido los profesores que he tenido durante mi vida de estudiante en Estados Unidos y en España, muchos de ellos excelentes, pero ninguno me ha enseñado tanto y ha dejado tan profunda huella en mi ser como lo ha hecho Concha Zardoya.

Tengo ahora el gran honor y la fortuna de poderle dar las gracias a mi querida maestra publicamente: gracias por haberme dado la oportunidad de ser uno de sus muchos afortunados alumnos; gracias, gracias, gracias Concha Zardoya.

Obras citadas

Alberti, Rafael. *Sobre los ángeles*. Buenos Aires: Losada, 1959.

Zardoya, Concha. *El Inca Garcilaso*. Madrid: Aguilar, 1943.

—-. *El Anahuac conquistado*. Madrid: Aguilar, 1944.

—-, traductora. Prólogo. *Cantando a la primavera* de Walt Whitman. Madrid: Adonais, 1945.

—-. *La casa deshabitada*. Madrid: Insula, 1959.

—-. *El corazón y la sombra*. Madrid: Insula, 1977.

—-. *Corral de vivos y muertos*. Buenos Aires: Losada, 1965.

—-. *Debajo de la luz*. Barcelona: Instituto de Estudios Hispánicos, 1959.

—-. *La desolada Patagonia*, Madrid: Aguilar, 1944.

—-. *Dominio del llanto*. Madrid: Adonais, 1947.

—-. *Donde el tiempo resbala*. Montevideo: Cuadernos Julio Herrera y Reissig, 1966.

—-. *Elegías*. Caracas: Lírica Hispana, 1961.

—-. Ensayo crítico biográfico y bibliografía. *Obras escogidas*, de Walt Whitman. Madrid: Aguilar, 1946.

—-. *España en la poesía americana*. Tesis University of Illinois. Ann Harbor (Michigan): University Microfilm - International, 1983.

—-. *La hermosura sencilla*. New York: Hispanic Institute in the United States, 1953.

—-. *Las hiedras del tiempo*. Madrid: Biblioteca Nueva, 1972.

—-. *Historia de la literatura norteamericana*. Barcelona: Labor, 1956.

—-. *Hondo Sur*. Madrid: El Bardo, 1968.

—-. *Manhattan y otras latitudes*. Colección Esquio. El Ferrol: Sociedad de Cultura Valle Inclán, 1983.

—-. *Miguel Hernández, 1910,1942. Vida y obra*. New York, Hispanic Institute in the United States, 1955.

—-. *Mirar al cielo es tu condena*. Madrid: Insula, 1957.

—-. *Pájaros del Nuevo Mundo*. Madrid: Adonais, 1946.

—-. *Poemas a Joan Miró*. Madrid: Los libros de Fausto, 1984.

—-. *Poesía española contemporánea*. Madrid: Guadarrama, 1961.

—-. *Poesía española del 98 y del 27*. Madrid: Gredos, 1968.

—-. *Poesía española del siglo XX*. Madrid: Gredos, 1974.

—-. *Retorno a Magerit*. Madrid: Comunidad de Madrid, 1983.

—-. *Los ríos caudales*. Madrid: Corcel, 1982.

—-. *Ritos, cifras y evasiones*, Madrid, Endymión, 1985.

—-. *Los signos*. Alicante: Colección Ifach, 1954.

—-. *Verdad, belleza y expresión*. Letras Anglo Americanas. Barcelona: EDHASA, 1967.

La maternidad y la auto-representación de la mujer en la poesía de la posguerra española

Jill Kruger-Robins
Florida Atlantic University

En este estudio quisiera explorar la relación entre la auto-representación poética de la mujer como madre en la posguerra española, y el valor simbólico, o los valores simbólicos de la madre.[1] Mi propósito es múltiple: 1) mostrar cómo la lectura literal de la autobiografía femenina limita la interpretación literaria de esos textos; 2) explicar cómo la imagen cultural de la mujer como madre abnegada, sumisa y encerrada limita a la mujer y a la autora; y 3) ofrecer una relectura de la imagen maternal y de un texto poético que la utiliza, *Mujer de barro* (1948) de Angela Figuera Aymerich.

La figura de la mujer y específicamente la de la madre tiene un gran valor simbólico, sobre todo en la cultura occidental moderna, y especialmente en la religión católica. En efecto, muchas escritoras feministas, como Luce Irigaray y Julia Kristeva, aseveran que la mujer representa "el otro" del hombre en esas tradiciones, y que el hombre construye una imagen femenina para suplir sus propias deficiencias. Esta imagen inversa se representa a menudo como una falta de algo, generalmente del falo y de los atributos que se asocian con la posesión de ese instrumento prodigioso: razón, poder, fuerza física, agresividad, lenguaje.

La mujer llega a asociarse con todo lo que el hombre quisiera reprimir en el mundo y en sí mismo: la irracionalidad, la emoción, la impotencia, la debilidad, la pasividad, el silencio. La maternidad, sin embargo, representa un atributo físico y un poder de la mujer que el hombre no tiene; por eso se podría decir que el hombre ha querido controlar la maternidad, verla como otra debilidad femenina, o apoderarse de ella al limitarla a los confines del matrimonio, de la casa, de la iglesia, de la primera etapa de la vida infantil, después de la cual el hijo debe integrarse en el orden simbólico del padre.

Se puede ver claramente una aplicación político-social de este concepto de la madre en la época de la posguerra española, cuando el gobierno intentó controlar a la población a través de definiciones estrictas de la identidad personal y nacional. La feminidad, entonces, se limitaba a una imagen religiosa de la maternidad, y la masculinidad a una imagen militarista de la virilidad.[2] Así se dotaba a la madre de un sentido ilusorio de poder, ya que debía curar a la nación como si fuese a su hijo y contribuir a su progreso con el fruto de su vientre, dando muchos hijos a su futuro glorioso.[3] Sin embargo, debía mostrarse pasiva y sumisa al mando masculino y debía estar contenta con lo que encontrara en su propia casa; en este sentido la imagen maternal se convirtió en un modelo del buen ciudadano bajo el franquismo.

La escritora que intente representarse como madre frente a la imagen hegemónica de la maternidad que acabo de explicar tiene varias opciones. Puede desarrollar una imagen tradicional o subversiva de la madre dentro de una estructura y con un lenguaje que se asocien con una tradición poética femenina o masculina, conformista o subversiva. Puede representarse como "buena madre y esposa" seriamente para valorizarse, pero entonces implícitamente valoriza también el sistema que le impone esa única posibilidad. Puede representarse como madre cuando no lo es, como máscara o armadura, tal como Gabriela Mistral en Chile; o puede representarse irónicamente como buena madre, lo que tiene el efecto de parodiar la santa imagen, como lo han hecho Gloria Fuertes y Ana Rossetti con otras formas de identidad social. Puede utilizar la imagen de la madre como símbolo del sufrimiento o del poder femenino; o, como Angela Figuera en su poesía tardía, puede convertirla en símbolo de la solidaridad social. Puede representarse como madre esporádicamente, representarse como mala madre, o inventar nuevas, múltiples o hermafroditas imágenes maternales, como lo hace María Victoria Atencia.[4] Estas últimas opciones, la imagen polivalente o masculina de la madre, obviamente enturbia la clara imagen idealizada de la madre-salvadora y complica la bipolaridad de la identidad genérica; pero creo que en todo caso podemos ver que la autorepresentación poética como madre, pone en duda la idealización y hegemonía de la figura maternal.[5]

Veamos las implicaciones de esta figura en un caso de auto-representación aparentemente confesional: una obra temprana de Angela Figuera, quien se define en su poesía y es definida biográfica y críticamente como madre. Nacida en 1902, Figuera publica su primer libro, *Mujer de barro*, en 1948, doce años después del comienzo de la guerra civil y del nacimiento de su hijo, Juan Ramón. La coincidencia de estos dos sucesos pudiera sugerir un significado social de la imagen maternal en este libro, y el nombre del hijo—Juan Ramón—podría establecer una conexión metonímica entre la poesía pura de Juan Ramón Jiménez y los poemas de *Mujer de barro*, especialmente en la sección titulada "Poemas de mi hijo y yo", dedicada al hijo de la poeta.[6] Sin embargo, se han leído estos poemas como una encarnación del amor maternal de la poeta misma.[7] Esta interpretación se ve hasta en las palabras preliminares que le dedica su marido, Julio Figuera Andú, en su introducción a las *Obras completas* de la poeta:

> La infancia de Angela fue normal, sin traumas, pero como era la mayor de los nueve hermanos y su madre era una persona de carácter débil y de poca fortaleza física Angela tuvo que dedicar bastante atención a los hermanos más pequeños [...]. Quizá esta circunstancia exageró en ella el innato instinto maternal y el amor a los niños que rezuma su poesía. Alguno de sus críticos dijo que Angela quería ser madre hasta de su propia madre (*OC* 7).

Su marido escribe de ella con verdadero cariño, pero cada imagen que da de Angela cuadra perfectamente con el ideal femenino de la época. Sus palabras también reflejan las creencias de la época en cuanto a la maternidad: que ser madre es natural, cuestión de instinto; que no es traumático para una muchacha tener que sacrificarse para cuidar a los demás; que una mujer es débil si le resulta difícil criar a sus diez hijos; que la madre sólo siente amor por sus hijos. Yo creo, al contrario, que es posible leer lo femenino en la poesía temprana de Figuera de una manera diferente, no tanto como una representación autobiográfica sino como su poética y como un primer paso en su proyecto de solidaridad social.

La imagen de Figuera que nos da su marido no difiere en mucho de la figura de la madre, que Figuera misma nos presenta en "Poemas de mi hijo y yo". Veamos algunos ejemplos:

"Corre que te pillo"
¡Corre que te corre!. . .

¡A correr, mi niño,
sobre la hierba verde
y el tomillo . . .

¡A correr, que el viento
peinará tus rizos
y las mariposas
bailarán contigo . . .

¡Corre que te corre! . . .
¡Corre, que te pillo! . . .

Se cansó mamita:
corre tú solito. (*OC* 43)

"Cinco años"
¡Hijo de mi alma, hijo,
has crecido tan aprisa! . . .

En el arca de mi seno
ya no cabrías.
Ni casi en mis brazos . . . Mira.

¡Y eras tan mío allá dentro! . . .

Ahora, cada vez más lejos:
Ya, pronto, irás al colegio:
cuadernos, tinta en los dedos,
el juego, los compañeros,
el alma de tus maestros . . .

¡Cada vez más lejos! (*OC* 44)

"Caligrafía"
La cabeza sobre el brazo
y el brazo sobre la mesa;
asomando entre los dientes
la puntita de la lengua;

los ojos desorbitados
a fuerza de aplicación . . .
Muchas aes, oes, úes . . .
Y, en cada línea, un borrón. (*OC* 45)

"Elegante"
¡Qué guapo vas, hijo mío,
tan repeinado y pulido! . . .

Los zapatos relucientes,
y ese traje nuevecito,
y esa camisa, tan blanca,
de domingo . . .

¡Qué guapo vas, hijo mío! . . .

Pero, al volver del colegio,
siempre roto o descosido,
las botas llenas de barro,
el pelo como un erizo,
salpicadito de tinta,
hecho un perfecto golfillo . . .

Así, que nadie lo sepa,
así te prefiero, hijo. (*OC* 48)

Esta representación de la madre se conforma en todo con la imagen idealizada de la madre en la época franquista: abnegación de la identidad femenina más allá del hijo, sentimentalidad, encerramiento de la madre en la casa, imagen varonil del hijo masculino. La feminidad de la voz poética se deduce no sólo de la anécdota, sino también del estilo: versos de arte menor, rima asonante, exclamación, paralelismo, un mensaje elíptico; la forma de los poemas o canciones populares que tantas veces cantara una mujer en la tradición lírica española. Por el estilo, por la dedicación, por el título, por la anécdota, fácilmente podríamos concluir que la poeta se está representando conforme a la imagen legítima de la madre en su sociedad.

A pesar de la conexión aparente entre la poeta, tal como su marido la describe, y la hablante de "Poemas de mi hijo y yo", estos poemas no nos pintan este retrato de la madre perfecta que se identifica con Angela. Nunca vemos en esta sección de *Mujer de barro* que la madre escriba poesía: cose, juega con el niño, piensa y llora, pero no escribe. Como ha dicho Susan Suleiman, una madre que escribe no coincide con la imagen de la buena madre, puesto que le quita tiempo a su hijo para dedicarse a su arte; por eso la madre de "Poemas de mi hijo y yo" se dedica exclusivamente a los quehaceres domésticos.

Y aquí nos enfrentamos con uno de los problemas principales de la interpretación de la autobiografía y de la poesía escrita por mujeres, que se suelen leer literalmente en vez de retóricamente.[8] El género de la autobiografía es en sí problemático, porque el autor generalmente quiere definirse como un ser integrado que ha adoptado o rechazado un modelo socio-cultural del ser humano. En el caso de la mujer el asunto es aun más complicado, pues el acto de narrar implica el poder de tomar la palabra, y "la buena mujer" no habla. En todos los casos, la figura narrada no equivale a la narradora; la figura narrada es una creacción ficticia, que a lo mejor representa la contigüidad de varios sistemas semióticos.

Sólo a través de una lectura literal podríamos imaginar que la imagen poética fuese un perfecto reflejo de la poeta. En vez de una imagen hegemónica de la madre ideal, que es Angela, vemos aquí la fracturación de la escritora, dividida entre sus deberes sociales y familiares y su dedicación a la poesía. La imagen de la buena madre es una máscara que se pone para encubrir o encubrirse la inconformidad, para legitimarse mientras sigue escribiendo.[9]

Si leemos los "Poemas de mi hijo y yo" en el contexto de todo el libro, de las obras completas de Figuera, de la literatura española y de la sociedad española de la época, vemos las fisuras en esa máscara, y se nos sugieren otras posibles lecturas de los poemas. En la próxima sección de *Mujer de barro*, "El fruto redondo", vemos claramente que la madre y el hijo tienen un valor simbólico en relación con la creación poética: la hablante es madre del poema, como se puede ver en "Alumbramiento":

> Es sencillo, sencillo . . .
> Es tan terriblemente
> natural y sencillo
> como parir . . . El poema
> sazónase como un hijo
> en los profundos adentros . . .
> De pronto, un día, sentimos
> que nos desgarra la entraña . .
> Luego un descanso infinito. (*OC* 61)

El parto es una experiencia dolorosa, prolongada, violenta y sangrienta; es natural, pero requiere un enorme esfuerzo y puede resultar en la muerte de la madre y/o el hijo.[10] En otras palabras, es una metáfora apta para la creación poética y específicamente para la de Figuera, ya que siempre establece una estrecha conexión entre su poesía y la naturaleza concreta. Noten que el parto es instintual, tal como dijera Julio Figuera, es irracional, está fuera de nuestro control, pero no por eso deja de ser difícil o traumático.

En el poema "El fruto redondo", Figuera compara su poesía "natural" y terrestre con la poesía pura:

> Sí, también yo quisiera ser palabra desnuda.
> Ser un ala sin plumas en un cielo sin aire.
> Ser un oro sin peso, un soñar sin raíces,
> un sonido sin nadie . . .
> Pero mis versos nacen redondos como frutos,
> envueltos en la pulpa caliente de mi carne. (*OC* 54)

El tema, las imágenes y el uso del infinitivo en la primera estrofa establece un diálogo entre Figuera y Juan Ramón Jiménez, como notó John Wilcox en un artículo reciente (70); la materialidad de los últimos versos, que se siente hasta en la aliteración, contesta la incorporeidad de los primeros. Pero esta diferencia no se debe exclusivamente al sexo de la poeta, ya que la mayoría de los poetas de estos años buscaba una expresión más humana y una mayor solidaridad con la gente oprimida social y económicamente.

A la luz de lo que hemos dicho de la autobiografía y de la representación metafórica del poema como hijo, vemos claramente que los "Poemas de mi hijo y yo" también hablan más de la poesía de Figuera que de su vida. "Corre que te pillo" y "Cinco años" describen la relación entre la poeta y el texto: ella lo persigue (como Darío: "Persigo una forma"), se cansa, él se le escapa; finalmente el texto se separa definitivamente de su creadora. En "Caligrafía" podríamos decir que es la poeta y no el hijo quien escribe; es una descripción del difícil proceso de pulir un poema, como el poema "Papel" (*La pared contigua*) de María Victoria Atencia. Y "Elegante" representa la poética de Figuera; exactamente como "El fruto redondo", establece un contraste entre la poesía pura, elegante, de Juan Ramón al principio del poema, y la impura al final. El lenguaje y las imágenes son ejemplos de impureza: en la tradición de la poesía culta, no tienen legitimidad poética.

La preferencia por la impureza, por la vida común, también se refleja en la forma de estos poemas, que antes llamamos femenina. Pero tampoco podemos establecer una relación sencilla entre el sexo de la poeta y la forma poética que utiliza en "Poemas de mi hijo y yo", ya que la forma popular aparece en la obra de poetas como el Arcipreste de Hita, el Marqués de Santillana, San Juan de la Cruz, Quevedo y Lorca. Y la sugestividad, la exclamación, el paralelismo y el estilo elíptico se ven no sólo en los villancicos populares, sino también en Bécquer, en Juan Ramón, en Lorca.[11] La confusión en el caso de Figuera resulta, creo, de la feminidad de la forma junto con una hablante femenina e imágenes maternales en un texto escrito por una mujer. El único elemento masculino es el hijo de la hablante, que representa el poema mismo. Parece que sin una forma, sin un hablante o un lenguaje masculino que corte el cordón femenino entre el texto y la poeta, muchos lectores han tenido dificultad en separarlos.

Regresemos ahora al asunto social al que aludimos al principio de nuestro análisis, cuando notamos la coincidencia entre la fecha de nacimiento del hijo de Figuera y el comienzo de la guerra civil española.[12] La forma popular y la impureza del lenguaje de *Mujer de barro* representan un tipo de solidaridad estética con el pueblo; el poema, el hijo, se liga con el pueblo que tuvo que renacer después de una guerra que, igual que el parto, fue dolorosa, prolongada, violenta y sangrienta. Un poema que así nace no puede ser puro. La solidaridad de la poeta con el pueblo en *Mujer de barro*, y la alusión, más bien oculta aquí, a la guerra civil, anticipan los libros posteriores de la poeta, especialmente *El grito inútil* (1952). Pero en la continuidad de lo femenino que presenta aquí tal vez veamos un remedio para la división social que describe en el poema "Rebelión" del libro posterior, en que se niega a ser madre para "No más parir abeles y caínes" (*OC* 179).

Quisiera concluir con esas palabras de triunfo, pero termino con una contradicción. *Mujer de barro*, como hemos visto, es un texto profundo y pulido, a pesar de su apariencia sencilla. Allí vemos a una mujer que se apodera de una figura, una voz y una forma femeninas para esculpir un texto que le parece más apropiado que la poesía pura. Con todo esto, sería difícil decir que fuese un texto completamente feminista, ya que la figura de la madre que nos presenta el texto es tradicional, y todas las posibilidades interpretativas que acabo de presentar sólo son posibles si aceptamos como verdad la imagen idealizada de la madre. Y así el texto mantiene la distinción absoluta entre hombre y mujer, y la mujer se mantiene como el otro del hombre, y la madre como la figura que le suture sus divisiones. Así intenta Figuera suturar también su propia división interna, el conflicto entre la mujer que toma la palabra y la buena esposa y madre que cuida silenciosamente a los demás.

Obras citadas

Abella, Rafael. *La vida cotidiana en España bajo el régimen de Franco*. Barcelona: Argos Vergara, 1985.

Bosch, Rafael. "La poesía de Angela Figuera y el tema de la maternidad". *Insula* 186 (1962): 5-6.

Butler, Judith. *Gender Trouble: Feminism and the Subversion of Identity*. New York: Routledge, 1990.

Castro-Klarén, Sara, Sylvia Molloy y Beatriz Sarlo. *Women's Writing in Latin America: An Anthology*. Boulder: Westview, 1991.

Figuera Aymerich, Angela. *Obras completas*. Madrid: Hiperión, 1986.

Gilmore, Leigh. *Autobiographics: A Feminist Theory of Women's Self-Representation*. Ithaca: Cornell UP, 1994.

Kruger-Robbins, Jill. "Contemplation and Recreation of the Mother in the Poetry of María Victoria Atencia". Kentucky Foreign Language Conference. Lexington 21 abril 1995.

—-. "(Not) Just a ([Wo]Man) Poet: The Dialectic of Identity and Difference in the Poetry of María Victoria Atencia". *Revista de estudios hispánicos* 29 (1995): 231-44.

Lionnet, Françoise. *Autobiographical Voices: Race, Gender, Self- Portraiture*. Ithaca: Cornell UP, 1989.

Mantero, Manuel. "Angela Figuera y la maternidad a la redonda". *Poesía española contemporánea: Estudio y antología (1939- 65)*. Barcelona: Plaza y Janés, 1966: 83-86.

Martín Gaite, Carmen. *Usos amorosos de la postguerra española*. Barcelona: Anagrama, 1987.

Metzler, Linda. "Images of the Body in the Poetry of María Victoria Atencia". *Anales de la literatura española contemporánea* 18 (1993): 173-81.

Miguel, Amando de. *El miedo a la igualdad: Varones y mujeres en una sociedad machista*. Barcelona: Grijalbo, 1975.

Sedgwick, Eve Kosofsky. *Epistemology of the Closet*. Berkeley: U of California P, 1990.

Smith, Sidonie. *A Poetics of Women's Autobiography: Marginality and the Fictions of Self-Representation*. Bloomington: Indiana UP, 1987.

Suleiman, Susan. *Risking Who One Is: Encounters with Contemporary Art and Literature*. Cambridge: Harvard UP, 1994.

Wilcox, John C. "A Reconsideration of Two Spanish Women Poets: Angela Figuera Aymerich and Francisca Aguirre". *Studies in Twentieth Century Spanish Literature* 16.1 (1992): 65-92.

Notas

1 * Mis ideas sobre la autobiografía femenina se han nutrido de unos estudios recientes, especialmente del libro de Leigh Gilmore, *Autobiographics: A Feminist Theory of Women's Self- Representation* (Ithaca: Cornell UP, 1994) y los estudios preliminares de Sara Castro-Klarén, Sylvia Molloy y Beatriz Sarlo en su *Women's Writing in Latin America: An Anthology* (Boulder: Westview Press, 1991). Véase también Françoise Lionnet, *Autobiographical Voices: Race, Gender, Self-Portraiture* (Ithaca: Cornell UP, 1989) y Sidonie Smith, *A Poetics of Women's Autobiography: Marginality and the Fictions of Self-Representation* (Bloomington: Indiana UP, 1987).

2 * Mis análisis de la imagen de la mujer en la postguerra española se basan en los siguientes estudios: Rafael Abella, *La vida cotidiana en España bajo el régimen de Franco* (Barcelona: Argos Vergara, 1985); Amando de Miguel, *El miedo a la igualdad: Varones y mujeres en una sociedad machista* (Barcelona: Grijalbo, 1975); y Carmen Martín Gaite, *Usos amorosos de la postguerra española* (Barcelona: Anagrama, 1987)

3 * La virilidad también debía dar a los hombres un sentido igualmente ilusorio del poder, basado en la fuerza física y en la relación con un pasado glorioso.

4 * Linda Metzler estudia la imagen del útero en la poesía de Atencia y concluye que no tiene allí una sola interpretación. ("Images of the Body in the Poetry of María Victoria Atencia." *Anales de la literatura española contemporánea* 18 (1993): 173- 81). Yo expliqué la multiplicidad de la imagen maternal en la poesía de Atencia en una conferencia que presenté el 20 de abril en el Kentucky Foreign Language Conference y en un artículo para la *Revista de estudios hispánicos* mostré cómo Atencia descontruye la distinción entre hombre y mujer en *La pared contigua*.

5 * Muchos escritores contemporáneos creen que la identidad genérica y la sexual deben representarse como un continuo en vez de una oposición binaria. Puede haber tantas diferencias entre una mujer y otra, por ejemplo, o entre dos hombres, que entre una mujer y un hombre. Véase, por ejemplo, Eve Kosofsky Sedgwick, *Epistemology of the Closet* (Berkeley: U of California P, 1990); y Judith Butler, *Gender Trouble: Feminism and the Subversion of Identity* (New York: Routledge, 1990).

6 * Manuel Mantero también ha notado la fuerte presencia de Juan Ramón Jiménez en *Mujer de barro* y *Soria pura* (83).

7 * Véase, por ejemplo, los estudios de Mantero y Bosch.

8 * En su artículo reciente, John Wilcox intenta revalorizar la obra de Figuera en términos feministas, pero enfoca primariamente su atención en las metáforas que utiliza la poeta y las emociones que expresa. Wilcox cree que esos elementos sirven para invertir la jerarquía del patriarcado, que incluye no sólo al go-

bierno franquista sino también a los poetas puros como Juan Ramón Jiménez. A mi manera de ver, este enfoque en las metáforas "femeninas" y esta inversión de la jerarquía es útil pero lleva el peligro de simplificar el proyecto feminista y la poesía de Figuera, ya que presenta una identidad femenina desprovista de ambigüedad.

9 * Susan Suleiman describe esta división interna entre "buena madre" y "mala madre" en el caso de la madre-artista.

10* John Wilcox también nota que Figuera subvierte la imagen idealizada de la maternidad en su poesía.

11* En Bécquer y Juan Ramón, la forma popular implica una mayor sugestividad, la expresión del misterio o la representación de una expresión honda y primordial, y en *El Libro de Buen Amor* y las santillanas se relaciona con la carnalidad. Todo eso, como hemos visto, se asocia con la feminidad, y metafóricamente con la mujer, el "otro" del hombre. Pero en Lorca no se ve esta oposición binaria, sino que se borran las divisiones entre hombre y mujer (pensemos en la Luna de *Bodas de sangre*, o en los personajes de *El público* y *Así que pasen cinco años*), y se cuestiona el concepto de una identidad personal y social fija y estable. Lo que cuestiono aquí, claramente, es el concepto de la "escritura femenina," y especialmente la relación entre una escritura llamada "femenina" y el sexo del autor.

12* Esta conexión simbólica se hace explícita en el poema "Bombardeo" de *Vencida por el ángel* (1950).
Margarita Merino: una poeta de los años 80 en América

Margarita Merino: una poeta de los años 80 en América

Margarita Lliteras
Indiana University Southeast

En este primer volumen dedicado a la mujer hispana y su proyección internacional no puede faltar el nombre de la poeta española Margarita Merino. Margarita Merino, nacida en León en 1952, desafortunadamente no es un caso único: desconocida casi por completo en España—y excluida sistemáticamente de las antologías publicadas recientemente tanto sobre la poesía de "los 80" como de las dedicadas a la poesía escrita por mujeres—ha alcanzado, sin embargo, una amplia audiencia en los Departamentos de Español de los Estados Unidos donde sus poemas comienzan a ser estudiados no sólo por los especialistas sino también en las aulas. Desde el año 1990, la poeta ha sido invitada a leer sus versos y a participar en congresos en numerosas universidades estadounidenses, entre las que se cuentan las de New Mexico, Texas, Kentucky, Berea College, Tulsa, Arizona, Washington en St. Louis y Louisville. En 1993, Merino se trasladó a Tallahassee, Florida, donde se halla realizando el Doctorado en Literatura Española en Florida State University.

Paradójicamente y en contraste con el interés hallado en los Estados Unidos, el único reconocimiento que la poeta ha encontrado hasta ahora en España ha sido en León, su ciudad natal, donde en 1985 recibió el premio de poesía Antonio González de Lama por *Viaje al interior*, su primer libro. En el presente estudio se ofrece una panorámica global de su poesía, ubicándola en el marco de la poesía española contemporánea; de este modo pretendo quebrar el círculo de silencio que rodea a la poeta en España, alejada voluntariamente de los cenáculos literarios y marginada injustamente por sus compañeros de generación.

Margarita Merino cuenta en total con cuatro poemarios publicados y otro inédito. A *Viaje al interior*, aparecido en 1986, le siguieron: en 1989 *Baladas del abismo*; en 1990, *Poemas del claustro*, en colaboración con otros dos poetas leoneses; en 1993 *Halcón Herido*; y en 1994 finalizó otro extenso manuscrito, *Viaje al exterior*—todavía inédito pero en circulación a través del sistema de Interlibrary Loan—presentado como tesina de Master en Florida State University y en el que se reflejan sus experiencias americanas.

Aunque por su edad (cuenta en la actualidad con 43 años) y siguiendo un rígido esquema generacional podría encuadrársela en la generación de los "novísimos" o "del 70", tanto por la fecha tardía del inicio de su producción poética (al igual que otras tantas mujeres) como por su estética, la autora forma parte de la promoción "postnovísima" llamada también "de los 80". Junto a poetas como Luis García Montero, Jon

Juaristi, Alex Susanna, Juan Manuel Bonet y Luisa Castro, Merino se integra con su acento peculiar en la corriente rehumanizadora de la poesía española de los últimos años que en parte se conecta, como ha subrayado Antonio Sánchez Zamarreño, "con filones poéticos—romanticismo, existencialismo, valoración de la palabra como arma de combate—despreciados por la mayoría durante los años precedentes" (59). Los nuevos poetas, nacidos entre 1951-68 y que comienzan a publicar en los años 80, rechazan el esteticismo y el formalismo excesivo atribuidos a la primera poesía de "los novísimos,"[1] reafirmando la necesidad de la autenticidad, la emoción, el entronque con la realidad cotidiana y la capacidad de comunicación. Por su énfasis en la experiencia, la temática urbana y el intimismo encontrarán sus modelos en los poetas "de los 50" como Jaime Gil de Biedma, Francisco Brines, Angel González y José Angel Valente, además de en poetas anteriores como Luis Cernuda, Blas de Otero, Luis Rosales o Leopoldo Panero.

La poética de Margarita Merino, expuesta en el prólogo o "Exordio" de *Viaje al interior*, se integra plenamente en los paradigmas definitorios de la poesía de los 80.[2] En este prólogo, Merino se aleja de modo explícito del culturalismo artificioso de los novísimos, e irrumpe con una poética que, partiendo de la experiencia confesional, se empeña en la autenticidad y busca la comunicación con el lector a través de la efusión lírico-intimista. En su prólogo se configura también uno de los rasgos característicos de toda la poesía de Merino, la intertextualidad.[3] La hablante se define en él como "rapsoda"—o sea, cosedora de cantos—marcando así desde el inicio la orientación intertextual de su poesía. En efecto, a lo largo del poemario se van amontonando alusiones literarias, citas textuales, títulos de novelas o de poemarios, nombres propios de escritores o de cantantes, letras de canciones que despiertan en la conciencia del lector todo un mundo de resonancias y reverberaciones familiares de las que tanto más gozará cuanto más capacitado esté para reconocer las claves encerradas en el texto. Las referencias a estos intertextos presuponen, a la vez que proyectan, un lector ideal cuya competencia cultural incluya la literatura, la música y los mitos de los años 50, 60 y principios de los 70.[4] En sus poemas se hallan marcas textuales que nos transportan a contextos discursivos muy diferentes: desde el mundo de los cuentos de hadas (cuyo intertexto lo constituye el género del cuento maravilloso), pasando por la retórica asociada con la poesía homérica o con nuestra poesía de los Siglos de Oro, y siguiendo con un tipo de discurso coloquial, irónico y humorístico procedente de una hablante-mujer que recuerda el tono de la poesía de Gloria Fuertes. Esta sucesión de discursos e intertextos tan distintos exigen la colaboración del lector, obligándole a permanecer activo y a completar el texto.

Viaje al interior contiene un poema extraordinario, "Viaje americano", al que he dedicado un artículo. Siete años antes de la celebración del Quinto Centenario y sin ninguna relación con él, Merino realiza un homenaje a la América hispana casi sin precedentes dentro de la poesía española. En "Viaje americano"—largo poema unitario dividido en 12 fragmentos más o menos independientes—la hablante se dirige a la América Latina, o "América del Sur, Hispanoamérica, Iberoamérica / o como quieras llamarte . . ." (I: 4-5), personificada en una fuerza femenina "impúdicamente generosa", "fustigada" y "altiva" (I: 37, 39) que se nace y renace a sí misma en partos continuos (II: 3-5), seductora (II: 9) y sensual (III: 37), contradictoria (X: 2) y doliente (XI: 9). Este canto apasionado a las tierras y a las gentes de Latinoamérica hace pensar inevitablemente en los poemarios que Pablo Neruda y César Vallejo dedicaron a España en los momentos trágicos de la guerra civil española: *España en el corazón* y *España, aparta de mí este cáliz*, respectivamente.

Viaje al interior es una obra de un vitalismo desbordante en la que se entremezclan la pasión, la contemplación, el arrebato y la melancolía, pero es, en especial, un acto de autoafirmación del acto de escribir de la poeta aquí y ahora, y no "cuando pasen los años y me recorten la sorpresa . . . y el adjetivo" (14, párr. 11). Ahora bien, ésta—y toda su obra—fundamentalmente es, como recalca la hablante del prólogo, una afirmación de su "trasnochada vocación de autenticidad" (14, párr. 12).

Baladas del abismo, el segundo poemario de Merino, es un libro muy distinto del primero. A partir del primer verso se despliega casi sin interrupción una voz monocorde y dolorida que quebrará las expectativas del lector de *Viaje al interior*. Si las características más sobresalientes de la primera obra de la poeta eran su arrollador impulso vital y la pluralidad de voces, en *Baladas* se proyecta un lamento, una "salmodia dolorida", como la autora señala en la contraportada del libro (párr. 3). La voz de *Baladas* se identifica con una veta intensamente melancólica y desesperanzada que se expresa a menudo en un tono elegíaco. En los versos de este nuevo libro late, en palabras de Merino, "toda la melancolía de una poética íntimamente trabada con el ejercicio personal de la sobrevivencia en una peripecia irrenunciable y ante una realidad muchas veces amarga" (contrap., párr. 2). El vitalismo del primer poemario ha dado paso aquí a una cosmovisión de corte existencialista—el vivir como acto de supervivencia—y a la reafirmación de unas raíces intimistas explícitamente románticas: junto a la cita al comienzo del libro de unos versos de *Follas novas* de Rosalía de Castro, se hace una referencia metapoética al poema como espacio "donde cabe / mi desesperación" ("Papel en blanco" 2-3). En este contexto neorromántico, el libro se proyecta a nivel temático como una reflexión reiterada sobre el paso del tiempo y la consiguiente "degradación de toda belleza y esplendor, la imposibilidad de retener aquello que se ama, lo efímero de la felicidad y la inocencia" (contrap., párr. 3).

En *Baladas del abismo* afloran a la superficie de los poemas las simas del yo poemático. La contraportada ofrece una explicación anecdótica e histórica de la chispa desencadenante del proceso creativo: en el verano de 1986, cuando una sequía asolaba las tierras leonesas, un gran incendio consumió los bosques de la sierra de Ancares. Mientras los ojos alucinados de la poeta contemplaban aquel cataclismo natural, sus pensamientos "se retorcían como las siluetas de los árboles en la lejanía", haciendo surgir muchos de los poemas del libro al entretejerse en su mente "la consunción de la vida vegetal y la tristeza de los abismos interiores que desveló el incendio" (párr. 1). Un suceso exterior, el incendio, desencadena pues en la poeta una experiencia visionaria de destrucción, de pérdida irreparable, provoca en ella un despertar de conciencia interiorizante: a la devastación exterior se corresponde un idéntico estado interior provocado por la pérdida. Este estallido de conciencia constituye la génesis de los poemas y da lugar al *leitmotiv* del libro: la pérdida de los sueños, de las ilusiones juveniles, del amor, de la pureza y la inocencia, de todo lo que arrebata el paso del tiempo y la muerte.

Si *Baladas del abismo* tiene una unidad en cuanto a sus coordenadas temáticas, hay otro componente textual que contribuye a su unidad: las referencias musicales que entretejen y vertebran el texto poético. El lector de *Baladas* se halla enfrentado con un texto cuajado de referencias que aluden a otra forma de arte, la música, cuyo medio de expresión propio es el auditivo y no el discurso verbal. Este encuentro con otro medio artístico plantea de inmediato la cuestión de la intertextualidad o *transposición*, según la terminología de Julia Kristeva, como factor estructurante de la obra. Kristeva define la *transposición* como el paso de un sistema de signos (visual, auditivo o escrito) a otro distinto, por lo que se produce como resultado un nuevo sistema de significación dotado de amplia polivalencia semiótica (59-60). En el caso de *Baladas* nos encontramos con la transposición en un medio verbal, la poesía lírica, de referencias pertenecientes a un medio auditivo, es decir, las constantes alusiones musicales. Merino muestra de este modo su voluntad de expandir los límites de la poesía al incorporar en su texto, como elementos estructurales del mismo, discursos y recursos que provienen de otra forma de arte, yuxtaponiendo códigos distintos que en principio no se reconcilian. Un buen ejemplo de ello es el poema "Nocturno de agosto":

> Yace mi quimera rotos los talones sobre la hierba seca.
> Se derrama súbito un quejido de oboes, las cítaras inclinan
> su torso susurrando: se suma lejano el tañido de campanas
> que anuncian la consumación de la noche.
> Ay tambor, no proclames tan ronco que ha de ser
> la implacable red de las arañas hiladoras de escarcha
> quien cubrirá mi cuerpo acurrucado en el temor
> con jubones de cristal y túnica de viento.
> Ay timbal, no retumbes augurando que los brazos del frío
> me acunarán ceñidos hasta desvanecer el olor que dejó
> la tibieza de mi amante prendida en mis cabellos.
> Qué gaita logrará aplacar esta intuición de pérdida
> que nubla mi corazón y lo torna discreto,
> cómo traducirá el violín la pesadumbre del pulso herido
> de los olmos muriéndose,
> qué trompeta se alzará celebrando la húmeda lozanía
> de las praderas a la hora del alba:
> . . . . (1-17)

El título del poema nos conduce, en primer lugar, a los *nocturnos* de Chopin, a sus piezas para piano tristes y melancólicas. En poesía, los *nocturnos* se relacionan con el romanticismo y el modernismo hispanoamericanos, en especial con los nombres de José Asunción Silva y Rubén Darío. El "Nocturno de agosto" de Merino despierta en la mente del lector, a partir de su título, ecos de estas tradiciones musical y literaria a la vez, que presenta una visión muy personal. El poema es una verdadera elegía por la destrucción de la vida natural y la pérdida del amor. El tema de la pérdida se manifiesta tanto en la realidad exterior—es decir, en la devastación de la naturaleza provocada por el incendio forestal—como en la realidad interior de la poeta; en la desolación producida por el fin del amor que presagia la muerte. Todas las imágenes del poema son negativas: su antigua quimera, yace; tiene los talones rotos; la yerba está seca.

Los instrumentos musicales forman un concierto fúnebre que, uno tras otro, difunden la certeza de la muerte: los oboes se quejan, las cítaras inclinan su torso, las campanas tañen lúgubremente anunciando "la consumación de la noche" (4), y el tambor y el timbal, con su sonido poderoso y su connotación asertiva, proclaman augurios de muerte. Ni siquiera la gaita, alegre y festiva, logra aplacar la "intuición de pérdida" (12) de la hablante. En la realidad exterior se ha producido una metamorfosis de carácter letal en consonancia con la interior: "Sólo el humo acompaña el estertor sombrío / del paisaje calcinado en la memoria" (30-31), por lo que paisaje exterior e interior coinciden.

Si a lo largo del poema se van alternando en distintas estrofas la realidad interior de la hablante y la exterior, en la estrofa final se efectúa la unión de ambas realidades, produciéndose en el poema una intensificación subjetiva y emocional reforzada por la repetición, uno de los recursos estilísticos más utilizados por Merino: "cuando arden los montes y él me ha olvidado: / Cuando él me ha olvidado absorto en la reliquia / de los tejos sagrados y del muérdago" (36-39). Es sólo al final del poema que descubrimos que la "intuición de pérdida" (12) de la voz poemática está provocada, a nivel interior, por la pérdida del amor, y que el exterior—la naturaleza que se deshace en un "alarido vegetal" (20)—es un correlato objetivo de la realidad interior de la hablante. Así, el poema se configura como una reelaboración original del *topos* clásico, que cristaliza en el Renacimiento y que el Romanticismo recupera, de la correspondencia entre los fenómenos de la naturaleza y las emociones del yo.

Halcón herido, el tercer libro de la poeta, consta sólo de diez poemas, aunque el primero de ellos, "Te amaba tanto", es tan extenso que por sí sólo constituye de hecho una sección entera del poemario. En "Te amaba tanto," intenso poema amoroso dividido en once fragmentos, la poeta irrumpe con un monólogo dirigido a su amante, único narratario del texto poético. El uso de la segunda persona del singular desde la perspectiva subjetiva del "yo" poético le sirve para objetivar sus emociones, a la vez que para efectuar: 1) un autoanálisis; 2) un examen de su antiguo amante incluyendo sus cualidades positivas y negativas; y 3) un análisis del fracaso amoroso. La repetición reiterada de la frase "te amaba tanto" es un rasgo estilístico que contribuye a la intensidad del poema y a la creación de una atmósfera de introspección melancólica y dolorosa:

> Amaba tanto aquella dulzura que tenías extraña,
> aquel temblor de tréboles y lluvia
> escondido en tu cuerpo rotundo
> . . . .
> Amaba la música de aquellas tus palabras
> rebosando esperanza,
> . . . .
> Amaba tanto las mochilas gastadas
> que fueron habitando mis armarios de espejismos,
> de aromas lacustres y noticias costeras,
> y quise creer que podría curarte de tu vagabundeo,
> que lograría hacerte olvidar tu desarraigo,
> la nostalgia de todos los caminos que fuiste recorriendo.
> (I)

El lirismo y la intensidad expresiva, junto con la sinceridad y el intento de objetividad de la hablante, son las características sobresalientes del poema, que consigue fascinar al lector. En efecto, el receptor del texto poético se siente envuelto subjetivamente en el poema tanto por el tema universal del fracaso de un amor apasionado como por el modo de narrar la experiencia, en la que se incluyen detalles fácilmente reconocibles por el lector contemporáneo. Así, las vivencias personales de la hablante narradas en el poema trascienden el ámbito puramente autobiográfico y de ser una experiencia exclusivamente individual, se convierten en ejemplo de experiencias comunes compartidas por una generación. La utilización de este recurso generalizador de la experiencia autobiográfica, o "generalización alegórica" en palabras de Juan José Lanz (50), produce un gran impacto en el receptor poemático, puesto que provoca un eco en su conciencia: el lector puede reconocerse en las vivencias expresadas y participar en la densidad emocional de la experiencia.

Margarita Merino, que declaraba en el prólogo de su primer libro su deseo de sustraerse "al arrebato de esta desconcertante cultura que dicen postmoderna" (12), en un hábil juego combinatorio entre su concepción de la poesía y las exigencias de la época en que le ha tocado vivir, es capaz de mantenerse fiel a sí misma, realizando una poesía hondamente personal, intimista y sincera, profundamente lírica, a la vez que integrada en las coordenadas de la postmodernidad que aparentemente rechaza pero de la que no puede, sin embargo, sustraerse. El juego intertextual basado en alusiones que requiere la colaboración activa del lector, las referencias culturalistas y los significados abiertos de su texto poético constituyen rasgos postmodernos que se combinan, no obstante, con una veta profundamente humana presente en la mejor poesía. La voz de Margarita Merino representa una valiosa contribución tanto a la poesía española en general como al rico caudal de la poesía contemporánea escrita por mujeres.

Obras citadas

Carnero, Guillermo. "Culturalismo y poesía "novísima". Un poema de Pedro Gimferrer: 'Cascabeles', en *Arde el mar*. Ciplijauskaité 11-23.

Ciplijauskaité, Biruté, ed. *Novísimos, postnovísimos, clásicos: La poesía de los 80 en España.* Madrid: Orígenes, 1990.

Debicki, Andrew P. *Poetry of Discovery. The Spanish Generation of 1956-1971.*Lexington: Kentucky UP, 1982.

—-. *Spanish Poetry of the Twentieth Century. Modernity and Beyond.* Lexington: Kentucky UP, 1994.

—-. "Una poesía de la postmodernidad: los novísimos". *Anales de la literatura española contemporánea* 14 (1989): 33- 50.

García Martín, José Luis. *La generación de los ochenta.* Valencia: Poesía, 1988.

Gómez Segalde, M.A. et al. "Rumbos de la poesía de los ochenta". *Anales de la literatura española contemporánea* 9.1-3 (1984): 175-200.

Jongh, Elena M. de. "Hacia una estética postnovísima: neoculturalismo, metapoesía e intimismo". *Hispania* 74 (1991): 841-47.

Kristeva, Julia. *Revolution in Poetic Language.* Trad. Margaret Weller. New York: Columbia UP, 1984.

Lanz, Juan José. "Por los caminos de la irrealidad. Notas sobre irrealismo e irracionalidad en la poesía de Jaime Gil de Biedma". *Insula* 523-24 (1990): 48-52.

Lliteras, Margarita. "El 'Exordio' de *Viaje al interior* de Margarita Merino: una poética". *Revista de estudios hispánicos* 29 (1995): 297-312.

—-. "Funcionamiento de la intertextualidad en la poesía de Margarita Merino". *Romance Languages Annual* (1992): 491-96.

—-. "'Viaje americano' de Margarita Merino: un homenaje a América". *Letras peninsulares* 5 (1992): 123-36.

Merino, Margarita. *Baladas del abismo.* Madrid: Endymión, 1989.

—-. *Halcón herido.* Madrid: Endymión, 1993.

—-. "Viaje al exterior". Tesis de Master of Arts. Florida State University, 1994.

—-. *Viaje al interior.* León: Institución Fray Bernardino de Sahagún (C.S.I.C.), 1986.

Merino, Margarita, Adolfo Alonso Ares y Juan Carlos Mestre. *Poemas del claustro.* León: Exmo. Ayuntamiento de León, 1992.

Nicolás, César. "Novísimos (1966-1988): notas para una poética". *Insula* 505 (1989): 11-14.

Sánchez Zamarreño, Antonio. "Claves de la actual rehumanización poética". *Insula* 512-13 (1989): 59-60.

Siles, Jaime. "Los novísimos: la tradición como ruptura, la ruptura como tradición". *Insula* 505 (1989): 9-11.

—-. "Ultimísima poesía española escrita en castellano: rasgos distintivos de un discurso en proceso y ensayo de una posible sistematización". Ciplijauskaité 141-67.

Notas

* Quiero agradecer a Indiana University Southeast la concesión de una beca de verano que me ha permitido la realización de este trabajo.

1 * Sobre las características de la poesía novísima o "de los 70" véanse los artículos de Andrew Debicki, César Nicolás, Jaime Siles y Guillermo Carnero—en el que efectúa importantes matizaciones—así como el capítulo quinto del último libro de Debicki.

2 * Al estudio de la poética de Merino he dedicado un artículo. Acerca de la poesía "de los 80" pueden consultarse los artículos panorámicos de Jaime Siles—el incluido en el libro de Biruté Ciplijauskaité—Elena M. de Jongh, M.A. Gómez Segalde, el capítulo sexto del último libro de Debicki, el prólogo de José Luis García Martín a su antología y la sección monográfica de *Insula* 512-13 (1989) titulada "La poesía en

España, hoy," de la cual son particularmente útiles los artículos de Amparo Amorós, Dionisio Cañas y el de Antonio Sánchez Zamarreño citado. Otros estudios específicos sobre la poesía escrita por mujeres se encuentran en el libro de Ciplijauskaité.

3 * Utilizo el concepto de intertextualidad en sentido amplio, dado que la palabra "texto"no se refiere sólo a una obra literaria específica sino también a cualquier otra realidad, convención o modo de expresión que afecta la lectura del poema por parte del lector. En *Poetry of Discovery*, Debicki—al igual que Kristeva—aplica esta concepto amplio de intertextualidad (218, 222, 225)

4 * La competencia literaria del lector ideal de la obra de Merino deberá incluir, en particular, la producción de los escritores latinoamericanos del realismo mágico y la de los escritores españoles contemporáneos de la región leonesa; las referencias intertextuales a sus obras se condensan, respectivamente, en los poemas "Viaje americano" y "Sobre los juegos". Para un examen detallado del funcionamiento de la intertextualidad en Merino y de la mezcla de elementos de la cultura de élite y la de masas, véase mi artículo sobre el tema.

Ana María Fagundo: reconstrucción de un volcamiento hacia la poesía

Francisco J. Peñas-Bermejo
The University of Dayton

La poesía de Ana María Fagundo se espiraliza ascensionalmente desde un eje anclado en sus circunstancias inmediatas para proyectarse hacia una totalizadora fusión entre el ser humano y la creación poética. El camino que esta poeta canaria abre a través de su constante búsqueda para aunar acto poético y proceso vital, se convierte en aditiva aventura en la que el último límite por quebrar es la consumación del poema. Por ello, la poesía de Ana María Fagundo se puede caracterizar como una dinámica de la expresividad en su persistente asedio al lenguaje, para perfilar un reflejo de aquello que es inapresable por medio de la palabra, pero que, sin embargo, tentadoramente incita a su aprehensión. Fagundo acepta la lucha porque en ella encuentra una trascendental superación de la materia, una transparencia de sí misma y la certeza de rescatar, dominar y recrear el tiempo hasta fijar su momentánea eternidad.

La obra poética de Ana María Fagundo ha sido comentada ampliamente por críticos de gran prestigio en numerosas conferencias, reseñas, artículos y libros, como merecido reconocimiento a una firme labor de poeta que se inició públicamente con la aparición de *Brotes* en 1965 y que continuó con *Isla adentro* (1969), *Diario de una muerte* (1970), *Configurado tiempo* (1974), *Invención de la luz* (1978), *Desde Chanatel, el canto* (1982), *Como quien no dice voz alguna al viento* (1984), *Retornos sobre la siempre ausencia* (1989), *Obra poética (1965- 1990)* (1990), *Isla en sí (1965-1989)* (1993), *El sol, la sombra, en el instante* (1994) y *Antología (1965-1989)* (1994).

Para Ana María Fagundo, la poesía representa la posibilidad de encontrar sentido para aquello que constituye lo que conocemos como "vida" y de descubrir un significado englobador de la realidad a través de un impulso hacia la nominación. Al igual que en Juan Ramón Jiménez, el acto creador deviene de ese modo en fundamento existencial por medio del acoso a la verdad que el conocimiento pudiera transparentar, en una iluminación del universo que el poema trata de hacer comprensible según manifestaba Martin Heidegger y que Fagundo comparte en estas palabras de "Mi literatura es mía en mí":

> El poema es [...] mi vehículo de conocimiento. Es esa claridad súbita que sin darme una clave definitoria del misterio, me lanza en medio de éste, me lo hace sentir, me lo revela parcialmente, iluminándolo a ráfagas, para, en definitiva, no entregármelo del todo nunca. De ahí que, quizás por ello, al poema lo persiga de por vida, porque es a través de la dimensión poética de la existencia que la propia vida en su totalidad se me hace entendible. (86)

Para Fagundo, la poesía se convierte, entonces, en el refugio del ser en un ámbito personalizado en el que la sensibilidad actúa como gozne para acercarse progresivamente a la inmediatez de la confluencia entre lo intuido y lo expresable. En el dominio de la noche y de la soledad, la poeta se adentra en sí misma en busca de la luz con una decisión emocionada y compulsiva que nace de la experiencia de libertad que el recinto del poema le ofrece. Las alas, que en este contexto es uno de sus símbolos reincidentes, eliminan los límites convencionales y permiten a Fagundo aventurarse en una ruta intangible hacia una meta infinita de consumación lírica. La libertad de las palabras, de los pájaros, hace habitable de nuevo esa casa del ser que la orfandad creadora había provocado, como sugieren estos vibrantes versos del poema "Los pájaros" que aparacen en *El sol, la sombra, en el instante*:

> Parece como que quisieran
> decir lo mismo de siempre,
> que todo es igual,
> que ellos están aquí,
> que nada ha cambiado,
> que la casa está llena, plena,
> rumorosamente habitada,
> que nadie se ha ido,
> que no hay vacío,
> que no hay una oquedad alucinada
> de pájaros hiriéndose de trinos contra las paredes,
> hundiéndose vencidos contra la mañana. (59-60)

El poema se constituye en el medio más idóneo de reafirmación existencial para Fagundo, hasta el punto de que palabra y poeta se identifican, según señaló Elena Andrés: "Cuando Ana María Fagundo nombra a la palabra, lo hace con la potencia de lo original y lo originario, porque ella escribe, hace, vive, muere y alienta en la palabra. Su palabra es ella misma" (20). La invención laboriosa de la palabra poética deviene en entrega y anonadamiento, alborozada y también dolorosa proyección de sí misma. Desde el primero de sus poemas en *Brotes*, la poeta se afianza en el sentido totalizador de la poesía y en la necesidad irrenunciable de interpretar su mundo, ese "yo" ilimitado que escapa a un final apresamiento expresivo.

Fagundo se vale de la rosa, uno de los mandalas de la representación del ser en la mística oriental, para exponer el proceso de incursión cognoscitiva en las fuentes de su verdad. Esa rosa, que se va desnudando pétalo a pétalo para recuperar su esencia infinita, representa inicialmente la desvelación del ser por la palabra en un parto mítico de vaciamiento y heroicidad y, después, se concreta en amorosa seducción y entrega a un cuerpo amado que, a su vez, recíprocamente se rinde a ella en los contornos del texto poético: ese ámbito en el que nominar y crear se identifican. Poeta y poema convergen así en el eje que surge de la lucha irresoluble con la expresión y se convierten en sustancias concomitantes que alcanzan un simbiótico anclaje e implicación existencial en el misterio que defiende la página en blanco. Así lo demuestran estos extraordinarios versos del poema "Humanidad"

Si yo no te nombro—si tú no me nombras en tu verso,
en la palabra enarbolada que vas diciendo en isla, en mar;
si no me pones nombre en tu pecho
y surcas con tu paso mi hechura
y me haces huella de tu universo
el tiempo no ha existido,
ni ha existido mi espacio
ni mi palabra ha dicho voz alguna.
No habré temblado en la agonía de tu estar siendo,
no habré acunado en mi regazo el silencio de tus horas,
no habrá mi cuerpo sentido en su mar tu cuerpo anclado,
no habré sido infinita entre tus brazos.

Si tú no me nombras,
si no me sueñas en tus sueños
yo no habré jamás existido, punta enhiesta de isla
entre dos ansias de azul,
no habré tenido nombre, ni polvo, ni brisa, ni árbol, ni figura.
Si tú no me nombras. Si yo no te invento.
No habrá existido jamás el universo
(*Invención de la luz* 281-82)

En muchas ocasiones, los versos de Ana María Fagundo descubren la historia de una vida que se desgaja inicialmente de esa idea de totalidad en el ser para reconstruirse y proyectarse en el espacio del poema. Para Antonio H. Martínez, Fagundo es "poeta del ser, entendiendo a éste no como una idea o una esencia sino como una presencia a ser conjurada por la palabra" (152). Así, su constante actividad creadora manifiesta su voluntad de concreción, de afianzamiento en el tiempo y, a la vez, la revelación de una herencia poética presente de forma particular en el alma de los poetas y que les conecta, eliminando barreras temporales mediante un intuitivo diálogo silencioso; también, por un resonante canto sordo procedente de mares de otros siglos que se baten contra la isla con la que Fagundo se identifica.

Su palabra, por tanto, será parte de un fusionado eco que otros poetas recogerán en el futuro. Este clima de algunos poemas de Fagundo se encuentra próximo a las ideas de Carl Jung sobre el inconsciente colectivo, ese patrimonio psíquico de la humanidad que reposa latente en nuestro interior. Silvia Sauter hizo un excelente comentario de "Visión", un nuevo ámbito poético de Fagundo y señaló cómo ésta "se convierte en la receptora de una realidad *impersonal*—colectiva, subyacente, que codificada por la poeta, se transmite en sus poemas" y especificó que Ana María Fagundo admitió que "el material de esta sección le vino efectivamente desde fuera, como algo ajeno a su propia individualidad" (94).

Por otro lado, la poeta canaria también recupera absolutamente su propio tiempo al proceder, en el dominio del poema, a una actualización de sí misma desde sus recuerdos más tempranos, porque como ella misma ha confesado "la poesía parece haber estado siempre en mí; tan connatural a mí misma como mi propia respiración" ("Mi literatura..." 84). Fagundo se reencuentra a sí misma con la conciencia de que la poesía ha sido siempre suya desde sus primeros titubeos en la lejanía, al palpar la virginidad de sus primeros pasos y el abecedario de su voz. En su infancia "se henchían las venas / como velas al contacto de la palabra" ("¡Guerra! gritaban" 372) al comenzar, en afán de luz, a tantear el misterio. Y en "Diecisiete renacer", Fagundo fundamentó con exaltada alegría la razón de su ser con la creación de un cuerpo al que ofrecerse en absoluto acto de amor sacrificial y de dedicación exclusiva en una experiencia numinosa con la que alcanzara la posesión del mundo. De ella surgió una pasión sin límites hacia la palabra, como sugiere este bello poema:

> Yo te creé
> en aquel sueño diecisiete de verano
> entre álamos y llanura,
> entre cercanos acantilados y espumas.
> No existió cuerpo alguno entre mis brazos.
>
> Ni fue dios en mis cejas
> ni hubo más que el sudor de mi palabra
> sobre la sábana desnuda en madrugada.
> No hubo ni agua ni jabón
> humedeciendo las toallas del júbilo.
> Era yo,
> sólo yo
> que me creía diosa y dueña del mundo
> y navegaba acompañada
> de mi invención de tactos y palabras,
> de gestos y ternuras,
> de pasiones;
> de redondas fidelidades como esperanzas.
> ("Diecisiete renacer", *Retornos sobre la siempre ausencia* 491-92)

La necesidad imperiosa de Ana María Fagundo por crear, se origina en una intensa subjetividad que responde a una autocaptación personal, a un proyecto de verdad y sinceridad consigo misma en el que la poeta canaria fundamenta la libertad de su existencia. En un ambiente de nocturna soledad, Fagundo procede a una reflexiva interiorización para descubrir que el proceso creativo, como afirmaba Carl Jung, es una fuerza viva de la naturaleza que crece en la psique del artista (313). Según declara la misma poeta canaria: "La poesía tiene forma, tiene vida; es una realidad consanguínea a mí misma" ("Mi literatura..." 84).

El impulso creador es tan imperioso que genera una urgencia de comprensión y expresión la que Fagundo resuelve por medio de una comunicación suprapersonal basada en la configuración de un cuerpo en el que proyecta y con el que comparte sus sentimientos por la poesía. Pasión que aumentará con el paso del tiempo y que se constituirá en una dedicación excluxiva mientras viva, como ella misma afirma: "Mi relación con la poesía es la de un continuo enamoramiento de por vida" (84). Por medio del amor se produce una penetración activa en el poema para satisfacer el deseo de conocer, de lograr una fusión entre poeta y creación, cimentada en la propia capacidad de amar de Fagundo. El amor se vuelve arte para traducir una identificación existencial y una afirmación en la realidad a través de la palabra. Como explicó María Elena Bravo: "La poesía para Fagundo ha sido expresión de su devenir humano, ha sido instrumento para potenciar y exaltar su encuentro vivencial consigo misma y con el mundo" (15).

Erich Fromm en su libro *El arte de amar. Una investigación sobre la naturaleza del amor*, menciona cómo el amor genuino entraña "cuidado, respeto, responsabilidad y conocimiento" (64). En numerosos poemas de Fagundo se puede observar que la poeta cumple con estos requisitos en la atención que requiere el proceso poético, hasta tal punto que ella misma indaga, persigue y trata de aprehender la naturaleza, vivencia, materialidad y misterio del poema. En este sentido, Fagundo ofrece una respuesta al proceso inacabable que es la perfección expresiva, el continuo cortejo al poema, por medio del conocido mito de Eros y Psique en el que Psique no podía ver a su amante Eros si no quería perderlo para siempre. De la misma forma, el secreto del poema, siempre en ciernes, genera una dinámica sin posible resolución entre poeta y creación que, paradójicamente, es el objetivo último de la poesía de Ana María Fagundo, pues de esa manera siempre su actividad poética será tema continuo y característico como lo demuestran casi todos sus poemarios.

La abstracción que es en sí la poesía y su conceptualización encuentran un ámbito de expresión en ese cuerpo poético en el que volcarse es un inexorable "holocausto diario de amor" ("Universo", *Invención de la luz* 306). Para ello, Fagundo, en afán de superar la inefabilidad de lo intuido, se vale de un lenguaje que comunica una erótica sexual, según comentó con precisión Antonio Gómez Yebra, en la que se transparenta la genuinidad amorosa de la poeta hacia la polaridad masculina que representa el proceso creativo:

> Esa sensualidad, no exclusivamente adscrita a lo
> metapoético, por supuesto, produce en el ánimo del
> lector una sensación de encontrarse ante una mujer que
> se entrega íntima, físicamente, en cada poema". (3)

Los senos, los muslos y el tacto se transfiguran en elementos recurrentes que desembocan en un común "orgasmo de luz" superador de la angustia que pudiera surgir de la existencia y en el que se consigue una totalizadora experiencia de alcance místico en la cual se desvela el universo, como indica el final del poema "Anticipación de la luz":

> Hoy anticipo toda la holgura
> de dos almas que se reencuentran
> y mi voz palpa la luz del ser,
> palpa el universo.
> (*Invención de la luz* 315):

Sin embargo, esa inmediatez jubilosa de culminación expresiva no siempre se consigue. Se suceden, en ese caso, momentos de orfandad creadora, de deshabitamiento de la palabra, que se traducen en una naturaleza caótica, violenta y desoladora en la que el dolor se auna con alaridos para erguirse, una y otra vez, con insistente frustración ante la imposibilidad de materializar el poema, como en los magníficos versos de "Isla en grito":

Garfios de lava están desgarrando el aire.
Los cardones gritan,
sus picudos chillidos rompen los acantilados.
Chillan los verdes verodes
redondos alaridos que perforan las cumbres.

Vociferan las nubes como algodones fantasmas.
Brama el celeste del cielo
su líquido acero puro.

El mar hinca con afán una y otra vez
su blanco colmillo de espuma
en la piel de la arena.
Las flores rugen sus alucinados colores
—hibiscos, buganvillas, rosas y madreselvas—
contra una isla ausente de gestos.

Un son siniestro corta al sol,
lo despedaza
y caen contra el suelo enloquecido
trozos de luz,
mariposas blancas desaladas,
inocentes risas de niño,
negros pétalos,
oquedades sin fondo.

La palabra intenta el lugar de la ternura,
la brisa salvadora del recuerdo,
pero el sol roto y disperso
deja su apenas luz,
su apenas calor,
en resquicios de nieve,
en grutas húmedas,
en áridos parajes sin historia,
y se disuelven sus rayos
cegados por palabras que no son,
palabras que no pueden ya ser.
(*El sol, la sombra, en el instante* 82-83)

La lucha titánica que Ana María Fagundo entabla con la expresión, a pesar de reconocer la imposibilidad de armonizar lo intuido y lo expresable, se erige continuamente en salvación al encontrar en el recinto del poema su anclaje existencial. Como explicó Candelas Newton: "La palabra, como el cuerpo o materia de mujer, se reafirma en un deseo de configuración ontológica que, aunque constantemente frustrado, se mantiene obstinadamente en su función esperanzadora" (59). En los versos de Fagundo, la palabra significa ser y encuentra su sentido la pasión de la luz contra la sombra en el descubrimiento emocionado de que la eternidad reside en la captación de la singularidad y unicidad del instante. Aquel momento supremo de creación que queda intemporalizado, al igual que la poeta, en un acto cósmico de amor permanente, como en el revelador poema "Invención de la luz":

Esta es la única vida,
la vida que salva y justifica el tiempo
y afirma nuestro iluso devenir por los bordes
en los que nuestros ecos encuentran sus pasos
y nuestro preguntar se llena del asombro de saberse ser
en pugna de vida,
frágil figura de tierra sobre la tierra,
hombre o mujer pequeñitos pero a punto del abrazo,
de la unión afirmadora que es vida,
que crea más vida,
para vencer al polvo de los siglos
y erguirse, con voz que no se borra;
en palabra,
en canto,
en pincel que recree el color
y así, enhiestos,
con pasos que aprietan nuestros cuerpos a la senda que caminamos,
ir dejando la huella fatigada pero voluntariosa
de nuestro querer ser espacio en el espacio
y tiempo infinito en el tiempo.
(*Invención de la luz* 273-74)

Reconstruir la pasión de Ana María Fagundo por la poesía significa reelaborar la historia de una continua reafirmación existencial por el acto de la creación. Su origen canario se proyecta en una geografía externa en la que tierra e isla se identifican con un paisaje interior trascendido por medio de lo concreto: universo totalizado de "islas todas en una única isla" ("Canarias", *Brotes* 94) al que la poeta asciende, irguiéndose progresivamente para superar lo inmediato y reivindicar la autenticidad de su voz. La verticalidad se constituye, por tanto, en un personal eje cósmico para Fagundo y en una de las características de su poesía. Esa verticalidad es su forma de alcanzar una nueva perspectiva y de profundizar en sí misma para reconocerse y re-crearse en el poema y abolir así la inevitable destrucción que evidencia nuestra estructura temporal.

Ana María Fagundo percibe su presencia en el mundo como un viaje por el mar del ser, como decía Leopardi, y cuyos valores simbólicos ha estudiado documentadamente Enrique Ruiz-Fornells. La aventura origina una alerta asechanza de claves que expliquen un angustioso "anhelar a la deriva", claves que ella descubre en la creación de un universo propio en el que la luz es "el único trayecto que nos es posible" ("Trayecto", *Invención de la luz* 306) para ratificar "la pugna del ser, / del afirmarse, barro enardecido a través del canto" ("Amando", *Invención de la luz* 307). Y Fagundo encuentra su salvación en la aceptación del tránsito y del destino, en la comprobación y clarividencia de la materia, en la ternura y alborozo de la inocencia infantil, en la permanencia de la palabra como superación de la nada, del tiempo y del espacio en el ámbito del poema. Allí se origina el apasionado amor que define a Fagundo y que, según dice Fromm, se convierte en "una actitud, una orientación de carácter que determina el tipo de relación de una persona con el mundo como totalidad" (52).

El volcamiento de Ana María Fagundo hacia la poesía procede de una necesidad compulsiva por crear, de una actividad emocionada que nace de una vitalidad exaltada por el amor y que da lugar a una espontánea determinación para indagar en la palabra más suya y para comunicar una sensibilidad que intenta aunar acto poético y proceso vivencial. Fagundo se reconoce en el poema y ello la identifica como una de las voces más singulares y auténticas de la lírica contemporánea. Su constante labor de poeta se precisa en una sostenida e incesante perforación de los límites de la expresión para aprehender con palabra inconfundible su intuitiva percepción en excepcionales momentos de consumación de la luz, de totalidad del poema creado en el que la existencia se revela en cada instante eternizado por *su* amor, como en estos encendidos versos de su poema "Deseo" que sirven de conclusión:

> Siempre he querido que el júbilo sea un instante concreto,
> invulnerable,
> eterno en su tiempo finito.
> Sí, así lo he querido siempre;
> he querido que el roce de las manos sea un canto,
> el tacto de los ojos un poema,
> el silencio la palabra profunda
> que lo diga todo.
> He querido aunar la luz y el misterio
> como en un beso,
> un tacto, una cópula infinita de cuerpos
> que se identifican en la materia sin materia.
> (*Configurado tiempo* 246)

Obras citadas

Andrés, Elena. "Ana María Fagundo, poeta médium". *Ana María Fagundo: Texto y contexto de su poesía*. Ed. Antonio Martínez Herrarte. Madrid: Verbum, 1993.

Bravo, María Elena. "La poesía de la emigración: Ana María Fagundo". *Insula* 495 (1988): 15-16.

Fagundo, Ana María. *Antología (1965-1989)*. Ed. Antonio Martínez Herrarte. Islas Canarias: Viceconsejería de Cultura y Deportes, 1994.

—-. *Brotes, Configurado tiempo, Invención de la luz* y *Retornos sobre la siempre ausencia. Obra poética (1965-1990)*. Introducción de Candelas Newton. Madrid: Endymión, 1990.

—-. *El sol, la sombra, en el instante*. Madrid: Verbum, 1994.

—-. "Mi literatura es mía en mí". *La Chispa '85*. Ed. Gilbert Paolini. New Orleans: Tulane University, 1985. 83-92.

Fromm, Erich. *El arte de amar. Una investigación sobre la naturaleza del amor*. 11 ed. Barcelona: Paidós, 1990.

Gómez Yebra, Antonio. "Ana María Fagundo: verbo = verso". *Diario Sur* (Página cultural) 14 de marzo 1992: 3.

Jung, Carl Gustav. *The Portable Jung*. Ed. with an Introduction, Joseph Campbell. Trans. R.F.C. Hull. New York: Penguin Books, 1977.

Martínez, Antonio H. "La continuidad del ser en la palabra: *Retornos sobre la siempre ausencia* de Ana María Fagundo". *Monographic Review* 6 (1990): 145-57.

Newton, Candelas. Introducción. "La poesía de Ana María Fagundo (Poniéndole hechura al ser por la palabra)". *Obra poética 1965-1990*. Ana María Fagundo. Madrid: Endymion, 1990. 21-65.

Ruiz-Fornells, Enrique. "El mar como símbolo en la poesía de Ana María Fagundo". *Studies in Modern and Classical Languages and Literatures* Tomo II. Madrid: Orígenes, 1989. 173-84.

Sauter, Silvia. "'Visión': Una modalidad distinta dentro de la poesía de Ana María Fagundo". *Ana María Fagundo: Texto y contexto de su poesía*. Ed. Antonio Martínez Herrarte. Madrid: Verbum, 1993.

La ironía trágico-satírica en poesías escogidas de las últimas obras de Alfonsina Storni

Cheryll Saylor-Javaherian
Southeastern Louisiana University

Rachel Phillips informa que la obra de Alfonsina Storni se puede dividir en tres períodos: los poemas de 1916 a 1925, rebosantes de lirismo subjetivo, trivialidades amorosas y experiencias insatisfactorias; luego sus dramas, algo más sofisticados y variados; y finalmente los dos últimos tomos de poesías (1934, 1938), revelación de que ella era capaz "de ver el mundo en vez de meramente usarlo para reflejar su temperamento" (xii).

Varios críticos han indicado que la ironía influye temática y estilísticamente en las poesías de Storni; entre éstos se halla Rachel Phillips, quien en un extenso estudio del poeta y de su obra (1975) halla "desconcertantes llamaradas de ironía" en las poesías de *Ocre* y en obras subsiguientes, tanto dramáticas como poéticas. Phillips también enumera varios poemas que incorporan significados irónicos, tales como "Traición", "Saludo al hombre", "Duerme tranquilo", "¿De qué me quejo?", "Ante un héroe de Ivan Mestrovic", "Dolencia", y "El encuentro", todos de la colección *Ocre*. Phillips ha notado lo mismo, en *El mundo de siete pozos*, el "desvío irónico del sentimiento", y particularmente en el poema "Balada arrítmica para un viajero" (91). También en artículos posteriores, se ha observado que Storni emplea la ironía (Gwen Kirkpatrick 386; Janice Geasler Titiev 471; Maria Pieropan 673; María Salgado 41; y Evelyn Fishburn 123-24).

Hasta la fecha, sin embargo, no se ha estudiado el tema en las obras de la poeta. Una investigación detenida necesitaría examinar detalladamente la obra entera, pues considero que la ironía es un rasgo sobresaliente tanto en los poemas iniciales como en los posteriores. En el presente estudio se explora la técnica y los temas irónicos en tres poesías, escogidas de los últimos libros de Storni, generalmente aclamados por la crítica como lo mejor de su obra. Estos poemas y sus tomos respectivos son "Dejad dormir a Cristo" (*Ocre* 1925), "Haz de tus pies" (*Mundo de siete pozos* 1934), y "Dios-Fuerza" (*Mascarilla y trébol* 1938). Estas poesías ejemplifican en conjunto la visión irónico-trágico-satírica, como una especie de respuesta al dilema con que debían enfrentarse los escritores de fines del siglo XIX y de comienzos del XX: ciertos descubrimientos fundamentales de la ciencia moderna y aun la proclama de Nietzsche de la muerte de Dios.

Esta investigación se adhiere a la definición esencial de la ironía proporcionada por Michael Riffaterre (*Text Production* 169): "la ironía es (el resultado de) dos significados simultáneos y contradictorios". Ampliando la definición de Riffaterre y acomodándola a los textos de Storni, la ironía viene a constituir una relación recíproca entre dos significados contradictorios implícitos o entre un sentido literal y otro implícito. Al nivel axiológico, las contradicciones irónicas se vierten en valores y contravalores que determinan el punto de vista ético del hablante lírico o del mismo poeta en el papel de autor irónico. A su vez, las nociones de valor y contravalor incorporan, respectivamente, significados benéficos a las aspiraciones humanas y contradictoriamente, significados que son hostiles a dichas aspiraciones. La víctima de la ironía puede ser una idea, una creencia, una institución o costumbre social, una persona, o el "acapáralotodo", la "vida" misma (Muecke, *The Compass of Irony* 64). El poema lírico exige necesariamente que el "hablante lírico" se incluya como posible víctima de la ironía.

Hay dos clases de ironía que prevalecen en la poesía de Storni, la satírica y la trágica, y en ambas se da la derrota o censura de la víctima simpática y de la antipática. En la ironía satírica predominan los valores éticos positivos que asume el hablante-ironista (o el autor-ironista). Estos valores implican siempre la crítica y la corrección de ciertos contravalores. La ironía puede ser dirigida al "otro" o puede ser autodeprecatoria. Ambos tipos se desempeñan por igual en la poesía de Storni, aunque la ironía dirigida al otro es más patente. En la ironía trágica, el contravalor, como significado característico, tiene la primacía, y por eso la perspectiva pesimista y la inevitable derrota constituyen la experiencia básica de la víctima de la ironía. La víctima de la ironía trágica puede luchar en nombre de la existencia física; puede enfrentarse a la incapacidad de luchar, o puede relacionarse con la búsqueda existencial del significado vital. En la poesía de Storni se da más bien esta búsqueda que, con el sufrimiento consiguiente, suscita la simpatía por la víctima de la ironía trágica.

El primer poema que destacamos en el presente estudio es "Dejad dormir a Cristo", del tomo *Ocre* (1925), llamado por Phillips "el libro del autoconocimiento" de Storni, y en donde el lector percibe la pérdida de la excesiva subjetividad característica de las primeras obras (45).

Los valores y contravalores de la ironía trágica y satírica pueden esquematizarse del modo siguiente:

valor trágico irónico: Cristo es el puerto a donde llegan los cristianos espiritualmente atribulados;

contravalor trágico irónico: la incapacidad de Cristo para seguir atendiendo las necesidades espirituales cristianas debido a la falta de fe en su misión y debido sobre todo a los excesos en el vicio por parte de la humanidad;

víctima de la ironía trágica: Cristo e implícitamente el hablante son las víctimas;

valor satírico irónico: el cristianismo es ahora un refugio agotado. Habiéndose separado el espíritu del hombre de su naturaleza carnal, se ha engendrado el odio (el mal) en lo que se suponía ser una religión de amor;

contravalor de la ironía satírica: existen otros puertos de refugio; hay relatividad en lo que respecta a las explicaciones existenciales que todos buscamos;
víctima del contravalor de la ironía satírica: el cristianismo.

En la primera estrofa, la simpatía por la víctima se insinúa mediante la calificación de "duro" que se da al "madero" de Cristo y por la observación del transcurso del tiempo que Cristo ha sido torturado debido a sus obligaciones redentoras (veinte siglos). "Pueblo de palo" equivale tal vez a "pueblo de la Cruz" o sea, los primeros creyentes que aceptaron la cruz de Cristo: los evangelistas. El epíteto "lacrimero" sugiere la huella de Nietzsche, quien criticó al Cristianismo en el *Anticristo* (570) por hacer creer que la piedad era una de las virtudes supremas, de la cual se han aprovechado abusivamente los partidiarios de Cristo. El significado del verbo "extraer" connota "dolor", ocasionando por eso simpatía hacia la víctima (Cristo), quien en la estrofa siguiente se convierte en "dentista", el curador de los "dolores de muelas", o sea el que sana los males humanos relacionados con la naturaleza lujuriosa de la humanidad.

En la concepción gnóstica, los "dientes" representan los muros y las fortificaciones del interior del ser humano, desde el punto de vista material o energético. La imagen conlleva además, generalmente, el aspecto sexual de la energía. Esto explica el simbolismo negativo que tiene la pérdida o fractura de las muelas (Cirlot 332). Añadamos que en *La Celestina* el mal de Calixto, la frustración sexual, se denominaba dolor de muelas. También es empequeñecedora la noción de un dios dormido. En este verso se sugiere que nos vemos con un dios agotado por los vicios de los fieles, quienes han abusado de su dios. La implicación que imparte la estrofa es que Cristo no ha "curado" a la humanidad de nada, pues la humanidad no ha hecho nada para ayudar a curarse a sí misma.

El primer terceto tiene una imagen trastrocada del Cristianismo como religión de amor al prójimo. Debido a la concupiscencia de los creyentes, en vez de pedir el verdadero Amor (caritas) ellos han pedido "veneno" (libídene, amor) para lubricar la flecha erótica, trastornando así los Evangelios. La flecha no es la de un Eros simbólicamente divinizado, sino más bien una verdadera arma que mata física y espiritualmente. El juego oximorónico se observa en el contraste "sombra"/"llama" que sigue": se ha pedido la sombra y un viento propicio para avivar la llama lujuriosa. La sugestión sexual de "mecha" degrada el simbolismo llama/luz con que se invoca tradicionalmente el propósito de Cristo en el mundo ("Yo soy la luz del mundo: el que me siga no caminará en la oscuridad, sino que tendrá la luz de la vida"; Juan 8 12). Esta es la luz de la esperanza y la fe, pero ha sido encendida por las flechas venenosas de la concupiscencia, la ignorancia y la superstición. La imagen de Cristo, al que se baja a la cama (símbolo carnal), presidida por el diablo socava más aún su imagen salvadora, pues ahora él figura como secuaz del demonio. Cristo representa lo espiritual en el imperio de la carne, pero en el mundo gobierna el mal, pues el espíritu y la carne contienden entre sí, y la carne ha salido victoriosa. La idea es que los seguidores de Cristo lo han convertido en un verdadero villano (un compañero de cama subordinado a Satanás).

En el terceto final, la disminución de la importancia sagrada del Verbo rechaza la verdad del Cristianismo. En la pregunta retórica, un tono acusatorio conlleva la mofa de la imagen de la fuente ("pozo") como venero de energía espiritual. Se humaniza, y aun se deshumaniza, a Cristo: es un "gato" que se escurre por los tejados de sus adictos. La cruz vacía es un símbolo metonímico de la vaciedad significativa en que los fieles han dejado la religión; por eso se cierra el poema con una nota resueltamente satírica que menoscaba la simpatía que Cristo suscitara como "dentista" atrabajado.

El contravalor de la ironía trágica ocasiona simpatía por Cristo como víctima y a causa de su largo sacrificio por el género humano, adquiriendo en tal contexto un tanto de la simpatía característica de la ironía trágica. Las tres primeras estrofas, en particular, acusan la presencia de este sentido trágico-irónico, aunque en la estrofa final asome el valor satírico-irónico, al involucrar un reproche a Cristo por huir de la pecaminosa humanidad. Por consiguiente, los principales rasgos estilísticos de los significados irónicos que se dan en "Dejad dormir a Cristo" son la defamiliarización, las transposiciones de lo abstracto a lo concreto y viceversa, los términos deíficos convertidos en referencias a la carne, el simbolismo de oposición, la inversión axiológica y la mofa.

El segundo poema por analizar, "Haz de tus pies" se halla en el *Mundo de siete pozos* (1934), recopilación que Phillips caracteriza de "poesía de cosas vistas", añadiendo que el verso libre recalca dos aspectos importantes del estilo posterior de Storni: el detalle visual y un sentido rítmico de ecos. Los elementos vanguardistas típicos de este volumen son "la ruptura total con la rima, el ritmo y las formas, y una expresión más acerada, sintética y audaz". Los valores irónicos, trágicos y satíricos son:

> Valor trágico irónico: el sueño de la muerte como fin al dolor de la existencia.
> Contravalor trágico irónico: pero la muerte constituye un sueño eterno del cual nadie se despierta para los gozos de la vida.

En la primera estrofa, el imperativo familiar singular es íntimo y parodia las instrucciones de Jesús a sus discípulos en los Hechos de los Apóstoles. Toda la receta para morir es como una transmutación de la experiencia de la noche oscura del alma como la describe San Juan de la Cruz: en un viaje ascético a la nada no se aspira a una unión espiritual o epifanía; todo se simplifica—mediante la técnica del reduccionismo anagógico (hechos, palabras, imaginación a través de los pies, los ojos, la lengua, el cuerpo) y de la reificación irónica; todo se detiene, estrangula o silencia, escudado y desintegrado. Se pide la entrega total en la muerte, petición que contrasta con las afirmaciones de la última estrofa de que las cosas de la vida se nos dan a medias. Se enfatizan también las imágenes de las instrucciones iniciales: la raíz es "fuerte", anclada en la tierra, para detener el movimiento. El cuerpo, el evangélico pan de la vida, se desmenuza para el banquete de la muerte.

En la segunda estrofa notamos que, de acuerdo con la noción de que las cosas sólo se nos dan a medias (anticipación de la última estrofa), se recalca únicamente un labio como imagen del amor sexual, el que se entrega a medias. El supuesto consorte está triste por la amada que sufre tal muerte—una proyección sentimental que sin duda engendra simpatía por la víctima (el hablante lírico y al menos parte de la humanidad). Parece adecuado relacionar "pozos" con su homónimo del título del libro, *Mundo de siete pozos*. Dicha asociación trastorna irónicamente en el poema el simbolismo cristiano tradicional que incluye al "pozo" dentro de un grupo de ideas asociadas con la vida como un peregrinaje, y significa la salvación. Desde luego, aquí no hay salvación en el sentido cristiano; al contrario, la salvación consiste en un sueño lleno de ruidos. El simbolismo tradicional asocia también las "plumas" con los "pozos" de salvación, siendo las "plumas" un símbolo de elevación, emblema de los dioses creadores. Una vez más, en el simbolismo irónico del poema, los "pozos" con "plumones", sugiere la entrega hacia abajo, vencida, en la profundidad acolchonada, sedosa, del "triste" amor humano.

Los mandatos al "tú" amplían la idea de la aniquilación de la persona al ordenar que se incapaciten las universales preguntas sobre el origen y el propósito de nuestro existir en el mundo, y que se rinda también todo lo que se trajo aquí hasta el momento de morir, y todo lo cual hemos dado sólo a medias: el amor, la labor, la caridad.

En la tercera estrofa se reitera un adjetivo que puede ayudar a explicar el sentimiento abatido dominante en el poema, pues marca directamente a un hablante femenino: "romada". Es una caracterización que involucra a la vez un hondo sentimiento de culpa por las imperfecciones propias y un tremendo reproche a la tradición patriarcal, origen filosófico del adjetivo empleado para justificar la subordinación social de la mujer. Recordemos que Santo Tomás de Aquino aceptó el argumento que Aristóteles había propuesto que las mujeres eran "hombres imperfectos". Según el filósofo griego, el principio masculino activo fue embotado durante la formación de la mujer, y ella ahora es pasiva. Es por esta razón que en la generación, la mujer sólo recibe la semilla, como la tierra. Storni recibe la reducción patriarcal de la mujer y la redime al emplearla como pie de una confesión de los defectos personales.

En estos versos, la postura trágica de haberlo recibido todo a medias en la vida, menos la muerte que se le ha dado entera, obtiene alguna simpatía para la víctima. La queja implícita, por cierto autocompasiva, autoriza el que sea objeto de ironía el deífico "Padre"; también la imagen mortal del sueño ironiza la muerte, pues es un "dormir" roncando del que nunca se despierta. El mismo verbo (roncar) une en el sueño al hablante con el "Padre", rebajándolo así al nivel humano degradado.

En la poesía que acabamos de leer, el Dios del Cristianismo ha sido rebajado a un nivel que aunque ruin es todavía humano. En el tercer poema por analizar, "Dios-Fuerza", la divinidad cristiana desaparece por completo, desplazada por un término enteramente impersonal; este reemplazo se advierte ya en el título del poema, donde el término teológico ("Dios") se yuxtapone al científico ("Fuerza"). Así se anuncia un desarrollo reductor de los valores religiosos cristianos, sustituido por un proceso natural desvalorizado fundado en la noción de "fuerza" (equivalente a "energía", "Naturaleza").

Como sabemos, en el siglo pasado la física descubrió que la energía era la fuerza universal presente en la materia, capaz de convertirse en innumerables formas, permaneciendo sin embargo inalterable y constante. La Naturaleza toda era una "fuerza más allá de la materia y el movimiento", impulsando la labor del cosmos. Hermann von Helmholtz fue el principal divulgador de esta cosmovisión. En su obra, la ley de la conservación de la energía se convirtió en la base de una visión monista y optimista del cosmos como un enorme reservorio de energía que se podría captar con fines productivos (43). Esta visión optimista inicial de la energía universal fue cambiando negativamente a lo largo del siglo, en la literatura romántica sobre todo, donde la energía o fuerza vino a significar sólo un proceso cíclico de transformación formal, totalmente indiferente a los valores y al destino de los seres humanos. El tema llegó a ser un lugar común literario. Storni leyó seguramente al peruano Manuel González Prada (1844-1918), en cuyas *Páginas libres* (1891) encontraría ella una de las descripciones más llamativas del nuevo proceso natural impersonal, rector del universo:

> La Naturaleza no aparece justa ni injusta sino creadora. No da señales de conocer la sensibilidad humana, el odio ni el amor: infinito vaso de concepción, divinidad en interminable alumbramiento, madre toda seno y nada corazón, crea y crea para destruir y volver a crear y volver a destruir. En un soplo desbarata la obra de mil y mil años: no ahorra siglos ni vidas, porque cuenta con dos cosas inagotables, el tiempo y la fecundidad. Con tanta indiferencia mira el nacimiento de un microbio como la desaparición de un astro, y rellenaría un abismo con el cadáver de la Humanidad para que sirviera de puente a una hormiga.

"Dios-Fuerza" se halla en el volumen *Mascarilla y trébol* (1938), llamado por Phillips "el canto del cisne" de Storni, o "poesía a la sombra de la muerte" (101). En dicho texto Storni emplea la forma del soneto sin rima, que ella bautizó de "antisoneto". Según Phillips, el tomo revela la fascinación de la poeta con el mundo de los objetos; y demuestra que Storni "mira claramente el mundo a su alrededor, pero consiente que su mundo privado de sueños y símbolos se fusione con lo que contempla el ojo".

Se ve en la primera estrofa: la perspectiva predominante en este poema es satírico-irónica, aunque hay implícita una visión trágico-irónica de la vida y de la muerte, como telón de fondo para la postura crítica. El empleo de la minúscula inicial en el vocablo "dios", sugiere la noción de una divinidad disminuida, irreverentemente, al conservar aún la mayúscula inicial de su nombre: "Jehová". El nuevo "dios" impide que "Jehová" continúe desempeñando su misión en el mundo. En el primer verso se desvirtúa la noción misma de la fe mediante el epíteto enfático ("cuán descreído") que sugiere, en el nuevo "dios", la absoluta carencia de la fe tradicional. También se traspone el concepto providencial de la creación divina, pues el dios propende a la destrucción de lo que crea: socava las bases de las grandes empresas humanas con "túneles de topos"; con los ojos casi ocultos bajo la piel, acaso sea el "topo" un emblema de la aparente ceguera del "dios".

En la segunda estrofa, la caprichosa y con todo metódica y aun estética imagen de un "dios" pintor de la naturaleza continúa la visión trágico-irónica de una deidad totalmente indiferente a las esperanzas y al sufrimiento humanos. El "dios" crea para destruir, blanqueando con el espectral matiz de la muerte las vistosas perspectivas que se procura el alma humana. Técnicamente los versos 7-8 son un ejemplo de la llamada "reificación", o sea la transposición de un objeto animado en una cosa.

En el primer terceto se arraigan con mayor firmeza los significados trágico-irónico y satírico-irónico del texto. La Naturaleza, impersonal, es la gran igualadora que no se cuida de las jerarquías establecidas por los seres humanos, y para la cual da lo mismo lo mínimo o insignificante ("pulga") como lo enorme y substancial ("mar"). Los versos restantes reiteran la misma despreocupación del proceso creador natural, en cuyo "idioma" la súplica del pan bíblico carece de provecho.

En el terceto final se completa la desfamiliarización de la relación bíblica de la creación providencial. En el proceso material que la reemplaza, crear es destruir; el aliento divino creador de la vida en la arcilla humana es el fuego que la quema. El "dios-fuerza" afirma su existencia tanto en la vida como en la muerte: son sólo "manteles" que cambia de su "mesa".

Se ve, por medio del presente análisis, que existe una visión irónica bastante compleja en la poesía de Alfonsina Storni. El hecho de que en las poesías posteriores, Storni aprenda a combinar mejor los procedimientos irónicos con sus temas, es seguramente una de las razones principales por las cuales la crítica considera que la obra madura tiene mayor mérito que los textos del comienzo.

Como sucedió con sus contemporáneos, la visión irónica de la existencia a la que llega Storni, se formó en parte por tener que enfrentarse con dilemas existenciales suscitados por los descubrimientos de la ciencia moderna y la muerte de Dios, y en parte por el sufrimiento personal, físico y emotivo, padecido en la lucha contra una enfermedad incurable: el cáncer. Los tres poemas estudiados encierran una visión trágico-irónica más punzante, a medida que se acerca su propio fin. "Dejad dormir a Cristo" y "Haz de tus pies" (de la época anterior al cáncer) explora el relativismo de las respuestas involucradas posiblemente en la búsqueda del significado existencial, y en "Dios-Fuerza" (escrito después de la supuesta reaparicíon del cáncer) revela el terror mezclado con la visión del fin. Al final de su vida, Alfonsina Storni ve la vida y la muerte como imágenes de la materia convertida en energía perturbada sin cesar, masticada, por así decirlo, por una naturaleza completamente indiferente, cruel con la humanidad—el infierno de llamas que el cristianismo le había destinado a la humanidad pecaminosa.

Obras citadas

Cirlot, Juan. *A Dictionary of Symbols*. New York: Philosophical Library.

Fishburn, Evelyn. "Alfonsina Storni: A Feminist Reading of her Poetry". *Feminist Readings on Spanish and Latin-American Literature*. Eds. Lisa P. Conde y Stephen M. Hart. Lewiston, New York: Mellen, 1991. 121-36.

Geasler-Titiev, Janice. "The Poetry of Dying in Alfonsina Storni's Last Book". *Hispania* 68 (1985): 467-73.

González-Prada, Manuel. "La muerte y la vida". *Páginas libres*. Lima: Mosca Azul, 1981.

Kirkpatrick, Gwen. "Alfonsina Storni: Aquel micromundo poético".*Modern Language Notes* 99.2 (1984): 386-92.

Muecke, Douglas C. *The Compass of Irony*. London: Methuen, 1969.

Nietzsche, Friedrich. *The Antichrist. The Portable Nietzsche*. Ed. y trad. Walter Kaufmann. New York: Penguin, 1954.

Phillips, Rachel. Alfonsina Storni. *From Poetess to Poet.* London: Tamesis, 1975.

Pieropan, María. "Alfonsina Storni y Clara Lair: De la mujer posmodernista a la mujer 'moderna'".*Hispania* 76 (1993): 672-82.

Riffaterre, Michael. *Text Production.* Trad. Terese Lyons. New York: Columbia UPS, 1983.

Salgado, María. "Alfonsina Storni in Her Self-Portraits: The Woman and the Poet". *Confluencia* 7.2 (1992): 37-46.

Storni, Alfonsina. *Obras completas.* Tomo 1: Poesías. Buenos Aires: Sociedad Editora Latino Americana, 1981.

Von Helmholtz, Hermann. Citado en "Man the Machine". Jackson Lears. rev. *The New Republic* 15 y 22 julio 1991: 43-46. *The Human Motor: Energy, Fatigue, and the Origins of Modernity.* Anson Rabinbach. Basic Books, 1991.

Presencia y voz: la poesía femenina española (1975-1995)

Sharon Keefe Ugalde
Southwest Texas State University

Al considerar el tema de "La mujer española y latinoamericana en el mundo: historia, éxitos y retos", mi primera reacción fue fijarme en la palabra "éxitos", como si resaltara más que las otras. Pensé inmediatamente en las poetas españolas del posfranquismo, período histórico en el que la "poetisa" se transforma—definitivamente esperamos—en la "poeta".

Recientemente Cristina Alberdi, la ministra de Asuntos Sociales de España, ha destacado que "desde 1975 el mayor cambio social registrado en España es el avance de la mujer" (*ABC*).[1] Este avance tiene múltiples repercusiones en la sociedad. En el mundo de la poesía ya se observa un mayor número de mujeres que logran publicar, que reciben premios prestigiosos y que firman contratos con casas editoriales de renombre, asegurando así una mejor distribución de sus libros y la atención de las páginas literarias de los diarios principales.

Ya no es cuestión de "una" poeta excepcional que, enfrentándose con obstáculos sociales y personales, consigue que la oigan, sino de muchas voces femeninas distintas y originales que colectivamente ofrecen una visión de la experiencia humana desde otra perspectiva. Hoy en día, en la España posfranquista, siguen publicando mujeres que habían iniciado su trayectoria poética antes de la transición política, por ejemplo: Gloria Fuertes, María Victoria Atencia, Julia Uceda, Dionisia García, María Beneyto, Clara Janés, Ana María Fagundo, Pureza Canelo, Ana María Navales, Rosa Díaz. Pero rápidamente, a partir del año 1980, se suman a ellas una explosión de voces nuevas: Juana Castro, Julia Castillo, Ana Rossetti, Amparo Amorós, Concha García, Carmen Pallarés, Andrea Luca, Rosaura Acquaroni, Menchu Gutiérrez, Blanca Andreu, Aurora Luque, Angeles Mora, Teresa Nuñez, María Antonia Ortega, Juana Marín Saura, Isla Correyero, Amalia Bautista, Olvido García Valdés, Inmaculada Mengíbar, Esperanza Ortega, Ada Salas, Carmen Albert, Esperanza López Parada, Luisa Castro, Marifeli Maizcurrena, Ester Morillas, por mencionar sólo algunas de las poetas de la actualidad.

Este estallido de nombres nuevos puede dar la impresión de que la historia de la poesía femenina española de los últimos veinte años es de color de rosa—que la mujer española ha superado ya cualquier barrera de su género (fememino) y marcha derecho hacia el canon. Sin embargo, al revisar más detenidamente algunos datos sobre la poesía reciente, no sólo se confirman los éxitos de las escritoras—ese paso firme hacia una voz poética que es a la vez femenina y universal—sino que también se perfilan unos retos que todavía hay que superar. La historia de la poesía y del género que presento aquí, por lo tanto, es un recuento cuyo fin no se discierne y cuyo progreso avanza vacilante entre éxitos y retos.

Uno de los premios de poesía de mayor duración y prestigio en España y en el mundo literario es el "Adonais". Repasar la lista de las ganadoras a lo largo de la existencia del premio, que en 1993 cumplió medio siglo, sirve para destacar la trayectoria ascendente de la poesía escrita por mujeres. El estudio de Emilio Miró, titulado "Poesía femenina", incluído en el libro *Medio siglo de Adonais*, facilita este repaso. Durante los primeros veinticinco años del premio, 1943-1967, sólo hubo una mujer que lo obtuvo, María Elvira Lacaci, en 1956, con su poemario *Humana voz*. Siete consiguieron un accésit: Concha Zardoya, 1947; Susana March, 1952; Pino Ojeda y Pilar Paz Pasamar en 1953; María Beneyto en 1955; Julia Uceda en 1961 y Elena Andrés en 1963. Durante el segundo cuarto de siglo del premio, 1970-1995, el número de mujeres que obtuvo el "Adonais" aumentó a seis: Pureza Canelo, 1970; Julia Castillo, 1974; Blanca Andreu, 1980; Amalia Iglesias Serna, 1984; María Luisa Mora Alameda, 1993: y Ana Merino, 1994. En el mismo periodo hubo catorce accésit. Es un aumento significativo en el número de autoras reconocidas públicamente, que contribuye a que la presencia femenina se vaya haciendo cada vez menos rara y excepcional en el mundo de la poesía.

Repasar la historia del premio "Hiperión de Poesía" es también alentador repecto a los logros recientes de las poetas españolas. Instituido el premio en 1986, el primer "Hiperión" afirmó doblemente la voz femenina, seleccionando a Luisa Castro con su libro desafiante *Los versos de Eunco* como ganadora, y a Almudena Guzmán con *Usted* como finalista. Estos premios aceleraron la evolución de la poesía escrita por mujeres en la segunda mitad de la década de los ochenta, como también lo hizo la publicación de *Las diosas blancas*, una antología de la joven poesía femenina española que apareció en 1985. Esta antología sirvió para difundir voces originales desconocidas y para llamar la atención sobre la fuerza creadora de unas escritoras que tenían acceso a la palabra y disfrutaban de una participación en el mundo fuera del espacio doméstico, como nunca antes los había hecho la mujer española. Desde su instauración, un veinte por ciento de los premios "Hiperión de Poesía" han sido destinados a mujeres, una cifra parecida a la del último cuarto de siglo del "Adonais", que ha galardonado a un veinticinco por ciento de autoras. En términos absolutos son cifras desalentadoras, pero comparadas con las décadas anteriores indican un avance para la mujer como productora de cultura.

El número de premios obtenidos es sólo una medida del poder de la palabra que las poetas van adquiriendo a un paso acelerado. Otra es el número, cada vez mayor, de autoras que logran publicar su obra. Hay casas editoriales que desde el inicio de la transición se han mostrado abiertas a la voz de la mujer. Por ejemplo, a partir de los ochenta, la colección de poesía "Endymión" y la editorial Libertarias tienen un número elevado de mujeres entre los autores publicados. Además, en la misma época se fundó, por ejemplo, la casa editorial Torremozas con su premio "Carmen Conde de Poesía de Mujeres", y se abrieron librerías dedicadas al tema de la mujer, como la Librería Mujeres de Madrid.

Aún más que las casas editoriales dedicadas a la poesía femenina o dispuestas a dar cabida a voces tradicionalmente marginadas, son los hechos histórico-políticos, en su origen ajenos a la poesía, que facilitaron la labor poética femenina. Me refiero a la descentralización del gobierno con la formación de las autonomías regionales, cuyo resultado fue la creación de premios literarios y la subvención de publicaciones, incluyendo colecciones de poesía. Proliferaron a nivel autonómico, provincial y de ayuntamiento los premios, algunos bien dotados y, casi todos, con el compromiso de financiar la publicación del manuscrito seleccionado. De Melilla a Ferrol existen posibilidades de ver publicado "ese primer libro de poesía", sin tener que enfrentarse, como anteriormente, con el poder único dominante centrado en Madrid o Barcelona. La multiplicación de las entidades culturales ofrece a los poetas de diversas perspectivas, mayores oportunidades de iniciar o, en algunos casos, sostener su vocación poética.

Es bien conocido que la poesía, a pesar de su valor artístico y humano, es poco rentable, y que por lo tanto todos los poetas se benefician de mayores oportunidades de publicar. Pero de hecho, como el proceso de la descentralización cultural en España coincide con una nueva emancipación de la mujer—igualdad de derechos ante la ley, acceso a la educación, la libertad de entrar en el mundo profesional y de trabajo—son ellas quienes más se han mostrado predispuestas a aprovechar las nuevas vías de publicación.

La trayectoria de la poeta María Sanz (Sevilla, 1956) ejemplifica cómo la coincidencia de la descentralización cultural y del papel cambiante de la mujer en la sociedad confluyen, fortaleciendo el desarrollo de la palabra poética de las mujeres. Sanz tiene libros publicados por el Ayuntamiento de Córdoba (*Cenáculo vinciano y otros escorzos*, 1985), por la Editorial Regional de Extremadura (*Jardines de Murillo*, 1989), por la Junta de Comunidades de Castilla-La Mancha (*Trasluz*, 1989), por la Diputación Provincial de Soria (*Aires de Paso*, 1991), por la Diputación Provincial de Guadalajara (*Los aparecidos*, 1991) y por la Diputación de León (*Paseo de los magnolios*, 1995). Esta ruta periférica no ha impedido, sino ayudado a que Sanz publicara su obra completa en una colección inserta en los canones de la cultura dominante, como es la Adonais.

El caso de Sanz tal vez sea extremo, pero no es un caso único. Otros ejemplos podrían ser Ada Salas, quien con el premio "Juan Manuel Rozos" publica su primer libro en Cáceres; Olvido García Valdés, quien ve publicado su libro *Exposición* en Ferrol al ser accesit al "Premio Esquío"; y Juana Castro, quien con el "Premio Juan Ramón Jiménez"; publica *Arte de cetrería* en Huelva. Una innovación reciente, la de publicar una obra premiada por un ayuntamiento en alguna casa editorial establecida y de renombre nacional, favoreció en 1994 a dos mujeres. *Carpe noctem* de Aurora Luque, al obtener el "Premio Rey Juan Carlos I de Poesía" del Ayuntamiento de Marbella, fue publicado en la colección Visor de Poesía, y *Pantalones blancos de franela* de Inmaculada Mengíbar como "Premio de Jaén" salió en la colección Hiperión.

Para reconfirmar la razón de ser de esa palabra **éxitos** en el contexto de la poesía femenina actual de España, decidí recurrir a las antologías poéticas. En ellas se podría ver cómo por fin las mujeres se codean con los hombres en los índices. En el campo de la poesía, por las tiradas limitadas que se agotan pronto y tardan mucho en reeditarse, el figurar en una antología es fundamental para el reconocimiento como poeta y para la difusión de la obra. Además, y de mayor peso, las antologías se transforman en el canon poético y el no aparecer en ninguna puede marginalizar a una poeta o relegarla al olvido.

Contrariamente a lo que esperaba, en mi repaso antológico tropecé con la palabra "retos", que adquirió súbitamente unas proporciones alarmantes. Un libro de Emili Bayo, *La poesía española en sus antologías* (1994), facilitó el análisis. Bayo estudia unas 860 antologías, publicadas entre 1950 y 1989, que incluyen a los poetas consagrados de la segunda mitad del siglo XX, menos la década de los noventa. El índice de Bayo contiene los nombres de 831 poetas y sólo 86 de ellos son mujeres, aproximadamente un diez por ciento. Al considerar por separado las antologías de la década de los ochenta que Bayo adjunta en un apéndice, no se observa ningún aumento en el número de mujeres representadas. La antología *Poesía española hoy* (1982) no incluye a ninguna, en *Florilegium. Poesía de Hoy* (1982) hay una, Julia Castillo, como también en *Poetas españoles del siglo XX* (1984), Gloria Fuertes, y en el extenso tomo, *Poetas de los 70* (1987), sólo figuran tres, Clara Janés, Ana Rossetti, y Cristina Perri Rossi.

Si examinamos algunas de las selecciones más recientes de la década actual, como *Selección Nacional. Ultima poesía española* (1995), *Los nuevos poetas* (1994), y *La prueba del nueve* (1994), sí notamos alguna mejora en la representación femenina. Colectivamente en estas tres antologías las mujeres constituyen un veintitrés por ciento. Sin embargo, si recordamos que estos tomos representan la producción poética de los últimos años de los ochenta y el principio de los noventa—precisamente los años de un importante surgimiento de la poesía de la mujer en España—la cifra se lee como reto. ¿Por qué en *La prueba del nueve*, por ejemplo, no hay seis mujeres y tres hombres, o en *Selección nacional* trece mujeres y dos hombres? Todavía en muchos medios de la producción cultural rige una estructura patriarcal, que si ya se está agrietando, aún no se viene abajo. Evidentemente las normas literarias vigentes no aceptan que en una antología, una mayoría de mujeres represente la Poesía con letra mayuscula. La voz masculina no ha sido destituida como voz universal de la humanidad.

Donde con más nitidez se enfoca la palabra "retos"—el reto de la igualdad en la producción cultural—es en las declaraciones de las mismas autoras. Resuena un rechazo, a veces amargo, del concepto de la poesía femenina, que es en el fondo la negación de un modelo del género femenino del siglo pasado—denominado "angel del hogar" por el inglés Coventry Patmore y "esposa flor" por el francés Jules Michelet—un modelo que todavía en muchos niveles de la sociedad, incluso en los círculos del poder literario, no ha perdido su fuerza normativa. Las poetas de hoy siguen luchando con el fantasma de la mujer casta, frágil y bella, todo sentimiento y siempre dispuesta a sacrificarse, la "Otra"que confirma la identidad masculina. Por querer rechazar este modelo masculino de la feminidad, que conlleva el estatus inferior de "poetisa", varias poetas insisten en las entrevistas, en los coloquios y otros medios de comunicación, en que el género femenino no tiene nada que ver con su poesía.

No ha bastado un siglo para que las poetas se libren de la imagen decimonónica. No ha bastado un siglo para que la dicotomía entre ser mujer y ser Poeta desaparezca. Hay poetas que sienten la necesidad de desasociarse públicamente de su género e incluso evitar, según explican ellas, que se vislumbre el género femenino en sus textos poéticos. Para Amparo Amorós la poesía femenina es "muy limitada, muy estrecha, siempre con una visión del mundo amoroso y doméstico", y Blanco Andreu declara: "La poesía femenina es un estorbo. Me parece tan repugnante; expresa unos sentimientos tan imbuidos, falsos y tópicos" (Ugalde 78, 250). El miedo a la categorización peyorativa que arrastra la poesía de la mujer desde el siglo pasado sigue creando dificultades para las poetas.

En 1992 Concha García, en un encuentro en Oviedo sobre los últimos veinte años de la poesía española, afirma lo siguiente:

> Otro error, si se puede decir así, que encuentro en la poesía de los ochenta es el invento éste de la poesía femenina, que nos está haciendo mucho daño a las mujeres que escribimos poesía, a quienes no han tenido en cuenta habitualmente ni en las antologías ni en los estudios críticos; vamos, que estamos empezando a emerger ahora, pero con el peligro de que se nos encasille como grupito. (*Ultimos* 79)

Sylvia Ungidos, en una poética publicada en 1995, no tiene pelos en la lengua al desasociarse de "la poesía femenina":

> Para paliar tantas vaguedades formularé algún dogma de fe. Creo en la santa trinidad de la poesía: tradición, trabajo e intuición; descreo de la inspiración, el Espíritu Santo y la poesía femenina". (*Selecciones* 245)

Otras, fijándose en la evolución histórica del papel de la mujer en la sociedad, no rechazan la relación entre la poesía y el género, sino que hacen una distinción entre aquella poesía femenina de antes y la suya, a la que consideran libre de moldes limitantes y opresivos. En una entrevista realizada en 1992, Angeles Mora hace hincapié en lo siguiente:

> Pues sí que estoy yo como mujer en mi poesía, pero siempre quería alejarme de ese papel de la mujer, de esa poesía que yo consideraba cursi y femenina. Reflejando, me doy cuenta de que esa poesía femenina tenía que ser así en aquella época porque la mujer tenía un papel asumido y tenía que escribir según tenía que ser.

Otra poeta, Luisa Castro, pone énfasis en la ruptura entre lo que era la poetisa decimonónica y la actual, que refuta la jerarquización de los géneros sexuales:

> Es un fenómeno de evolución de la cultura y de transmisión de cultura, el cambio es irreversible y abismal. No creo que las mujeres que ahora se planten delante de la máquina de escribir se planten con esa pretensión parcial de curar heridas y de hacerse un hueco dentro de las mujeres escritoras, sino dentro del panorama de los escritores. (Ugalde 292)

Con la declaración de Luisa Castro recobramos la palabra "éxitos". Los logros profundos e irreversibles de que habla residen en los textos poéticos. Colectivamente, y a pesar de algunas de las declaraciones públicas de las autoras, lo que encontramos en los poemas es el comienzo de la reinscripción del género sexual. Las poetas desarticulan y repudian el modelo patriarcal: a veces con desafío irónico, como es el caso de Ana Rossetti; a veces con sutil duplicidad, como es el caso de María Victora Atencia; pero siempre iniciando una exploración, desde la posición de sujeto hablante, de la compleja experiencia femenina.

Para terminar quiero de forma muy esquematizada destacar algunas de las intuiciones principales que el poema como proceso de autoconocimiento femenino va revelando. El reconocimiento de la permeabilidad del "yo" femenino, evidente por ejemplo en obras de Clara Janés y María Sanz; la reposesión del Eros, la temática más recurrente; la relación amorosa desjerarquizada, en libros como *Luces de travesía* de Carmen Pallarés o *Pasión inédita* de Pureza Canelo; el ecofeminismo, que se transparenta en *Libro de Ainakls* de Carmen Borja; y, sobre todo, la afirmación del poder de insciribirse a sí misma. Blanca Andreu, por ejemplo, descubre en los turbulentos ríos de la memoria y de la imaginación de *De una niña de provincias que se vino a vivir en un Chagall* el poder de la autoinscripción, que a veces da miedo, y que otras trasciende las alturas sublimes de la palabra poética.

Obras citadas

ABC Internacional. "El avance de la mujer, el mayor cambio social registrado en España". 15-21 de febrero 1995: 23.

Bayo, Emili. *La poesía española en sus antologías. (1939-1980).* Lleida: Universitat de Lleida, 1994.

Michelet, Jules. *Woman.* Trans. J.W. Palmer. New York: Carleton, 1860.

Miró, Emilio. "Poesía femenina". *Medio siglo de Adonais.* Madrid: Adonais, 1993. 167-89.

Mora, Angeles. Entrevista personal. 25 mayo 1992.

García Herrera, José Luis, ed. *Los nuevos poetas.* Barcelona: seubaeditones, 1994.

Ortega, Antonio, ed. *La prueba del nueve (antología poética).* Madrid: Cátedra, 1994.

Jarcia Martín, José Luis, ed. *Ultima poesía española.* Gijón: Universos, 1995.

Ugalde, Sharon Keefe. *Conversaciones y poemas. La nueva poesía española en castellano.* Madrid: Siglo XXI de España, 1991.

Ultimos veinte años de poesía española. Oviedo: Fundación de cultura. Excmo. Ayuntamiento de Oviedo, 1993.

Notas

1 * Esta declaración de Alberdi se incluyó en el informe que España presentó en la IV Conferencia Mundial sobre las Mujeres que se celebró en septiembre de 1995 en Pekín.

Rosario Castellanos: poet transcending the limits of feminism

Raman K. Singh
Mary Washington College

Rosario Castellanos is a highly acclaimed Mexican writer. Born in Mexico City, in 1925, she spent her early years in the southern province of Chiapas, a region whose indigenous Indian population provided her with the subjects and themes she was to use later in her writing. After graduating from the Universidad Autónoma in the capital city, she embarked on a successful career in journalism and teaching, including an ambassadorship to Israel, and teaching positions in various institutions in the United States, as well as one in comparative literature at her home institution. Although her life was brief–she died in 1975–she produced numerous works of prose, poetry, drama, and journalism.

Critics generally agree that Rosario Castellanos is heavily influenced by her experience of the Indian population in Chiapas. Having seen both poverty and misery, and having seen how women were kept oppressed by the pervasive ideology of machismo, the celebrated author was bound to be impressed. Out of this background came her dominant themes of gender hostility and the need for her female characters to be liberated from the restrictive environment of the Hispano-American culture. Critics have, therefore, analyzed her preoccupation with feminine liberation. Invariably, she has been called a Mexican feminist, one who exposes in her writing the manipulation of women by men, and offers feminist models for these oppressed women to follow. But which feminism? The feminism of the so-called "New Victorians," such as Catherine MacKinnon and Susan Faludi profess, or the feminism of their opponents as proclaimed by Katie Roiphe in *The Morning After*, and Rene Denfeld in *The New Victorians: A Young Woman's Challenge to the Old Feminist Order*?

Any rigid reading based on a critic's preference for a certain ideology, usually does injustice to a writer's thematic complexities; an interpretation of Castellanos's work from the perspective of her social concerns, becomes a highly ironic practice of literary analysis, because it proclaims those very limits the writer is rejecting. Instead, I would suggest that we not stop at ideological dimensions of her work, but transcend them, as Castellanos herself does, in order to access the unique, liberated images and models of female characters that she presents.

Rosario Cstellanos's belief in what I will call creative form is so profound that she does not allow herself to be restricted by any ideology. History has shown that ideologies come and go; the creative form, however, abides. An ideology by definition is restrictive. Feminist ideology sets women free from one restrictive model, and provides another one to follow, which comes burdened with its own restrictions. For Castellanos, the act of following that model, or any model, whether from a dominant masculine or feminine ideology, is in itself an obstacle to finding the creative self. Although ideologists may be creative, there is inherent in the word creative a feeling of freedom, of dispossession, of not being attached to a passing ideology. Indeed, she is critical of some figures, in literature and real life, who have been offered as models of feminist liberation. Anna Karenina and Emily Dickinson, to name two.

What Castellanos seeks, instead, is not to be a follower but a trail-blazer: or as she says in one of her poems, there must be "another way to be human and free." What is this other way? What, indeed, is Castellanos's formulation of creative, non-restrictive feminine liberation?

For an answer to this question, one must decide from the onset that Castellanos is to be considered as a literary artist, not propagandist. In her formulations of creativity and freedom for the female, she turns to the realm of the poet, where answers to social questions are subtle, are hidden in shadows of the imagination, and are dreamlike visions best formulated, perhaps, in the manner of surrealists who present contradictions without easy solutions. If male-female relationships are in need of reform, then, for the poet (not the propagandist), the reform can only be stated as poetic enigmas. Or, recalling Carlos Fuentes's summing up of surrealist artist Luis Buñuel, the solution to an enigma is another enigma.

A close reading of Castellanos's work will show that she does not escape the enigma, despite the claims of some feminist critics, such as Harriet S. Turner, who perceives the poem "Una Palmera" as Castellanos' "hymn to the female mind." Such a restrictive interpretation makes the enigma disappear. And with that disappearance, the creative form of the female vanishes too.

Perhaps the most effective way to illustrate what I mean by creative form and enigma, as they apply to Castellanos' work, is to pick a poem and see how it works as a microcosm of her transcendental universe in which the female form or model thrives and contributes to the human race. In doing so, I am fully aware of the risks involved in selecting any one work as being representative of an artist's imaginative world.

The brief poem, "Metamorphosis of the Sorceress," gives us the magical key to the door of the poet's mind. It is dedicated to Remedios Varo, the Spanish surrealist painter who died in 1965.

This poem expresses clearly the enigma of having to formulate a concept of a feminine self as free and creative, free from such past postulations as Marxist, Victorian, and Feminist notions of the Self, and having the freedom of becoming and being. Therein lies its creativity.

Can such a concept of feminine freedom, if it is to remain unattached to ideology, ever be formulated except as a symbol? I think not. But that symbol must not be rigidly interpreted, or it stands to lose its enigmatic quality. To contain the inherent enigma, the mystery and the magic, the poetic conceptualization of that symbol of creative femininity must remain fundamentally unclear, as in the dreamscapes of surrealist painters. Taken as a whole, then, such a poetic formulation can only express a dilemma and an enigma: man or woman must seek freedom, but they must also recognize the impossibility of finding that freedom. As many Existentialist and Surrealist philosophers and artists have said, man is never free, yet must fight for what he can never be. And it is in this dilemma–that of seeking but not finding—that human identity is created, an identity which allows no fetters or chains. Whereas ideologies offer clearly posited solutions to the enigmatic problems of human identity, surrealist formality taught Castellanos the world of magic, of sorcery, of change, and of possibility of change through metamorphosis.

The poem opens with an image of birth, an image that later becomes the shadowy memory and knowledge that makes the unnamed female Self "obedient and sad." But it ends, as we shall see, with what she calls "contradiction," and what I have here called enigma.

Metamorphosis of the Sorceress
(for Remedios Varos)

Being born, issuing from the mother like the river
that tumbling, thrusting foreign matter, propels
its volume to the end without seeing the sky,
the tree on the bank,
or giving a loving polish to the pebble in the belly.

We call our living vertigo,
devouring whirlpool, algae that traps
whatever tries to rise to the surface.
Between the roaring and its extinction
there is only one turbid mire, dark fish,
and ceaseless pulse.
So it is for all of us who flow
into the sea before achieving an identity.

For all of us. Not for her. She too was made of water
and lingered in reflected eddies.

What forms we glimpse through her transparency!
Endless corridors, desolate places,
complex machinery
transforming the universe
into beauty, into order, into shining laws.
Woman spinning bolls of light, weaving
nets to catch the stars.

Woman, holding her masks, playing at self-deception
and deceiving others,
but when she saw her own true face
it was a flower of pale
withered petals; love, absence, and death.

On its corolla
a faint scar.

Because of all she knew she was obedient and sad
and when she departed down that street
— the one she knew so well — of good-byes,
beautiful creatures came out to bid her farewell,
the ones she had rescued from chaos, shadow, and
contradiction and made live in the magic atmosphere
her spirit created.
(Prendergast, 277-78)

In the opening lines, we have the birth of birth, but birth before identity. As the poet says, the birth is for "all of us who flow/into the sea before achieving an identity." This birth is burdened by chaos; it throws at us images such as "tumbling, thrusting," and it limits our vision, as in "without seeing the sky." In this birth, the river-mother does not give "a loving polish to the pebble in its belly," and after its expulsion from the belly, our living is like algae that traps "whatever tries to rise to the surface." The rest of existence is dismissed as "turbid mire, dark fish, and ceaseless pulse."

There is, however, another side to these conditions of birth and life. These conditions "are not for her," we are informed, even thought she too "was made of water". Through her "transparency," we see not only the "endless corridors, [and] desolate palaces" but also how she has been "transforming the universe/into beauty, into order, into shining laws." She has spun "nets to catch the stars," which is an image that counteracts the despair of her birth described earlier in the poem. Of course she has been a victim too of "love, absence, and death," and carries a "faint scar" to mark the ravages of life; furthermore, "Because of all she knew, she was obedient and sad." Thus has the poet brought her persona close to the dominant idea of Greek tragedy, that knowledge comes through suffering. But where tragedy ends in some form of sacrifice and humiliation before the arbitrary power of the gods, or fate, Castellanos simply creates a new form for her persona. In effect, the persona transcends the old life, the old forms by transforming herself into a sorceress.

The metamorphosis occurs in the last line. Having observed the traps and mires of our existence, and having forged an identity that gave the universe beauty, order, and shining laws, the woman now transcends life's despair not by evading or changing the conditions of life, but changing herself into a sorceress. Not for her the path of ideology, but of sorcery. So now at her farewell, "beautiful creatures came out to bid her farewell." The sorcery she practiced was not a science derived from sociology or psychology, and it did not propose solutions based on behavior modifications and changes in human relationships. It was, instead, enigmatic. She had rescued people from "chaos, shadow, and/contradiction and made [them] live/in the magic atmosphere her spirit created."

That line, the magic atmosphere her spirit created, conjures up not ideology but creativity. Not sociology but art. Not politics but poetry. It is impossible, as well as harmful, to try to clarify with words what remains essentially an unsubstantiated dream, much like the surrealist paintings we know so well. No wonder, then, that the poem is dedicated to Remedios Varo.

The magic atmosphere her spirit has created, transcends the limits of our imagination. Every ideology, whether political or sociological or literary, is a limitation on the imagination's capacity to roam without hindrance. And every work of art, at its inception, is an attempt at transcending limitations.

In my opinion, Rosario Castellanos does not accept an externally imposed and therefore arbitrary code of behavior for the liberated characters in her writing, whether the code is embraced by male chauvinists or feminists. As a poet she believes in creativity, which in its simplest and most potent form, must inevitably transcend whatever ideology seeks to limit it.

Therein lies her magic. Her sorcery serves as her mythology, which includes the abstractions of order, beauty, and law, and belong to no particular ideology, but are, instead, the concerns of all mankind.

Work Cited

Castellanos, Rosario. "Metamorphosis of a Sorceress." *Harper Collins World Reader*–Volume I. Ed. Prendergast, Christopher. Reading: Addison Wesley Educational Publishers Incorporated, 1997.

Denfeld, Rene. *The New Victorians: A Young Woman's Challenge to the Old Feminist Order?* New York: Warner Books, 1995.

Roiphe, Katie. *The Morning After: Sex, Fear and Feminism* Volume I. New York: Little Brown and Company, 1994.

IV

TRANSPARENCIA VERBAL Y DENSIDAD ESTETICA EN LA LITERATURA DE FICCION

Las enemigas de "La Regenta"

Alma Amell
Josephinum College

Mucho se ha escrito sobre *La Regenta* y las causas de la vertiginosa caída de su protagonista, desde su pedestal de belleza oficial y el orgullo de Vetusta hasta el agujero negro del desprecio y el ostracismo de todos menos el de su fiel amigo Frígilis.

Como el abuso perpetrado por los hombres de la vulnerabilidad mental y sentimental de la Regenta ha sido suficientemente detallado en otros estudios, voy a probar hasta qué punto y por qué las mujeres que rodeaban a Ana—y muchas de las cuales se hicieron pasar por sus amigas—contribuyeron o incluso tramaron su perdición.

Sally Ortiz Aponte dice que "la inmoralidad y la envidia [...] representan a un gran grupo del reino femenino" (152). Michael Nimetz explica la inmoralidad y la falta de solidaridad de las mujeres de Vetusta como consecuencia de la costumbre del clero y de la aristocracia de tratar a las mujeres como si fueran mercancía y que lógicamente las mujeres usadas, compartidas y descartadas no atribuían gran valor a la condición femenina (243). Aunque todo esto puede ser verdad en el caso de Visita y Obdulia, por ejemplo, de ninguna manera justifica su conducta, sino que sus propias experiencias deberían motivarlas a acabar con esa nefasta tradición, afirmando su propio valor humano y el de sus amigas y compañeras, y absteniéndose de usar y manipular a su vez a los hombres a su antojo. En los casos de las otras contrincantes ni siquiera se puede hablar de que hayan sido usadas por los hombres, sino al contrario, no han conseguido que alguno considerado digno de sus amores, se interesara por ellas. Además, algunas parecen ser simplemente, en palabras de Nimetz, unas perversas innatas (246), según se verá más adelante. Espero aclarar los datos pertinentes del papel que desempeñaron las educadoras, amigas y enemigas de Ana Ozores en su "mutilación sicológica" (Schyfter 229).

Un fiel testigo de todo lo que ocurre en la novela es el narrador, que por ser omnisciente nos puede proporcionar tanto los hechos y actuaciones de los personajes como los motivos de éstos. Gonzalo Sobejano opina que *La Regenta* cumple con el deber que Alas impone a la novela de "reproducir la realidad como es, estudiándola seria y profundamente mediante la observación de los datos, sin intervencion de prejuicios o preocupaciones" (*La Regenta* 1: 18). Dentro de la verosimilitud de lo narrado, lo que Germán Suárez Blanco ve como un recrearse de Clarín al "hacernos notar los aspectos más negativos de cada una de [sus criaturas]" (768), lo considero más bien un esfuerzo del autor por mostrar a las personas como son, sin omitir los aspectos buenos, antipáticos, malos, o simpáticos. El testimonio del narrador es tan veraz, porque sin juzgar el comportamiento de los personajes, los retrata por fuera y por dentro. Esto último se consigue al asumir el autor la función de ordenador metido dentro del cerebro de los personajes transmitiendo sus reflexiones conscientes y subconscientes, sin la intervención interpretativa ni de ellos mismos ni del autor. Lo que no se puede evitar, ni en un narrador omnisciente ni en un testigo de carne y hueso, es que éste, aun sin querer, refleje en sus observaciones sus propias simpatías o antipatías.

El análisis que me propongo efectuar no es sencillo. En su conjunto todas las mujeres implicadas en la destrucción de la Regenta, son culpables de haber empujado al abismo del menosprecio colectivo a un ser humano, cuyas únicas ofensas fueron el haber nacido de una humilde madre extranjera y de un padre librepensador, ser superior a las demás en belleza física y espiritual e intentar volar por encima de la mediocridad vetustense. Puesto que hay una multiplicidad de delitos individuales dentro del crimen colectivo, conviene considerar cada uno de ellos en orden cronólogico, desde el nacimiento de Ana hasta su entierro en la atmósfera desdeñosa vetustense.

La primera que hizo desgraciada a Anita Ozores fue su propia madre. Su crimen debería llamarse "abandono involuntario" porque consistió en morirse durante el parto de la niña. El que realmente abandonó a su hija por caprichos egocéntricos fue el padre, aunque si él no se hubiera dejado llevar por sus aficiones políticas quizá se hubiera dejado atrapar en las redes de la abominable doña Camila, lo cual quizá hubiera supuesto mayor desgracia para Ana.

Según Sara Schyfter, "[the] unmet need for maternal nurturing affects Ana's character with a lasting wound and an aching sense of childhood abandonment and anguish" (230). Queda claro que Ana nunca se curó de esta herida, pues 23 años después de la muerte de su madre, el dolor de no haber conocido más caricia maternal que la de su almohada y su colchón:

> [...] aún la enternecía... Había tenido grandes contrariedades en la vida... pero su pena de niña... la sublevaba todavía y le inspiraba una dulcísima lástima de sí misma... Había Ana sentido toda su vida nostalgia del regazo de su madre". (1: 166)

La perpetua búsqueda del cariño que le faltó de niña es uno de los factores que contribuyeron a la frustrada vida matrimonial de Ana, sus bochornosas relaciones con su confesor, y su adulterio con Mesía.

Otro fallo de la madre, más involuntario si cabe, fue el de ser una humilde modista italiana y casarse con el padre de Ana, razón de la ruptura de los lazos familiares, lo que a la huérfana casi llegó a costarle la vida. La falta de alcurnia y la nacionalidad de la madre de Ana persiguen a ésta toda la vida. Las malas lenguas no tardan en convertir a la modista en una bailarina de pocos escrúpulos morales.

La que más se ensaña con la difunta madre de Ana es doña Camila, la institutriz, que ha fracasado en sus intentos de conquistar a don Carlos perdiendo con ello sus aspiraciones a ascender. Tras la inocente aventura de Ana con Germán, mal interpretada por Camila y su entorno, ésta menciona "un refrán desvergonzado en que se insultaba a su madre y a ella" (1: 171). Los vecinos, delante de Ana, "achacaban a culpas de su madre los pecados que la atribuían a ella" (1: 172). Camila es la que hace correr el rumor de que la modista quizá fuera bailarina, "con alusiones maliciosas, vagas y envueltas en misterios a la condición social de la italiana" (1: 189-90).

Por culpa de la madre también, la relación entre Ana y sus tías, hermanas de su padre, se contamina de mala voluntad incluso antes de empezar. Cuando Ana cae gravemente enferma tras la muerte de su padre, suplica a los criados que llamen a sus tías, que "tenía entendido que eran muy buenas cristianas" (1: 213). Estas, tras pensarlo mucho, deciden ir a recoger a su sobrina sólo para tranquilizar su conciencia por haberse aprovechado de la apurada situación económica de su hermano cuando le compraron el caserón de Ozores por un precio ridículo, y porque "no había más remedio" (1: 211). Al comprobar doña Anuncia el crítico estado físico y económico de su sobrina, concluyó que "ni rico había sabido hacerse el infeliz ateo... Había echado sobre sus hombros una carga bien pesada: mas ¿quién no tiene su cruz?" (1: 213).

La entrada de Ana en la alta sociedad vetustense va igualmente precedida por la inmerecida mala fama de su madre, que desciende de categoría según se habla más y más de ella. En una de las tertulias de los marqueses de Vegallana, Glocester, el Arcediano, observa que "según todos sabemos representa esa niña la poca meticulosa moralidad de su madre" y la marquesa añade: "Sí señor, su madre era una perdida, corriente; pero la chica se presenta bien, según dicen sus tías; es muy dócil y muy callada" (1: 215). Por estos últimos propios "méritos" de Ana, ésta es oficialmente acogida por los contertulios "como una Ozores, descendiente de la mejor nobleza" (1: 215) y se prohibe hablar más de la madre. Así que, mientras Ana sigue las reglas de aquella sociedad, su madre por fin puede descansar en paz. Pero cuando la Regenta cae en desgracia, las malas lenguas sacan una vez más a relucir el cadáver de la modista: "Es necesario aislarla...! Nada, nada de trato con la hija de la bailarina italiana!" (2: 527)

La segunda mujer que traumatiza para siempre a Anita es la ya mencionada doña Camila, la encargada de su educación. El aya es culpable de crueldad mental y de "violación interpretativa", en palabras de Benigno Sánchez-Eppler (209). La crueldad mental consiste en acostar a la niña todas las noches "sin sueño, sin cuentos, sin caricias, sin luz" (1: 166), y en castigarla mucho con encierros y ayunos. Sara Schyfter observa que el castigo de los encierros es peor que pegar, porque depriva a la niña de toda comunicación con otros por un período indefinido haciendo por eso más daño al ego (230).

La violación interpretativa a consecuencia del incidente de Trébol resultó por un lado, en maltratos físicos y sicológicos por parte de la lasciva intérprete, al coger a Anita por la garganta y casi ahogarla, insultándolas al mismo tiempo a ella y a su madre. Por otro lado, el amante de Camila empezó a acechar a la niña con conatos de abuso sexual, mirándola "con llamaradas en los ojos" (171-72) y pidiéndole besos en ausencia del aya. En el círculo vicioso de la calumnia, "los chicos de la calle la miraban como el hombre...; la cogían por un brazo y querían llevársela no sabía adónde" (172). Desde entonces doña Camila rompió el poco contacto que la niña tenía con el mundo exterior y ya no la dejó salir nunca sola.

Tanto en crueldad mental como en el orden cronológico, las tías de Ana substituyen a Camila, añadiendo a la negación de cariño una indebida culpabilidad y continua humillación al pregonar a diario, tanto ante la niña enferma como ante el círculo de distinguidos amigos, "aquel exceso de caridad con que ... daban ejemplo al mundo" (1: 223). Según Ana se va recuperando, su creciente belleza la hace pasar de ser meramente aceptada gracias a su humilde actitud a ser el orgullo de sus tías y de Vetusta. Doña Agueda en particular se siente muy satisfecha del resultado de sus propios talentos culinarios, y "miraba extasiada a la convaleciente que iba engordando a ojos vistas... El artista y su obra se dedicaban mutuas sonrisas entre plato y plato". (1: 223)

Naturalmente, las tías de Ana quieren sacar buen partido a sus desvelos y casar a Ana con un "americano" rico, ya que "en un noble no había que pensar". Por supuesto, la felicidad de Ana no puede ser un factor en la decisión de sus bienhechoras. La sobrina comprende que de la obligación de no ser una carga para las tías, ha pasado a la obligación de engordar:

> A no haber oído aquella conversación de las tías, la pobre huérfana no se hubiera atrevido a comer mucho... Pero ya sabía a qué atenerse. Querían engordarla como una vaca que ha de ir al mercado (1: 219-20).

Como era de esperar, la fingida bondad y la mal simulada paciencia de las solteronas acaban abruptamente, y una de ellas se convierte en una verdadera bruja, cuando Ana no "se muere de gusto" al escuchar que sus tías le han encontrado un novio, don Frutos Redondo:

> Doña Anuncia no necesitó más para dar rienda suelta al basilisco que llevaba dentro de sus entrañas. Su sombra... parecía ahora la de una bruja gigantesca; otras veces, multiplicándose... por los saltos y contorsiones de la vieja, figuraba todo el infierno desencadenado. (1: 243)

Tras encerrar a Ana ocho días en su alcoba, doña Anuncia le comunica que "no le faltaría a la hija de la bailarina... una cama en el palacio de sus mayores; pero ellas, las tías, no tenían qué poner a la mesa; todo lo había comido la niña" (I, 243-4). Así que Ana se ve forzada a aceptar en matrimonio a otro candidato, don Víctor Quintanar, a quien estima, de todos los vetustenses, como el "más digno de poseerla" y a quien "procuraría amar" (1: 246), pero quien aun sin querer empujará a su mujer al abismo.

El daño sicológico causado por la ausencia de la madre y por las sucesivas educadoras de Ana hace de ella una víctima fácil, en palabras de Schyfter (229), para sus futuros abusadores, al coincidir todos en su deseo de acabar con la "conciencia supravetustense", (Sobejano 6) de la Regenta.

La persecución colectiva empieza cuando doña Agueda descubre un cuadernito de versos en la mesilla de Ana, lo cual la escandaliza más que si hubiera descubierto un revólver o una botella de aguardiente. Pronto las tías, el clero, la nobleza y las mediocres y envidiosas amigas de Ana logran desanimarla a que desahogue sus angustias y su añoranza de cariño maternal, y la hacen jurar a sí misma no ser "la literata."

Dentro de la sociedad vetustense, las que más contribuyen a la desgracia de Ana son Petra, la criada de Ozores, Obdulia Fandiño, Visitación Olías de Cuervo, Petronila Rianzares y Paula Raíces. Todas ellas colaboran tramando o incitando a la perdición de la Regenta, abusando de su amistad y confianza. La única que no es culpable es Doña Paula, que en ningún momento intentó disimular sus celos y su temor hacia la Regenta como símbolo destructor de sus innumerables e innombrables sacrificios cifrados en el prestigio de su hijo y por consiguiente su propia fortuna. En este sentido, no tiene nada personal contra la Regenta, sino que desconfía de todas las mujeres, sirviendo como ejemplo ella misma: "La madre de don Fermín creía en la omnipotencia de la mujer. Ella era buen ejemplo... creía en la influencia de la mujer, pero no se fiaba de su virtud..." (1: 419).

Por estos motivos, desde que la Regenta se confiesa por primera vez con el Magistral, doña Paula hace todo lo posible para pintarla como una malvada. Pero lo único que logra con su conducta es que Fermín se sienta cada vez más atraído por la dulzura y la superioridad espiritual de Ana y quiera hacerla totalmente suya. Por consiguiente, cuando se entera de los amores ilícitos de Ana y Mesía, se siente más deshonrado que el propio marido y necesita vehementemente vengarse. Las maquinaciones maquiavélicas con las que lleva a cabo su propósito son consecuencia de su frustrante condición de "eunuco", la cual le ha sido impuesta por la madre al "meterle por la cabeza una sotana" (2: 463), al considerar que la única manera de salir de la miseria y satisfacer su propia ambición y codicia era hacer cura a su hijo. Entre sus instintos de hombre y la obligación filial de seguir en el puesto lucrativo de Provisor, Fermín piensa que su único remedio es utilizar a don Víctor, que ya estaba dispuesto a perdonar, como instrumento de su venganza.

De esta manera doña Paula, a causa de sus celos y codicia, es culpable de destrozar la vida de su hijo y como consecuencia el matrimonio Quintanar-Ozores. Curiosamente, en todos sus cálculos la madre "provisora" no ha contado en ningún momento con una enemiga tan temible como insospechada: doña Petronila de Rianzares. Esta, la beata de más influencia en Vetusta, adora a don Fermín y hace todo lo que éste manda para complacerle, incluyendo el poner su casa a disposición del Magistral para facilitarle el trato íntimo con la Regenta. La señora de Rianzares es una Celestina nauseabunda que le inspira asco a Ana, sobre todo cuando ésta al final se da cuenta de que la beata la quiere comprometer: "¡Querían corromperla! Aquella casa... aquel silencio... aquella doña Petronila... Ana sintió asco, vergüenza" (2: 323).

Otra manipuladora de los sentimientos y los encantos de Ana es Visitación Olías de Cuervo pero sus motivos, intención y procedimientos no podrían distar más de la viscosa servilidad del "Obispo-Madre". Aunque los motivos iniciales de Visita son su propia vida fracasada y su envidia por la hermosura y la virtud de Ana, su creciente obsesión de hacer caer a su amiga en las redes de Alvaro, cueste lo que cueste, toma las proporciones de una desviación sicológica que raya en el sadomasoquismo. Noël Valis observa que Visitación "takes an intensely voluptuous pleasure in watching Ana's fall from virtue... the new sensations she needs to feel derive in large part from an obscure sadomasochistic drive" (72).

Lo que empieza por amargura y envidia toma un curso que ni la misma Visita es capaz de controlar. El placer que saca de ver a Alvaro acechar a su amiga le causa una sensación comparable con un pervertido goce sexual:

> Cuando observaba a Mesía en acecho... Visitación sentía la garganta apretada, la boca seca, candelillas en los ojos, fuego en las mejillas, asperezas en los labios (2: 15).

La idea de ver a Ana seducida por su propio ex-amante llega a ser una droga sin la cual ya no puede vivir, igual que le pasa con los dulces: "Aquellos pinchazos que sentía en el orgullo, y en algo más guardado, más de las entrañas, los necesitaba ya, como el vicioso el vicio que le mata, que le lastima al gozarlo" (2: 15). Si no fuera por la insistencia de la "drogadicta" del Banco, posiblemente los amores de Alvaro y Ana nunca se hubieran consumado.

Obdulia Fandiño también está picada por la envidia y por el afán de experimentar nuevas sensaciones. Sin embargo, su envidia es mucho más superficial que la de Visitación, y sus inusitados impulsos son pasajeros. Las tendencias lesbianas que parece manifestar no son más que un efímero apetito de algo diferente con que combatir el aburrimiento provinciano de Vetusta. Clarín deja bien claro que Obdulia sólo se interesa por las mujeres como objeto de comparación: "para Obdulia las demás mujeres no tenían más valor que el de un maniquí de colgar vestidos; para trapos ellas; para todo lo demás, los hombres" (1: 336).

Así que si ella "devoraba a la Regenta con los ojos de pies a cabeza" (1: 335) era exclusivamente para ver cómo iba de guapa.

A Obdulia le molesta que Ana llame más la atención que ella. Esta situación llega a su límite en la sensación general que despierta la Regenta penitente en la procesión de Viernes Santo. En tanto que Visitación deseaba que Ana bajase al mismo nivel para consolar su amargura de objeto usado y desechado por Mesía, trataba simplemente de que la gente tuviera constancia de que Ana no destacaba de las demás. Por eso, a raíz del fatal desenlace del duelo, Obdulia sale a la calle "con su sombrero más grande y su vestido más apretado a las piernas y sus faldas más crujientes, a tomar el aire de la maledicencia... '¿Ven ustedes?—decían las miradas triunfantes de la Fandiño. Todas somos iguales'" (2: 525).

La enemiga más perversa, dañina y peligrosa de la Regenta es Petra, cuyas intrigas y manipulaciones son realmente sádicas. Petra se parece mucho a doña Paula, ya que ambas desconfían de la virtud de la mujer y "pisan cadáveres" para satisfacer su ambición y codicia. Ambas son de familia humilde y procuran escalar socialmente a costa de los demás. Visita se contenta con el logro de su proyecto: la seducción de Ana por el Don Juan de Vetusta. Sin embargo, Petra no se da por satisfecha hasta que todos los que han menospreciado sus cualidades y encantos se rindan a sus pies. Gustosamente lleva a cabo sus proyectos empezando por el Magistral:

> Gozaba voluptuosa delicia viendo padecer al canónigo, pero quería más, quería continuar su obra; que la mandasen clavar en el alma de su ama, de la orgullosa señorona, todas aquellas agujas que acababa de hundir en las carnes del clérigo loco. (2: 465)

En la ejecución de sus planes no olvida ni perdona a nadie: quiere hundir a Alvaro, a Víctor y a Fermín por no seducirla con constancia, y a Ana por ser en todo superior a ella.

De todas las mujeres que causan la desgracia de Ana Ozores, doña Camila y Petra son las que, desde el principio hasta el final, con más saña se dedican a la mutilación sicológica de su víctima. En culpabilidad las siguen inmediatamente las tías de Ana, Visitación Olías de Cuervo y las otras supuestas amigas de la Regenta. Pero todas las mujeres de Vetusta son cómplices en la aniquilación de Ana Ozores, si no por otra cosa, por falta de solidaridad femenina.

Obras citadas

Alas, Leopoldo "Clarín." *La Regenta*. Edición de Gonzalo Sobejano. Madrid: Castalia, 1984.

Nimetz, Michael. "*Eros* and *Ecclesia* in Clarín's Vetusta". *Modern Language Notes* 86 (1971): 242-53.

Ortiz Aponte, Sally. *Las mujeres de "Clarín", esperpentos y camafeos*. Río Piedras, PR: Editorial Universitaria, 1971.

Sánchez-Eppler, Benigno. "Stakes: The Sexual Vulnerability of the Reader in *La Regenta*". *Romanic Review* 78 (1987): 202-17.

Schyfter, Sara E. "'La loca, la tonta, la literata': Woman's Destiny in Clarin's *La Regenta*". *Feminist Literary Criticism*. Mora y V. Hooft, eds. Ypsilanti, Michigan: Bilingual Press, 1982: 229-41.

Sobejano, Gonzalo. "Sentimientos sin nombre en *La Regenta*". *Insula* 39.45 (1984): 1, 6.

Valis, Noël Maureen. *The Decadent Vision in Leopoldo Alas*. Baton Rouge: Louisiana State UP, 1981.

Matar a una mujer no es nada fácil: *la risa olvidada de Remedios Orad*

Inés Arribas
Russell Sage College

Algunos recordarán el nombre de Remedios Orad, una de las contribuyentes asiduas de *La Codorniz*. Fue una de las pocas humoristas célebres en los años de Franco, junto con Mercedes Ballesteros—mejor conocida como la Baronesa Alberta—Nuria Pompeia y Dolores de la Fe. Cuatro mujeres humoristas que Evaristo Acevedo incluye en la tradición humorística española del siglo XX; cuatro son las que forman la "abnegada y reducida 'élite' femenina" que cultiva el humor hasta 1972 (12). Desafortunadamente, hasta hoy no se ha reconocido ni evaluado la obra humorística de estas mujeres, ni se ha publicado nada al respecto.

En el prefacio a una obra de una de ellas, Acevedo afirma que "el humorista [...] suele ser tratado despectivamente por los grandes santones de la crítica oficial, y calificado de 'chistoso', 'frívolo', 'intranscendente'[...]" (12).
Irónicamente, añade que

> Harta de tantos sacrificios hogareños y maternales durante siglos, la escritora hispana de nuestros días (1972) no se encuentra preparada psicológicamente todavía para lanzarse a ese gran "sacrificio literario" que lleva anejo el cultivo del humor. (12)

De modo que estas cuatro mujeres humoristas son excepciones, errores de la naturaleza, bichos raros.

Ahora bien, es importante subrayar que la opinión de Acevedo no es la única. En los tratados españoles del siglo XX sobre humorismo, se expresa claramente el deseo de excluir a la mujer de este género, bien sea por no mencionarla, o bien por considerar su incompetencia en la materia. Pío Baroja, por ejemplo, opina en *La caverna del humorismo* que "las mujeres no sienten el humorismo. Lo femenino es siempre serio. [...] Se necesita la altura, el aire puro de la montaña, para poder reír mirando al cielo" (426-27). Ramón Gómez de la Serna también tiene su comentario al respecto: "Sólo una mujer excepcional puede comprender a los humoristas" (1070). Santiago Vilas, otro tratadista del humor español, afirmó en 1969 que "la mujer está limitada, en su potencialidad, para el humor" (78), y que "hay que reconocer que el sentido del humor en la mujer, en general, carece de la profundidad, dimensiones e implicaciones del que es característico el hombre" (80). No dispongo de ninguna declaración reciente de este estilo, pero me parece significativo que en *Diálogos hispánicos* de 1992 dedicado al humor en España, no se haga mención a ninguna mujer humorista.

Ante todo, cabe preguntarse por qué esta exclusión. Culturalmente, no se espera que las mujeres produzcan chistes, sino que los reciban y se rían—discretamente, aun si les parecen poco graciosos. De las mujeres que no se ríen ante un chiste insultante para ellas, se dice que "no sienten el humorismo", o que no tienen las capacidades intelectuales adecuadas para apreciarlo. En definitiva, la recepción del humor pone en marcha una serie de parámetros incalculables que colocan en primera fila la dimensión subjetiva de éste: la universalidad del humor se vuelve un mito cuando se le cuenta un chiste sexista a una mujer o un chiste racista a un negro. La mujer sabe perfectamente reírse, pero no necesariamente de lo mismo que los hombres.

Por otro lado, la dimensión agresiva del humor es otro factor importante que considerar. Al respecto, el psicólogo norteamericano Paul McGhee ha propuesto que el uso del humor en las relaciones interpersonales sirve para mantener el poder y cierto control y dominación en una situación social. Poder, control, agresividad: son éstas características tradicionalmente masculinas que sitúan de entrada el humor en la lista de lo reservado a los hombres. Ahora bien, la ideología de la "señorita" que dicta a la mujer un comportamiento pasivo, aleja a ésta desde su tierna infancia no sólo de la actitud agresiva sino de la posición irreverente que pueda tomar el humorista. Una observación ingeniosa o cómica articulada por una mujer puede considerarse como un acto de agresión e intrusión totalmente antifemenino. McGhee afirma incluso que "Because of the assertive nature of humor, males may feel threatened by such displays in females" (193). Y de acuerdo con Regina Barreca, dicho humor puede ser interpretado incluso como acto de transgresión de las normas sociales, y revelar el temor de los hombres de ser el blanco de esta agresión (65).

Si aún hoy sigue existiendo la noción de que la mujer no es capaz de reírse ni de crear risa, la existencia de numerosas obras humorísticas escritas por mujeres en la España actual vienen a desmentir esta absurda idea. No sólo sabe la mujer reírse, sino que sabe hacer reír y puede atacar con su humor el sistema, aun en años de Franco. Nos toca a nosotras ahora ponernos a trabajar para resucitar a las humoristas del pasado y reconocer las del presente.

En este contexto, la novela de Remedios Orad *Matar a una mujer no es nada fácil*, publicada en 1956, me llamó la atención por varias razones. Primero, porque constituye uno de los escasos textos femeninos de humor que ha sido publicado en una editorial importante(Taurus) y por ende aceptado al mismo nivel que los demás textos cómicos escritos por hombres; por otra parte, porque el tratamiento del tema de la novela—el adulterio—invita no sólo a relativizar las convenciones morales de la sociedad de la época, sino a subvertirlas. Es necesario recordar que la ideología patriarcal en los años 50 estaba fuertemente condicionada por la Iglesia y el sistema educativo. En términos del Estado franquista, la familia era el centro y la cuna de los valores cristianos, representaba el "origen y prototipo de toda sociedad perfecta" y constituía el eje de esta estructura, cuyo mantenimiento se convertía en papel fundamental de la mujer. Dentro de este contexto, el adulterio era severamente castigado por las estructuras legales con penas de prisión.[1] En *La razón feminista*, informa Lidia Falcón que "la posibilidad de matar a la esposa culpable de adulterio sin sufrir castigo, o sólo leve, se mantuvo en el Código Penal español hasta 1963" (432). Dentro de estos parámetros, me parece audaz que Remedios Orad haya escogido para su novela un tema tan tabú y candente en su época, y que lo llegue a ridiculizar con una ironía y un humor aparentemente inocentes.

La trama de la novela es bien sencilla: Joaquín, hombre ingenuo y algo torpe, no aspira a nada más que a su propia rutina: "A él todo le cansaba y le fastidiaba en seguida. Era un hombre tranquilo, apegado a sus cosas: su pueblo y ocuparse de su finca, era todo lo que deseaba" (163).

Adriana, su prima y esposa por arreglo de familia, tiene en cambio más aspiraciones que él en la vida; se aburre en el pueblo, y aguanta difícilmente la mediocridad de su marido. La vida de la pareja es bastante tediosa pero tranquila, hasta que Adriana conoce a un pintor húngaro y se escapa a Madrid con él. Como no existía amor entre Joaquín y Adriana, a Joaquín no le habría importunado el asunto si el pueblo no hubiera empezado a hacerle presión y adoptar el papel de defensor de la moral. Movido por un concepto anacrónico de honor y cansado de que le consideren como "el hombre al que su mujer le..." (18), se arma de valor y decide ir hasta Madrid a matarla, más para dejar de verse "ridículo" (14) que por deseos de venganza. Sin embargo, la narradora cuestiona irónicamente la necesidad de tan dramática determinación y la desdramatiza al extremo: "¿Por qué no entendía la gente que a un sujeto se le puede llevar un húngaro la mujer y tener necesidad de seguir comiendo?" (10). Tras una serie de aventuras en Madrid y un sinfín de rebotes cómicos, llega Joaquín a localizar a Adriana, pero nunca encuentra el momento propicio ni el valor para matarla. La protagonista acaba muriendo de todos modos, pero prefiero de momento mantener la intriga.

Es preciso destacar ahora cómo procede la autora para burlarse y enfrentar el acto tan severamente castigado de la infidelidad. Orad se vale de varias técnicas para echar abajo los clichés sociales y literarios asociados con el adulterio. Primero, los personajes principales, a pesar de su caracterización sin equívocos, son algo atípicos. A ninguno de los dos esposos parece afectarlos esta situación de adulterio, lo cual produce un fuerte contraste con lo que pregonaba el estado franquista. Y eso que Adriana no sólo no ha alcanzado "el estado en que pudiera cumplir su misión: la maternidad" (Gallego 141), sino que encima ¡es adúltera! Por otra parte, el elemento amoroso entre los amantes es desarrollado mínimamente, y contrariamente a lo que sucede en las grandes novelas del siglo pasado sobre el adulterio, la adúltera de Orad no desarrolla ningún sentimiento de culpabilidad ante sus actos. La infidelidad no tiene en este caso la redención del amor ni encuentra ningún motivo que la justifique, porque precisamente se ha desplazado en esta novela la tradicional imposición de castigar el adulterio y se quiere relativizar su carácter inmoral. Por su parte, Joaquín se siente obligado a proceder al desafío que le lanza el pueblo y su decisión se la dicta únicamente esta presión, no una urgencia ni un deseo interior. No es en absoluto motivada por los celos ni una cuestión de moralidad.

La caracterización del amante húngaro Fédor Vratza tampoco va en el sentido de lo esperado para justificar la infidelidad de Adriana. La narradora nos informa que domina muy poco el idioma español, que por ello "tiene lenguaje de niño" (95) que conmueve a Adriana, y que es un pintor algo mediocre, con poca originalidad. No tiene ninguna ocasión de expresar sus sentimientos por Adriana, y contrariamente al seductor de las grandes novelas de adulterio, su papel de donjuán es totalmente aniquilado. Si bien la novela de Orad no ataca con la acidez de la sátira el control y el poder masculino en la sociedad española, sí se aprovecha de la herramienta del humor para tomar una fuerte posición ante ellos y sembrar los gérmenes de una reflexión sobre la represión contra las mujeres en la España franquista. Opina la narradora:

> Es tremendo cómo se complican estas cosas en España. En Francia, por ejemplo, si una mujer casada se escapa con uno, el marido no es la víctima ridícula, pero también le miran mal porque le consideran el culpable, el mal hombre que no la ha sabido comprender y ha tenido que irse con otro, ¡la pobrecita! (42)

Este hecho es precisamente lo que no se reconoce en la España de los años 50, cuyo sistema se las arregla para que siempre quede condenada la mujer. Si bien se pregunta Joaquín la causa de la partida de Adriana en un breve momento de introspección: "Pero ¿por qué? ¿Qué he hecho yo? ¿Tengo yo la culpa que Adriana se haya ido con [aquel] sujeto?" (18), no se detiene para responderla, porque es para él una pregunta retórica. Sin embargo, no lo es necesariamente para los lectores; y la pregunta queda hecha.

La utilización de un discurso ambiguo es otra de las técnicas de la autora para subvertir el concepto del adulterio. Este es un discurso de voces narrativas múltiples que invita a varias interpretaciones. Así, por ejemplo, mientras Joaquín va planeando la manera de matar a Adriana, la narradora nos confiesa: "[...] Y él se volvería a Adriana y le diría:—¡Adúltera! ¡Vaya tontería! Eso era una risa de palabra" (38). "'Mujer infiel'. 'Traidora'. ¿Se decía traidora o traicionera? ¡Qué ridiculeces!" (39). En estos dos ejemplos queda ambiguo el punto de vista narrativo. ¿A quién pertenece esta voz? ¿Opina el personaje, la narradora o la autora? Esta ambigüedad entre el monólogo interior y la intervención de la narradora es una de las técnicas predilectas de Orad, mediante la cual crea una tensión dialógica que submerge el texto en una burla sutil y rebelde. Como explica la crítica Judy Little, al yuxtaponer las dos voces, una de ellas resulta ridiculizada, así como la ideología que conlleva. En términos de Bajtín, con este procedimiento se crea una suerte de 'carnavalización' del lenguaje y de las estrategias del discurso mediante la cual la autora "deconstruye" o al menos relativiza las jerarquías sociales y políticas implícitas en la ideología masculina en cuestión (20).

Asimismo, la carnavalización del lenguaje se contamina según el nivel de las situaciones, que van a sufrir también algunos cambios, de modo que quede siempre la protagonista libre de toda culpa. Así por ejemplo, Joaquín, por hablar mal del amante húngaro y defender su posición, recibe la siguiente respuesta de Adriana:

> ¿Qué te ha hecho? Bastante desgracia tiene él de enamorarse de una mujer que ya está casada. . . De no ser por ti podríamos casarnos y todo sería diferente. Pues no te he dicho nada, no te he hecho el más mínimo reproche y encima tú... Ya sé que también tienes ese problema, pero por eso mismo debes de simpatizar más con el nuestro. (97)

El sermón y los reproches que debía Joaquín hacerle a Adriana están invertidos y sustituídos por los de ella. Está claro que Adriana transgrede las normas, y procede a una inversión de tipo carnavalesco, donde lo "anormal" se vuelve norma. Somete su visión de la situación a la lógica del discurso dominante, y a las maquinaciones del poder. Es más que una manera de enfrentarse con la sociedad y la moral impuesta por ésta; amenaza el orden social; lleva un potencial subversivo porque no sólo invierte los papeles, sino que afirma—pero sin jamás nombrarlo—la existencia del deseo femenino. Adriana, a pesar de su estricta educación, reivindica su deseo y toma una determinación activa para satisfacerlo.

A este propósito, es importante destacar que Adriana aparece tarde como personaje en la novela; la conocemos por los comentarios de la narradora y mediante otros personajes. La Adriana a quien oímos hablar por primera vez no corresponde del todo a la muchacha que nos habían retratado. Técnica sutil de la autora para provocar otra de las múltiples tensiones dialógicas que mencionamos anteriormente. Efectivamente, las primeras palabras que la narradora reproduce del diálogo entre Adriana y su madre, retratan a una chica que cuestiona las reglas sociales y la tradición. Nos cuenta la narradora: "Adriana se había rebelado una vez contra su falta de libertad:—¿Por qué tendré que casarme con Joaquín? ¿Por qué no puedo escoger yo el que quiera?" (22). Adriana sabe perfectamente que no puede elegir, que Joaquín le está destinado desde la tierna infancia, que es vana su petición. Pero ¿qué le cuesta preguntar? Por otra parte, la autora pone en tela de juicio la enseñanza sexual que le transmite la madre a su hija, y por extensión, esa enseñanza grotesca y torcida pasada de generación en generación de madre a hija que confina a las mujeres en un perímetro de acción reducido. Aquí, le dice la madre a su hija: "...Si duermes la noche de San Juan con una patata debajo de la almohada, sueñas con el hombre que te está destinado". Adriana, muchacha espabilada y "atrevida", no descarta las múltiples posibilidades de semejante consejo, y le pregunta: "—¿Y si sueñas con muchos?". La madre, representante de la moral y la tradición, la detiene ante tan desafiante idea: "—Eso le pasó a Pepita Puch, soñó con un regimiento que había estado de maniobras, y su familia, alarmada, la encerró en un convento" (23). Dentro del contexto de los años 50, la reivindicación del deseo y del cuerpo—aunque sea ésta tímida o efímera—parece audaz.

El giro que toma el desenlace merece cierta atención. Lo que le reserva la autora al triángulo "amoroso" va en contra de lo típico, y en un gran "coup de théâtre", se invierte lo esperado. Dirigiéndose a Joaquín, "Aquel húngaro le preguntó, con toda corrección, si no volvería a aceptar a Adriana. Estaba convencido de que había hecho mal en llevársela y quería restituirla" (145). "—Osté podío haserla volver por fuerza. En España las mojeres no hasen nada sin permiso del marido" (145). Aprovechando las costumbres locales para deshacerse de Adriana, Fédor reduce a Adriana al nivel de simple objeto que, perdido/robado, se restituye a su "propietario".

A mi parecer, la verdadera razón de esta devolución no es el arrepentimiento de Vratza, sino porque ella, como dice el personaje, no es como las demás mujeres; es "cargante" (146), y además tiene una "risa sardónica" (147) que Joaquín confiesa odiar también.[2] La risa de Adriana no es jovial ni clara. Es sardónica, y es seguramente la expresión de la patología de su condición social. Adriana deja de ser atractiva cuando Vratza se percata que no es simplemente encantadora, pasiva y gentil, sino cuando empieza a exigir y a reírse—de nervios, por cierto. Evidencia del rechazo consciente y/o inconsciente de Adriana de cumplir con las reglas, esta risa se vuelve amenazante, inquietante, ofensiva para Vratza. Es una risa que llega a ser un problema cuando viene a sacudir las normas de la masculinidad, que derrumba el ego masculino con su sonoridad.[3]

La afirmación de su propio deseo así como la "falta de respeto" (risa sardónica) para con los hombres hacen de Adriana una heroína, pero una heroína trágica, porque van a ser también la causa de su muerte. Esta va a ocurrir de manera repentina, contra la expectativa del lector. Un día Joaquín, a punto de alcanzar a los amantes que

> [...] subían por una ladera bordeando el barranco [...] oyó un grito de Adriana y la vio caer al precipicio. Se detuvo atontado. ¿Qué había pasado? Todo había sido demasiado rápido para poder asegurar nada, pero le había parecido ver que el húngaro la empujaba. (156)

Si Fédor mató a Adriana, no fue por ser ella adúltera, sino porque quería deshacerse de ella. El monstruo en este caso es él, no la adúltera. Joaquín se vuelve monstruoso a su vez al consolarse con las siguientes palabras: "Y ya no podía hacerse nada por Adriana. De todas formas ella se lo había buscado" (156). Desde el principio estaba Adriana condenada a morir por lo que establece la domesticación de las mujeres y el poder establecido de la cultura masculina. Con esta muerte desafía Orad en cierta medida el género de la novela humorística, dándole una alternativa trágica. Esta tragedia introduce un importante sentido de dislocación que llega a extender la monstruosidad de un personaje a un pueblo, a una nación: España.

A través de Adriana, la autora celebra la falta de restricción y la irracionalidad. Con un humor ligero y aparentemente cándido, Orad afirma que las categorías sociales y los papeles en que estamos condicionadas las mujeres no deberían de intimidarnos. Adriana es el ejemplo de la mujer que levanta la cabeza para desafiarlos, atacarlos y ridiculizarlos. Como expresa la norteamericana Eileen Gillooly:

> [...] in giving voice to feelings and thoughts otherwise prohibited expression by the normative values of phallocentric culture, humor grants women, who are ideologically and often legally excluded from access to power, not only an outlet for frustration but a subtly potent discursive authority as well. (483)

En toda la novela, la narradora se sitúa a menudo a distancia de las reglas de la sociedad patriarcal y la observa con ojo crítico y jocoso. En vez de denunciar los constreñimientos que el sistema impone a las mujeres, el humor de Remedios Orad surge como una táctica potencial para cuestionar los tradicionales conceptos del honor afrentado mediante la burla del marido, del castigo de la mujer adúltera y de las convenciones morales de la época franquista. Este humor que privilegia la ironía y la carnavalización del lenguaje, sirve para debilitar la ideología dominante presentando sus contradicciones y sus absurdos, permitiéndonos así adquirir cierta perspectiva sobre los abusos del patriarcalismo.

Obras citadas

Acevedo, Evaristo. "Presentación". *Happenings para Jacob*. María Dolores de la Fe. Madrid: Editorial Magisterio Español, 1972. 7-12.

Baroja, Pío. "La caverna del humorismo". *Obras completas.* 1919. Madrid: Biblioteca Nueva, 1948. Vol. 5. 393-487.

Barreca, Regina. *They Used To Call Me Snow White... But I Drifted. Women's Strategic Use of Humor.* New York: Vicking Penguin, 1991.

—-. *Untamed and Unabashed. Essays on Women and Humor in British Literature.* Detroit: Wayne State University Press, 1994.

Falcón, Lidia. *Mujer y sociedad.* Barcelona: Fontanella, 1974.

—-. *La razón feminista. La mujer como clase social y económica. El modo de producción doméstico.* Vol. 1. Barcelona: Fontanella, 1981.

Gallego Méndez, Mª Teresa. *Mujer, falange y franquismo.* Madrid: Taurus, 1983.

Gillooly, Eileen. "Women and Humor." *Feminist Studies: FS* 17.3 (1991): 473-92.

Gómez de la Serna, Ramón. "Humorismo". *Ismos. Obras completas.* Barcelona: Editorial AHR, 1957. 1064-96.

Little, Judy. "Humoring the Sentence: Women's Dialogic Comedy". *Women's Comic Visions.* Ed. June Sochen. Detroit: Wayne State University Press, 1991. 19-32.

McGhee, Paul. "The Role of Laughter and Humor in Growing-Up Female." *Becoming Female: Perspectives on Development* Ed. Claire B. Kopp. New York: Plenum Press, 1979. 183-206.

Marín Nicolás, Mª Encarna y Basilia López García. "La situación de la mujer a través de los movimientos de apostolado seglar: la contribución a la legitimación del franquismo (1939-1956). *Mujer y sociedad en España. 1700-1975.* Madrid: Ministerio de Cultura, 1982.

Orad, Remedios. *Matar a una mujer no es nada fácil.* Madrid: Taurus, 1956.

Vilas, Santiago. *El humor y la novela española contemporánea.* Madrid: Guadarrama, 1969.

Notas

1 * Lidia Falcón, en *Mujer y sociedad*, cita los artículos del Código Penal sobre delitos de honestidad, especialmente el que nos ocupa aquí: "El adulterio será castigado con la pena de prisión menor. Cometen adulterio la mujer casada que yace con varón que no sea su marido, y el que yace con ella, sabiendo que es casada, aunque después se declare nulo el matrimonio." "El marido que tuviere manceba dentro de la casa conyugal, o notoriamente fuera de ella, será castigado con prisión menor. La manceba será castigada con la misma pena o la de destierro" (308). Y muy válido me parece el comentario de Falcón al respecto: "La distinción entre adulterio y amancebamiento introducido en esta redacción del Código Penal beneficia notablemente al esposo adúltero, que para serlo debe mantener notoriamente o dentro del hogar conyugal a su manceba" (308).

2 * El hecho que Joaquín y Fédor encuentren un punto común añade a la comicidad de la escena. Al percatarse que ambos detestan lo mismo en Adriana, se crea cierto acercamiento y complicidad entre los dos hombres, lo cual subvierte la tradicional relación marido/amante como la conocemos en las novelas decimonónicas sobre el adulterio.

3 * Véase el texto:

—Pues fíjase—continuó Vratza. Eso me diga, y luego se ponga a reír así—echó la cabeza hacia atrás e imitó, con bastante fortuna, una risa sardónica de Adriana.

—¡Huy eso sí que da rabia!

—¿Verdad? (147)

La mujer española e hispanoamericana en las colecciones costumbristas

María de los Angeles Ayala
Universidad de Alicante

Con la aparición en 1843 de las primeras entregas de *Los españoles pintados por sí mismos*[1] pocos colaboradores pudieron imaginar el éxito editorial que la primera colección costumbrista española iba a alcanzar y el número de derivados que a lo largo del siglo XIX y primeros años del XX intentarían emular su aceptación tanto en España como en Hispanoamérica: *El álbum del bello sexo* (1843), *Los cubanos pintados por sí mismos* (1852), *Los mexicanos pintados por sí mismos* (1854-55), *Los valencianos pintados por sí mismos* (1859), *Las españolas pintadas por los españoles* (1871-72), *Los españoles de ogaño* (1872), *Las mujeres españolas, portuguesas y americanas* (1872, 1873 y 1876), *Madrid por dentro y por fuera* (1873), *Las mujeres españolas, americanas y lusitanas pintadas por sí mismas* (s.a), *Los hombres españoles, americanos y lusitanos pintados por sí mismos*,[2] *El álbum de Galicia* (1897) y *Los españoles pintados por sí mismos* (1915).

Los españoles pintados por sí mismos nació de la necesidad de retratar objetivamente unos tipos nacionales que habían sido desdibujados por los escritores extranjeros, de ahí el término "pintados por sí mismos", aunque en realidad los tipos que aparecen en la citada colección están estudiados y analizados en su mayoría desde la perspectiva urbana, relegándose los tipos populares.[3] Las colecciones antes señaladas, si bien siguen el camino inaugurado por la primera colección costumbrista española, se enriquecen tanto desde el aspecto puramente literario, al desarrollar los recursos y procedimientos literarios utilizados por los costumbristas románticos, como por ampliar su campo de observación hacia tierras y tipos oriundos de otras zonas geográficas y recoger las principales cuestiones que inquietaron a los hombres de finales de siglo. Desde este punto de vista el estudio de estas colecciones es imprescindible para conocer el gradual cambio operado en la sociedad española desde el Romanticismo hasta principios del siglo XX. A través de estos artículos observamos el nacimiento y desaparición de oficios, profesiones, costumbres, diversiones, polémicas, corrientes filosóficas y literarias... Todo se registra en este género, nada se le escapa, convirtiéndose en el perfecto documental que completa la visión que de la España del siglo XIX se nos ofrece en los rigurosos estudios históricos.

El siglo XIX es el momento histórico en el que la mujer reivindica un nuevo estatus personal, social y jurídico, tema del que se ocupan no sólo los eruditos, moralistas y políticos, sino que también aparece como asunto central en muchas de las novelas, dramas y composiciones poéticas del momento. El costumbrismo también se hará eco de las inquietudes de esas primeras mujeres preocupadas por su papel social. Del conjunto de colecciones editadas a lo largo del siglo XIX son tres, si exceptuamos el fallido intento de *El álbum del bello sexo*,[4] las dedicadas a estudiar exclusivamente tipos femeninos: *Las españolas pintadas por los españoles*, *Las mujeres españolas, portuguesas y americanas* y *Las mujeres españolas, americanas y lusitanas pintadas por sí mismas*, colecciones que coinciden en el objetivo de ofrecer la imagen fiel de la mujer de la segunda mitad del siglo XIX, pero que se diferencian en el enfoque que sus directores dan al contenido de las respectivas obras.

La distinción más significativa entre estas tres colecciones estriba en que las dos primeras están escritas por hombres, mientras que la tercera, *Las mujeres españolas, americanas y lusitanas pintadas por sí mismas*, aparece redactada exclusivamente por mujeres. Esto determina que el análisis sobre la situación de la mujer y el lugar que le corresponde en la sociedad contemporánea sea muy distinto al de las dos colecciones anteriormente citadas. *Las mujeres españolas, americanas y lusitanas pintadas por sí mismas* podría considerarse como la réplica de las escritoras a las conservadoras propuestas de los costumbristas anteriores.

Las dos obras escritas por hombres abordan el estudio de la mujer desde perspectivas o ángulos también diferentes. En *Las españolas pintadas por los españoles* se pone de relieve los componentes psicológicos y temperamentales, así como las actitudes que diferencian a la mujer del hombre;[5] diferencias que, según el criterio de los colaboradores, determinarían sus respectivos papeles dentro de la sociedad. De la lectura de las setenta y ocho colaboraciones se desprende una visión que las mujeres de la época no dudarían en tachar de parcial, pues la imagen que se ofrece no es demasiado halagüeña. Los escritores que colaboran en esta colección, y de forma especial su director, Roberto Robert, parecen rechazar cualquier aire renovador en la consideración de la mujer.[6] Se erigen en jueces y mentores, estableciendo los parámetros por los cuales la mujer debe conducirse en la sociedad, desde el tipo de educación apropiada hasta su misión como esposa y madre. El tono didáctico y moralizador aflora en las palabras de Roberto Robert, quien en la "Introducción" no sólo anima a los colaboradores a que realicen una exposición razonada, lógica, veraz e imparcial de sus opiniones, sino que los convierte en mentores y educadores de la mujer para conseguir así resultados más placenteros y agradables al hombre:

> Diga el hombre cuál es en su concepto la buena y la mala; y exprese el porqué y el cuándo y el cómo; manifieste cómo cree que son las españolas y cómo deberían ser para su gusto [...] díctense los fallos que honren a la buena, enmienden a la extraviada, enseñen a la ignorante, sonrojen a la presumida, animen a la tímida, y contribuyan al mejoramiento de todas las que son y han de ser compañeras nuestras y de nuestros sucesores. (Introducción viii-ix)

La mujer culta, la mujer instruida y preocupada por la vida literaria no encuentra acomodo en este panorama descrito. Censuras a la creciente afición de la mujer por cultivar alguna faceta artística las encontramos, fundamentalmente, en "La Séneca" (2: 157-63), "La aficionada" (2: 29-39) y "La Literata" (1: 67-73), del que extractamos el significativo párrafo siguiente:

> Por eso ven Uds. con qué fruición se entrega a fundar revistas, seminarios y bibliotecas cualquier señora dando al olvido los calzoncillos de su esposo, y cómo publica tomo sobre tomo con sus inspiraciones poéticas, ya con el nombre de Cuentos de color de rosicler y A la luz de la luna, ya escribe drama sobre drama condenando la esclavitud o combatiendo el pauperismo. Por eso la ven Uds. abonada gratis en todos los teatros, reclamando su derecho de **autora**, cuando no improvisando espectáculos para el socorro de las víctimas o fundando ateneos y asociaciones para protestar contra el tributo de sangre y defender la abolición de la esclavitud". (1: 72-73)[7]

Se podría afirmar que todos los tipos femeninos descritos y analizados están condicionados por la peculiar visión de un autor plenamente convencido de que la mujer es un ser débil, inferior al hombre en inteligencia y, por ende, incapaz de sustituirlo en los distintos cargos y profesiones por él realizados. De todo ello la colección da sobradas muestras, ofreciendo un panorama social en el que la mujer sólo está capacitada para ejercer oficios populares—venta ambulante, principalmente—o vivir de la escena. Ni siquiera en esta última profesión los laureles y el aplauso merecido estarán exentos de acerbas críticas, pues se recoge la generalizada opinión de que es el hombre, con su poder económico o influencia, el que "arropa" a la actriz y le hace alcanzar el triunfo.[8]

El matrimonio, destino natural de la mujer, es el tema reiterativo que aparece en un considerable número de artículos, destacando entre ellos aquellos en los que se denuncian las estratagemas, argucias, artificios, fingimientos o engaños que llevan a cabo las mujeres con tal de evitar una soltería no deseada.[9] Cuadros encaminados no sólo a censurar tales comportamientos, sino sobre todo a prevenir al hombre de las astucias empleadas por la mujer de la época. A través de estas censuras los escritores esbozan el retrato ideal que de la mujer tiene el hombre de mediados de siglo, una imagen que se halla claramente delineada en la colaboración de Julio Nombela—"La mujer casera" (1: 197-204).

Este autor propone un modelo de mujer que encuentra en el matrimonio y en el cuidado del marido, los hijos y el hogar familiar la máxima felicidad. Esta mujer desarrolla una actividad infatigable durante todo el día; no le desanima el trabajo, y es incansable cuando se trata de proporcionar satisfacción a los suyos. Rara vez saldrá de su casa para ir al teatro o de paseo; su vida es el hogar, y alcanza su mayor recompensa cuando observa que los suyos son felices gracias a los cuidados que ella les prodiga. Comportamiento, pues, basado en los valores tradicionales: honestidad, sencillez, fidelidad, genio doméstico y ausencia de sensualismo.

Las mujeres españolas, portuguesas y americanas, de ideología muy similar a la colección anterior en cuanto al papel de la mujer en la sociedad, amplía su campo de exploración hasta incluir en ella representantes del mundo hispanoamericano y portugués.[10] Publicación destinada a describir a la mujer desde una perspectiva nueva, la analizará atendiendo a las peculiares características del contexto geográfico en que se desarrolla su vida, permitiendo a sus colaboradores ofrecer una serie de monografías, más o menos eruditas o exhaustivas, sobre cada una de las provincias de España y Portugal, así como de los países hispanoamericanos.

El contenido de los artículos se aparta de las características del costumbrismo y el propósito de describir a la mujer representativa de cada provincia induce a que el retrato que surge de ella aparezca abarrotado de generalidades, tópicos y vanalidades, alejándose de la visión clásica del "tipo" y su clasificación de acuerdo con la profesión, el oficio desempeñado o los rasgos psicológicos del mismo. Los colaboradores de esta colección parecen empeñados en convencer al lector de que la mujer de la provincia que ellos describen es la que mayores virtudes y gracias posee, incluyendo en sus artículos desde la descripción detallada de la vivienda campesina, hasta las faenas agrícolas y tradiciones, vestidos y aderezos populares, hasta el retrato físico y moral de la mujer oriunda del lugar lo que supone el paso del costumbrismo al folklore.

En la imagen que de la mujer se desprende de este conjunto de artículos, predomina el tono elogioso, pues la laboriosidad, honradez, filantropía, honestidad, prudencia y entrega al núcleo familiar son cualidades innatas de la representante de cada lugar descrito. Valoración de la mujer desde una óptica totalmente tradicional, ya que en ninguno de los setenta artículos que componen la colección se pone en tela de juicio su situación de inferioridad con respeto al hombre. El "Prólogo", firmado por Emilio Castelar, anuncia claramente la ideología que subyace en la colección: por un lado, se valora a la mujer por su belleza, reconociéndola como la musa e inspiración que impulsa la creación artística del varón en todas sus manifestaciones; por otro lado, se relega a la mujer a la esfera doméstica, donde la influencia alcanza su máximo relieve al actuar la mujer como consejera y modelo de conducta, ayudando al hombre en su existencia cotidiana. Estamos pues ante la clara postura conservadora de la época, que reconoce el mérito de la mujer en el ámbito doméstico, pero que se niega a facilitarle nuevas vías de acceso al mundo de la educación y de su participación en la vida pública. Postura que va a ser duramente combatida por las colaboradoras de la tercera y última colección objeto de este trabajo.

Las mujeres españolas, americanas y lusitanas pintadas por sí mismas aparentemente persigue el mismo objetivo que la colección anterior: dibujar el retrato de las mujeres del ámbito iberoamericano. Sin embargo, al leer las sucesivas entregas nos encontramos con unas colaboraciones que, ciñéndose en la forma al artículo de costumbres, constituyen un documento importante para conocer mejor lo que en realidad pensaba y sentía un grupo de mujeres, cada vez más numeroso, acerca de su papel dentro de una sociedad que se encontraba en los umbrales del siglo XX. Como se subraya en el subtítulo de la colección, *Las mujeres españolas, americanas y lusitanas pintadas por sí mismas* es una obra dedicada a la mujer por la mujer, y el mensaje que se lanza desde sus páginas es claro y rotundo: convencer y animar a la mujer de la necesidad de alcanzar una adecuada formación intelectual.

El derecho a recibir una educación igual al hombre es el eje sobre el que gira la mayoría de las colaboraciones escritas por estas mujeres convencidas de que las diferencias entre hombre y mujer derivan exclusivamente de la nefasta educación que recibe la mujer de la época. Prácticamente en todos los artículos encontramos referencias a esta realidad: en unos casos, sólo se constata su nula formación, lo que supone, indirectamente una velada manifestación de su profundo descontento; en otros, la censura es más agria y la protesta adquiere un tono más ardiente y apasionado, mezclándose esta cuestión con otras preocupaciones y aspiraciones de la mujer de finales del siglo XIX.

La postura que subyace en esta colección es reformista, no revolucionaria, pues aunque se reivindica para la mujer una completa educación intelectual, idéntica a la del hombre, y su plena incorporación al mundo laboral, profesional y académico, se rechaza su incorporación a la esfera política y se aleja de los movimientos feministas que defienden el sufragio universal. Las palabras de Faustina Sáez de Melgar, directora de la colección, son elocuentes en este sentido:

> No estamos conformes con las mujeres que matan, ni con las que votan, ni con las políticas que creen alcanzar el poder en las tribunas dejándose llevar por el aura popular, así como tampoco estaremos al lado de las que rezan y de las que lloran, porque éstas del mismo modo que aquéllas no son más que instrumentos inconscientes de determinadas tendencias políticas, de un progreso exagerado o de un retroceso imposible. (Introducción xi)

Faustina Sáez de Melgar, influenciada sin duda por las ideas krausistas[11] y por Concepción Arenal,[12] aspira a situar a la mujer en un estado intermedio entre la emancipación total propugnada por los movimientos feministas aparecidos en otros países y el estado de atraso en que se encuentra la mujer iberoamericana de la época. Aboga por una mujer instruida, educada, para que la sociedad avance: "queremos una mujer que piense, que sienta, que estudie, que trabaje" (Introducción xi), pero una mujer que no rechace su papel tradicional de hija, esposa, madre. Línea ideológica contradictoria por la que se mueve la mayoría de las escritoras y que con tanta claridad refleja el momento histórico en el que la mujer comienza a tomar conciencia de su propia situación y de las dificultades que va a encontrar en una sociedad tan poco propicia a hacerse eco de sus aspiraciones.

Realidad histórica que se denuncia en algunas colaboraciones, como la firmada por Patrocinio de Biedma, "La mujer de Jaén" (398-414), en la que recrimina al Estado por no extender la cultura a todos los rincones de la península. Mientras el Estado sea incapaz de asumir la educación del pueblo, la situación de la mujer será irreversible, afirma la escritora; de ahí que deba ser la propia mujer la que emprenda la tarea de ilustrarse a sí misma, evitando por todos los medios a su alcance que la ignorancia se perpetúe indefinidamente en su sexo. Patrocinio de Biedma concluye el artículo animando a las lectoras a exigir su "innegable derecho" a recibir una adecuada formación intelectual. En numerosas colaboraciones—"La sardinera" (539-55), "La mujer extremeña" (472-509), "La mujer de Jaén"—las escritoras ponen de manifiesto que uno de los mayores problemas con los que se enfrenta la mujer es el de su propia ignorancia, pues ésta le impide percatarse de su lamentable situación, contribuyendo con su pasividad involuntaria a que en la sociedad se perpetúe la convicción de la debilidad física, intelectual y moral de la mujer.

Si el estado de abandono de la mujer española es evidente, la situación de la mujer iberoamericana es peor a juzgar por lo denunciado en artículos como "La mujer de La Habana" (78-85), "Una boda en Tuxpán (costumbres mejicanas)" (747-68) o "La mujer mexicana" (307-39), cuadros que ponen de manifiesto la superstición, ignorancia y escasa educación que reciben las mujeres del otro lado del Atlántico. Refugio Barragán de Toscana, autora de "La mujer mexicana", refiere la prohibición tácita de enseñar a leer y escribir a la mujer durante el siglo XVIII. Consecuencia de esta actitud, afirma la autora, es el hecho de que en la actualidad ni padres, maestros o maridos contribuyan a la formación de la mujer mejicana con independencia de la clase social a la que pertenezca.

Los modelos que se ofrecen están basados en comportamientos que vienen de fuera del ámbito hispano. La mujer inglesa y la norteamericana aparecen reflejadas como ejemplos a seguir en ese camino de reivindicación. Así en "La madrileña" (155-69) Patrocinio de Biedma propone como modelo a la mujer inglesa, para quien la educación es un derecho inherente a su condición de ser humano y el instrumento imprescindible para desarrollar sus capacidades tanto en el hogar como en el mundo laboral. Por su parte Gregoria Urbina y Miranda en "La mujer norte-americana (California de 1808 a 1881)" (705-13) esboza el retrato de una mujer ilustrada y libre, una mujer que asiste con regularidad a la escuela desde sus primeros años y que de mayor tiene acceso a la educación superior. Mujer que al cumplir la mayoría de edad adquiere su total independencia y libertad, siendo a partir de ese momento la responsable única de su propio destino. Una mujer que, lejos de conformarse con las metas alcanzadas, aspira a participar con voz y voto en las cuestiones que afectan al interés general de su nación. Estamos, sin duda, ante un modelo muy alejado de las posibilidades de las mujeres hispanoamericanas en aquel momento y que sorprendería por su audacia a muchas de las lectoras de la colección.[13]

El objetivo último que anima a las escritoras que colaboran en *Las mujeres españolas, americanas y lusitanas pintadas por sí mismas* no es otro que desechar los tópicos caducos y desfasados, así como los prejuicios sociales que la propia mujer ha ido incorporando a su forma de ser a causa de la funesta educación recibida. La desigualdad entre hombre y mujer ha propiciado desajustes e injusticias sociales de índole muy diversa, desde la desigualdad de salarios ante un mismo trabajo[14] a la pérdida de su condición femenina por llevar un miserable jornal al hogar familiar.[15]

Observamos al analizar estas colecciones cómo el costumbrismo se ha desvirtuado con nuevos enfoques, algunos de ellos muy distantes de las primeras muestras románticas del género, pero enriquecedores desde el punto de vista histórico. El costumbrismo se convierte así en fiel receptor de una ideología que, en la colección de los años ochenta, impregna y da un sello característico a un grupo de escritoras que manifiestan de forma conjunta lo que realmente piensan acerca de las circunstancias que les ha tocado vivir. *Las mujeres españolas, americanas y lusitanas pintadas por sí mismas* es la primera manifestación colectiva del deseo femenino de alcanzar una mayor consideración.[16] El costumbrismo siempre atento a los problemas que genera la sociedad, va a ser utilizado por unas escritoras no sólo preocupadas por reflejar hábitos, costumbres y usos sociales, sino también interesadas en manifestar su preocupación y dolor ante una sociedad que arrincona injustamente a la mujer, ofertándole un trabajo indigno y mal remunerado al igual que una nula preparación intelectual.

Obras citadas

Arenal, Concepción. *La mujer del porvenir*. Madrid: Oficina Tipográfica del Hospicio, 1869.

Cacho Viu, Vicente. *La Institución Libre de Enseñanza (1860- 1881)*. Barcelona: Rialp, 1962.

Ciplisjauskaité, Biruté. *La mujer insatisfecha*. Barcelona: Edhasa, 1984.

Crespo, Bartolomé José. *El Album del Bello Sexo* o *Las mujeres pintadas por sí mismas*. Madrid: Imprenta de El Panorama Español, 1843.

—-. *El Album de Galicia*. El Ferrol, 1897.

—-. *Las habaneras pintadas por sí mismas en miniatura*. La Habana: Imprenta Oliva, 1847.

Febo, Giulana di. *Heads of the People: or Portrait of the English drawn by Keny Meadowa. With original essays by distinguished*. Tobert Tays, 1840. 2 vols.

—-. "Orígenes del debate feminista en España. La escuela krausista y la Institución Libre de Enseñanza (1879-1890)". *Sistema* 12 (1976): 49-82.

Jiménez-Landi, Antonio. *Las españolas pintadas por los españoles*. Madrid: Imprenta J. E. Morete, 1871-1872.

—-. *Les Français peints par eux-mêmes. Encyclopédie Morale du dixneuvième siècle*. Paris: L. Curmer, 1840-1842. 9 vols.

—-. *La Institución Libre de Enseñanza*. Madrid: Taurus, 1973.

—-. *Las mujeres españolas, americanas y lusitanas pintadas por mismas*. Dir. Faustina Sáez de Melgar. Barcelona: s.a.

—-. *Las mujeres españolas, portuguesas y americanas*. Ed. Miguel Guijarro. Madrid, La Habana, Buenos Aires: Imprenta Miguel Guijarro, 1872, 1873, 1876. 3 vols.

López Morillas, Juan. *Los cubanos pintados por sí mismos*. La Habana: Imprenta Barcina, 1852.

—-. *Los españoles de ogaño*. Madrid: Librería de Victoriano Suárez, 1872.

—-. *Los españoles pintados por sí mismos*. Madrid: Revista de España, 1815.

—-. *Los españoles pintados por sí mismos*. Madrid, 1843-1844. 2 vols. Madrid: Gaspar Roig, 1851.

—-. *Los hombres españoles, americanos y lusitanos pintados por sí mismos*. Barcelona, s.a.

—-. *El krausismo español. Perfil de una aventura intelectual.* México: Fondo de Cultura Económica, 1980.

—-. *Los mexicanos pintados por sí mismos.* México: Imprenta de M. Murguía, 1854.

—-. *Los valencianos pintados por sí mismos.* Valencia: Imprenta de la Regeneración Tipográfica, 1859.

—-. *Madrid por dentro y por fuera.* Dir. Eusebio Blasco. Madrid: A. de San Martín y Augusto Jubera, 1873.

Nash, Mary. *Mujer, familia y trabajo en España. 1875-1936.* Barcelona: Anthropos, 1983.

—-. *Paris, ou Le Livre des cent-et-un.* Paris: Ladvocat, 1831-1834. 15 vols.

Ucelay da Cal, Margarita. *Los españoles pintados por sí mismos (1843-1844). Estudio de un género costumbrista.* México: Fondo de Cultura Económica, 1951.

Notas

1 * Esta colección de tipos con ilustraciones y escrita en colaboración tiene como fuentes inmediatas la obra inglesa Heads of the People: or Portraits of the English (1840) y la francesa *Les Français peints par eux-mêmes* (1840-42); sin embargo si la prioridad de la obra inglesa y su influencia son aceptadas, la importancia y la calidad literaria son mayores en la francesa, siendo ésta el modelo ejemplar de las colecciones costumbristas. Aun así, es necesario remontarnos al año 1831 para encontrar el primer ejemplo de obra colectiva, antecedente inmediato de las obras anteriormente citadas: *Paris, ou Le Livre des cent-et-un* (1831-34).

2 * Aunque tanto el volumen dedicado al estudio de la mujer como el que tiene por tema la descripción del hombre aparecen sin fecha de edición, en el ejemplar del 13 de junio de 1882 de *El Consecuente* se acusa recibo de la segunda entrega de *Los hombres españoles, americanos y lusitanos* y se anuncia la próxima aparición del volumen dirigido por Faustina Sáez de Melgar. Se informa asimismo que se publican por cuadernos quincenales, al precio de 1 peseta y que los pedidos se harán a la casa editorial de D. Juan Pons, Olmo, 13, Barcelona.

3 * Para una amplia y detenida visión de *Los españoles pintados por sí mismos* remitimos al clásico estudio de Margarita Ucelay Da Cal (1951).

4 * La colección debía constar de dos volúmenes con cuarenta tipos cada uno, publicándose, al igual que *Los Españoles pintados por sí mismos,* por entregas. Desconocemos las causas que pudieron motivar la suspensión de la misma. En dicha colección tan sólo se publicaron dos entregas; la primera, *La dama de gran tono,* firmada por Gertrudis Gómez de Avellaneda; la segunda, por Antonio Flores, con el artículo de "La colegiala". De haberse llevado a cabo la publicación de la totalidad de los tipos que figuraban en un principio, *El álbum del bello sexo* se hubiera anticipado en catorce años a su homónima francesa *Les femmes peintes par elles mêmes.*

En 1847 apareció *Las habaneras pintadas por sí mismas en miniatura*, libro que aunque por su tema se relaciona con las colecciones que nos ocupan, se aparta de ellas al ser obra exclusiva de Bartolemé José Crespo.

5 * Entre los artículos que caricaturizan los vicios o defectos que tradicionalmente se achacan como innatos o constitutivos del sexo femenino destacan, entre otros, los siguientes: "La habladora", de Eduardo Quílez (1: 251-60); "La maldiciente", de Francisco Cantarell (1: 219-24); "La curiosa", de Angel Avilés (2: 123-29); "La crónica", de A. Sánchez Pérez (1: 131-37); "La supersticiosa," de Eduardo Saco (1: 283-88); "La nerviosa", de P. Ximénez Cros (1: 13-20).

6 * Vid. de este autor los artículos titulados "La española neta" (1: 241-50) y "La tertuliana de café" (2: 13-19). Artículos en los que Roberto Robert señala como cualidades de la mujer española las siguientes: vivo ingenio, gracia natural, donaire, recto sentido, honestidad, fortaleza de ánimo, lealtad y patriotismo.

7 * En este artículo encontramos agrias censuras dirigidas contra este grupo de mujeres que ya han logrado hacer oír su voz a través de la publicación de libros y colaboraciones periodísticas, como Gertrudis Gómez de Avellaneda, Fernán Caballero, Carolina Coronado, Rosalía de Castro o Concepción Arenal, mujer, esta última, activa defensora de los grupos sociales más desprotegidos: esclavos, presidiarios, obreros, pobres y mujeres.

8 * Véase Luis Rivera, "La actriz de nacimiento" (2: 79-88).

9 * Véase entre otros, "La pollita", "La amable", "La niña casadera", "La futura", "Rosa la solterona", "La bonita ...y no más", "La elegante", "La amiga", "La que espera en el café", "La casa-hijas", y otros.

10* La colección consta de tres volúmenes; el primer tomo reúne veintiún artículos encabezados por la descripción de la mujer alavesa y terminando con la representante de Guipúzcoa; el segundo tomo abarca desde Huelva a Zaragoza—veintiocho artículos; el tercer tomo está dividido en dos apartados: el de las representantes del continente americano y el del mundo lusitano, con un total de veintiún artículos.

11* Seguidores de las ideas filosóficas del alemán Karl Christian Krause (1781-1832). Pensador de escasa repercusión y que, sin embargo, gozó de una inaudita aceptación en España gracias al enorme interés que despertó en Julián Sanz del Río, pensador que descubrió en esta filosofía el instrumento adecuado para llevar a cabo la reforma espiritual, moral y cultural que España necesitaba. Para los krausistas cambiar la sociedad suponía modificar previamente el modo de ser y actuar del individuo, por lo que desde el principio el movimiento tiene una marcada preocupación por la educación. Véase los clásicos estudios de V. Cacho Viu (1962), A. Jiménez-Landi (1973), J. López Morillas (1980) y G. di Febo (1976).

12* Concepción Arenal fue una de las primeras voces femeninas que reclamaron el reconocimiento de que la capacidad intelectual de la mujer es idéntica a la del hombre, dedicando, especialmente, los capítulos II y III—"Inferioridad de la mujer. Cuestión fisiológica" e "Inferioridad moral de la mujer"—en su libro *La mujer del porvenir* (1869) 15-28 a rebatir esa supuesta inferioridad.

13* La mujer portuguesa también podría representar un ideal válido para la mujer española o hispanoamericana, pues las mujeres descritas por Concepción Gimeno de Flaquer—*La fidalga portuguesa*— y Natividad de Rojas y Ortiz de Zárate—*La mujer portuguesa*—se nos ofrecen como un dechado de virtudes. Mujeres educadas e instruidas que dominan materias como geografía, historia, matemáticas..., que conocen cuatro o cinco idiomas y que se complacen con la literatura, la pintura y la música. Mujeres además que llegan al matrimonio por amor y desde un plano de igualdad.

14* Los artículos más significativos en este sentido son los firmados por Emilia Pardo Bazán, "La cigarrera" (797-802); Francisca Carlota de Riego y Pica, "La lavandera" (690-97) y Prudencia Zapatero de Angulo, "Tipos del natural" (436-55). Colaboraciones en las que se pone de manifiesto la injusticia retributiva de estas jornaleras que se incorporan al incipiente mundo industrial.

15* La incursión de la mujer en el ámbito laboral era considerada antinatural y como una desvirtuación de su sublime misión de madre. Esta hostilidad hacia el trabajo femenino perdurará en España hasta bien entrado el siglo XX. Véase el esclarecedor trabajo de Mary Nash (1983). Los oficios analizados en la colección corresponden a trabajos poco cualificados y vinculados, fundamentalmente, a la venta ambulante—traperas, sardineras, floristas, lecheras, buñoleras...—o a las labores del hogar—criadas, nodrizas, porteras, niñeras, lavanderas, modistas.

16* A diferencia de lo que sucede en países como Francia o Inglaterra, las mujeres españolas tardan en asociarse para defender sus justas aspiraciones. Recordemos que la Asociación Nacional de Mujeres se funda en España en 1918. Véase Biruté Ciplijauskaité (1984) 33.

La Pardo Bazán y su visión del naturalismo

Fernando Barroso
James Madison University

Tras la violenta explosión romántica puntualizada por la revolución francesa y las guerras napoleónicas, el siglo XIX se abrió a su propia revolución industrial y a una nueva era de modernas invenciones: el teléfono, el telégrafo, la luz eléctrica, el automóvil y la fotografía. La ciencia llena al mundo de ilusiones y esperanzas. El racionalimso, que en el siglo anterior había apartado al hombre de su Creador, había dejado tras sí fecunda descendencia. En filosofía se acoge al positivismo. La ciencia extiende su influencia a la vida espiritual, y la literatura así lo refleja. Por primera vez en la historia de la humanidad, la imagen se capta científicamente en la fotografía y se busca la realidad de lo que se percibe y se prescinde de lo que se siente.[1]

La larga cadena de la que Merimée, Balzac y Stendhal son precursores, según Wellek (1773) llega a una consideración de la realidad con un valor absoluto y definitivo. La ciencia invade también a las letras, y éstas se utilizan en un sentido interpretativo de aquélla. Zolá le da sentido y forma a esta nueva tendencia que se centra en la Naturaleza y toma de ella el nombre: naturalismo. El punto de partida es su novela *Thérese Raquin* (1867), en cuyo prólogo de la segunda edición, 1868, explica su significado. Es así como la escuela gestada por el "grupo de Medán" bajo la dirección de Zolá y recogida en la colección de relatos que bajo el título de *Las veladas de Medán* (1880) dan vida al naturalismo, lleva a su punto extremo la doctrina realista. El teórico del naturalismo, Emilio Zolá, define sus ideas en un grupo de ensayos publicados en *El Mensajero de Europa* (1875), aparecidos en un libro, *La novela experimental* (1880), y después desarrollados en *Los Rougon- Macquart*, modelados en *La comedia humana* de Balzac.[2]

Zolá se inspira en la ciencia del momento y busca sus ideas en un principio absoluto: el determinismo motivado por la herencia, el ambiente y el momento histórico. Para ello se apoya en Hipólito Taine, y en el prólogo de la obra de éste, *Histoire de la Literature Anglaise*, que le dio los tres mencionados ingredientes. Armado de su suprema verdad, Zolá mira a la literatura con sentido sociológico; más que artista, se considera científico; para él el novelista no es un mero expositor de la realidad con la intención de entretener o de enseñar, es un investigador. No inventa; observa y analiza. Toma de Claude Bernard el método que expone en su *Introducción a la medicina experimental*, y propone para el novelista el método que Bernard propone para el científico. La novela tiene carácter experimental; el novelista se documenta tal como lo haría el científico, reproduce el medio que quiere estudiar y lleva la acción a su lógica consecuencia. El resultado: la determinación de la causa de los problemas sociales.

El novelista experimental, por lo tanto, partía de una idea y limitándose a observar la realidad, aceptando los hechos probados, señalaba el fenómeno del mecanismo social guiándose por la ciencia y tratando, desasido de sentimientos personales, de corroborar su idea apriorística por medio de la observación y la experimentación. (Barroso 20)

El naturalismo estaba en el ambiente europeo y desde un principio se hizo sentir en España entre sus mejores novelistas. Clarín y la Pardo Bazán se fijaron en él de una manera especial. Doña Emilia estaba siempre atenta a cuanto ocurría en España y en el resto de Europa. Desde un principio se fijó objetivamente en Zolá y, en uno de sus viajes, le conoció personalmente. Le admiraba el artista, pero nunca la convenció personalmente. Le admiraba el artista, pero nunca le convenció el sociólogo. La observación de Zolá la encuentra carente de rigor científico y demasiado sistemática; la descripión de éste, demasiado prolija, el fondo de sus ideas, inadmisible:

> Escribir como si Cristo no hubiese existido, ni su doctrina hubiese sido promulgada jamás, fue el error capital de la escuela, que procedía directamente del modo de ser de Zolá, cuya escasa disposición para la psiquis de la fe y del misticismo se demostró sobradamente. (Pardo Bazán, *La literatura* 111)

La clave interpretativa de doña Emilia Pardo Bazán reside en sus creencias religiosas. La Pardo Bazán es una católica militante. Desconocer este dato o no darle importancia significa perder el sentido de cuanto escribió y muchos de los errores de la crítica en su aproximación al pensamiento de la Pardo Bazán provienen de ignorar lo que es una de las facetas más claras de esta mujer. La propia autora así lo manifestó repetidamente. En el prólogo de *Un viaje de novios*, anticipa lo que después proclamará abiertamente en *La cuestión palpitante*, manifiesto definitivo en esta materia. Su primer disparo va contra la disposición del autor; para la Pardo Bazán "este no es un maquinal observador".

> En el día—no es lícito dudarlo—la novela es traslado de la vida, y lo único que el autor pone en ella es su modo peculiar de ver las cosas reales: bien como dos personas, refiriendo un mismo suceso cierto, lo hacen con distintas palabras y estilo. (Prólogo, *Un viaje de novios* 3)

Del mismo modo, califica la tendencia francesa de "errada y torcida en bastantes aspectos" y, aunque acepta la observación paciente, minuciosa, exacta, desaprueba lo que ella considera ser yerros artísticos: la elección sistemática y preferente de asuntos repugnantes o desvergonzados, la prolijidad nimia de las descripciones y su perenne solemnidad y tristeza. Acepta para ella el realismo tradicional, vinculado al *Quijote* y a la *Celestina*, y bandera de Velázquez y Goya de Tirso y de Ramón de la Cruz.

Doña Emilia estudia a Zolá y al natualismo y publica con ello una serie de artículos bajo el título, hoy considerado exagerado, de "La cuestión palpitante". Los veinte artículos fueron publicados entre 1882 y 1883 en *La Epoca* y recogidos en volumen este último año. No es un manifiesto de escuela, es un mero análisis de lo que es el naturalismo y su relación con el realismo. El carácter de estos escritos es informativo. En esencia, reitera lo que ya había expuesto con anterioridad: admira en Zolá al artista, y combate las ideas. En su apoyo aduce la doctrina católica y las eseñanzas de San Agustín y cómo éste reconcilia el albedrío y la gracia. Base de su posición es la doctrina del pecado original.

Sólo la caída de una naturaleza originariamente pura y libre puede dar la clave de esta mezcla de nobles aspiraciones y bajos instintos, de necesidades intelectuales y apetitos sensuales, de este combate que todos los moralistas, todos los sicólogos, todos los artistas se han complacido en sorprender, analizar y retratar. (*La cuestión palpitante* 14)

El arma de combate: la gracia y el libre albedrío. El hombre es libre, pero susceptible al influjo del medio, que constantemente se interpone en su camino y trata de moverle en un sentido u otro. Jamás negó la sabia teología católica semejantes obstáculos, ni desconoció la mutua influencia del cuerpo y el alma, ni consideró al hombre espíritu puro, ajeno y superior a su carne mortal. (*La cuestión palpitante* 17)

Nunca la Pardo Bazán se consideró a sí misma como naturalista; siempre consideró el realismo como teoría más ancha y perfecta, pues comprende y abarca lo natural y lo espiritual, el cuerpo y el espíritu. Para la pardo Bazán el mundo de Zolá engendraba una falsedad y, para corregirla, doña Emilia penetra en ese mundo y utiliza los mismos instrumentos que Zolá utilizaba. La condesa se salpica con las aguas del naturalismo por primera vez en *Un viaje de novios* (1881), cuando aún no ha sacado su *Cuestión palpitante.* Desde las primeras páginas, doña Emilia parece apuntar a un cuadro naturalista. Lucía, la protagonista, que con los cuidados de su padre creció como "lozano arbusto en fértil tierra" (81), goza de esplendorosa salud, dato que es una característica de su descripción y que contrasta con la de su novio, en el cual "veíase que algo degeneraba en él la raza" (84), y tiene "la tez marchita y como ahumada por los reverberos [...] un rostro de palidez trasnochadora" (70). Matrimonio hecho con las mejores intenciones por parte de ella y sin ninguna disposición especial salvo el interés económico por parte de él; el matrimonio resulta desgraciado para la infeliz novia, que se ve casi abandonada por su marido. La aparición de Ignacio, joven neurótico y enamorado, constituye un peligro para el matrimonio. Ignacio, que ve los sufrimientos de Lucía, le plantea la fuga. Si los dos se van para los Estados Unidos, allí nadie les conocerá y podrán constituir una nueva vida como marido y mujer. La muchacha es tentada, pero lo rechaza. Su razón se asienta en el terreno del espíritu:

> —Dame una razón--gritó. Si no, me mataré a tu vista. Sepa yo al menos por qué... ¿Es por tu hijo? ¿Es por tu mundo? ¿Es? [...]
> —Es—-murmuró bajándose y con gran dulzura. Es [...] por Dios. (159)

No importa que, inocente, sea acusada por su esposo de mujer infiel y se vea al final de la novela abandonada y con la reputación destruida. La Pardo Bazán le deja un rayo de esperanza: va a tener un hijo de su marido, aunque éste no lo reconozca, que alumbrará su futuro. Y es aquí, donde por primera vez, aparece la maternidad con ese sentido de esperanza y salvación de una situación que, en lo humano, no admite redención.

En *La Tribuna* (1883), publicada en el mismo año de *La cuestión palpitante*, en un ambiente obrero, doña Emilia presenta la maternidad con el mismo sentido de esperanza.

Amparo, joven obrera, que ha destacado entre sus compañeros por su natural talento dialéctico y hasta ha alcanzado cierta temporal notoriedad y admiración es engañada por su novio, el teniente Sobrado, que la deja embarazada y la abandona. En las últimas páginas de la novela, cuando las obreras festejan en la calle la proclamación de la república por la cual tanto Amparo se había pronunciado, la muchacha, en su casa, a solas, da a luz un hijo, y en medio del alborozo que viene de fuera, la Pardo Bazán la pinta seria y callada, con un silencio lleno de profundas reflexiones. En esta escena Amparo no muestra desesperación, no muestra tampoco alegría, sólo profunda reflexión, conoce ahora el mundo como antes no lo conocía, y la proclamación de la república no encuentra en ella el eco que hubiera encontrado en otra época. Años más tarde, doña Emilia, en *Memorias de un solterón* (1896), hace al hijo de Amparo, convertido en robusto mocetón, el instrumento de venganza de la madre, al obligar al padre bajo amenazas a casarse con ésta (514).

En *El cisne de Vilamorta* (1885), al contrario, Leocadia, la pobre maestra, por amor a Segundo García, mediocre poeta de aldea que sueña con la gloria literaria, abandona a su hijo jorobado y al verse abandonada por el iluso galán, se suicida con un veneno de matar ratones. La Pardo Bazán no presenta invariablemente una visión ingenua y optimista de la vida. Consecuente con sus propias ideas, sus personajes confrontan un mundo en que hay obstáculos, y ante el cual hay que tomar determinadas decisiones. Sus personajes, unas veces triunfan y otras no; como en la vida, hay que mantener la buena intención y corregir los errores, y las cosas se obtienen algunas veces y otras no. En *Insolación* y en *Morriña*, ambas novelas de 1889, la Pardo Bazán nos presenta esta cuestión. Una y otra novela son como el anverso y reverso de una misma situación: *Morriña* es una novela trágica, *Insolación* es una novela grácil y ligera. En *Morriña*, Esclavitud, hija de un cura de aldea, trabaja de criada en Madrid para doña Aurora, una viuda gallega, pues quiere estar cerca del terruño. La muchacha se cree maldecida por Dios por su triste origen y vive una vida callada y buena. Enamorada de Rogelio, el hijo de doña Aurora, con quien entabla una dulce relación, se ve en la calle al decidir doña Aurora volver a Galicia con su hijo para evitar una situación embarazosa. Esclavitud ve partir a la familia, se despide de ella, y se arroja al paso de un tren. En *Insolación*, Asís Taboada, joven marquesa viuda con una hija pequeña, vive feliz, entregada a sus deberes maternos y a sus devociones hasta que conoce a Pacheco, un divertido galán andaluz que se enamora perdidamente de ella. Después de haber pasado ambos inocentemente un día de feria, en que el sol y el vino le calentaron la cabeza a la muchacha, decide ésta casarse con el enamorado, que le promete que hasta el día de la boda empleará todo su tiempo en ganarse el amor de su pequeña hija. Situaciones parecidas, resultados varios. Voluntades libres que se determinan de acuerdo con las circunstancias.

El punto culminante del naturalismo pardobazano aparece en sus dos novelas: *Los pazos de Ulloa* (1886), y *La madre naturaleza* (1887). El drama que comienza en la primera de estas novelas termina en la segunda. La Pardo Bazán nos enfrenta a los terribles efectos de la apatía, de la cual es símbolo el destartalado caserón, punto central de las dos novelas. Julián Alvarez, el joven sacerdote, designado capellán de los pazos del marqués de Ulloa, Pedro Moscoso, observa el total abandono moral en que éste vive, amacebado con la cocinera, Sabel, de la que tiene un hijo. Sabel es hija de Primitivo, el adminstrador ladrón que rige los pazos. Decidido el joven sacerdote a resolver la situación por medio del matrimonio del marqués con una de sus primas, tras el permiso de éste, se traslada a La Coruña a gestionar el casamiento. Guiado por su propio gusto escoge para esposa del amo a Nucha, la prima menor del marqués, muchacha tímida y buena, en lugar de escoger a la hermana mayor de ésta, Rita, hermosa y de carácter decidido, mejor preparada para la vida de los pazos. Después de las bodas, el marqués vuelve a su vida de antes y Nucha, que da a luz una niña, vive en creciente aislamiento, encontrando única compañía en el compasivo sacerdote. Las sospechas azuzadas por Primitivo, recaen sobre el sacerdote, y una mañana, en que después de la misa Nucha pasa con don Julián un tiempo un poco mayor que de costumbre, estalla el escándalo y don Julián es expulsado de los pazos. Pasan diez años, ha muerto Nucha, y un día don Julián se aproxima al cementerio de los pazos. Ante la tumba de Nucha se siente conmovido por la emoción, pero algo le detiene; se oculta detrás de una lápida y observa que se aproximan un niño y una niña, y mientras ésta aparece modestamente vestida, aquél parece vestido con sumo cuidado.

En *La madre naturaleza*, la situación parece repetirse. Han pasado diez años, a los pazos llega don Gabriel Pardo de la Lage, hermano menor de Nucha, que guarda un cariñoso recuerdo de la hermana que le cuidó de niño. Gabriel viene con el propósito de pedirle a su cuñado la mano de su hija Manuelita. Don Pedro recibe favorablemente el deseo de su cuñado, sobre todo después de saber que éste no tiene interés en ninguna dote. Don Gabriel llega con la intención de ganarse el amor de su sobrina, pero observa la estrecha e inocente relación que ésta tiene con Perucho, el hijo del marqués, de cuya progenie nadie habla. Perucho se mantiene arisco y celoso del recién llegado, y molesto incita a la muchacha a hacer con él uno de sus acostumbrados paseos; pero esta vez, absorbidos con la fuerte pujanza de la naturaleza que les rodea quedan dormidos uno y otra al pie de un frondoso árbol. A su regreso a los pasos, don Gabriel, que se da cuenta de hasta dónde han llegado las cosas, le revela a Perucho el secreto de su nacimiento. El escándalo estalla. Don Julián, el antiguo capellán es llamado de nuevo a los pasos. Perucho maldice a su padre y se va de los pasos, con la protección de don Julián. Manuelita, la pobre hija del marqués, decide con la ayuda del capellán retirarse temporalmente a un convento para encontrar la paz y decidir su futuro. Don Gabriel abandona los pasos. A solas, ve el agreste paisaje y se hace duras reflexiones sobre el poder de la naturaleza.

Al llegar la fuerte corriente espiritualista de finales del siglo XIX, la Pardo Bazán la recoge y se convierte en una de las novelistas más representativas de esta tendencia. En realidad, la corriente espiritualista nunca estuvo muy alejada de ella. *Una cristiana*, y *La prueba*, ambas de 1890,abren y cierran el mismo asunto. En *Una cristiana*, el joven gallego estudiante de medicina, Salustio Meléndez, agnóstico y un poco cínico, regresa a la aldea al matrimonio de su tío, don Felipe, hombre de pocos escrúpulos por el que Salustio siente muy poco aprecio. El muchacho cree que la futura mujer de su tío, es una zafia aventurera y se sorprende al ver que es una muchacha rica, honesta y agraciada. Muy confudido queda cuando sorprende una conversación entre la joven y su confesor, el padre

Moreno, en la cual la muchacha le recuenta que se casa para salir de su hogar, donde su padre vive amancebado con la criada, y que aunque no quiera a su marido, le respeta e intentará hacerle feliz. De vueltas a Madrid, don Felipe le dice a su sobrino que vaya a vivir a su casa, pues quiere ahorrarse su mantenimiento fuera de la casa. Es así como el joven es testigo de la dureza del esposo y de la mansedumbre de la mujer que sufre en silencio la aspereza de su marido. Una corriente de buena amistad surge entre Carmina, la esposa, y Salustio, el sobrino. Este, poco a poco, se da cuenta de que se va enamorando de su tía y de que ésta no es totalmente indiferente. En *La prueba*, Salustio recibe la visita del padre Moreno, que le pide de parte de su tía que abandone la casa. Salustio así lo hace y, al cabo de un tiempo, recibe la noticia de que su tío ha contraído la lepra. Se conmueve pensando lo que Carmiña debe esta sufriendo. Acude de visita a la casa y encuentra que la situación del tío es lastimosa, pero para sorpresa la nota a ella tranquila y abnegada y a él, de mejor carácter. A solas, Carmiña le cuenta cómo cuando el tío se enfermó ella creyó que no podría soportar tan tremenda prueba, pero que con el tiempo ha encontrado que el sacrificio no había sido tan grande como ella lo había esperado y que ahora no cambiaría su suerte por la de nadie en el mundo. Confundido, Salustio se retira. Pasan algunos meses y vuelve a la casa. El tío está a punto de morir. Atendido por Carmiña muere en brazos de ésta, dándole un beso en su último aliento. Carmiña, devastada con la muerte de su marido, se retira a la aldea a reponerse, dejando a Salustio sumido en gran confusión.

En estas dos novelas, *Una cristiana* y *La prueba*, doña Emilia lleva sus ideas a sus últimas consecuencias. La naturaleza, esta vez de forma definitiva e indudable, ha sido vencida por el libre albedrío y la voluntad. Los deseos naturales se adaptan al espíritu y a ciertas leyes de la sociedad. Lección moral que subraya la grandeza moral del cristianismo y su eficacia como guía del hombre en su camino por la vida. Doña Emilia glorifica a la mujer que guarda en sí la pura semilla del cristianismo y se enfrenta a la vida con alegría, devoción y sacrificio. Para doña Emilia este tipo de mujer pertenece a todas las épocas. Las prendas que encierra el alma de Carmiña contrastan con la pedestre vulgaridad de la inglesita Maud, que aparece brevemente como carácter secundario en *La prueba*, y en el que doña Emilia encarna lo que se llama "la mujer nueva", de ideas progresistas, exenta de cristianismo. Maud, instruida, capaz de alternar en conversaciones, deportiva, despreocupada, tiene afecciones artísticas y conocimientos de todas las cosas y todo eso la lleva a entregarse a Luis Portal, amigo de Salustio, "de la manera más natural del mundo" (620).

Doña Emilia se ha situado en el mundo de Zolá. Ha tomado la pasión y la fuerza tremenda e incontrastable de la naturaleza y, ha vencido. Cuerpo y alma, materia y espíritu. Visión completa y cabal de la vida, mucho más tremenda y real que la de aquellos hombres deslumbrados por la ciencia.

Obras citadas

Barroso, Fernando. *El naturalismo en la Pardo Bazán*. Madrid: Playor, 1973.

Eoff, Sherman H. *The Modern Spanish Novel*. New York: New York University Press, 1961.

Josephson, Matthew. *Zola and His Time*. New York: Garden City Publishing Company, 1928.

Pardo Bazán, Emilia. *La literatura francesca moderna*. Tomo 3. *El naturalismo*. Madrid: Renacimiento, 1914.

—-. *Obras completas*. Madrid: Aguilar, 1947.

Wellek René. "El concepto del realismo en la investigación literaria". *Concepto de crítica literaria*. Caracas: Biblioteca de la Universidad Central de Venezuela, 1968.

Notas

1 * Sherman H. Eoff hace un recuento del pensamiento científico de entonces y su influencia en la literatura (86-88).

2 * Mathew Josephson comenta ampliamente el manuscrito del plan de Zolá para *La fortuna de los Rougon*, actualmente en la Biblioteca Nacional de París (139-41).

La maternidad en la novela cortesana barroca

Héctor Brioso Santos
Universidad de Sevilla

Ni te viste engendrar, concebir ni nacer: de ahí
procede que a la naturaleza atribuyes todo su ser;
a la fortuna y al acaso, todos tus sucesos; y a Dios, nada.
Quevedo, *Providencia de Dios*

La maternidad[1] y los factores genéticos que tan importantes eran, por ejemplo, en la novela picaresca, no poseen por sí mismos relevancia alguna en la llamada novela cortesana y en las ficciones de inspiración clásica—las mal llamadas novelas bizantinas—pues se trata de unos géneros en los que los personajes no son dueños de sus obras, sino criaturas acartonadas al margen de su contexto e instrumentalizadas en beneficio de tramas vertiginosamente aventureras. Desaparece en estos seres—que no son en puridad ni personajes, ni individuos como los pícaros—la carga escatológica y "realista" que lastra otros géneros, lo que hace que los partos se estilicen y que sus circunstancias queden veladas por imperativos narrativos o sociales inherentes al cauce genérico en el que han surgido.

Como es sabido, muchas de estas piezas consisten en una rápida sucesión de aventuras acumuladas en el destino de unos pocos personajes que se ven así detenidos o alejados de una situación ideal que se pretende reconstruir a todo trance. En algunos casos, una de esas peripecias es el embarazo, generalmente no deseado, de la heroína, lo que conduce a brevísimas e idealizadas descripciones de esos partos. Los hijos serán siempre hermosos y, lo que es más decisivo, su existencia será simplemente instrumental en un clima de absoluta frialdad narrativa. Esta situación se reproducirá con regularidad en abundantes obras del género sin que importe su nivel de realismo. Sin pretensión de ser exhaustivos, analizaremos brevemente varios ejemplos de concepciones y alumbramientos novelescos.

En efecto, poco se nos dice del embarazo y nada del parto en la muy policiaca *Novela de la fuerza de la sangre*. Leocadia esconde su preñez por el móvil evidente del honor manchado desde que fuera secuestrada y gozada por un desconocido en una misteriosa casa toledana (85). La aparición de su hijo Luisito tiene una triple función: ejercer de nexo lógico y narrativo entre dos episodios y dos familias alejados entre sí y atraer la simpatía de algún lector menos inclinado a la justicia poética ejemplar del suceso. Y ello en el orden descrito, anteponiendo jerárquicamente los hechos sociales y narrativos a los personajes. El ambiente estilizadamente aristocrático y la indiferencia social de los más poderosos (los padres de Rodolfo y él mismo) no impiden que surja la inevitable inconsistencia entre la alta cuna de todos los personajes y el comportamiento inmoral y bajo de uno de ellos. El parecido de Luisito con su padre, Rodolfo, confirma la verdad del caso y sentencia la trama, por lo que la maternidad y la concepción de Luisito tienen, en fin, un valor marcadamente instrumental.

Otro nacimiento que ocurre en *La ilustre fregona*, el de Constanza, sucede como sigue: "Ni la madre se quejó en el parto ni la hija nació llorando: en todos había sosiego y silencio maravilloso" (2: 188).[2] Curiosamente, el médico que la atiende ignora que acaba de parir y ella finge todo el tiempo un ataque de hidropesía. Como es habitual en estos casos, ofrece recompensas a los que criarán a la niña en su lugar, pues ella es rica y honrada y no puede permitirse tal menoscabo en su honor, aunque su embarazo también proceda de una violación. Nada tiene de notable que anticipe la anagnórisis con pruebas que ayudarán a reconocer a la pequeña y a sus "padres adoptivos" en el futuro. Parte del episodio es, pues, tradicional y socialmente trillado: lo esencial es la deshonra y no la concepción; la hija es invariablemente hermosa, discreta y, por añadidura, noble, aunque se vista de fregona y de labradora.

Lope, en sus *Novelas a Marcia Leonarda*, imagina otra concepción deshonrosa en la persona de la infeliz Diana, pero la reviste de una nueva elegancia al describirla con estas palabras, dignas sin duda de figurar en una hipotética colección de metáforas amorosas: Diana tuvo tiempo de "retratarle en su pecho con más espacio", refiriéndose al nacimiento en su seno de un hijo de su amado (57). Cuando llega el parto, éste es de un "hermoso hijo" para que, según se nos explica, Diana no sufra por la ausencia de su amante, como hicieran las Dido de Virgilio y de Ovidio. Al mismo tiempo, Lope se burla a media voz de su propia pedantería, que lo ha movido a sugerir el parecido clásico.

No tarda, sin embargo, en volver a la realidad y se ocupa muy sumariamente del "infelice niño" (73), que no llegará a tener nombre ni papel alguno en la trama. Razona entonces con gran pragmatismo que es de lamentar que muchos mayorazgos y sus madres no sobrevivan y "se pierda el fruto y por ventura el árbol" (73). La única que parece mostrar afecto hacia el pequeño es la madre, que advierte que volverá al lugar del nacimiento porque "deja allí sus entrañas". Quizás debido a ello o por costumbre narrativa, se le permite la golpeadísima licencia de pagar la crianza del recién nacido con una joya (74). La anagnórisis sucede al cabo de los años, durante los que se prolonga la restauración bizantina del honor de la madre y del chiquillo, que surge "en hábito de grosero zagal, pero con linda cara y melena hasta los hombros" (100), puesto que estos infantes son siempre hermosos, sean cuales fueren sus circunstancias hereditarias.[3]

En suma, la maternidad ya no es la prueba de una violación, como ocurría en la trama más policiaca de Cervantes. Es, más bien, otra peripecia de la acción barroca que cumple los propósitos de encarecer la dificultad de la historia, fatigando un poco más la huida de Diana, y de reforzar el tratamiento del tema del honor. Cuando finalmente tiene lugar, el parto se disfraza de estilizadas citas literarias, y el recién nacido se diluirá narrativamente a lo largo de páginas y páginas en beneficio de otros personajes más activos y, por lo mismo, más útiles a la trama.

Algo parecido sucede en una de las piezas novelescas de las *Navidades de Madrid* de Mariana de Carvajal. Blanca, amante de Félix, concibe a Matilde durante sus amoríos ilícitos. A pesar de que doña Mariana se toma especial interés por las cuestiones domésticas y se entrega habitualmente a largas y encantadoras descripciones de ajuares y moblajes (Bourland), el episodio transcurre sin especial énfasis de la autora: Blanca "se sintió preñada" y don Félix mandó que se previniera un ama. Ella "parió una niña [...] fiando este secreto de una dama a quien estimaba" (92). De nuevo, lo esencial en la trama parece ser el silencio culpable que rodea el caso, con su séquito de sospechas y secretos, y no el episodio del alumbramiento en sí. El crecimiento de la niña se acelera en función de la acción y transcurren seis años sin más detalle.

A caballo entre la maternidad grotesca, representada por géneros como el teatro breve, la sátira quevedesca (Mas) o la picaresca y la visión humanizadora y moderada de Cervantes, se hallan algunos de los casos más disparatados de la llamada novela cortesana, como el conocido de *La mayor confusión* de Juan Pérez de Montalbán.[4] Se trata de una novelita breve en torno al incesto en la que la enrevesada trama contempla sucesivas concepciones y partos en lo que Montalbán llama "la mayor confusión". Casandra da a luz a Félix; con los años se queda embarazada de él y tiene a Diana, que, a su vez, se enamora del mismo Félix y se casa con él sin que la madre pueda evitarlo. Por último, Félix y Diana traen al mundo hijos que son, a un tiempo, primos y hermanos entre sí.[5] Todo ello no hace sino exagerar notablemente el panorama de despego y maternidad irresponsable, aunque inverosímilmente fácil, sugerido por novelas cortesanas menos escabrosas y barrocas.

En efecto, la fortísima creencia en el pecado original y la eterna duda sobre la paternidad arrojan a veces una truculenta oscuridad sobre lo que Darmon denomina hermosamente "el mito de la procreación". Y aunque sean géneros como la picaresca o el teatro breve los que más a menudo se den a las sospechas burlescas sobre la maternidad, las hembras de la novela cortesana renuevan tales temores cuando, por mencionar un caso, insisten en recurrir a la famosa argucia tradicional de los sobrinos, tal y como hará, por ejemplo, la misma Casandra en *La mayor confusión.*[6]

El alumbramiento es, pues, sólo una ocasión más para la reproducción **ad infinitum** del ciclo—suspensión del honor (por violación, por mera sospecha...) restauración del honor. De ahí que su narración se produzca a veces de modo elíptico o sumario. Sin embargo, a pesar de la indudable frialdad narrativa, y acaso debido al inevitable idealismo del género que nos ocupa, la maternidad aparece como un episodio relativamente benigno en las tramas convulsivas de la novela cortesana y la novela bizantina, casi como un remanso de tranquilidad en las huidas frenéticas de los personajes unos en pos de otros y de todos en pos de su honor perdido. A despecho de la elusividad con que se narran y de los ribetes de idealización que tiñen estos episodios, no es de desdeñar cierta naturalidad de hechos biológicos sucedidos en el seno de un universo artificioso.

Obras citadas

Bourland, Caroline B. "Aspectos de la vida del hogar en el siglo XVII según las novelas de Dª Mariana de Carabajal y Saavedra". *Homenaje ofrecido a Menéndez Pidal.* Madrid: Hernando, 1925. 331-68.

Carvajal y Saavedra, Mariana de. *Navidades en Madrid.* Ed. Catherine Soriano. Madrid: Comunidad de Madrid, 1993.

Cervantes Saavedra, Miguel de. *Novelas ejemplares.* Ed. Harry Sieber. Madrid: Cátedra, 1986.

Deleito y Piñuela, José. *La mala vida en la España de Felipe IV.* Madrid: Alianza, 1989.

Delpech, François. "Les jumeaux exclus: cheminements hispaniques d'une mythologie de l'impureté". *Les problèmes de l'exclusion en Espagne (XVIe-XVIIe siècles).* Ed. Augustin Redondo. Paris: Publications de la Sorbonne, 1983.

Durand, Gilbert. *Las estructuras antropológicas de lo imaginario.* Madrid: Taurus, 1981.

Mas, Amédée. *La caricature de la femme, du mariage et de l'amour dans l'oeuvre de Quevedo.* Paris: Ediciones Hispano- Americanas, 1957.

Rank, Otto. *Le traumatisme de la naissance.* París: Payot, 1928.

Redondo, Augustin, ed. *Amours légitimes, amours illétigimes en Espagne (XVIe-XVIIe siècles)* Paris: Publications de la Sorbonne, 1985.

—-, ed. *Autour des parentés en Espagne aux XVIe et XVIIe siècles. Histoire, mythe et littérature.* Paris: Publicaciones de la Sorbonne, 1987.

Rodríguez Cuadros, Evangelina, ed. y compil. *Novelas amorosas de diversos ingenios del siglo XVII.* Madrid: Castalia, 1987.

Tupet, Marie-Joëlle. "Images de la famille dans quatre recueils d'histoires droles des XVIe et XVIIe siècles". Redondo, *Autour des parentés...* 175-82.

Zapperi, Roberto. *L'homme enceint. L'homme, la femme et le pouvoir.* Paris: PUF, 1983.

Zayas y Sotomayor, María de. *Desengaños amorosos.* Ed. Alicia Yllera. Madrid: Cátedra, 1983.

—-. *Novelas ejemplares y amorosas o Decamerón español.* Madrid: Alianza Editorial, 1968.

Notas

1 * La bibliografía crítica e historiográfica sobre este asunto, para la etapa que aquí estudiamos, es, por lo demás, bien escasa. Referiremos al lector a los diversos trabajos auspiciados por Redondo, a los de Zapperi, Tupet, al más general de Rank y a la hermosa obra de Darmon, aunque se concentre en el ámbito médico francés del XVII.

2 * Cf. su exacto opuesto: el parto maléfico, como el famoso "perruno parto" en *El coloquio de los perros* (2: 338), del que nacen dos canes, hijos hechizados de la Montiela y de Rodríguez. Aunque no se nos narren sus detalles, este suceso mágico reviste todos los rasgos de lo diabólico folklórico y podría verse en conexión con las suposiciones de Durand (97).

3 * Como en Zayas, *Desengaños*, 128 y 172; *Novelas ejemplares*, 219 y en *Novelas amorosas*, 138, 142, etc., aunque los ejemplos son numerosísimos.

4 * La novela ha sido editada por Evangelina Rodríguez Cuadros en sus *Novelas amorosas*, 127-165.

5 * Seguimos la versión original de la novela y no la variante más simple ofrecida por Dixon, procedente de la reedición de Sevilla de 1633 (cit. en Rodríguez Cuadros, 164 en nota).

6 * La comedia, por su parte, no cesa de imaginar teatralmente sugerentes teorías sobre la concepción de hijos gemelos ilegítimos y de hacer sufrir a ciertas heroínas partos monstruosos (Delpech). Por otra parte, aunque esto no nos incumba directamente aquí, la realidad histórica de la relajación de las costumbres atestiguada por Deleito confirma la necesidad moral de tales admoniciones novelescas.

Visiones costumbristas de la mujer en Larra y Mesonero Romanos: usos y desusos

Vicente Cano
Morehead State University

En los artículos costumbristas de Larra y de Mesonero Romanos hay que considerar una visión fluctuante de la posición social de la mujer en el Madrid de la primera mitad del siglo diecinueve. Dos tipos de costumbrismo predominan: uno de carácter superficial, que trasluce tipos y lugares comunes femeninos con ánimo de entretener—por ejemplo, la mujer como objeto, coqueta, dada al embellecimiento personal, propensa al histerismo y a los desmayos—el otro costumbrismo de carácter más serio que busca reflejar tipos y realidades femeninas en su entorno social. Se ocupa, por ejemplo, de la mujer ilustrada, la mujer rebelde, la mujer romántica, la mujer profesional; todas ellas afectadas por las costumbres españolas tradicionales y las nuevas costumbres extranjeras, y la colisión entre ellas (derecho al esparcimiento personal, la opresión familiar, la educación moral femenina, el estado del matrimonio). El propósito de mi ensayo, es analizar estos dos tipos de costumbrismo presentes en los artículos de Larra y Mesonero Romanos que giran en torno al sexo femenino y llegar a algunas conclusiones sobre la visión que ambos nos ofrecen de la mujer y de su condición social en esta época.

Los *Artículos* de Larra representan un espejo social de las costumbres de la época donde surgen imágenes fluctuantes de la mujer. En su ánimo de entretener a sus lectores y de estimular su imaginación, Larra salpica sus *Artículos* con referencias a lugares comunes femeninos. La mujer se nos presenta entonces como un objeto, bella y plena de debilidades y pasiones, inconsecuente, parlanchina, coqueta e infiel. Larra hace referencia, por ejemplo, a la mujer como objeto de admiración: "¿Fígaro diez meses sin divisar una mantilla madrileña, ni una palidez valenciana, ni un solo pie andaluz?" (2.128: 125). En el artículo "El Café", al hablar de un anuncio que reza "El te de las damas", un tertuliano expresa, por ejemplo, dos lugares comunes femeninos: la mujer dada al histerismo y a los desmayos:

> Precisamente yo—dice el tertuliano—tengo una mujer demasiado afectada del histerismo, y como este mal es tan común en las señoras, vea usted que el deseo mismo me hizo consentir en que sería alguna medicina para algún mal de las mujeres. (1.127: 12).

Y más adelante continúa:

> ¡Oh, cabeza redonda...la que produjo este título! En España, donde las señoras ni toman te, si no es cuando se desmayan y no hay por casualidad a mano manzanilla, flores cordiales, salvia o cosa semejante de las que dicen que son buenas para tales casos. (1.127: 12).

El mismo tertuliano utiliza el estereotipo de la mujer parlanchina cuando concluye sobre el anuncio: "¡Como si fuera preciso que para hablar unas señoras estuviesen tomando algo!" (1.127: 12).

La falta de reflexión femenina es otro aspecto estereotípico que Larra menciona para ilustrar, por ejemplo, las malas cualidades de un periodista. Un periodista, dice Larra: "Ha de tener cabeza fuerte como el buey, y cierta amable inconsecuencia como la mujer" (1.127: 364). Otro lugar común presente en los *Artículos* de Larra es el de la mujer coqueta. Comenta, por ejemplo, Fígaro: "Vaya usted a buscar una mujer que no sea coqueta y que no haya hecho cara a... ¡Delirios! O no casarse, o apechugar con ellas como son" (2.128: 54). Y en el artículo "La calamidad europea", surge, en fin, otro ejemplo de estereotipo femenino, el de la infidelidad: "Nótese—señala Larra—que la primera calamidad europea emanó de la importancia dada a la fidelidad de una mujer". Y continúa: "El adulterio, el asesinato y el incesto reciben a su vuelta a los vencedores argivos" (2.128: 44).

Ramón de Mesonero Romanos también se ocupa en sus *Escenas matritenses* de referencias a lugares comunes femeninos. Hay en sus cuadros costumbristas ejemplos similares de estereotipos femeninos. La diferencia entre Larra y Mesonero estriba en que este último incluye una mayor variedad de caracteres. Junto a mujeres bellas y habladoras, débiles y pasionales, coquetas e infieles, irreflexivas e inconsecuentes, hay ejemplos de mujeres altivas, dominantes, insufribles, caprichosas, intrigantes, ahorradoras, manirrotas, malcriadas, francas, agresivas, triviales, disipadas, desenfadadas, desvergonzadas, desenvueltas, etc. En su afán de criticar los vicios y los aspectos ridículos y de alabar las virtudes de la sociedad, Mesonero nos presenta más mundo. En "El día 30 de mes" por ejemplo, describe así a la mujer e hija de un amigo: "Su mujer es altiva, gastadora; y ejerce sobre el esposo un dominio más que conyugal. [...] la niña es caprichosa, malcriada, y sin ninguna de las inclinaciones que descubren un fondo de virtud" (34). Por otra parte, de la mujer de Don Melchor Vallecico se nos dice en "1802 y 1832":

> Su esposa, digna de él por su amabilidad y juicio, dirigía el gobierno de la casa con aquella inteligencia e interés propios de quien reúne a una buena educación un constante deseo de hacer felices a su esposo y a sus hijos. [...] y [...] después de sostener su casa con esplendor, todavía la económica compañera encontraba medios de hacer algunos ahorros en beneficio de sus hijos. (29)

Frente a este tipo de costumbrismo estereotípico, Larra y Mesonero nos ofrecen otro de carácter más serio que busca retratar a la mujer de su tiempo, afectada por las costumbres españolas tradicionales y, por las nuevas extranjeras y por la colisión entre ambas. La Ilustración borbónica, como Martín Gaite nos ha señalado, indrodujo en España una relajación de las costumbres amorosas. La mujer empezó a tener derecho al esparcimiento personal y, frente a la rutina en que había vivido hasta entonces, ahora contaba entre sus posibilidades la "de divertirse y de alcanzar el placer [...] por vías extramatrimoniales" (169). La Ilustración también hizo hincapié en la educación de la mujer. La sociedad debía "estimular el gusto de las mujeres por aprender cosas útiles, y [...] por crear ese gusto, ya que no existía" (257). También, "las mujeres tenían derecho a un esparcimiento, a un intercambio de ideas" (69). Pero estos avances "se desaprovechaban como tales posibilidades de apertura, mientras no se atendiera a remediar la general incultura de las mujeres, que no estaban preparadas para conversar ni siquiera de amores porque nadie les había enseñado nada" (241).

Las corrientes romántico-foráneas con su énfasis en la elevación del "yo" personal ante la sociedad y su énfasis en la libertad individual crearon una nueva serie de conflictos sociales y sicológicos que afectaron a la mujer española en su relación consigo misma, con el sexo opuesto y con la sociedad en general. Estos cambios y nuevas condiciones femeninas, originados en la Ilustración y continuados en el Romanticismo, se encuentran presentes en los artículos de ambos escritores.

Cinco son los temas fundamentales analizados en sus artículos y relacionados con la mujer: el amor, la opresión familiar, la educación moral femenina y el estado del matrimonio. Larra opina que el concepto del amor se ha alterado con el paso del tiempo:

> No se da corazón—comenta—que no ame, y en el día con violencia inaudita; las pasiones se han avivado con el transcurso de los tiempos, y en el siglo de las luces una pasión amorosa es siempre un volcán que se consume a sí propio abrasando a los demás (2.128: 250).

Y entiende Larra que sus coetáneos "que sólo ven el lado feo de las cosas" consideran el amor "una vil necesidad rebozada" (1.127: 250). Este nuevo concepto erróneo del amor ha producido, según Larra, considerables cambios en la condición social de la mujer. Frente a la opresión doméstica de antaño que impedía los matrimonios no arreglados, las jóvenes del día han adoptado las costumbres francesas del libre albedrío llegándose a situaciones en las que la mujer se rebela ante la autoridad de los padres. Larra nos ofrece una imagen satírica de este tipo de mujer rebelde en su famoso artículo "El casarse pronto y mal":

> Hubo prohibición de salir y de asomarse al balcón, y de corresponder al mancebo; a todo lo cual la malva respondió con cuatro desvergüenzas acerca del libre albedrío y de la libertad de la hija para escoger marido [...]: todo era para ella tiranía y envidia que los papás tenían de sus amores y de su felicidad; concluyendo que en los matrimonios era lo primero el amor, que en cuanto a comer, ni eso hacía falta a los enamorados, porque en ninguna novela se dice que coman las Amandas y los Mortimers,ni nunca les habían de faltar unas sopas de ajos. (1.127: 110)

Concluye Larra este artículo con el fracaso total de este tipo de enlace, es decir, con la separación, la seducción de la mujer y el suicidio por pasión de ambos cónyuges. La culpa de estos tipos de matrimonio la atribuye Larra a la "poca solidez de la instrucción de los jóvenes del día" (1.127: 112) que se dejaban llevar por los excesos de las costumbres francesas.

Mesonero Romanos, en su famoso artículo "El romanticismo y los románticos", satiriza los peligros y efectos del amor romántico en boga, caracterizado por él de "chispa eléctrico-romántica" y de "sentimiento vago, ideal, fantástico y frenético" (127), sentimiento de difícil definición. Este tipo de amor, que conduce a los jóvenes del día a imitar en sus vidas los efectos de las composiciones románticas (fugas, vidas marginadas, suicidios, envenenamientos, enterramientos, etc.), es según Mesonero un sentimiento pasajero, pero embriagador, que exige mano dura por parte de los padres para cortarlo antes de que conduzca al desastre vital de los hijos.

Al igual que Larra, Mesonero se queja de "la falta de una educación sólidamente española" y de que las "costumbres hayan tomado un carácter galo-hispano" (5). Frente a la "educación violenta y suspicaz" de las mujeres de antaño por parte de tiránicos padres que encerraban a las hijas "tras las altas murallas de un convento", o las tapiaban "en la casa paterna entre rejas y celosías" y cuya única ocupación era "la costura y el bordado" (61), ahora bajo el espíritu innovador del siglo que ha hecho ceder las leyes y los usos, la mujer ha perdido en virtud y ha ganado en ligereza. Las mujeres del día se dan aire de mundo y de gran tono, es decir, actúan como "prima-donnas", "afectan cortesía y sonrisa" echan "flores y dijes", cuentan "anécdotas picantes" y responden con "la mayor amabilidad; el mayor gracejo; la más encantadora sonrisa a las altiveces de los galanes" (55). Según Mesonero juzga: "es de temer en la mujer [tanto] el extremado rigor y la absoluta ignorancia como la falsa ilustración y una completa libertad" (148).

Al discutir las características del teatro moderno y considerando a éste como un espejo de las costumbres, Larra nos ofrece también una visión de la opresión familiar dentro del matrimonio:

> Apenas hay en la sociedad de ahora opresor y oprimido. Hay iguales que se incomodan mútuamente debiendo amarse. Por consiguiente, la cuestión en el teatro moderno gira entre iguales, entre matrimonios; es principio irrecusable [...] que una mujer casada debe estar mal casada, y que no se da mujer que quiera a su marido. El marido es en el día el coco, el objeto espantoso, el monstruo opresor a quien hay que engañar; como lo era antes el padre. [...] ¿Hay suerte más desgraciada que la de una mujer casada? [...] ¡Es como estar emigrada, o cesante, o tener lepra! La mujer casada en la literatura moderna es la víctima inocente aunque se case a gusto. El marido es un tirano. [...] La institución del matrimonio es absurda según la literatura moderna, porque el corazón, dice ella, no puede amar siempre, y no debe ligarse con juramentos eternos. (2.128: 249).

Mesonero critica también los peligros de la exageración de las costumbres en el teatro moderno que llevan a las esposas a enterrar "vivo a su esposo para dar la mano a su rival", a las madres a enamorarse "de su propio hijo", aunque concede que esta exageración "lleva su correctivo en su misma demasía" (166). También, en el teatro del día, el esposo y la esposa "se separan voluntariamente en busca de aventuras, y vuelven a encontrarse a la hora convenida haciendo alarde de su mutua infidelidad" (178).

Tanto han cambiado las costumbres, nos indica Mesonero, por el influjo de la literatura y del apego a las costumbres foráneas, que los maridos se han vuelto "tolerantes" y las esposas "ligeras". Las mujeres también se han vuelto débiles de carácter, dejándose seducir por el lujo y por las impresiones que se les quiere comunicar (29). Por ello, comenta Mesonero:

> No hay, pues, que extrañarse de que en el estado actual de nuestras costumbres, el matrimonio, sagrado vínculo que en tiempos atrasados confundía en uno dos corazones, se haya convertido [ahora] en un triángulo equilátero, y que sean homogéneos el marido y el amante. Ambos tienen a la mujer, ambos la engañan, ambos la desprecian; el ídolo dorado se derritió, y quedó el barro tosco y material: lo que antes exigía adoración, es ya por su culpa objeto de burla y menosprecio. (190)

Ahora, la mujer casada exhibe una mayor libertad de movimiento y de expresión. En su artículo "Ahora, antes y después", por ejemplo, Mesonero retrata a la recién casada Margarita en estos términos:

> Margarita [...] pudo desde el siguiente día de su matrimonio entrar y salir cuando le acomodaba, recorrer las calles sin compañía, visitar las tiendas, pasear con las amigas a larga distancia del marido; pudo conversar con todo el mundo con mayor familiaridad y descoco, y dar a sus discursos cierto colorido más expresivo y malicioso. (148)

En los *Artículos* de Larra surgen también diversos tipos de la mujer de la época: la madre ilustrada (1.127: 321),la niña romántica (I.127: 252), la mujer hermosa (I.127: 259), la mujer oportunista (I.127: 328), la mujer picante (2.128: 81), la mujer desahuciada (2.127: 104-05) y la mujer profesional (1.127: 186). Por medio de estas imágenes femeninas, Larra satiriza aquellos aspectos de la mujer que encuentra reprobables, encomia otros y subraya repetidas veces la poca solidez de la instrucción como causa de la incultura femenina. La imagen que nos presenta de las mujeres de Madrid es catastrófica:

> ¿Hablar a las mujeres en Madrid? Como en general no se sabe hablar de nada, sino de intrigas amorosas, como no se habla de ciencias, de cosas útiles, como ni de política se entiende, no se puede uno dirigir ni sonreír tres veces a una mujer; no se puede ir dos veces a su casa sin que digan: "Fulano hace el amor a Mengana". (I.127: 445)

Larra señala el papel de víctima que sufre la mujer en la sociedad cuando comenta sobre la diligencia de la trapera en "Modos de vivir que no dan de vivir": "La trapera [...] con otra educación sería un excelente periodista y un buen traductor de Scribe [...]" (2.128: 104). Y en sus artículos de crítica teatral, Larra apunta los defectos y aciertos de una veintena de figuras teatrales y cantantes de ópera femeninas. Critica, por ejemplo, "esos 'acentos' eternamente llorones de algunas actrices" (1.127: 184) y ensalza la "inteligencia" y la "posesión de teatro" de otras para desempeñar caracteres (1.127: 186). Es éste el único campo profesional femenino que menciona Larra en sus *Artículos* .

Por la pluma de Mesonero pasan también diversos tipos femeninos de la época, tales como las niñas románticas, las manolas, las petimetras, las paletas, las buñoleras, las cocineras, las criadas, las modistas, las planchadoras, las señoras de alta sociedad, las jóvenes viudas, las solteronas, las esposas, las madres y las hijas. Satiriza Mesonero, por ejemplo, a una niña romántica así:

> Y aconteció, que [...] hubo de ver una tarde [...] a cierta Melisendra de diez y ocho abriles, más pálida que una noche de luna, y más mortecina que lámpara sepulcral; con sus luengos cabellos trenzados a la Veneciana, y sus mangas a lo María Tudor, y su blanquísimo vestido aéreo a lo Estraniera, y su cinturón a la Esmeralda, y su cruz de oro al cuello a lo huérfana de Underlach.
> Hallábase a la sazón meditabunda, los ojos elevados al cielo, la mano derecha en la apagada mejilla, y en la izquierda sosteniendo un libro abierto [...] que [...] no podía ser otro [...] que el Hans de Islandia o el *Bug-Jargal*. (127)

Lo que encontramos en Mesonero es un mayor detallismo al reflejar la exterioridad de los tipos femeninos. El ojo fotográfico de Mesonero se fija, por ejemplo, en el atavío de las manolas:

> Guardapiés amarillos y encarnados, ricas mantillas de sarga y terciopelo sobre los hombros, pañuelos de color rosa al pecho, cesto de trenzas en las cabezas, y coloreadas las mejillas por el vapor del vino, tal era el atavío con que venían echándose fuera de la calesa, y pelando unas naranjas con un desenfado singular" (10).

O se ensaña con el atavío de una paleta: "con el talle bajo el brazo, mantilla hueca y recogida a la garganta, bucles cortitos y peineta de a tercia, zapatos de tabinete y guantes de color de rosa" (67). O describe la vestimenta de las mujeres de un asilo:

> Un jubón y saya de estameña con el escudo del establecimiento al brazo, dos sayas bajeras tres camisas, un apretador, dos pares de medias, dos pañuelos del cuello, dos de cabeza y dos de bolsillo, dos delantales, un par de zapatos, dos paños. (115)

Concuerda Mesonero con Larra en que la mayoría de las mujeres son superfluas, triviales, volubles y enamoradizas. Analiza Mesonero, por ejemplo, en "Las niñas del día", el carácter de una seductora:

> [...] dirigida por maestros a quienes ella siempre mira como criados, para ella el genio no tiene ninguna superioridad; y estos [...] convencidos de la inutilidad de sus lecciones, sólo la explicaron lo suficiente para alargar su enseñanza, y para llenar su cabeza de palabras sin ideas [...] por resultado de esta enseñanza [...] sabe hoy escribir un billete sin puntos ni comas, cantar una cavatina en italiano o bailar una mazourka en ruso; lo cual es suficiente para los tiempos que corren. (61)

Nos ofrecen, pues, Larra y Mesonero en sus artículos costumbristas una visión particular de la condición social de la mujer en la primera mitad del siglo diecinueve; una visión afectada por los patrones culturales de la época, tan afín a seguir sin reflexión alguna las costumbres llegadas de fuera a través de la literatura o de los viajes; una visión progresista de la mujer en Larra y cautelosa en Mesonero, en proceso de emancipación y rebelándose contra toda opresión, pero sin haber adquirido por la poca solidez de su educación una base intelectual profunda que le haga desarrollar su individualidad de una manera responsable. Nos presentan, también, Larra y Mesonero una visión tradicional de la mujer, que aún sigue cargada por el lastre de la subyugación masculina; una visión de la mujer que continúa siendo un objeto, bella, frívola, irreflexiva, débil.

En resumen, la mujer retratada en los artículos de Larra y Mesonero aparece como víctima de la sociedad, una sociedad que no educa con solidez a sus súbditos, sean hombres o mujeres. Como consecuencia, la imagen de la mujer aparece distorsionada, sin dirección intelectual, falta de oportunidades y plena de defectos. Ambos ansían, sin embargo, reformar con sus críticas las costumbres nocivas de la sociedad y señalan para ello las posibilidades intelectuales de la mujer y su igualdad frente al hombre en cuanto a la individualidad de la naturaleza de su ser.

Obras citadas

Larra (Fígaro), Mariano José de. *Obras de Mariano José de Larra*. Ed. Carlos Seco Serrano. Vols. 127 y 128. BAE 127- 130. 4 vols. Madrid: Editorial Atlas, 1976.

Martín Gaite, Carmen. *Usos amorosos del dieciocho en España* . Barcelona: Editorial Anagrama, 1988.

Mesonero Romanos, Ramón de (*El Curioso Parlante*). *Escenas Matritenses* . Ed. facsimilar de la edición de 1851. Madrid: Abaco Ediciones, 1983.

Solitude/Identity: New View of American Critics and Spanish Women Novelists

Linda H. Chown
Grand Valley State University

In 1988, David Herzberger found fault with Anglo-American criticism of Spanish literature. He called instead for a re-evaluation of Spanish literature in its own contexts and observed that extant criticism did not do justice to the "vision of reality" characterizing Spanish literature which "commands interest as life itself commands it (23)". This study argues that inattention to cultural presuppositions with respect to solitude and identity has consistently led to skewed American readings of Spanish women's fiction.

In the 1970's, while living in Andalucía and reading Spanish literature by women writers, I gradually discovered the distorting effects of cultural blinders in North American criticism. Specifically, I found that, albeit unwittingly, many North American readings tended to impose entirely inappropriate models for heroism and action upon Spanish fiction written by women. It turned out that I was not the first woman to sense such culturally founded critical misreadings. In 1980, an American woman critic noted that readers need attend more to their critical methodologies in order to validate and enrich their readings (Foster 59). With the spreading of interest in fiction by women, taking critical presuppositions into account has become more imperative in order to read adequately and rewardingly across cultural lines.

In the spring of 1980, equipped with notes on Spanish women's novels, summaries of current criticism and columns of possible questions, I spoke in informal interviews to ten Spanish women novelists, Concha Alós, Elena Quiroga, Rosa Chacel, Carmen Martín Gaite, Ana María Matute, Montserrat Roig, Marta Portal, Esther Tusquets, Rosa Montero and Carmen Kurtz. These relaxed, give and take conversations confirmed my evolving sense that, overall, Spanish women tended to talk, think, and write about issues like relations between men and women, solitude, time, freedom and identity quite differently than American women did. An article I published in *Signs* in 1983 based on these 1980 conversations examined contrasts between American critics' normative notions of heroism, time, and freedom and Spanish women writers' treatments of the same matters (Chown, "American"). This essay first summarizes my conclusions from the 1980's and then contextualizes them in the frameworks of our theory-pollinated 1990's.

The 1983 essay focused on three culturally generated differences: 1) divergent assumptions regarding the physical and the intangible worlds; 2) the North American critics' constrictive anti-historical approach to solitude, time and progress and 3) consequent radically inaccurate conclusions about Spanish women.

> diabólico...Comprendió que sólo ella misma podía darle cuerda a aquel motorcito maravilloso de su cabeza [. . .]. Ahora ya lo sabía: nadie la iba a ayudar a agarrar la manivela, pero tenía toda la vida por delante para aprender a hacerlo. Y el motorcito era suyo, nadie se lo pensaba robar, no había miedo. (95)

Works Cited

Bellver, Catherine G. "Montserrat Roig and the Creation of Gynocentric Reality." Brown, 217-39.

Boring, Phyllis Zatlin. "Carmen Martín Gaite and the Spanish Spinster." *Revista de estudios hispánicos* 11.2 (1977): 335-53.

Brown, Joan L. *Women Writers of Contemporary Spain: Exiles in the Homeland.* Newark: University of Delaware Press, 1991.

Chown, Linda. "American Critics and Spanish Women Novelists, 1942-1980". *Signs: Journal of Women in Culture and Society* 9.11 (1983): 91-107.

—-. *Narrative Authority and Homeostasis in the Novels of Doris Lessing and Carmen Martín Gaite.* New York: Garland, 1990.

Cowley, Malcolm. *Exile's Return: A Literary Odyssey of the 1920's.* 1934. New York: Viking, 1976.

Derrida, Jacques and Christie V. McDonald. "Interview: Choreographies." *Diacritics* 12.2 (1982): 66-76.

Ehrlich, Gretel. "River History." *Montana Spaces: Essays and Photographs in Celebration of Montana.* qdt. in "Noted with Pleasure." *New York Times Book Review*, 23 June 1991: 31.

Fitzgerald, F. Scott. *The Great Gatsby.* 1925. New York: Macmillan, 1992.

Foster, Virginia Ramos. "La critica de las profesoras norteamericanas ante las letras femeninas hispánicas." *Letras Femeninas* 6.2 (1980): 51-64.

García Morales, Adelaida. *El silencio de las sirenas.* 3rd ed. Barcelona: Editorial Anagrama, 1985.

Herzberger, David. "The Spanish Novel and Its Critics: 1936-1986". *Anales de la literatura española contemporánea* 13.1-2 (1988): 13-24.

Jones, Margaret E. W. "Del compromismo al egoísmo: la metamorfosis de la protagonista en la novelística femenina de post-guerra". Pérez, 125-34.

Laforet, Carmen. Personal Letter. April 15, 1980.

Martín Gaite. Carmen. *El pastel del diablo.* Barcelona: Lumen, 1985.

—-. Personal interviews. With Linda Chown. 12-15 Mar. 1980.

Matute, Ana María. Personal Interview. With Linda Chown. 12 Mar. 1980.

Nichols, Geraldine Cleary. "*Julia*: 'This is the Way the World Ends . . . '". Pérez 113-24.

Ordóñez, Elizabeth Jane. "Inscribing Difference: 'L'Ecriture Féminine and New Narrative by Women". *Anales de la literatura española contemporánea* 12.1-2 (1987): 45-58.

—-. *Voices of their Own: Contemporary Spanish Narrative by Women*. Lewisburg: Bucknell University Press, 1991.

—-. "Women as Protagonist and Creator in the Contemporary Spanish Novel." Ph.D. diss., University of California. Irvine. 1976.

Ortega y Gasset, José. *La deshumanizción del arte y otros ensayos de estética*. 1925. Madrid: Alianza, 1987.

Pérez, Janet. *Contemporary Women Writers of Spain*. Boston: Twayne Publishers. Boston: G.K. Hall, 1988.

—-. ed. *Novelistas Femeninas de la Postguerra Española*. Madrid: Jose Porrúa Turanzas, 1983.

Pérez-Magallón, Jesús. "El placer de la ficción". *Hispanic Review* 63 (1995): 179-91.

Reagan, Ronald. State of the Union Message to Congress. *New York Times* 5 Feb. 1986, NY late ed., A20.

Roig, Montserrat. *Tiempo de cerezas*. Barcelona: Argos Vergara, 1978.

Schyfter, Sara F. "The Fragmented Family in the Novels of Contemporary Spanish Women". *Perspectives on Contemporary Literature* 3.1 (1977): 23-29.

Servodidio, Mirella. "Introduction: Demeter or the Joyful Finding". *Anales de la literatura españcla contemporánea*. 12.1-2 (1987): 11-16.

Storr, Anthony. *Solitude: A Return to the Self*. New York: The Free Press, 1988.

Turner, Harriet S. "Moving Selves: The Alchemy of Esmero (Gabriela Mistral, Gloria Riestra, Rosario Castellanos, and Gloria Fuertes)". Valis 227-43.

Updike, John. Special Issue: The Constitution at 200. "People. Contention and Continuity". *Time* 130.1, 6 July 1987: 57.

Valis, Noel and Carol Maier, ed. *In The Feminine Mode: Essays on Hispanic Women Writers*. Cranbury, N.J.: Associated UP, 1990.

Villán, Javier. "Carmen Martín Gaite, habitando el tiempo". *La estafeta literaria* 549 (1974): 21-33.

Notes

1 * Ordóñez has, since the time of writing her 1976 dissertation, come to describe some of her judgments of the 70's as part of "my zealous scheme" (*Voices* 18). In 1991, she wrote a new book, *Voices of their own* in which she examines Spanish women's writing in theoretical terms, making use of language theory to explain women's ability to "cease being spoken to and begin to speak" (*Voices* 135).

2 * Mirella Servodidio in her introductory article "Demeter or the Joyful Finding" summarizes contemporary interest in phallocentric culture, gynocracies, mythological models and the work of Nancy Chodorow and Carol Gilligan. In this introductory overview, Servodidio agrees with Phyllis Zatlin that an important shift had taken place in criticism of the 80's "from consciousnesss raising to a self-conscious feminist fascination with the metafictional mode" (14).

3 * Catherine Bellver writing of Montserrat Roig examines connections between disjointed structures, Roig's journalistic training and "the *écriture féminine* defined by French feminists as fluid, nonlinear, decentralized, and many-voiced." She speculates that "whatever the source, its effect is to reinforce the gaps still left in our re-vision of women" (237). Similarly, Elizaberth Ordóñez looks at Spanish women writers through theoretic lenses, finding "some possible connections between French and Hispanic feminist theory and narrative texts presently being produced by women in Spain" (45).

4 * Even in a relatively recent book of criticism, Margaret Jones gently condemns the interiorization of Spanish women protagonists in the post war, saying "La novela se interioriza y el enfoque se reduce al tamaño del individuo" (132).

5 * Personal Interview, March 13, 1980. My interview with Rosa Chacel confirmed a growing recognition of the importance of solitude. She emphasized that "después del exilio, después he estado sola sola sola sola en todas partes." Carmen Martín Gaite's recent *Nubosidad Variable* places an affirmative solitude at the center, a character having an entire notebook called "Femenine Solitude." In *Desde la ventana*, Martín Gaite muses on the work a woman undergoes, that of moving from "resistir a pie quieto la soledad [...] de conquistarla para mí a base de tesón y de mimo" (10).

6 * Derrida, 69, 68. Perhaps the most intriguing difference between the two ways of configuring life with one self is that often for the American critic, solitude is not so much a condition of mind but a physical situation. For instance, Harriet Turner writes "*soledad* and self are dwelling places and space transmutes to a sign, acquiring a singular, linguistic transparency" (243).

7 * Although American criticism has often been centered about concepts of self, other criticism also evinces hopes for discovering a self: Jésus Pérez-Magallon writes that "En último término toda vida no deja de ser una búsqueda de identidad . . . " (186).

El verdugo y su víctima: Diego Rivera devora a Quiela en la novela de Elena Poniatowska

María Dolores Dobón
University of Virginia

> *¿Qué tipo de hombre soy yo? Yo nunca he tenido ningún tipo de moral en absoluto y he vivido solamente para el placer allí donde lo he encontrado. No he sido bueno. Yo podía discernir las debilidades de otra gente fácilmente, especialmente las de los hombres, y luego era capaz de jugar con ellos sin ninguna razón que lo justificara. Si amaba a una mujer, cuanto más la amaba, más deseaba herirla. Frida fue sólo la más obvia víctima de este trato repugnante.* (*My art, my life* 180)

Así se describe Diego Rivera, el famoso muralista mejicano, en su autobiografía y continúa:

> Los diez años que pasé en Europa, Angelina vivió conmigo como mi esposa. Durante ese tiempo, ella me dio todo lo bueno que una mujer puede dar a un hombre. A cambio, ella recibió de mi todo el sufrimiento y la miseria que un hombre puede infligir a una mujer. (58)

La originalidad de Diego Rivera no termina en este peculiar trato de la mujer. En otros períodos de su vida esa relación ha tenido aspectos monstruosos. En París fue conocido por sus amistades y amantes como "el tierno caníbal" ("le tendre cannibale"). Elena Poniatowska suaviza la expresión al calificarlo de "el salvaje que devora a las mujeres pequeñas y blancas". El explica en su biografía con un poco más de detalle su deleite en los manjares femeninos y qué condimentos eran los preferidos para su paladar exquisito. Durante sus estudios de anatomía, Rivera participó en las grotescas actividades de los estudiantes que deben vencer su horror a los cadáveres que manejan:

> Un experimento en canibalismo. Extendimos el experimento a nosotros mismos viviendo en una dieta de carne humana. Aquellos que llevamos a cabo el experimento colectamos nuestro dinero para comprar cadáveres del depósito, eligiendo los cuerpos de personas que habían muerto de violencia —cuya carne estaba recién matada y fresca y no senil o enferma. Vivimos bajo esta dieta caníbal durante dos meses, y la salud de cada uno de nosotros mejoró. Durante el tiempo que duró el experimento, yo descubrí que me gustaba comer las piernas y pechos de las mujeres, porque como en otros animales, estas partes son deliciosas. También saboreé costillas empanadas de mujeres jóvenes. Lo mejor de todo, sin embargo, mi favorito era pecho de mujer a la vinagreta. (20)

Este delicado y gran artista, conocido por sus fabulosos murales, por la grandiosidad de su talento pictórico, por las magníficas representaciones obreras que claman justicia, libertad e igualdad, parece no tener mucho respeto por aquellas mujeres con las que compartió su vida. Ellas, las cuatro esposas que más o menos oficialmente tuvo, entre las muchas amantes, y algunas madres de hijos naturales, dejan este testimonio escrito de su relación amorosa con Diego Rivera:

> Cuando me quedé embarazada [...] él gritó y me amenazó que si el niño lloraba y le molestaba que lo echaría por la ventana. Dijo que si el niño crecía para ser algo como yo, que él realmente lloraría de pena y desesperación [...] Después que nuestro hijo nació tuvo una aventura con la pintora rusa Marievna. Dejó nuestro apartamento y se fue a vivir con ella por cinco meses [...] Cuando el niño de un año y medio estaba agonizando de muerte en la cama, desde el principio de su enfermedad, Diego no estuvo nunca en casa, de juerga durante días y días con sus amigos recorriendo los cafés. (Angelina Belloff, *My art, my life* 184)

Angelina Belloff va a ser la protagonista de la novela de Elena Poniatowska, en la cual, como veremos, se recogen las cartas novelizadas de ésta a Diego Rivera; se basa en las originales que tenemos recogidas en el libro *La fabulosa vida de Diego Rivera* de Bertram Wolfe. Otras de sus esposas confirman lo dicho por Angelina. Estos documentos los recoge Diego en su biografía:

> Cuanto más furiosa y violenta yo era, más Diego se reía y me ignoraba. Cuando nuestras hijas nacieron me daba poquísimo dinero para mantenerlas [...] No creo por un minuto que a él le guste ninguna mujer por sí misma, porque si así fuera, le sería fiel. Una cosa que Diego realmente adora de las mujeres es el dinero que pueden darle, la mayoría de sus amantes han sido mujeres de gran riqueza. (Lupe Marín 185)

Su placer en la crueldad no tiene, según él, explicación justificada, sino el puro deleite que le proporciona su sadismo. Para profundizar en este aspecto sado-masoquista vamos a analizar la reacción que sus afirmaciones producen en el discurso femenino de sus esposas. Estas son las palabras de la famosa pintora mejicana cuya relación tempestuosa es significativamente reveladora para enmarcar el carácter sádico del mundo simbólico-patriarcal que vamos a analizar a continuación basándonos en el libro de Poniatowska. Dice así Frida:

> Quizás se espera que yo me lamente sobre como he sufrido viviendo con un hombre como Diego. Pero yo no pienso que las orillas del río sufren porque soportan la corriente del agua, tampoco la tierra sufre porque llueve, ni el átomo porque su energía se dispersa. Para mi modo de pensar, cada cosa tiene su natural compensación [...] El no ha tenido tiempo para pensar si lo que hace es moral, amoral, o inmoral. (188)

Frida reconoce que lo ama, y que no piensa en el sufrimiento terrible que le infligió, por ejemplo al traicionarla con su propia hermana: "Diego hizo el amor a la hermana de Frida, y por eso ella lo dejó a él una vez, también" afirma Lupe Marín al decir que abandonó a Diego porque durante su matrimonio él empezó a ser amante de la modelo Tina Modotti y a mostrarlo públicamente (186). Parece difícil entender pues que Lupe Marín afirme haber estado muy enamorada desde el primer día que lo vio, que no se separaba nunca de él, y sólo lo hacía para prepararle la comida (185). O cuando Angelina Belloff afirma que "Diego me hizo extáticamente feliz", "me enamoré en 1910 la primera vez que lo vi" (183).

La influencia de Diego Rivera en estas mujeres es tan profunda que permanece más allá del tiempo y del espacio; este hombre marca una huella no sólo erótica, sino emocional, intelectual, psíquica, y espiritualmente las deja atadas al recuerdo y al pasado, a su ser, a su espíritu casi diabólico, a su fuerza demoníaca. Quizá resida en esa ambigüedad de no ser totalmente monstruoso, el hecho de ser también un gran artista, de un talento excepcional, y de un carisma y personalidad avasalladora, junto a una inteligencia magnífica, lo que lo convierten en extremadamente atractivo y seductor. Sería pues la combinación de talento y genio, con agresividad y fuerza, lo que lo marcaría con ese carácter intrigante, misterioso, que crea esa sensación inquietante de no saber hasta qué punto es malvado, diabólico o divino. Es la "beaute du diable" lo que hace posible esa imposición terrible sobre los demás, especialmente sobre las mujeres. Tales víctimas llegan a adorar a su verdugo y la adicción y el hábito son los paliativos que las hacen permanecer sumisas, soportando la violencia y la opresión de este magnífico caníbal, devorador de tiernos pajarillos. Dice Quiela, protagonista y voz narradora de la novela de Elena Poniatowska: "sigo siendo tu pájaro azul, sigo siendo simplemente azul, como solías llamarme, ladeo la cabeza, mi cabeza herida definitivamente y la pongo sobre tu hombro y te beso en el cuello. Diego, Diego, Diego a quien tanto amo" (58).

Elena Poniatwska, hija de madre mejicana y padre polaco, nacida en 1933 en París y trasladada a México en 1942, es conocida sobre todo como escritora mexicana de protesta, cuyo propósito es defender con su escritura a aquellos grupos sociales excluídos del poder o considerados inferiores por la estructura patriarcal y la historia oficial. Su producción es ingente; destaca, sobre todo, el aspecto de literatura de compromiso social como la novela *La noche de Tlatelolco* (1971), sobre la masacre estudiantil en el 68[1] y, como libro especialmente centrado en el tema de la mujer: *Querido Diego, te abraza Quiela*.

Esta obra de 1978, de la que vamos a tratar en este estudio, reelabora una serie de doce cartas, basadas en las auténticas de Angelina Beloff, amante de Diego Rivera durante una década en París. Las cartas de Quiela, diminutivo de Angelina en la novela (en realidad, la persona histórica era conocida como Gela), transcurren de octubre de 1921 a julio de 1922. Ella tiene cuarenta años, se ha quedado sola en París, tres años después de perder a su único hijo y de perder a Diego Rivera que ha marchado a México, donde va a pintar los murales que lo harán famoso mundialmente, prometiéndole que se reunirán pronto.

Elena Poniatowska se centra en la situación traumática que padece Quiela y que le sirve como reflejo para analizar la dependencia emocional y la ansiedad ("anxious attachment", en términos freudianos)[2] de aquellas mujeres que no han logrado independizarse de la función de esposa y madre que la sociedad les impone. Es indudable que la relación antes descrita es una relación sado-masoquista; pero al denominarla con estos términos hoy trivilializados por un uso continuo e impreciso, no hemos avanzado en nuestra comprensión del asombroso fenómeno que expresa: la sumisión de un artista, de una mujer cultivada e independiente, al trato brutal de un salvaje. Un salvaje genial ciertamente, pero no por eso menos brutal. Creo que un examen de esa relación desde dos puntos de vista nos permitirán comprenderla, aunque con la inevitable repulsión.

El concepto lacaniano de estructura simbólica puede sernos útil para una primera aproximación. Como sabemos, para Lacan el orden simbólico es el que nos viene impuesto por el uso social del lenguaje. El lenguaje ciertamente designa objetos pero, sobre todo, designa y nos impone las relaciones existentes entre esos objetos y aceptadas por la sociedad de la época. Entre esas estructuras en que la sociedad se organiza, las que interesan a Lacan son, sobre todo, las relaciones de poder, y entre ellas las de poder entre los sexos.

Pero es indudable que en la sociedad de los años veinte las estructuras sociales reconocían al hombre como el poseedor del falo. Identificaban al falo con el pene. En el orden familiar las consecuencias de esa identificación son evidentes y las estructuras correspondientes, igualmente claras: la función del varón se identifica con el ejercicio de la autoridad familiar, la de la mujer con la sumisión que caracteriza a las funciones de hija, esposa y madre. Vemos pues que la estructura simbólica de la época ha preparado el orden de las relaciones entre Diego y Quiela.

Sin embargo, es evidente que existieron en la época múltiples relaciones esposo-esposa que no se caracterizaron por esa salvaje brutalidad. Una nueva estructura simbólica nos ayudará a penetrar en el conflicto. Frente a las estructuras de la familia patriarcal, tanto Diego como Quiela encontraban en la sociedad contemporánea otra estructura simbólica que ejercía sobre ellos una atracción igualmente vigorosa, pero que contradecía a la anterior; me refiero al concepto romántico del artista, que había sido reelaborado y radicalizado por el simbolismo de fin de siglo. Este artista es el ser independiente, supremo creador, superior y, por consiguiente, desdeñador de la convencional moralidad burguesa, sacerdote del arte y, a través de Nietzsche, superhombre poseedor de la moral de los dueños. Este segundo arquetipo tenía que afectar muy diferentemente a Diego y a Quiela. Es esa visión del artista como superhombre la que nos explica la cruel soberbia con que Diego Rivera puede aplicar a sí mismo la cita con que comenzamos esta ponencia. El símbolo del artista fortifica la innata violencia de Diego. En Quiela, sin embargo, esa estructura simbólica no ha funcionado. ¿Cómo es ello posible? Para explicarlo tenemos que apelar a otro concepto freudiano: el de narcisismo.

En su artículo sobre el narcisismo, Freud[3] nos dice que el Yo no es una estructura psíquica innata, sino que se desarrolla a lo largo de nuestra evolución psíquica. Tal desarrollo es posible porque el ser humano proyecta desde el primer momento un inmenso amor, una poderosa libidinización de nuestra primera imagen, el yo naciente. Esa libidinización constituye nuestro narcisismo primario. El Yo es, pues, una especie de manantial de la líbido; de ahí que usemos esa agua erótica para hacer fructificar aquello que amamos. Según Freud, si no se mantiene un mínimo nivel de egoísmo, cierto amor propio, ese Yo puede peligrar. Uno de los momentos que Freud señala como de decisivo peligro para nuestro narcisismo y, consiguientemente para nuestro Yo, es el amor. A través del amor proyectamos compulsivamente nuestra líbido hacia el otro, con un fuerte deseo de posesión lo asimilamos, sustituyendo nuestra imagen interna por la del otro. Freud afirma que ese desprendimiento del Yo sólo puede compensarse si entregándose con la misma fuerza el ser amado, éste refleja completamente nuestra imagen, y los dos nos completamos mutuamente por medio de esa unión. Si por el contrario, como dice Freud, uno de los dos entrega su Yo, pero el otro, permanece encerrado en sí, el yo esclavo se aniquila por haberse encadenado y abandonado a la todopoderosa imagen del otro. Tal es, como mostraremos a continuación, la relación erótica entre Diego y Quiela.

Esta descripción del narcisismo requiere aún una última precisión. Lacan ha reelaborado el concepto freudiano de un narcisismo primitivo original. El centro del mundo nutridor y reconfortante, de luminosa presencia omnipotente, prodigadora de todo placer, es la madre. Así pues la madre pre-edipal, inscrita para siempre en la mente del niño, será el modelo de todo amor futuro. Pero es obvio que ese modelo divino de amor requiere la serie de limitaciones impuestas por el mundo simbólico, representado inicialmente por la autoridad del padre, por el "nombre del padre" (como Lacan le llama). Y son esas estructuras simbólicas de esposo-esposa, madre-hijo, padre-hija... las que deben reducir ese amor, de una intensidad extática a la moderación que las relaciones sociales imponen y que permiten al Ego mantener su equilibrio. Cuando, como hemos visto en el caso de Diego y Quiela, el poder moderador de esas estructuras es destruído, la violencia de la adoración de la madre pre-edipal resurge en el espíritu; ese Yo reducido a la nada, adora ahora a un Dios omnipotente.[4] He aquí como Quiela se ve a sí misma, y ve a Diego, aplicando la categoría simbólica del "artista":

> Nosotros ya no sabemos mirar la vida con esa gula, con esa rebeldía fogosa, con esa cólera tropical; somos más indirectos, más inhibidos, más disimulados. Nunca he podido manifestarme en la forma en que tú lo haces; cada uno de tus ademanes es creativo; es nuevo, como si fueras un recién nacido, un hombre intocado, virginal, de una gran e inexplicable pureza. (47-48)

Diego se expande, su Ego se exalta; mientras ella está cada vez más reducida a la nada y más absorta en su "dueño-esposo", al que ella califica (siguiendo la tradición cristiano-patriarcal-occidental)[5] de hijo: "Tú has sido mi amante [...] mi hijo, mi inspirador, mi Dios, tú eres mi patria... Si no vuelves, si no me mandas llamar, no sólo te pierdo a ti, sino a mí misma, a todo lo que pude ser" (55).

Ella se ha transformado interiormente adaptándose a la imagen de Diego, es decir, ha interiorizado a Diego, que es a su vez la "imago" maternal, pre-edípica. La voz de Diego, su lenguaje, es un trasunto de la voz de la madre que Quiela libidiniza:

> [...] lo único que me interesaba era ver tu evolución entre mis amigos, cómo te concretaste primero a escuchar, después al calor de la discusión, a gritarles tus ideas en un español salpicado de palabras francesas, de palabras rusas; inventabas el idioma, lo torcías a tu antojo y rompías la barrera, eras tan claro que nos dejabas a todos sorprendidos, sobre todo a mí, que día tras día, tomaba clases para aprender tu idioma y repetía la gramática con una puntualidad escolar sin aventurarme jamás. (56)

Angelina ha reconocido en la voz de Diego la voz que le satisfacía todos sus deseos, todas sus demandas, todos sus impulsos; la voz maternal que la seducía y la llenaba de placer y de alegría. No sólo goza del lenguaje y de la voz de Diego, también de contemplar su imagen reflejada, como en un espejo, en las miradas atónitas de sus amigos varones y, especialmente mujeres. Angelina siente que su Yo se exalta por el efecto que produce en las demás mujeres (en este caso Marievna) el tono de su voz, su mirada y su presencia arrolladora y volcánica. Ella es la poseedora del Falo, la depositaria de la pasión, la receptora de esos dones divinos que ha interiorizado y por los que se ha esclavizado de por vida al servicio de su verdugo:

> ¡Cómo recuerdo lo ojos de nuestros amigos fijos en ti! Los de Marievna también, prodigiosamente atentos y por el sólo hecho de admirarte, la hice mi amiga, sí era mi amiga y la embarazaste y sin embargo tú y yo seguimos [...] Marievna también fue mi verdugo. (56)

A esa devoción absoluta, Rivera responde con un violento rechazo; la entrega de ella al artista produce en él un profundo resentimiento contra el papel de esposo que se siente obligado a hacer:

> [...] explotando en cólera como explotaste cuando te dije que estaba embarazada y vociferaste, amenazaste con tirarte desde el séptimo piso, enloqueciste y me gritaste [...] en un mundo absurdo, inhumano, cruel como el europeo traer a un hijo era equivalente a cometer un infanticidio; me torturaste con esta idea como yo te torturé con mi embarazo, pero yo quise tener un hijo Diego, un hijo tuyo y mío. (61)

Este resentimiento es inmensamente reforzado por su concepción de la mujer y por la deformación del concepto patriarcal que en su cultura cobra gigantescas proporciones de "macho". El falo lacaniano se transforma en él en una cruel espada, cobrando caracteres sádicos. Por parte de ella, la misma división se da entre el concepto de "esposa-madre" y "artista", pero en la cultura de su época el concepto de esposa posee una fuerza muy superior al de artista. Es más, en el caso de Quiela, la estructura simbólica de "artista-independiente" corresponde realmente, no a una elección personal del símbolo social "artista", sino a un acto de obediencia filial, a una sumisión a la autoridad patriarcal representada por el poder familiar.

Tal concepto de esposa implicaba la sumisión gozosa a la autoridad fálica del poder patriarcal-familiar: "Mis padres me obligaron a tener una profesión [...] ¡Qué sabios eran, porque al empujarme me estaban dando la clave!" (66). Como madre-esposa también se somete a dicho discurso patriarcal, dejando que su hijo sea cuidado por otras mujeres para que no moleste con sus gritos y llantos a Diego: "Otras mujeres lo cuidaban, pero era mi hijo y bien pronto podría traérmelo al estudio, cuando ya no emitiera los chillidos que fatigaban tus nervios [...] El niño murió" (61). Desgraciadamente para Quiela, al vencer en ella la estructura esposa-sumisa contra artista-independiente, termina por abandonar toda pretensión de independencia y por hundirse en una sumisión que, dado el carácter sádico de Diego, tenía que convertirse en masoquista. Sólo en una cultura en la que el concepto de esposa-madre haya desterrado la categoría de sumisión y haya absorbido las de igualdad e independencia, podrá una profesional o artista vencer las contradicciones que hicieron de la vida de Quiela un infierno.

En la novela de Elena Poniatowska, Quiela y Diego son prisioneros de los conceptos culturales esposo-artista y esposa-madre-artista. En él vence el rol de artista-independiente, en ella el de esposa-madre. El piensa que la perfecta esposa es la que no existe, la que es nada. Diego describe así su ideal de una compañera: "Has sido una buena mujer para mí. A tu lado pude trabajar como si estuviera solo. Nunca me estorbaste (65)". Ella, como resultado de este desamor y este egoísmo feroz, se siente cada vez más frustrada y deprimida. Abandona paulatinamente las técnicas cubistas y su inspiración va muriendo. Sus pinturas, reflejo de su alma, son cada vez más borrosas y dolientes, sin color, sin vida, grises, como su estado de ánimo. Como consecuencia del brutal abandono de Diego, su Yo, es decir, su identidad va desapareciendo y llega a mermarse tanto que se borra: "He abandonado las formas geométricas y me encuentro bien haciendo paisajes un tanto dolientes y grises, borrosos y solitarios. Siento que yo también podría borrarme con facilidad" (9).

Este proceso gradual llega a sumirla en una total parálisis emocional que refleja un vacío total de sí misma. Entregada por completo a la tarea de cuidar de Diego y su hijo, cuando los dos desaparecen ella queda esclava de los recuerdos. La presencia de Diego, convertida en neurosis obsesiva, no desaparece ni se debilita con el tiempo, sino que va tomando dimensiones vertiginosas hasta casi llegar a la locura:

> Debería quizá comprender por ello que ya no me amas, pero no puedo aceptarlo. De vez en cuando como hoy, tengo un presentimiento pero trato de borrarlo a toda costa. Me baño con agua fría para espantar las aves de mal agüero que rondan dentro de mí, salgo a caminar a la calle, siento frío, trato de mantenerme activa, en realidad, deliro. Y me refugio en el pasado, rememoro nuestros primeros encuentros en que te aguardaba enferma de tensión y de júbilo. (43)

Así como la mujer actual tiene la fuerza cultural para imponer su rol sobre el de madre y esposa, el discurso de Quiela refleja su impotencia para reaccionar ante el estado de postración humillante al que la dependencia emocional y erótica de Diego la han reducido. La falta total de individualidad y el deseo de escapar de su ser y de no sentir la terrible soledad y el angustioso sufrimiento que la devoran hace que desee volver al útero materno para refugiarse allí del dolor que la realidad exterior, la sociedad y la crueldad de Diego le producen:

> Podrías decirme como lo has hecho antes, que cualquiera envidiaría mi soledad, que tengo todo el tiempo del mundo para planear y llevar a cabo una buena obra pero en estos días me he removido en mi cama torturada por el recuerdo de la muerte de mi hijo (y no envuelta como tú por las llamaradas del fuego sagrado). Sé que tú no piensas ya en Dieguito; cortaste sanamente, la rama reverdece, tu mundo es otro, y mi mundo es el de mi hijo. Lo busco, chatito, físicamente me hace falta. (25)

Quiela vencida por el rol de esposa-madre se encuentra incapaz de readaptarse a la vida y seguir luchando por construirse una identidad. Como afirma Cynthia Steele:

> [...] desde el punto de vista de sus contenidos psicoanalíticos, la "nouvelle" de Poniatowska está muy cerca de ser el registro puntual de un caso clínico, el de un proceso trunco de duelo. Aunque Diego sigue vivo en México, algo en la conciencia de Quiela le dice que para ella él está tan muerto como su hijo. Desde este punto de vista, su problema es alejarse emocionalmente de él, de la misma manera en que una viuda—o una madre doliente—lo haría de su marido o de su hijo difunto. Sólo una separación total puede permitirle reorganizar su vida interior y su concepto de sí misma como un ser autosuficiente. (19-20)

No puede convertirse en dicho ser autosuficiente porque no puede liberarse del recuerdo del pasado, ni de la terrible influencia emocional a la que esa gran pasión por Diego la ha sometido. Y todavía más porque, aunque Cinthia Steele piense que esta relación sigue la pauta de un "proceso trunco de duelo", en realidad Quiela sabe que Diego está vivo, en México, y mientras él viva ella piensa que puede recuperarlo: es esa esperanza la que impide que el proceso de duelo se complete. Ella ha sido víctima de un proceso de diez años de anulación. Diego la ha "ninguneado", la ha anulado como artista y como individuo, y ella, limitada a la tarea de esposa, madre y ayudante del pintor, ha perdido el sentido de dignidad propia y de valor interno. Tras las humillaciones sufridas en la convivencia con Diego ella queda reducida a una esclava del hogar. La adicción a ser usada y utilizada por Diego y su hijo se ha convertido en una obsesión de la que no puede prescindir. Al añorar la dependencia de su hijo, ahora muerto, escribe a Diego:

> Si él estuviera vivo, si compartiera conmigo este estudio, tendría que levantarme por más mal que me sintiera, atenderlo, darle de comer, cambiarlo y el solo hecho de hacerle falta a alguien me aliviaría. Pero ahora él está muerto y no le hago falta a nadie. Tú me has olvidado allá en tu México que tanto desee conocer, nos separa el Atlántico, aquí el cielo gris y allá en tu país siempre azul y yo me debato sola sin tener siquiera el consuelo de haber trazado en estos días, una línea que valga la pena. Se despide de ti y te besa tristemente Quiela. (26)

El período de diez años de letargo en los que nada en ella ha evolucionado ha hecho que ella haya abandonado toda iniciativa creadora o todo deseo de acción. La personalidad aborbente, dominante, tiránica de Diego ha devorado todas sus energías y se siente un mero apéndice de él. Sin él ni puede amarse a sí misma, ni piensa que los demás puedan amarla; se tiene autocompasión ("te besa tristemente") y su masoquismo llega a límites estremecedores: "Juntos afrontamos la vida y así pasaron diez años, los mejores de mi vida. Si me concedieran volver a nacer, volvería a escoger esos diez años, llenos de dolor" (68).

El clímax en el proceso de "ningunización" llega cuando reconoce no poder amarse sin el amor de él:

> sin ti soy poca cosa, mi valor lo determina el amor que tu me tengas y existo para los demás en la medida en que tú me quieras. Si dejas de hacerlo, ni yo ni los demás podremos quererme. (17)

Es difícil llegar a una desposesión más completa del yo; éste es el último grado de sumisión, en el que la víctima no sólo acepta su propia anulación, sino que goza en someterse a la crueldad que la aniquila.

Obras citadas

Baumeister, Roy F. *Masochism and the Self.* New Jersey: Lawrence Erlbaum Associates, 1989.

Bowlby, John. *Attachmente and Loss III, Sadness and Depression.* London: The Hogarth Press and the Institute of Psycho-Analysis, 1980.

Cardona Peña, Alfredo. *El monstruo en su laberinto. Conversaciones con Diego Rivera.* México: Diana, 1980.

Deleuze, Gilles. *Coldness and Cruelty.* New York: Zone Books, 1989.

Freud, Sigmund. "Narcisism: an introduction" (1914). *General psychological theory.* New York: Collier, 1966.

Miller, Beth. y González Alfonso. *26 autoras del México actual.* México: B. Costa-Amic Editor, 1978.

Poniatowska, Elena. *Querido Diego, te abraza Quiela.* México: Biblioteca Era, 1993.

Rivera, Diego. *My art, my life.* New York: Dover Publications, 1960.

Steele, Cynthia. "La creatividad y el deseo en *Querido Diego, te abraza Quiela*, de Elena Poniatowska". *Hispamérica* 14.41 (1985): 17-28.

Vorobev, Marevna. *Life in two worlds.* London: Abelard-Schuman, 1962.

Wolfe, Bertram D. *The fabulous life of Diego Rivera.* New York: Stein and Day, 1963.

Notas

1 * Para una mayor profundización en los aspectos biográficos y en el episodio de la matanza de Tlatelolco véase *26 autoras del México actual*, 301+.

2 * Véase *Attachment and Loss III, Sadness and Depression*, de John Bowlby (London: The Hogarth Press and the Institute of Psycho-Analysis, 1980) 200-10.

3 * Véase "Narcisism: an introduction" (1914). "It is impossible to suppose that a unity comparable to the ego can exist in the individual from the very start; the ego has to develop" (59).

4 * La madre preedípica es anterior al conocimiento por parte del niño de la distinción entre los sexos, por lo tanto, es una madre fálica.

5 * En los Evangelios, Jesús es Hijo y Padre (en cuanto Dios) de María. Su divinidad le dota, evidentemente, de una infinita superioridad sobre la madre.

Mapping Future Paths: Fantasy and Self Discovery in Carmen Martín Gaite's Books for Children

Kathleen Doyle
The University of Chicago

Carmen Martín Gaite's literary career spans four decades, inviting the study of the evolution of political, cultural and literary trends in her works. Novels such as the 1978 *El cuarto de atrás*, which plays with the interrelationships between fantasy, memory, creativity, text and identity, have attracted the majority of critical attention to her work. However, she is also the author of three children's books treating similar textual and thematic concerns. These works written primarily, but by no means exclusively, for children share with the rest of her fiction an interest in the development of selfhood, and more specifically, feminine identity. They are therefore highly relevant to discussions of feminine roles in contemporary fiction by Spanish women. I will focus on the role of fantasy in the construction of the adolescent female protagonists in *El castillo de las tres murallas* (1981), *El pastel del diablo* (1985) and *Caperucita en Manhattan* (1990). These three works either reelaborate well-loved stories, as in the case of Red Riding Hood in *Caperucita en Manhattan*, or are themselves original fairy tales. The use of the fairy tale form is significant in view of the possible lessons contained in these children's narratives and their potential to in turn inspire young female readers or listeners to a greater degree of confidence and self-awareness. I will discuss the works in their order of publication.

In his 1977 study *The Uses of Enchantment*, Bruno Bettelheim examines the importance of fairy tales to children's awareness of themselves and their world. These highly stylized and idealized stories which seem so far removed from reality actually show children how to face and learn from their experiences in a less than ideal world. Fairy tales allow children the opportunity to first identify with the hero or heroine in recognizing problems and creating solutions in a fictional context, and then access that experience in their own lives. In short, a child's favorite fairy tales, when repeated often, teach that perseverence and self-confidence will aid in overcoming adversity. It is no wonder, then, that the fairy tale is a form that endures and continues to be favored by authors of children's fiction.

One trait which may be seen as characteristic of contemporary Spanish fiction by women is an attention to generational issues between female characters. These novels for young readers are no exception. In these three children's works by Carmen Martín Gaite, each girl's actions and ambitions are in opposition to the situations in which her mother finds herself, and also to the life she wants for her daughter.

El castillo de las tres murallas (1981) tells the story of Altalé, daughter of the tyrant Lucandro and his lovely but unloved wife Serena, and her life through early adolescence in a forbidding, walled castle. Altalé's mother Serena is a woman upon whom rest the hopes of the suffering people of Belfondo. This role is forged for her by the townsfolk without any basis in reality, having neither seen nor heard of her before the arrival of traveling merchants who deliver her things to the castle one day. Her feminine role is clear in the attitudes of the belfondinos: Serena is an unknown but hopefully benevolent patroness and protectoress. They assume that Serena will be willing and able to help them despite the fact that she is the wife of their oppressor. Long before the birth of Altalé, they assign a maternal role to Serena, and without her knowledge, look to her for comfort, supposing her to be inherently gentle and merciful. They are mistaken in thinking that Serena can in any way sway the favor of Lucandro in their direction, as we know from our vantage point as readers, for Lucandro trusts no one but his servant, the mysterious and immortal Cambof Petapel. Serena is incapable of enforcing her own freedom within the palace, let alone of arguing for that of the starving peasants.

Serena's sphere is limited to a series of rooms in which she confines herself after being begged to do so by an adolescent Altalé who appears to her in dreams. Her quarters, namely a dressing room and sewing room, are both traditionally feminine interior spaces. This inner sanctum is invaded by her distrustful, greedy husband for daily inventories of his priceless but empty gifts to her. Far from attempting to influence Lucandro, her only real wish is to be left alone to retreat into her dreams and musings. After Altalé's birth, Serena is left in peace by her husband, who has gradually emptied Serena's cells of valuable objects, including their daughter, his most recent acquisition.

Altalé gains the voice and personal freedoms her mother was unable to attain for herself. Serena lives up to her name as a quiet woman eager to merely withdraw from castle life and take refuge within herself and her dreams. She only minimally satisfies her longing for a life and experiences of her own by recording her conscious thoughts as well as her unconscious desires in a journal hidden from her husband. Although Serena yearns for contact with the outside world about which she knows so little, her only communication with it are fleeting glimpses of a young shepherd passing on the path below the castle, a man whom we are led to believe may be the music tutor with whom she eventually flees.

Altalé, on the other hand, is an extremely vocal child who aggressively makes her presence known both in the castle and Belfondo. Growing up without her mother, Altalé's greatest wish is to be reunited with her. Unlike Serena, Altalé is unafraid of making demands upon the castle staff, and comes to rely especially upon Cambof Petapel, who develops a special affection for the young heiress. Altalé dares even to defy her father's orders, refusing to recognize his authority over her destiny. The narrator tells us that "Altalé tenía una manera tan firme de decir lo que quería que lograba imponer su voluntad(45)." She soon lives up to her name by bringing her high law (alta ley) to all those closest to her, including Lucandro, who little by little loses his authority and his humanity, both physically and spiritually.

The belfondinos' dream of liberation is realized in Altalé, whose high law demands justice. She animates them to rebel despite the threat posed to them by Lucandro's newly constructed prisons. Prison motifs abound in the work, ranging from the cells in which Serena spends her time to the cages holding Altalé's songbirds and the bars over her own windows. Even the spirit of Cambof, the ageless servant who so lovingly teaches Altalé, is freed from its aged frame and placed into the handsome young body of Amir, the rebel who captures the heroine's admiration. By acting wisely on her dreams and making them come true through personal and political rebellion, fifteen-year old Altalé gains freedom for all, the prospect of love with Amir, and the chance to be with her mother, whose cryptic messages and journal inspire her actions. Serena's wish that Altalé be better able to understand her own dreams is fulfilled.

In *El pastel del diablo* (1985), Sorpresa is the gifted daughter of Remigia and Zenón the potter. Remigia is alarmed by a prediction made by la Balbina, a local woman rumored to be a witch, who had said at Sorpresa's baptismal party that the couple's only child would be cursed with an insatiable curiosity. Remigia, the family disciplinarian, upholds the schoolmaster's request that Sorpresa not return to school after having embarrassed him with her increasingly difficult questions. As a practical woman with her concerns rooted in everyday needs, she fears her child's curiosity and thirst for learning and is glad for the chance to more closely monitor the girl, discouraging Sorpresa's flights of fancy in favor of obedience.

Sorpresa lives most fully in her imagination and is a gifted storyteller. She invents characters like herself and gives them the adventures that she longs for but cannot have. Acutely conscious of the limitations posed by her age, her imagination allows her to achieve in her own mind the things she most wants: to be listened to and taken seriously, and to grow up faster. The novella is in fact Sorpresa's story in many ways: she is its creator, narrator and protagonist.

In an intriguing article, Mercedes Jiménez draws parallels between Sorpresa's tale and the literary career of Carmen Martín Gaite. Whether or not we set out to examine this children's novella in terms of the author's biography as presented in interviews, or in the fictionalized version contained in the novel *El cuarto de atrás*, it is very difficult to avoid reading the author's life into the work. In any case, it is undeniable that this novella and the aforementioned novel share numerous features. Both works deal with the beginning of literary inclinations in a young girl and her realization that the imagination is a powerful resource in trying times, whether living through a civil war which puts an end to carefree childhood games, or merely the hardship of being younger than she wants to be. In her fantasy, Sorpresa fictionally but meaningfully achieves her wish to be treated as a young woman rather than as a child, especially at the end of the narrative, when her ten year old protagonist overcomes the curse placed upon her at birth and is transformed into a beautiful woman.

The author keeps her promise that adults also may enjoy this children's work and gives us an elaborately structured tale with several levels of diegesis. First an extradiegetic narrator describes the birth and chidhood of Sorpresa and one of her storytelling meetings with her friend Pizco. Then we read what seems to happen to Sorpresa while exploring the marvelous world of La Casa Grande, where she experiences strange new things: a wax doll who offers her a strange violet liquor (reminiscent of *Alice's Adventures in Wonderland*, one of Martín Gaite's favorite books), a king (really an actor) who treats her like a fair lady, references to *El pastel del diablo*, and a mysterious, unnamed man. Within the narrative in the Casa Grande section of the novella, both Sorpresa and the man tell stories, leading us to believe that we have heard from three narrators in all. At the story's end, after the first narrator explains how the disillusioned Sorpresa realizes that she can no longer count on Pizco for an audience, we become aware of the fact that the whole account of her visit to la casa grande has been a story invented by Sorpresa. The emphasis in this particular novel on the act of telling links it with works such as *Retahílas* and *El cuarto de atrás* in the concern with communication.

The last of the three works to be discussed here is *Caperucita en Manhattan* (1990). This modern adaptation of the Red Riding Hood theme has the most concrete and modern setting of these three children's novels, but the place where Brooklyn-born Sara Allen seeks adventure is no less marvellous and mythical to her than the faroff place and time of *El castillo de las tres murallas* is to us. Once again, we perceive generational differences in the perspectives of Sara Allen, her mother Vivian Allen and her grandmother Rebecca Little, once known on stage as Gloria Star.

Sara's mother, Mrs. Allen, works in a nursing home, the perfect place for this constantly worrying woman to spend her days. At home, rather than enjoying her family life, she continues to fuss over the details of her housework and complain about her life, wishing it were more exciting and romantic, but does nothing to change it. Vivian Allen is a very controlling woman, especially when it comes to those whom she sees as dependent upon her, namely her daughter Sara and her mother. To her dismay, her mother Rebecca Little lives too far away for her to take care of her, despite the fact that the woman is fully capable of caring for herself. Sara's eccentric grandmother lives just far enough from Mrs. Allen to prevent her from controling her comings and goings, as if the woman were yet another resident of the nursing home where she is employed. Mrs. Allen is scandalized by the carefree lifestyle of her mother, who had (in her opinion) ovestepped the bounds of decency by living with a man out of wedlock. Unlike her mother, Sara admires her grandmother's spunk, eccentricity and independence.

Sara is another stressful area of Vivian Allen's regimented life, and the one person over whom she has nearly complete control. I say nearly complete, because Vivian Allen has no access to the fantasies Sara has built around the grandmother and the man with whom she used to live. Mrs. Allen constantly worries about her daughter's moods and her quiet spells of concentration, interpreting them as a sign of mental distress rather than creativity.

Every Saturday Sara and her mother board the subway carrying one of Mrs. Allen's famous strawberry shortcakes to the grandmother's house. Perfectly executing the cake's preparation is the most fulfilling activity in Mrs. Allen's life, as she has precise control over the entire process. Part of the enjoyment that Mrs. Allen receives comes from the presentation of the dessert: she dresses Sara in her red slicker (rain or shine) and places the cake in a basket.

Despite the coincidences, there are many differences between the classic Red Riding Hood story and the story of Sara Allen. In the tale as told by Perrault and translated into Spanish by Carmen Martín Gaite in 1980, there is a great deal of violence and potential danger. Red Riding Hood's mother sends her alone into the woods, whereas Sara would never be allowed to venture off by herself because of her mother's fear of crime. Red Riding Hood goes to her grandmother's house to feed and care for the sick woman, but Sara's grandmother is not ill. This neutralization of the violent aspects of the original story, as well as the preservation of feminine genealogy in Sara's family are significant to the positive message conveyed to a young female audience.

Sara is forced to endure her mother fretting over her every weekend before the short trip and the restrictions placed upon her once at the grandmother's house. After the sudden death of a relative, Sara gets her first chance to experience real freedom. She dodges her babysitter to bring the weekly cake to her grandmother. She sets out to make this trip via Central Park (having planned it out in her mind for years using a map given to her by the bookseller with whom her grandmother had lived), hoping to find true adventure.

She achieves her search as well as her wish to see her grandmother happy again. Her confidence wavers for a moment upon emerging from the subway, but is soon bolstered by an inspiring encounter with Miss Lunatic, a vagabond who is the first adult other than her grandmother to be willing to listen to her without telling her what to do. Miss Lunatic is known to all who constantly see her on the street, and is respected for her ability to heal both physical and social ills with her potions. She accompanies Sara on her journey through New York City's Central Park, teaching her along the way that Sara is far better off than those for whom appearances and money are more important than being true to oneself.

Thus far Miss Lunatic had been as much a model of individuality and independence as Rebecca Little, but a fantastic transformation allows Sara to see that this ancient lady is actually Madame Bartholdi, inspiration for the Statue of Liberty, and thus for Sara, liberty in the flesh. Miss Lunatic then gives Sara a push in the right direction and a magic coin with instructions for getting to the Statue of Liberty through a secret underground entrance.

On her path Sara meets another recent acquaintance of Miss Lunatic's, the rich but unfulfilled King of Cakes, Edgar Woolf. In exchange for a limousine ride, Sara promises him the recipe for the perfect strawberry shortcake, and without knowing it, a reunion with a onetime love from his youth, the entertainer Gloria Star. At the end of the novel, Sara sees the rebirth of Gloria Star, dancing happily in the arms of the non-threatening Woolf our Red Riding Hood had met on the way to her grandmother's house. Her wish to make her grandmother happy having been accomplished, and having gained greater self-reliance, Sara uses the token given to her by Mme. Bartholdi and literally takes flight on her way to liberty.

As in much of Carmen Martín Gaite's adult fiction, the presence of an interlocutor is essential to the discovery of the generative powers of fantasy. The protagonists who discover and make use of their inner resources owe at least part of their success to the other significant and often mysterious characters in the works who patiently and compassionately hear them out. In *El castillo de las tres murallas* Altalé has a close relationship with Cambof Petapel, who draws on the experiences of his many previous lives. In *El pastel del diablo*, Sorpresa invents an interlocutor for herself based on her idea of what "el señor de la casa grande" might be like. When she coaxes him out of his reverie and into communication with her, Sorpresa realizes the power of the spoken word and of her own talent as a storyteller. Although generated by her own imagination, the man is no less real to her in terms of what the experience teaches her. In *Caperucita en Manhattan*, the grandmother and Miss Lunatic give Sara the chance to bring to life the Manhattan adventures so long confined to her imagination, without fear of being scolded.

In these inspiring but largely neglected works, Carmen Martín Gaite brings to life youthful heroines who conquer their fears and limitations, or those imposed upon them by authority figures, by giving free rein to their imagination. In trusting in herself and allowing her fantasies and dreams to literally carry her away, each girl moves beyond the dull security of the world constructed for her. She gains new personal freedoms and knowledge of herself and her place in the world through rebellion, creativity and self-reliance. These roads to understanding are typically feared and unsuccessfully blocked by those who watch over the girls "for their own good." It is precisely during her flights of fancy that the protagonist in each of the stories perceives who she is and who she could become, encouraging young female readers to explore similar paths of development.

Works Cited

Bettelheim, Bruno. *The Uses of Enchantment: The Meaning and Importance of Fairy Tales.* New York: Knopf, 1977.

El Saffar, Ruth. "Carmen Martín Gaite and *El castillo de las tres murallas.*" *Letras femeninas* 8.2 (1982): 46-53.

Jiménez, Mercedes. "*El pastel del diablo*: un juego alegórico sobre la iniciación de Carmen Martín Gaite." *Letras femeninas* 18.1-2 (1992): 83-90.

Martín Gaite, Carmen. *Caperucita en Manhattan.* Madrid: Siruela, 1990.

—-. *El castillo de las tres murallas.* 1981. Rpt. in *Dos relatos fantásticos.* Barcelona: Lumen, 1986.

—-. *El cuarto de atrás.* Barcelona: Destino, 1978.

—-. *El pastel del diablo.* 1985. Rpt. in *Dos relatos fantásticos.* Barcelona: Lumen, 1986.

Roger, Isabel M. "*Caperucita en Manhattan.*" *Revista hispánica moderna* 45.2 (1992): 238-31.

La narrativa de Rosa Montero: entre la angustia y la esperanza

Javier Escudero
Pennsylvania State University

La gran mayoría de los estudios existentes sobre la narrativa de Rosa Montero, tanto los que han analizado aspectos formales como los que se han fijado en los temáticos, coinciden en afirmar que la obra de esta escritora se caracteriza por una preocupación marcadamente feminista. Así, Concha Alborg, Joan Brown, Viviana Claudia Giménez, Kathleen M. Glenn o Phyllis Zatlin, al estudiar la presencia de la intertextualidad o la metaficción en sus novelas, concluyen que con el uso de estos recursos Rosa Montero plantea de lleno en su obra cuestiones feministas, desafiando e invalidando el discurso masculino dominante. Tanto estas como otras estudiosas, entre ellas Eunice Meyers y Elena Gascón Vera, están de acuerdo al enumerar los temas relacionados con la situación de la mujer que preocupan a la escritora: la opresión masculina, la marginación profesional, los roles estereotípicos, la represión sexual y la imposibilidad de comunicación entre los humanos.[1] Sin embargo, ha habido que esperar hasta la publicación del libro de Alma Amell, *Rosa Montero's Odyssey*, para que alguien notase que, además de la temática feminista, la obra de la autora española revela otras preocupaciones que otorgan unidad a toda su narrativa:

> [...] there is one factor that dominates and motivates all plots and characters of her narrative. It is as perennial as it is poignant and concerns all of us. It is the author's quest to understand the dialectics between the human being and the universe and more specifically, to learn to accept death as the ultimate, inevitable outcome of all our earthly endeavors. (xi)

En el capítulo V del libro, "The Agony of Decline", Amell reflexiona sobre la aparición del tema de la muerte en las novelas de Rosa Montero, incorporando algunos ejemplos, pero sin profundizar en su análisis o ir más allá de lo expuesto en la cita anterior. A pesar de estas limitaciones, hay que valorar la contribución de Amell en su justa medida ya que su estudio ha abierto nuevas vías en la interpretación de la narrativa de la escritora, renovando la visión crítica al respecto.

Continuando con esta línea de investigación, me propongo analizar la dimensión existencial, metafísica, presente en la narrativa de Rosa Montero. La escritora no sólo plantea en sus novelas una problemática vital, una concepción existencial determinada, sino que convierte su aventura narrativa en búsqueda constante, en un medio a través del cual trata de encontrar respuestas a sus obsesiones personales. Esta preocupación, que confiere unidad a toda su obra, presenta unas características precisas que reaparecen constantemente en sus libros. Por tanto, un estudio detenido de sus novelas, que aquí se limita a *Crónica del desamor* (1979), *La función Delta* (1981), *Te trataré como a una reina* (1983) y *Amado amo* (1988), ofrece las claves necesarias para entender la concepción última del individuo y del mundo expresada por la autora, a la vez que se constituye en un espejo preciso de su propio aprendizaje existencial.[2]

Una obsesión que manifiestan muchos personajes de estas cuatro novelas, en especial los que rondan los cuarenta años, es el miedo a envejecer. El espejo, convertido en un despiadado enemigo que refleja el deterioro corporal, aparece continuamente. Así, César (*CD*) confiesa:

> Y aún queda la prueba más difícil, aún queda esa descarnada luz de neón del ascensor, el espejo criminal que te devuelve la derrota, las grandes bolsas bajo los ojos, los ya cuarenta años que empiezan a resquebrajarse cara abajo, envueltos en una palidez trasnochadora y nicotínica, una palidez insana y loca. Es el vacío, Cecilio, es el vacío. (137)

De la misma manera, Lucía (*FD*), Bella y Antonio (*TT*) y César Miranda (*AA*), se muestran angustiados al ser conscientes ante el espejo de su propia decadencia física, decadencia que también les provoca ese vacío vital al que alude César. Lucía, por su parte, se niega a envejecer, aferrándose a su juventud pasada:

> [...] sigo guardando en la retina mi rostro de siempre, mi rostro de los treinta años, y esta gastada máscara que asoma hoy sobre el azogue me resulta ajena e incluso pintoresca, y la miro sin ver, observando con extraño distanciamiento sus ojos perplejos, las comisuras cuarteadas, la papadilla algo peluda. (*FD* 53)

Este deterioro físico, que viene a confirmar uno de los sueños de la joven Lucía en el que por la noche se levantaba y se veía, de repente, envejecida en el espejo, es ahora, a los sesenta años, una realidad:

> [...] mi despertar ha sido agónico y angustioso, ha sido una simple prolongación de mi delirio. Porque es cierto que la carne se me desploma y se me arruga, porque en realidad me siento enferma y vieja, porque he intuido que mi tiempo se acaba. (*FD* 202)

Las palabras de Lucía reflejan con precisión los miedos de Ana, César, Cecilio, Bella, Antonio y César Miranda, quienes también se muestran aterrorizados por la decadencia física, antesala de una muerte que presienten cada vez más cercana. En toda la obra de Rosa Montero, la vejez se presenta como una etapa trágica, solitaria, donde el individuo está más anclado en la muerte que en la vida y donde la existencia carece de sentido, como acertadamente se expone en la extensa reflexión de Ana sobre los distintos tipos de viejos que pueblan las calles de Madrid. A todos ellos les distingue su soledad y un deterioro corporal descrito con tintes grotescos:

> [...] los viejos y viejas que llevan la muerte entre los párpados, la piel amarillenta deja traslucir la enfermedad que les está comiendo, tienen ojos vacíos y la boca siempre les tiembla ligeramente, como temerosa de traicionar su próxima partida: se mueven en el

> mundo de los vivos como si aún pertenecieran a él, pero llevan la sentencia impresa en el rostro a veces con precisión notable—a ése le quedan un par de meses, éste no verá la primavera, aquél morirá en dos semanas—y desprenden un tufillo cálido y picante, un olor de orines y sepulcro. (*CD* 78-79)

La autora usa en las descripciones de la vejez o del deterioro corporal aparecidas en las distintas novelas un realismo feísta, grotesco, de clara filiación quevedesca, que revela más aún su rechazo de esta etapa de la vida.[3]

La preocupación por la muerte se presenta de forma obsesiva en las novelas de Rosa Montero, ya por medio de reflexiones o ya por su incorporación crucial a la trama. Es más, la escritora alterna de forma constante en sus páginas la presentación de la juventud soñadora e idealista, donde la belleza y el amor son todavía posibles, frente a la vejez, encarnación de la muerte y del vacío.[4] Ana, la protagonista de *Crónica del desamor*, es consciente de la transitoriedad de la vida, que "se escapa, rápida y banal, hacia la muerte que llevamos dentro" (*CD* 74). Esta idea le hace evocar la terrible agonía, debido a un cáncer, de su abuela Concha y también los temores de su amigo Cecilio:

> Cecilio suele decir, moriremos un día tontamente, saliendo de la ducha, resbalando y golpeándonos contra el suelo, agonizaremos durante horas sin que nadie esté acostumbrado a visitarnos, nuestra débil voz no será oída por nadie; y saldremos en la prensa, se ha descubierto el cadáver de un viejo. (79)
>
> —Bueno [dice Ana], cuando seamos ancianitos y no podamos valernos por nosotros mismos nos casamos, ¿te parece?
> —Perfecto—respondió Cecilio, retomando su obsesión. La noticia del periódico dirá, encontrados dos cadáveres de ancianos, los cuerpos presentaban señales de descomposición (*CD* 80).

El terror a la descomposición del cuerpo y el miedo a la muerte en soledad son dos ideas que reaparecen en boca de otros personajes en las novelas posteriores. Ese temor a morir solo representa la culminación de la preocupación de la escritora por la soledad social y existencial del ser humano, ejemplificada tanto en Benigno (*TT*), Doña Maruja (*FD*), Doña Engracia (*CD*) o los ancianos descritos por Ana, como en Lucía, Antonio o César Miranda. Todos ellos, viudos o solteros, terminan sus días viviendo totalmente aislados, prisioneros de su ciudad, de su enfermedad o de su vejez.[5] Sin embargo, la mayor tragedia es el enfrentarse a la muerte sin ninguna compañía posible, como Doña Maruja, para quien es mayor el miedo a morir en soledad que el propio temor a la muerte: "¿Qué haré yo, cuando me quede inútil, qué haré yo, tan sola en mi casa? A mí no me da miedo la muerte, me da miedo morir mal" (*FD* 14).[6] De la misma manera, Lucía—"No quiero morir sola" (347)—o Antonio, se niegan a aceptar lo inevitable: "Si se pusiera enfermo, si le pasara algo, la gente tardaría en enterarse. [...] tardarían una semana en descubrirle. Le encontrarían hediondo, descompuesto" (*TT* 190). El uso constante en la narrativa de Rosa Montero de alusiones excrementales—residuos corporales, malos olores— asociadas a la vejez y a la muerte, encuentra en *Te trataré como a una reina* su máxima expresión.[7] En esta novela, este tipo de referencias constituye un presagio, un anuncio constante del destino de los seres humanos, de la putrefacción corporal. Por tanto, el terror de Antonio a la descomposición del cuerpo, idéntico al de Cecilio o al de Lucía, ejemplifica otra de las obsesiones de la novelista, su rechazo del cadáver putrefacto, lo único que con certeza pervive más allá de la vida.[8] Esta imagen, que en Quevedo es "the ultimate symbol for the nature of man's existence on earth" (Iffland 2: 194), representa en la obra de Rosa Montero la victoria definitiva de nuestra realidad escatológica, el símbolo máximo de la muerte despreciable. La escritora expresa así la idea de que el individuo carece de libertad, no puede escaparse de unas circunstancias vitales que lo condenan de antemano a la sepultura. Esta visión pesimista y determinista de la condición humana revela, en última instancia, la profunda angustia vital que corroe a Rosa Montero.

La función Delta nace, en gran medida, como respuesta al deseo manifestado por Ana en *Crónica del desamor* cuando afirma que "intentó bucear en su futuro, desentrañar qué tipo de agonía le estaba reservada a ella misma" (*CD* 75). Ahora, la narradora, una Lucía moribunda—alter ego de Ana—evoca desde la cama del hospital su vida pasada (1980), con treinta años, y su vida presente (2010), ya mayor de sesenta, a la vez que se enfrenta de lleno a una muerte próxima, buscando respuestas que apacigüen su angustia, que llenen el vacío que se abre ante ella. Lucía, al igual que los otros personajes de estas novelas, no concibe la muerte como un hecho natural sino como una realidad inexplicable:

> El problema es que no consigo imaginarme el no ser, la nada, el fin total. Pienso en la muerte como si fuera un negativo de mí misma, me veo flotando en un vacío negro, mudo y ciego, y, sin embargo, sé que no será así, sé que no seré, que nada será nada. Imposible, incomprensible. (*FD* 345-46)[9]

Muy significativamente, ninguno de estos personajes presenta una dimensión espiritual o metafísica, algún tipo de refugio, ya sea religioso o filosófico, que alivie su angustia vital y que ofrezca respuestas precisas ante el temor a la muerte. Del mismo modo, la creencia en alguna forma de trascendencia espiritual o en alguna divinidad está ausente en todos ellos.[10] Por tanto, los adultos que pueblan estas novelas se encuentran desamparados, indefensos, sin un consuelo que les permita superar su angustia ante la muerte.

En sus años jóvenes, tanto Ana como Lucía se refugian en el amor, lo único que parece dar cierto sentido a sus vidas. En el caso de Ana, la atracción hacia su jefe, Soto Amón, culmina en un encuentro sexual mecánico, desolador, que destruye cualquier posible relación futura. Por su parte, el amor también alienta el existir de la joven Lucía: "porque para alguien que, como yo, no creía en ninguna ideología ni respuesta total acogedora, el amor parecía ser la única excusa suficiente ante la vida" (*FD* 10). Sin embargo, poco después, Lucía cambia de opinión: "¿No son todos los amores—a excepción quizás de los primeros—una simple construcción imaginaria?" (*FD* 74).[11] De la misma manera, Cecilio, Bella, Antonia (*TT*), Antonio o César Miranda, en un momento dado de sus vidas, alcanzan gracias al amor o a la sexualidad cierto sentido vital. Sin embargo, todos ellos se encuentran finalmente abocados a una soledad casi total, a una soltería sólo rota, en ocasiones, por encuentros sexuales transitorios e insignificantes. Por tanto, el amor y la sexualidad se revelan en última instancia como una ilusión inútil, como un refugio transitorio que permite a estos seres escapar momentáneamente de su soledad.

Las palabras de Lucía, confesando que "no creía en ninguna ideología ni respuesta total acogedora" (*FD* 10), deben de aplicarse a la extensa nómina de personajes de la narrativa de Rosa Montero ya que ninguno enarbola un compromiso político ni posee esa "respuesta total acogedora". Todos ellos intentan huir de sus circunstancias inmediatas, refugiándose en amores pasajeros o, como en *Te trataré como a una reina*, en sus sueños caribeños. Sin embargo, todo esfuerzo se revela inútil ya que nadie consigue progresar humana o profesionalmente, realizar sus sueños, escapar de la ciudad infernal en la que vive o de su realidad excremental. Tanto los personajes de *Te trataré como a una reina* como los de las otras novelas estudiadas, condicionados en muchos casos por los roles sexistas establecidos en la sociedad, quedan condenados finalmente o a una vida incierta, o al fracaso más absoluto, o a la muerte.

César Miranda, el protagonista de *Amado amo*, ejemplifica con precisión esa crisis vital a la que se enfrentan otros personajes de estas novelas al traspasar la frontera de los cuarenta años. En su caso, su desmotivación profesional y el progresivo aislamiento de sus amigos es producto no sólo de la imposición de un nuevo modelo de productividad en su empresa, sino también de ciertos hechos que ocurren simultáneamente en su vida. Así, los primeros indicios de su envejecimiento coinciden con el fin de su relación de tres años con Clara, con la imposibilidad de pintar, con la llegada de jóvenes con ideas nuevas a la empresa y, por último, con la enfermedad y muerte de su madre, aldabonazo definitivo a su confianza vital: "lo que en verdad llenaba a César de zozobra era la absoluta inutilidad de la vida de su madre, su existencia gris y sin sentido, ya sin redención posible frente al cercano fin" (178). A partir de ahora, un "tedio existencial" (111) se adueña de su vida: "César había perdido la fe en las pequeñas rutinas; y se le antojaban absurdos los gestos cotidianos que para otras personas formaban el entramado de la vida" (17).[12] Este César, consciente de que la felicidad puede alcanzarse sólo en breves instantes, es vencido, sin embargo, por "el conocimiento de la desolación" (197), por una visión terriblemente pesimista de la existencia:

> [...] incluso en tardes así, en las que parecía poder olerse la felicidad, se estaba organizando la desdicha por abajo, tu desdicha, la apropiada para ti, la diseñada a tu medida, y ahí crecía y latía y esperaba su momento, agazapada como un cáncer en el interior de las horas hermosas. (AA 124-25)

César Miranda, Ana, César, Cecilio, Lucía, Bella y Antonio conforman así una figura arquetípica, la del adulto enfrentado a una crisis existencial. Todos ellos, solteros en torno a los cuarenta años, comparten por lo general su miedo a envejecer, su incomprensión de la muerte, el terror a morir en soledad, el rechazo a la descomposición del cuerpo y su percepción del vacío vital. En todos los casos, la sombra de la desdicha futura anula los instantes de felicidad pasada.

La obra de Rosa Montero expresa de forma incuestionable la incertidumbre del ser humano contemporáneo ante las grandes cuestiones existenciales, la falta de respuestas precisas, de verdades absolutas, que le ayuden tanto a comprender su lugar en el mundo como a enfrentarse a la muerte. Ausente de la vida de estos personajes cualquier tipo de consuelo amoroso o religioso, cualquier motivación política, ideológica o ética, su existencia, el mundo en el que viven, adquiere una dimensión absurda, carente de todo sentido. Por ello, estos seres se encuentran indefensos frente al vacío existencial que les rodea, vacío al que aluden en distintas ocasiones César, Antonio, Benigno, César Miranda o la propia Lucía:

> Y a ratos soy feliz, a ratos me siento vivísima, felicísima, ocupando mi lugar en el mundo. Pero esos momentos duran poco, muy poco, y en seguida vuelvo a encontrarme colgando en el vacío, ¿entiendes?, como si todo fuera absurdo e irreal, como si el mundo fuera absolutamente irrazonable. Como asfixiada de abulia. (*FD* 117)[13]

La conciencia de este absurdo existencial confiere a estos personajes su verdadera dimensión dramática, su auténtica talla de títeres derrotados, una percepción lúcida y cruel de su propio quehacer en el mundo, percepción expresada con acierto por Lucía: "Y experimenté el vértigo: el vértigo de una vida irrazonable, o, lo que es lo mismo, de una vida sin razones de vivir, de una tediosa insensatez en lo que lo único real era la muerte" (*FD* 79).

Rosa Montero reelabora a lo largo de estas novelas el tema barroco del desengaño ante las miserias del cuerpo, expresando una visión profundamente desesperanzada ante la decadencia física y estableciendo así amplias conexiones intertextuales con la obra de Francisco de Quevedo. Además del uso de imágenes similares, como la del espejo o las alusiones excrementales, la escritora, según ella misma confiesa en su artículo "La medida del desorden", recoge el gusto por "un realismo descoyuntado: grotesco, adobado de un humor cruel y con ribetes delirantes". Sin embargo, su visión existencial es totalmente contemporánea, ya que en su caso no existe ningún tipo de respuesta religiosa o filosófica que otorgue sentido a la vida y a la muerte, contrariamente a Quevedo. Rosa Montero se sitúa entonces bajo la estela de autores como Kafka, Cioran y los dramaturgos del teatro del absurdo, con quienes comparte su desesperación frente al absurdo existencial, frente a la falta de sentido vital. El ser humano, imposibilitado de alterar su destino excremental, se encuentra confundido y angustiado en un mundo donde predomina la soledad, la incomunicación, la podredumbre, el vacío y la nada, esa nada "que a la vez amenaza y sustenta todas las cosas y todas las actitudes humanas".[14]

Ante esta visión tan desoladora de la condición humana, el único signo esperanzador lo aporta Lucía en *La función Delta*. La visión de una muerte cercana, la angustia que le provoca el vacío vital, la mueven a dejar constancia de su vida pasada y presente, escribiendo las páginas que finalmente conforman la novela. La escritura, que se convierte así en un refugio contra el olvido, en algo que da sentido a sus últimos días, ofrece a Lucía la posibilidad de alcanzar la trascendencia:

> Qué estupida sinrazón la de la vida. Tengo que terminar de escribir mis memorias, tengo que conseguirlo. Para que quede algo de mí, para salvar parte de mi misma de la nada. Para fijar en el tiempo aquellos días en los que existí intensamente, los instantes agudos de mi función Delta. He de terminar mis memorias, he de sobrevivirme. Aunque, en realidad, ¿qué importa todo eso? Es un esfuerzo inútil el escribir unos papeles que no existirán para mí cuando yo no exista. (*FD* 339-40)

El acto de escribir se constituye así para Lucía en un acto de salvación, en la única manera posible de perpetuarse. De la misma forma, Rosa Montero encuentra en la escritura el único consuelo posible para sobrevivir a la muerte, el único medio que la redime del vacío existencial, un acto que le permite trascender el absurdo que la rodea.

El hecho de que estas cuatro novelas de Rosa Montero puedan ser analizadas bajo esta nueva perspectiva, indica no que la lectura feminista sea incorrecta, sino más bien que la riqueza y complejidad de una propuesta narrativa cuyos significados no se agotan en un solo paradigma, responden, al igual que al interés por la temática feminista, a preocupaciones fundamentales de los tiempos en que vivimos.

Obras citadas

Alborg, Concha. "Metaficción y feminismo en Rosa Montero". *Revista de estudios hispánicos* 22.1 (1988): 67-76.

Amell, Alma. *Rosa Montero's Odyssey*. Lanham, New York, London: UP of America, 1993.

Brown, Joan L. "Rosa Montero: From Journalist to Novelist". *Women Writers of Contemporary Spain: Exiles in the Homeland*. Ed. Joan L. Brown. Newark: University of Delaware P, 1991. 240-57.

Escudero, Javier. "*Te trataré como a una reina*: la visión excremental de Rosa Montero". *Letras Peninsulares* 8.1 (1995): 113-32.

Ferrater Mora, José. *Diccionario de filosofía*. Madrid: Alianza Editorial, 1979. 4 vols.

Gascón Vera, Elena. "Rosa Montero ante la escritura femenina". *Anales de la literatura española contemporánea* 12.1-2 (1987): 59-77

Giménez, Viviana Claudia. "Subversión en *Te trataré como a una reina* de Rosa Montero." *Romance Languages Annual* 3 (1991): 454-59.

Glenn, Kathleen M. "Conversación con Rosa Montero". *Anales de la literatura española contemporánea* 15.1-3 (1990): 275-83.

—-. "Victimized by Misreading: Rosa Montero's *Te trataré como a una reina*". *Anales de la literatura española contemporánea* 12.1-2 (1987): 191-202.

Iffland, James. *Quevedo and the Grotesque*. London: Tamesis Books Limited, 1978, 1982. 2 vols.

Meyers, Eunice D. "The Feminist Message: Propaganda and/or Art? A Study of Two Novels by Rosa Montero". *Feminine Concerns in Contemporary Spanish Fiction by Women*. Ed. Roberto C. Manteiga, Carolyn Galerstein and Kathleen McNerney, (Maryland: Scripta Humanística, 1988): 99-112.

Montero, Rosa. *Amado amo*. Madrid: Debate, 1988

—-. *Crónica del desamor*. Madrid: Debate, 1979.

—-. *La función Delta*. Madrid: Debate, 1981.

—-. "La medida del desorden". *Revista de Occidente* 98-99 (1989): 201-05.

—-. *Te trataré como a una reina*. Barcelona; Seix Barral, 1983.

Zatlin, Phyllis. "Women Novelists in Democratic Spain: Freedom to Express the Female Perspective". *Anales de la literatura española contemporánea* 12.1-2 (1987): 29-44.

Notas

1 * En la sección de "Obras citadas" se incluyen las referencias bibliográficas de los artículos de estas estudiosas a las que aludo.

2 * A lo largo del trabajo, utilizo las siguientes abreviaturas cuando extraigo citas de las distintas novelas de Rosa Montero o cuando especifico la novela a la que pertenece un personaje: *CD*, *Crónica del desamor*; *FD*, *La función Delta*; *TT*, *Te trataré como a una reina*, y *AA*, *Amado amo*.

3 * Sirva de ejemplo la siguiente cita: "Hacía muchos años que Bella no se preocupaba tanto de su físico. Había ido envejeciendo aburridamente, sin darse apenas cuenta. Pero ahora se miraba de otro modo, y se había encontrado con todos los estragos del tiempo de repente. Las bolsas debajo de los ojos, y los párpados caídos, y papada. Dos profundas arrugas en la comisura de los labios, allí donde, de joven, tenía unos hoyuelos muy graciosos. Y los muslos blandos, y las tetas por la cintura. Un cuerpo casi cincuentón, irremediable. Bella se miraba en el espejo y le costaba trabajo reconocerse en esa vieja". (*TT* 154-55)

4 * El contraste que entre juventud y vejez aparece en *Crónica del desamor* entre Ana y su abuela o Doña Engracia, se presenta en *La función Delta* de una manera más compleja. El lector es testigo de ese contrasté no sólo en la vida de Lucía sino también en la de las dos enfermeras que la cuidan, María de Día, representación de la juventud, la alegría y la inconsciencia, y María de Noche, encarnación de la vejez y la muerte. Además de esta dimensión simbólica, la alternancia entre juventud y vejez se presenta también entre la Lucía treintañera y Doña Maruja, la mujer cuyo deseo de morir preside constantemente la novela

como un estribillo. Ese deseo de morir se opone, a su vez, a las ganas de vivir manifestadas por la Lucía enferma. Sin embargo, cuando ya la lucha contra la enfermedad es imposible, Lucía se identifica plenamente con Doña Maruja, aunándose así ambas en una figura arquetípica.

5 * Estas novelas presentan abundantes alusiones a la soledad social y existencial con la que se enfrentan los seres humanos. Así, por ejemplo, Lucía lo expresa en distintas ocasiones: "El teléfono había permanecido en silencio desde la noche anterior: me sentí olvidada, sola en un buque que se hunde, ese buque urbano del que los ciudadanos se apresuraban a huir, afanosos y apretujados como ratas" (*FD* 120-21); "Pensé en irme a un "De uno en uno", la cadena de restaurantes para personas solas" (*FD* 69); "estamos completamente solos" (*FD* 117). Por su parte, Benigno afirma: "Seis semanas solo en casa, solo también en la oficina..." (*TT* 203). Por último, Ana alude también al mismo tema en *Crónica de desamor* (véanse, por ejemplo, las páginas 201, 202 y 236).

6 * Los temores expresados por Cecilio se hacen realidad en las páginas finales del libro cuando Ana, al regresar a su casa, se entera de la muerte de su vecina Doña Engracia: "¿y cómo ha muerto?", "nada, no se sabe, pobrecita, se habrá caído o le habrá dado un ataque, o se habrá muerto de vieja", contestó la señora, "Señor, Señor, así, morirse como un perro" (*CD* 251). Esta defunción ejemplifica cómo los seres son vencidos en su última batalla por su soledad y por su temporalidad: "cuando tiraron la puerta doña Engracia estaba [...] tirada en el suelo como un guiñapo de trapos enlutados, y su mano izquierda aún agarraba la pata de un sillón pesado de viuda, ese sillón en donde se había roto las uñas rascando el barniz y el tapizado en un postrero esfuerzo por alcanzar la puerta" (*CD* 252).

7 * Para un estudio en profundidad sobre este tema, puede consultarse mi trabajo "*Te trataré como a una reina*: la visión excremental de Rosa Montero", citado en la bibliografía.

8 * Lucía alude a este tema en otros momentos de *La función Delta* (véanse, por ejemplo, las páginas 318, 335 y 346).

9 * La reflexión sobre la enfermedad, la decadencia y la muerte, el testimonio existencial ofrecido por Lucía, estructura *La función Delta* de principio a fin, constituyéndose, por encima de las connotaciones feministas, en el tema fundamental de la novela.

10* Los personajes de estas novelas no aluden nunca a sus creencias o convenciones religiosas por lo que es imposible saber si se trata de ateos o agnósticos. Sólo César Miranda, quien se declara ateo y anticlerical, confiesa, en un momento de angustia y desorientación, su envidia de aquellos que han encontrado en la espiritualidad un sentido vital (véase, *AA* 164).

11* También una amiga de Lucía revela, a través de la imagen de la esparraguera, la transitoriedad del amor (véase, *FD* 10). Por su parte, la propia escritora confiesa a Kathleen M. Glenn: "cuando estás enamorada pasionalmente te crees que eres eterna, la muerte no existe. La muerte desaparece con el amor pasional y cuando estás escribiendo una novela la muerte desaparece. Es una manera tan intensa de vivir que la muerte desaparece" (279).

12* César, quien se alimenta profesionalmente de sus éxitos pasados, no parece darse cuenta de la transitoriedad del éxito, antesala del fracaso del que nadie puede escapar, como se ejemplifica en la obra en la figura de Matías, quien se suicida empujado por su ruina profesional y humana. Además, la traición final de César a Paula, que revela su cobardía y ruindad, le permite, por un lado, vengarse de la mujer que no accede ya más a sus caprichos sexuales, y por otro, no desasirse totalmente de su empresa.

13* En el caso de Benigno, se asemeja la vejez al vacío, a la nada, a la sequedad intelectual: "¿Sabe usted lo que es pasar tanto tiempo en silencio? [...] Es el vacío, joven, es como si uno no viviera..." (*TT* 203).

14* José Ferrater Mora, *Diccionario de filosofía* (504). La cita proviene del apartado dedicado al pensador Cioran.

De la "madonna primaveral" a la "nueva Eva": representaciones de la mujer en la novela erótica de principios de siglo

Helena Establier Pérez
Universidad de Alicante

El primer tercio del siglo XX se caracteriza, literariamente hablando, por el éxito fulgurante de un fenómeno sociológico y editorial que, por su excesiva vocación ideológica en unos casos y por su despreocupación estilística en otros, ha pasado con el tiempo a engrosar las filas algo desdibujadas de los "subproductos literarios" o "infraliteratura": la novela erótica. No es de extrañar, sin embargo, tal eclosión de novelistas eróticos en una época en que Europa entera había dejado de estremecerse con la mención de la palabra "sexo" y comenzaba a desnudarse literariamente con una procacidad tal que hubiera soliviantado sin duda a la pudibunda sociedad de mediados del diecinueve.

El nuevo siglo vio la luz en el seno de una sociedad marcada todavía por la represiva mentalidad burguesa decimonónica, donde la unión monogámica heterosexual y la familia se constituían como valores tácitamente reconocidos por la colectividad, y donde la cuestión sexual, especialmente en sus manifestaciones menos ortodoxas, era obviada en pro de la moral. Cierto es, sin embargo, que estos rescoldos de la hipócrita doble moral que regía las conductas un siglo antes se iban apagando a resultas de los envites ideológicos de una nueva clase pequeñoburguesa, de formación laica y positivista, cuya principal afición era saber todo lo posible acerca de su sexualidad.

Nos hallamos, en fin, en un momento histórico en que, como bien afirma M. Foucault en su *Historia de la sexualidad* (15), el sexo ha de ser dicho, no sólo en el gabinete a media luz y entre susurros, sino desde las instituciones, a través principalmente de las voces públicas y fidedignas de científicos e intelectuales.[1]

La novela erótica tiene así el éxito asegurado; especialmente a partir de la irrupción de las hordas femeninas en la vida pública, lo que proporciona al género unos nuevos sujetos eróticos ansiosos de experiencias sexuales, hiper-activos y procaces, donde un siglo antes sólo se encontraban desmayadas doncellas que hubieran palidecido de horror si se hubieran pensado, por un instante, complacientes participantes en tales aberraciones.

Hagamos memoria y recordemos en qué punto se encontraba la representación de la mujer en la literatura española cuando la novela erótica toma al asalto los hogares de nuestro país para perturbar el remanso de paz del que en materia sexual disfrutaban los varones españoles en sus tálamos conyugales. Sabemos ya que la primera década del siglo se inaugura con la invasión, no sólo en la poesía sino también en la prosa, de las delicuescencias modernistas. Pero ¿cuál es el lugar que ocupa la heroína modernista en esa desdibujada amalgama de decadentismo, neo-primitivismo y post-simbolismo con que la literatura española de las dos primeras décadas del siglo desafía la recia prosa noventayochista?

Nos referiremos, en primer lugar a ese grupo de heroínas modernistas frágiles, etéreas y espiritualizadas de origen prerrafaelista a las que se les añade ahora una profunda religiosidad, virtud imprescindible para poder crear ese aroma de lujuria y pecado que emerge de las novelas del periodo. Estas damas refinadas de la literatura finisecular, a las que se adora simultáneamente con reverencia sagrada y con voluptuosidad mundana, nos recuerdan muchas veces a las Madonnas de los cuadros de Rubens, Botticelli o Rafael; incluso se las describe explícitamente como tales, añadiendo los motivos eucarísticos y marianos a los rasgos de inspiración prerrafaelista. Así describe Valle-Inclán a María Rosario en la *Sonata de Primavera*:

> María Rosario lloraba en silencio y resplandecía hermosa y cándida como una Madona, en medio de la sórdida corte de mendigos que se acercaban de rodillas para besarle las manos. [...]. Yo recordé entonces los antiguos cuadros, vistos tantas veces en un antiguo monasterio de la Umbría, tablas prerrafaélicas, que pintó en el retiro de su celda un monje desconocido, enamorado de los ingenuos milagros que florecen la leyenda de la reina de Turingia. (*Sonata de Primavera 51*)

En otras ocasiones, nos la hace aparecer en pleno arrobo místico, con la mirada perdida en un éxtasis de paz que sólo es turbado por la sensualidad desbordante que la religiosidad profunda y la pureza virginal de la muchacha despiertan en Bradomín.[2]

También Concha, la amante moribunda de *Sonata de Otoño*, alcanza para Bradomín rasgos virginales en su lecho de muerte y pasión. La delicada palidez de su piel se compara a la de una Dolorosa, su tez es de una "blancura eucarística", sus senos son como dos rosas de altar, toda su apariencia es la de una santa, profundamente espiritual, "consumida por la penitencia y el ayuno".[3] Y es que la enfermedad que la consume, ha acentuando su religiosidad y su vena mística, pero no por ello se resigna el Marqués a acompañarla con amistoso afecto en sus últimos días; más bien se diría que esa reciente semejanza de Concha con una madonna agonizante vierte en el aire el aroma de lo pecaminoso y ningún prejuicio moral puede frenar la voluptuosidad que crea el deseo reprimido de Concha en el ánimo de Bradomín. El triángulo sensualidad-religión-muerte se va estrechando a lo largo de la novela y se cierra en las útimas páginas cuando Concha expira en pleno éxtasis amoroso mientras los labios de los dos amantes se funden en un sacrílego "Amén".

Igualmente mitificadas, pero en sentido opuesto, se hallan las "otras" mujeres del modernismo, crueles y desmedidamente carnales, que no son sino encarnaciones de uno de los más usuales arquetipos femeninos vigentes en la época, especialmente a partir de la difusión de las misóginas teorías schopenhauerianas. La esencia de lo femenino en el modernismo viene así representada literariamente por criaturas frías, irracionales y perversas, que conducen al hombre por un camino de perfección invertido, es decir, descendente en lugar de ascendente, orientado a la perdición y no a la purificación. Estas mujeres, que dejan un hálito de voluptuosidad a su paso, son por esta misma razón culpables de la desviación masculina del ideal de pureza transmitido por la religión, convirtiéndose en encarnación del Mal; no son otra cosa que la versión hispánica de los "monstruos de la casa", cuya presencia en la literatura anglosajona ha sido rastreada en un discurso ya clásico de la crítica feminista por Sandra Gilbert y Susan Gubar.

Uno de los modelos fundamentales, claro, de la novela modernista es la niña Chole, de la *Sonata de Estío*. Así nos la ofrece Valle-Inclán en su novela:

> Era una belleza bronceada, exótica, con esa gracia extraña y ondulante de las razas nómadas, una figura hierática y serpentina, cuya contemplación evocaba el recuerdo de aquellas princesas hijas del sol, que en los poemas indios resplandecen con el doble encanto sacerdotal y voluptuoso. (*Sonata de Estío* 104)

La descripción ha incidido en lo fundamental: el exotismo, el hieratismo, la tentación (no en vano el símbolo de la serpiente para representar a la mujer tentadora es más que frecuente en la novela modernista), y principalmente la mezcla entre sensualidad y religión que constituye un aliciente extraordinario para intensificar la morbosidad de que se rodea niña Chole. Fundiendo así exotismo y erotismo se inserta la heroína de Valle-Inclán en esa tradición de mujeres fatales, disolutas y despiadadas que comprende desde las Sirenas y Gorgonas mitológicas hasta Cleopatra, Lucrecia Borgia o la romántica Carmen.[4]

Astarté, la bella judía de la novela de Isaac Muñoz, es otro de los ejemplos que se nos presenta impregnado del exotismo y el misterio de remotas civilizaciones, como la niña Chole; y también en *Los ojos de Astarté*, como en la novela de Valle-Inclán, se pone de relieve el hieratismo de la bella, prueba inequívoca de su perversidad moral. Así es descrita la heroína de Muñoz: "encarnación de la lujuria abstracta y eterna, como calosfrío misterioso, transido y helado, inexorable y perverso" (Muñoz 5).

En Astarté se reúne casi la totalidad de los rasgos de la figura femenina de una buena parte de las novelas modernistas; el elemento clave es su bifrontalidad: Astarté es vida y muerte, dulzura y crueldad, virginidad y voluptuosidad, todos congregados en una misma cosa; el miedo y la atracción se hallan en continua pugna ante la diabólica hermosura de la heroína de Muñoz, su beso transmite simultáneamente el encanto de la tentación y el hálito ponzoñoso y corrompido de la muerte...[5]

Muñoz se limita en suma a trasladar a la novela uno de los mitos sobre la femineidad más extendidos en su época, no privativo de la estética modernista, pero favorablemente aceptado por ésta en cuanto que contribuye a fomentar el alejamiento de la realidad cotidiana, dibujando un tipo de mujer cuyo potencial erótico nada tiene que ver con los mojigatos círculos femeninos de la clase media de principios de siglo.

La voluptuosidad de la heroína modernista aparece, además, ligada usualmente a la muerte. Comprobémoslo, por ejemplo, en el triángulo amoroso diseñado por Eduardo Zamacois en *El otro*, buen ejemplo del erotismo morboso que se vierte en muchas de las novelas modernistas. La relación de Adelina, la protagonista, con Riaza, su marido, aparece narrada en términos casi sado-masoquistas, con flagelaciones y torturas de toda índole, mediante las que Riaza descarga sus frustraciones en la mujer y realiza sus experimentos sexuales. Esta galería de horrores y la relación de Adelina con Haldberg propician el asesinato de Riaza, pero la protagonista—cosificada por la relación hasta el punto de añorar las violentas prácticas amatorias de su esposo difunto—permanece bajo el influjo del muerto a través de una serie de encuentros sexuales imaginarios con el espíritu de éste, donde Adelina vierte todas sus fantasías eróticas. No perdamos de vista a Adelina como prototipo de la heroina modernista cuya sensualidad desenfrenada causa la muerte de los dos hombres, la lleva a mantener relaciones de ultratumba con un espíritu e incluso a volver de la muerte para asediar sexualmente al superviviente de la catástrofe.

Pues bien, de una inesperada y, en cierto modo, gratificante fusión entre ambos tipos, la madona primaveral y la voluptuosa empedernida, surge la heroína del relato erótico. Curiosas mezclas de atributos de mujer y niña, estas protagonistas se caracterizan fundamentalmente por su alarmante precocidad.[6] Así son, por ejemplo, las heroínas de Pedro Mata, condenadas irremisiblemente a perderse por el desenfreno de su sensualidad incontenible, ya sean burguesitas solteras que ofrecen alegremente su virginidad o casadas insatisfechas y amodorradas en la vida cotidiana. En cualquier caso, coincide Mata con los otros escritores eróticos en la presentación burda y limitada de la mujer como mero objeto erótico de perversión, generalmente incapaz de liberarse de la dominación masculina.

Es cierto que de las voluptuosas modernistas aún quedan reminiscencias en algunas de esas amantes exuberantes que semejan encarnación de la lujuria, pero el tipo que se impone es el de la ingenua aniñada y andrógina capacitada no obstante para todas las perversiones. Veamos un ejemplo en el retrato de la señorita Frivolidad que nos ofrece Guilmain:

> [...] la señorita Frivolidad tiene aún la delgadez sobria y andrógina de la adolescencia; carece de curvas; sus senos y caderas apenas se insinúan, y no experimenta, por consiguiente, el encanto del 'maillot', que tan bien sienta a las mujeres de formas opulentas y espléndidas. (213)

El afán que anima a la señorita Frivolidad—y el que anima a casi todas protagonistas de las novelas eróticas de este periodo—no es otro que el de llevar a cabo una transgresión en el espacio sexual que conlleve un incremento de placer.[7]

Las infracciones a la "ley heterosexual" que se cometen en las páginas de la narrativa erótica son, en este sentido, múltiples y variadas. Tenemos frecuentes casos de lesbianismo (*El triunfo de Carmela*, de Artemio Precioso, por ejemplo), alguna que otra relación sadomasoquista (*La enferma* de Zamacois), sesiones de sexo comunitario (*El encanto de la cama redonda* de A. Retana) e incluso algún andrógino (como la *Bestezuela de placer* del Caballero Audaz).

No todo es, sin embargo, sexo lúdico ; en las novelas de Hoyos y Vinent, por ejemplo, el encuentro amoroso ya no es la fiesta gozosa que la novela erótica ha popularizado hasta entonces, donde la posesión de la fémina es motivo de satisfacción y plenitud. Las heroínas de Hoyos son mujeres viciosas, con relaciones morbosas y violentas y sórdidos encuentros amorosos donde lo pornográfico ocupa un lugar privilegiado.[8] Quizá su criatura más vil sea la protagonista de *El monstruo* (1915), elevación a la enésima potencia de la lascivia, que logra alcanzar el más placentero de los éxtasis en una cópula donde pasión, muerte y horror se funden en uno sólo. No me voy a privar del placer de transcribir la descripción de la protagonista durante la relación sexual en las últimas páginas de la novela:

> Era un monstruo de horror y de delirio el que se erguía ante él; era un ser híbrido y absurdo, la caricatura de una mujer hecha por la mano burlesca de la muerte; un despojo sangriento, repugnante y hediondo, una piltrafa humana roída de gusanos...algo repugnante, turbador, una alucinación que obscurecía el cerebro y hacía temblar el cuerpo. (Hoyos y Vinent 221)

No menos execrables son las representaciones de la mujer del erotismo tardío que sustituye el horror de las sexualidades aberrantes por la comicidad grosera y la lascivia grotesca. Las heroínas de la derivación paródica del género no son ni siquiera voluptuosas desenfrenadas y dramáticas como las precedentes; las protagonistas de *La Coquito* o *La suegra de Tarquino*, de los relatos al estilo de Joaquín Belda son, por encima de todo, casquivanas hueras que sodomizan a sus amantes con aparatejos novedosos en escenas bufonescas que muestran el aspecto más ridículo del encuentro erótico. Veamos, por ejemplo, las palabras con que describe el protagonista de *Las ojeras* las preferencias y perversiones eróticas del otro sexo:

> [...] la mujer no es ese abismo de que nos hablan los psicólogos literatos que se perfuman con pachulí; pero sí es, por lo visto, un ser natural y fisiológicamente pervertido, tomando esto de la perversión en un sentido puramente biológico.
> Es decir, que la encantadora hija de Eva no se conmueve, sexualmente hablando y fuera de casos excepcionales, más que cuando el distinguido hijo de Adán realiza con su complicidad uno de esos actos que llaman aberrantes y contra naturaleza.(357-58)

En este absoluto páramo intelectual en el que se mueve la novela erótica del primer tercio de siglo, las obras de Felipe Trigo representan una tabla de salvación, bien que provisional, para el género femenino.

Distinguiremos dos tipos distintos de novelas en el quehacer narrativo de Trigo: por un lado, las narraciones que fantasean acerca del proceso necesario para la transformación del amor, de sus protagonistas femeninas y del entorno en que se desarrolla (*Sí sé por qué*, *Del frío al fuego*, *Las Evas del paraíso*, *Alma en los labios*, *La altísima*...); por otro, las que estudian y condenan el amor imperfecto fundamentado en la pasión, la lujuria y los celos (como *Sor Demonio* y *El moralista*), denunciando la mayor parte de las veces el medio social que lo sustenta (así en *Las Ingenuas*, *Los abismos*, *La sed de amar*, *En la carrera*, *La bruta*, *Las reveladoras*, *En camisa rosa*...).[9]

La educación de la mujer es uno de los factores que Trigo más reciamente denuncia en todas sus novelas de crítica socio-sexual. Flora, la protagonista de *Las Ingenuas*, es buen ejemplo de la rígida instrucción social y religiosa heredada del XIX, que Trigo denuncia; provinciana, burguesa, presa en la vida de ocio que el medio les reserva a las de su especie, sus conocimientos del amor y de la vida son tan limitados que no puede evitar el caer en los brazos de su cuñado Luciano, maduro y mundano, mucho más versado que ella en las artes amatorias.

Las páginas de Trigo están plagadas de adolescentes preparadas concienzudamente para el matrimonio en todos los aspectos menos en el fundamental, de modo que al enfrentarse al amor fracasan siempre debido a su escasa altura intelectual y moral:

> [Son] las ingenuas. Surgen al mundo con la misma tradición de precoces perversiones del colegio y de cuentos de criadas, que los niños al dejar de ser niños. Y como éstos, sin miedos ni preocupación, con una gallarda osadía animal embellecida de ilusiones, igual se dejarían sus pudores virgíneos en los brazos de un criado (...) como se irían a ofrendarlos en los templos mercenarios del amor, si los hubiese de hombres [...]. ("*Modos del amor*" 9)

Trigo nos ofrece ingenuas de todos los géneros. La mayor parte de ellas son el resultado de la convergencia de dos factores: la nefasta educación recibida y la lascivia masculina. Ahí tenemos por ejemplo a Lola, Justina, Rosa y Marta,(*La sed de amar*) o a Antonia (*En la carrera*) para certificarlo—ejemplos de "ese delicadísimo ser lleno de ansias y de prohibiciones, llamado en lenguaje general la señorita" (Trigo, *El amor...*" 4), "llenas aún de su inocencia para ir dejándosela a jirones en la maldad de los hombres que las pueden cazar" (Trigo, *Las ingenuas* 175)— seducidas y abandonadas por sus novios respectivos. El caso de Antonia, protagonista de *En la carrera* es el más flagrante, ya que la educación, la sociedad, los hombres y la moral parecen estar en connivencia para hacerle pagar caro su pecado de amor, con los horrores del prostíbulo y de la sífilis.

Pero tampoco las casadas sólo por serlo pierden en la novela de Trigo la condición de ingenuas; lo son porque se han dejado enclaustrar en matrimonios sin amor, por dinero, por hastío o para encubrir algún desliz propio de la candidez con la que se mueven alegremente en un medio repleto de lobos hambrientos. En fin, deficiencias educativas, determinismo excesivo de un medio que no es el más apropiado para hacer resurgir al individuo libre, subordinación a relaciones antinaturales, minusvaloración y relegación del amor... son algunas de las lacras sociales que denuncia Trigo en buena parte de sus novelas.

Pero ésta constituye tan sólo una parte de la labor de transfiguración social pretendida por su narrativa; la otra, la que ha propiciado su catalogación como utopista, intenta ofrecer una visión renovada y futurible de la mujer, las relaciones humanas y la sociedad, creando un universo novelesco y, por ende, ficticio, que se propone a través del relato como modelo ideal.

Algunas de las novelas de este grupo se presentan como proyecto educativo. La mujer se convierte así en campo de experimentación que el protagonista de turno, casi siempre un convencido seudocientífico del Amor Total, manejará a su antojo con el objeto de conseguir la mujer ideal, perfecta, futura y renovada.

El proceso de transformación que estos adalides del progreso ensayan en las novelas de Trigo, sigue siempre un esquema similar, en el que se ponen en juego diversos factores: en primer lugar, la existencia de un objeto adecuado de experimentación, una señorita educada en los cánones represivos y deformantes de la moral burguesa convencional como Gabriela en *Alma en los labios*, o una degenerada víctima de la inflexibilidad social como Adria en *La Altísima*. En segundo lugar, el desarrollo de todo un largo y complejo periodo regenerativo en el que el hombre, mentor y juez simultáneamente, somete a su discípula a una serie de pruebas[10], casi siempre vejatorias, con el propósito de transformar su alma de mujer vulgar en un espíritu libre; finalmente, el éxito o fracaso del proyecto, dependiendo de la calidad moral de la pupila (Gabriela consigue triunfar y acceder al estatus de mujer renovada[11] mientras que Adria, incapaz de elevarse por encima de sus instintos, enloquece y malogra el experimento).

Se trata, ante todo, de lograr una nueva fémina, liberada y desprejuiciada, para que arrastre consigo una innovadora concepción del Amor. Su cuerpo, que le ha sido negado hasta entonces, debe renacer con toda la fuerza de la sensualidad reprimida, y de ahí la relevancia otorgada por el autor a esos desnudos convertidos en palabras con un fervor casi religioso.

La mujer nueva de Trigo debe gozar de su propio cuerpo[12] y dar rienda suelta a la voluptuosidad. "Tal vez conviene cavilar si no es llegado el tiempo de fundir el ángel con la prostituta", afirmaba Trigo en *El amor en la vida y en los libros* (27);[13] y de este híbrido hasta entonces inexistente, cuyos precedentes ya hemos rastreado en nuestro trabajo, es ejemplo un nuevo tipo de mujer al que corresponden las protagonistas de estas novelas. Quizá los perfiles más consistentes sean los de Lucía en *Del frío al fuego*, que es la única que no necesita ser redimida porque se libera a sí misma, y Aurea en *La bruta*, prototipo de la mujer independiente y culta que cree en un nuevo tipo de amor más libre y natural pero que se ve atrapada en esa tajante división del género femenino en degeneradas y ángeles del hogar tan propiamente finisecular.

Gabriela es, sin embargo, el caso más llamativo[14] porque su éxito como "Mujer Total" se ha producido tras un laborioso trabajo de reconversión por parte de Darío en el que, por fin, lo espiritual y lo carnal se han unido en cuerpo de mujer.

No nos dejemos, sin embargo, cegar por la bondad del proyecto utópico-amoroso de Trigo. Es incuestionable la labor realizada por el escritor en pro de la libertad de la mujer, proponiendo en sus textos teóricos la aplicación de medidas radicales como la entrada absoluta de la mujer en el mundo laboral, la unión libre y la reivindicación del orgasmo femenino. Decía Trigo en 1920:

> Yo veo en el porvenir de la mujer una vida de trabajo completamente igual a la del hombre. Una vida de dignidad y de deberes y de derechos absolutamente iguales a los del hombre. (*Socialismo* 189)

De hecho, muchos críticos lo han convertido en adalid de la liberación femenina y en padre del feminismo,[15] probablemente en vista de que el principal ingrediente de ese "Amor Total" es la desinhibición sexual femenina que arrastra consigo la integral reorganización económico-social de la colectividad, tal como ocurre, por ejemplo en *Las Evas del paraíso* o en *Sí sé por qué*.

Sin restar a Trigo su calidad de pionero en este campo, es innegable que todavía se halla sujeto a numerosos estereotipos masculinos en sus juicios acerca de la mujer: recordemos, sin ir más lejos su afán de afirmar al hombre como ser superior a causa de las circunstancias histórico-sociales y su intento de acercar a las mujeres al modelo creado por ellos. No pasemos tampoco por alto que la "mujer futura" de Trigo es fundamentalmente una creación masculina y que, sin la guía espiritual del hombre elevándola, liberándola, modelándola a su imagen y semejanza, lo femenino parece estar irremisiblemente condenado.

No seamos tampoco jueces excesivamente severos con Trigo, ya que el planteamiento de la revolución sexual femenina como única salvación social posible aventaja, con mucho, a esa imagen de la mujer frívola y perversa o complaciente y bobalicona que la mayoría de los novelistas eróticos difundían desde las páginas de sus relatos. De la "Madona primaveral" a la "nueva Eva" hay, qué duda cabe, mucho camino; pero Felipe Trigo ha sido posiblemente, entre los novelistas eróticos, el único que ha sabido andarlo sin perpetuar una vez más los estereotipos femeninos vigentes.

Obras citadas

Belda, J. *Las ojeras*. Litvak 331-60.

Foucault, M. *Historia de la sexualidad*. Vol.1: *La voluntad de saber*. Madrid: Siglo XXI, 1989.

Gilbert, Sandra y Susan Gubar. *The Madwoman in the Attic*. Nre Haven: Yale Universty Press, 1979.

Guilmain, A. *La señorita Frivolidad*. Litvak 213.

Hoyos y Vinent, A. de. *El monstruo*. Madrid: s.e., 1915.

Litvak, L. *Antología de la novela corta erótica española de entreguerras. 1918-1936*. Madrid: Taurus, 1993.

Muñoz, Isaac. *Los ojos de Astarté*. *El Cuento semanal* 5.212 (1911): 5

Trigo, Felipe. *La Altísima*. Madrid: Renacimiento, 1919.

—-. *El amor en la vida y en los libros*. Madrid: Renacimiento, 1920.

—-. "El amor y la mujer". *Vida socialista* 13 (1910): 4.

—-. *Las ingenuas*. Madrid: Fernando Fe, s.a.

—-. "Modos del amor". *Vida socialista* 108 (1912): 9.

—-. *Socialismo individualista*. Madrid: Renacimiento, 1920.

Valle-Inclán, Ramón M. del. *Sonata de Estío*. Madrid: Austral, 1988.

—-. *Sonata de Primavera*. Madrid: Austral, 1988.

Notas

1 * Para un listado detallado de los autores y obras que componen el panorama del ensayo científico sobre sexualidad en el primer tercio de siglo y su incidencia cuantitativa sobre el total de las publicaciones de la época, resulta sumamente valioso el artículo de L. Sánchez Granjel "El Sexo como problema en la España Contemporánea", *Cuadernos de Historia de la Medicina Española* 13 (1974): 116.

2 * "Parecía sumida en un ensueño. Su boca, pálida de ideales nostalgias, permanecía anhelante, como si hablase con las almas invisibles, y sus ojos inmóviles, abiertos sobre el infinito, miraban sin ver. Al mirarla, yo sentí que en mi corazón se levantaba el amor, ardiente y trémulo como una llama mística" (Valle-Inclán, *Sonata de Primavera* 43-44).

3 * La complacencia en la plasmación literaria de mujeres agonizantes, espiritualizadas, que se consumen en enormes lechos de habitaciones antiguas, es un elemento frecuente en la estética finisecular. Recordemos, sin ir más lejos, algunas descripciones de A. de Hoyos y Vinent, a medio camino entre la Concha consumida de *Sonata de Otoño* y la perfección prerrafaelista de Maria Rosario: "Allá, en el gran lecho de caoba, tan delgada que apenas bajo la ropa se dibujaban sus líneas, dejando caer sus brazos largos junto a su demacrado cuerpo, con los dedos delgados, blancos y huesudos de sus manos liliales caídos sobre la colcha azul, yacía la moribunda. Asomando entre las olas de níveas batistas y amarillos encajes, aparecía tenue y diáfano su rostro de clásicos perfiles". ("Frente a la verdad", *Las ciudades malditas* (Madrid: Hispania, 1920) 177.

4 * Es interesante a este respecto la revisión que realiza G. Allegra en *El reino interior* (Madrid: Encuentro Ed.., 1986) de los precedentes románticos y decadentistas de las mujeres fatales modernistas, especialmente en lo referente a su vinculación con el mito tradicional de la mujer sin perdón ("dames sans merci").

5 * Así se refiere L. Litvak a la reunión de esencias positivas y negativas que constituye la imagen femenina en la novela modernista: [La mujer es] doble signo de alienación para el hombre, como mujer y como pagana, como imagen compleja de erotismo, figura nocturna de la tentación, la pecadora, la hechicera, la lúbrica y la asesina, que destruye los valores tradicionales que separan netamente los absolutos del bien y del mal" (*España 1900. Modernismo, anarquismo y fin de siglo* (Barcelona: Anthropos, 1990) 256.

6 * "Pura Montoya y Susanita Trucharte permanecían abismadas en la muda admiración del comediante. Las divagaciones de Jacinto sonábanles a ellas como una música sutil, porque en sus inteligencias, precozmente maleadas, la ética del seudoadolescente había efectuado unos estragos que colocaban en peligro a las curiosas muñecas. El ambiente de amoralidad en que se desenvolvían, la gran independencia que las rode-

aba y su propio instinto, que las encauzaba por una senda culpable, las impulsaba a entregarse en otros brazos menos infantiles. Pura y Susana soñaban con violaciones monstruosamente prematuras, y a solas confiábanse la común esperanza de entrar en las regiones del Placer conducidas por la sabiduría de Jacinto Morales" (Alvaro Retana, "El veneno de la aventura", *Antología de la novela corta erótica española de entreguerras. 1918-1936*, ed. L. Litvak (Madrid: Taurus, 1993) 257.

7 * G. Bataille ha estudiado el fenómeno de las transgresiones en el ámbito sexual como una de las dos alternativas que se le plantean al ser humano ante la sexualidad: la primera de ellas se limita a someterse al imperativo civilizatorio, aceptando las prohibiciones estipuladas; la segunda parte de una rebelión ante el interdicto, que conduciría a la transgresión de lo prohibido y que se transformaría en erotismo. Así pues, en opinión de Bataille, el erotismo parece estar ligado indisolublemente a la transgresión. (G. Bataille, *Breve historia del erotismo* (Buenos Aires: Calden, 1976)

8 * "Creaciones puramente intelectuales: resurrecciones del antiguo símbolo gnóstico de la Sofía eterna, ávida de experiencia sensual", había denominado Cansinos Assens a las heroínas de Hoyos (*La nueva literatura* (Madrid: Páez, 1925) 171.

9 * De la siguiente manera se había referido Trigo a su propia obra en el gran manifiesto teórico *El amor en la vida y en los libros*: "Paralelamente estudio en ellas (en mis obras) dos aspectos del amor: uno, el clásico; el amor-pasión o el amor-lujuria, para poner en luz su monstruosidad, esto es, su perenne incompatibilidad con la naturaleza; otro, el nuevo, es decir, el del amor-amor, para evidenciar su hermosa conformidad, su plena y nunca desmentida armonía con los impulsos fundamentales de la vida" (Madrid: Renacimiento, 1920) 213.

10* "Nunca el soberbio, proclamado mil veces por sí mismo hombre-Dios, sintió igual la humildad de contemplarse tan lejos de Dios, en esta humana torpeza que no ve ni lo que tiene delante de los ojos...Resignado a hombre, aferróse a rebuscar entre las crueldades humanas a que Adria aún quería prestarse, aquellas más feroces e inauditas..." (F. Trigo, *La Altísima* (Madrid: Renacimiento, 1919) 13.

11* De *Alma en los labios* afirmaba Trigo en el prólogo a *La Altísima*: es "Mi primera afirmación después de las negaciones y, por tanto, anacrónicamente a la inversa en el orden del porvenir. El tránsito de la mujer perfecta actual a la soñada, la perfecta, vendrá después, en proyección a lo futuro; esta vez me ha importado, nada más, la psicología del cambio; he querido ver si antropológicamente es posible" (*La Altisima* 37).

12* Felipe Trigo fue uno de los grandes detractores de la época, contrariamente al criterio científico generalizado, de la incapacidad fisiológica de la mujer para gozar de la sexualidad: "La mujer está orgánicamente constituída para la sexualidad de un modo más amplio y generoso que el hombre" (*El amor en la vida y en los libros* (Madrid: Renacimiento, 1920) 99. Este credo, que había afirmado contundentemente en sus ensayos teóricos, será trasladado también a sus novelas, como punto de partida para el diseño de la mujer nueva.

13* También en *Las Ingenuas* encontramos una tipificación semejante: "El ángel bajando, la mujer subiendo, las dos figuras encontrándose y fundiéndose en el aire" (Trigo 233)

14* Gabriela es el botón de muestra de Trigo para ratificar la beneficiosa influencia de la voluptuosidad, de la sensualidad, y de la liberación de instintos sobre el organismo femenino y, especialmente, sobre su espíritu: "[Gabriela] sabía que era mentira el pensar que la sexualidad era enemiga de la inteligencia y de la salud. Ella nunca se advertía más ágil de pensameinto y más clara de inspiración que tras el profundo descanso de sus noches pasionales. Alegría de la vida satisfecha y predispuesta al bien, a la generosidad, a las grandes emociones altruistas" (*Alma en los labios* 203-04).

15* L. Litvak, por ejemplo, señala que "Trigo, al asociar la emancipación social y política de la mujer a su liberación erótica, se adelanta a la revolución social y al women's lib de nuestros días" (*Erotismo fin de siglo* (Barcelona: Antoni Bosch, 1979): 185- 86)

La representación de la mujer en la narrativa de Soledad Puértolas

Jesús García-Varela
University of Louisville

Uno de los fenómenos peculiares de la narrativa contemporánea española a partir de los años 70 ha sido el incremento de la narración escrita por mujeres.[1] El fenómeno ha tenido un carácter cuantitativo en relación con la producción narrativa femenina aparecida durante el franquismo. Precisando más podríamos decir que la nota cualitativa respecto al período que transcurre desde el final de la guerra civil hasta la muerte de Franco en 1975, ha sido el resultado del cambio de actitud de las casas editoriales que se han apresurado a publicar novelas o relatos de escritoras con la pretensión de lanzar una especie de "boom" femenino bajo el señuelo comercial de "novela de la mujer".

Colecciones constituidas íntegramente por textos escritos por mujeres han creado en España compartimentos estancos dentro de la producción editorial.[2] De modo paralelo, debido a la calidad de las nuevas escritoras así como a la propaganda editorial, la actitud del público lector ha permitido el éxito fulgurante de novelas escritas por mujeres en los dos últimos decenios. De esta forma, la nómina de escritoras del período de postguerra y franquismo se ha visto notoriamente incrementada.

Dentro del **curriculum** de los estudios de literatura contemporánea española en las universidades estadounidenses se ha reflejado asimismo el cambio. A los nombres del canon establecido como el de Ana María Matute y Carmen Martín Gaite, es necesario añadir ahora los de Soledad Puértolas, Ester Tusquets o Beatriz de Moura por citar sólo los incluidos con más frecuencia.[3] Para nuestro estudio, hemos escogido la figura de Soledad Puértolas por representar una escritora de la nueva narrativa femenina, favorecida tanto por la política editorial (Premio Planeta en 1989 por *Queda la noche*) y por el éxito de ventas, como por su presencia en los **curricula** académicos del extranjero, en concreto de los Estados Unidos.

Junto a estos dos fenómenos de carácter extrínseco ligados a la narrativa de la mujer, han evolucionado también las actitudes de la crítica literaria. A partir del final de los años 60 surgen en los principales núcleos urbanos de España los primeros grupos de orientación feminista. En esos momentos los grupos feministas se van a escindir en dos posturas claramente diferenciadas. Una tendencia, más determinada por las directrices políticas del Partido Comunista de España de aquel tiempo, con una preocupación por extender su influencia en amplios sectores de la población (Comisiones Cívicas), se concentró en un catálogo de reivindicaciones sociales y económicas que afectaban de modo general a la clase trabajadora en general y a la mujer trabajadora en particular que buscaba la mejora de condiciones laborales y sociales. La otra tendencia, más extendida en círculos universitarios y profesionales, se dedicó a profundizar y elaborar una plataforma ideológica fuertemente influida por las teóricas feministas francesas y en menor medida por las norteamericanas.[4]

Visto el desarrollo posterior de las teorías feministas con su elaborado componente teórico, se puede concluir que el trabajo de estos grupos pioneros de mujeres, que representaban de modo más acusado una teoría que sirviera de base al movimiento feminista, fue decisivo. Una de las consecuencias más llamativas de este trabajo inicial fue la representación en los medios académicos de las tendencias feministas y, en particular en los Estados Unidos, la creación de los departamentos de estudios sobre la mujer, los debatidos "Women Studies" de especial carácter interdisciplinario. La complejidad y definitiva implantación de todo este movimiento en los últimos 25 años ha sido impresionante e irreversible. Dentro de la crítica literaria, en la llamada teoría literaria, los postulados feministas constituyen la tendencia más fuerte dentro del canon establecido.[5]

Uno de los problemas planteados con frecuencia dentro de los círculos aludidos ha sido el de la existencia o no de una escritura femenina. Se ha querido aludir, con el uso de este término, a la presencia de unas determinadas marcas textuales en las narraciones de escritoras que configuran una alternativa narrativa frente a los textos "masculinos". La postura menos extrema confiere el carácter de escritura femenina a todos los textos, sin consideración del sexo de quien los escribe, que presentan ciertas marcas textuales específicas. Habría entonces una escritura femenina concebida como modalidad de escritura independiente del sexo del escritor/a. Dichas marcas textuales vendrían definidas como el uso predominante, dentro de un texto literario, de la insinuación, la ambigüedad, la elipsis y una voluntaria decisión de no dejar cerradas todas las posibilidades dentro de la trama narrativa. ¿Podemos aceptar que estas notas genéricas son suficientes para llegar a la conclusión de que aquello equivaldría a una nueva modalidad narrativa? o, por el contrario, ¿la suma de todos estos rasgos no sería, ni más ni menos, que una nueva clasificación dentro de la narrativa contemporánea, con todos sus inconvenientes limitativos?

La ambigüedad, la contemplación de la realidad bajo puntos de vista contradictorios, la omisión de las tesis programáticas, el juego con narradores múltiples, la existencia de vacíos narrativos y el final abierto ¿no son sino marcas textuales características tanto de la modernidad como de la postmodernidad? Es interesante a este respecto el comentario de Elaine Showalter:

> La idea de una "imaginación femenina" me inquieta. La teoría de una sensibilidad femenina que se revela en imágenes y formas específicas a la mujer se aproxima peligrosamente a los viejos estereotipos. También sugiere permanencia, una profunda e inevitable diferencia básica entre hombre y mujer en su manera de ver el mundo. Yo creo en cambio que la tradición literaria femenina viene de las relaciones todavía en estado de evolución entre la escritora y su sociedad.[6]

Ello nos lleva a la vieja polémica que existe entre escritoras "esencialistas" o "contextualistas", según se acentúe el carácter autotélico del texto literario o no. La alternativa deja paso a una postura ecléctica que permita comprender de forma simultánea la obra de un escritor/a como algo autónomo en sí mismo, dentro del necesario, y añadiríamos imprescindible, contexto ideológico. La ideología, dentro de una historia de las mentalidades, condiciona los textos porque condiciona al escritor. Todos los textos están marcados ideológicamente, como recuerda Louis Montrose,[7] y una de las ideologías dominantes en la narrativa occidental ha sido, y lo sigue siendo, la existencialista.

La pérdida de un centro, la desorientación frente a los problemas vitales, el rechazo de lo sagrado, la angustia vital, la soledad del hombre en y frente al mundo son algunas de sus principales manifestaciones.[8] Dichas actitudes son consecuencia del fracaso de la modernidad, desde el apogeo de los sistemas racionalistas del XVIII hasta su derrumbe en las postrimerías del siglo XX.

Preferimos pues situar nuestra lectura de la narrativa de Soledad Puértolas dentro de estos contextos que enclaustrarla en moldes de hecho segregacionistas. La representación de la mujer en los textos de Puértolas está, en nuestra opinión, más condicionada por dichos supuestos y ello nos permite acceder a una lectura con una pretensión más universal que otras aproximaciones.[9]

Hemos escogido, dentro de la obra de Soledad Puértolas, al personaje de la mujer en *Queda la noche* (1989), *Días del arenal* (1992) y en la colección de cuentos *La corriente del golfo* (1993).

Queda la noche ofrece una galería de tipos femeninos que desfilan a lo largo de un paisaje no usual: un viaje a la India de la protagonista, que sirve de marco inicial, hasta su transformación en un viaje existencial con independencia de referencias geográficas concretas. La historia, y esto me parece significativo, no tiene una importancia decisiva; sirve, eso sí, para mantener una intriga narrativa, para interesar al lector, cumpliendo una función de entretenimiento. No existen descripciones extensas de ambientes y se viaja con superficialidad; las secuencias narrativas van engarzadas sobre la presencia de una voz narrativa, la de Aurora, la protagonista, que constituye el verdadero eje del relato. El discurso se convierte de esta forma en un plano corto cinematográfico como si lo que le interesara a la escritora fuera sobre todo poner de manifiesto a una mujer, una mujer con sus miedos:

> yo me había preocupado inútilmente, en un verdadero ataque de histeria que demostraba mi fragilidad: no soportaba que el hilo que me unía con mis padres se rompiera. (178)

Una mujer con sus frustraciones:

> bien sabía yo cómo acababan esas experiencias y qué cúmulo de desencanto iban dejando en mí, qué significaba volver a casa después de un rato de amor sin encontrar nada nuevo en mí, sólo una sensación de vacío, y la remota conciencia de que alguien había sido engañado. (155)

Y una permanente sensación de insatisfacción. Sus aventuras sentimentales vienen determinadas por un silencio sobre lo erótico, ausente del texto como ocurre también en las otras narraciones de Soledad Puértolas, en una repetida elipsis que ofrece un significado por sí solo.

La modalidad narrativa escogida es la omisión; Aurora se desliza en un mundo de posibles pasiones que nunca llegan a desencadenarse. En este sentido aparece en *Queda la noche* un intertexto al que se rinde homenaje, *Cumbres borrascosas*, la novela gótica de Emily Bronte a la que se contempla como consagración de la melancolía de una frustración sentimental. El intertexto sirve como aviso textual de un tema presente a lo largo de la fábula narrativa: la soledad de Aurora a la que suceden experiencias fuera de lo corriente pero que, de hecho, no sirven para suprimir su insatisfacción. Aurora es bisémica: por un lado es mujer "para la mujer, obtenga o no esa satisfacción, la vida sigue siendo lo mismo: insatisfactoria" (207); pero también la podemos contemplar como metáfora de un ser humano que vive dentro de un mundo de radical frustración. La vida, el último referente del texto como realidad representada, se presenta como continuidad (97) dentro de una larga cadena de casualidades sin sentido (110).

Las mismas referencias ideológicas sirven de marco en *Días del arenal* (1992):

> ¿Por qué has sufrido tú?, le había preguntado. Porque la vida causa dolor, hubiera podido contestar, porque no sabemos cuál es nuestra misión en ella, ni cómo comportarnos ni a quien amar de verdad. Porque la belleza y la alegría se van y el dolor permanece (111).

En *Días del arenal* el retrato de la mujer se amplía y universaliza, y se incluye al hombre en esa genérica sensación angustiosa de soledad y desamparo. En esta ocasión el protagonista masculino, Antonio, sirve de eje narrativo, en un marco ambiental centrado en un Madrid visualizado como un "ambiente solitario, decadente y como de abandono" (61). La historia de nuevo sirve como mecanismo de intriga para centrarnos en el caminar de unos personajes (Antonio, Gracia y Herminia) que en el espacio temporal de los años 60 llevan unas vidas anodinas. Todos los personajes están condicionados por el vacío, la tristeza y la angustia existencial: "¿Para qué se vive, qué razón hay al fondo de la existencia?" (65).

Los relatos cortos de Soledad Puértolas cubren el período que va desde 1983, cuando publica la colección *Una enfermedad moral* (Madrid: Trieste, 1983), hasta 1993 con *La corriente del golfo* (Barcelona: Anagrama, 1993). En esta última colección la escritora establece en el prólogo, una poética de su narrativa a la que atribuye, en primer lugar, una cualidad terapéutica:

> Haciendo un recorrido por estos cuentos hago un recorrido por mi vida, por esa época de mi vida que va de novela a novela y que se caracteriza por una desasosegante sensación de dispersión, de vulnerabilidad e indefensión. Los cuentos te libran de esas sensaciones, o al menos, las mitigan, mientras duran. (7)

La escritora se contempla como si "cada texto [fuera] escrito por una persona distinta, por un narrador distinto, y este narrador o narradora [fuera] más fuerte que yo, [estuviera] por encima de mí" (9). La cita intertextual, que se transcribe en el prólogo de *La corriente del golfo*, de *El libro del desasosiego* del escritor portugués Fernando Pessoa, confirma lo anterior:

> Todo se me evapora. Mi vida entera, mis recuerdos, mi imaginación y lo que contiene, mi personalidad, todo se me evapora. Continuamente siento que he sido otro, que he sentido otro, que he pensado otro. (9)

La escritora concreta asimismo la finalidad de sus relatos:

> Así quería yo tratar las insatisfacciones de los otros personajes que pueblan este libro y, sobre todo, los de los cuentos de las mujeres desocupadas, medio abandonadas, no por amor sino por el destino (14-15).

En los relatos cortos de Soledad Puértolas encontramos los mismos paradigmas que en las novelas, en cuanto al retrato de la mujer:

> De vez en cuando, hablaban, contaban sus cotidianos problemas, hablaban de cosas casi trascendentes, insatisfacciones y vagas demandas, ¡la vida de la mujer! La mía; yo las oía y nunca decía nada. ("Masajes" 88)

La mujer dentro de un vacío más universal y omnipresente:

> [...] la vida es amarga...Sólo a veces se encuentra uno bien. Este es el momento bueno. No hay nadie por la calle. Todas las personas están dormidas. Y mientras duermen, callan. ("A la hora en que cierran los bares" 66)
> Siempre hay algo que no entendemos . . . algo que no podemos comprender. Ni siquiera sabemos si es verdad todo lo que sospechamos. ("Masajes" 91)
> Seguían nuestras vidas deshechas, el deambular sin rumbo, el constante temor. Seguía la desesperación. ("Ventajas de la primera persona" 131)

La representación de la mujer en la narrativa de Soledad Puértolas es una crónica del desamparo de la mujer. Su desamparo, es una cadena de sucesos sólo posibles por el juego del azar, es un viaje existencial que sólo sirve para tomar conciencia de una vida a la que no se encuentra un significado. La soledad de la mujer se ve acentuada por un constante fracaso sentimental. El amor existe, pero desaparece casi tan pronto como surge. El erotismo se esconde en silencios, insertado en ese "mapa de huecos" con que la propia escritora ha caracterizado su narrativa. La intriga es una representación de la vida, pero lo importante es el deambular de los protagonistas a través de una trama que acentúa la insatisfacción y la frustración. El existencialismo, esa filosofía de la desesperación del siglo XX, es el contexto ideológico que sirve de trasfondo a las narraciones. Por último, cabe señalar una decidida voluntad "ahistórica" presente en todos los textos, puesto que lo que interesa no es un marco de realidad social sino el juego psicológico de los personajes que de este modo se universalizan.

Notas

1 * Vid. Carolyn Galerstein ed., *Women Writers of Spain: An Annotated Bio-Bibliographical Guide* (Westport, Conn.: Greenwood Press, 1986); Janet Pérez, *Contemporary Women Writers of Spain* (Boston: Twayne, 1988); Biruté Ciplijauskaité, *La novela femenina contemporánea (1970-1985). Hacia una tipología de la narración en primera persona* (Barcelona: Anthropos, 1988) y Elizabeth J. Ordoñez, *Voices of Their Own. Contemporary Spanish Narrative by Women* (Cransbury, NJ: Bucknell University Press, 1991). Para las escritoras en catalán, gallego y vascuence, Kathleen McNerney y Cristina Enríquez de Salamanca, *Double Minorities of Spain: a Bio- Bibliographical Guide to Women Writers of Catalonia, Galicia and the Basque Country* (New York: Modern Language Association, 1995).

2 * Edicions de l'Eixample en Cataluña y la editorial Castalia en Madrid son los ejemplos literarios más notables, junto con la editorial madrileña Torremozas dedicada exclusivamente a la publicación de textos escritos sólo por mujeres. En el campo de los estudios no literarios relacionados con la mujer, hay que mencionar las editoriales Anthropos e Icaria, nacidas en los años 80, y la colección *Feminismos* de la editorial Cátedra.

3 * El relato "La indiferencia de Eva" de Soledad Puértolas figura incluido en la antología *El cuento hispánico*, 4a edición, Edward J. Mullen y John F. Garganigo eds. (Hightstown, NJ: McGraw Hill,3 1994). Relatos de Beatriz de Moura, Ana María Moix, Esther Tusquets, Rosa Montero y Soledad Puértolas se insertan en la antología de Sandra N. Harper ed., *Puntos de vista: narrativa moderna española* (Lexington, Ma. Heath and Co., 1993).

4 * La fecha clave del despegue de los estudios feministas en el ámbito literario a nivel académico fue la convocatoria por el Seminario de Estudios de la Mujer de la Universidad Autónoma de Madrid de unas Jornadas de investigación dedicadas a la literatura en 1984. Vid. María Angeles Durán y José Antonio Rey eds., *Literatura y vida cotidiana. Actas de las cuartas jornadas de investigación interdisciplinaria* (Zaragoza: Seminario de Estudios de la Mujer, Universidad Autonóma de Madrid, 1987) y en especial el prólogo de María Angeles Durán en la misma obra (11-33).

5 * Un resumen excelente de la evolución de la crítica feminista tanto en los Estados Unidos como en España en los últimos veinte años se encuentra en Geraldine C. Nichols, *Descifrar la diferencia. Narrativa femenina de la España contemporánea* (Madrid: Siglo XXI, 1992) 1-26.

6 * *A Literature of Their Own* (Princeton, Princeton University Press, 1977) 12 (traducido por Geraldine C. Nichols en *Descifrar la...*) 7. Para un punto de vista más cercano a la realidad de la mujer escritora española, vid. Elena Gascón Vera, *Un mito nuevo: la mujer como sujeto/objeto literario* (Madrid: Pliegos, 1992) y las reflexiones de Carmen Martín Gaite sobre el tema de la escritura femenina que se contienen en *Desde la ventana* (Madrid: Espasa, 1987). Sobre la posible configuración de una estética o escritura femenina, pero en relación con la poesía escrita por mujeres, vid. asimismo Candelas Newton, "Mitopoesis, revisión y delirio en *Creciente fértil*, de Clara Janés", *Revista de estudios hispánicos* 9.1 (1994): 109-20.

7 * Vid. Louis A. Montrose, "Professing the Renaissance: The Poetics and Politics of Culture," *The New Historicism*, ed. H. Aram Veeser (New York: Routledge, 1989) 15-36.

8 * Vid. sobre la "tipología" del existencialismo: Samuel Enoch Stumpf, *Philosophy: History and Problems*, 4th. edition (New York: McGraw-Hill, 1989) 474-510.

9 * Sobre la narrativa de Soledad Puértolas vid.: Akiko Tsuchiya, "Language, Desire, and the Feminine Riddle in Soledad Puértolas's 'La indiferencia de Eva'", *Revista de estudios hispánicos* 25.1 (1991): 69-79; Miguel Riera, "Los vacíos del tiempo: Entrevista con Soledad Puértolas," *Quimera* 72 (1987): 42-48 y Lynn K. Talbot, "Entrevista con Soledad Puértolas," *Hispania* 71 (1988): 882-83.

Argentine Jewish Women Short Story Writers

Rita Gardiol
University of South Carolina

An emerging force in contemporary Argentine literature —Jewish authors, and particularly Jewish women authors—is too little known outside Argentina. While many women are writing poetry, it is especially in the narrative form of novel and short story that these women are making their mark. Here, we'll discuss their work in selected short stories.

Eugenia Calny (born 1929) is the pen name of Fany Kalnitzky de Brener, journalist, poet, and short story writer. Her ironic, quietly understated style, colors and enhances the drabness of life's commonplace small tragedies. Her works include short stories and drama. A review of three representative stories from the collection she aptly titled *Las mujeres virtuosas* provides examples of the kind of feminist perspective she so ably portrays.

Writing in first person in "Globos a la deriva" Calny has her protagonist, Lía, tell how the men in three generations of her family have slipped the cords by which their women tried to hold them, and like balloons, freely drifted off into the blue. Lía lives with her mother and grandmother and works hard to eke out a simple living. Her grandfather, a sailor, had left his pregnant wife and sailed off one night, never to be heard from again. Her father, a restless dreamer, was away when she was born and only visited her mother for brief periods when not chasing his own rainbow. And Luis, the student boarder who becomes her lover, leaves her to return to his family (and their plans for him) in the provinces.

Lía describes the members of her female household as she knew them:

> Las mujeres éramos un clan aparte, independiente, férreo. [. . .] A todas las unía una fatalidad de un destino ciego, severo y austero como una religión. Y la aceptación [. . .] de esa fatalidad. Vivíamos en [. . .] un matriarcado muy particular. Los hombres eran [. . .] nombres, recuerdos, fechas, estremecimientos. Sembradores que no se molestaban por recoger la cosecha". (110)

And she also describes them as Luis saw them, saying: "Las mujeres de mi familia se parecían desoladamente. "Las tres F", como se burlaba mi Luis, 'Feas. Fuertes. Firmes'" (109).

Lía recalls how her mother had worked to provide for the child she was carrying, and how she had saved compulsively for her unborn child. Later, as a woman, Lía recalls her father's occasional visits:

> A veces [. . .] parecía que iba a anclar, por fin, a nuestro lado. Yo ayudaba a mamá con todas mis fuerzas a tirar de ese hilo endeble que parecía sujetarlo. No más de un par de meses. Porque siempre dependía de una cosecha, de un futuro negocio, de un socio, de una promesa. Idealista, inconsciente, loco. [. . .] Pero eran felices los días que pasaba con nosotras [. . .] Aunque siempre deba recordarlo con una valija en la mano y un ademán de despedida. (116-17)

Calny uses a cumulative kaleidoscopic technique to condense and stress the rapid passing of time:

> Cambió el barrio en los últimos quince años. [. . .] Al "bugui" sucedieron el "rock and roll", el "twist" [. . .] Las muchachas se alargaban la pollera, se acortaban la pollera, usaban peinado "plumita", "cola de caballo", melenas despeinadas, se batían con "spray", [. . .] Había vieja ola y nueva ola. Televisión, mesas redondas, psicología, tests, y traumas. Y el mundo se angustiaba en medio de guerras frías y viejas-nuevas fiebres y nuevas-viejas esperanzas. (118)

With those passing years, Lía turned thirty-one, and eventually, when she in turn became "jefe del clan" (119) decided to rent the spare upstairs room to a young student boarder. Word-lessly, her mother and grandmother made their concern felt:

> "Cuidado", parecían advertirme los ojos cansados de mi madre.
> "Cuidado", las pupilas hundidas y casi apagadas de la abuela.
> ¿Cuidado . . .? Yo hubiera querido ser prudente, razonable, fría . . . (¡ Pero el amor después de los treinta. . .!). (119-20)

Although Luis knows that she is pregnant, he nevertheless returns home after finishing his studies, explaining that he cannot disappoint the parents who have sacrificed so much for him. Resigned and uncomplaining, Lía, like her mother and her grandmother before her, accepts her situation, and works to provide for her coming child.

In "A la sombra del héroe" Calny describes the repressed feelings a wife experiences as she listens to the accolades an adoring public heaps on her husband at his sixtieth birthday celebration. When they extol his generosity in donating land for a library, María remembers how she scrimped and sacrificed to save the money to buy that plot of land; when they praise him for starting a library, she recalls how the first books he donated were hers from before her marriage; when she overhears him telling a dinner partner that HIS children had never been ill, María recalls the countless nights she spent nursing them through fevers and various childhood diseases, while he (the worker and provider whose rest they dared not interrupt) slept peacefully through the night. When they praise his kindness and sensitivity, she remembers the violence he'd displayed when the children irritated him. And when they remember the countless feasts he'd given to celebrate special occasions, she feels anew the exhaustion she'd endured, preparing the food herself because he always insisted, on home-cooked meals for the banquets he gave. When, finally, her husband rises to thank those who have gathered to honor him, María has at last, a small glimmer of hope:

> —Ahora, se dijo María, "ahora", sin saber exactamente qué esperaba. La lista de los agradecimientos era larga y abundaban los nombres personales. Pero ella no estaba incluida.
> Las lágrimas, que todo el día habían estado esperando su oportunidad, resbalaron por su piel. La señora gorda le alcanzó un pañuelo, mientras se tomaba la atribución de explicar a los benevolentes invitados:
> —Es la emoción, ¿saben? [. . .] Es la emoción. [. . .]—Sí, es la emoción [. . .] —repitió María en voz alta [. . .] Y se secó la última rebeldía de las lágrimas. (139)

Once again, Calny's heroine is unsung and publicly uncomplaining, but there is a difference here. María minds, she *resents* her role of supportive wife with the sublimation and lack of appreciation that that role entails.

Going yet a step farther in the depiction of self realization, Marina, the protagonist of "Llamada de sirena" is a housewife whose monotonous life is brightened by an extramarital affair that makes her feel alive and in love again:

> [. . .] estaba contenta. Más todavía: feliz. Más aún: e-na-mo-ra-da. [. . .] Se observó con una minuciosa voluptuosidad que antes no conocía. . . Porque pensaba en él. Una dulzura caliente y honda adherida a su imagen. Sensación de sorpresa, de culpa, de agradecimiento, de maravilla. (124)

Happily, she cleans her apartment, does the laundry, and prepares supper for her husband and son. When her housework is finished Marina bathes and dresses, preparing to meet her lover, but to her dismay, her uncle unexpectedly enters her unlocked apartment and begins a vituperative condemnation. He rants on while the horrified Marina realizes that now everything is changed for her: "[. . .] Era tarde, definitivamente tarde. El tío que tenía esposa, hogar funcional y dos hijas señoritas, había venido a velar por el honor de la familia" (131).

Distraught, Marina turns and flees—toward the train whose mournful wail she had heard earlier that afternoon.

Calny presents her protagonists, all traditional wives, mothers and daughters, as victims. Sensitively and compassionately she conveys, how indoctrinated they are to their perceived obligation to fulfill the expectations of others and to play the secondary roles normally assigned them. And yet there is a subtle difference—her protagonists perceive and resent the roles assigned them, they feel and admit sensual and sexual desires and feelings. Not yet liberated, but sensing that they should be, they exhibit the growing restlessness, the self and social awareness that eventually led to the change and revolution that we have come to recognize as the "Women's liberation" movement.

Calny's protagonists are forerunners of those we find in the works of Silvia Plager, (born 1942, in Buenos Aires) who writes for a variety of journals and newspapers. Plager, in her novels and stories takes her female characters several steps further in the rejection of stereotypical roles. Her collection of short stories *Boca de Tormenta* (1984), presents her protagonists, who while rejecting conventional molds, have not yet managed to assert themselves as individuals worthy of respect. In a forceful, direct and colloquial style,

Plager presents an almost psychological analyses of women characters as they face life's large or commonplace small tragedies.

In the story she aptly titles "Cáscara seca", Plager presents the thoughts of a middle aged woman sitting alone on a park bench, who laments the wasted years she has dedicated to a married lover:

> Tendría que haberme ido hace mucho, antes. [. . .] El mismo trabajo, un mismo cansancio que nos envuelve y hace de nosotros un paquete ubicable en cualquier estante de nuestra oficina, y yo con mi frase que suena a una representación tan teatral [. . .] "estás matando los hijos que hay en mí". Y el silencio de Osvaldo y luego la eterna cantinela: "Por ahora es imposible". Me parece [. . .] que soñé el día que se acercó a mi escritorio y me dijo: "Tomá estas llaves, ahora tenemos nuestro lugar, vas a ver que en unos pocos meses arreglo lo de la separación, ¡si no fuera por los chicos [. . .]!" Y después, "por ahora es imposible". Por ahora es hoy; estoy enterrando el hoy hace diez años, ya no me quedan mañanas creíbles, sólo sucesiones de hoy que pasan a ser ayer. (74)

In "Los milagros de Julia", Plager portrays a wife so eager to please her husband who likes to brag "Mi mujer hace milagros con la plata" (78), that she resorts to petty theft to stretch the meager grocery money he leaves for her each day. Pregnant and worried because Francisco does not want her to work, Julia does not tell him how she does her shopping. The reader follows with mounting surprise, the accumulation of long sentences that explain her "miracles":

> Estudia el billete, lo coloca en el monedero, y sale. El bolso cartera pende del hombro, [. . .]. Pasea ante ordenados estantes, deambula entre las heladeras: allí está, su cena, "hace dos meses", y los ojos rodando por los rincones, y el bolso que traga y se vuelve a apretar contra su cadera y el corazón que late como todos los días, hace dos meses, y la mano que ahora ciñe su hombro y la voz que retumba en la habitación pequeña y la vergüenza que grita su rabia y los ojos que derraman su miedo y quién sabe cuántas veces lo habrás hecho, y la negativa y el policía vestido de hombre que se la lleva del brazo. [. . .] y el monedero libera el billete que el policía vestido de hombre aprisiona. [. . .] Imposible contar lo de hoy [. . .] no podrá decirle la verdad [. . .] no volverá a escuchar: "Mi mujer hace milagros con la plata" y ella piensa lo que va a decir, [. . .] "Francisco, necesito volver a trabajar, la plata no me alcanza para nada". (79-80)

Perhaps the saddest of the stories in this collection is "Nadie ocupará su lugar", a story about a dutiful thirty year old daughter who, after her mother's death eventually lost her long-suffering suitor because she dedicated the best years of her life to caring for her father and younger sister. The mother's chair remained unoccupied at the dining room table after her mourning father declared stoutly, "Nadie ocupará su lugar". For years Nora washed clothes, cooked and kept house until finally her younger sister one day left home: "Nora intenta tapar la ausencia de la hermana. No preguntar. Su padre le responde con otra silla inclinada [. . .]" (161).

Alone in her room, she remembers her novio wistfully, and realizes: "Tiene treinta años y sólo sabe mirar hacia atrás. El futuro es un repetirse de días . . . " (164).

Her Godmother comes a few days later, bringing a note from her sister asking Nora to pack and send her things. Nora reads the note:

> Lo vuelve a leer y lo tira a las llamas. Su hermana miente. Es una excusa monstruosa para abandonarlos, para huir. [. . .] Nora se coloca el camisón. [. . .] Recuerda a Antonio y reza. Recuerda la figura sumisa de la madre, y reza. Recuerda la nota de su hermana acusando al padre de haberla querido violar, y reza. Recuerda la silla que un ademán brusco inclina y su padre diciendo: "Nadie ocupará su lugar," y reza.
>
> Un ruido en la habitación del padre la despierta.
>
> [. . .] Otra vez el ruido penetra en la carne exhausta y la sacude. [. . .] Se arrodilla. [. . .] y saca el cuchillo.
>
> Se sienta en el borde del lecho. Vuelve a sentir el ruido en la pieza del padre, y empuña con fuerza el cabo del cuchillo, esperando. (163-64)

Alicia Steimberg brings the past to life in warmly nostalgic chapters that read like independent stories. Born in Buenos Aires in 1942, Steimberg humorously recalls the (sometimes erroneous, but always amusing) bits of sexual learning transmitted by her girlfriends, and relishes the education imparted by her aunts and her mother:

> Antes del casamiento, ninguna mujer que tuviera dos dedos de frente se dejaba hacer nada por su novio. La que se dejaba, decían [. . .] era una estúpida, ya que en esa forma perdía lo único que un hombre valora en una mujer: el corchito. [. . .]
>
> Para ilustrar estos conceptos [. . .] mamá puso en mis manos [. . .] libros que habían estado en boga en [. . .] los albores de la educación sexual. En uno de ellos decía: "En el hombre, el ejercicio de las funciones sexuales se reduce a la satisfacción de una necesidad orgánica [. . .] En la mujer puede más el sentimiento que el instinto reproductor, [. . .] predominando en ella las ilusiones de la vida matrimonial [. . .] ". (58-59)

Steimberg recalls the notes her mother would write when she wished to make an especially indelible impression:

> Alicia: Hoy cuando llegué de la calle, abrumada por el peso terrible de las responsabilidades que tengo que enfrentar por mi condición de mujer viuda con dos hijos [. . .] esperaba verte inclinada sobre los libros.[. . .] Pero tuve el dolor de encontrarte tirada en la cama, en mala posición.
>
> Reflexiona, Alicia, antes de que sea demasiado tarde. Leé y aprendé de memoria las partes que te señalé en el libro del doctor Otero, y después, si querés ir matándote lentamente y matarme también a mí con tu conducta, seguí como hasta ahora. TU MADRE. (72)

The gentle irony Steimberg employs in sketching these vignettes while amusing, effectively remind us how much values have changed in the course of two generations.

Cecilia Absatz, born 1943, presents a perspective so different from the others that she almost seems part of another generation. Her female characters are entirely liberated and express this liberation by defiant sexual freedom. Absatz leaves traditional Hispanic feminine codes behind and examines the full range of female sexuality and eroticism from the awakening of the adolescent female (in *Feiguele y otras mujeres*) to the more sophisticated and consciously liberated sexual attitudes of mature contemporary women.

Young or old, Absatz's protagonists uninhibitedly examine, condemn, criticize, and sometimes ridicule men and their perceived masculinity. Her derisive sometimes flippant style may derive in part from her work as a writer for popular Spanish language women's magazines like *Claudia* and *Vosotras*, or her writing for *Status*, a men's magazine.

From Feiguele, the insecure adolescent who fantasizes about love to the mature, avidly sexual woman who toys with the idea of a quick sexual encounter with a taxi driver to the casual indifference of the protagonist in "Un ballet de bailarinas", Absatz's treatment of sexual themes is unromantically forthright. In stories that are compact, coolly cynical and rich in lunfardo (porteño slang), her male characters are minimally—often mockingly—nothing more than sketches, mere catalyst or objects of her protagonists' actions.

Her female characters always predominate and she presents events from inside their psyches, revealing their thoughts, their physical and emotional feelings, their desires, reactions, sensitivities attractions, and revulsions.

Feiguele, for example, fantasizes:

> Estoy en un club nocturno en el Cairo. Vicio y corrupción por doquier. [. . .] Todas putas. Entro yo, que también soy puta pero porque me raptaron. Soy la única rubia. [. . .] me lleva del brazo [. . .] el mejor cliente de la casa [. . .]
> —Baila para mí, putita.
> Me arranca el vestido de un tirón . . . y me quedo en bombacha.
> Yo empiezo a bailar en bombacha hasta que me canso y me tiro en la cama dispuesta a lo peor y entonces fue que se me paralizó el corazón: la persiana está totalmente levantada, la cortina totalmente corrida y la luz totalmente encendida y los setenta mil mecánicos del taller de enfrente que la puta que lo parió trabajan de noche seguro que me están mirando.
> Repto hasta la ventana [. . .] Espío. Es uno solo. (32-33)

Absatz shows compassion and understanding, however, in dealing with the sensitivity of this adolescent fat girl. When a male friend complements Feiguele, saying, with some surprise, "Qué liviana sos para bailar . . ." She retorts, mentally, "La gente pensará que porque soy gorda tengo que bailar como un tanque" (43). Similarly when people comment, as her mother's friends often do "Qué lástima que sea tan gordita, ¿no? porque de cara es linda." She thinks "La gente cree que si una fuera fea de cara estaría bien que sea una gorda de mierda" (51). When her "friends" set her up for ridicule by encouraging a boy she admires to plan to meet her at the beach next day, Feiguele is so excited she can hardly wait:

> ¿Saben cuánto falta para mañana a las cinco? Cuarenta años. No como nada para estar más flaca. Y además no puedo. Un tiempo así de no poder comer y voy a adelgazar y voy a ser flaca [. . .]
> Porque yo, de cara soy linda. Y soy inteligente. Y si además adelgazo no les cuento. [. . .]
> ¿Qué me voy a poner? [. . .]
> Me doy el primer baño de inmersión. [. . .] Salgo, me maquillo [. . .] me vuelvo a lavar la cara. [. . .] en el ascensor, me acuerdo de que no me puse perfume
> [. . .] pero no hay tiempo para volver.
> [. . .] No hay nadie en la calle.

> [. . .] Allí viene un tipo. A ver si me dice un piropo o no. Me parece que lo conozco.
> —Hola, Feiguele, qué suerte que te encuentro. [. . .] no vayas, es una cargada, van a estar todos esperándote detrás de la escollera. (49-52)

Wounded at the realization that the meeting she'd been so excited about was a set-up and that she had nearly been made a fool of, Feiguele, as usual, hides her feelings and responds disdainfully: "¿Te crees que no me di cuenta de que era una cargada? Ts, no me conoces. Tengo que ir acá a la vuelta a comprarle cigarrillos a mi papá" (52).

Later, alone, she confesses, "En el kiosko me compré un chocolate blanco, el más grande que había; y me volví a mi casa. [. . .] Entonces, no pude evitarlo, me puse a llorar" (53). Entirely different from Feiguele's awkward self-consciousness and inexperience is the jaded boredom of the mature, sexually experienced socialite who takes a handsome architect's hint to invite him to her apartment and thinks:

> El Arquitecto, cual bello era, no hacía el amor. Por lo menos no conmigo.
> [. . .] Yo seguía fastidiándolo con toda clase de ofertas (más whiskey, marihuana, torta) cuando de pronto sucedió: de pronto me encontré con una boca encima de mi boca. Una rápida síntesis me llevó a la conclusión de que esa boca no podía pertenecer a nadie más que al Bello Arquitecto, y entonces. [. . .]
> Me eché a temblar [. . .] porque conozco bien el modelo: 1) beso en la boca; 2) tocada de teta (una sola) y 3) sacada de ropa. [. . .]
> Pensé rápido: ¿qué hago? aún en pleno ejercicio de 1 y pronto a comenzar el 2.
> [. . .] Decidí que lo más práctico era seguir adelante [. . .] no podría tomar más de cinco minutos. Después se iría y todos contentos.
> [. . .] Y además, seamos francos, todavía quedaba una remota esperanza de que el Bello Arquitecto me sorprendiera a último momento con alguna alegría.
> Pero no. Fueron los siguientes los cinco minutos más aburridos del día. (102-03)

Forget moral outrage, modesty, guilt, passion, desire, or even mild interest. Absatz's women, like those in the Virginia Slim slogan, have come a long way, baby.

That Hispanic women have lived through a sexual revolution, or that their social mores, and roles have changed becomes increasingly evident as one reads more of the works of these and other Hispanic women writers. It is clear the authors I've introduced today cover the conventions and perceptions ruling Hispanic women's roles as daughters, sisters, lovers, wives, and mothers, have changed. These Argentine writers chronicle the emergence of women protagonists as individual and independent uninhibited human beings.

Works Cited

Absatz, Cecilia. *Feiguele y otras mujeres.* Buenos Aires: Ediciones de la Flor, 1976.

Calny, Eugenia. *Las mujeres virtuosas.* Buenos Aires: Instituto Amigos del Libro Argentino, 1967.

Plager, Silvia. *Boca de tormenta.* Buenos Aires: Editorial Galerna, 1984.

Steimberg, Alicia. *Músicos y relojeros.* Buenos Aires: Centro Editor de América Latina, 1971.

Palabra de mujer en la narrativa de Carmen Gómez Ojea

Francisca López
Bates College

Una de las cuestiones teóricas más preocupantes para el feminismo occidental contemporáneo es la relación de la mujer con el lenguaje. ¿Qué significa hablar (o escribir) como mujer? ¿Qué tipo de discurso le permitiría a la escritora eludir el abarcante poder del falogocentrismo? O, en otras palabras, ¿cómo puede la mujer hablar o escribir como tal cuando ha de hacerlo con un lenguaje que le ha sido impuesto?

Teóricas francesas, como Irigaray y Cixous, y americanas, como Shoshana Felman, han planteado la necesidad de "re-inventar" el lenguaje y de situarse fuera de la estructura especular del falogocentrismo, aunque sin proponer una definición de ese lenguaje re-inventado. Hélène Cixous, tras afirmar que es imposible definir una práctica femenina de la escritura, ofrece, no obstante, sugerencias sobre algunos de los elementos que deberían poder identificarse en ella, si pretende ser "palabra de mujer". Debe tratarse de un tipo de discurso que se desarrolle

> [...] in areas other than those subordinated to philosophico- theoretical domination. It will be conceived of only by subjects who are breakers of automatisms, by peripheral figures that no authority can ever subjugate. (340)

Palabra de mujer, así concebida, es lo que encontramos en las tres novelas de Carmen Gómez Ojea que considero en este trabajo.

Otras mujeres y Fabia (1982), *Los perros de Hécate* (1985) y *La novela que Marien no terminó* (1988) tienen en común, entre otras cosas que trato más adelante, una narradora que se sitúa frecuentemente como figura periférica y cuya preocupación central parece ser precisamente la de destruir automatismos. Estas narradoras, retiradas temporalmente en el momento de la narración de su actividad cotidiana por causas diversas, reflexionan sobre lo que ven y lo que oyen, convirtiéndose así en lectoras de su entorno y en escritoras del texto que se presenta a nuestros ojos.[1] En su labor, desarrollan un tipo de discurso polifónico que yuxtapone voces de multitud de mujeres de distintos períodos históricos y de distinta procedencia social. La autonomía de estas voces no es, sin embargo, la misma en las tres novelas, dados sus distintos grados de autorreflexividad.

En *Otras mujeres...* hay menor número de interferencias entre la narradora y las palabras de sus personajes, cuya separación se enfatiza en muchos casos mediante el recurso formal del salto de la tercera a la primera persona. En *Los perros...* sucede justo lo contrario: la narración en primera persona cambia a la tercera, de modo que queda claro que la información es fruto de dos subjetividades, la del personaje y la de la narradora, con lo que se desestabiliza en mayor grado el concepto de objetividad. *La novela...* va incluso más allá en este sentido: uno de los personajes, lectora del primer manuscrito de Celia, la narradora, le dice: "eres una embustera grandiosa, una mentirosa sin decencia ni honor. [...] tu hermoso cuaderno es un inmundo vertedero" (172). Lo que se hace evidente con este comentario es que todo el que escribe (o todo el que habla) inscribe necesariamente en el texto sus opiniones y sistema de valores y, en consecuencia, las voces diferentes no son, en realidad, más que la representación que una subjetividad determinada hace de ellas. Por otra parte, es precisamente esta llamada de atención al lector lo que posibilita una ruptura con la pura representación, al cuestionar la supuesta transparencia del texto y con ello su significado.

Este cuestionamiento apunta a la inexistencia de una verdad única y a la necesidad de romper con los sistemas de pensamiento que mantienen lo contrario. La palabra de mujer aparece en Gómez Ojea, como Cixous la imagina en todo texto femenino, "in order to smash everything, to shatter the framework of institutions, to blow up the law, to break up the 'truth' with laughter". (*Feminisms* 344)

La risa, desde la carcajada a la mueca irónica, sirve para crear un tipo de discurso que se sitúa fuera de la estructura especular del falogocentrismo—por usar los términos de Shoshana Felman—y desde el que desvela las cortapisas que discursos como el de los valores familiares, el histórico, el literario y el religioso le han impuesto a la mujer. Pero la risa sirve también simplemente para recordarle constantemente al lector los automatismos del lenguaje. Un ejemplo de esto son las palabras de la abuela de Fabia que dice de sí misma: "no tenía un pelo de tonta, y ten en cuenta que el pelo de mi cabeza no era una simple mata. Era un matorral, un bosque [...]" (*Otras mujeres...* 51). El mismo efecto tienen las palabras de Celia cuando, hablando de sus relaciones con su hija, comenta: "A pesar del abismo—no, no diré abismo ni ancho mar, pese a la charca que existe entre las dos [...] la quiero". (*La novela...* 100).

Del mismo modo, mediante la amoralidad o abierta inmoralidad de muchos de los personajes y de dos de las narradoras (Tarsiana y Celia), se revelan los automatismos que conducen a acogerse a la moral occidental. Una moral que, basada en los principios racionalistas de Descartes (*Los perros...* 152), los positivistas de Voltaire (*Otras mujeres...* 79) y los valores judeo-cristianos, ha mantenido a la mujer en silencio, sometida y como objeto de placer o de propiedad. En este sentido, no es extraño que el tema central en las tres novelas sea el de la necesidad por parte de la mujer de apropiarse la palabra y la sexualidad que tradicionalmente le han sido negadas.

El interés en recuperar la palabra prevalece en *Otras mujeres...*. Sin embargo, el hecho de que el sexo aparezca más como un martirio que como fuente de placer (11, 37, 42), dado que en la mayoría de los casos se trata de una obligación de esposa que hay que cumplir, sugiere la idea que desarrollan las otras dos novelas: son las relaciones sexuales condenadas por la sociedad las que mayor placer aportan porque implican cierto tipo de rebeldía. Esta postura es en sí misma radical ya que en la cultura occidental, como nos recuerda Gayle Rubin, "Virtually all erotic behavior is considered bad unless a specific reason to exempt it has been established. The most acceptable excuses are marriage, reproduction, and love" (11).

Las narradoras de *Los perros*... y *La novela*..., yendo como van contra toda moral impuesta, valoran aquellas prácticas sexuales que aportan placer o dinero. Es decir, las que según Rubin mantienen el status inferior en la estratificación de la jerarquía sexual, especialmente si, como en el caso de las de estos personajes, se establecen entre sujetos de generaciones diferentes. Tarsiana (*Los perros*...) es la más radical en este sentido. Desde los diez años, que decide darle a su cuerpo la ración de sexo que le demande, empieza a tener amantes mucho mayores que ella con los que gozar y sacarse sus dinerillos a la vez (30-31). No es extraño, pues, que, a pesar de haber asistido a colegios de monjas y de tener una formación universitaria, termine eligiendo la prostitución como profesión. Las experiencias de Celia (*La novela*...) son casi totalmente idénticas a las de Tarsiana. Aunque ésta elige casarse y convertirse en ama de casa con criada, lo hace por dinero y con un hombre treinta años mayor que ella.

La yuxtaposición de estas narradoras con otros personajes que experimentan su sexualidad de una manera más convencional y, por tanto frustrante e insatisfactoria desde la perspectiva de ellas, sugiere la diversidad de la experiencia femenina en este terreno y establece la identidad de la mujer como sujeto/agente sexual.[2]

Esta visión de la sexualidad desligada del amor del matrimonio y de la maternidad, a los que la ideología de la economía capitalista la ha mantenido conectada, se relaciona directamente con una re-evaluación de esos tres "sine qua non" de la familia burguesa ideal. Contra el discurso social dominante que presenta amor, matrimonio y maternidad como las vías más seguras para la realización de la mujer, la obra de Gómez Ojea insiste en las consecuencias negativas que estas "instituciones" han tenido para muchas.

En *Otras mujeres*..., hay pocos comentarios sobre el amor. Uno de ellos procede del personaje de la señora Efe que sostiene la pervivencia del amor cortés hasta nuestros días y lo define como

> un código de palabras con las que los solteros tímidos trataban de conjurar al Amor, para que una mañana hiciese brotar a la mujer de sus anhelos de entre sus ovillos de calcetines...; o con que los casados, que pegaban a sus esposas o las maltrataban de palabra o por medio de otras acciones humillantes, intentaban alcanzar una mujer sin ojeras, sin reyertas de niños sarampionosos [...]. (61)

En cuanto al matrimonio, Fabia asegura que las mujeres de la rama materna de su familia odian a sus maridos (57). Los odian porque los envidian y los envidian fundamentalmente, porque han aprendido a estar más pendientes de ellos y de sus éxitos que de sí mismas y porque, aunque tengan una profesión más respetable, ellos no respetan su trabajo (58-59). El problema es que esta falta de respeto por parte de los hombres no es más que un reflejo de la falta de respeto de la sociedad que ha inscrito en estas mujeres una falta de respeto hacia sí mismas.

La cuestión de la maternidad se aborda desde la perspectiva de Fabia que desmitifica el instinto maternal mediante el humor:

> [...] sería algo espeluznante que a alguien le ocurriera lo que a la anciana doncella Nyu Yu que durante setenta y dos años llevó en su vientre a Lao Tzé y lo expulsó por el costado izquierdo, mientras reposaba bajo la sombra de un ciruelo. Qué horror tener en la barriga, años y años, un viejo filósofo malhumorado. (20)

En *Los perros...*, la intransigencia de Tarsiana, reflejo paródico de cómo funcionan los imperativos sociales, la lleva a plantear su posición con una contundencia tal que se presta a su vez a cuestionamiento, que es la manera en que la novela deja espacio para voces con opiniones diferentes. Sin embargo lo que me importa aquí es la opinión de la narradora porque plantea la cuestión desde una perspectiva diametralmente opuesta a la del discurso social dominante. Según Tarsiana, "El amor debe ser algo pasajero que siempre ha de dejar un buen recuerdo, o por lo menos dinero" (105). "El matrimonio constituye... una institución abominable, una bastarda abyección" (23). Y de la maternidad dice, entre multitud de cosas parecidas, que las "diosas madres de dioses" son "una figura literaria repulsiva, una metáfora repugnante, la celada en donde habían caído del modo más abyecto y ruin millares de mujeres desconcertadas" (170).

La novela..., por otra parte, plantea algunas de las razones profundas que han guiado a la mujer al matrimonio por lo menos desde los orígenes de las sociedades capitalistas. De hecho, la experiencia personal que Celia relata corrobora la convicción de Adrienne Rich de que, aparte de la presión económica, existe y ha existido un "cluster of forces (ranging from physical brutality to control of conciousness) within which women have been convinced that marriage and sexual orientation toward men are inevitable [...] components of their lives" (163). Celia explica su decisión de casarse a los veinte años como una manera de superar su dependencia económica de sus padres. Lógicamente, pues, se plantea el matrimonio en los mismos términos de las relaciones laborales:

> quería que mi marido fuese mi patrono con todo lo que ello implicaba: nada de compadreos con la patronal; nada de blandenguerías; exigir y exigir sin denuedo... Yo no era una cándida de las que se habían tragado las prédicas de las madres del colegio: que si el amor por aquí y por allá [...]. (44)

La ironía es que su matrimonio funciona y que, al contrario de las mujeres de la rama materna de la familia de Fabia, Celia ni odia ni siente resentimiento contra el marido. Sin embargo, una nueva forma de entender el matrimonio no es la respuesta que ofrece Gómez Ojea. La solución, que la multiplicidad de voces presente en las tres novelas parece proponer, es la búsqueda de posibilidades para una mayor solidaridad y conexión entre las mujeres.[3] De hecho, la estabilidad emocional de Celia depende no de su familia, sino de su amiga Marien, para quien escribe.

De igual manera que la reapropiación de su sexualidad por parte de la mujer sirve para desestabilizar las bases de la familia burguesa, la reapropiación de su palabra permite el cuestionamiento de todo un sistema de pensamiento transmitido a través de textos históricos, literarios y religiosos. Dada la autoridad de que goza la palabra escrita y dado que el acceso de la mujer a la escritura ha sido históricamente, como mínimo, problemático, las narradoras de Gómez Ojea favorecen la oralidad en todas sus manifestaciones.

El desinterés que muestra Celia, desde su adolescencia, en los textos históricos y en su tácita afirmación del progreso de la humanidad —Nunca tuve clara noción del tiempo. Lo mismo me daba que Cartago hubiera sido destruida antes de la concepción del Bautista o después de que Cristo hablara con el diablo en el desierto" (*La novela...* 16)— se relaciona directamente con la convicción de Fabia y Tarsiana de que la verdadera historia de la mujer, ésa de la que no ha sido excluida, sólo puede recuperarse a través de la palabra —A través de esas voces acalladas de mujer [...] no bajó a la tumba [...] la historia no escrita, la historia no amañada para que nadie pueda leerla torcidamente". (*Otras mujeres...* 80)

Desde esta perspectiva se reinterpreta la guerra civil como "una estúpida carnicería", "algo [...] cien por cien masculino", que sólo sirvió para sacar a la superficie lo más negativo del ser humano (*Otras mujeres...* 81, 84, 85); y la revolución francesa, como una de las mayores causas "del oscurecimiento y miseria de las mujeres" (*Los perros...* 152). Se denuncia el antisemitismo y el racismo de las culturas europeas (*Los perros...* 74-75) y se sugiere el control ejercido por el Estado sobre la sexualidad en la posguerra, mediante una llamada de atención no sólo al funcionamiento del aparato ideológico, sino también a la ley que prohibía la venta de anticonceptivos. Así Celia, tras contar que robaba condones de la farmacia de su padre, añade:

> [...] sí, de aquellos mismos que las buenas madres de la España septentrional y húmeda, de la meridional y seca, y también de la mediterránea y de la insular, lavaban, secaban y guardaban, hasta que se agujereaban de una manera irreparable." La novela... 31)[4]

En cuanto al discurso literario, la fascinación de las tres narradoras con *Lo que el viento se llevó* es sintomática del tipo de creación literaria que se valora en estas obras. La literatura popular, ya sea en forma de novela sentimental, novela rosa, el Romancero viejo, o de la oralidad, es la única que parece tener algo que ofrecerle a la mujer. El Romancero aporta ejemplos de mujeres fuertes, como Ximena Díaz o Urraca, con las que pueden identificarse ciertos personajes (*Otras mujeres...* 78). Las novelas sentimentales y las novelas rosa tienen una función similar, según Fabia (*Otras mujeres...* 57). Son historias en las que muchas mujeres pueden reconocerse porque, al menos, tienen protagonistas femeninas y tratan de temas cotidianos. Tarsiana añadiría, además, que el tipo de placer que aportan es tan válido como cualquier otro y ciertamente no menor que "las delicias espirituales que pueden colmar el limpio corazón de un místico" (*Los perros...* 148). Y Celia sugiere con algunos de sus juegos intertextuales que lo que hace este tipo de narración es disfrazar de exaltación amorosa sentimientos puramente sexuales (*La novela...* 20-21), que es, precisamente, lo que algunos han dicho de la literatura mística.

Todo esto apunta a cuestiones sobre quiénes y cómo deciden qué tipo de escritos deben ser considerados "literarios" y cuáles "infra-literarios" y al hecho de que ignorar el impacto de esta "infra-literatura" en multitud de mujeres es, como señala entre otros Janice Radway, ignorar una vez más su experiencia.[5] El mismo tipo de pensamiento subyace en el deseo de re-escribir textos bien situados en el canon literario—un ejemplo es la afirmación de Celia: "En *El libro de buen amor* falta una canción de serrana: la mía, la de Celia la Asturiana" (*La novela...* 129)—y el de enfatizar que el fin de la literatura se contiene en su existencia, en el placer que aporta su producción y/o su recepción (*La novela...* 99 y *Los perros...* 10, 25, etc.).

La fascinación con la "literatura" oral tiene, además del cuestionamiento del canon, una doble función: la de recuperar historias cuyo destino inevitable es el de desaparecer (*Los perros...* 101-02) y la de enfatizar la tendencia de la gente de todos los tiempos a reelaborar la realidad por medio del lenguaje (*Los perros...* 35, 66, 68 y *La novela...* 64, 109, 144), aunque sólo pervivan las historias de los que han tenido acceso a la escritura. De esta manera, se introduce la cuestión de clase, con lo que se amplía el grupo de los excluidos por la "Cultura" occidental. Es en este sentido que Celia puede acusar a Marien de clasista con una simple referencia a sus preferencias literarias: Cervantes, Faulkner, Valle Inclán, Andreiev, etc. (*La novela...* 59-60).

Los textos religiosos, al ser enfocados desde esta perspectiva, pierden la autoridad de la que gozan y se prestan a una re-interpretación humorística que subvierte su dogmatismo: "San Pablo era un hombrecillo calvo, bajo, feo y fogoso que desdeñaba las enseñanzas del pasado y encendía la llama en busca de novedades" (*Otras mujeres...* 44); Cristo es "señor del vino como Dionisos y Baco"[6] "San Juan Evangelista hubiera recibido premios y galardones por su novela de ciencia ficción" (el Apocalipsis); "Jeremías es un guionista yanqui" y la madre de Jesús, "Miriam, inventó la olla a presión y la cocción al baño María" (*Los perros...* 78, 89, 96, 108).

La irreverencia religiosa que permea las tres novelas, fruto de la valoración de supersticiones transmitidas oralmente, junto con el rechazo de la historia escrita y la defensa de la literatura popular, sitúa el discurso de Gómez Ojea "in areas other than those subordinated to philosophico-theoretical domination", por usar las palabras de Cixous (*Feminisms* 340). Además, la defensa de los sentimientos sobre la razón y de las sensaciones físicas sobre la especulación filosófica, junto con el cuestionamiento humorístico por parte de las narradoras de su proceso narrativo, logran un doble resultado: la desestabilización de las instituciones vigentes en nuestra sociedad y la destrucción del concepto de una verdad última y absoluta. Esta palabra de mujer, que no pretende ser definitiva, presenta, a través de la ficción, algunas de las preocupaciones teóricas más sobresalientes del feminismo contemporáneo, uniéndose así a la palabra de otras mujeres que se niegan a seguir siendo silenciadas.

Obras citadas

Borreguero, Concha, Elena Catena, Consuelo de la Gándara y María Salas. *La mujer española: de la tradición a la modernidad (1960-1980)*. Madrid: Editorial Tecnos, 1986.

Cixous, Hélène. "The Laugh of the Medusa". *Feminisms*. Ed. Robyn R. Warhol y Diane Price Herndl. New Jersey: Rutgers University Press, 1991.

Gómez Ojea, Carmen. *La novela que Marien no terminó*. Barcelona: LaSal, edicions de les dones, 1988

—-. *Otras mujeres y Fabia*. Barcelona: Editorial Argos Vergara, 1982.

—-. *Los perros de Hécate*. Barcelona: Ediciones Grijalbo, 1985.

Ordóñez, Elizabeth. *Voices of Their Own. Contemporary Spanish narrative by Women*. Lewisburg: Bucknell University Press, 1991.

Radway, Janice. *Reading the Romance: Women, Patriarchy, and Popular Literature*. Chapel Hill: University of North Carolina Press, 1991.

Rich, Adrienne. "Compulsory Heterosexuality and Lesbian Existence". *Feminist Frontiers III*. Ed. Laurel Richardson y Verta Taylor. New York: McGraw Hill, 1993.

Rubin, Gayle. "Thinking Sex: Notes for a Radical Theory of the Politics of Sexuality". *The Lesbian and Gay Studies Reader*. New York: Routledge, 1993.

Vance, Carole. *Pleasure and Danger: Exploring Female Sexuality*. Boston: Routledge, 1985.

Walker, Barbara. *The Woman's Encyclopedia of Myths and Secrets*. San Francisco: Harper and Row, 1983.

Notas

1 * A Fabia (*Otras mujeres...*) le ha tocado la lotería, lo cual le permite dejar la enseñanza por un tiempo (25). Tarsiana (*Los perros...*), por otra parte, decide dejar la prostitución para recluirse con el propósito de "ver" mejor su ciudad (10). En cuanto a Celia (*La novela...*), se ha roto una pierna y decide escribir para no aburrirse (9). Quisiera señalar que, a pesar de que *Otras mujeres...* está escrito en tercera persona, la voz narrativa es claramente la de Fabia, como ya ha observado también Elizabeth Ordóñez (*Voices of Their Own. Contemporary Spanish Narrative by Women* 135).

2 * Carole S. Vance piensa que el presentar la sexualidad femenina no sólo como origen de victimización sino también como fuente de placer para la mujer es una de las tareas más acuciantes que debe acometer el feminismo occidental. Ver su artículo en el volumen editado por ella: *Pleasure and Danger: Exploring Female Sexuality* (1-27).

3 * Los sentimientos ambivalentes de Fabia con respecto a las mujeres de su barrio y de su familia (de la burla a la comprensión), la "comunidad" femenina en la que se instala Tarsiana (aunque recluida en su casa, es constantemente visitada por sus "juglaresas") y las fuertes relaciones entre distintos personajes femeninos en las tres novelas sugieren esta búsqueda. En este sentido, merece especial atención la relación entre Celia y Marien que parece ser lo más importante para ambas en sus vidas.

4 * La ley que despenalizaba la venta de anticonceptivos no se aprobó hasta el 7 de octubre de 1978 (*La mujer española: de la tradición a la modernidad (1960-1980)* 91).

5 * Ver su libro *Reading the Romance: Women, Patriarchy, and Popular Literature.*

6 * De hecho, tanto Cristo como Dionisos (Baco) tienen el mismo origen mitológico. Derivan de la figura oriental del dios sacrificado en cultos de matrimonio. Ver: Barbara Walker. *The Woman's Encyclopedia of Myths and Secrets.* Walker explica: "Jesus became a Christos when he was christ-ened for burial by Mary, the Magdelene or temple maiden (Matthew 26:12), who also announced his resurrection (Mark 15:47)". (167)

Tusquets y Martín Gaite: la protagonista de mediana edad

Ellen C. Mayock
University of Texas at Austin

En *El mismo mar de todos los veranos*, una novela escrita por Esther Tusquets y publicada en 1978, y en *Nubosidad variable*, la novela de 1992 de Carmen Martín Gaite, se representan tres protagonistas de mediana edad. Estas mujeres ya maduras en la época postfranquista, son hijas de las mujeres que vivieron la reglamentación femenina de los gobiernos de José Antonio Primo de Rivera y de Francisco Franco. De modo que, la narradora sin nombre en *El mismo mar...* y las dos mejores amigas (Sofía y Mariana) en *Nubosidad variable*, experimentan el conflicto interior de la herencia conservadora de sus madres combinada con los deseos más modernos de la libertad amorosa y profesional.

En ambas novelas, las protagonistas tienen una relación antagónica con sus madres, cuya insistencia en la belleza y en encontrar pareja les parece tonta e inútil. Se destacan estas relaciones enseñándonos una "sólida cadena de mujeres" (Tusquets 141) en la escena del funeral de la abuela materna en *El mismo mar...* y en el capítulo llamado "Persistencia de la memoria" en *Nubosidad variable*, donde Sofía se desdobla dentro del reino de su madre, viéndose a sí misma desde esta perspectiva materna.

En *El mismo mar...*, la protagonista siente la pérdida de la correspondencia materna que tenía con la abuela pero que nunca podía lograr con su propia madre. Ella se encuentra en el funeral en medio de la "sólida cadena", donde se da cuenta de la falta de relación con una madre superficial que pasa toda la vida remodelando la casa, viajando y mandándole a la hija tarjetas postales obligatorias, pero sin afecto verdadero. Al otro lado está la hija, cuya presencia le hace pensar en su propio comportamiento como madre. La falta de cariño entre la madre y la protagonista llega a ser la base de la inseguridad sentida como mujer una vez que alcanza la mediana edad.

En *Nubosidad variable*, Martín Gaite establece la cadena de mujeres a través del desdoblamiento temporal de Sofía en su madre, quien anda vagando por la casa de Sofía. Sofía, como madre, entra en varios cuartos de la vieja casa y, al entrar en las habitaciones de sus hijas, completa la cadena de mujeres desde la abuela hasta Sofía y sus dos hijas. Así, Martín Gaite crea su propia versión del "espejo de las generaciones".

Estudiando a estas protagonistas de las obras de Esther Tusquets y de Carmen Martín Gaite, evaluaremos las manifestaciones textuales de la insatisfacción general experimentada por muchas mujeres de mediana edad.[1] El estudio se enfocará en el desarrollo de la adolescente, la incomodidad con el mundo externo y el uso del espejo para analizar y recuperar una personalidad de mujer madura. De esta manera, lograremos establecer una visión de los desafíos y éxitos de la mujer protagonista en la narrativa española de la época.

En *Nubosidad variable*, el camino hacia el autodescubrimiento empieza con la sensación de malestar de la protagonista de mediana edad. Sabe que algo no va bien, que algo le hace daño, que algo le parece tonto, pero que necesita emprender una vuelta a la adolescencia para re-trazar su trayectoria hacia la insatisfacción. Mariana, la psiquiatra soltera en la narración de Martín Gaite, es una mujer aparentemente exitosa y llena de confianza en sí misma. Sin embargo, después de un fracaso amoroso tras otro, se da cuenta de lo hipócrita que es porque sigue dándoles consejos a sus pacientes sin seguirlos ella misma ni conoerse bien a sí misma. Necesita escapar de su vida actual y regresar a su adolescencia poniéndose en contacto con su mejor amiga de esos años. Dice que quiere entender su situación volviendo "a vivir aquellos comienzos, hacer eterna la esencia de lo fugaz" (Martín Gaite, *Nubosidad* 191). Mariana se instala en la casa sureña de una amiga-paciente, mientras Sofía se queda en la casa madrileña que comparte con su marido. Sofía recorre los pasillos echando de menos a sus hijos maduros y arrepintiéndose por su matrimonio fracasado. Sus paseos por la casa le permiten hacer el inventario de su vida y volver a sus proyectos artísticos—la pintura y la escritura. Mediante esta inmersión en la escritura, Sofía vuelve a lo ingenuo de la adolescencia, una época cuando se conocía bien y cuando era consciente de su don para escribir. La narradora de *El mismo mar...* expresa la misma necesidad:

> Para niñas expectantes y ansiosas, remotamente—sólo remotamente—excitadas, o para mujeres maduras que vuelven al cabo de los años, que se refugian aquí como en las naves de las viejas catedrales, como se vuelve siempre a los oscuros subterráneos, o quizá sea sólo cuando en el mundo exterior algo nos hiere mucho o algo termina o todo parece demadiado estúpido. (Tusquets 8)

En *El Mismo mar...*, la narradora también regresa a la niñez, instalándose sola en la vieja casa de sus padres. Otra vez la casa se establece como "locus" de la narración y del camino hacia el autodescubrimiento. La narradora de *El mismo mar...* resume así la necesidad de esta vuelta a casa:

> Todo iba a parecerme demasiado tonto, excesivamente banal, una chata historia incansablemente repetida que era preciso cortar antes de llegar a la náusea insoportable de su infinito, y entonces el pulido universo de cartón piedra en el que se me había adiestrado a vivir iba a derrumbarse finalmente sobre mí, y es posible que los tres (madre, marido y narradora) intuyéramos que entonces yo tendría que buscar refugio en mi primera madriguera. (Tusquets 16)

Efectivamente, las protagonistas se escapan a un refugio para ponerse en contacto con el pasado y así entender mejor lo que se malogró en la vida madura. Es interesante notar cómo Tusquets usa la palabra "madriguera", porque en esta narración la casa parece ser más materna que la misma madre de la protagonista.

Una vez que las tres protagonistas han emprendido este viaje hacia atrás, empiezan a aliviarse porque logran escaparse del disturbio del mundo exterior y se encuentran en el terreno firme de su propio ser. Este ser consiste en una mezcla del pasado, del presente y del mundo fantástico-real. Las protagonistas crean este mundo suyo a lo largo de los años para protegerse de la falta de cariño, de la hipersensibilidad y de un intelecto demasiado bien desarrollado para una chica que debería estar buscando pareja en vez de leer tanto e inventar historias. Esta capacidad inventiva es el resultado de una necesidad creativa que surge de ser lo que Martín Gaite llamaría una "chica rara" (Martín Gaite, *Desde la ventana* cap.4).La chica rara cree en la vida y en el amor, pero no se aviene a las normas sociales sobre el comportamiento femenino reveladas constantemente por su madre.

Toril Moi cita a Gilbert y Gubar con respecto a la fragmentación femenina causada por el conflicto entre lo exterior y lo interior. Las dos críticas dicen que el doble de la autora suele ser una imagen de su propia angustia y de su rabia, y que este doble sirve para que la autora pueda expresar sus sentimientos de fragmentación y su confusión ante las expectativas sociales y los deseos íntimos (Moi 60). Por eso, la protagonista/chica rara se hunde en las lecturas, que dan lugar a la rica intertextualidad de *El mismo mar...* y de *Nubosidad variable.* Sobre todo, se hace hincapié en los cuentos de hada que tanto les gustaban a las protagonistas de niñas. Wendy de Peter Pan aparece en las novelas como símbolo del deseo de mantenerse en la cuna de la juventud, mientras que la liebre de *Alicia en el país de las maravillas* representa la inocencia y la preciosa sorpresa de la adolescencia en *Nubosidad variable.*

Se enfatizan también la inocencia y la juventud a través del tiempo diegético. Las dos novelas tienen lugar durante la primavera, lo cual da pie a dos elementos: uno, la nostalgia por primaveras pasadas y, por ende, por un regreso más natural a la adolescencia; y otro, una disposición optimista debido a la sensación de lo nuevo que acompaña a la primavera. En *El mismo mar...*, la narradora se relaciona con una joven amante, llamada Clara, cuyo cuerpo e ingenuidad, como la casa o la "primera madriguera", trasladan a la narradora mayor a otra época y, por fin, al autodescubrimiento. En *Nubosidad variable* la primavera se manifiesta en el tiempo verdadero de la narración y en la vuelta a una amistad truncada años atrás, debido a un triángulo amoroso juvenil.

Tusquets y Martín Gaite establecen, entonces, una dualidad femenina dentro de la narración. Clara propicia el desdoblamiento de la narradora en *En el mismo mar...*; sirve de interlocutora activa que escucha los múltiples cuentos de la niñez de la narradora, y la conforta después con amartelamientos cariñosos y eróticos. El hecho de que sepamos el nombre de Clara y no el de la narradora enfatiza el papel de la joven amante como guía y facilitadora, que sabe hacer que la narradora vea claramente dentro de sus "subterráneos" físicos y emocionales.

Sofía y Mariana se ven y se recrean a través de un retorno compartido a la juventud. No se hablan durante la mayoría de la narración. Necesitan tiempo a solas, pero indirectamente compartido, para recuperar el interés en la vida y el autoconocimiento. Las largas e intrincadas cartas que se escriben son una forma de terapia gracias a la cual las dos amigas pueden expresar todo lo suyo sin tener que enfrentarse cara a cara con un interlocutor. Al mismo tiempo, las epístolas garantizan un público cómplice. Este contacto indirecto las vuelve a su pasado, mientras las dos amigas analizan y aprenden a recrear el presente.

Con estas estrategias ambientales (la casa, la primavera) y de desdoblamiento (la dualidad entre los personajes femeninos), las autoras han establecido el andamiaje narrativo para que sus protagonistas continúen el viaje desde la adolescencia hasta los problemas de la mediana edad. En *Nubosidad variable*, Sofía y Mariana siguen preguntándose: "¿Quién ennegreció el oro?", hasta que descubren cómo empezaron y se formaron los conflictos de su edad. Tienen que enfrentar la libertad con la que actuaron durante su juventud y con el porqué de su cumplimiento de los deseos paternales (y/o maternales) y sociales ¿Cómo se convirtió el capricho en cumplimiento? Aquí se puede aplicar la teoría de Foucault sobre la influencia de la mujer ociosa:

> It is worth remembering that the first figure to be invested by the deployment of sexuality, one of the first to be "sexualized," was the "idle" woman. She inhabited the outer edge of the "world," in which she always had to appear as a value, and of the family, where she was assigned a new destiny charged with conjugal and parental obligations. (121)

Esta insistencia en los deberes morales y familiares de la mujer, se refleja especialmente bien dentro del personaje de Sofía. Lo que más la aleja de su marido es la presión constante de ser el ama de casa perfecta, la anfitriona llena de gracia, la madre consoladora y la esposa linda y callada. Sofía compara esta presión con la de su adolescencia, cuando sus padres insistían en que se vistiera como mujercita y que hablara un francés perfecto con los invitados de la casa. Cuando Sofía por fin se rebela contra este control social de la mujer dice:

> Me niego a corresponder, a representar el papel de esposa de alto status, que esconde su cansancio tras una sonrisa, lleva la batuta en conversaciones sin fuste, pasa bandejitas y se siente pagada de su trabajera con la típica frase: "Has estado maravillosa, querida", que le dirige el marido cuando se van los invitados, ninguno de los cuales se ha divertido un pelo. Menos mal que ya me deja por imposible; he conseguido eso, que no es poco conseguir. Y todo a base de actitud pasiva. (Martín Gaite, *Nubosidad*...73)

Las mujeres de la generación de las dos hijas de Sofía rechazan la "actitud pasiva" que sus madres habían aprendido de la tradición femenina de su cultura. Soledad, una amiga de una de las hijas de Sofía, regaña a Sofía por su miedo a la realidad y por su falta de acción contra ella. Esta es otra lección en el aprendizaje hacia la concientización y el autodescubrimiento de la mujer de mediana edad: puede y debe aceptar los consejos de las jóvenes para desprenderse de las influencias opresivas de las generaciones pasadas.

La narradora de *El mismo mar*... tiene que enfrentarse con la misma lección dolorosa cuando comparte sus ideas con Clara. Estos reflejos de la juventud ayudan a las protagonistas maduras a darse cuenta de los falsos modelos de superficialidad que regían sus vidas, de la importancia de establecer su propia vida en vez de vivir a través de los hijos ya crecidos y de la necesidad de tomar decisiones importantes con respecto a la profesión y a la pareja. Es decir, las "huerfanitas envejecidas" tienen que cobrar valentía para salir del cascarón y aprender a vivir como quieran. En *El mismo mar*..., la narradara le atribuye abiertamente su crecimiento emocional a la experiencia compartida con Clara:

> [...] para ver emerger ahora, ver brotar ahora, en el calor de mayo—como una enredadera magnífica y carnívora, como una enredadera voraz de vertiginoso crecimiento—esta parte ignorada de mí misma, que yo creí ya muerta y que iba entretanto multiplicándose en las más hondas simas de las prohibidas profundidades.
> (Tusquets 87)

En otras palabras, la narradora de *El mismo mar...* y Sofía y Mariana de *Nubosidad variable* han empezado el lento despertar después de haber contado incansablemente sus historias, compartido el amor y/o la amistad y creado su propio lenguaje dentro de los reinos del amor y de la escritura. Este despertar se debe a los múlitples desdoblamientos que experimentan las protagonistas. Ya hemos observado el desdoblamiento dentro de la mujer misma, cuando se permite volver a la adolescencia para revivir la época de su formación. Otro desdoblamiento ocurre con respecto a la protagonista qe se va como actriz y como espectadora en su propia obra de teatro. Tusquets usa la terminología del teatro cuando su narradora se reconcilia con el desdoblamiento dentro de sí misma; el ser externo de la narradora es de "cartón de piedra" (Tusquets 228), mientras que su ser interno representa todo lo privado e íntimo de su vida. En *Nubosidad variable* las dos protagonistas se ven constantemente desdobladas (Martín Gaite llama a esto la "esquizofrenia 'controlada'", 197): Mariana la psiquiatra se halla haciendo los dos papeles de psiquiatra y paciente, y Sofía se desdobla de vez en cuando, adoptando el papel de su hija, como reflejo de su propia juventud. En la escena donde Amelia, la hija de Sofía, entra en su antiguo cuarto para hacer una llamada telefónica, tenemos una perfecta descripción del proceso consciente del desdoblamiento por parte de Sofía:

> Abandoné mis tareas culinarias y me senté de codos en la mesa, con los ojos fijos en el teléfono blanco colgado en la pared de la oficina, en un estado de total concentración. El corazón había empezado a latirme más deprisa, igual que cuando estoy viendo una película y se avecina una escena de esas que permiten el desdoblamiento del espectador, que le brindan una identificación absoluta con el protagonista. No sólo sabía lo que iba a pasar, sino que lo estaba orquestando yo desde mi asiento, dependía de mí, porque yo era ella. (Martín Gaite, *Nubosidad...* 38)

El uso del intercambio de pronombres ("yo era ella") se comenta en el libro *Writing Degree Zero* de Roland Barthes, donde él habla también del fenómeno de crear y participar en un tipo de teatro solitario:

> The preterite and the third person in the Novel are nothing but the fateful gesture with which the writer draws attention to the mask which he is wearing. The whole of Literature can declare Larvatus prodeo (Descartes' motto). As I walk forward, I point out my mask. (40)

El teatro sirve como medio de autoanálisis para las protagonistas en su camino de aprendizaje y representa un espejo donde se pueden reflejar las escenas de la vida de las mujeres maduras. Existen otros espejos simbólicos y sugestivos en las dos novelas comentadas aquí. Ya hemos notado el espejo de las generaciones femeninas. Además hemos visto a la amiga, a la madre y a la hija que sirven de desdoblamiento o de espejo de las tres protagonistas. Biruté Ciplijauskaité cita a Béatrice Didier con respecto a este espejo/personaje: "L'héroine a souvent une soeur, une confidente, une amie proche ou lointaine qui lui sert de miroir, certes, mais dont elle est prête aussi à devenir le miroir" (80).

El espejo físico se ve en varias escenas donde la protagonista averigua de qué pie cojea y vuelve a lograr la perspectiva de la multiplicación del "yo", manifestada en el yo/personaje y en la ella/imagen del espejo. Pero más significante es la representación del espejo en añicos que le indica a la protagonista la imposibilidad de recrear exactamente el pasado y de autoengañarse. Este espejo roto es lo que inspira a la narradora a crear en vez de recrear. La creación es la manifestación del camino hacia el autodescubrimiento, hacia la satisfacción y hacia la escritura del texto mismo. La narradora de *El mismo mar...* comenta "el implacable juego de múltiples espejos" (Tusquets 162), mientras que Sofía de *Nubosidad variable* le escribe a Mariana que "Todo es un infinito juego de espejos" (Martín Gaite 364).

A través de estas dos novelas, cuyas protagonistas representan a mujeres modernas de mediana edad, vemos el proceso de recuperar la energía, el espirítu y el individualismo del pasado para que la mujer se pueda liberar de la insatisfacción del presente y crearse un futuro. La miríada de técnicas que usan Tusquets y Martín Gaite exige, como dice Mirella Servodidio, "the readers' active collaboration" (160) para que miremos bien el significado de los variados espejos con respecto al desarrollo de las protagonistas. Sofía dice que necesita expresarse en forma epistolar con Mariana porque necesita la seguridad de "aquella risa cómplice que siempre restableció nuestra unión" (Martín Gaite, *Nubosidad...* 262). De esta manera, vemos el doble-desdoblamiento de Martín Gaite: necesita la colaboración de sus lectores, mientras que sus protagonistas son escritoras también que buscan el consuelo y comprensión de su(s) lector(es). Tusquets, al mismo tiempo, exige el esfuerzo del lector de seguir a la narradora y a su joven amante en sus viajes por los subterráneos y en el reino de su idioma personal, donde caen las barreras y se encuentran amigos honestos (o amigas honestas).

Quizás la paradoja de "refugiarse en lo nuevo" apunta a los conflictos difíciles de reconciliar en la situación de la mujer de mediana edad—el dolor del recuerdo, la enajenación, el desdoblamiento, la búsqueda de compañía íntima y la necesidad de crear. Sobre todo, en las tres protagonistas estudiadas aquí, entendemos la valentía que ejercen al emprender un doloroso viaje hacia atrás y el alivio que sienten por fin al encontrarse y al estar cómodas con su propio ser.

La alta calidad técnica de Tusquets y Martín Gaite permite una visión actual de los desafíos de la mujer que es hija de la generación franquista y los éxitos de esta misma mujer que sabe enfrentarse con el pasado y desarrollar su autoconocimiento para crearse un futuro, mejor definido y entendido.

Obras citadas

Barthes, Roland. *Writing Degree Zero.* Trans. Anette Lavers and Colin Smith. New York: The Noonday Press, 1993.

Ciplijauskaité, Biruté. *La novela contemporánea (1970-1985). Hacia una tipología de la narración en primera persona.* Barcelona: Anthropos, 1994.

Foucault, Michel. *The History of Sexuality. An Introduction.* Vol.1. New York: Random House, 1990

Friedan, Betty. *The Feminine Mystique.* New York: Dell, 1983.

Martín Gaite, Carmen. *Desde la ventana.* Madrid: Espasa-Calpe, 1992.

—-. *Nubosidad variable.* Barcelona: Anagrama, 1994.

Moi, Toril. *Sexual/Textual Politics.* London: Routledge, 1990.

Servodidio, Mirella. "Esther Tusquets's Fiction: The Spinning of a Narrative Web". *Women Writers of Contemporary Spain.* Ed. Joan L. Brown. Newark: University of Delaware., 1991. 159-78.

Tusquets, Esther. *El mismo mar de todos los veranos.* Barcelona: Anagrama, 1994.

Notas

1 * Véase *The Feminine Mystique* de Betty Friedan (New York: Dell Publishing Group, 1983) para indagar los síntomas de la "malaise" de la mujer madura.

La mujer en la narrativa hispanoamericana del «boom»: Cien años de soledad

María Isabel Navas Ocaña
Universidad de Almería

En el origen de la estirpe de los Buendía y en el origen de Macondo hay dos acontecimientos clave, protagonizados en ambos casos por un personaje femenino. Me refiero, en primer lugar, a las circunstancias azarosas que provocaron el encuentro de la familia de Úrsula Iguarán y de la familia de José Arcadio Buendía, los dos progenitores de esa estirpe que veremos desarrollarse en Macondo. Este encuentro lo propicia allá por el siglo XVI la bisabuela de Úrsula que, durante el asalto del pirata Francis Drake a Riohacha, en un ataque de histeria «se sentó en un fogón encendido». Desde ese momento, esta mujer quedó traumatizada no sólo físicamente—en el texto se dice que se convirtió «en una esposa inútil para toda la vida» (García Márquez 76)— sino también psicológicamente. Sufría frecuentes pesadillas en las que los ingleses entraban por la ventana de su dormitorio y «la sometían a vergonzosos tormentos con hierros al rojo vivo» (76). Su marido, para paliar estos terrores, decide abandonar la costa e instalarse en una ranchería de la sierra, en donde se asocia con un cultivador de tabaco llamado José Arcadio Buendía, tatarabuelo del José Arcadio Buendía que junto a Úrsula fundará Macondo. Aquí construye un dormitorio sin ventanas con objeto de que su esposa pierda por fin el temor a ser asaltada durante la noche por los piratas.

Como puede apreciarse, este episodio, que es en realidad el origen de toda la trama de la novela, está estrechamente relacionado con la peculiar situación de la mujer ante uno de los rasgos más característicos del carácter masculino: la guerra. La mujer aparece como sujeto paciente, como víctima de la barbarie bélica masculina, un victimismo y una pasividad que inmediatamente son trasladados al ámbito de la sexualidad. El miedo a sufrir tormentos de tipo sexual acongoja a nuestra protagonista. Se puede pensar que estos terrores son fruto de un hecho fortuito que se produce en un estado de máximo nerviosismo: el sentarse encima de un fogón encendido. O puede interpretarse, por el contrario, que ese hecho no es tan fortuito, sino que se trata de una autocastración para evitar o para olvidar los posibles atropellos de tipo sexual a que pudiera verse sometida o se hubiera visto sometida realmente por los piratas. El narrador, sin embargo, omite de forma deliberada cualquier información sobre este tema. Y un poco más adelante comentaré las que son, a mi juicio, posibles causas de esta omisión.

Se imponen, además, otras conclusiones sobre este episodio. No resulta muy complicado convertirlo en símbolo de las relaciones sexuales entre un hombre y una mujer, teniendo en cuenta algunos aspectos del estereotipo de estas relaciones. Me refiero al carácter activo de lo masculino frente a la pasividad femenina, es decir, el acto sexual entendido como una batalla en la que el hombre victorioso somete a la mujer-víctima.

Es evidente, por tanto, la naturaleza simbólica de esta historia en lo que atañe a uno de los arquetipos más comunes de la vida sexual femenina—ser pasivo, víctima, etc. Pero al mismo tiempo contiene un importante grado de simbolismo en el ámbito más concreto constituido por la historia particular de la novela. Josefina Ludmer se ha referido a la «simetría especular» (142) como uno de los ragos dominantes en la construcción general de *Cien años de soledad*. Pues bien, este episodio que venimos comentando se convierte en el espejo de otras situaciones similares que van a padecer las descendientes femeninas de la familia. De hecho, anticipa, como veremos ahora, la pauta del comportamiento sexual de buena parte de las mujeres Buendía.

Las secuelas que la bisabuela de Úrsula va a sufrir tras el accidente del fogón son de índole física y de índole social. Queda, por un lado, incapacitada para la vida sexual y, por otro, padece un cierto defecto al andar y un permanente «olor a chamusquina» que la obligarán a renunciar «a toda clase de hábitos sociales» (76). Esa habitación sin ventanas que su marido le construye para aliviar sus terrores es el símbolo máximo de la situación de enclaustramiento, de imposibilidad sexual y social que esta mujer vivió como consecuencia de la violencia bélica masculina a la que nos referíamos antes. Amaranta y Rebeca, las dos hijas de Úrsula y José Arcadio Buendía, son quizás el mejor espejo de la tatarabuela. Una y otra reproducen respectivamente la incapacidad sexual como autocastración, y el encierro voluntario, el apartamiento de la sociedad. En Amaranta vuelve a repetirse incluso el motivo del fogón y del olor a chamusquina. Cuando rechaza definitivamente la propuesta de matrimonio de Pietro Crespi y éste se suicida, leemos lo siguiente:

> Ursula la abandonó. Ni siquiera levantó los ojos para apiadarse de ella, la tarde en que Amaranta entró en la cocina y puso la mano en las brasas del fogón, hasta que le dolió tanto que no sintió más dolor, sino la pestilencia de su propia carne chamuscada. Fue una cura de burro para el remordimiento. [...] La única huella externa que le dejó la tragedia fue la venda de gasa negra que se puso en la mano quemada, y que había de llevar hasta la muerte. (161-62)

Esa venda se convierte en el símbolo visible de su virginidad, de su autocastración. De hecho, cuando su sobrino Aureliano José la busca desesperadamente para consumar unas relaciones incestuosas que no llegarán a producirse, le pregunta hasta cuándo va a llevar esa venda, es decir, hasta cuándo va a conservar la virginidad[1]. Por tanto, el motivo del fogón tiene el mismo sentido de castración deliberada de los impulsos sexuales que tuvo en el episodio de la tatarabuela. La condición de virgen la mantendrá Amaranta hasta el final casi como una bandera. Cuando su muerte está próxima, se niega a confesarse con el padre Antonio Isabel. Fernanda, la mujer de Aureliano Segundo, se escandaliza y murmura que no lo hace porque tiene un «espantoso pecado». Entonces Amaranta «obligó a Úrsula a dar testimonio público de su virgindad» (321).

En cuanto a Rebeca, es la figura femenina que recibe en herencia de la tatarabuela ese destino de enclaustramiento, de alejamiento de las relaciones sociales. Este hecho, que se produce inmediatamente después de la muerte de su marido José Arcadio y que se prolongará ya para siempre, tiene en mi opinión ciertas motivaciones de tipo sexual. En primer lugar, la historia de José Arcadio y Rebeca es la historia de una irrefrenable pasión sexual, hasta el punto de que Rebeca abandona a su prometido, Pietro Crespi, y se expone a cometer incesto, aunque, como luego se aclarará durante la ceremonia religiosa de su matrimonio, no hay entre ella y José Arcadio ningún vínculo de sangre. La descripción que el narrador hace de la primera vez que estos dos personajes mantienen relaciones sexuales es la siguiente:

> Ella tuvo que hacer un esfuerzo sobrenatural para no morirse cuando una potencia ciclónica asombrosamente regulada la levantó por la cintura y la despojó de su intimidad con tres zarpazos, y la descuartizó como un pajarito. Alcanzó a dar gracias a Dios por haber nacido, antes de perder la conciencia en el placer inconcebible de aquel dolor insoportable, chapaleando en el pantano humeante de la hamaca que absorvió como un papel secante la explosión de su sangre. (145)

Reaparece aquí, pues, la idea del sexo como batalla en la que los contendientes tienen claramente asumidos su papel: del lado femenino está la víctima y del masculino el agresor.[2] Esta pasión amorosa que une a José Arcadio y a Rebeca es además el motivo fundamental de la expulsión del entorno familiar. Úrsula los echa de casa porque considera que han incurrido en «una terrible falta de respeto» (146) y les prohíbe volver. Después de un tiempo, José Arcadio muere en extrañas circunstancias. El narrador nos lo cuenta sugiriendo, aunque sin concretar, la posible implicación de Rebeca:

> Rebeca declaró después que cuando su marido entró al dormitorio ella se encerró en el baño y no se dio cuenta de nada. Era una versión difícil de creer, pero no había otra más verosímil, y nadie pudo concebir un motivo para que Rebeca asesinara al hombre que la había hecho feliz. (182)

Si se acepta la condición de asesina de Rebeca, este episodio adquiere caracteres especulares respecto al de la tatarabuela. Podría interpretarse de nuevo como una autocastración a nivel sexual, motivada quizás por ese sentimiento de pecado que marcó siempre las relaciones de Rebeca y José Arcadio y que generó la expulsión del clan familiar. Pero hay algo que no podemos olvidar: no existe incesto real en el matrimonio de estos dos personajes, porque no les une ningún tipo de consanguinidad. Sí habría, por el contrario, «incesto figurado», tal y como ha señalado Josefina Ludmer (205). Yo añadiría, además, la existencia de una profunda conciencia de incesto, que se pone de manifiesto desde el primer contacto sexual, cuando José Arcadio, mientras acaricia a Rebeca, murmura: «Ay, hermanita: ay, hermanita» (145).

Tanto en el episodio de la tatarabuela como en la historia de Rebeca el narrador omite información deliberadamente. No sabemos si la tatarabuela fue o no violada por los piratas y tampoco sabemos si Rebeca asesinó realmente a su esposo. Habría, pues, una violación figurada o posible, origen de la autocastración que se infringe la tatarabuela al sentarse sobre el fogón encendido, y un incesto figurado, origen de un posible asesinato, que podemos interpretar también como el castigo que Rebeca se impone para expiar sus culpas. Además, la reacción de Rebeca ante la tragedia es similar a la de la tatarabuela: el encierro voluntario y de por vida.[3] El paralelismo entre las dos historias es, por tanto, absoluto. Ambas mujeres optan por el apartamiento social y por la negación de su condición sexual. Incluso las sensaciones olfativas vuelven a ser las mismas: el «penetrante» e indeleble olor a pólvora (183) que desprende el cadáver de José Arcadio recuerda en cierta forma el perpetuo olor a chamusquina del cuerpo achicharrado de la tatarabuela. En un caso, el castigo se lo infringe la protagonista a su propio cuerpo—igual que Amaranta al quemarse las manos—y en el otro, Rebeca se autocastiga en el cuerpo de su amante—quizás el bien más preciado para ella—que es el que va a desprender un fuerte olor a pólvora, olor estrechamente relacionado también con el fuego, que aparece en las tres historias como elemento purificador de una culpa de origen sexual.

Hemos dicho que el narrador se calla los datos relativos a las motivaciones del episodio del fogón. Y hemos establecido dos hipótesis al respecto: el temor a la violación o el autocastigo por la violación consumada. Pues bien, estas dos posibilidades van a realizarse en las vidas de Amaranta y Rebeca, que se convierten así en los espejos de dos aspectos de la tragedia de la tatarabuela. Mientras que Amaranta manifiesta una férrea voluntad de alejamiento del sexo enarbolando la venda negra de su mano herida como una bandera de virginidad, Rebeca se entrega sin ambages a la pasión amorosa, pasión que, sin embargo, ella misma arrancará de raíz con el asesinato de su esposo.

Pero la vaguedad con la que el narrador refiere las causas del episodio del fogón, faculta, como ya decíamos al principio, una tercera posibilidad: que la tatarabuela se siente sobre el fogón encendido en un ataque de histeria simplemente porque la aterroriza el asalto de los piratas a la ciudad, sin que tenga que haber necesariamente en este temor un fundamento de tipo sexual. Habría, en definitiva, tres opciones. La primera vendría dada por el temor al sexo. El espejo de esta opción es la vida de Amaranta. La segunda se refleja en Rebeca y supone la consumación del sexo. La tercera opción, la ausencia de una motivación sexual, obtiene un reflejo perfecto en otra mujer de la familia, en Remedios, la bella. El narrador la define como «una criatura de una pureza excepcional» (243), que desde el vientre de su madre está a salvo de cualquier «tentación terrenal» (243), hasta el punto de ser protagonista de un acontecimiento absolutamente prodigioso, la subida al cielo en cuerpo y alma. Teniendo en cuenta este hecho, Graciela Maturo, ha establecido una oportuna y certera simetría con la figura de la Virgen María (144-45).

Se trataría, por tanto, de una serie de tres términos a partir de las distintas posibilidades que ofrece la historia de la tatarabuela. En esta serie, Rebeca es el término positivo, Amaranta el negativo y Remedios el no marcado.

Pero en el personaje de Remedios hay otros matices especialmente interesantes. Se trata, nos dice el narrador, de un ser puro, sin malicia, sin sexo, ajeno a cualquier tipo de convencionalismo. Y paradójicamente es la mujer de la familia que despierta, y además de forma hiperbólica, pasiones sexuales desenfrenadas en casi todos los hombres que la conocen. Se nos está ofreciendo en este caso un prototipo de lo femenino, un ideal de mujer, capaz, siempre según el narrador, de perturbar y atraer al hombre hasta extremos insospechados. Pero lo curioso es que ese prototipo se caracteriza por la ausencia. Es lo que podríamos llamar el grado cero de lo femenino. Remedios carece de cualquier rasgo que pueda identificarse con lo que tradicionalmente ha formado parte del ámbito de la mujer y, en concreto, con todo aquello que ésta ha usado a lo largo de los siglos para conquistar al hombre: vestidos, adornos, maquillaje, etc.:

> No entendía por qué las mujeres se complicaban la vida con corpiños y pollerines, de modo que se cosió un balandrán de cañamazo que sencillamente se metía por la cabeza y resolvía sin más trámites el problema del vestir, sin quitarle la impresión de estar desnuda, que según ella entendía las cosas era la única forma decente de estar en casa. La molestaron tanto para que se cortara el cabello de lluvia que ya le daba a las pantorrillas, y para que se hiciera moños con peinetas y trenzas con lazos colorados, que simplemente se rapó la cabeza y les hizo pelucas a los santos. Lo asombroso de su instinto simplificador, era que mientras más se desembarazaba de la moda buscando la comodidad, y mientras más pasaba por encima de los convencionalismos en obediencia a la espontaneidad, más perturbadora resultaba su belleza increíble y más provocador su comportamiento con los hombres. (273)

Además, y esto es lo más importante, es una mujer sin sexualidad. Se trata, pues, de una diosa inalcanzable para el hombre, una diosa que adquiere, como ya hemos dicho, un cariz religioso y que recuerda a la Virgen María. Éste es el elemento más relevante de ese prototipo femenino que nos ofrece la novela.

El personaje de Fernanda, la mujer de Aureliano Segundo, surge, a mi juicio, como el anverso de Remedios. El juego de espejos se va complicando. Aparecen nuevos reflejos a partir de los primegios—la historia de Amaranta, Rebeca y Remedios, la bella. Veamos por qué. La primera aparición de Fernanda tiene lugar en el carnaval, celebración para la que Remedios ha sido elegida reina. Puesto que el coronel Aureliano Buendía fue uno de los jefes más destacados del partido liberal, la elección de Remedios motivó una contraofensiva conservadora encarnada por Fernanda, que llegará al pueblo también vestida de reina. Por tanto, desde el principio aparecen como personajes contrapuestos. En el carnaval son símbolos de dos opciones políticas diferentes: liberales y conservadores. Sin embargo, ambas comparten la condición de instrumentos de los fines políticos de los hombres. La instrumentalización de la mujer en este episodio es total. Ninguna es consciente del cariz político que tienen los festejos. De hecho, Fernanda, hija de una familia de abolengo aristocrático y educada para ser reina, cuando la vistieron con la capa de armiño, creyó que se estaba cumpliendo su destino. Nunca imaginó que se trataba de reinar en un carnaval y, por supuesto, no sabía nada del complot conservador.

Pero no sólo es en el ámbito político en donde Remedios y Fernanda se muestran como opuestas, también lo son desde el punto de vista religioso. En la caracterización de Remedios no hay ningún elemento propio de la ortodoxia católica, aunque es indudable que su simplicidad, sencillez, anticonvencionalismo, etc., son valores morales que no entran en contradicción con esa ortodoxia. Digamos que desde este punto de vista

Remedios simboliza el aspecto más natural y universal de lo religioso, ajeno a credos particulares, aunque su ascensión al cielo sea fácilmente relacionable con la ascensión de la Virgen María. Fernanda, por el contrario, es el ejemplo máximo de la religión institucionalizada. En ella, el catolicismo es un elemento inseparable de su situación social, de su sangre aristocrática, de su apego a los convencionalismos. Mientras que Remedios parece poseer una especie de bondad natural, Fernanda muestra el lado más hipócritamente mezquino de lo religioso. La religión es para ella simplemente una cuestión de formas. Por eso, amparándose en esa moral exclusivamente formal, tiene un comportamiento perverso con su hija Meme y su nieto Aureliano. A Meme la recluye en un convento, para evitar el escándalo social de sus amores con Mauricio Babilonia, y a Aureliano, después de haber sentido la tentación de ahogarlo con sus propias manos, lo encierra en casa y nunca le confiesa su verdadera identidad.

Es esa religiosidad mezquina la que le hace tener un comportamiento sexual absolutamente grotesco, que provoca las burlas de su marido, cuando se da cuenta de que en la noche de bodas «Fernanda se había puesto un camisón blanco, largo hasta los tobillos y con mangas hasta los puños, y con un ojal grande y redondo primorosamente ribeteado a la altura del vientre» (254). Obsérvese cómo en este aspecto Fernanda es también el anverso de Remedios, que piensa que la desnudez es el estado más natural e incluso el «más decente» de estar en casa. La vida sexual de Fernanda con su marido viene determinada, además, por las indicaciones de su director espiritual:

> Fernanda llevaba un precioso calendario con llavecitas doradas en el que su director espiritual había marcado con tinta morada las fechas de abstinencia venérea. Descontando la Semana Santa, los domingos, las fiestas de guardar, los primeros viernes, los retiros, los sacrificios y los impedimentos cíclicos, su anuario útil quedaba reducido a 42 días desperdigados en una maraña de cruces moradas. (253).

Esta actitud de Fernanda tiene su paralelo en la incapacitación para el sexo de la bisabuela, en la autocastración de Amaranta, en el asesinato del macho perpetrado por Rebeca en la persona de su marido José Arcadio y en la ausencia de sexualidad que exhibe Remedios, la bella. En todas ellas, la imposibilidad sexual es una decisión tomada voluntariamente, a excepción de Remedios la bella, que es una criatura sin sexo desde su nacimiento. Pero en otros casos, las mujeres de la familia Buendía van a sufrir esa frustración de los instintos sexuales, de la capacidad amorosa, no por propia iniciativa, sino por imposición de terceros. Es el caso de Meme, la hija de Fernanda y Aureliano Segundo. La avidez con la que se entrega a su pasión por Mauricio Babilonia recuerda el desenfreno de Rebeca con José Arcadio. No será Meme, sin embargo, la que destruya el objeto de su pasión. Es Fernanda, su madre, la que le pone punto y final. Cuando descubre que Mauricio visita a su hija en el baño todas las noches, pide al alcalde que ponga vigilancia en el patio con la excusa de haber visto ladrones de gallinas. Mauricio recibe al día siguiente un tiro en la espalda que lo deja paralítico, aunque Meme lo cree muerto. Una vez desaparecido el objeto de la pasión sexual, al igual que las demás mujeres de la familia, Meme se retirará de la vida social, ingresando en un convento de clausura. Sin embargo, tampoco esto es una decisión propia, sino de su madre.

Fernanda no sólo es la responsable del enclaustramiento de su hija sino que comparte esa situación de alejamiento del mundo, típica de las mujeres Buendía. Además de haber pasado su infancia y su adolescencia entre el convento, en donde la educaron para ser reina, y la lóbrega mansión familiar, después de casarse con Aureliano Segundo va imponiendo progresivamente esos hábitos de clausura a los Buendía, no abriendo las ventanas, deseando que nadie venga a la casa, etc.

En definitiva, la historia de la bisabuela, narrada brevemente—apenas una página—en el capítulo segundo, constituye no sólo el origen de la estirpe de los Buendía sino que anticipa, y esto es lo importante, los dos rasgos más sobresalientes de las mujeres de esa estirpe: incapacidad para el sexo y encerramiento y alejamiento del mundo.

Pero hay otra historia clave en la novela, protagonizada también por una mujer, por Úrsula, que va a determinar la fundación de Macondo y al mismo tiempo las pautas del carácter y del comportamiento de algunas de sus descendientes femeninas. Esta historia aparece inmediatamente después de la de la bisabuela y se refiere al matrimonio de Úrsula con José Arcadio Buendía. El narrador enlaza una y otra de forma muy simple, con esta frase: «Por eso, cada vez que Úrsula se salía de sus casillas con las locuras de su marido, saltaba por encima de trescientos años de casualidades, y maldecía la hora en que Francis Drake asaltó Riohacha» (77).

Puesto que Úrsula y José Arcadio son primos, les preocupa la posibilidad del incesto y tienen el temor de engendrar hijos con cola de cerdo. Ya había un precedente en la familia: el descendiente de una tía de Úrsula y un tío de José Arcadio. Úrsula se niega en un primer momento a consumar el matrimonio y para ello utiliza «un pantalón rudimentario que su madre le fabricó con lona de velero y reforzado con un sistema de correas entrecruzadas, que se cerraba por delante con una gruesa hebilla de hierro» (77). Durante una pelea de gallos, Prudencio Aguilar se atreve a hacerle a José Arcadio algunas insinuaciones sobre este hecho. José Arcadio, en lo que el narrador califica como «duelo de honor» (79), lo mata y esa misma noche mantiene relaciones sexuales con su mujer. Pero el remordimiento por la muerte de Prudencio Aguilar los atormenta, hasta el punto de que ven a menudo su fantasma paseándose por la casa. Cuando ya no pueden soportarlo más, deciden marcharse de Riohacha. Emprenden un azaroso viaje a través de tierras salvajes y fundan Macondo. Por tanto, en el origen de la estirpe de los Buendía—del que es responsable el episodio de la bisabuela—así como en la fundación de Macondo son las mujeres las que ocupan un lugar central. Además, en ambos casos se trata de episodios motivados por una cuestión de tipo sexual. Si la historia de la bisabuela se continúa, a partir de la proyección de algunos de sus caracteres más destacados, en la vida de las descendientes femeninas del clan—Rebeca, Amaranta, Remedios la bella, Meme y otras—la historia de Úrsula tendrá también su reflejo en esas descendientes.

Por ejemplo, la resistencia de Úrsula a consumar el matrimonio con su marido, atemorizada ante la posibilidad del incesto, tiene su paralelo en la negativa tenaz de Amaranta a mantener relaciones sexuales plenas con su sobrino Aureliano José (197-98), o en la resistencia de Amaranta Úrsula ante Aureliano Babilonia, también su sobrino, antes de hacer el amor por primera vez (429-30). La posibilidad del incesto, iniciada por

Úrsula, será una amenaza que se cierna sobre algunas mujeres de la familia: Amaranta con sus sobrinos Aureliano José y José Arcadio—se trataría en este caso de un incesto no consumado, frustrado— Rebeca con su hermano adoptivo José Arcadio—sería un incesto figurado—y Amaranta Úrsula con su sobrino Aureliano Babilonia— sería un incesto consumado y, como consecuencia, el fruto de esa unión nace con cola de cerdo. No obstante, en este último caso, podríamos decir que se trata de un incesto involuntario, porque ni Amaranta Úrsula ni Aureliano conocen las relaciones de parentesco que existen entre ellos, aunque sospechen que las hay y teman ser hermanos. En Amaranta Úrsula, la última mujer Buendía, confluyen además muchos rasgos de sus predecesoras femeninas. Así lo ha señalado Josefina Ludmer:

> [...] es "activa, menuda, indomable, como Úrsula, y casi tan bella como Remedios, la bella"; tiene el vientre ávido de Rebeca y el nombre de Amaranta, la otra tía que no cedió al incesto; murió de hemorragia como Remedios, la esposa del primer Aureliano. (185)

La crítica ha señalado la relación edípica que existe entre Úrsula y su hijo primogénito José Arcadio. Víctor Farías recuerda el momento en el que Úrsula, embarazada de Amaranta, observa desnudo a José Arcadio, se sorprende de que éste sea ya un adulto y vuelve a sentir «sus terrores de recién casada». José Arcadio, por su parte, cuando Pilar Ternera lo inicia en el sexo, ve el rostro de su madre. Farías ha dado incluso por buena la hipótesis de que José Arcadio se marcha de Macondo con los gitanos para romper el cordón umbilical, un cordón que se restablece en el momento de la muerte, cuando un hilo de la sangre de José Arcadio se dirige hasta la cocina en busca de Úrsula (58-59).

Esta relación edípica vuelve a repetirse en Amaranta con Aureliano José y José Arcadio. Ninguno de los dos es su hijo verdadero. Son, en realidad, sobrinos. Pero Amaranta los adopta y los cría como hijos. Sería una relación edípica figurada.

El personaje de Fernanda también guarda una cierta relación con Úrsula. Aunque el temor al incesto no es la causa, sino más bien su puritanismo religioso, Fernanda va a retrasar durante un tiempo la consumación de su matrimonio con Aureliano Segundo, de la misma forma en la que lo hizo Úrsula de recién casada.[4] Pero donde quizás se pueda señalar un vínculo más acusado entre las dos mujeres es en lo que atañe a su papel como madres. Úrsula, por ejemplo, contribuye de alguna forma a la frustración del matrimonio de su hija Rebeca y de Pietro Crespi, puesto que acoge con entusiasmo la propuesta de Amaranta, que pretendía impedir la boda retrasándola hasta que la nueva iglesia del pueblo estuviera terminada. Este aplazamiento será fatal para la pareja, porque se producirá la llegada de José Arcadio con el que finalmente se casará Rebeca abandonando a Pietro Crespi. Además, Úrsula expulsará a Rebeca de la casa familiar, enojada por su matrimonio con José Arcadio, que a ella le parecía inmoral. De la misma forma, como un reflejo de este episodio, aunque en una magnitud mucho más hiperbólica, Fernanda frustrará los amores de su hija Meme con Mauricio Babilonia. Fernanda es, por supuesto, un personaje más mezquino y malvado que Úrsula. Mientras ésta última no tiene una intención manifiesta de impedir el casamiento de Rebeca y Pietro Crespi, e incluso da dinero para que la construcción del templo finalice cuanto antes, Fernanda provocará la parálisis de Mauricio Babilonia y destruirá por completo a Meme, expulsándola de la casa y recluyéndola en un convento de clausura. Podríamos decir que existe un patrón matrofóbico en estas dos historias, que resulta mucho más acusado en el caso de Fernanda y Meme. Se trataría de una especie de reflejo, aumentado con creces, del episodio primigenio que tiene como protagonistas a Úrsula y a Rebeca.

Sin embargo, respecto a sus hijos varones, tanto Úrsula como Fernanda muestran una abnegación y un cariño que no ponen de manifiesto hacia sus hijas. Úrsula, además de esa relación edípica que sostiene con José Arcadio, tiene una especial predilección por su otro hijo, el coronel Aureliano Buendía. Ella misma confiesa en alguna ocasión que «habría dado la vida» por él (290). De la misma forma, el agrio carácter de Fernanda sólo se dulcifica cuando piensa en su hijo José Arcadio con el que mantiene una correspondencia constante y del que se siente especialmente orgullosa, por ser el que ha colmado sus aspiraciones religiosas al optar por la vida sacerdotal.

En definitiva, los caracteres dominantes en las mujeres de la familia Buendía son en primer lugar la frustración de los impulsos sexuales. Esta frustración es voluntaria en el caso de la bisabuela, de Amaranta y Rebeca, mientras que en Meme es obligada—no se trata de una decisión propia sino de su madre— y en Remedios la bella es algo de nacimiento—la falta de sexualidad forma parte de su personalidad.

El origen de esa frustración sexual es en algunos casos la amenaza del incesto. Esta amenaza se cierne sobre Úrsula, tanto en relación a su marido, del que es prima, como a su hijo José Arcadio, que padece el complejo de Edipo. Esta amenaza se proyecta a su vez sobre Rebeca, que sufrirá la conciencia del incesto al casarse con su hermano adoptivo José Arcadio. Incesto frustrado y complejo de Edipo son, además, los términos que presiden las relaciones de Amaranta con sus sobrinos Aureliano José y José Arcadio. Los últimos descendientes de la estirpe, Aureliano Babilonia y Amaranta Úrsula, consuman finalmente el incesto y engendran un hijo con cola de cerdo.

Otro rasgo de la personalidad femenina de las Buendía es el encierro voluntario tras la incapacitación deliberada para la vida sexual. Así le ocurre a la bisabuela, a Amaranta y a Rebeca.

En cuanto a su papel como madres, domina en ellas el patrón matrofóbico, que alcanza su máxima expresión en el comportamiento absolutamente destructivo que Fernanda tiene con su hija Meme. Suelen ser, sin embargo, madres abnegadas y cariñosas con sus hijos varones. Hay una mujer, a la que hasta ahora no hemos mencionado, Santa Sofía de la Piedad, madre de Remedios la bella y de los gemelos Aureliano Segundo y José Arcadio Segundo. Esta mujer es un personaje gris, que pasa totalmente desapercibido, pero que adquiere una especial magnitud en un episodio relacionado justamente con su condición de madre. Su hijo José Arcadio Segundo le ruega que se asegure de que nunca lo enterrarán vivo. Para cumplir su promesa, cuando éste muere, ella degolla su cadáver (389). No obstante, Santa Sofía de la Piedad no es estrictamente una Buendía porque no llegó a casarse con Arcadio, el padre de sus tres hijos. Por eso quizás aparece como una especie de sirvienta, dedicada a las tareas del hogar, cuya voz no se deja oir nunca a excepción de ese momento en el que demuestra una valentía y una entereza extraordinarias. Tampoco

Pilar Ternera es una mujer Buendía, aunque dé a luz hijos de esa estirpe. El clan familiar la mantiene alejada por su condición de prostituta. Es en el ámbito sexual el opuesto absoluto de las mujeres de la familia—frente a la frustración de éstas, destaca su exuberancia y su fecundidad—y desempeña la función de iniciadora de los hombres en el sexo. Paralela a esta figura es la de Petra Cotes, la concubina de Aureliano Segundo. Mientras que en Pilar Ternera su exuberancia sexual produce una magnífica fecundidad—tiene dos hijos Buendía, Arcadio y Aureliano José, y cinco hijas de otros padres—la exuberancia sexual de Petra Cotes es el origen de la prosperidad económica de Aureliano Segundo, puesto que ella tiene el poder de provocar el nacimiento prolífico del ganado.[5]

En definitiva, teniendo en cuenta todos estos rasgos propios de las mujeres de *Cien años de soledad*, el único comentario que cabría hacer es destacar el carácter absolutamente masculino del universo de relaciones que narra la novela. Mujeres que se prohiben a sí mismas su condición sexual, que se apartan del mundo, que reciben como castigo por su pasiones desenfrenadas una descendencia monstruosa—hijos con cola de cerdo—o la muerte como en el caso de Amaranta Úrsula. Y, de otro lado, mujeres apartadas de la familia, como Pilar Ternera y Petra Cotes, pero a las que los hombres les deben su iniciación y su satisfacción sexual, la perpetuación de su estirpe e incluso su fortuna personal.

El modelo femenino que propone *Cien años de soledad* es el de Remedios la bella, es decir, el de la mujer sin sexualidad. La ausencia de apetitos sexuales es lo que atrae de forma irresistible a los hombres. Dan rienda suelta así a su ego masculino que se definiría por una especie de necesidad de conquista de lo inexpugnable, de lo inalcanzable. Volvemos, pues, a una de las ideas con las que iniciábamos este trabajo: el sexo definido mediante el patrón de la guerra, de la relación víctima —pasiva y femenina—y agresor—masculino y victorioso. A partir de este canon femenino que representa Remedios la bella, el resto de las mujeres que aparecen en la novela habrá de optar o bien por la represión del instinto sexual—son las mujeres de la familia, las mujeres decentes con las que se casan los hombres—o bien por dar rienda suelta a ese instinto y situarse entonces fuera de la familia, al margen de la ley social: en la prostitución.

Obras citadas

Farías, Víctor. *Los Manuscritos de Melquíades. Cien años de soledad, burguesía latinoamericana y dialéctica de la reproducción ampliada de negación*. Frankfurt/Main: Vervuert, (1981).

García Márquez, Gabriel. *Cien años de soledad* (1967). Madrid: Espasa Calpe, 1982.

Ludmer, Josefina. *Cien años de soledad: una interpretación*. Buenos Aires: Tiempo Contemporáneo, 1972.

Maturo, Graciela. *Claves simbólicas de Gabriel García Márquez*. Buenos Aires: Fernando García Cambeiro, 1977.

Notas

1 * Le indignó el rubor que doró sus mejillas el día en que el sobrino le preguntó hasta cuándo pensaba llevar la venda negra en la mano, porque interpretó la pregunta como una alusión a su virginidad» (197).

2 * Hay dos descripciones similares a ésta en la novela. Una se refiere a las relaciones de José Arcadio con una joven gitana: «Al primer contacto los huesos de la muchacha parecieron desarticularse con un crujido desordenado como el de un fichero de dominó, y su piel se deshizo en un sudor pálido y sus ojos se llenaron de lágrimas y todo su cuerpo exhaló un lamento lúgubre y un vago olor de lodo. Pero soportó el impacto con una firmeza de carácter y una valentía admirables» (89).
La otra se refiere al primer encuentro sexual de Amaranta Úrsula y Aureliano Babilonia: «Una conmoción descomunal la inmovilizó en su centro de gravedad, la sembró en su sitio, y su voluntad defensiva fue demolida por la ansiedad irresistible de descubrir qué eran los silbos anaranjados y los globos invisibles que la esperaban al otro lado de la muerte. Apenas tuvo tiempo de estirar la mano y buscar a ciegas la toalla, y meterse una mordaza entre los dientes, para que no le salieran los chillidos de gata que ya le estaban desgarrando las entrañas» (430).

3 * «Rebeca cerró las puertas de su casa y se enterró en vida, cubierta con una gruesa costra de desdén que ninguna tentación terrenal consiguió romper» (183).

4 * «Úrsula recordó su experiencia y se preguntó si Fernanda no tendría también un cinturón de castidad que tarde o temprano provocara las burlas del pueblo y diera origen a una tragedia. Pero Fernanda le confesó que simplemente estaba dejando pasar dos semanas antes de permitir el primer contacto con su esposo» (253- 54).

5 * «Mientras más destapaba champaña para ensopar a sus amigos, más alocadamente parían sus animales, y más se convencía él de que su buena estrella no era cosa de su conducta sino influencia de Petra Cotes, su concubina, cuyo amor tenía la virtud de exasperar a la naturaleza» (236).

La mujer valenciana en los umbrales del siglo XX: a través de la ficción literaria y en la vida real

Natividad Nebot Calpe

En el estudio siguiente, presentamos unos cuantos tipos femeninos de finales del siglo XIX, notables por el contraste que presentan con los actuales. Algunas de estas mujeres son heroínas anónimas en la monotonía diaria del fluir del tiempo; tienen defectos y virtudes y son personajes de ficción, creados por un autor universal porque sus novelas han sido traducidas a casi todos los idiomas: se trata de Vicente Blasco Ibáñez. En cambio otras, como Francisca Calvo y Delfina Pradas, fueron seres reales. Desde su adolescencia tuvieron amistad en un pueblecito de la Comunidad Valenciana, Torralba del Pinar. Hemos narrado la historia de Francisca en una novela titulada *La marea del tiempo*, y la novela quedó seleccionada entre las veintiuna finalistas del Premio Planeta 1994, el año que lo obtuvo Camilo José Cela. Se publicó en 1996. A Delfina también la nombramos en ese relato, con otro nombre, el de Josefina Guillén.

Las novelas de Blasco Ibáñez son *Arroz y tartana* y *Flor de mayo* que se publicaron en 1894 y en 1895 respectivamente. La primera se desarrolla en la ciudad de Valencia, la segunda en los poblados marítimos del Grao y del Cabañal. En la presentación que hace el autor en el segundo libro, con fecha de 1923, dice:

> Mi trabajo de novelista se iba prolongando hasta bien entrada la mañana, o sea hasta que la fatiga física y los avances de un sueño menospreciado acababan por rendirme. Otras veces, antes de acostarme, vagaba por los caminos de la huerta o por la playa mediterránea para estudiar directamente tipos y paisajes descritos luego en mis novelas. (*Flor*...8)

Consideramos que la educación, los medios económicos, las circunstancias y la ayuda externa son los condicionantes que permiten el triunfo de la mujer en cada época, aparte del coraje, la capacidad de entrega y el deseo de superación.

Amando de Miguel, en su reciente libro *La España de nuestros abuelos* (208-11), basándose en las narraciones de aquella época y de principios de siglo, señala como hecho patente, que las mujeres vivían en condiciones más deplorables que los varones. Realiza un estudio sobre la mujer tradicional, destinada al matrimonio. Si se quedaba soltera, se veía obligada a someterse a los familiares, en la mayor parte de los casos, porque estaba mal visto que las mujeres de clase media trabajaran.

Las tres novelas mencionadas describen escenas costumbristas valencianas: el Carnaval, las Fallas, la procesión del Corpus, con su deslumbrante desfile de personajes bíblicos, en *Arroz y tartana*; las procesiones de Semana Santa del Cabañal y la salida de las barcas de pesca, con sus ritos, en *Flor de mayo*; la cencerrada, el toro embolado, las hogueras de San Antón, en *La marea del tiempo*, entre otras tradiciones.

Arroz y tartana

El relato transcurre en Valencia. Las protagonistas vivían cerca de la plaza del mercado, de la Lonja y de la iglesia de los Santos Juanes; son doña Manuela y sus hijas Amparito y Concha, que pertenecían a la burguesía valenciana.

Se mostraban ociosas y se entregaban a la murmuración en los salones. Las jóvenes tocaban el piano o cantaban. Su único objetivo era casarse con un buen partido. Les gustaba aparentar que disponían de una gran fortuna, luciendo ricos trajes y joyas. Montaban en carruaje propio para pasear por la Alameda. Comenta Blasco Ibáñez: "Y lo de tener carruaje acentuábalo doña Manuela como si fuese ejecutoria de la distinción, el signo único que marcaba la diferencia de castas" (*Arroz*... 75)

Para cubrir las apariencias la viuda doña Manuela vivía entrampada. Doña Clara, la corredora de los prestamistas, no encontraba dinero para ella. Y doña Manuela recurre incluso al adulterio para conseguirlo. Al final llegó, como era de esperar, la ruina económica. A su antigua criada Teresa y al marido de ésta, enriquecidos en la Bolsa, también les gustaba ostentar y despilfarraban a manos llenas.

Frente a esas mujeres vacías que sólo pensaban en deslumbrar y dar envidia a las demás, hay otras: las marginadas por un lado; por otro, las que conseguían que las mantuvieran; y por último, las que se ganaban la vida de forma honrada.

En contraste con las mujeres emperejiladas, aparecían por el mercado las muchachas con el cabello despeinado, desharrapadas, que llevaban para la venta medias de algodón, limones, unos manojos de perejil, peines. Formaban un grupo sucio, maloliente y miserable, al que doña Manuela miraba con desprecio e ira. Blasco Ibáñez no les da nombre propio, sólo se fija en ellas en el primer capítulo, diciendo, entre otras cosas:

> Aquel rebaño sucio, miserable y asustado, con la palidez del hambre en las carnes y la locura del terror en los ojos, era la piratería del mercado, los parias que estaban fuera de la ley, los que no podían pagar al Municipio la licencia para la venta [...]. (*Arroz*... 13)

Por otro lado, existían mujeres que se interponían entre las parejas matrimoniales, por lo que las esposas se atrevían a indagar sobre ellas. Teresa le había encontrado al marido una carta de una tal Clarita. Se lo contó a doña Manuela y exclamó: "¡Qué cosas tan indecentes había en ella!" Y un poco más adelante continúa diciéndole:

> Lo primero que se me ocurrió fue averiguar quién era la tal Clarita, y como en su carta le encargaba al mío que fuese a ver al dueño de su casa para pagarle un trimestre, indicándole dónde vive ese señor, fui allá esta mañana, después de oír misa, y supe que la tal inquilina está en la calle del Puerto, en un entresuelito que le han ido pagando en diferentes épocas otros señores de la Bolsa tan imbéciles como mi Antonio. (*Arroz*... 220-21)

Entre las que se ganaban la vida honradamente se hallaba la tía Quica, una labradora de Alboraya y madre del cochero de la casa. Vivía en una barraca de la huerta. Fue a visitar a las señoritas, doña Manuela y sus hijas, con una cesta bajo el brazo, donde llevaba obsequios para ellas. Aunque su lengua materna era el valenciano, dice Blasco Ibáñez que hablaba un "castellano fantástico", porque en casa de doña Manuela no era permitida otra lengua.

También son personas honradas las criadas de doña Manuela. El autor comenta de Visenteta:

> [...] con su peinado de la huerta, su perpetuo ceño y sus contestaciones secas y desabridas, era una criada que se ganaba a conciencia el salario. Lo mismo preparaba en la cocina una gran comida, que arreglaba una mesa a estilo de fonda, arte que había aprendido sirviendo a una familia inglesa. (*Arroz*... 78)

La costurera, novia de Juanito, el hijo mayor de doña Manuela es el personaje más entrañable entre los personajes femeninos. La llamaban la "Beatita" porque era tímida y hablaba con los ojos bajos. Su nombre era Antonia, Tonica para los íntimos. Cosía en las casas de las señoritas de poca fortuna, durante once horas cuando no tenía que salir a comprar tela, hilo o botones. Comía allí también. Era huérfana y vivía con una amiga de su madre, Micaela, anciana y casi ciega, a quien cuidaba. El padre de Tonica había sido cochero de una condesa y su madre portera. La condesa fue su madrina y le costeó la educación en un colegio modesto.

Por la noche y los domingos Tonica leía novelas. Le gustaba que la hicieran llorar. Dice Blasco Ibáñez: "Ganando siete reales por once horas de trabajo, era una sedienta de ideal..." (*Arroz*... 116).

Le gustaba llevar siempre guantes y tenía otras costumbres adquiridas cuando niña en casa de su madrina. Le abría su corazón a Juanito, con una ingenuidad encantadora. Le hacía confidencias de todos sus pensamientos: las exigencias de sus parroquianas, los consejos de las hijas de su madrina... Estaba muy enamorada de Juanito y paseaban los dos, junto a Micaela, por la orilla del río Turia. Son los tres personajes más auténticos y puros. Tienen también sus defectillos, desean enriquecerse en la Bolsa y arriesgan sus pocos ahorros.

Cuando muere Juanito, su tío, un acaudalado señor, muy usurero, hermano de doña Manuela a quien critica y recrimina continuamente por malgastadora, protege a las dos mujeres, que han perdido sus ahorros.

Micaela había sido durante veinte años criada de un señor enfermo. Al morir él, heredó dos pesetas diarias como legado. Era un ser débil y estaba acostumbrada a obedecer.

Flor de mayo

Los personajes femeninos son más o menos del mismo grupo social. Destacan tres: la siñá Tona, Dolores y Rosario. Se trata de una novela con fuertes pasiones y rivalidades amorosas entre las dos cuñadas: Dolores y Rosario. Habrá que mencionar también a Roseta y a la tía Picores.

Dolores, Rosario y la tía Picores eran del Cabañal y vendedoras de pescado que iban todos los días al mercado de Valencia. Blasco Ibáñez hace distinciones, dentro de esta profesión. A las de la Albufera las considera "[...] hembras de la miseria, con el rostro curtido y terroso, los ojos animados por el extraño fulgor de unas eternas tercianas [...]" (*Flor...* 19), y sigue diciendo:

> Entre estas míseras hembras existían también categorías, y algunas más infelices sentábanse en el suelo húmedo y resbaladizo, entre filas de mesas, ofreciendo largos juncos en los que estaban ensartadas las ranas, patiabiertas y con los brazos levantados como bailarinas desnudas. (*Flor...* 20)

En contraste con *Arroz y tartana*, el ambiente se muestra menos refinado. Las mujeres tenían poca educación, aunque quizá eran menos hipócritas. Decían y hacían lo que sentían, sin pensar en convencionalismos sociales. Utilizaban un léxico lleno de interjecciones y contestaban con soeces ademanes. No aspiraban a alcanzar ideales ni cultura... La *siñá* Tona, pese a todo, sentía admiración por al señor Martínez el carabinero, precisamente porque a él le gustaba leer y era distinto de los demás que frecuentaban la taberna. Le parecía muy educado y culto...

Las descripciones de la llegada de los pescadores y la participación de las yuntas de bueyes para dejar en tierra firme las barcas, recuerdan los cuadros de Sorolla, del mismo tema. También es magistral la descripción de la tempestad final y son patéticos el dolor y los lamentos de la *siñá* Tona, de Dolores y de Rosario, al ver cómo desaparece engullida la barca "Flor de mayo", donde iban Tonet y Pascualo, cuyo hijo lo habían lanzado ya con un salvavidas...

Tona es quizá el personaje más interesante y más humano. Su vida había quedado marcada por el infortunio. Había estado esperando impaciente por la tardanza, después de una noche de lluvia, la llegada del tío Pascualo, su marido. Llevaba dos niños, sus hijos Tonet y Pascualet, uno cogido al pecho y otro agarrado a las faldas. A los doce días condujeron a la orilla la barca con el marido muerto. Y comenta Blasco Ibáñez:

> Algo más que la pérdida del marido lloraba la pobre Tona. Veía acercarse la miseria; pero no una miseria tolerable, sino la que espanta a la misma pobreza acostumbrada a privaciones: la carencia de hogar, la necesidad de tender la mano en las calles para conseguir el ochavo o el mohoso mendrugo. (*Flor...* 40-41)

Mujer valiente, no se amilanó. Sólo le había quedado la barca, ningún otro bien. Un primo hermano del marido la ayudó. Aserraron un costado de la barca, formando una puerta con un pequeño mostrador. Tona se abasteció de tonelillos de aguardiente, de ginebra y de vino. La cubierta fue sustituida por un tejado de tablones embreados... y se puso a vivir allí con sus hijos. Recriaba, dentro de una cerca, cerdos y gallinas. Dormía poco. Atendía desde el amanecer la taberna. Algunas veces a media noche aporreaban la puerta y había que levantarse para servir licores. El pequeño negocio comenzó a prosperar y así le fue posible criar a sus hijos. Era honesta y despreciaba las proposiciones audaces, contestando con gestos de desprecio, y los pellizcos, con bofetones.

El señor Martínez, el carabinero que frecuentaba su taberna, era andaluz y había estudiado como seminarista. La *siñá* Tona, aunque era mayor que él, no tuvo reparos y se enamoró. Le hacía confidencias sobre sus hijos. Fue ella quien se insinuó y él se dejó llevar. No llegaron a casarse y nació Roseta, después de haber pedido el padre el traslado.

Pascualo y Tonet crecieron. Tonet se hizo novio de Dolores, la hija del tío "Paella", y la *siñá* Tona no lo aprobaba porque el padre era un borracho y sólo le había enseñado indecencias a la muchacha, huérfana de madre. Tonet se ausentó unos años y Dolores se casó con Pascualo.

La *siñá* Tona, en su vejez temía, aterrorizada, al mar, que le había arrebatado a su marido. Presentía y creía que a su hijo Pascualo y a su nieto, que siempre acompañaba al padre, pudiera sucederles lo mismo.

Al regresar Tonet, se casa con Rosario, la hija de una amiga de la *siñá* Tona. A Tonet no le gustaba trabajar y derrochó los ahorros que le habían legado a Rosario sus padres, unos tenderos del Cabañal. Pronto se terminó el dinero. Rosario estaba tan enamorada de Tonet, mozo de muy buena planta, que se sacrificaba por él. Lo mantenía, pero Tonet no se lo agradecía y la maltrataba e incluso le pegaba fuertes palizas.

Rosario sufría con resignación todas las humillaciones y continuaba trabajando para él como si fuera su esclava. Su actitud es masoquista. Blasco Ibáñez dice de ella:

> De su fama de rica descendió a la vida embrutecedora y fatigosa de pescadera de las más pobres. Levantábase poco después de media noche; esperaba en la playa con los pies en los charcos y el cuerpo mal cubierto por el viejo mantón, que ondeaba muchas veces bajo un viento de tempestad. Iba a pie a Valencia, abrumada por el peso de las banastas, y volvía por la tarde a su casa desfallecida de hambre y cansancio. (*Flor*... 7)

Añade el autor:

> Para que Tonet pasara la noche en el café, rodeado de maquinistas de vapor y patronos de barca, ahogaba muchas mañanas en la Pescadería su hambre rabiosa, excitada ante los humeantes chocolates y las chuletas entrepanadas que veía sobre las mesas de sus compañeras [...] A la pobre mujercita, cada vez más flaca y derrotada, le parecían insignificantes las miserias, siempre que al señor no le faltase la peseta para el café y el juego al dominó, la comida abundante y las camisas de franela bien vistosas. (*Flor*... 71)

Y mientras tanto, Dolores, su cuñada, vivía prósperamente. Iba a Valencia a vender pescado montada en tartana. Era más engreída, más guapa y vistosa y más descarada. Se burlaba de la suerte de Rosario y la llamaba "la tísica y la pava". Hablaba mucho con Tonet, y Rosario sentía celos..., que al final son fundados.

Roseta, de niña, vendía agua fresca o galletas en la playa. Creció y al no ir bien el pequeño negocio de su madre, se vio obligada a trabajar en Valencia, como cigarrera en la Fábrica de Tabacos (actual Palacio de Justicia). Todas las mañanas emprendía el camino a pie con otras compañeras. Era tímida y odiaba a los hombres. El odio se lo inculcaba la madre porque el señor Martínez, el carabinero, la había abandonado antes de nacer Roseta.

A la tía Picores nos la presenta como una mujer mayor, veterana en la pescadería, gruesa y enorme como una ballena, con mucha experiencia de la vida, y genio fuerte. En algunas ocasiones, ponía paz entre las dos cuñadas.

La marea del tiempo

La novela difiere de las anteriores porque está escrita en primera persona. La narradora es Francisca, la protagonista. Existió en la vida real.

Después de cincuenta y un años de ausencia por causas ajenas a su propia voluntad, regresó en 1941 a su pueblo, Torralba del Pinar, por camino de herradura, igual que cuando se ausentó. La única novedad que encuentra entonces es la luz eléctrica. Francisca en sus reflexiones considera que tiene dos tipos de pasado: el feliz y el nefasto. El feliz desearía volver a vivirlo tal como sucedió, y el nefasto quisiera enterrarlo para siempre.

Rosa había sido el ama o criada de Francisca, y todavía vivía cuando ella regresó. Le aclarará muchas dudas y le hará una revelación. Precisamente esto impulsará a Francisca a rememorar el pasado dichoso y emprenderá la aventura de relatarlo.

Siempre fue una mujer con grandes anhelos de superación intelectual. Le había gustado leer novelas y poesía. Eran libros que le regalaba don Pedro, el médico que la había salvado de una grave enfermedad y de la pasión de ánimo o melancolía (llamada ahora depresión). Había ocurrido al poco tiempo de llegar él a Ayódar. Visitaba a los enfermos de los cuatro pueblos que comprende la Baronía de Ayódar.

Francisca era la hija del labrador más acomodado del lugar y cuando dejó de asistir a la escuela de primera enseñanza, la maestra doña Mariana era invitada muchas noches a cenar a su casa y le daba clases.

En sus rememoraciones, Francisca dos veces aborda a su padre para pedirle que la deje ir a Valencia, a estudiar Magisterio como su amiga Josefina Guillén, una joven que descendía de Torralba y allí tenía a sus abuelos paternos. Sin embargo, entre padre e hija existía un gran témpano de incomunicación. Las cosas se complican y a Francisca no le es posible cumplir sus sueños de juventud...

Su hermana María poseía cualidades excepcionales para el canto, pero el padre no consintió que le educaran la voz. Los deseos y cualidades de las dos mujeres se vieron truncados por imposición paterna y clerical...

Pese a que su pasado auténtico o feliz se ha esfumado para siempre, se aferra a los recuerdos agradables. Son su única fortuna y se recrea en ellos. Anciana, sin bienes materiales, sólo dos pesetas diarias de renta (cantidad ínfima en la posguerra), siente ilusión de rememorar aquellos días maravillosos en que conoció a su amado Pedro, fallecido ya. No ha perdido la esperanza de volver a encontrarlo en la otra orilla de la vida. Por las noches contempla la estrella Polar, que le había regalado él. Cree ver su dulce sonrisa reflejada en el brillante astro. En sus recuerdos, sin desearlo, surgen asimismo los momentos de infelicidad y los rechaza.

Francisca siempre sintió complejo de campesina, de poco ilustrada, y quiso superarse para ser culta como su inolvidable Pedro. En la ficción literaria y en la realidad, su maestra, de la que ya hemos hablado, se llamó doña Mariana y procedía de Valencia; en la realidad era de Castellón y abuela de Delfina Pradas Guillén, que en la ficción literaria es Josefina Guillén.

Rosa, la anciana criada, había entrado en la casa cuando falleció la madre de Francisca. Fue para ella como una hermana mayor. Siempre estuvo de parte de Francisca, cuando ésta la corregía, así como a María, en su forma descuidada de hablar. Admiraba también a doña Mariana por su educación y cultura.

Las demás campesinas, la mayoría, trabajaban mucho en la casa, también como jornaleras en la escarda de los trigales, en la vendimia... Sus hijas iban a la escuela y aprendían a leer y escribir, a bordar y a otras labores consideradas muy útiles para la mujer de aquella época.

La tía María Soledad, una anciana, una infeliz, se consideraba a sí misma bruja y tenía una visión de la vida llena de supersticiones. Por otra parte, la tía Brígida, hermana del padre de Francisca, que vivía además con ellos, era muy dejada, indolente y murmuradora. No comprendió tampoco a su sobrina.

Josefina Guillén, en la vida real Delfina Pradas Guillén, fue amiga de Francisca. Por eso Francisca quería estudiar Magisterio como ella. No había nacido en Torralba, sino en Castellón, pero su padre Salvador Pradas Viñas era natural de ese pequeño pueblo, e hijo de un labriego de humilde condidión y de Mariana Viñas, de Castellón, y maestra, sin título, para enseñar a leer y escribir. Al finalizar el servicio militar, se enroló en el ejército y luchó en 1860 contra la partida carlista de Montoliu en el Maestrazgo, donde obtuvo varias medallas y ascendió a sargento. Después pasó a la Guardia Civil, con la misma graduación. Se casó con Dolores Guillén, de Espadilla. Les nacieron varios hijos, en distintas localidades de la provincia de Castellón.

Enfermó de malaria y falleció a los cuarenta y nueve años en Segorbe. Allí se quedaron a vivir la viuda y los hijos pequeños. Ella para mantenerlos, se puso a servir en casa de un canónigo. Una hermana del difunto, Vicenta, que vivía en Torralba, se llevó a los dos mayores, Delfina y Salvador, a Valencia, y realquiló en el Barrio del Carmen dos habitaciones, en una dormía el muchacho y en la otra, las dos mujeres.

Vicenta comenzó a trabajar de cocinera en una casa acomodada y volvía al anochecer para pernoctar con sus sobrinos. Los matriculó en la Escuela de Magisterio y, en los ratos libres, iba a la puerta de la Basílica de la Virgen de los Desamparados para pedir limosna, sin que ellos lo supieran. Así le era posible ayudarlos. Les compraba los libros y, también algunas varas de tela, que cosía Delfina, para que pudieran asistir a las clases correctamente vestidos. En la casa en que servía, recogía la comida sobrante también para ellos.

Delfina acabó la carrera en 1892 y fue nombrada maestra interina de la escuela pública de Torralba del Pinar en 1893. El nombramiento lo hizo el Rector de la Universidad Literaria de Valencia, don Francisco Moliner Nicolás, con el sueldo anual de trescientas setenta y cinco pesetas. En ese lugar conoció al hijo del practicante y secretario del Ayuntamiento, que era también maestro dedicado a la enseñanza y se casó con él. Resta añadir que me unen a Delfina Pradas fuertes vínculos familiares y afectivos.

Para concluir diré que estas mujeres no fueron heroínas que emprendieran tareas excepcionales, ni llegaran a triunfar. Por una parte, están las burguesas, por otra las de clase inferior. Éstas despiertan más simpatía que las anteriores. Fueron, en general, mujeres abnegadas que se sacrificaron por sus hijos o por el marido o por una anciana necesitada o por los sobrinos. A veces su sacrificio llega a la explotación y a los malos tratos, propios de la esclavitud.

Algunas sintieron grandes deseos de superación cultural, pero encontraron fuertes barreras que se lo impidieron, tal como las circunstancias adversas o la imposición paterna llevada a extremos de autoritarismo, sin respetar la libertad a que tiene derecho cada persona. Sólo a una, a Delfina Pradas le fue posible acceder a la educación superior y logró llevar la cultura a niñas que vivían en abruptos lugares, cuyos únicos medios de comunicación eran los caminos de herradura. Los horizontes de sus alumnas eran limitados, casarse y trabajar en el campo.

En relación a la época presente, las cosas han cambiado. A punto de entrar en el tercer milenio, hay más posibilidades de enriquecerse culturalmente; las condiciones económicas han variado en sentido positivo, y el acceso a la cultura y a la educación está abierto a todas las mujeres, al menos aquí en España. Pero existen todavía obstáculos, componendas y recomendaciones... Por ejemplo, una mujer será escritora siempre que haya un editor dispuesto a publicarle su obra y a darla a conocer. Lamentablemente, muchos editores prefieren publicar la obra de un rostro bello que salga por televisión y sea conocido por el público, a valorar la calidad literaria.

Aunque todas las mujeres tienen acceso a la cultura, en nuestra querida España aún se dan casos flagrantes de machismo y caciquismo, algunos apoyados, desgraciadamente, por los políticos... Podría hablar largo sobre ello. Quiero terminar diciendo: "machismo" y "caciquismo" son palabras que no riman con democracia. Todo aquello que significan debería ser corregido cuando aparece en la vida real.

Obras citadas

Blasco Ibáñez, Vicente. *Arroz y tartana*. Barcelona: Planeta, 1954.

—-. *Flor de mayo*. Barcelona: Círculo de Lectores, 1977.

Miguel, Amando de. *La España de nuestros abuelos. Historia íntima de una época*. Madrid: Espasa Calpe, 1995.

Nebot Calpe, Natividad. *La marea del tiempo*. Valencia: Ediciones Tisbe, 1996.

Sicología y literatura en Más allá de las máscaras *de Lucía Guerra*

Elizabeth Otero-Krauthammer
State University of New York/Oneonta

Los valores sociales, políticos y religiosos existentes en las sociedades occidentales han dado lugar a la formación de estructuras rígidas y unilaterales que han impedido la evolución y libre expresión de la mujer (Zellman 33). Las limitaciones a que ha sido sometida la mujer se extienden a diferentes áreas, tales como la laboral, la politica y la profesional, determinando su rol en base a parámetros exclusivamente masculinos. El movimiento feminista, a través de sus diversas manifestaciones, ha tomado sobre sus hombros la misión de atravesar esas barreras limitativas con el fin de obtener la liberación de la mujer.

Una gran cantidad de escritoras latinoamericanas, al identificarse con el movimiento liberador de la mujer por medio de la escritura, están tratando de eliminar obstáculos, deconstruyendo una cultura sexista con la intención de reconstruir esa misma cultura sobre bases de igualdad y solidaridad. Como resultado de la mencionada deconstrucción y reconstrucción de los cánones tradicionales, la mujer obtendría la necesaria libertad de expresión tanto en lo referente a patrones sociales pre-establecidos como a su propia evolución sicosexual. La evolución sicosexual involucraría, entre otros aspectos, la integración de un "yo" fragmentado, como se observará en este trabajo. En un artículo publicado en la revista *Hispamérica*, Lucía Guerra expresa lo siguiente:

> La nueva conciencia de una problemática histórica que exige, de partida, una diferenciación de la Subjetividad femenina, ha puesto en evidencia la necesidad de modificar los procesos masculinos dominantes para incorporar en la recodificación una visión de la mujer que hasta ahora se ha caracterizado por su unidimensionalidad representacional. Se espera, así, hacer del personaje literario femenino una figura dialógica que incorpora dinámicamente la perspectiva de un grupo que en nuestra sociedad no ha poseído una voz propia en la producción cultural. (3-19)

En su obra *Más allá de las máscaras*, Lucía Guerra plantea la problemática de la mujer como miembro o "miembra"[1] de un grupo minoritario de nuestra sociedad hispanoamericana. La voz narradora nos revela un discurso que se bifurca hacia un yo, un tú y un ella.[2] La historia comienza con un "yo" que nos sugiere una denuncia:

> [...] la verdad, señora, es que no sé cómo empezó todo esto. Mi historia no tiene nada que ver con las historias escritas por los hombres ... En mi mundo que es el suyo, señora, no existen juguetonas fórmulas científicas, ni estrictos manuales, ni manidas leyes de causa y efecto. (13)

Inmediatamente el discurso nos llega por medio de un "tú" que se escucha como un llamado de atención que confronta a Cristina, la protagonista, con su propia doble reflejada en un espejo:

> Un día rutinariamente te acercas a él y recibes de vuelta una Cuchillada infame. Ya no te gusta tu rostro. Las comisuras de los labios han abandonado la zona de la picardía juvenil para quedarse en la fatiga añosa. (15)

"Ella", la tercera persona, llega como una expresión de un estado reflexivo y distanciado que recuerda, imagina y observa el proceso de destrucción de esa misma mujer que paulatinamente es anulada por la dominación masculina:

> ¿Cómo llegó a convertirse en el eje de su vida? . . . Sus ansias de vivir intensamente parecían encontrar un eco en ese hombre que poco a poco fabricaba otro mundo a la margen del suyo. . . dejando caer una mirada sensual, diciendo un piropo inesperado. (35)

Más allá de las máscaras trata de las historias opuestas y al mismo tiempo perpendiculares de dos mujeres, historias que al cruzarse en un punto determinado, se iluminan mutuamente transformándose en un signo de solidaridad y denuncia social. Consideraremos entonces, que la obra tiene dos protagonistas: Cristina, mujer de clase alta, adinerada, periodista, casada con un hombre conservador y tradicional y Aurora Espinoza, muy pobre, perteneciente a la clase trabajadora. Aurora y su marido luchan juntos por la liberación de los campesinos. De las dos protagonistas, Cristina es el personaje enmascarado por las etiquetas que la sociedad le ha impuesto. Ella es la esposa abnegada, la madre ejemplar, la mejor cocinera, la muñeca de adorno y la amante para las noches en que el marido no ha salido con sus amigos. Cristina en su frustración sólo atina a la protesta muda, sin palabras: "En lo más profundo de mi ser ansiaba el despojo de todas esas estúpidas máscaras" (18).

Alberto, el marido, también aparece enmascarado, pero sus máscaras han sido elegidas por él para proteger su doble vida:

> Alberto era, para los demás, el marido perfecto [...] usaba la parsimonia para esconder su doble vida: la de las visitas a los prostíbulos, la de las conquistas de ingenuas pobres [...]. (29)

La frustración sicológica, emocional y sexual de Cristina la induce a la búsqueda de una evasión de su propia realidad, a través de una aventura amorosa, que resulta tanto o más decepcionante que la experiencia matrimonial. Su primer encuentro con el sexismo, encarnado en la figura de su marido, se repite más tarde en su primer amante y en cada hombre que se cruza en su camino. Cristina busca la salida de su mundo asfixiante en una forma individual. Guiada inconscientemente por los valores sociales previamente asimilados, trata de encontrar su liberación sexual y sicológica a través del amor idealizado.

Todavía no ha descubierto que su liberación sólo se hará realidad cuando por medio de un proceso de introspección autoanalítica, vaya quitándose una a una las máscaras que le ha impuesto la sociedad hasta quedar frente a frente con la verdadera Cristina, con la esencia desnuda de la mujer desenmascarada. Al poder contemplarse a sí misma más allá de las máscaras, podrá también descubrir al "hombre" y sus imitaciones, al hombre desenmascarado. Finalmente Cristina llega a percibir al hombre y su sexualidad desnuda. Su primer descubrimiento es que el hombre generalmente da amor en forma limitada y a cambio del uso y abuso de la mujer como objeto sexual. Los pensamientos de Cristina nos revelan lo siguiente:

> Candorosamente yo iniciaba cada relación pensando que, por fin, había encontrado el verdadero amor. Ese hombre que acababa de cruzarse en mi camino por el azar del maravilloso destino sería mi alma gemela [...]. (58)[3]

Más adelante expresa su visión de la entrega amorosa del hombre comparada con la mencionada entrega amorosa de la mujer:

> La entrega que hacían del cuerpo parecía tan distante del espíritu, la pasión como acto que nos une a otro ser humano para reafirmar la vida [...] era para ellos un breve hito sin transcendencia. Incapaces de una entrega que exige el permanecer, ellos, como abejas eróticas, depositaban su semen para volver afanosos a la ribera del mundo práctico [...]. (58)

Frustrada ante la mueca fría que descubre detrás de la máscara masculina, Cristina decide vencer al enemigo, recurriendo al uso de sus propias armas. Si el hombre ha prostituído a la mujer, ella prostituirá al hombre. El será en sus manos un objeto sexual, un cuerpo usado y abusado. Cristina piensa que degradando al hombre como él ha degradado a la mujer e invirtiendo los papeles logrará probar que la mujer es un ser tan sexual como el hombre:

> Fue entonces presa de una obsesión. Deseaba acostarse por acostarse, ir a la cama con un perfecto desconocido, usarlo como un prostituto y borrar, de un zarpazo, todos los mitos falsos sobre la espiritualidad del sexo en la mujer [...]. (60)

Cristina, entregada a su tarea de degradar al hombre y al mismo tiempo de igualarse a él, no percibe la reversibilidad del proceso. Poco a poco comienza a sentir el sabor amargo que deja en ella la sordidez de una existencia prostituída. El haber seducido a un hombre; el haberle pagado a un desconocido después del acto sexual frío y calculado; el haberle negado a ese mismo hombre la posibilidad de volverla a ver después del encuentro fortuito, como hacen los hombres con las mujeres prostitutas, no le causaba ni placer ni la hacía sentir más poderosa. El gran descubrimiento de Cristina es que el camino que lleva a la degradación de otro ser humano no es la respuesta a su fuego interior:

> No, señora, la verdadera respuesta no estaba en esa burda imitación de la conducta de los hombres. ¿De qué valía transgredir tantas reglas si, al final, terminaba despreciándome a mí misma? (65)

La búsqueda continúa para Cristina, quien comienza a vislumbrar la inutilidad de tantos razonamientos superficiales. La respuesta debe estar en otra parte, no en la lucha entre el "machismo" grotesco de los hombres y la sensibilidad "romanticona" de las mujeres.

Agotadas las avenidas accesibles a una mujer como Cristina, cuyo círculo social y profesional la restringe o mejor dicho la priva de un contacto con otras realidades, la nueva perspectiva de liberación femenina se materializa ante ella en la forma de Aurora Espinoza. "La conocí un asoleado día de primavera en los jardines del Congreso", nos cuenta Cristina. "Aurora Espinoza dirigía una huelga de hambre en apoyo al conflicto laboral de los mineros" (74), continúa narrando Cristina. La periodista se siente fuertemente atraída por esa campesina que, vestida con ropa liviana en un día frío, le sonríe con su "boca desdentada", le extiende una mano llena de sabañones, y en forma natural y espontánea comienza su entrevista.

Las breves preguntas formuladas por la periodista son contestadas por Aurora con un discurso ideológico sencillo, directo y respetuoso. Desde el primer cruce de miradas surge entre ambas mujeres un respeto mutuo que minimiza la distancia socioeconómica que las separa. Este entendimiento y respeto mutuo queda establecido con las palabras de presentación:

> Mucho gusto señorita. Lo que quiera saber, aquí estamos pa' servirle.
> Gracias, señora. En primer lugar, me gustaría que me contaran cómo llegaron hasta el Congreso. (75)

A través del discurso dialogado que se entabla entre las dos mujeres, el lector conoce no sólo la historia de Aurora, sino que se encuentra confrontado con la realidad miserable de un grupo de hombres y mujeres de un pueblo minero que ha sido abusado y oprimido por el sistema dominante. La voz de Aurora denuncia la ignominia sufrida:

> Estamos en la miseria señorita, dése cuenta que la compañía nos cobra hasta poco menos que el aire que respiramos. Los pobres mineros dejan el bofe en la mina, pa' colmo nunca falta un accidente [...]. (75)

Cristina regresa a su casa avergonzada ante su propia pequeñez, sus preocupaciones superficiales, su forma mezquina de hacer beneficiencia:

> Por Aurora fui vislumbrando un mundo desconocido. Como todas las mujeres de mi clase, sentía compasión por los pobres y caritativamente regalaba mis vestidos usados a la empleada o alargaba una moneda a algún mendigo [...] pero nunca había conocido de cerca esas vidas que corrían paralelas a la mía. (78-79)

El lazo comunicativo entre las dos mujeres crece día a día, pero los niveles discursivos todavía se mantienen en direcciones divergentes. Cristina todavía busca una liberación femenina social y sicosexual, basada en las oposiciones hombre/mujer, mientras que Aurora lucha por una liberación social de las minorías oprimidas en la que estarían incluidos tanto la mujer como el hombre. A la pregunta de Cristina: "¿Cómo se siente usted como mujer? Qué opina del movimiento de liberación de la mujer?" Aurora responde: "Es verdá, las mujeres estamos más jodías que los hombres, aunque ellos también están rejodíos". La periodista todavía insiste en su punto de vista y pregunta a la campesina cómo la trata su marido, si le pega, si le parece que el hombre merece el apoyo incondicional de la mujer. Finalmente llega la pregunta directa:

> Y usted, señora, ¿no cree que está corriendo el peligro de morir antes que nada por apoyar a su esposo? Acaso él nunca la trata mal (76)

La respuesta clara de Aurora ilumina y enciende la chispa de comprensión en la periodista:

> Yo no estoy aquí por él señorita, estoy aquí pa' que alguna vez tengamos un gobierno justo que nos ayude a los pobres. Lo principal es que uno no pase hambre, lo demás son puras leseras. (76)

Durante el transcurso de la entrevista periodística, Aurora revela ante Cristina un mundo de relación hombre/mujer completamente desconocido para ella. Ante el asombro de la periodista, en boca de la mujer del minero surgen las bases de una visión de liberación y solidaridad social que incluye tanto a la mujer como al hombre en su condición de miembros de una sociedad reprimida. En esta lucha libertadora, la mujer y el hombre tienen los mismos derechos, le dice Aurora a Cristina:

> Yo al Raúl no le ha aguantao una [...] Na' de andarme pegando, mariconcito, le dije amenazándolo con la plancha. Usté y yo somos compañeros y compañero siginifica con quien se comparte el pan. Hay que pelear y patalear, señorita [...]. Hay que pelear hasta que este sistema se acabe y los oprimíos no seamos ma' oprimíos [...] mientras aguantemos como perros apaleaos, va a seguir la injusticia. (80)

Pocos días después Cristina se une a los mineros que ya han entrado en el Congreso. Allí la ve caer a Aurora, adelgazada y pálida, bajo el fuego de una ametralladora. Dificultosamente llegó hasta ella y trató de aliviarla con sus palabras: "Pronto se aliviará, Aurora. —Sí, no se preocupe por mí. Escriba, señorita, escriba mucho" (85). La historia continúa hasta el final emitida por un yo consciente, que indica una toma de conciencia sicosocial por parte de la periodista. De Aurora ha aprendido que más allá de las máscaras, el hombre y la mujer se unifican en la lucha por una liberación de las minorías social y económicamente desplazadas.

Como conclusión a su búsqueda de liberación sicosexual, Cristina reconoce que la acción individual, a un nivel delimitado por los cánones de una clase social y económica dominante, nunca producirá una mejora fundamental para la mujer que le permita expresarse en todo su potencial individual. Al usar la sexualidad como un elemento motivador y controlador, Cristina, frustrada, no logró alcanzar una visión equilibrada de la relación mujer/ hombre.

Tanto para la mujer como para el hombre, la sexualidad frustrada se convierte en una anomalía síquica. Es Aurora, con su visión de la sexualidad del hombre y la mujer como un "todo" dentro del devenir humano, quien logra formular una posible actualización de la mujer en la sociedad a que pertenece. En el caso particular de Cristina, la protagonista de *Más allá de las máscaras*, de acuerdo a la presente lectura del texto, se podría considerar una posible reintegraci6n de su "yo", temporalmente alienado y fragmentado.

Obras citadas

Guerra, Lucía. "El personaje literario femenino y otras mutilaciones." *Hispamérica* 43 (1986): 3-19.

—-. *Más allá de las máscaras*. México: Ed. Premia, 1984. [Todas las citas estarán indicadas con el número de la página correspondiente].

Zellman, Gail L. "The Role of Structural Factors in Limiting Women's Institutional Participation". *Journal of Social Issues* 32.3 (1976).

Notas

1 ∗ "Miembra", expresión utilizada por Lucía Guerra en la novela que estamos considerando.

2 ∗ El uso de los pronombres personales indica un enfoque literario análogo al utilizado por C. Fuentes en La muerte de Artemio Cruz.

3 ∗ La constante búsqueda del hombre ideal por la mujer ha sido también tema en la narrativa de Manuel Puig. En *Pubis angelical* tanto la protagonista "Ana" como sus dobles, las mujeres que aparecen enmascaradas en sus sueños, concluyen con la búsqueda del hombre idealizado cuando llegan a conocerse a sí mismas y a reconocerse como seres humanos inteligentes y poseedoras de una sicosexualidad autoliberada.

La Condesa de Pardo Bazán: Nueva perspectiva

Aniano Peña
Mary Washington College

En esta tierra no hubo más que dos escritores,
y los dos vestían faldas: el P. Feijoo y yo.
Emilia Pardo Bazán

Para Valera, doña Emilia es la primera española, de Santa Teresa acá, en literatura se comprende, ya que en historia habría que mencionar a la Reina Católica. Para Rubén Darío, la Condesa era su maestra de estilo. Ella misma, tan crítica de otros, siempre se mostró segura de sus valores en medio de la lucha que tuvo que sostener para alcanzar la gloria literaria en aquella España de fines del XIX, tan dominada por hombres. Orgullosa de su primado gallego y raza céltica, su obra está marcada por un carácter universalista. Se ha dicho que "Doña Emilia lo hizo todo y todo lo hizo bien: novela, cuento, teatro, verso, crítica, historia, biografía, periodismo en sus manisfestaciones de comentario político, viajes, artes y ciencias".[1]

Ya su cuna—familia hidalga, en La Coruña liberal de esos tiempos—explica ese portento de cualificaciones y de éxitos. Su educación implica una esmerada selección tanto de autores como de lecturas. Al contrario que Cervantes, que se leía hasta los recortes que encontraba por las calles, nuestra Condesa se alimentaba del material selecto de libros clásicos y eternos, desde la Biblia sacra hasta esa otra "biblia española", el *Quijote*, según Unamuno. Y a esto habría que añadir el enriquecimiento intelectual a través de sus constantes viajes por España y el extranjero.

Adalid del naturalismo francés en España, sus artículos en defensa de esta corriente literaria formaron *la cuestión palpitante* (1883), donde proclama un naturalismo un tanto alejado del de Zola, sin romper con los principios fundamentales del cristianismo y catolicismo opuestos a un determinismo ciego y en favor del libre albedrío y del control de la razón. Este término medio la hizo blanco de la crítica de unos y otros extremos.[2] Dado su contacto, con corrientes y conceptos europeos, no es de extrañar que nuestra Condesa se dejase influir por esa corriente de fines de siglo llamada "ciencia novísima" por Menédez Pelayo, la *Völkerpsychologie* alemana, la "psicología de los pueblos".

En los escritos de doña Emilia no he hallado alusiones directas a los postulados de esta corriente naturalista, pero sí se encuentran muchos aspectos que, a mi entender, pertenecen directa o indirectamente a la psicología de los pueblos, aunque la mayoría de los críticos los incluyan dentro de ese "saco sin fondo" del naturalismo. La disensión de pareceres estriva en que ambos movimientos—naturalismo zolesco y psicología de los pueblos—coinciden no sólo cronológicamente, sino también en centrar su interés en un campo común: la naturaleza con su entrecruce de fuerzas y elementos, si bien desde perspectivas algo distintas. Una excepción clara se encuentra en la conferencia "La España de ayer y la de hoy", que la Condesa pronunció en París allá por 1899, donde abiertamente se une a las ideas críticas de la Generación del 98 sobre caractereología del alma histórica nacional, aspecto mimado por la *Völkerpsychologie*.

En varios artículos anteriores he tratado de detectar el impacto de esta ciencia socio-psicológica en los escritos de la Generación del 98 y en escritores coetáneos. Mi convencimiento sigue siendo firme: es imposible un estudio y comprensión global de dicha Generación sin un capítulo fundamental sobre la psicología de los pueblos, muy en boga durante los años de su formación y fuertemente presente en sus primeros escritos. Este inpacto hay que extenderlo obviamente a escritores coetáneos, directa o indirectamente tocados por las corrientes finiseculares. Y es aquí precisamente, bajo esta nueva perspectiva, donde quisiera encuadrar a la Pardo Bazán siempre ávida de europeísmo y europeización.

En el declinar del siglo XIX español dos movimientos ideológicos siguen una trayectoria análoga: el krausismo y la *Völkerpsychologie*. Ni el filósofo Krause ni los dióscuros de la lingüística alemana, Heymann Steinthal y Moritz Lazarus, fueron estrellas de primera magnitud en la Alemania de la Ciencia; pero transplantadas sus ideas a España, encuentran, por razones históricas, un ambiente receptivo y causan en nuestros escritores un impacto digno de valorar. Se trata de dos aberturas en esos Pirineos macizos bajo el proyecto nacional de "europeización". Una tercera abertura, algo más tardía, sería Ortega con su cargazón de "kultura neokantiana".

Históricamente España era un campo abonado para las corrientes de la etnopsicología. Había que dar una respuesta a innumerables interrogantes sobre el pasado, el presente y el futuro nacionales. La decadencia histórica, en todas sus manifestaciones—especialmente en la Ciencia—era una espina clavada en la conciencia de la patria. Finalmente, la pérdida militar del así llamado "Desastre" del 98 vino a recrudecer la herida del pesimismo nacional y a demandar un análisis del alma colectiva y de la psicología del pueblo español. Los postulados de la *Völkerpsychologie* ofrecían, pues, los métodos a seguir en la búsqueda de causas históricas y de valores esenciales en el programa de una regeneración nacional. Entre los escritores de la época abundan referencias tanto a este movimiento socio-psicológico y a sus representantes germanos, como a su impacto en España.[3]

En términos generales, el punto de partida de la psicología de los pueblos es la creencia en la existencia de un espíritu colectivo (*Volksgeist*), en un alma nacional, en un carácter territorial con su propia psicología. Muchos elementos contribuyen a la formación de esta alma colectiva. Unos son los sustratos histórico-culturales (prehistoria, historia, tradición), otros de signo naturalista como el medio geográfico (paisaje, clima) y el medio biológico (herencia, sangre, raza). El propósito de esta ciencia será, pues, identificar esas entidades culturales (regiones, pueblos, naciones) mediante la búsqueda de su alma colectiva, cuya psicología ha sido determinada por su pasado histórico y por el medio natural, y así explicar científicamente la personalidad y los productos culturales de un pueblo. Hay en Pardo Bazán un sentido arraigadísimo del medio naturalista (región, paisage, raza, herencia, atavismo), un afán constante de caractereología nacional, un concepto de España, una búsqueda del espíritu regional, territorial y del alma gallega, elementos todos ellos propios de la psicología de los pueblos.

Son bien conocidas las actividades folklóricas de la Condesa. Fue Antonio Alvarez (padre) el primero en organizar los estudios del folklore español. En 1881 publicó su libro *Bases del folklore español* donde lanza la idea de organizar un centro folklórico en cada región de la Península. Al año siguiente surgían dos de estos centros: el Folklore Andaluz y el Frexnense (más tarde Extremeño). Siguiendo estos modelos, doña Emilia funda, en 1884, el Centro de Estudios Folklóricos Gallegos. Ya sabemos cómo para Menéndez Pelayo el folklore era "considerado como rama de las ciencias antropológicas y como parte esencialísima de la que Lazarus y Steinthal llamaron *Völkerpsychologie* (psicología de los pueblos)" (Menéndez Pelayo 50). En *Al pie de la torre Eiffel* (Pardo Bazán, *Obras completas* vol. 19), la Condesa hace alusión a la Sociedad del Folklore Francés, fundada en 1882, con cuyos miembros (Renan, Roland Bonaparte, Mortillet, etc.) mantenía relaciones estrechas. Ella menciona cómo el etnólogo Martillet, en medio de un banquete celebrado en honor de los folkloristas, le hizo varias preguntas sobre las características del cráneo gallego, ya que le había sido del todo imposible adquirir ni tan sólo uno para su tremenda colección, debido a la superstición que en Galicia existe sobre las calaveras.

La etnología está íntimamente relacionada con el folklore, según doña Emilia. Por etnología entiende "la ciencia de las razas". La raza, con su determinismo inherente a la herencia y al atavismo, juega un papel importantísimo en sus teorías literarias, sociológicas y psicológicas. Aquí, como en otros aspectos de su naturalismo, la Condesa incopora corrientes raciales de la época. Ya Renan, Taine, Galton, Darwin, Ribot, Le Bon, Gobineau, Lombroso, Tarde (por citar unos nombres de una lista interminable), basados en la hipótesis de que todo fenómeno ha de tener necesariamente causas físicas, como la caída de una piedra, utilizaban el concepto de raza para dar una explicación naturalista a toda variación humana (ya individual, ya colectiva) que no se pudiera atribuir a factores ambientales. Y no sólo hablan de diversidad de razas, sino también de pureza o impureza racial, de superioridad o inferioridad (ya física, ya moral, ya intelectual) de las diversas razas en que clasifican las distintas divisiones de la humanidad. Y, ni qué decir tiene que éste es otro campo común utilizado por la *Völkerpsychologie* en su búsqueda del alma de los pueblos.

La raza es una forma de herencia, para doña Emilia; es la "voz de los muertos", lo mismo que el atavismo, la reproducción de las características morales y físicas de los antepasados. La raza —no la cultura ni la historia misma—es el factor determinante de la psicología nacional, y la ascendencia racial explica satisfactoriamente el temperamento individual y la conducta, lo mismo que las relaciones instintivas. Sus novelas *Una cristiana* y *La prueba* (su secuela) son el mejor exponente de esas ideas raciales de la Condesa.

El determinismo racial no sólo explica las características judías de la familia Cardoso en sucesivas generaciones, sino también la antipatía y repugnancia instintivas de Carmen, reminiscencia atávica de aquellos cristianos viejos a lo Sancho Panza, con cuatro dedos de enjundia en los cuatro costados de su cuerpo.

Tres personajes de la novela (Salustio, su madre y su tío Felipe) tienen sangre judía. Su antecesor fue un tal "Juan Manuel Cardoso Muiño, natural de Marín, a quien la Inquisición de Santiago administró unas vueltas de mancuerda y algunos cientos de azotes por judaizante. Era además "leproso y gafo" (*Una cristiana. Obras completas* 18: 30). Y el antisemitismo de la Condesa nos va a hacer presenciar toda una serie de taras y rasgos hereditarios de la raza hebrea; unos físicos: la nariz corva de don Felipe, labios glotones y sensuales, mirada suspicaz y dura de sayón, perfil de ave de rapiña, cara de deicida, dedos ávidos y ganchudos de avariento ahorrador y hasta leproso al final; otros rasgos morales: avaricia, crueldad, lascivia, política venal o de soborno. La repugnancia instintiva del cristiano está personificada principalmente en Carmen, quien comienza a sentir tremenda aversión, superior a sus fuerzas, aun antes de tener indicios de la herencia ancestral de su marido. Pero, como en una novela de santos, el catolicismo de la autora se impone y, rompiendo con todos los postulados deterministas de su naturalismo, hace que el idealismo religioso de Carmen, mediante un sacrificio heroico de santa, supere los instintos raciales como un triunfo del catolicismo. Estas hipótesis raciales de la Condesa, junto con su sentido territorial del paisaje, condicionan su concepto de España y de sus regiones, otro aspecto relacionado con la psicología de los pueblos.

"Europeizante", como algunos de la Generación del 98, la Condesa contrapone la vieja con la nueva España en la ya mencionada conferencia "La España de ayer y la de hoy". Dos leyendas—la dorada y la negra—son responsables de los males patrios, si bien, afirma, es "la dorada, la heróica y hermosa, la que más daño nos hizo" (Pardo Bazán, "La España..." 63). La leyenda dorada es la apoteosis del pasado, es la España amarrada a sus muertos como un cuerpo vivo atado a un cadáver. La caída vertiginosa de una nación que descubre y conquista un nuevo mundo tiene mil explicaciones para la Condesa: anemia, desangre de potencial humano, errores políticos, expulsión de moros y judíos, Inquisición y fanatismo religioso, teutonismo y despotismo de los Austrias. Lo real, lo innegable es la actual decadencia—"una España yerma y desierta, seca y árida, semejante a una mendiga que se tiende al sol" (67). La imagen más elocuente del decaimiento nacional son esas siluetas trazadas por nuestros poetas satíricos del siglo XVIII: "El hidalgo palillo en boca, esparcidas las migas de pan sobre el coleto, porque crean que ha comido, o el pícaro fértil en trazas, injerto en pordiosero o en bandolero" (67).

El error cumbre se inicia en el siglo XVII al estacionarse la nación y rechazar el espíritu nuevo europeo. Los Borbones inician por su parte una cruzada por la cultura, pero "se creía— continúa doña Emilia—qùe tocar a España era profanar una reliquia" (69). El romanticismo legendista coloca al ídolo patrio sobre un frágil pedestal. Según esta leyenda romántica, España es la más valerosa, religiosa, galante y caballeresca de las naciones, y los españoles, ardientes patriotas, desdeñosos de intereses materiales, que se hincan de rodillas ante la mujer. A lo cual contesta irónica la Condesa diciendo que en España no se desdeñan los bienes materiales, sino el esfuerzo asiduo por adquirirlos, confiando siempre en la improvisación, el escopetazo. En cuanto a ese culto a la mujer, Pardo Bazán se levanta enérgica:

> No son las leyes españolas [...] desfavorables a la mujer; las costumbres sí. [...] No queda a la mujer más salida que el matrimonio, y, en las clases pobres, el servicio doméstico, la mendacidad y la prostitución. Millones de mujeres españoles no saben leer ni escribir. (79)

Y ataca la estratificación social, según la cual escandaliza toda evolución de la mujer. Amante del progreso material, doña Emilia denunia el espíritu romántico y costumbrista que pacta la literatura con el pasado. Y teniendo en mente escritos popularistas contemporáneos, del tipo de *La aldea perdida* (1903) de Palacio Valdés, rechaza con entereza todas esas obras enderezadas a "condenar los negocios y la industria bajo el nombre de usura, agio y grosero positivismo" (81).

La negación en España de todo movimiento científico y cultural tiene explicación en el abandono y menosprecio de la instrucción pública y en los métodos de enseñanza inestables, atrasados y defectuosos. Unica excepción, Ramón y Cajal, "pero la excepción, en nuestra raza—añade la Condesa—donde el individuo superior apenas influye sobre la colectividad, no sirve más que para confirmar la regla" (84).

La política es asfixiante, egoísta y mezquina. Predominan el caciquismo, los tiranuelos y la indiferencia de la masa que crea una atrofia política en el pueblo. La emigración es una plaga. Y España, que "no se despuebla por el maltusianismo, se despuebla por esa política de maldición" (86).

Como Azorín y otros regeneracionistas, también doña Emilia subraya la inercia nativa, la abulia de la España del Desastre. Y tacha de cegatos e ignorantes a hispanistas como Barès, Stendhal y Mérimée que hablan de lo contrario.

Finalmente su visión de la psicología nacional coincide con la que más tarde expondría Altamira en su libro clásico: "Los dos estados del alma española son, de un lado, el romántico optimismo legendista; de otro, el pesimismo estéril y devastador" (87). Dos eminentes pesonajes los representan, según la Condesa: Emilio Castelar y Cánovas del Castillo. Para Castelar en España está todo hecho; para Cánovas en esta nación nada se puede hacer. A esto hay que añadir la leyenda negra de fuera, contra la cual nuestra naturalista tiene palabras duras: esa contraleyenda española, divulgada por la asquerosa prensa amarilla, particularmente en los Estados Unidos, falsea nuestro carácter e ignora nuestra psicología.

No obstante esta visión naturalista del alma nacional, nuestra escritora percibe una luz esperanzadora cara al futuro. Después de esta borrasca histórica en que se ha perdido todo—no olvidemos que está escribiendo el año posterior al "Desastre"—España ha perdido también su leyenda y ese velo que encubría su auténtica fisonomía. Por eso alaba los artículos contemporáneos de Altamira y Unamuno como "indicios claros de la gran importancia que adquiere en estos momentos críticos el dato del carácter nacional, el conocimiento del estado del alma española" (98). Ante esta nación, tan diversa de la fantaseada, empobrecida, de agotados nervios, de mal cultivada inteligencia, sin los ídolos de sus muertos, ¿qué hacer? Su respuesta es militante y esforzada a lo don Quijote: seguir a esa exigua minoría, llena de celo, que aspira a despertar las energías españolas y a reemplazar el ideal legendista por el ideal de renovación, trabajo y esfuerzo. "No sé—concluye—si algo conseguirá esta minoría; sé que cumple su deber, y que por medio de esta conferencia me asocio a su tarea patriótica" (89).

Su visión del campo, en sus escritos de Galicia particularmente, es deprimente y pesimista: barbarie, salvajismo e instintos criminales son sus notas relevantes. Barbarie de tradiciones y costumbres en esas tierras célticas, como podemos ver en *Cuentos de mi tierra* donde pulula toda clase de instintos primitivos y criminales. En la gran ciudad, no tanto, aunque doña Emilia no deja de criticar, por boca de sus personajes, las corridas de toros, por ejemplo, debido a esa fiereza e instinto sanguinario del público asistente. Gabriel Pardo de la Lage es el más acérrimo derrotista de la lidia. En medio de la tertulia de la Duquesa de Sahagún alude a la triple fiera de las plazas: la que se deja matar porque no tiene otro remedio; la que cobra por matar; y la que paga para que maten (Pardo Bazán, *Insolación* 18). Bajo ese sol achicharrador de Madrid, necesario para toda buena corrida, las clases se nivelan en esa exhibición de ferocidad y barbarie. Y lanza una puya al Rey Deseado por promover la fiesta nacional levantando plazas a la vez que cerrando instituciones culturales y dejando caer por abandono otros edificios de interés nacional.

Hemos mencionado el antisemitismo de la Condesa, debido a su formación católica y a su concepto naturalista de la herencia racial. Su actitud despreciativa hacia la región "más ibera de Iberia", Andalucía, tiene las mismas bases: su convicción de que la cultura y tradición de dicha región meridional, son esencialmente "semitas" en su origen, es decir árabes y judías. *Insolación* es una novela-estudio del carácter andaluz en contraste. Diego Pacheco es de Cádiz. Una de sus artes es chiflar a las señoritas tontinas, algo así como aquel Vicente de la Rosa del final de la primera parte del *Quijote* (Cap. LI), que tan fácilmente supo camelar a la bella Leandra, según el cabrero. Carmen Toboada le encuentra "adorable", pero escuchemos la mente volcánica del comandante Pardo:

> Ese andaluz es uno de los tipos que mejor patentiza la decadencia de la raza española. ¡Qué hombre el tal Pachequito! Perezoso, ignorante, sensual, sin energía ni vigor, juguete de las pasiones, incapaz de trabajar y de servir a su patria, mujeriego, pendenciero, escéptico a fuerza de intolerancia y egoísmo, inútil para fundar una familia. Célula ociosa en el organismo social¡Hay tantos así! Y sin embargo, a veces medran, con una apariencia de talento y la viveza propia del meridional; no tienen fondo, ni tienen seriedad, no tienen palabra, ni tienen fe, son malos padres, esposos traidores, ciudadanos zánganos, y los ve Ud. encumbrarse y hacer carrera [...] Así anda ello. Y a las mujeres [...] qué diablo, esos hombres les caen en gracia. (*Insolación* 182)

Doña Emilia tampoco tiene himnos de exaltación para Castilla. Frecuentemente contrapone la aridez y sequedad de la Meseta, no con la verde Vizcaya de Unamuno ni con la lúcida y radiante Andalucía de Machado, sino con su Galicia natal de lluvias constantes, frondosidad y misterio. Este contraste está reflejado gráficamente en aquel viaje-sueño de la señorita Asís acompañada de la Diabla, cruzando en tren las estepas amarillas de Castilla, la fea, la árida, la polvorosa, la de monótonos aspectos, la de un sol abrasador y asfixiante. Y tras su inmersión en túneles oscuros, siente dejar atrás el país llano, los montes queridos revestidos de castañares, por cuyas laderas se despeñan manantiales, cascaditas, riachuelos... y, allá abajo, caudaloso y profundo, corre el Sil (*Insolación* 179). Señora del gran mundo de la capital, la Condesa no puede menos de hacer una excepción: la gran metrópoli, Madrid, en el centro de la Meseta. Según Pereda, doña Emilia estaba intoxicada de los señuelos de la vida madrileña.[4]

Su visión del alma de Galicia no es obsesivamente optimista, como la de Pereda por su Cantabria. En *Morriña* (1889) tiene palabras duras para el carácter gallego. En la tertulia de doña Nogueira, alguien dice:

> El gallego reunirá los méritos que V. guste; pero a retorcido, escurridizo y falso no le gana nadie. No contrate V. con él de palabra sola, caparuche, que no tienen (sic) fe, o si la tienen es púnica. ¿Cómo será el gallego, que los gitanos no se atreven a colarse nunca por allá, temerosos de salir engañados? [...] Más chalanes y más socarrones ellos que toda la gitanería junta. (*Morriña* 209-10)

Sus dos novelas cumbre, *Los pazos de Ulloa* (1886) y su secuela *La madre Naturaleza* (1887), acentúan su crítica del campo gallego. La naturaleza, majestuosa, atrayente, enervante, lozana, "envilece, empobrece, embrutece", según Pardo de la Lage (*Los pazos* 24). El amancebamiento del Marqués de Ulloa con Sabel, "un buen pedazo de lozanísima carne" (21), encarnación viva de la madre Naturaleza, y el incesto entre Perucho y su mediohermana Manuela, en aquella solariega huronera de los pazos, son crímenes encubiertos por esa naturaleza calificada no de madre, sino de madrastra por Gabriel Pardo en la página final (320).

Como el Machado de *Campos de Castilla*, también aquí la Condesa une paisaje y paisanaje, rasgo integral de la psicología de los pueblos. Sus palabras son igualmente duras al describir esas vidas producto de la tierra. Primitivo, por ejemplo, con un nombre simbólico de por sí, encarna la fuerza primitiva, los instintos criminales de la naturaleza. Su siniestra silueta de cazador furtivo bien pudo inspirar aquellos versos machadianos de "Por tierras de España":

> El numen de estos campos es sanguinario y fiero;
> al declinar la tarde, sobre el remoto alcor,
> veréis agigantarse la forma del arquero,
> la forma de un inmenso centauro flechador.
> (Machado 80)

Y la imaginación inmediatamente nos trae a la mente otra figura similar por lo siniestra, otro centauro flechador, el Caballuco de *Doña Perfecta*, otro producto natural del terruño.

Como conclusión, bástenos decir que la *Völkerpsychologie* pierde vigor entrado el siglo XX. Fue uno de esos movimientos que al nacer traía consigo una enfermedad mortal. En expresión de Renan: "en su carrera del tiempo llevaba clavada en sus entrañas la saeta fatal" (Ortega 166-67). Por eso su vida tenía que ser necesariamente corta. ¿Causas? Las limitaciones que entrañaba el movimiento, la vaguedad de sus postulados, el relativismo de su psicología como ciencia social, puntos todos ellos desvelados y atacados por Ortega recién llegado de Alemania. "Ni un solo fenómeno psíquico resulta explicado fisiológicamente", concluye nuestro pensador (2: 371). Los factores naturales en ningún sentido arrastran fatídicamente; son excitantes, incitantes externos.

Por otra parte la nueva historiografía de Dilthey, Ortega, A. Castro, con su visión futurista, dinámica y vitalista del agente histórico, pasará por alto la naturaleza y el pasado estático. El agente histórico "determina", no es esencialmente "determinado", afirma Ortega. "El hombre no tiene naturaleza, sino historia", escribe en otro lugar. Por eso, a diferencia del tigre que estrena siempre el ser tigre (don Américo usará otro animal, el castor norteamericano), el hombre no es un primer y eterno Adán, sino uñ potencial de desarrollo y progreso vivencial. Finalmente es de esperar que los aspectos tocados hayan mostrado el parelismo existente entre algunos escritos naturalistas de la Condesa y los postulados de la psicología de los pueblos, imperantes en su tiempo.

Obras citadas

Altamira, Rafael. *Psicología del pueblo español*. Barcelona: Editorial Minerva, 1917.

Machado, Antonio. *Poesías completas*. Madrid: Espasa-Calpe, 1966.

Menéndez Pelayo, Marcelino. *Estudios y discursos de crítica histórica y literaria*. Santander: Consejo Superior de Investigaciones científicas, 1941).

Ortega y Gasset, José. *Obras Completas*. Madrid: Revista de Occidente, 1966. Vol. 1.

Pardo Bazán, Emilia. "La España de ayer y la de hoy". Madrid: A. Avria, 1899.

—-. *Insolación*. Madrid: Editorial Pueyo, s.f.

—-. *Morriña*. Madrid: Editorial Pueyo, s.f.

—-. *Obras completas*. Madrid: s.f.

—-. *Los pazos de Ulloa*. Buenos Aires: Emecé Editores, 1943.

—-. *Los pazos de Ulloa*. Madrid: Alianza Editorial, 1971.

—-. *Una cristiana*. *Obras completas*. Vol. 18. Madrid: s.f.

Notas

1 ✶ Véase Emilia Pardon Bazán, *Los Pazos de Ulloa*, (Buenos Aires: Emecé Editores, 1943), Noticia, 8.

2 ✶ En 1887, Valera contesta en oposición a la Condesa con *Apuntes sobre el nuevo arte de escribir novelas*, título que remeda el del manisfesto de la *Comedia* lopesca. Otro crítico sería Cejador y Frauca en *Historia de la lengua y literatura española* (1915).

3 ✶ Así Unamuno en su tesis doctoral "Crítica del problema sobre el origen y prehistoria de la raza vasca" (1985); igualmente en su conferencia "Espíritu de la raza vasca" (1887); y en su ensayo clásico *En torno al casticismo* (1895). El gran erudito Menéndez Pelayo no podía permanecer ajeno a los avances de esta "ciencia novísima", como él la llama. Así en *Historia de las ideas estéticas en España* y en *Estudios y discursos*. Igualmente Menéndez Pidal cuyo método histórico-literario está encuadrado dentro de la *Völkerpsychologie*, según ha demonstrado el amigo Morón Arroyo en *Hispanic Review* (Nov. 1979).

4 ✶ Doña Emilia y Pereda mantuvieron una polémica literaria a este respecto. A "Los resquemores de Pereda", de la Condesa, el novelista montañés contestó con "Los comezones de la señora Pardo Bazán".

El discurso patriarcal, la historia y la sexualidad en tres cuentos fantásticos de Emilia Pardo Bazán

Gabriela Pozzi
Grand Valley State University

En un artículo de 1989, Maryellen Bieder recuerda su desilusión inicial al no encontrar en las novelas de Emilia Pardo Bazán una representación de las cuestiones sociales que debate tan abiertamente en sus ensayos ("En-Gendering" 479). Luego, claro está, la estudiosa "desencubrirá" (valga la palabra) una serie de tácticas feministas que subvierten la voz patriarcal del narrador. Siguiendo esta línea de investigación han visto la luz últimamente varios estudios que complementan el análisis de Bieder, todos centrados en las novelas de Pardo Bazán.[1]

Sobre los 580 cuentos que recoge en su edición Juan Paredes Núñez, se ha trabajado poco.[2] Sin embargo, estos relatos y, en particular los que participan del toque fantástico, reflejan en forma narrativa no sólo la ideología de los artículos feministas de Pardo Bazán, sino también las operaciones lógicas que emplea para impugnar el discurso patriarcal y rebatir la oposición binaria entre los sexos. Es más, en los cuentos explora inclusive aspectos "escabrosos" de la sexualidad y el subterfugio de la ficción fantástica—tan poco seria—le permite abordar el placer sexual femenino, la androginia y la homosexualidad sin causar el escándalo que hubiera provocado tal temática en un ensayo o en una narración realista.

En la edición de Paredes Núñez se hallan unos 27 relatos que podemos considerar fantásticos—o sea, narraciones donde, dentro de un universo realista, ocurre una irrupción sobrenatural (irracional), que abre una brecha en el sistema racional definidor de la norma. Hoy quisiera fijarme en tres cuentos: "Hijo del alma" (1908), "El antepasado" (1899) y "Las espinas" (1919). En los tres se contrapone el diagnóstico médico—la ciencia—a la experiencia individual femenina y mediante una serie de estrategias, se va minando el discurso autoritario para re-valorar la percepción del individuo.

Pardo Bazán emplea una construcción similar a la de sus ensayos: primero cita el argumento de su adversario—le permite hablar—luego invalida su razonamiento mediante pruebas empíricas, y procede después a presentar otra versión de los hechos que incluye la experiencia personal. Se apropia de las palabras y de los métodos del discurso dominante para desmontar sus supuestos fundamentales; desarma la ideología que se dice racional, desde sus propios cimientos; señala sus limitaciones y sus vacíos probando que existe algo que no cabe en el sistema, en el discurso patriarcal; y en fin, traza el papel de juez e intérprete para su lectora. Puesto que la lucha de la ciencia contra la experiencia se erige sobre la oposición de la mujer y el hombre en sus funciones reproductoras, es claro que muchos de estos relatos se plasman alrededor de la dinámica familiar, concretamente de la maternidad/paternidad y del erotismo.

Como han demostrado varios estudios recientes, la histeria es una de las armas más potentes que esgrime la ideología dominante de la Restauración para mantener el "status quo" y aplastar intentos de emancipación femenina. De las definiciones de la histeria recogidas en los importantes trabajos de Bridget Aldaraca, se desprenden los siguientes rasgos: "emotividad", "risa", "llanto", "movilidad", "irritación nerviosa", "pesadillas", "anemia", "coquetería", "egoísmo", "engaño", "invención", "fantasía", "contradicción", "controversia" ("Medical Construction" 409). Queda claro que allí cabe cualquier disputa doméstica o divergencia del discurso patriarcal. El único síntoma físico propiamente dicho es la anemia; los demás tienen que ver más bien con el comportamiento, el decoro. Esta vaga noción de la histeria y la suposición de que, por un lado sólo la mujer y el hombre "afeminado" son susceptibles de contraerla, y de que por el otro toda mujer lo es, dotan a la "enfermedad" de enormes posibilidades; se puede aplicar flexiblemente para alejar del seno social a todo individuo que sea problemático para la patriarquía.

Es de notar que aun cuando la enfermedad reside en el "sistema nervioso" de la mujer y no ya en el "útero flotante" griego (Aldaraca, "Medical Construction" 405-06), la histeria es hereditaria y se transmite especialmente de madres a hijas, pero también causa estragos en los varones. Y de esta herencia, así como del sufrimiento causado al marido y a la familia, se preocupan los médicos, sicólogos, sociólogos y hasta los políticos que opinan sobre la cuestión, sin incluir en sus cavilaciones la perspectiva femenina.

Gran parte de los cuentos incluidos en nuestro "corpus" abordan explícitamente los usos de la histeria en el discurso hegemónico y sus verdaderas consecuencias. Desde su título "Hijo del alma" alude a la temática de la familia, aunque el marco externo nos presenta una conversación entre un médico y un escritor; es decir, el marco dramatiza la situación extratextual en la que los "expertos" dictaminan sobre la mujer y sobre la familia, excluyendo, silenciando precisamente a los sujetos en cuestión. El médico de nuestro cuento, el Dr. Tarfe, quien pasará a ser uno de los narradores centrales, se configura de manera ambigua. Por una parte dudamos de sus afirmaciones puesto que su deseo de proporcionarle tramas al escritor implica cierta "ficcionalización" de los hechos. Por otra parte constituye una figura de autoridad ya que como hombre de ciencia y narrador interno goza de capacidades de observación y diagnosis bien desarrolladas, y tiene acceso a información privilegiada, factores que avalan sus palabras. En contra de esta versión científica de la historia, cuenta otra una narradora interna que participó en los acontecimientos; es la madre del "hijo del alma" que lo lleva para una consulta con el médico. Los dos personajes, el médico y la madre, abogados de sus causas, presentarán narraciones diferentes, mutuamente conflictivas para que la lectora decida entre ellas.

Después de un metódico examen físico del niño, el Dr. Tarfe no encuentra "señales de enfermedad alguna" aparte de una vaga ausencia de "fuerza y vida" (3: 176) que le impedirá sobrepasar la crisis de la adolescencia—y la histeria, como indica Showalter

(130), comunmente sobreviene durante esta crisis. A falta de una explicación racional e inmediata sobre aquella condición vaga e imprecisa, el médico se fija en la madre, pero en este caso no se preocupa de hacer un examen completo; más bien le lee los síntomas en el rostro y "descifra" estos signos sin dirigirle siquiera una pregunta. Es un diagnóstico que no tiene en cuenta a la "paciente". De hecho los adjetivos que emplea el médico son genéricos y formulaicos: tiene una cara de "Dolorosa espantada", "ojos desquiciados", "ojera mortificada" todo lo cual lo lleva a adelantar una hipótesis de "alucinación", e "insomnio" (3: 176)—síntomas de la histeria. Más adelante en la narración, cuando la madre lo contradiga, el médico hablará de su "furiosa locura" (3: 178), desautorizando así sus palabras, y al final del cuento le explica a su interlocutor que no insistió en la "verdad" con la mujer ya que ésta se hubiera vuelto "loca del todo" (3: 178).

Pero los cuentos también nos presentan otra versión, una alternativa fundamentada en la percepción de la mujer, que tiene tanta o mayor viabilidad para la lectora que la narración del médico. Las primeras palabras de la madre chocan con las posibilidades racionales ya que ella relaciona el decaimiento físico del hijo con el padre y con la interacción entre muertos y vivos (la oposición binaria definitiva): "Si ha de entender usted el mal que padece esta criatura, conviene que sepa que es hijo de un cadáver" (3: 176). A continuación explica su sorprendente afirmación: al regresar una noche Roberto, su marido, de un largo viaje de negocios, hicieron el amor. Al día siguiente la mujer amaneció sola y en lugar de Roberto encontró sólo un "cinto con oro", fruto del viaje. Poco después supo que su cónyuge había sido asesinado la noche anterior. Nueve meses más tarde nació el niño al que no habían logrado concebir en vida del padre.

A esta narración sigue una disputa, un debate, sobre la validez de la experiencia del personaje, donde sale a relucir una serie de tópicos sobre la naturaleza femenina que presuponen la ingenuidad o el desinterés sexual de la mujer. Según el Dr. Tarfe, ella no logra distinguir entre su marido y otro, y este otro era el asesino. El médico construye una historia alrededor del acto, completa con motivaciones eróticas—todas hipótesis, dicho sea de paso, bastante más monstruosas que el relato de la mujer.

En contraste, la madre aduce pruebas a su favor. Puesto que no logra convencer al médico alegando sus conocimientos íntimos, presenta un documento que apela al método científico, empírico, visual del médico: una fotografía de su marido cuando niño, cuyo físico es exactamente igual al del hijo. El mecanismo interpretativo científico no puede negar ni rechazar la prueba. El Dr. Tarfe, emulando la estrategia de "contención" ("containment") trazada por Foucault en el discurso hegemónico, inventa una explicación que cuadra con el sistema, lo ensancha un poco para acomodar la prueba: hay casos raros pero "naturales" en los cuales una mujer lleva la huella de su primer amante en "las entrañas" (3: 178). Ni muerto puede el padre ser la causa de la condición de su hijo; el origen de la debilidad se encuentra siempre en el cuerpo de la madre, cuya ignorancia incluye el desconocimiento de su propio marido en el tálamo, aun cuando lleva en las entrañas su marca fálica.

La narración del médico resulta un tanto contradictoria, demasiado conveniente, y tiene el aire de una invención sobre la marcha, ya que sólo se menciona al final, a raíz de una pregunta del interlocutor. Desconfiamos además de la imparcialidad y objetividad de un individuo que pre-juzga de tal manera a un paciente; que diagnostica sin examinar ni hacer preguntas; que descarta la historia de la mujer de antemano sin ninguna investigación. El cuento pone así en tela de juicio la existencia misma de la histeria, tanto su transmisión como la autoridad de los diagnósticos.

Nuestro segundo cuento tiene muchos puntos en contacto con "Hijo del alma", porque el vigor y la fuerza faltan también en el organismo de Fadrí:

> Era una criatura endeble, anémica, clorótica, de afeminado semblante, de ojos claros y transparentes como el agua, de dulce carácter y exquisita finura; y los facultativos, al enviarle a V***, le habían encargado que viviese en la playa [...] para prestar algún vigor a su empobrecida complexión y a su organismo débil y exangüe. (1: 438)

Las mismas palabras ("endeble", "anémica", "clorótica") aparecen en las descripciones de mujeres histéricas. La configuración de Fadrí como "criatura", además de aniñarlo, permite el empleo de los adjetivos en su forma femenina subrayando así el campo semántico al que pertenecen. Los demás rasgos perfilan el "ángel del hogar": dulzura, finura, ojos ingenuos, crédulos. Para los médicos esta "afeminación" es una monstruosidad que se debe rectificar. La condición "malsana" se achaca a su vez al estado de "nerviosa excitación" de la madre, quien terminará sus días encerrada en una clínica, la "casa de salud" de un tal doctor Moyuela "que prometió con su sistema devolverle la razón" (1: 440).

Aparte de aquella vaga debilidad, Fadrí tiene una señal en el cuerpo que lo hace "anormal" de manera mucho más evidente y observable: tiene en la base del cuello, escondida bajo un pañuelo, "una marca circular, entre sangrienta y lívida, de irregular contorno, semejante a la huella que deja al separarse del tronco la cabeza" (1: 438). Nuestro narrador descubre tal señal al arrancarle a Fadrí el pañuelo, dejándolo completamente desnudo; y éste, después de abrazarlo, le cuenta sus antecedentes: a los cinco años de casados sus padres seguían sin descendencia. Los médicos "atribuían" esta falta a la "complexión" de la mujer; el marido no entra en la cuestión. Ella "era enfermiza, nerviosa y de una exaltada sensibilidad", y como tratamiento le aconsejan una temporada en el campo y "evitar todo género de emociones" (1: 438). Queda patente el paralelo entre madre e hijo, iguales son sus "síntomas" y sus curas; lo que no resulta evidente es la causalidad entre ellos, puesto que la "culpa" materna no explica la señal singular.

La versión alternativa se presenta a continuación. Siguiendo la receta médica, la madre se retira sola a una finca, patrimonio de su marido. En su misma habitación, cerca de la cama, encuentra la legendaria cabeza momificada del hijo o sobrino del duque de Milán que asesinó a su propia madre en el siglo XV. De esta ilustre prosapia desciende el padre de Fadrí. La misma noche del hallazgo llega el marido a la finca y encuentra a su esposa con un ataque de histeria, sufriendo "unas convulsiones muy violentas". A pesar de la condición de la mujer es éste el momento en que conciben a Fadrí, demostrando así que no son sus "nervios" ni las emociones fuertes lo que ha interferido con el embarazo, y como en "Hijo del alma", esto provoca sospechas respecto a la "masculinidad" del marido. Al nacer el niño con la señal en el cuello, la madre pierde la salud y la razón; se ha puesto en contacto con lo irracional, que radica, por supuesto, en la intervención de los antepasados del marido en la presente vida familiar, es decir, des-cubre la patriarquía que incluye aquí el matricidio. Para la madre, la marca indica una nueva versión de la tradicional violencia doméstica del renacimiento italiano—violencia que se traduce en el encierro de la mujer en la "casa de salud".

Para Fadrí, la señal tiene otro sentido. Salta a la vista el hecho de que los médicos no opinan sobre ella. La borran de su realidad, de la misma manera que el personaje la encubre siempre con un pañuelo. Si en "Hijo del alma" la prueba—la fotografía—exige un ensanchamiento del sistema científico, la invención de una nueva posiblidad, aquí su equivalente—la señal—desaparece, se borra, se silencia. La institución médica se fija sólo en "las culpas" de la madre, excluyendo la responsabilidad del padre y de sus antecesores de la misma manera que en "Hijo del alma".

En Fadrí mismo confluyen ambos discursos, nos cuenta tanto la versión de la madre como la de los médicos, pese a que al final vuelve a cubrir su cicatriz y se abandona de lleno a la ciencia: "¿Mal antecedente, verdad? Yo necesito doble método y grandes prevenciones" (1: 440). Hay una clara conexión entre el género sexual, la sexualidad y los acontecimientos, pero no es la que traza el discurso científico. Dadas las características físicas del personaje, podríamos interpretar la señal como su homosexualidad encubierta y la escena con el narrador como el acto sexual. O quizá la señal aluda al órgano sexual de Fadrí, ahora mucho más parecido al femenino, hecho que permitiría una lectura andrógina del personaje—lectura apoyada por su discurso mixto, inclusivo.

Pardo Bazán no despeja el misterio, sencillamente nos da pistas que implican posibilidades múltiples—nunca sólo una. Apunta a una serie de paralelos y relaciones: entre la experiencia femenina, la homosexual, la andrógina y los acontecimientos "irracionales"—esferas excluidas del sistema patriarcal, pero que no por eso son menos reales. Al mismo tiempo, ninguna de las lecturas satisface las inquietudes de la lectora, ninguna logra resolver todos los enigmas, ninguna abarca todas las relaciones. Al final siempre nos quedamos con el signo de interrogación que es la marca, la llaga. Estamos ante un significante cuyo significado se nos escapa, se esfuma y se multiplica cuando intentamos concretarlo, y esta multiplicación señala un vacío en el discurso racional.

"Corona de espinas", nuestro último cuento, se construye también alrededor de una marca en el cuerpo de un hijo, sólo que en este cuento aparecen variantes significativas. En primer lugar, no es un hijo quien tiene la señal "sobrenatural" sino una hija, María del Martirio. Y esta marca no es el resultado de la intervención directa de los muertos en el mundo de los vivos; por lo menos no de meros mortales. Las manchitas que ostenta la joven alrededor de su frente y toda su cabeza tienen algo que ver con la resurrección de Jesucristo, puesto que María del Martirio nace durante Semana Santa. Para la madre, al igual que para la hija, forman una "corona de espinas". Para los médicos son el resultado de "nevi materno"—la sobreexitación del sistema emocional causada por la meditación y la lectura de textos religiosos. Como en los cuentos anteriores, los médicos buscan el origen de la anormalidad en la madre, y la encuentran ahora en su devoción excesiva.

Pardo Bazán nos informa en "La educación del hombre y de la mujer" que el hombre "no le consiente [a la mujer] arrobos y extremos místicos [....] Lo que desea [...] es una piedad tibia: un justo medio de piedad" (La mujer española 36-37). Y como en la piedad, en todo, la normalidad yace en el "justo medio"; cualquier exceso o pasión equivale a la histeria. Poco después del nacimiento de María del Martirio morirá su madre. Ahora bien, durante una tertulia María del Martirio se siente indispuesta y el narrador la lleva a un salón apartado, solitario. Allí la joven se desvanece, y nuestro narrador observa que,

> [U]na de las señales de las espinas se abultaba, se hinchaba rápidamente...Era como una ampollita que crece, que adquiere forma esférica. De súbito, abrióse lo mismo que una rosa de Jericó sumergida en agua, y de su seno surgió y resbaló, sobre la marfileña mejilla una lágrima espesa...Era de sangre, fuerte, fluyente, viva.
>
> No sé lo que pasó por mí. Percibí el choque repentino de las grandes revelaciones. Vi claro en mí mismo. Murmurando dulzuras, con los labios recogí la gota de sangre. Mientras la paladeaba ávidamente, otras dos corrieron de la frente torturada. Martirio volvía en sí. Y en vez de fulminarme con su enojo, balbuceaba temblante:
>
> —¡Qué bien me siento ahora!
>
> Permanecimos inmóviles, extasiados... (4: 244)

Para interpretar la crisis y la corona hacen falta algunos detalles. El salón rezuma voluptuosidad con cuadros de "ninfas y sátiros" "a lo Rubens" (4: 244). Nuestro narrador está prendado de María del Martirio, ella se ha convertido en su "idea fija". Y están los dos solos en el cuarto—hecho, que ya de por sí los lectores de *Gloria*, de *Doña Perfecta*, de *Pepita Jiménez* y tantas otras novelas del XIX, interpretarían como la ocasión para el acto sexual. El proceso de tumefacción de la ampolla (se describe sólo una) y su apertura, se transmite mediante un léxico altamente sensual que podría aplicarse también al clítoris y la excitación sexual de la mujer. El éxtasis posterior del narrador y de María del Martirio apunta a esta interpretación erótica. Dentro de un ambiente como el que se respiraba a fines del siglo pasado, una descripción tan explícita hubiera provocado un escándalo, el escándalo del placer femenino ("¡Qué bien me siento ahora!"). La escena causa una ruptura con el novio e impele a María del Martirio a entrar en un convento, a pesar de que el narrador desea casarse con ella. Los médicos intervienen en el caso: "la ciencia dictaminó. Se trataba de un fenómeno natural aunque bien raro: alteraciones circulatorias. Una sugestión imaginativa las provocaba" (4: 245).

Como en "Hijo del alma", el acontecimiento tiene una explicación científica: es una enfermedad, una anormalidad del cuerpo, causada de nuevo por la imaginación; por ello tal vez, las marcas están ubicadas en la cabeza de María del Martirio, cruzan su frente. Su sexualidad, constituye una corona de espinas para la mujer ya que va en contra de su formación, de su educación, de su cultura. Y, al igual que Fadrí, se someterá al tratamiento normativo entrando en un convento. La "corona de espinas" de estos personajes, su desviación de la norma, su sexualidad despierta, su llaga, exigen que se retiren del mundo, que se marginen de la sociedad y lo harán de voluntad propia, como un acto virtuoso.

Al final, el discurso patriarcal acabará aniquilando al individuo en casi todos los cuentos fantásticos; la muerte o el exilio son su castigo por haberse atrevido a impugnar la estructura hegemónica con su experiencia íntima. Pero la lectora sirve de juez más ecuánime y, guiada por la autora como en los ensayos, da la razón a las víctimas de la violencia física y emocional, abriéndose a posibilidades que la patriarquía niega y exigiendo, en palabras de Emilia Pardo Bazán, su "derecho al ejercicio de la libertad individual indiscutible" (La mujer española 159).

Obras citadas

Aldaraca, Bridget. *El ángel del hogar: Galdós and the Ideology of Domesticity in Spain.* Chapel Hill: U of North Carolina P, 1991.

—-. "The Medical Construction of the Feminine Subject in Nineteenth Century Spain". *Cultural and Historical Grounding for Hispanic and Luso-Brazilian Feminist Literary Criticism.* Ed. Hernán Vidal. Minneapolis: ISLI, 1989. 395-413.

Berry-Bravo, Judy. 'Pardo Bazán's Use of Control as Narrative Device". *Letras Femeninas* 18.1-2 (1992): 91-96.

Bieder, Maryellen. "Between Genre and Gender: Emilia Pardo Bazán's *Los pazos de Ulloa*". *In the Feminine Mode.* Ed. Noël Valis, Carol Maier. Lewisburg: Bucknell UP, 1990. 131-46.

—-. "Emilia Pardo Bazán and Literary Women. Women Reading Women's Writing in Late 19th Century Spain". *Revista hispánica moderna* 46 (1993): 19-31.

—-. "En-Gendering Strategies of Authority: Emilia Pardo Bazán and the Novel". *Cultural and Historical Grounding for Hispanic and Luso-Brazilian Feminist Literary Criticism.* Ed. Hernán Vidal. Minneapolis: ISIL, 1989. 479-95.

Charnon-Deutsch, Lou. *The Nineteenth Century Spanish Story: Textual Strategies of a Genre in Transition.* London: Támesis, 1985.

Clémessy, Nelly. *Les Contes d'Emilia Pardo Bazán. Essai de classification.* Paris: U de Paris IV, 1972.

—-."Emilia Pardo Bazán et le conte fantastique". *Mélanges à la mémoire d'André Joucla-Rouau.* Ed. Jean Chalon, et al. Aix-en-Provence: U de Provence, 1978. 565-75.

Eberenz, Rolf. *Semiótica y morfología textual del cuento naturalista.* Madrid: Gredos, 1989.

Gallagher, Catherine & Thomas Laqueur, eds. *The Making of the Modern Body. Sexuality and Society in the Nineteenth Century*. Berkeley: U of California P, 1987.

Jackson, Rosemary. *Fantasy, the Literature of Subversion*. London, N.Y.: Methuen, 1981.

Jacobus, Mary, Evelyn Fox Keller, Sally Shuttleworth, eds. *Body/Politics. Women and the Discourses of Science*. New York & London: Routledge, 1990.

Knickerbocker, Dale F. "Feminism and Narrative Structure in Pardo Bazán's *Insolación*." *Hispanic Journal* 13.2 (1992): 251-63.

Ordóñez, Elizabeth. "Revising Realism: Pardo Bazán's *Memorias de un solterón* in Light of Galdós' *Tristana* and John Stuart Mill." *In the Feminine Mode*. Ed. Noël Valis, Carol Maier. Lewisburg: Bucknell UP, 1990. 146-63.

Pardo Bazán, Emilia. *Cuentos completos*. Ed. Juan Paredes Núñez. 4 vols. La Coruña: Fundación Pedro Barrie de la Maza, Conde de Fenosa, 1990.

—-. *La mujer española*. Ed. Leda Schiavo. Madrid: Editora Nacional, 1976.

Paredes Núñez, Juan. *Los cuentos de Emilia Pardo Bazán*. Granada: Universidad de Granada, 1979.

Pérez, Janet. "Winners, Losers and Casualties in Pardo Bazán's Battle of the Sexes". *Letras Peninsulares* 5.3 (1992-1993): 347-56.

Punter, David. *The Literature of Terror. London*: Longmans, 1980.

Richardson Durham, Carolyn. "Subversion in Two Short Stories by Emilia Pardo Bazán." *Letras Peninsulares* 1.2 (1989): 55-64.

Showalter, Elaine. *The Female Malady. Women, Madness and English Culture*, 1830-1980. New York: Penguin, 1985.

Wietelmann Bauer, Beth. "Narrative Cross-Dressing: Emilia Pardo Bazán in *Memorias de un solterón*." *Hispania* 77.1 (1994): 23-30.

Notas

1 * Véanse, por ejemplo, los artículos de Judy Berry-Bravo, Dale Knickerbocker, Elizabeth Ordóñez y Beth Wietelmann Bauer.

2 * Sobre los cuentos fantásticos en particular sólo he logrado encontrar los artículos de Carolyn Richardson Durham y de Nelly Clémessy. Sobre los cuentos en general, hay más estudios, entre los más importantes, figuran los de Lou Charnon-Deutsch, Rolf Eberenz, Juan Paredes Núñez, y la reciente llamada a estudiar estos cuentos de Janet Pérez.

3 * Esta estructura se percibe claramente en "Del amor y la amistad" por ejemplo. El ensayo comienza con una cita de los Estudios sicológicos de Urbano González Serrano cuyos argumentos invalida Pardo Bazán al llevarlos a sus conclusiones lógicas: "La mujer no es capaz de grandes amistades, dice el Sr. González Serrano, porque está sacrificada al amor y a la maternidad, y porque está siempre enferma. De ahí parece seguirse que el hombre es capaz de grandes amistades porque no está sacrificado a la paternidad ni al amor, y porque está siempre sano [...] En buena lógica ya sabe el Sr. González Serrano que quien niega un supuesto afirma el contrario" (148). Luego pasará a refutar cada una de las afirmaciones del "sicólogo" por separado e incluirá en la discusión su propia experiencia de maternidad.

4 * Para el XIX español los trabajos de Bridget Aldaraca son imprescindibles. En Inglaterra y en Francia se ha trabajado mucho para desenterrar la historia de este fenómeno. Particularmente útiles son las obras de Showalter y las colecciones de Jacobus, et al. y de Gallagher y Laqueur.

5 * Este médico tiene cierto parecido con el marqués del Busto, contra cuya obra (*Problemas morales, sociales y políticos que resuelve el estudio médico de la mujer*) escribió Pardo Bazán el ensayo "Una opinión sobre la mujer". En este ensayo caracteriza al "señor marqués" como "título pontífico, y médico poeta en prosa". La semejanza radica en que el Dr. Tarfe de nuestro cuento fue en su juventud escritor también (de mala calidad) y tiene a su vez ribetes de sicólogo.

6 * La afirmación de la madre nos obliga a efectuar una segunda lectura del título del cuento. A primera vista el "hijo del alma" se interpreta como la expresión corriente en la que "alma" tiene un sentido más bien metonímico, es decir, figurado. La segunda lectura exige una interpretación denotativa de "alma" (o sea, "alma en pena"). Estas dos lecturas son emblemáticas de los respectivos discursos codificados en el cuento y apuntan a la contradicción esencial del discurso racional que expresa los resultados supuestamente objetivos de la observación material mediante un lenguaje figurado, de la imaginación.

7 * Es de notar que los hombres en el cuento tienen nombres mientras que ni la mujer ni el niño se individualizan de esta manera, apuntando así al carácter genérico que cobran dentro del discurso patriarcal.

8 * Entre los cuentos fantásticos que he examinado, sólo dos mencionan a personajes históricos, éste y "La charca", en el cual aparecen los fantasmas de Isabel II y su corte. No obstante, Bianca Visconti, la madre asesinada por Galeazzo Sforza, representa todo lo contrario que la reina de España. La duquesa Visconti se interesó por sus súbditos milaneses, por la diplomacia y la estrategia militar. Fue muy querida por su pueblo y, al parecer, por su marido. Este aprecio público, sin embargo, y el consiguiente poder de que gozó hicieron de ella un rival para su hijo cuando éste heredó el ducado. Como resultado, Bianca se sometió a un exilio voluntario a Cremona, villa a la cual no llegó nunca. El antecedente paterno de Fadrí encierra, pues, el asesinato de una mujer a causa de su actuación pública. El exilio voluntario de Bianca y su muerte forman un claro paralelo con nuestra historia.

9 * Después del abrazo entre los dos personajes aparece en el texto una elipsis que la lectora puede llenar de la manera que le parezca más convincente dentro de los parámetros del cuento. De hecho lo que podría ser un momento culminante en el cuento se oculta—como la señal—con puntos suspensivos: "el pobre muchacho sólo contestó a [mis sentidas excusas] con un abrazo largo y expresivo como amistosa confidencia... Y la confidencia tenía que seguir al abrazo" (1: 438). Pardo Bazán alude a la homosexualidad en su ensayo "Del amor y la amistad". Aunque de ninguna manera se puede considerar una apología abierta de la homosexualidad, sí percibimos en su afirmación una postura ambigua: "En las relaciones amistosas entre varones también caben extrañas y morbosas anomalías, y dicen graves historiadores que en ellas se fundaba el valor desesperado de los héroes de las Termópilas [...]" (152).

10* La definición de nevi materno se parece a la explicación del Dr. Tarfe en "Hijo del alma": "Esas señales proceden de la imaginación de la madre. Me ha citado casos muy curiosos y me ha enseñado láminas de obras de medicina [...] Mi tía (según dice mi tío) meditaba mucho sobre la pasión. Nada tendría de extraño que, fijando tanto su atención en ciertos pormenores, como en el suplicio de la corona de espinas, la impresión se reflejase en la criatura que llevaba dentro" (4: 243).

11* En "La mujer española" describe Pardo Bazán a la burguesa "normal" creada por las restricciones del sistema: "Justo medio en religión, justo medio rayano con la indiferencia, en patriotismo; insipidez en artes y letras; abstención total en política, y la actividad mental consagrada a fruslerías y menudencias [...]" (55).

Mujeres de ojos grandes de *Angeles Mastretta: estrategias para una "armonía"*

Núria Prats Fons
Universidad de Granada

En 1985 la escritora mexicana Ángeles Mastretta obtenía el premio Mazatlán con *Arráncame la vida*, su primera y, hasta el momento, única novela, consiguiendo con ella una extensa atención de la crítica y una muy amplia difusión internacional—ha sido hasta ahora traducida a once idiomas, según reza en los créditos de la editorial.

El éxito de su novela puede inscribirse dentro de lo que algunos investigadores no han dudado en definir como «boom hispánico femenino» [Cfr. Reisz, 1990], en el que el nombre de Mastretta acompañaría, limitándonos al área hispanoamericana, a los muy difundidos de Isabel Allende, Laura Esquivel, Elena Poniatowska y un largo etcétera de escritoras que, en torno a los años ochenta, despertaron el interés del público, de la crítica y de la industria editorial.

Si en los sesenta, en el momento de la internacionalización de la novela hispanoamericana, lo que se denominó como "boom" apenas afectó a la difusión de la narrativa escrita por mujeres,[1] en los ochenta, en cambio, el segundo momento de esa internacionalización se iba a centrar, precisa y fundamentalmente, en la difusión de la voz escrita femenina. Los motivos de esa renovada atención son demasiado complejos para que un resumen de ellos ofrezca una mínima garantía de explicación abarcadora. No obstante, apuntaré que, además del desarrollo creciente de la crítica feminista y de los cambios sociales producidos en Hispanoamérica que repercutirían en la situación de la mujer, en el paradigma literario, se iba a producir un desplazamiento desde los proyectos totalizadores, que habían caracterizado en general la escritura de los sesenta, hacia una "cultura de la periferia",[2] reivindicatoria de los márgenes, lo fronterizo y fragmentario de la realidad, márgenes en los que puede insertarse la focalización de la mirada femenina. Es por ello que muchos investigadores han adscrito este movimiento descentralizador a los caracteres propios de la postmodernidad.[3]

Sin embargo, este cambio en el horizonte literario explica más claramente la producción de esta literatura con perspectiva femenina que su rápida y exitosa difusión. En este sentido, debemos recordar que al cobijo de las nuevas escritoras que comenzaron a publicar en torno a los ochenta, se han ido incorporando los nombres de aquellas otras que con muy escasa repercusión entonces, ya habían editado sus narraciones en décadas anteriores. Sin embargo, en sus obras no estarían presentes los signos de la postmodernidad o los caracteres propios de la literatura del "postboom", que sí pueden definir, en cambio, a la última narrativa. Ese proceso podría ser el resultado de lo que actualmente parece ser una de las leyes de la recepción literaria—y por qué no, también del mercado—esto es, la necesidad de ofrecer productos englobados dentro de una corriente o un movimiento amplio, para lo que se recurre a la búsqueda y conocimiento de los antecedentes inmediatos, que en este caso creen poder encontrarlos en la escritura producida anteriormente por las novelistas hispanoamericanas.

Pues bien, dentro de esas coordenadas se sitúa la obra de Angeles Mastretta, quien, después del éxito de *Arráncame la vida*, publicó en 1991 su segundo libro, un conjunto de relatos agrupados bajo el título de *Mujeres de ojos grandes*. Recientemente ha aparecido una recopilación de ensayos y escritos que la autora bautizó como *Puerto Libre. Un refugio para el azar y la memoria* (1994), libro muy útil para dilucidar algunos aspectos de su práctica narrativa. En sus páginas podemos encontrar también un capítulo que viene a ser como una prolongación condensada de su libro anterior, el que titula "Máximas y decires de algunas mujeres con ojos grandes".

En una entrevista realizada a Ángeles Mastretta, ésta exponía su intención al escribir el conjunto de relatos que componen el libro al que ahora tratamos de aproximarnos *Mujeres de ojos grandes* y señalaba lo siguiente: "es el título de un libro que dedico o que se propone salvar del olvido a mujeres que con menos ruido y a veces más éxito, empezaron el litigio del que ahora tanto nos enorgullecemos nosotras" (Pfeiffer 121).

Ese litigio no es otro que el de la lucha de la mujer por recuperar su propia parcela de poder; pero entendiendo el término «poder» más en su sentido verbal que sustantivo, pues no es el poder ejercido sobre otros, sino la reivindicación de la capacidad decisoria de la mujer, el ensanchamiento, en definitiva, de su espacio de libertad. En este sentido, si atendemos a las palabras de la propia autora sobre lo que entiende por feminismo, podremos precisar mejor el significado de ese «litigio» del que hablaba y la base sobre la que se sustentan los múltiples relatos que componen *Mujeres de ojos grandes*:

> Hay quienes piensan que el feminismo es una corriente ideológica, yo creo que es un instinto. Un instinto que como tantos la humanidad ha escondido entre cortesías y crueldades hasta no dejar en las mujeres si no un recuerdo casual y placentero de algo que alguna vez nos tuvo en armonía (Mastretta 117).

Hay que señalar que todas y cada una de las mujeres de ojos grandes a quienes Angeles Mastretta rescata en su libro nos muestran las múltiples estrategias que estas mujeres, con un tipo de historia distinta a la escrita con mayúsculas, han utilizado para alcanzar esa armonía.

La propia estructura del libro nos hace pensar en la voluntad de que percibamos un sentido de parentesco entre las protagonistas de los distintos relatos, los cuales, pese a ser absolutamente autónomos, están no obstante unidos por una misma voz narrativa: una mujer que cuenta, desde la perspectiva de un tiempo histórico distinto, las historias acaecidas a cada una de sus tías, mujeres poblanas, que buscaron su «armonía» en torno a los años treinta. Sin embargo, solamente en una ocasión podemos encontrar referencias explícitas de parentesco entre dos de las treinta y siete tías que aparecen en el libro, con lo que se produce una inverosimilitud evidente, pues es de todo punto imposible que la persona que narra pueda tener tantas tías sin que muchas de ellas sean hermanas.

Este hecho—la inverosimilitud no oculta—nos permite llegar a la conclusión de que la elección de ese recurso narrativo obedece, cuando menos, a dos objetivos distintos. En primer lugar, a la voluntad de que el lector emparente a esa serie de mujeres, no ya por los lazos sanguíneos, sino por la forma en que van a enfrentarse a circunstancias y situaciones muy diferentes. En segundo lugar, el hecho de que la voz narrativa esté unida a todas esas mujeres sirve para reforzar, de un lado, la tan interesante complicidad que se produce entre narrador y objeto narrado y, por otro, el sentido de oralidad que sustenta a muchos de los relatos englobados en *Mujeres de ojos grandes*, en los que a menudo encontraremos declaraciones de la narradora acerca de su conocimiento impreciso de las historias que antes le han sido narradas a ella por las interesadas.

No obstante, tampoco es que la autora persiga crear ante el lector un espejismo de realidad narrada y verídica. Quizás, en este sentido, la clave de todos los relatos se halle en el penúltimo de los relatos, el cual, a nuestro parecer, debiera figurar en último lugar pues además de que de él se extrae el título genérico del libro, cierra y ofrece un sentido clarificador a los cuentos anteriores. En este relato, rehaciendo el mito de Sherezada,[4] la tía José Rivadeneira, incrédula del poder sanativo de la ciencia médica, consigue devolverle a su hija recién nacida las fuerzas necesarias para recuperarse de una grave enfermedad mediante el recurso de contarle incansablemente "las historias de sus antepasadas", historias que son "recordadas, imaginadas, o inventadas" por ella. El relato se cierra con la siguiente frase: "Sólo ella supo siempre que ninguna ciencia fue capaz de mover tanto, como la escondida en los ásperos y sutiles hallazgos de otras mujeres con los ojos grandes" (183).

"Asperos y sutiles hallazgos" son también la base de las historias recordadas, imaginadas o inventadas que Angeles Mastretta nos ofrece en el conjunto de relatos que conforman *Mujeres de ojos grandes*, como si todo su auditorio, en especial el femenino, que parece ser el lector implícito de este libro, necesitara de la fuerza que puede proporcionar el conocimiento de las cotidianas batallas de otras mujeres. Sin duda, ahí Mastretta no escapa de una cierta intención de ejemplaridad. No obstante, al ser formas tan distintas y hasta discordes de entender los «hallazgos», la ejemplaridad de las actuaciones queda diluida en un concepto amplio de afirmación de las pasiones, hecho que se convierte en el común denominador de todos estos cuentos.

Examinando los dos adjetivos con que Mastretta define esos "hallazgos"—ásperos y sutiles—podemos encontrar sendas características que apuntalan temática y discursivamente su escritura. La aspereza quizás defina en negativo el modo en que se nos ofrecen estas narraciones, ya que uno de los elementos que caracterizan estos relatos de Angeles Mastretta es precisamente la desdramatización con que quedan plasmadas las distintas situaciones. De ahí que no se incida en el planteamiento de los problemas que circundan a las distintas protagonistas en lo que podría suponer la aspereza de sus experiencias, sino que en cambio todo ello se reproduzca sólo en función de las respuestas que provocan, dirigiendo así el punto de mira del lector hacia las diversas estrategias que estas mujeres emplean para conseguir su propia "armonía", para reaccionar contra el tedio, y contra todos los tabúes sociales que las constriñen. Fruto también de esa desdramatización es la constante presencia del humor y la ironía, elementos que como bien señala Susana Reisz, "son medios muy eficaces de poner al descubierto lugares comunes y de dignificar trivialidades" (142).

El segundo de los términos empleados por Mastretta para definir los hallazgos de las mujeres de ojos grandes—la sutileza—sí delinea con precisión la propuesta que nos ofrece la escritura de este libro. En efecto, las protagonistas de estos relatos no son «grandes mujeres de la historia», ni heroínas enfrentadas a graves e importantes misiones. Precisamente en una ocasión podemos leer cómo la narradora señala, refiriéndose a una de sus tías, que "Ella no era Juana de Arco, ni tenía ganas de que la quemaran viva" (107). Las protagonistas son, pues, personajes cotidianos que se mueven dentro de un espacio que no es distinto al que la sociedad patriarcal asigna tradicionalmente a la mujer y que, sin embargo, aparece transgredido en sus mismos basamentos.

Y esta transgresión se lleva a cabo de dos formas distintas. En primer lugar, y dentro de la lógica interna de las protagonistas, la transgresión se realiza sin necesidad de suplantar los roles tradicionales masculinos y sin necesidad tampoco de un enfrentamiento directo con el hombre. En su lugar, estas mujeres nos muestran lo que podemos percibir claramente como estrategias concebidas para la consecución de la felicidad. A su vez, al desvelar su mismo carácter de estrategia, están poniendo de manifiesto cada uno de los obstáculos que han tenido que sortear, y todo ello sin que tampoco aparezcan —o parezcan—enjuiciados explícitamente. Es el caso, por ejemplo, de la tía Cristina Martínez que fue capaz de fingir un casamiento, de residir un año en España junto a un hombre inexistente, para luego enviudar de ese mismo marido y volver a Puebla a vivir, por fin, como ella deseaba, sin las presiones sociales que provocaba la soltería.

En segundo lugar, se produce una transgresión en la escritura a través de lo que Susana Reisz ha llamado el «ventrilocuismo», consistente en incorporar distintas voces, y entre ellas los discursos tradicionalmente opresores sobre la mujer, pero de tal forma que, lejos de que puedan confundirse con un acatamiento incondicional a esos paradigmas, pongan de manifiesto los corsés y clichés sociales que cercan a la mujer, mediante la propia imitación reiterada y distanciada, acompañada en muchas ocasiones de un tono sutilmente paródico.

Por otro lado, y en relación con estas dos maneras distintas de hacer evidentes los límites impuestos a la mujer, podemos percibir un rasgo que ya se ha señalado con frecuencia en la escritura de ésta y otras narradoras hispanoamericanas: la resemantización que se efectúa del lugar o del papel que la sociedad asigna a la mujer. Es decir que, instalándose y asumiendo ese espacio, se ejerce una relectura que enfatiza las diferencias o especificidades femeninas. Este producto, como apunta la escritora Rosario Ferré (153), no viene de la existencia de una esencia femenina inmutable, sino de una "experiencia radicalmente diferente" que, por tanto, cuenta con su propia perspectiva de visión. En este sentido es significativo que todas las mujeres alrededor de las que Mastretta centra sus historias no trasvasen el ámbito de la domesticidad, aunque aparezca esporádicamente, o se mencione, a alguna mujer que ocupa un puesto social.

Si dentro del código simbólico sobre el que se sustenta nuestra tradición cultural, lo masculino es sinónimo de la actividad y la consciencia y lo femenino exactamente su reverso— lo pasivo y lo inconsciente—(cfr. Guerra Cunningham), Angeles Mastretta, sin rechazar en principio esas dicotomías, nos muestra a través de sus personajes femeninos la actividad que se esconde tras lo comunmente concebido como pasivo, y la lógica racional que puede suponer atender a lo inconsciente.

Idéntica relectura se realiza en el caso de los personajes masculinos, quienes, sin embargo, no suelen sobrepasar la categoría de meras sombras o comparsas de las protagonistas. Únicamente logran entidad de personajes aquellos hombres que por uno u otro motivo se sitúan en los márgenes de los roles sociales asignados, o bien los que se dejan arrastrar, en algún momento, por una pequeña "locura".[5] Estos personajes, que cuentan con algún rasgo de ejemplaridad—aunque sea invertida—o que suponen un apoyo a las protagonistas, no serán en ningún caso los maridos o amantes de éstas, sino personas mayores que generalmente van a estar encarnados en la figura del padre. El resto de los hombres que, en la estructura de los relatos, aparecen integrados dentro de la esfera del problema y de la experiencia "áspera", serán caracterizados, por lo general, con los rasgos de lo que la narradora define en una ocasión con el término de "burócrata doméstico" (118).

Contra esa burocracia doméstica, contra el tedio y lo constreñido del espacio dado a la mujer en una ciudad mexicana del primer tercio de siglo, es contra lo que se revela la escritura de estas narraciones. La afirmación de las pasiones—ya sean éstas el deseo por conocer el mar, el gusto por trepar a los árboles,[6] la práctica de una sexualidad no culpable, y, sobre todo, la voluntad férrea de perseguir la propia "armonía"— es lo que nos ofrecen estas mujeres de ojos despiertos.

Obras citadas

Ferré, Rosario. "La cocina de la escritura". *La sartén por el mango.* VV.AA. Río Piedras (Puerto Rico): Ediciones Huracán, 1985.

Guerra Cunningham, L. "El personaje literario femenino y otras mutilaciones". *Hispamérica* 43 (1986): 3-19.

Mastretta, A. *Mujeres de ojos grandes.* Barcelona: Seix Barral, 1991.

—-. *Puerto Libre.* Madrid: El País-Aguilar, 1994.

Pfeiffer, Erna. *Entrevistas diez escritoras mexicanas desde bastidores.* Frankfurt am Main: Vervuert Verlag, 1992.

Reisz, S. "Hipótesis sobre el tema escritura femenina e hispanidad". *Tropelías* 1 (1990): 199-213.

—. "Cuando las mujeres cantan tango...". *Literatura mexicana hoy. Del 68 al ocaso de la revolución*. Ed. Karl Kohut. Frankfurt am Main: Vervuert Verlag, 1991. 141-56.

Notas

1 * Mi tesis doctoral, dedicada a la recepción de la narrativa hispanoamericana en España en torno a los años 1962-1975, refleja fehacientemente ese silencio al que se vio sometida la escritora hispanoamericana. Es a partir de los ochenta cuando editoriales, crítica y revistas comienzan a dedicar una atención consciente a la escritura femenina hispanoamericana, y no sólo a la de reciente aparición sino también a la que había sido publicada por editoriales hispanoamericanas unas décadas antes y que había carecido de la suficiente difusión continental e internacional, provocando con ello—según el término de Angel Rama—un "aplanamiento sincrónico" similar al que había ocurrido con el "boom" de los sesenta.

2 * Término utilizado por Nelson Osorio para referirse a la literatura reciente, cito por A. Llarena, "*Arráncame la vida*, de Angeles Mastretta: el universo desde la intimidad", *Revista iberoamericana* 58.159 (1992): 467.

3 * Véanse, por ejemplo, J. Ruffinelli, "Los 80 ¿ingreso a la posmodernidad?", *Nuevo texto crítico* 6 (1990): 31-42; A. Llarena, art. cit.; A. Salvador, "El otro *boom* de la narrativa hispanoamericana: los relatos escritos por mujeres en la década de los ochenta", *Revista de crítica literaria latinoamericana* 41 (1995): 165-75.

4 * La relación de este cuento con Sherezada la propuso la profesora Dolores Soler-Espiauba durante el coloquio que tuvo lugar tras la presentación de la ponencia en el I Congreso Internacional de la Asociación Hispánica de Humanidades. Posteriormente hemos encontrado otras referencias a esta relación, pero tomando como base no el relato del que tratamos, sino la totalidad del libro; así, los profesores Jean Franco y Jean-Marie Lemogodenc, en su *Anthologie de la littérature hispano-américaine du XX' siècle*, escriben: "En 1991 paraît le second livre, *Mujeres de ojos grandes*, où défilent des femmes sauvées, telle Shéhérazade, par la magie du verb" (382)

5 * Habría que estudiar por qué la escritora identifica la locura sólo con la desviación masculina de la norma social, y no así con la femenina.

6 * En las dos ocasiones en que surge esta temática aparece relacionada con el descubrimiento de la sexualidad; véanse el primer relato y el incluido entre las páginas 63-66.

La mujer decadente: un itinerario por los personajes femeninos de Antonio de Hoyos y Vinent

Begoña Sáez Martínez
Universitá degli Studi di Bologna

Se sabe bien que cada periodo histórico modifica las definiciones ideales de lo masculino y de lo femenino. El imaginario decadente halló en los roles sexuales uno de los campos privilegiados para la expresión de sus obsesiones. La conocida inversión de los eternos masculino (agresivo, activo, fuerte) y femenino (apocado, pasivo, débil), y la imagen predilecta del andrógino, son representaciones idóneas de las aspiraciones de esta literatura fascinada por el crepúsculo, la caída, el fin, así como por todo lo extraño, raro y antinatural. M. Praz fue quien primero advirtió cómo el héroe byroniano de la primera mitad del siglo XIX, cede su puesto privilegiado a la mujer, la heroína fatídica, prepotente, insaciable que atenta contra la identidad e integridad del hombre convertido ahora en víctima:

> La función de la llama que atrae y quema la ejerce el hombre fatal (el héroe byroniano) en la primera, y la mujer fatal en la segunda parte del siglo; la mariposa destinada al sacrificio es, en el primer caso, la mujer, en el segundo, el hombre. No se trata de pura convención y corriente literaria; la literatura, incluso en las formas más artificiales, refleja de algún modo aspectos de la vida cotidiana. Es curioso seguir la parábola de los sexos durante el siglo XIX: la obsesión por el tipo del andrógino hacia fines de siglo es un claro índice de un turbio estado de confusión de funciones e ideales. El varón, primero tendiente al sadismo, se inclina al masoquismo a fines de siglo. (1969: 221)

En efecto, un turbio estado de confusión de funciones e ideales es evidente en el nuevo periodo cuyo antifeminismo y misoginia más allá de los conflictos psicológicos y de los fantasmas personales de cada escritor, son sobradamente conocidos.

Se ha escrito mucho a partir de estas valoraciones del crítico italiano, sobre el papel de la **femme fatale** y sobre el cortejo de superhembras que proliferan **ad nauseam** por este universo literario. Mujeres fatales pueden hallarse siempre en el mito y en la literatura de todos los tiempos: Lilith, Eva, Arpías, Sirenas, Gorgonas, Esfinges, Pandora, Elena etc., típicas encarnaciones de las fantasías eróticas masculinas asentadas en el dualismo arquetípico: María (esposa pura) / Eva (amante corrupta). Pero la creación de un estereotipo no es en absoluto gratuita, no se genera espontáneamente, debe responder a ciertas causas e inquietudes.[1]

Erika Bornay en su sugerente ensayo *Las hijas de Lilith* (1990), centrado en el análisis interdisciplinar de la abundante iconografía de la misoginia, contesta al porqué de esta imaginería literaria y visual con seis razones: el temor masculino ante el nuevo rol femenino en el trabajo y en la vida pública fuera de su tradicional papel maternal y conyugal; su alarma ante los movimientos feministas organizados; la extensión inquietante de la prostitución; la propagación alarmante de las enfermedades venéreas, en especial la sífilis; la influencia de unas teorías antifeministas (Schopenhauer, Nietzsche, Nordau, etc.) que pretendían racionalizar y dar autoridad socio-filosófica y científica, a esas reacciones y actitudes masculinas; y por último, la incidencia directa o indirecta de la peculiar interpretación de los decadentes, que fascinados por lo sofístico en oposición a lo común, privilegiaron la imagen de la mujer artificial (amante-estéril) frente a la mujer natural (esposa-madre), dando forma y palabra a ese nuevo tipo femenino que tanto inquietaba a la sociedad masculina.

Estos motivos influyeron sin duda en el decadentismo; pero la nueva definición de los sexos responde a nuestro parecer más a razones estéticas, imaginarias, quiméricas y de pensamiento. Las nociones del **finis patriae** o del **finis latinorum**, la muerte de Occidente y de su consecuente malestar y agonía, trascendieron no sólo a la sociedad, sino también al individuo. El hombre moderno, el decadente, víctima de la civilización moribunda a la que pertenece, es igualmente un ser agotado, mortecino, anémico, débil corporal y mentalmente. El culto a la sublime consunción física se representa mediante una atenuación de las características sexuales, la ambigüedad y el afeminamiento; mientras que la intelectual se expresa por medio de la neurosis, fruto de una naturaleza hiperestésica, pasiva, sin voluntad e introspectiva.

En este sentido, el nuevo individuo endeble e inánime rompe con sus atributos hasta ahora perpetuos: virilidad, fuerza, vigor, energía, superioridad, poder y dominio. Convertido en víctima por el debilitamiento de la raza, por el declive de la civilización, padece igualmente los suplicios propios de la mujer y del amor. Pues, aunque sobre su concepción dual del mundo (superior, del espíritu/inferior, de los sentidos), sueñe con una amante perfecta, frágil, desexualizada, etérea, espiritualizada, de corte muchas veces prerrafaelita,[2] ésta resulta siempre inalcanzable. Y, cuando se logra y materializa, es para descubrir su verdadera naturaleza animal, maligna, que impide al hombre su fusión con el ideal.

Un ejemplo modélico es *L'Eve Future* (1886), donde la mujer resulta como la sombra del árbol Upa, que adormece y embriaga con alucinaciones que llevan hasta la muerte. Un árbol que sólo por el desvarío del contemplador se muestra hermoso, pues en realidad su belleza es sobrepuesta por el efecto de millones de orugas pestíferas que le están adheridas.[3]

Pero esta novela de Villiers de l'Isle-Adam, supone asimismo una cabal reflexión sobre la materia, la realidad y el ideal. Por un lado, la materia, personificada por Miss Alicia, Diosa burguesa de cuerpo bellísimo pero de alma imperfecta y repugnante, que ha conducido a Lord Celian, el joven soñador de "rara belleza viril" (1988: 40), hasta la desesperación, el **spleen** y el deseo del suicidio; y por otro, el ideal perdido, recuperado momentáneamente mediante el amor artificial de la Andreida Hadaly, la nueva Eva dotada de alma que inmoviliza las primeras horas del amor. Ilusión finalmente irrealizable pues esta criatura ideal sucumbe entre las llamas, abandonando al hombre a un duelo inconsolable por su sombra.

En contraste con esta sombra, con la esperanza trascendente, la **Venus Victrix** humanizada, será la seductora maléfica, social y sexualmente activa. La mujer que frente al hombre afeminado, inferior por condición o por exhuberancia física, se viriliza; la **femme-garçonne**, cuya masculinización se expresa físicamente como dueña de la fortaleza que el hombre ya no posee, y mentalmente con la voluntad de dominio y actuación.

En "Le Bonheur dans le crime" (1874) de Barbey d'Aurevilly, ante sus protagonistas, se nos dice que "la mujer tenía los músculos y el hombre los nervios" (1984: 105); la altiva Hauteclaire que se dedica a la esgrima, es un San Jorge femenino por su fuerza y arrogancia que, además, hace el papel del hombre en sus relaciones amorosas; mientras que su amante presenta un aire menos enérgico, indefinido y afeminado.

También el endeble Des Esseintes es seducido por Miss Urania, la acróbata de sexo incierto, con el encanto ágil y vigoroso del macho, en cuya presencia el duque se siente cada vez más afeminado al tiempo que en ella se difuminan sus gestos y atributos femeninos, anhelando su posesión y soñando "como una adolescente clorótica, con llegar a encontrarse entre los brazos de un hercúleo mocetón que le pueda destrozar de un apretón" (Huysmans 1984: 223).

Fantasías realizadas en *Là-bas* (1891), donde se subraya mucho más la inversión de papeles en la relación sexual. Hyacinthe, la mujer emancipada, histérica de cuerpo y ninfómana de alma, que dice tener una voluntad de hierro y doblegar a sus amantes, en sus excesos rabiosos de lujuria se enrolla al cuerpo de Durtal como una liana o una lapa, devorándolo a besos y manifestando una disposición viril en la búsqueda activa de su placer.[4]

Sin embargo, será *Monsieur Vénus* (1884), el relato más representativo de la decadente metamorfosis sexual, "une des plus singulières déformations—como comentaba M. Barrès (1902: XI)—de l'amour qu'ait pu produire la maladie du siècle dans l'âme d'une jeune femme". Raoule de Vénérande, de fisonomía dura y elevada estatura, busca a una florista para que le prepare un adorno, pero en su lugar encuentra a Jacques, quien sin volverse afirma: "por el momento María Silvert, soy yo" (Rachilde 1929: 10).

Sobre esta primera inversión de sexo y función, se construye una total transformación del hombre en mujer, de la mujer en hombre y del amado en amada: el nuevo señor Venus. Un cambio de actitud que desde el comienzo se revela mediante la transfiguración de Jacques en objeto de deseo, para Raoule, el nuevo sujeto que con su mirada desnuda se apropia del cuerpo del joven.

Pero la feminización de Jacques no se revela sólo en sus atributos físicos, su belleza efébica, o su travestimento, sino en todas sus actitudes, sus gestos y su posición pasiva y sumisa. Al igual que la masculinación de Raoule no es unicamente externa, su transgresión trasciende a su propio lenguaje, adoptando el género masculino para hablar de sí misma: "Estoy enamorado" (44), afirma subversivamente; "de los dos, el más hombre soy siempre yo" (52), le dice a Jacques mientras lo golpea y araña en un ataque de celos; o "no vuelvas a llamarme **mujer**; eso me humilla" (55), ordena imperiosa en medio de sus voluptuosidades.

Amor a la inversa cuya máxima expresión aparece en la descripción del baile que culmina en una fantástica y admirable fusión andrógina, la pareja formando un solo ser: "los dos sexos distintos en un único monstruo" (93). Una inversión monstruosa que al final del relato se concreta en la cosificación última del hombre convertido en maniquí y en la asunción por parte de Raoule de los dos roles. Esta degradación del mito, como agudamente ha analizado Fréderic Monneyron (1991), se debe a causas estéticas: la superioridad del arte por encima de la naturaleza y la búsqueda de refinamiento y artificio en la vida constituida en arte, el nuevo concepto de belleza antinatural, artificiosa y anormal.

De ahí que frente a la belleza de la mujer como creación de la naturaleza, la belleza del tercer sexo tenga un valor estético y sea la mejor forma de creación artística. Pues a diferencia del hombre, en quien el carácter femenino se añade a su esencia masculina para formar el andrógino, la mujer virilizada no es sentida como tal, como perfecta reunificación en un sólo cuerpo de la dos esencias, sino como un ser imperfecto e incompleto, en el que lo masculino no se añade a su esencia femenina sino que la niega. Las palabras de Des Esseintes sobre Miss Urania no pueden ser más claras: "en su cuerpo de mujer, no existía la ansiada transmutación de las ideas masculinas" (Huysmans 1984: 234).

En España es bastante significativa la producción decadente del madrileño Antonio de Hoyos y Vinent. Una producción que tiene el mérito de obsequiarnos con esta temática a la moda: héroes atormentados, abúlicos, vencidos por el poder de la mujer e impotentes ante su fatal realidad; heroínas fatídicas, individuos problemáticos, que en su búsqueda de un ideal, sólo consiguen la derrota o la muerte. Un itinerario por algunos de sus relatos nos mostrará cómo la percepción de lo femenino funciona como figuración del fin, de la ruptura absoluta, del vacío, la nada, de un estado de ánimo de crisis, de cansancio cultural; clave sin la cual resultaría imposible entender hasta qué punto este hervidero de rostros femeninos encierra todo el significado metafórico[5] al que venimos refiriéndonos.

La Vejez de Heliogábalo (1912) es la historia de una decadencia absoluta: la disolución física, económica, social y moral de un individuo llevada hasta sus últimas consecuencias. Claudio Hernández, último vástago de una aristocracia advenediza, esteta hiperestésico, excluido de la alta sociedad por haber rechazado el duelo del ultrajado esposo de Cecilia, su amante, había huido de Madrid con la adúltera. Regresa finalmente a España, hastiado, rendido, casi arruinado, viejo y enfermo, con una esperanza de salvación, de reinserción en el gran mundo.

Como se puede apreciar ya desde la propia prehistoria del relato no falta el ingrediente del adulterio y de la fatalidad femenina esbozada en Cecilia, razón tanto de la fuga inicial del protagonista, de su deshonor, como del final descenso al abismo de la carne. Y si la mujer es el detonante de esta primera acción, también será el móvil de las sucesivas transformaciones del personaje así como la causa—según la **metafísica de la desintegración**[6]—de que se frustre su último proyecto de "autoregeneración".

Al viejo Claudio, la nostalgia de la pasión y el anhelo de otra forma de vida aún le permiten una cierta ensoñación y dispararán la acción de la novela. Motivaciones ambas suscitadas por dos sucesos sucesivos protagonizados por dos figuras femeninas antagónicas. El primero, un espectáculo circense en el que la actriz Miss Ofelia le recuerda a Cecilia, el fantasma macabro de la amada rediviva" (Hoyos 1989: 49)[7] y despierta su lujuria. El segundo, un paseo solitario en el que su amargura por esta "reencarnación" es mitigada con la música romántica y la voz cálida de una pianista, que le incitan a iniciar una aventura sentimental.

Dos acontecimientos contrapuestos que el narrador sabe presentar hábilmente siguiendo las fórmulas del decadentismo. Frente a la inmediatez erótica y corporeidad de Ofelia, la distancia y el carácter inmaterial asexuado de Mónica Ferreras, la mujer de belleza serena y voz dulce, que aplaca a Claudio con un espectáculo auditivo, preparado mediante el tópico modernista del balcón, donde se plasma simultáneamente la timidez y el alejamiento.

Este encuentro con ambas figuras va a permitir a su vez dos hechos: por una parte, que la historia de su pasada epopeya con Cecilia sea reanudada; por otra, que una nueva y última historia de recuperación espiritual y social se abra. La confluencia de estos dos hechos conduce al conflicto propio de la novela: la tensión, tan decadente, entre mujer fatal y mujer benévola, la pugna entre degeneración y regeneración, sus antagonismos y el triunfo forzosamente obligatorio de la primera.

Pero el triángulo amoroso, además de mostrar el típico carácter dual, cerebral, perverso y atormentado del héroe, está al servicio de un contenido ideológico; sirve a su vez de instrumento metafórico en la elaboración de la lucha individuo—exquisito/sociedad burguesa. Pues aunque Ofelia sea la fatalidad es a su vez el ayer negativo pero ideal y por tanto atractivo: pasión, deseo, aventura, juventud, dinero, fuerza. Y si Mónica es la dicha a su resignación presente, es a su vez la regla, la felicidad burguesa y la reconciliación con los valores filisteos del mundo: sentimiento, cariño, religión, moral, matrimonio, rutina provinciana, sociedad.

En este sentido, la figura de Mónica tiene una doble funcionalidad en el relato: nutrir de un apoyo moral a la desesperación de la vejez, de un consuelo transitorio al desamparo o al desengaño, hasta que vuelve a sentir el vértigo de la noche y la lujuria; y desmentir la viabilidad de una alternativa de regeneración precisamente por la vía detestable del mundo burgués, de la moral hipócrita, de la conciencia pública. Pero si la Cecilia rediviva es pasión, duelo, deshonor, también volverá a ser traición. Una traición preparada con su amante Gregorito, que convence a Claudio que remedie su ruina económica mediante una distracción de fondos y que emigre a América con la supuesta compañía teatral de la amante.

El desenlace del relato, en el que Claudio acaba como ladrón y prófugo en una posada misérrima del puerto, desposeído de todos sus bienes y de su última ilusión, evidencia una de las claves del gesto ideológico de la novela: la imposibilidad, frente al naturalismo espiritualista, de la catarsis en todas sus formas, geográfica, social y espiritual; el triunfo de la fatalidad, de una realidad sórdida y funesta imposible de cambiar. La última imagen del protagonista, "fijos los ojos turbios en aquel sol que no vería más" (197), sintetiza por sí misma toda la visión desesperanzada del mundo heredada del decadentismo. De este modo, su viaje tal y como se anticipa en el "Introito" de la novela compuesto por los versos de la Divina Commedia, en los que Dante desciende al círculo donde se castiga el pecado de la lujuria, ha sido un descenso a un infierno simbólico: el de la tortura del fuego sin luz, de la mano de esta anti-Beatriz decadente, la segura guía hacia la perdición, que concluye no en el Empíreo iluminado por la luz divina, sino en la oscuridad de las tinieblas, de la nada.

Sin embargo será en *El Monstruo* (1915) donde la mujer cobre un protagonismo absoluto como eje central del relato y funcione como figuración de uno de los motivos-clave del decadentismo: el abismo. Los decadentes, de acuerdo a su concepción del mundo, como oportunamente observó A. Balakian (1969: 71), hicieron del abismo la base de su interés por lo macabro y la mortalidad, donde lo morboso, las desviaciones físicas y espirituales de lo normal, ocupan un lugar destacado. En este sentido A. Hauser afirma: para los decadentes todo es abismo, todo está lleno de miedo a la vida y de inseguridad. [...] El abismo que era para el cristiano el pecado, para el caballero el deshonor y para el burgués la ilegalidad, es para el decadente todo aquello para lo que él no posee un concepto, una palabra y una formulación." (1985: 217-218) No obstante, esta literatura para la que todo es **gouffre**, una sensación imponente de pérdida, de total fatalidad, necesita que ese abismo se encarne, se proyecte en algo, se materialice en su imaginación.

Una de las representaciones dominantes de esta inquietud fue la figura femenina funesta y deletérea, que cautiva y esclaviza al hombre, empujándolo a ese abismo que es el sexo, pero también la muerte. Uno de los ejemplos modélicos de que eros, mujer y Thánatos aparecen en el pensamiento decadente con un valor simbólico, como signos de una civilización moribunda y descompuesta, de una realidad aniquiladora y temible, profunda y misteriosa y por ello mismo atractiva, es sin duda *El Monstruo.*

En esta novela se nos narra la trágica trayectoria de Helena Fiorenzio, actriz cosmopolita, perversa y disoluta que, poseída desde su adolescencia por una morbosa atracción por la podredumbre y una feroz inclinación hacia el vicio, desciende por todas las simas de la lujuria, propiciando de tal forma situaciones en las que quienes la aman se precipitan fatalmente en la muerte. Contrae la lepra, huye a una región perdida del Asia central, donde se entrega a un misticismo transitorio, hasta que la resurrección aún más ardiente de su antigua voluptuosidad, le lleva a prostituirse, absorbiendo y contagiando finalmente a Marcelo, su amante.

Se nos narra también el dramático proceso de deformación por el que Marcelo Edembroke, joven afeminado de débil voluntad, víctima del poder de la hembra a través de una sutil relación de fascinación y rechazo, rueda con ella hasta el fondo más horrendo del amor y de la muerte. Obra de un doble hundimiento: el de la mujer en el abismo de la lujuria y el del hombre en el abismo de la mujer; es además una de las reflexiones más acabadas sobre la feminidad monstruosa y terrible, abismal como enigma, otredad y pesadilla.

Monstruosa ideológicamente, por su prepotencia, su diferencia con respecto al hombre común y su superioridad casi divina sobre el resto del mundo: esta superhembra, vive por encima de los códigos sociales y morales, ostentando un vanguardismo ideológico que al oponerse al habitual y mediocre sistema de valores, los perturba y en consecuencia resulta amenazante y temible. Monstruosa espiritual y sexualmente por su crueldad extrema, su naturaleza diabólica, y aún más por su lubricidad desmesurada, esa búsqueda incesante del placer que contituye el único objeto que da sentido a su existencia.

Prueba de todo esto la hallamos en la disposición física y moral de la pareja decadente: pasividad e inferioridad del hombre, actividad y superioridad de la mujer. Marcelo es el prototípico joven ambiguo, de cuerpo efébico y rostro afeminado, el muchacho pueril, cobarde y masoquista, sometido por inferioridad de condiciones al gobierno de una mujer exhuberante, de aspecto maternal y existencia maravillosa. Pero también, conforme a ese motivo tan difundido en el decadentismo, es el héroe desesperado y vacilante que se halla entre dos figuras femeninas antagónicas: la hetaira diabólica y la virgen angelical.

Este último ideal femenino es aquí representado por el personaje patético de la lectora Edith, la mujer asexuada de inmaculada pureza y gracia prerrafaelita, modelo de santidad desde su físico frágil y etéreo hasta lo más recóndito de su alma. Frente a la mujer frágil, Helena es uno de los tipos más acabados y exagerados de belleza contaminada, en la que se dan cita todos los vicios y seducciones: ojos grises casi verdes, cabellera rojiza, cuerpo fuerte e impúdico, rictus siniestro, fuerte sexualidad animal: "sima sin fondo donde dormía la diosa Astartea" (Hoyos 1915: 32).[8]

Venus letal y depravada como nos muestran todos sus actos así como las consecuencias que esos mismos actos desencadenan: su unión sexual ante Marcelo con dos músicos en un burdel del puerto, precedida de su danza sensual casi orgiástica, según el tópico finisecular de Salomé; el suicidio de su primer amante o la seducción de un torero, que tras una prolongada noche de amor, desposeído de energías muere trágicamente en el ruedo. Y por último Helena es montruosa físicamente, pues no sólo se entrega a todas las degradaciones sino que ella misma al contraer la lepra se transformará en un ser repulsivo, una sarcástica parodia de la forma humana: un repugante híbrido de mujer y de piltrafa, capaz de destruir por entero las armas y defensas más resistentes del hombre. Revestir a la mujer con las características morfológicas del monstruo, evidencia su animalidad e imprime al relato un nuevo acento más extremo y siniestro: el de lo diverso absoluto; lo residual desterrado de la realidad; lo hostil por naturaleza, capaz de suscitar el miedo más básico, y de revelar la absoluta fragilidad e inferioridad de lo humano.

El final de la novela no puede ser más significativo. Por una parte, la mujer decisivamente transfigurada en monstruo: "la bestia, la alimaña cruel y feroz que vivía del dolor y de la voluptuosidad, el ser monstruoso como símbolo de las abominaciones" (211); por otra, la ciudad incendiada convertida en necrópolis por el azote de la peste y en jardín de los suplicios por una invasión de piratas. Pero no concluye aquí el relato, pues tras estos brutales acoplamientos, Helena va al encuentro de Marcelo, a quien viola durante el sueño.

La imagen última del joven que tras desprenderse de los brazos asfixiantes de la mujer y de sus caricias viscosas, se deja caer en el lecho en actitud de absoluta derrota, llorando "sobre la ruina de su juventud, de su amor y de su fe; (...) ante el calvario de miseria que tenía que recorrer hasta la tumba" (233), es la visualización más poderosa del abismo: el silencio, el vacío, la nada. En este desenlace eminentemente decadente en el que el hombre absolutamente vencido por el poder de la mujer e impotente ante su fatal realidad desciende al sepulcro, reside la clave fundamental del gesto ideológico de esta novela: la victoria del monstruo, de la fatalidad; la constatación y aceptación absoluta de la catástrofe; la evidencia de la agonía y del fin conforme al mito del crepúsculo de Occidente.

La misma evocación de la decadencia hallamos en *El Caso Clínico* (1916) y en *El crimen del Fauno* (1916), con una variante: la autodestrucción de la propia protagonista, víctima de sí misma. En el primer relato, María de las Angustias, atormentada entre sus deseos de plenitud y su vida tediosa en el manicomio de su padre, hace del abismo de la carne su únicio estímulo. En sus fugas nocturnas a los arrabales de la ciudad donde se prostituye, es sorprendida por el padre quien martirizado por su pena muere asistido por su ayudante, el novio de la muchacha y testigo del aquelarre final que cierra el relato. María muere quemada viva en manos de los locos, ante cuya imaginación extraviada aparece como encarnación de la Gran Ramera bíblica: "Toda desnuda, desgarrada, ensangrentada, mancillada por todos los ultrajes, carbonizada a trozos" (Hoyos 1916a: 34).

Finalmente, en *El crimen del Fauno*, Paloma, la Eva ultramoderna, "varonil, con arrojos de hombres de **sport** y desplantes achulados, (...) maligna, con un instinto femenil de coquetería pecaminosa, muy francés" (Hoyos 1916b: 6), corrompe a Silvio, su primo afeminado de inquietudes místicas, que cediendo a su poder es conducido a un tugurio, en donde tiene lugar una fiesta vulgar de campesinos que prosigue en el campo y finaliza en un macabro Gólgota de violación y crimen: el cuerpo de Paloma "semidesnudo, prendido a las vides, por los cabellos de oro (...). Frente a ella, lívido como un mártir de marfil, Silvio yacía atado a un olivo, muerto, la cabeza tronchada sobre el pecho" (50).

Esta imagen final de los cabellos (señal de consentimiento sensual) prendidos a las vides (símbolo de los faunos, del deseo animal), remite no sólo al reiterado culto fetichista del poder erótico de este atributo femenino según la moda finisecular, sino que asimismo, por el desplazamiento de la secuencia hacia Silvio atado al olivo (símbolo ascético) con la cabeza partida (éxtasis del suplicio), sirve para enfatizar el motivo de la seducción-apresamiento, encarnado, entre otras figuras, por *La belle dame sans merci* (1893) de J.W Waterhouse, cuya madeja de pelo se enrolla como un lazo al cuello del caballero hechizado.

Pero Paloma como **belle dame sans merci**, que seduce y aleja al hombre de su ideal espiritual, arrastrándolo al abismo del sexo=muerte; o María de las Angustias desencadenando la muerte de su padre y el horror de su prometido, resultan al igual que las heroínas de Rachilde, cuya voluptuosidad se corona con la propia muerte final, fatal también para sí mismas, intensificándose la decadente simbiosis Eros-Thanatos.

Así pues, siguiendo a Claudio Guillén (1985: 267), cada época tiene sus protagonistas literarios, que de algún modo representan simbólicamente las premisas y aspiraciones del momento. Los decadentes ante el hastío y futilidad del vivir y ante el abismo de lo existente, no vislumbraron una totalidad, sino una ruptura absoluta, la conciencia del vacío y la nada. Y en este contexto la *femme fatale* sirvió para plasmar muchas de estas obsesiones. Su literatura como hemos tratado de evidenciar con este itinerario, no reproduce la realidad de su presencia, no nos muestra a la mujer; una vez más la imagina o, mejor dicho, la inventa.

Obras citadas

Balakian, Anna. *El movimiento simbolista (Juicio crítico)*. Madrid: Guadarrama. 1967. Trad. de *The symbolist movement (A critical appraisal)*.

Barres, M. "Complications d'amour". Préface a Rachilde, *Monsieur Vénus*. Paris: L. Genonceaux & cie. Editeurs: VII-XIX, 1902.

Barbey d'Aurevilly, Jules. "La Dicha en el Crimen". *Las Diabólicas*. Barcelona: Bruguera, 1984. 100-56. Trad. de *Les Diaboliques*, 1874.

Bornay, Erika. *Las Hijas de Lilith*. Madrid: Cátedra, 1990.

Emont, Nelly. "Il mito dell'androgino nella letteratura decadente francese". En VVAA. *Androgino*. Genova: ECIG, 1991. 303-28. Trad. de *L'Androgyne*, 1986.

González, Aníbal. "Modernismo y represión: Hacia una lectura psicoanalítica de los textos modernistas". *Siglo XX/20Th Century* 12.1-2 (1994): 129-44.

Guillén, Claudio. *Entre lo uno y lo diverso. Introducción a la literatura comparada*. Barcelona: Crítica, 1985.

Hauser, Arnold. *Historia social de la literatura y del arte*. Barcelona: Labor, 1985. vol. 3.

Hinterhäuser, Hans. "Mujeres Prerrafaelitas". *Fin de siglo. Figuras y mitos*. Madrid: Taurus, 1980. 91-122. Trad. de *Fin de siècle. Gestalten und Mythem*, 1977.

Hoyos y Vinent, Antonio de. *El Monstruo*. Madrid: Biblioteca Hispania. 2ª ed., (s.a.) 1915.

—-. *El caso clínico*. Madrid: La Novela Corta, 1916a.

—-. *El Crimen del Fauno*. Madrid: La Novela Corta, 1916b.

—-. *La Vejez de Heliogábalo.* Madrid: Mondadori,1989.

Huysmans, J.K. *A Contrapelo.* Madrid: Cátedra,1984. Trad. de *A Rebours*, 1884.

—-. *Allá Lejos.* Barcelona: Bruguera, 1986. Trad. de *Là-bas.* 1891.

Monneyron, Fréderic. "Estetismo e androgino: I Fondamenti estetici dell'androgino decadente". En VVAA. *Androgino*: 283- 302.

Olivares, Jorge. *La novela decadente en Venezuela.* Caracas: Gráficas Armitano, 1984.

Praz, Mario. *La carne, la muerte y el diablo (en la literatura romántica).* Venezuela: Monte Avila Editores,1969. Trad. de *La carne, la morte e il diavolo nella letteratura romantica*, 1948.

Rachilde (Eymeri, M.). *El Señor Venus.* Madrid: Cosmópolis, 1929. Trad. de *Monsieur Venus*, 1884.

Villiers de l'Isle-Adam, Auguste de. *La Eva Futura.* Madrid: Valdemar, 1988. Trad. de *L'Eve Future*, 1886.

Zuffi, Nerema. "Les Vierges sages et les Vierges folles. A propos des personnages féminins de Là-bas". En VVAA. *Joris- Karl Huysmans e l'immaginario decadente.* Atti di Studio di Malcesine. Fasano: Schena, 1991. 141-55.

Notas

1 * Por ejemplo, en la primera parte del Romanticismo hasta aproximadamente la mitad del siglo, hay en la literatura bastantes mujeres fatales, pero no existe el tipo de la mujer fatal como existe el tipo del héroe byroniano: "para que se cree un tipo, que es en suma un cliché, es preciso que cierta figura haya cavado en las almas un surco profrundo; un tipo es como un punto neurálgico [...]" (1969:209)

2 * El decadentismo está plagado de estos opuestos femeninos, contraste que en general sirve para realzar la imposibilidad del ideal y el triunfo de la fatalidad. Victoria no exenta de morbosidad, pues la frontera entre el deseo de pureza, de redención, y el perverso erotismo acaba diluyéndose por completo. Estas obras, aunque asimilaron el ideal de la mujer frágil, de inocente castidad, lo adaptaron a su propia imaginación decadente, ya fuera vislumbrando en él a otra pecadora fatal, ya utilizándolo en la mayoría de los casos como objeto de corrupción y profanación. Sin olvidar tampoco que al lado de las Beatas Beatrices hay también criaturas maléficas como *Sister Helen*, y que en la segunda fase del movimiento prerrafaelita, floreció —tras el intento de recrear un arte cristiano— un tipo femenino cada vez más sensual e inquietante, que prefiguraría la *femme fatale* de fin de siglo: *Bocca Baciata* (1859) es un buen ejemplo; aquí Dante Gabriel Rossetti como contrapunto a su Beatriz anterior, mística y celestial, presenta una mujer de ancho cuello, labios curvados, espesa cabellera, y otros símbolos como las caléndulas y la manzana, que imprimen al cuadro una nueva voluptuosidad. V. "Mujeres Prerrafaelitas" de Hans Hinterhäuser (1980: 91-121), donde se analiza este arquetipo en *Il Piacere, De Sobremesa* y *Sonata de Otoño.*

3 ✶ Un análisis detallado de los personajes femeninos de esta obra (Juana/Hyacinthe; Gilles-Hyacinthe; la madre Carhaix) y de su relación específica con los estereotipos del repertorio decadente es el realizado por Zuffi (1992).

4 ✶ Nuevas lecturas de los textos finiseculares como la de Aníbal González (1994), centrada en el modernismo hispanoamericano, ahondan en este significado literario, estético, artístico, fundamentalmente metafórico otorgado a la mujer. El estudioso desde una perspectiva psicoanalítica viene a concluir en la equivalencia mujer=escritura, en la idea de la *femme fatale* y la muerte como emblemas de los peligros de la textualidad.

5 ✶ J. Olivares (1984), ha señalado muy oportunamente que la "metafisica de la integración" del Romanticismo se suplanta por la "metafísica de la desintegración" del decadentismo. La filosofía y la literatura románticas encierran una visión "integradora" equivalente al recobro del paraíso perdido, meta alcanzada mediante un viaje circular, iniciático, de conocimiento, que comienza con una separación de la casa ancestral y finaliza con el retorno del héroe, su elevación y reconciliación última, normalmente presentada mediante una unión amorosa. Sin embargo, la novela decadente, aunque muchas veces se abre con una separación inicial, ésta en vez de ir disminuyendo se incrementa, la caída en lugar de elevar y ser fuente de conocimiento degrada cada vez más, y la union final con la mujer no es un rito de integración sino de desintegración.

6 ✶ Todas las citas se harán por esta edición.

7 ✶ Todas las citas se harán por esta edición.

Resisting One's Narrators: Reading, Writing, and Forgetting in Clara Janés' "Tentativa de olvido"

Dawn Smith-Sherwood
State University of New York at Buffalo

Concerning the invention of writing, Socrates states in Plato's *Phaedrus*, "this discovery [...] will create forgetfulness." He warns that, due to the advent of writing technology, humans will cease to use their memories. As Socrates predicts, "they will trust to the external written characters and not remember themselves." Barcelona-born poet, novelist, and scholar, Clara Janés similarly problematizes questions of writing and forgetting in her 1982 short story "Tentativa de olvido."[1] Forgetting here, however, is something desired, not denounced as in *Phaedrus*. The story's title immediately suggests that the nature of the work's "olvido" is not the common sense—passive inability to remember—but rather an active, potentially performative, voluntary disremembrance.

Presumably Ana, the short story's only present, human character, is the agent of the title's attempted forgetting. The single mention of forgetting within the entire body of the work is directly attributed to her, "Quiere olvidar incluso lo no acontecido" (34). Here again, forgetting is theorized as an act of volition, not a mere failure of memory. To forget that which hasn't happened requires an active unmemorization.

The work's minimalist plot involves little more action, however, than Ana's reading of her male lover's written account of their relationship. Included in the short story are the portions of the lover's text read by Ana; this inset, first person narrative is framed by a painstakingly detailed, third person recounting of Ana's physical scene of reading, her bedroom.

Ana, it seems, is not herself a committed, traditional writer like her lover. Any writing she does consists of "anotaciones a lápiz" (33) and "papeles cuadriculados arrancados a un bloc de espiral" (28). Ana's lover reportedly retains "una única nota que ella hizo pasar un día por debajo de mi puerta" (34). She is not prolific, does not write in pen, nor does she type on neatly squared pages. Ana reads.

Tellingly, the action of Ana's reading is never explicitly reported by either of her narrators. The verb "leer" is not found anywhere in the text. Ana's reading is only implied; the single stack of written pages from the story's second paragraph later becomes two, then, at the story's conclusion, "queda sólo un montón de cuartillas boca abajo, sobre la alfombra" (36).

The story's predominant action, reading, is thus utterly absent from the text's dual narration. The two narrators' conscious omission of Ana's reading perhaps uncovers the necessary action implicit in the story's stubbornly enigmatic title. Ana reads to forget. She reads writing as well as the world around her. She reads as a way of writing her own silent narration, a reading of forgetting.

"Tentativa de olvido" presents a complex theory of reading, writing, and forgetting that addresses: Ana's tenacity and skill with regard to the physical scene of these activities; the issue of gender and the story's various readers, writers, and forgetters; the process and the politics of selective reading, selective writing, and selective forgetting; and the potential for action independent of one's narrators problematized by these activities as revealed in Janés' work.

The opening paragraphs of the short story begin immediately to delineate the particulars of the physical scene of Ana's reading. A series of transparent glass boundaries mark this space. Dying dahlias rest in a glass jar on a windowsill. Birds gather on antennas "Al otro lado de la ventana" (23). Reading here, however, will not be easy. Green water laced with rotting flower parts clouds the view through the glass jar. The color of the day's end obscures one's sight through the window.

Between these glass boundaries, the reader first encounters Ana who "mira las dalias fijamente" (23). Ana attempts to read all with her eyes. She never passively sees ("ver"), but rather, actively looks ("mirar"). Her eyes are described as inexpressive, but they are personified. They seize. They accuse. They abandon and follow.

Ana is situated in a room full of readable objects, most notably, a stack of written pages that is immediately at hand. The narrator reports that the pages, "Están escritas con letra menuda, redonda y bien hecha" (24). These pages promise legibility, but the fading light of dusk complicates this reading, as Ana begins "junto a la alargada ventana" (24).

Blue shoes resting on a gas heater expel steam into the atmosphere of Ana's room; cigarette smoke rises between Ana and the written page; Ana's breath gathers as vapor on the window pane. The physical scene of Ana's reading is also obscured by these airy boundaries. Darkness on the other side of the window, green water in a jar, steam, smoke, and vapor, these interfering boundaries to reading are also potentially readable in and of themselves.

Ana interprets the approaching darkness outside her window as the end of the day. The green water, related by Ana to the sick water of the Tiber that marks the setting of the lover's text, announces the death of the ever-present dahlias. Steam rising from shoes signifies eventual danger of burning. The blue shoes "parecen dos barquichuelas humeantes" (33), these, like Ana and her lover, are "náufragos aún en ese inflexible mar de hechizos" (31).

The cigarette smoke alone remains unintelligible to Ana. It vanishes before she can read it or writes, unreadable, "su jeroglífico de humo en el espacio" (32-33). Ana is nevertheless a skilled, active reader, always attempting to read in detail her room and its objects, including as well those boundaries that challenge her activity.

Ana's reading begins "Al principio" (24), marked in the text by a change of type to italics. Although the beginning of the inset narrative is clear, its first lines are grammatically obscure. The narration is in the first person, but the third person object of its initial phrases is unknown until the second sentence of the second paragraph when the word "ella" appears for the first time (24). The gender of the first person "yo" remains unclear throughout Ana's first moment of reading as well, only becoming known as male in the second moment, "Al principio yo estaba solo" (Emphasis added, 24).

The previous promise of readability is in this way immediately complicated by an internal set of grammatical ambiguities of gender and person in Spanish. This ambiguity presumably does not obscure Ana's reading, as she herself is the female object of the inset narrative. Potential confusion also exists for Ana, however, especially if this is her first reading of the lover's text. The opening lines of the inset narrative are almost unbearably disorienting, demanding an attentive reading. The reader must suspend the desire to clarify, to be concretely certain of the identity of the texts' characters. Grammar is made an additional boundary, then, normally permitting transparency, but here made dim. The ambiguity of the inset narrative's opening lines makes clear the story's insistence upon the importance of performing a daring reading and underlines Ana's commitment to this action.

Among the objects in her bedroom that Ana reads, two contiguous and opposing items distinguish themselves in the exterior narrative. The figures of the winged Egyptian eye and of Aphrodite's head rest next to each other on Ana's mantelpiece, yet their attitudes are markedly different from one another. The winged Egyptian eye "mira sin cesar con rectitud" (25). It is untiring. Aphrodite's eyes, on the other hand, recede. Her head "sonríe con los ojos vacíos" (29).

These objects present distinct figures of reading, of looking at the world, and of being looked at, each gendered by its opposition to the other. Aphrodite, the goddess of love, is inherently female. The winged Egyptian eye, arbitrarily gendered male by Spanish grammar, suggests masculinity through its penetrating gaze and the singularity with which it watches. Aphrodite, whose eyes recede, is to be looked upon, satisfying what Laura Mulvey explains as inherently male, Freudian scopophilia in her 1975 article "Visual Pleasure and the Narrative Cinema." The winged Egyptian eye, on the other hand, maintains the stance of an objectifying, third-person narrator. To employ the terminology of the gaze found in John Berger's *Ways of Seeing*, the winged Egyptian eye represents the male "surveyor," while Aphrodite occupies the position of the female, "surveyed."

Curiously, Ana's eyes more closely approximate those of the male figure than those of Aphrodite. In the lover's inset text, Ana appears an anti-Aphrodite. She looks hungrily. Her eyes do not think of him, are sometimes frightening to him. The exterior text similarly narrates Ana's surveying eyes. Ana seems to look at the world masculinely, although her reading is not steady, strict, nor untiring. Ana reads selectively, multi-directionally, intermittently. She represents a figure of women's reading, taking hold of the text, as of the world, and reading it, as Patrocinio Schweickart suggests in "Reading Ourselves," "as it was not meant to be read, in fact, reading it against itself" (540). Ana reads her lover's text as a woman, undermining, as Schweickart would argue, "the subjective predispositions that had rendered her vulnerable to its designs" (541).

At the conclusion of the inset narrative, the lover writes a catalogue of places and things that he and Ana have seen together in Florence. Among these is "la cabeza de Medusa del museo" (36). The introduction of this figure so late in the inset narrative surprises the reader of the short story, accustomed to the non-menacing visage of Aphrodite. Here, Ana is narratively aligned with Medusa, her lover having turned to stone; he is frozen, attempting to concretely fix and remember their time together. Unlike Aphrodite, Medusa is not to be looked at; scopophiliacs and surveyors beware. Medusa is inherently unnarratable.

Ana also reads herself, looking in a portable mirror on her chest of drawers. There, her real eyes struggle with her reflected eyes, "la mirada emprende una búsqueda que escarba incesante en sí misma hasta caer extenuada" (26). While looking in the mirror, Ana speaks the only original words she utters in the entire exterior narrative:

> —-El miedo, la magia, la extrañeza [...] Todavía ahora, de vez en cuando, y sólo perseverando en la mirada, se pueden atrapar en el espejo, si se logra romper la muralla de la incertidumbre [...]—murmura Ana. Y los ojos se estrechan con malicia.-—No hay tal incertidumbre—afirma. La mano derecha muestra las cuartillas: palabras concretas, selladas por una fecha de hace años. (27)

Ana's moment of mirror self-analysis problematizes the validity of the inset narrative. As the exterior narrator explains, Ana is visually picking at herself, tearing at her flesh. Her remark concerning a lack of uncertainty in the concrete presence of a written record, is similarly sarcastic, even malicious.

The question of the veracity of the inset narrative is raised by the lover/writer as well. Ana reads (Her lover writes):

> Sólo unas semanas más tarde, y a gran distancia, mi inteligencia, bella y pequeña máquina anónima, ha escarbado entre este montón de hechos, los ha removido, metiendo sus zarpas extrañas hasta el fondo, y se ha sorprendido ante tal cantidad de posibilidades contradictorias. (30-31)

The lover is preoccupied with extracting the truth from the past events for all to see, "para que se pueda desnudar la verdad hasta hacerla visible no sólo al ojo ajeno, sino al propio, a mis ojos y a los de ella" (31).

The nature of writing, the lover admits, is necessarily selective, but he is still motivated to attempt a truthful representation of the past. His motivation lies in his belief that he may capture the past on paper, arrest the moment forever. As Ana reads, "A veces es como si aún estuviéramos así, juntos para siempre, ebrios de estrellas. Y de hecho podemos estarlo aquí, en la página escrita" (25).

This writing down of events, this selection, implicitly entails forgetting. If the written record is to serve as memory, that memory is always already imperfect, incomplete. As Socrates admonishes, the technology of writing allows one to forget, as the written record of events may be stored outside of the brain. Still, the recording itself is inherently flawed. All input is filtered through a selective human screen. The lover's text presents a personal version of the truth, never completely faithful to the moment and exteriorized through writing. The lover has not captured memory on paper, but only a reminiscence of the past, what Socrates describes in *Phaedrus* as "the semblance of truth."

The question of the veracity of the lover's text is further complicated by Ana's actions as reading intermediary. Outwardly signified page turning, as the one stack of pages becomes two, occupies the majority of the short story; Ana quickly finishes her reading near its conclusion, however, suggesting that she does not read all of the inset narrative's "montón de cuartillas." Ana performs an individual reading, a violence to an already questionable text, through omission, repetition, and finally, through voice.

The periodic use throughout the inset narrative of ellipses and suspensive asterisks both punctuates and interrupts Ana's reading of her lover's text. These two types of suspensive punctuation are found in Ana's very first moment of reading. The inset narrative relates, "sus ojos miraban vorazmente . . . Ser o no ser. Y todo su ser latía y escuchaba vorazmente. * * *" (24). The inset narrative resumes following these points of interruption, but the possibility of a potentially faithful reading is here, and throughout the short story, problematized. Perhaps Ana omits passages that she finds unappealing, boring, or painful. This editing of the inset narrative implies the possibility of forgetting by way of rereading, here rewriting, or selectively remembering, which necessarily implies forgetting her lover's account of their relationship.

The potential for Ana's forgetting by way of omission is greatest when, late in the short story, she suddenly jumps up to save her drying shoes from catching fire. When Ana rushes to rescue her shoes, "las cuartillas se esparcen por el pequeño espacio de suelo que queda entre las faldas de la mesa y la pared de debajo de la ventana" (32). At this point, Ana's reading suggests that perhaps all reading is fragmented and selective. The exterior narrative does not mention a careful reordering of the written pages, merely their careful placement from her left to her right hands. Ana reads immediately afterward, sitting on her heels, "Y a la noche siguiente la espera en la oscuridad" (33). The use of the adjective "siguiente" here emphasizes the potential for Ana's rereading the inset narrative. The pages have been scattered. The story's reader cannot be certain that the linear thread of writing has not been unalterably violated. The logical sequence of events recorded in the inset narrative is particularly suspect. Ana clearly becomes here her own narrator, her own author, a reteller, rewriter of texts.

Ana also rewrites the inset text through repetition. At several points throughout the short story, Ana repeats phrases that she has already read. For example, Ana rereads, "[...] tal vez un vacío sin fin. Los cipreses están inquietos esta noche. Las luciérnagas queman como ojos enfermos" (27). Ana's repetition of phrases raises questions similar to those raised by omission. She chooses to reread certain passages in order to emphasize them. Repetition through rereading is also a form of rewriting, of doing a violence to the original text, of forgetting.

Curiously granted no special textual status by her objectifying exterior narrator, Ana is barely given mention equal to that of the many objects found both within and outside of her bedroom. She is, for example, narrated secondarily to the flowers and to the birds of the story's first paragraph. Ana's continuous and strange objectification by the exterior narrative's point of view causes her to appear physically inactivated and puzzlingly depersonified. Her body parts, knees, legs, hands, and most especially her eyes, are often made grammatical subjects of sentences in which Ana, potentially unified person, is moving. The exterior text's narrator dissects Ana's actions and divorces them from her, creating throughout the story a cubist portrait of a personhood denied.

Denying Ana in addition "A Room of One's Own," the detailing eye of the exterior text's narrator is clearly located there with her. The startling phrase "Aquí, al otro lado de los cristales" (Emphasis added, 33) places the objectifying narrator decisively close to Ana, in her bedroom, creating a disturbing sense of intrusion. The narrator is so physically close to Ana, she is as a slide under a narrative microscope.

The physical proximity of the exterior narrator does not contribute, however, to an omnipotent representation of Ana. According her no feelings, the exterior narrative lies in sharp contrast to the inset lover's text as it attempts to penetrate and discern Ana's state of being. The inset narrative attributes to Ana physical and mental states, psychic hunger, sleepiness, drunkenness, a lack of consciousness, information that, because of its form and objectifying voice, the exterior narrative could only imply by reporting details marked on the body, for example, a smile. The two narratives are in this way markedly exterior and inset with reference to Ana. The exterior narrative ignores her physical and mental states, while the inset narrative pretends always to know and represent them. She is in both cases the object of a narrator's study, never directly accessible to the reader. No first person narrative relates Ana's own point of view. The two accounts of Ana allow her no narrative agency. Ana rarely acts, except to read. She performs a resistance, writing her own narration, through this action alone.

At the conclusion of a second moment in which Ana speaks, she reads, repeating aloud a phrase from the inset text, " [...] sus ojos que a veces no pensaban en mí" (27). At this moment, Ana clearly affects the exterior narrative of the short story, merging it with her lover's text. Ana impacts the exterior, framing narrative, which by design must narrate her reading aloud. Causing her narrators to collide, to narrate each other rather than herself, Ana escapes their constant surveillance.

Ana officially narrates neither the external frame nor the inset narrative of the short story. Through her reading, however, she becomes a protagonist of both the exterior and the inset narratives, challenging the status of each of her narrators; the short story directly affected by her will as reader. Ana reads selectively, thus affecting the narration of the exterior text, rewriting the inset lover's words so that, as Mary Jacobus states in her work "Reading Woman (Reading)," "Reading [...] is finally indistinguishable from writing" (945).

"Tentativa de olvido" ends with a list of objects from Ana's room that have been mentioned and described throughout the exterior narrative of the story. The final object on the list, "la taza de té de porcelana azul que contiene posos" (36), is the only item that has not figured into the exterior narrative more than once and was introduced at the story's beginning. Curiously, the leftover tea leaves, which might predict her future, are left unread by Ana. They have presumably been left by her, but are never entertained by her interpreting eyes.

The reappearance of the blue porcelain teacup at the short story's conclusion lends a circularity to the text that promises a (re)performance of (re)reading, (re)writing, and (re)forgetting. The end of the story directs the reader back to its beginning. Clara Janés' attempted forgetting demands a forever repetitive, circular, never complete performance.

Works Cited

Berger, John. *Ways of Seeing*. London: British Broadcasting Corporation and Penguin Books, 1972.

Jacobus, Mary. "Reading Woman (Reading)." *Feminisms: An Anthology of Literary Theory and Criticism*. Eds. Robyn R. Warhol and Diane Price Herndl. New Brunswick, NJ: Rutgers UP, 1991. 944-60.

Janés, Clara. "Tentativa de olvido." *Doce relatos de mujeres*. Ed. Ymelda Navajo. Madrid: Alianza, 1982. 22-36.

Mulvey, Laura. "Visual Pleasure and the Narrative Cinema." 432-42. *Feminisms: An Anthology of Literary Theory and Criticism*. Eds. Robyn R. Warhol and Diane Price Herndl. New Brunswick, NJ: Rutgers UP, 1991. 432-42.

Schweickart, Patrocinio. "Reading Ourselves: Toward a Feminist Theory of Reading." *Feminisms: An Anthology of Literary Theory and Criticism*. Eds. Robyn R. Warhol and Diane Price Herndl. New Brunswick, NJ: Rutgers UP, 1991. 525-50.

Notas

1 * Janés originally released this short story as the second part of her 1972 novella, *Tentativa de encuentro/Tentativa de olvido*, for which she was a finalist in that year's Premio Café Gijón contest.

Juventud, divino tesoro... o la edad de las heroínas

Dolores Soler-Espiauba
Consejo de Ministros de la Unión Europea

Durante un curso monográfico realizado recientemente con mis estudiantes de Bruselas y dedicado a la obra de Mario Vargas Llosa *La tía Julia y el Escribidor,* tuve ocasión de recoger un comentario que dio pie a este trabajo.

Cuando la familia de Marito, que tiene dieciocho años, descubre su intención de contraer matrimonio con su tía Julia, de treinta y dos, estalla el escándalo, y su madre no encuentra nada mejor que decir: "Vas a casarte con esa divorciada, con esa **vieja**". La misma tía Julia se autocalifica de "vieja" en sus conversaciones amorosas con Mario ante el miedo a perderlo, cosa que fatalmente sucedería nueve años más tarde, en la vida real del escritor. Mi clase tuvo una reacción de estupor ante todo esto y alguien comentó: "Claro, en la década de los sesenta, una mujer de treinta años era mucho más vieja que ahora". Comencé entonces a reflexionar sobre las edades de las heroínas de novelas que habían marcado mis lecturas y a compararlas con mis más recientes descubrimientos.

Si pasamos revista a las protagonistas femeninas de las novelas escritas en español, más representativas de estos últimos años, observaremos que el retrato-robot es el de una mujer que se sitúa entre los veinticinco y los treinta y cinco años, tiene un físico agradable, una vida sentimental libre y plena y, en la mayoría de los casos, trabaja. Al desarrollarse su vida casi exclusivamente en ámbitos urbanos, su trabajo se inscribe en el campo de las profesiones liberales, pudiendo ser también médico, psicóloga, profesora, publicista, actriz, periodista y fotógrafa. En cuanto al contexto familiar, son a menudo mujeres casadas que mantienen con sus maridos una relación tácitamente libre o que los engañan sin ningún prejuicio, disfrutando del anonimato y las coartadas que proporcionan la gran ciudad, el trabajo y la independencia económica.

Son asímismo mujeres que parecen gozar de un bienestar económico inalterable, perteneciendo casi sistemáticamente a clases sociales altas. Las vemos vivir en casas modernas de barrios residenciales o en pisos de solera heredados de la familia; disfrutan a menudo de servicio doméstico y viajan por necesidad profesional o por placer, pero siempre en coches modernos y aviones confortables, pasando por buenos hoteles y restaurantes de lujo y veraneando en bellas residencias al borde del mar.

Si son madres, lo son de pocos hijos: uno o dos y a veces, ninguno. Estos hijos tampoco parecen plantear muchas trabas a su libertad, a sus amores, a su independencia. Compaginan airosamente trabajo, maternidad, vida conyugal, adulterio e inalterable belleza, sin que ninguno de estos elementos parezca flaquear en ningún instante. Son mujeres voluntariosas que saben lo que quieren y que casi siempre salen adelante. Es curioso observar que la novela las sorprende en un breve momento de su vida, momento clave en que sucumben a una historia de amor, a un encuentro, a un viaje, y que nunca asistimos a la historia diacrónica de sus existencias, como era tradicional en la narrativa de otras épocas.

La actual generación de novelistas españoles ha hecho de este tipo de heroina un personaje literario de fines del siglo XX, y podemos reconocer de inmediato sus características nada más abrir la última novela expuesta en los anaqueles de El Corte Inglés. Pienso al hablar así en heroínas de autores como Juan Marsé, Javier Marías, Juan José Mills, A. García de Morales, Rosa Regás, Soledad Puértolas, A. Muñoz Molina y tantos otros narradores españoles que publican actualmente. La tía Julia jamás se hubiera encontrado vieja o ridícula en un libro publicado hoy; ni por el hecho de estar divorciada, ni menos aún por el de tener treinta y dos años. Y sobre todo, Mario y ella no se hubieran visto obligados a casarse como única posibilidad de vivir juntos, ya que los esquemas sociales se han vuelto mucho más flexibles.

Junto a esta norma generalizada, pueden observarse sin embargo honrosas excepciones y podemos encontrarnos con seductoras adolescentes, hasta con terribles Lolitas en el núcleo de novelas de publicación reciente. Almudena Grandes ha inmortalizado a una Lulú que tenía trece años al iniciar su agitada vida sexual y Rosa Montero nos presenta en *Temblor* al personaje opuesto: una jovencísima, casi niña, protagonista, involucrada en algo así como la búsqueda del Santo Grial. Entre ambos extremos podríamos situar a un tierno personaje creado por Arturo Pérez Reverte en su relato *Asunto de Honor*: una adolescente de 16 años, amada por un camionero. Al otro lado del Atlántico, García Márquez nos obsequió en 1994 con un jovencísimo e inolvidable personaje femenino, víctima de la demencia más atroz, pero inspiradora también de las más encendidas pasiones. Estoy hablando de Sierva María en *Del amor y otros demonios*. Las mejicanas Elena Poniatowska, en *La flor de lys*, Laura Esquivel en *Como agua para chocolate* y Angeles Mastretta en *Arráncame la vida* han creado igualmente tiernos y terribles personajes de niñas-mujeres o mujeres-niñas, precozmente enfrentadas a la violencia, a la sexualidad y al abandono.

Si nos fijamos ahora en la categoría de edad que se encuentra en el otro extremo, no me parece que el personaje de la mujer anciana atraiga sobremanera a nuestros actuales narradores, aunque bien es verdad que las "sagas" de la literatura latinoamericana han creado personajes inolvidables en su ancianidad, muy concretamente Gabriel García Márquez e Isabel Allende. En ellas vemos pasar la vida de las protagonistas, que pasan de niñas a adolescentes y de mujeres maduras a ancianas decrépitas, excepto tal vez la terrible *Abuela de la Cándida Eréndira* de García Márquez, a la que sólo conocemos en su codiciosa ancianidad. También Miguel Delibes, por su parte, ha consagrado páginas inolvidables a mujeres ancianas. Recordemos a la esposa del Señor Cayo, por ejemplo.

Al final de los sesenta aparece en la narativa española un personaje que nos parece clave en cuanto a la edad, a una nueva categoría de edad, un personaje bisagra; se trata de la Carmen de *Cinco horas con Mario* de Miguel Delibes. Carmen anda por la cuarentena, pero ya está usada, gastada y como fuera de combate. A pesar de los piropos del tendero de abajo y de las proposiciones de un antiguo novio, sentimos que Carmen no levanta cabeza al quedarse viuda y no exactamente por su dolor, sino por su edad, llamada frecuentemente "edad crítica". Esta Carmen, de nombre predestinado, nos parece ser la precursora de una serie de mujeres cada vez más maduras que van a surgir de plumas prestigiosas. El fenómeno me parece anunciador de la aparición de un nuevo estrato de edad de la mujer: los cincuenta, edad difícil si las hay y evitada hasta ahora por los narradores, al carecer del atractivo estético y dinámico que presenta la juventud. En el pasado, veíamos aparecer a este tipo de mujeres en la novela como "de refilón", sin color ni relieve, bien como madres de jóvenes protagonistas, bien como esposas abandonadas por hombres aventureros, bien como nobles viudas patronas de pensiones con el único objetivo en sus vidas de biencasar a las hijas. Recordemos *Tiempo de silencio*, de Martín Santos o *La Colmena* de Camilo José Cela. Tías también solteronas y frustradas (*Nada*, de Carmen Laforet, o *La tía Tula*, de Unamuno) víctimas de una sociedad donde el único objetivo posible era el matrimonio.

Ultimamente, sin embargo, parece haber suscitado cierto interés en la narrativa la mujer de cincuenta años, y esta vez no como sombra ni decorado, sino con toda su personalidad: sus deseos, sus frustraciones, su angustia ante el envejecimiento, su sexualidad particular, su difícil relación con los hijos adultos, con su trabajo o con la ausencia de éste. Y precisamente en este punto quisiera centrar el objetivo de este análisis para poner de relieve el nacimiento de otras Tías Julias, veinte años más viejas, lo que no es óbice para que seduzcan a jóvenes veinteañeros o hasta se enamoren de ellos. El corpus del trabajo lo van a constituir tres obras recientemente publicadas: dos novelas de autoras españolas. *Nubosidad variable* de C. Martín Gaite (1992), *Más allá del jardín* de Antonio Gala (1995), y una obrita teatral de Gabriel García Márquez publicada también este último año: *Diatriba de amor contra un hombre sentado*.

Dice Carmen Martín Gaite en su ejemplar tratado de sociología *Usos amorosos de la posguerra*, de obligada referencia para todas las mujeres españolas de su generación e incluso de generaciones posteriores: "Dedico este libro a todas las mujeres españolas entre 50 y 60 años, que no entienden a sus hijos; y a sus hijos, que no las entienden a ellas". Los elementos comunes que vamos a encontrar precisamente en las tres obras estudiadas son los siguientes: la dificultad de comunicación entre estas mujeres y sus hijos; el miedo ante el envejecimiento; y el desinterés progresivo que ha ido surgiendo entre ellas y sus maridos a lo largo de una prolongada vida conyugal. Estos hombres, también cincuentones, las engañan y ellas acaban descubriendo, a veces un poco tarde, que también pueden o podrían engañarlos, encontrando la pasión y la ternura soñada en otros brazos, aunque no bajo otro techo.

Su sexualidad, no por tardía menos palpitante, va a ocupar muchas páginas de estos tres libros y vamos a asistir repetidamente a un despertar sexual intenso y fugaz, que se presenta de forma insospechada y que se produce fuera de la pareja tradicional, frecuentemente con hombres mucho más jóvenes que ellas, produciéndoles una toma de conciencia tardía de haber perdido el tren de la felicidad. Esto representa un gran paso adelante en cuanto a las situaciones analizadas por Iris Zavala en su *Breve historia feminista de la literatura española*:

> Se sexualiza a la mujer ociosa, a la virtuosa matrona doméstica como centro de la familia burguesa; así pues, hablar de un tipo específico de sexualidad femenina es caer en la trampa del gran relato burgués, en sus formas de representación y en su discurso genérico.

Otro de los temas esenciales, si no el esencial, común a estas tres creaciones es la "soledad" de los personajes femeninos en el momento en que los hijos abandonan el hogar, sus maridos se desentienden de ellas, cortejando a otras mujeres, y su vida profesional es inexistente o insatisfactoria. Como afirma Biruté Ciplijauskaité:

> La mujer se integra en el ambiente sin intentar imponer su propia voluntad y siente con más agudeza el aislamiento, ya que, citando a Gilligan, su ética de autosacrificio no pocas veces impide su desarrollo como miembro independiente de la sociedad.

En cuanto a la construcción, las tres obras estudiadas poseen otro elemento común: La escasa importancia de la figura masculina que, como también ha subrayado B. Ciplijauskaité, "ya no ocupa el centro, ni abre o cierra las novelas, como ocurría en el siglo XIX". Se produce una "descentralización", mediante una técnica que Virginia Woolf llamaba "la plenitud esférica". Las experiencias de la niñez adquieren también suma importancia, punto común a toda la literatura española de posguerra (Ana María Matute, Elena Quiroga, Carmen Laforet, Rosa Chacel).

Repasemos brevemente el argumento de las tres obras estudiadas: *Nubosidad Variable*, novela de Martin Gaite, nos presenta a dos amigas de colegio, Mariana y Sofía, que se reencuentran casualmente en la edad madura, después de haber seguido caminos muy diferentes. Mariana, mujer independiente y aún muy bella, no se ha casado, aunque vive sucesivas aventuras amorosas y ejerce como psiquiatra. Sofía se casó muy joven, seguramente por encontrarse embarazada, con un hombre mediocre que sólo piensa en su éxito profesional y queda atrapada en su existencia de esposa y madre de familia. Las dos mujeres empiezan ese día una correspondencia que reconstruye su amistad, pero que rescata sobre todo su adolescencia, sus amores perdidos, sus equivocaciones, sus deseos, su angustia ante la vejez y la muerte.

Antonio Gala nos presenta en *Más allá del jardín* a la conflictiva Palmira, una aristócrata sevillana en la cincuentena, que vive protegida por el maravilloso jardín de su palacio, pero que al sentirse víctima de la menopausia va a vivir en breves meses situaciones tan duras como el desengaño, el desamor, el abandono de sus amigos, la pasión, la muerte de seres queridos y el terror ante el envejecimiento.

Por su parte, Gabriel García Márquez acaba de publicar una antológica obrita de teatro *Diatriba de amor contra un hombre sentado*, monólogo en que Graciela, mujer madura, en una sola noche que precede la celebración de las bodas de plata con su marido, se desahoga ante él, inmóvil e indiferente en la lectura de su periódico, desplegando la amargura de una vida jalonada de pérdidas, de desencanto, de soledad y celos, pero presa, así y todo, de su amor por él. Este largo monólogo ante el marido que va a morir no deja de recordarnos el largo monólogo nocturno de la Carmen de Delibes que citábamos anteriormente, con la diferencia de que en el texto de Delibes se va aureolando poco a poco el personaje de Mario muerto, a través de la mezquindad de su viuda. En el texto de García Márquez sucede lo contrario: Graciela, fina e inteligente, ha sacrificado 25 años de su vida a un ser egoísta, embustero, zafio e incapaz de valorar su amor.

"Nada se parece tanto al infierno como un matrimonio feliz"; ésta es la primera frase que pone García Márquez en boca de Graciela, quien también se casó embarazada, como la Sofía de martín Gaite y que acaba confesando el día de sus bodas de plata: "Ahora nos sobra de todo, menos el amor".

Efectivamente, de estas cuatro mujeres, tres están casadas y su infelicidad está provocada más bien por el fracaso matrimonial que por la edad. Todas ellas son cultas, sensibles, inteligentes, sensuales y están dispuestas a no soportar más humillaciones. Pero, a pesar de esta aparente independencia, la casa es para todas ellas un refugio de sueños malogrados y protección contra una sociedad más o menos hostil. Sofía pasa en muchas páginas de la novela hablando de las reformas que ha hecho o va a hacer en su piso de Madrid, con tanta precisión que estos espacios acaban resultándonos totalmente fami-liares. Y llega a afirmar la autora: "Pensar es ir saltando de una habitación a otra [...]". Mariana, por el contrario, huye de su casa, hostigada por la soledad y se refugia en hoteles anónimos o en casas de amigos, cuyo mobiliario y disposición nos describe también con todo lujo de detalles. Para Palmira, la heroína de Gala, su palacio sevillano y su jardín son sus únicas señas de identidad; nos pasea constantemente por sus salones y piezas, nos habla de su historia, nos describe el decorado.

En todas estas casas, testigo de sus desengaños y su envejecimiento, han nacido los hijos. Tendrán en común Sofía, Palmira y Graciela el verse desbordadas por ellos, el no conseguir comprender qué ideales persiguen ni qué ritmo marcan sus vidas: "Con los chicos de ahora nunca se acierta—afirma Daría, la asistenta de Sofía y madre también, y ésta añade: Cuanto mejor le va al padre en los negocios, más desprecian ellos el dinero". La única sin embargo que va a abordar la maternidad con auténtica ternura y entrega es esta Sofía de Martín Gaite, hasta el punto de vivir una auténtica simbiosis con su hija Encarna, sumidas las dos en un mundo de ensueños: Peter Pan, Andersem, Lewis Carroll, Jules Verne, Salgari, Elena Fortún... A pesar de ello, el juicio de los hijos será igualmente duro: a Sofía se le reprocha el tener miedo a la realidad: "Lo que no entiendo—le dice su hija— es por qué no os separáis. —No lo sé, por cobardía; me espantan las situaciones violentas". Y cuando Palmira anuncia a sus hijos que va a separarse de su marido, su hijo únicamente le dice, como buscando disculparla: "Mam, tú estás en una edad difícil". El hijo de Graciela, por su parte, reacciona con perfecta frialdad ante el anuncio del divorcio de sus padres: "Me parece muy bien, madre, déjame el teléfono de tu nueva casa para llamarte desde Chicago". Tampoco ella experimenta una excesiva ternura por su vástago, y así exclama, hablando de su marido: "Me ha dado un hijo seductor y holgazán, un hijo de puta como su padre". Tampoco es tierna en sus confesiones la sevillana Palmira:

> Mis hijos son de una raza que cada vez me es más extraña. No los entiendo, ni ellos a mí. Tengo la impresión de estar en un escenario que compartimos, pero toda la acción de la comedia transcurre fuera de la escena.

La reacción ante el engaño de los maridos, o amantes en el caso de Mariana, la única soltera, se manifiesta por un resentimiento que acaba ahogando el sentimiento. Humillación por el engaño, pero sobre todo por haber sido engañadas con mujeres más jóvenes y, en el caso de Mariana, con un muchacho.

Palmira se jura a sí misma: "Nunca es demasiado tarde para comenzar". A la menopausia, ahora, se agregan argumentos más sólidos, más íntimos, más concluyentes. Mariana, más fina, más noble, menos visceral, al descubrir la conversación telefónica de su amante con un joven rival, reacciona así:

> Me levanté sin hacer ruido [...] y salí silenciosamente, sin dar un portazo, con los gestos lentos y cronometrados del ladrón furtivo de las películas. Una vez fuera, eché a correr escaleras abajo, despeinada y con las mejillas ardiendo [...] Me metí después en un bar de la Plaza del Dos de Mayo y me acordé del poema de Poe: "Nunca más, nunca más..."

Gabriela explica amargamente:

> Durante años me aguanté los papelitos anónimos que me metían por debajo de las puertas o en el parabrisas del automóvil; me hice la loca con las indiscreciones malvadas, con las indirectas en las visitas, con la llamada fantasma que me hicieron una madrugada para decirme dónde estabas con ella—Y acaba desahogándose: Aun así me quedaron dudas ¿Sabes? Porque cuesta trabajo admitir que alguien tenga una amante más fea que la esposa.

Y finalmente Sofía, la pusilánime, la que odia las situaciones violentas, reacciona así:

> He abandonado la alcoba conyugal, así como suena, y para Eduardo creo que ha supuesto un alivio [...] Me resulta francamente incómodo seguir acostándome al lado de un señor que cuando llega de madrugada no te dice de dónde viene.

Todo este abandono, este gran desamor en la edad llamada "delicada" las va a conducir a vivir apasionadas y efímeras historias de amor marginal que van a despertar una sexualidad adormecida en la tibieza de sus relaciones conyugales. La Palmira de Gala vive un amor sentimental unilateral con Hugo, que a la postre resulta ser homosexual, como resulta ser homosexual Raimundo, el amante de la psiquiatra Mariana, lanzándose después Palmira a una inimaginable aventura erótica con Tario, un chico de 20 años que trabaja en el matadero de Sevilla. "Parece un príncipe, piensa Palmira la primera vez que lo ve. Parece un gitano". Y más adelante, hablando de sí misma:

> Le resultaba inverosímil que su cuerpo fuese durante tantos años una fuente cegada; durante tantos años vacíos, él, dispuesto y organizado para tanto goce [...] Después de los primeros encuentros, tras los que unas soportables agujetas le traían con evidencia al pensamiento el inusitado ejercicio físico del amor, se levantaba cada mañana desperezándose, en medio de una regocijada laxitud y de una bienhechora desidia.

Graciela, por su parte, se encuentra sola en París, confiada a un amigo de su marido, mientras éste se reúne con su amante, y habla así de esta noche única que le abrió los ojos:

> Fue una noche mágica. Tanto, que por un momento tuve miedo de que al día siguiente, cuando regresaras de Bruselas, me iba a sentir contigo en una isla desierta [...] Entonces entendí lo que nunca había querido entender: que hay un momento en la vida en que una mujer puede acostarse con otro sin ser infiel.

La independiente Mariana analiza con profesionalidad su relación con Manolo, también más joven que ella y con quien no quiso unirse:

> ¿Qué había sacado en consecuencia de mis experiencias eróticas? que no nos podemos meter en la piel de nadie por mucho que nos parezca haberlo logrado por un mecanismo momentáneo de fusión [...] La plétora sexual es un sucedáneo que trata de remediar el aislamiento del ser, pero sólo lo proyecta fuera de sí.

Sofía, la moderada, la que no se atreve, se encuentra en Londres con el gran amor de su vida, al que conoció de estudiante, pero por el que no osa destrozarlo todo:

> Enseguida me llevó a su pensión [...] Yo también lo encontraba natural, no opuse la menor resistencia ni pregunté nada. Iba transida ¡Qué días! Sobre todo los primeros. Después, las cosas cambiaron un poco, aunque seguía abierta la sed...

Este encuentro amoroso la colma de tal manera que una de sus hijas comenta a su regreso: "¿Te das cuenta lo guapísima que se vuelve en cuanto se aleja de papá?"

Pero estas momentáneas hogueras de paja no hacen sino sumirlas más aún en la soledad, una soledad que se acentúa con el hándicap de la edad. Palmira intenta paliarla refugiándose en el cariño de su perro, que acaba muriendo de viejo y Mariana en compañía de su gata, que desaparece un día, llenándola de tristeza. Una amiga le reprocha: "No puedo creer que no luches contra la soledad" y otro amigo rectifica "no es eso, sino más bien que por luchar demasiado contra la soledad ha llegado a la adivinación de que un camino en lucha no es pertinente". Gala nos cuenta de Palmira: "Palmira enmudecía y juzgaba que vivir con sus hijos no la eximía de su soledad". Y en otro momento:

> Su vida había transcurrido como una pura ficción [...] ni el amor de Willy ni la solidaridad de sus amigos, ni los vínculos de sangre, ni la devoción del ama, ni siquiera su propia madurez y sagacidad [...] Se le llenaron los ojos de lágrimas y se caló las gafas oscuras para disimular lo que consideraba la más visible confesión de su derrota.

La consciencia del paso del tiempo se hace entonces más viva. Dice Martín Gaite en boca de Sofía:

> En la radio empezó a sonar la voz de Georges Moustaki: Votre fille a vingt ans, que le temps passe vite, Madame. Hier encore elle était si petite... De pronto me veía al fondo de mi propio pozo y del fondo surgían como fantasmas tres rostros infantiles.

La cerebral Mariana confía también a Sofía en una de sus cartas:

> En el fondo, no se ama, ni se habla, ni se escribe para convencer a nadie de nada, sino para convencerse uno a sí mismo de que sigue en forma y AUN puede permitirse acrobacias que pongan a prueba el cuerpo, la mente y sobre todo la relación acompasada entre uno y otro [...] Me sigo acordando rabiosamente de Manolo Reina [...] porque a nuestra edad Sofía, pocas cosas ni angustiosas ni placenteras se pueden compartir. Y el amor, claro, menos que ninguna. Por eso le da tanto pasto a la literatura.

En la obra de García Márquez, Graciela puntea sus páginas con exclamaciones como: "Se nos vino el tiempo encima", "El tiempo se nos fue sin darnos cuenta". "¡Se nos fue la vida, carajo!". Y hasta confiesa, recordando su juventud: "Yo tenía... ¿Cuántos? Casi treinta años, que por aquellos tiempos eran muchos, demasiados. Los niños decían: Una viejita como de treinta años..." (¿No nos hace pensar esta frase en los problemas de la Tía Julia de Vargas Llosa?) Y, continúa:

> [...] tuve la mala suerte de mirarme en el espejo: Qué horror, por lo menos cinco años más. No valen mascarillas de pepino ni cataplasmas de placenta, nada, porque no es una vejez de la piel, sino algo irreparable que le sucede a uno en el alma !Mierda!

La que peor reacciona, sin embargo, al paso del tiempo, es la heroína de Gala. Dice Palmira:

> ... Los cuerpos jóvenes, los deseables cuerpos jóvenes [...] ¿Estaba loca? Su sexo en decadencia ¿Le hacía sentir una atracción anormal? [...] Consideraba injusto que se envejecieran el cuerpo y el alma [...] Palmira se vio en el espejo como era hoy, con sus desperfectos y deterioros [...] Ella también envejecía [...] Percibía el irregular funcionamiento y la desobediencia de sus miembros, el rencor de sus coyunturas [...] Lloraba por su juventud que ya no estaba [...] Por sus dientes [...] Por sus mejillas [...] Por sus pechos [...] Y se dijo: No hay nada irrecuperable todavía.

Y éste será el último punto en común entre las cuatro mujeres, entre los tres autores: el rechazo a la rendición, el no darse por vencidas, el negarse a abdicar; cierta filosofía que hará decir a Graciela, condenada a muchos años de soledad: "Hay que desconfiar, por principio, de las cosas que nos hacen felices. Hay que aprender a reirse de ellas. Si no, ellas terminarán riéndose de nosotros". Y que le obligará a confesar, exasperada y valiente: "Si el matrimonio no puede darme más que honor y seguridad, a la mierda; ya habrá otros modos". Palmira por su parte, la dura, inútil, egoísta y egocentrista heroína de Gala, se desprende de su palacio-refugio de Sevilla cuando todo se desmorona en torno a ella y empezará una nueva y sorprendente vida como enfermera en Ruanda, justificándolo así:

> Soy una mujer mayor que casi de repente cayó en la cuenta de que su oficio de florero había terminado. Una mujer mayor harta de discurrir cómo llenar su tiempo y de lamentarse por su juventud. No soy más que una egoísta que aspira a aprovechar lo mejor posible la vida que le quede ...

Y efectivamente, en Ruanda va a conocer a Bernardo, un médico venezolano, más joven que ella una vez más, con el que va a vivir la única historia de amor auténtica de su vida. También Mariana y Sofía, aunque bien baqueteadas por la vida, van a encontrar en la mutua amistad la fuerza suficiente para seguir adelante, y el lector podrá adivinar en las últimas páginas que ambas tienen vitalidad y recursos para mucho tiempo.

Si la tía Julia levantara la cabeza desde los polvorientos anaqueles de las bibliotecas, sonreiría llena de esperanza y no volvería a considerarse vieja nunca más.

Obras citadas

Basanta, Angel. *La novela española de nuestra época*. Madrid: Anaya, 1990.

Chacel, Rosa. *Memorias de Leticia Valle*. Barcelona: Lumen, 1971.

Ciplijauskaité, Biruté. *La novela femenina contemporánea*. Madrid: Anthropos, 1988.

Delibes, Miguel. *Cinco horas con Mario*. Barcelona: Destino, 1966.

—-. *El disputado voto del Sr. Cayo*. Barcelona: Destino, s.f.

Díaz-Diocaretz, Myriam y Iris Zavala. *Breve historia feminista de la literatura española*. Madrid: Anthropos, 1993.

Esquivel, Laura. *Como agua para chocolate*. Mondadori, 1993

Gala, Antonio. *Más allá del jardín*. Barcelona: Planeta, 1995.

García Márquez, G. *Diatriba de amor a un hombre sentado*. Mondadori: Grijalbo, 1995.

—-. *El amor en tiempos del cólera*. Mondadori: s.f.

—-. *Del amor y otros demonios*. Mondadori: 1994

Grandes, Almudena. *Las edades de Lulú*. Barcelona: Tusquets, 1989.

Marías, Javier. *Corazón tan blanco*. Madrid: Anagrama, 1989.

—-. *Mañana en la batalla piensa en mí*. S.l., 1994.

—-. *Todas las almas*. Madrid: Anagrama, 1989

Martín Gaite, Carmen. *Nubosidad variable*. Madrid: Anagrama, 1992.

—-. *Usos amorosos de la posguerra española*. Madrid: Anagrama, 1987.

Marsé, Juan. *El amante bilingüe*. Barcelona: Planeta, 1990.

Millás, Juan J. *Volver a casa*. Barcelona: Destino, 1990.

Montero, Rosa. *Temblor*. Barcelona: Seix y Barral, 1990.

Muñoz Molina. *El invierno en Lisboa*. Barcelona: Seix y Barral, 1988.

Pérez Reverte, Arturo. "Asunto de honor". Barcelona: Alfaguara: 1994.

Regás, Rosa. *Azul*. Barcelona: Destino, 1994.

El convidado de papel, *aquel objeto de autoconocimiento*

Robert C. Spires
The University of Kansas

Cuando el movimiento vanguardista se manifestó en los años 20, algunos críticos lo atacaron por su falta de espíritu varonil y su exceso de estilo afeminado. En algunos casos, aun llegaron a acusar a los vanguardistas de querer emascular la sagrada imagen masculina.[1] Sin embargo, se podría argüir que, al contrario de una emasculación del hombre, los vanguardistas contribuyeron a la explotación de la mujer. Su arte puede ser nuevo, pero la imagen de la mujer representada en él está anclada en la tradición más antigua.

Uno de los practicantes de tal tradición es Gómez de la Serna, quien en *El novelista* nos da representaciones de mujeres independientes y poco familiares, pero luego impone la autoridad de un narrador omnisciente para familiarizarlas. Es decir, las representaciones femeninas de *El novelista* no logran escapar de la costumbre discursiva que tras los siglos ha querido guardar invariable lo que entendemos por la palabra "mujer". Verbigracia, en una de las narraciones (Capítulos XL-XLII) aparece una mujer cuya rebeldía es simbolizada por un ojo de cristal que suele salir de su órbita. Frente a la confusión del protagonista que no sabe qué pensar de tal mujer poco conforme, se impone el narrador extradiegético para explicar que, "la desviación, pues, de su mirar podía ser muy bien ese algo primitivo que recuerda el antecedente selvático de la mujer vestida de lentejuelas y seda", y luego dice que es una "desviación negra que se encuentra tanto en los ojos de mujer" (244). De este modo logra "textualizar" o hacer familiar lo aparentemente inusitado; el órgano tan extraño no es sino otra expresión de la tentación y coquetería de "ojos de mujer". ¡Ahora ya lo entendemos!

Algo parecido ocurre en los cuentos de *Víspera del gozo* de Pedro Salinas. En "Aurora de verdad" de esta colección, el protagonista se vale de su memoria cultural para crear la imagen de Aurora con quien ha de encontrarse en un museo. Si en un principio se siente inseguro de cómo es exactamente esta mujer a quien espera, una vez dentro del museo y con los cuadros como punto de referencia, se crea una imagen conocida para desplazar a la mujer desconocida y razona con confianza: "iba a llegar, en realidad, pero estaba ahora tan familiar, allí dentro tan parecida, hecha casi por él" (87). Sin embargo, cuando la Aurora de carne y hueso llega, queda desengañado el creador: "La creación fidelísima, de la mañana y el pensamiento, la figura inventada y esperada se venía abajo de un golpe, porque Jorge la había labrado con lo conocido, con los datos de ayer, con el pasado" (87). Si por una parte esta mujer parece ser "nueva" y no corresponde a lo que él ha labrado con la ayuda de modelos anteriores, Salinas nunca nos da la oportunidad de mirar por los ojos de ella, de saber lo que piensa ella. Los personajes femeninos de *Víspera del gozo* son objetos y nunca sujetos de la focalización narrativa; son definidas exclusivamente por la mirada masculina y jamás se definen a sí mismas.[2]

Si bien es cierto que Gómez de la Serna y Salinas, al contrario de redefinir la imagen femenina en efecto la reafirman, Benjamín Jarnés reafirma la función cognitiva de la mujer para el hombre, una función que también está fundada en nuestra tradición discursiva. Lo susodicho está fundado en la tesis de que el cuerpo femenino sirve de fuente de conocimiento para el hombre. Todo parte del fenómeno de que uno de los primeros descubrimientos de la criatura es su propio cuerpo. Más adelante, los niños llegan a sentir curiosidad por el cuerpo del sexo opuesto, mucho antes de tener la capacidad de entender lo que es el sexo. Así el ser humano establece el concepto de cuerpo: primero el suyo propio y luego el del "otro", como modelo de conocimiento. En el caso concreto del hombre, tras los siglos la mujer representa el objeto capaz de revelar, o mejor dicho reflejar, la verdad masculina de él (*Body Work*). Por consiguiente, lo que propongo hacer en este trabajo es examinar cómo el objeto de deseo del protagonista Julio de *El convidado de papel* es, a su juicio, la clave de su autoconocimiento.

El convidado de papel es una *Bildungsroman* en toda la extensión de la palabra; o sea, es una novela versada sobre el proceso cognoscitivo del protagonista. Empieza con Julio a los diez años y su visita a la casa de Eulalia, la maestra que debido a su belleza y sensualidad ha creado un gran escándalo en el pueblo. Mientras ella se prepara para marcharse, víctima de las fuerzas sociales, el joven Julio la observa en varias etapas de desnudez. Por fin la maestra lo invita a tocarla, y frente a la reacción física de ella cuando él le acaricia un pecho, Julio queda atónito, y "adivina entonces que de sus manos brota un poder maravilloso: el de hacer vibrar la materia, el de arrancarle sus tañidos más dulces" (33). Acaba de descubrir el misterio del instinto, y el poder que como macho tiene sobre la hembra. Esta experiencia táctil, su primer encuentro con el cuerpo de la "otra", le permite conocer mejor su propio cuerpo, lo cual es un paso importante hacia su autoconocimiento. Sin embargo, como niño de diez años todavía no es capaz de descifrar el mensaje de Eulalia cuando le aconseja que huya de este pueblo de necios y cobardes. Para aprehender el conflicto entre el instinto y los códigos sociales tiene que conocer más, le hacen falta más encuentros con cuerpos femeninos.

En la próxima etapa, Julio está para matricularse en el mundo masculino de un seminario donde la mujer existe tan sólo como una ausencia constantemente presente. Ya en el umbral de la adolescencia, las experiencias sexuales de Julio, salvo el episodio comentado antes, han sido limitadas a sus lecturas: "Julio conoce, en fin, el organismo— y aun el orgasmo—femenino por un ejemplar ilustrado de las *Actas de los Mártires* recomendado por el cura y por un texto antiguo de ginecología desechado por el médico" (38). Aunque el objeto de conocimiento es el cuerpo femenino, Julio se da cuenta de que ya le es prohibido todo acceso a él que no sea discursivo. Aun así tiene que tratar tras los velos entretejidos por la religión y ciencia la mera representación de una mujer. De hecho, sabe que para hacer referencia verbal a un recorte de revista que guarda escondido, ha de velarlo tras la fachada de las dos fuerzas principales del seminario: "Si consigo trocar en símbolo este espléndido retrato de estrella del cinema, con él ganaré todos los campeonatos de la ciencia y de la virtud" (43). Julio va aprendiendo, mediante una representación del cuerpo de mujer que si logra manejar diestramente los discursos vigentes, puede expresar, aun con gran éxito social, lo socialmente prohibido. Sea real o de papel, todo su aprendizaje gira alrededor de la mujer como objeto de deseo.

El vivir vicariamente mediante el discurso por fin se pone pesado. Julio se da cuenta de que es cautivo de dos sistemas opresivos: uno físico en forma del mismo seminario, y otro lingüístico y que le inspira a comentar:

> Siempre la hembra, convidada perenne, ceñida de tropos antiguos, coronada de símbolos nuevos, que se acerca desnuda a enlazarse ardientemente con nosotros, torpes simuladores, eternos escolares, esclavos de fórmulas, de ritos, de metáforas polvorientas. ¡Papel, todo papel, en silencio abrazado, reducido a pavesas por estas ocultas centellicas del instinto! (74)

No sólo sirven estas construcciones verbales para subrayar la ausencia del objeto que supuestamente hacen presente, sino que la representación actual estriba en representaciones anteriores. Julio vive en una cárcel religiosa dedicada a negarle cualquier libertad libidinosa, y en una cárcel discursiva que hace casi imposible cualquier libertad expresiva.

En efecto, para Julio y sus amigos el texto no sólo ha desplazado el sexo, sino los mismos sentimientos:

> Cada bella mujer desconocida abre ante ellos un nuevo libro del que sólo leerán la primera página; creen ver entonces en el amor un cuento divino del que sería delicioso ser protagonista. (78-80)

Su concepto del amor es totalmente abstracto e idealista, el resultado de lecturas y otras prácticas discursivas. Además, al referirse a la mujer de este "cuento divino" los alumnos siempre mientan personajes ficticios. Para ellos la mujer no existe como ser de carne y hueso sino como icono de libros y arte; para realizar su destino masculino creen que han de encontrarse con su Otra (de letra mayúscula), o la figura femenina ideal.

Poco a poco Julio llega a ser creador de las abstracciones de que viven todos los alumnos del seminario, quienes aun le llaman su poeta. Sin embargo su mejor amigo Adolfo ha logrado conocer a escondidas a la misma Eulalia de la primera parte de la novela, y Julio llega a conocer a su hermana, Lucía. Pero la vida amorosa de todos sigue siendo más literaria que real, y en una ocasión Adolfo le confiesa a Julio: "Confiamos en que algún día has de escribir nuestra novela: por eso te queremos tanto. Sin ti no seríamos nada" (158). Tras tantos años de existencia ficticia Adolfo no puede aceptar la realidad de una mujer verdadera. Es más, Adolfo le pide a su poeta un favor. Quiere que les escriba su historia amorosa, porque así, Adolfo le explica, Eulalia "no envejecerá nunca. Tú le concederás una juventud eterna, que ya iba perdiendo" (158). En el mundo discursivo, que es el único que conocen estos jóvenes, todo es eterno. Pero este mundo de cuentos divinos es, a todas luces, un mundo completamente ilusorio.

Una noche Julio intenta encontrarse con Adolfo, pero la celda de su amigo está vacía y sólo la ocupa la estela de un perfume que reconoce como el de Eulalia. Por lo visto ella ha seducido y llevado al estudiante. Pero Julio razona que el desenlace es lo de menos: "Y nada importaría desconocer el resto de la aventura de Adolfo, porque cualquiera puede reconstruirla holgadamente" (165). Cabe preguntar cómo se ha de realizar la reconstrucción. La respuesta, casi es ocioso decirlo, es que la historia de Adolfo y Eulalia ya se escribió desde hace siglos. Tan sólo repiten, tal vez imitan, un sinnúmero de seducciones y raptos. Y si por un lado uno podría argüir que es algo nuevo, puesto que la mujer es la seductora y el hombre el seducido, diría yo que ello importa poco porque a fin de cuentas la función de Eulalia, la hembra, es la de siempre, la de ser objeto de conocimiento para Adolfo, el macho. Es una función determinada por prácticas discursivas arraigadas en la larga historia humana.

Y ¿qué del desenlace de Julio, el creador/imitador de cuentos divinos para otros? Al enterarse de la ausencia de Adolfo, Julio sale del seminario de noche y pasea por el río. Se encuentra con una figura femenina. Charlan en la oscuridad, y de repente Julio "Se siente acariciada una muñeca, el antebrazo [...] . Unas manos le recorren suavemente el cuerpo" (171). Al temblar él, ella le pregunta si tiene fiebre, e "Iba a contestar: 'Tengo miedo a seguir viviendo' pero ella no le hubiera comprendido" (171). Al notar la incapacidad por parte de ella de comprender, da por sentado que la función de esta desconocida es totalmente corporal. Mediante su presencia física y sus caricias, le saca a Julio de su pesimismo y tristeza, pero no puede compartir con él un diálogo intelectual. Luego, cuando entran en un café bien iluminado, Julio todavía no puede reconocer a su salvadora y comenta el narrador:

> ¿Es Eulalia? ¿Es Lucía? Es la heroína sin nombre, que da luz—una luz ardiente, plena—a la infancia nebulosa de Julio, ya sumergido en la deliciosa claridad del siempre anónimo convidado de papel. (171).

El anonimato de ella subraya su esencia corporal y discursiva. De veras, no es persona sino cuerpo cuya función es suministrarle al macho sentido a la existencia. Y es un "anónimo convidado de papel" justamente porque su función ha sido determinada por el discurso masculino tras los siglos. Así es que al intentar Julio, Adolfo y los otros trasformar en su espejo a la mujer, más bien que lograr autoconocimiento, se condenan al autoengaño.

Pese a su rótulo de "arte nuevo", el movimiento vanguardista perpetúa prácticas sumamente antiguas referentes a las posiciones sociales ocupadas respectivamente por hombres y mujeres. Sea símbolo de belleza o conocimiento, en este movimiento literario de los años 20, la mujer es objeto de la mirada y de la búsqueda del hombre y, salvo contadas excepciones, no es sujeto del mirar y el actuar.

Mas no debo terminar este trabajo sin hacer notar que, pese al caso gramatical objetivo en que el arte vanguardista suele colocar la imagen femenina, es un arte que a la vez apunta a la arbitrariedad implícita en cualquier disposición gramatical. Una característica fundamental del arte nuevo es la de desenmascarar las reglas del juego llamado ficción.

Así que, en cierto sentido, los que acusaron al vanguardismo de amenazar la postura masculina tenían razón. La amenaza, sin embargo, no surgió de las imágenes proyectadas, sino del haber puesto de manifiesto los artificios y caprichos tras toda proyección de imágenes.

Un arte que llama la atención a la arbitrariedad de las reglas o normas artísticas, por extensión llama la atención a la arbitrariedad de las reglas y normas sociales. El vanguardismo nos ha ayudado a entender que casi todas, si no todas, las contrucciones de la existencia humana fueron hechas por el hombre. Tal entendimiento ha sido, es y será importante en el lento proceso de edificar otros bloques culturales en que la mujer sirva tanto de sujeto como de objeto en la gramática sociopolítica de nuestro mundo.

Obras citadas

Brooks, Peter. *Body Work: Objects of Desire in Modern Narrative.* Cambridge: Harvard UP, 1993.

Gómez de la Serna, Ramón. *El novelista.* Madrid: Austral, 1973.

Jarnés, Benjamín. *El convidado de papel.* Zaragoza: Guara, 1979.

Pérez Firmat. *Idle Fictions: The Hispanic Vanguard Novel, 1926- 1934.* Durham: Duke UP, 1982.

Salinas, Pedro. *Prelude to Pleasure: A Bilingual Edition of Víspera del gozo by Pedro Salinas.* Trans. and ed. Noel Valis. Lewisburg: Bucknell UP, 1993.

Spires, Robert C. "Transgressing Mimesis and Mimicking Icons: Spanish Vanguard Fiction". MLA Convention. Hyatt Regency Hotel, San Diego. 30 Dec. 1994.

Notas

1 * Véase "The Reception of the Vanguard Novel", 7-29, del estudio de Pérez Firmat.

2 * Desarrollé en mucho más detalle estas ideas sobre las obras de Gómez de la Serna y Salinas en una ponencia de 1994.

Sexism: going beyond gender lines in the novels of Rosa Montero

Kathleen Thompson-Casado
University of Toledo

The narrative world of Rosa Montero, as critics and the author herself have pointed out, revolves around a group of themes that consistently reappear in each of her novels. These "obsesiones de siempre" (Autorretrato 51) as Montero calls them, which include such eternal and universal themes as communication, love, solitude and death, are the means by which the author articulates her vision of the world. That this vision is an evolving one is clear; in each of her six novels to date, Montero has creatively reworked her approach to these themes. The extent of this reworking however differs. In some cases, such as that of love, the concept of the theme encountered in early novels varies little from that of later ones. With other themes however, there is a notable evolution. A clear example of this is a theme very prominent in the novels of Montero, sexism.

As an examination of Montero's novels reveals, the denunciatory, primarily female-centered treatment accorded sexism in her first novel *Crónica del desamor* contrasts greatly with that of the more gender-inclusive sexism of *Temblor*. However, this is not the extent of the evolution of sexism in Montero's novels. While certain contemporary sectors of society, notably among them some feminist groups, have been reluctant to move beyond gender lines and the initial idealization of the eradication of sexism as the panacea to society's ills, in Montero's later novels we find that she does exactly that. Montero demythisizes the concept of sexism and examines its functions with regard to the structures of power in contemporary western society.

There can be little doubt that Montero is concerned with sexism; in all of her novels to date sexual discrimination forms an integral part. The author explains this stating that:

> Creo que, en cuanto arte, la literatura carece de sexo. Al fin y al cabo, es una búsqueda de la expresión propia, y eso es algo que lo mismo afecta a mujeres que a hombres. Lo que sí sucede es que el mundo de hoy es sexista, y en consecuencia el novelista y la novelista se encuentran con que, al recrearlo, tienen que enfrentarse a ese sexismo. Por ello, al reflejar el mundo que ven, lo impregnan de experiencias sexistas y, hoy por hoy, las mujeres viven el mundo de modo muy diferente a los hombres y se ven obligadas a contarlo de forma a menudo radicalmente distinta. (Alborg 73)

This is especially apparent in Montero's first novel, *Crónica del desamor*. Published in 1979, a period of intense Spanish feminist activity denouncing legal, economic, and social inequities against women, *Crónica* is a testimony of the tumultuous changes experienced during the last years of the Franco regime and those of the transition to democracy by certain segments of Spanish society, the primary one being urban, educated, middle-class women. The choice of this particular segment of Spanish society to register a plethora of concerns at whose core we find the issue of sexism is not surprising; notwithstanding the fact that it is the segment to which the author belongs, it was primarily urban, educated, middle-class women that composed the growing Spanish feminist movement of the seventies. Many of the most important and controversial issues from their agenda of concerns, voiced openly for the first time in 39 years at the Primeras Jornadas Nacionales por la Liberación de la Mujer, celebrated in Madrid in December of 1975 as the culmination of the United Nation's International Year of the Women, can be observed to form the base of the particular concept of sexism encountered in *Crónica*.

Despite very differing views, one of the concerns upon which most Spanish feminists could agree was the need to eliminate discriminatory practices in the work place. An important advance in this area had been made with the 1976 Ley de Relaciones Laborales (Folguera 116), and Article 14 of the Constitution of 1978 which legally consecrated equality between the sexes with regard to labor practices. However, as *Crónica* makes clear, legal equity does not mean the end to discriminatory treatment in the work place. The majority of *Crónica*'s female characters experience some form of sexual discrimination at work, including but not limited to discriminatory hiring practices, lack of professional advancement, and devaluated perception by colleagues.

The most illustrative case is the work situation of the protagonist, Ana Antón. Having already endured the denial of employment for refusing to perform sexual favors and the termination of another due to pregnancy, at the beginning of *Crónica* Ana is employed as a writer, and occasional editor, for a magazine. Despite her length of employment at the firm and the quantity and quality of her work, Ana is not considered officially part of the permanent staff but rather casual labor. The differences between the two classifications for single-mother Ana are considerable, she has no contract ensuring employment, her wages are based on articles printed and not articles written, and her work hours vary greatly. In search of greater job security, Ana petitions her boss for inclusion in the permanent staff but is denied the request on the grounds that policy stipulates that no one be considered until the end of the year. As months pass, the insecurities and hardships caused by her position are continuously enumerated. Yet in the final chapter, which takes place at the end of the year, Ana's request is once again denied on the non-justified grounds that it is simply impossible. However, as Ana later learns, it was very possible to hire three others, all men, as permanent staff. Her reaction to this discovery is painfully representative of that of many women caught in the same dilemma, expressing both a profound sense of rage and impotency:

> -Sois unos cabrones..."esto no se lo habrían hecho a un tío", se dice, "y si se lo hacen, hubiera montado tal escándalo que la gente se habría asustado". Pero Ana sabe que sus gritos sólo servirán para provocar palmaditas en el hombro, un paternal y amistoso consuelo por parte de Mateo, paf, paf, hará su manaza comprensiva e inútil sobre la espalda, chatita, no te pongas así, dirá, y todo seguirá igual sin que su enfado haya servido para nada. (*Crónica* 261)

The most polemic topic at the 1975 conference, which in fact was not even designated a session but rather subsumed into that of "Mujer y familia" and "Mujer y barrios", is that of female sexuality. Sexism with regard to female sexuality is a very important component of *Crónica* and Montero's treatment of it, as Ciplijauskaité points out, is unprecedented in Spanish literature:

> En el año que aparece [*Crónica*] puede ser considerada como revolucionaria por presentar la mecánica de lo sexual desde el punto de vista de la mujer. (192)

The theme of sexual discrimination appears in a variety of aspects which include among others: gender-specific roles in relationships, female sexual education, sexual assaults against women, and methods of reproductive control. The latter, which includes forms of contraception, gynecologists, and abortion, is the area in which sexism is most dramatically denounced, as seen in one particular case of abortion, that of Teresa, the sister of Ana's lover.

Abortions in Spain, which are now only available under limited circumstances, in the mid-seventies were not only illegal to perform but also the women who aborted were subject to stiff prosecution. That this threat was carried out during the period is illustrated by the trials of nine women in Bilbao who aborted, and by the estimation of feminist Lidia Falcon that in 1976 "30 percent of female prisoners served sentences purely for having had abortions" (Kaplan 202). Under these circumstances it is surprising that when confronted with an unwanted pregnancy, *Crónica*'s Teresa forfeits the option of having a safe and legal abortion in England to instead risk an illegal Spanish one performed under the most sordid conditions. She chooses this cheaper option, we learn, in order to finance the flight of her supposedly politically-tortured brother from Spain. Ironically however, it is not her brother but rather Ana who rushes her to medical care after the abortion induces a life-threatening infection. In the hospital, on the verge of death, a male doctor interrogates Teresa on the cause of the infection. Suspecting an illegal abortion, he later informs Teresa that he almost did not operate on her because Teresa "ya era mayor para saber lo que hacía" (*Crónica* 26). As if the doctor's power over the life or death of Teresa were not enough, as Ana finishes a visit with her friend the doctor stops her in the hall and threatens her with incarceration. Ana's thoughts on the matter are made abundantly clear by the following passage:

> Piensa Ana que si los hombres parieran el aborto sería ya legal en todo el mundo desde el principio de los siglos. Qué Papa, qué cardenal Benelli osaría ser censor de un derecho que pedirían sus entrañas. Los políticos preñables no malinterpretarían sus propias necesidades, como ahora, cuando mantienen que el aborto es sólo un método anticonceptivo más, exigido sin escrúpulos por las mujeres culpables. (Crónica 21)

Although sexual discrimination in the areas of female sexuality and labor practices are but two examples of the multitude of examples of sexism in *Crónica*, it is clear even from a limited examination of them that Montero's concept of sexism in this first novel springs from a point of view that emphasizes primarily an impassioned denouncement of discriminatory practices as they apply to urban, educated, professional women.

This initial concept of sexism encountered in *Crónica*, and continued in basically the same form in Montero's next novel *La función delta* (1981), although lagging somewhat chronologically in comparison to English language denunciatory texts on sexism, does roughly parallel the stance on sexism taken by the majority of Spanish feminist groups of the period. Yet, only nine years later, with the publication of Montero's fifth novel *Temblor* we find an approach to sexism that is at first glance an apparently 180 degree reversal of her previous position. In this futuristic fantasy world constructed along the lines of an adventure/science fiction novel, it is women that discriminate against men in the society of Magenta. The entire socio-political structure of Magenta's society reflects the belief that women are superior to men.

The functions of this reverse discrimination however, are readily apparent. On a basic level, Montero is indicating that her concept of sexism is gender inclusive, men as well as women are victims of sexual discrimination. On a more complex level, Montero uses the matriarchal discrimination in *Temblor* to parody that of patriarchalism in present day society. This can be observed in elements such as the origins of the matriarchal power structure in Magenta and its resultant stereotypes. In Magenta it is women that rule and hold the reins of power due to perceived biological superiority. This initially originates because sterility threatens the very continuation of their society, thus the biological capacity of women to gestate life becomes highly valued. One of the tactics developed to maintain this position of female superiority is the creation of a set of stereotypes based on the dichotimization of the feminine and the masculine through which the former is associated with values superior to those of the latter. For example the capabilities of intelligence and truth are associated with women, while those of emotion and duplicity are attributed to men. Whereas women are considered to possess virtuous instincts, such as the need for justice and morality, to men are attributed the base instincts such as lack of self-control and violence.

These two examples illustrate a reverse biological essentialism at work in *Temblor*; unlike in our present patriarchal society where women's reproductive capacities have been utilized as the justification for their unsuitability to the public sphere, in Magenta they signify just the opposite, and whereas the patriarchal conception of "feminine" qualities is depreciative, in *Temblor* it is "masculine" qualities that are devalued by a matriarchal system. In this manner Montero emphatically demonstrates the arbitrariness of assigning essential biological qualities to either sex.

This is clearly reinforced through the actions of the women rulers of Magenta who illustrate that gender discrimination is not the exclusive domain of males but rather can be practiced just as senselessly well by females. The power structure that they create is an intricate web of hierarchies in which subordinates are motivated to rise to the highest level possible by the conferring of privileges and power; a conscious mirror of the configurations of contemporary patriarchal political and economic power. To maintain their position of power the female rulers as well employ a wide variety of techniques such as the strict policing of those who enter the hierarchies, the jealous control of knowledge, the convenient manipulation of history, and the use of ideological indoctrination to name a few. The measures used to promote and enforce these techniques are frequently cruel and extreme, as illustrated by the case of the **Gran Sacerdotisa** of Magenta, Oceáno, who has her own daughter ruthlessly quartered for sedition against the regime.

On an immediate level, the atrocities committed by the matriarchal regime serve to demythesize certain aspects of patriarchal stereotyping of women. In *Temblor* women are certainly not the weaker sex and are perfectly capable of carrying out the most heinous acts. These acts however, are tellingly linked to the search for power, illustrating the extreme lengths to which those in power, be they women or men, will go in order to preserve that power. Moreover, the specific configurations of power singled-out for critique by Montero as we have seen are those of hierarchical-style governance.

This distancing of sexism from biological essentialism and linking it to the questioning of value and power hierarchies mirrors a strategy adopted by second wave ultra-radical factions of extra-parliamentary western European feminist groups who have rejected the idea that any of the more fundamental issues facing women, sexism included, can be changed in an unchallenged capitalist economy (Kaplan 42). Perhaps Montero, who distances herself from radical feminism (Davies 19) and who openly criticizes certain aspects of the feminist movement in her novels, would be critical of the association of her concept of sexism to that of these groups.[1] But it is clear that the evolution of the concept found in her novels goes beyond the simple denouncement of sexism encountered in much of institutionalized feminism.

This is illustrated by the fact that in *Temblor*, Montero comments on the nature of a society free from sexism and the possibility of its perpetuation. Two examples of this type of society are encountered, the egalitarian society developed by the survivors of the Great Catastrophe and Renacimiento. In both cases the base of these utopian societies is formed by the eradication of sexism as well as hierarchies, indicating, as previously stated, that the elimination of sexism itself is not a panacea but rather must be considered in the context of power relations.

This view of sexism, which goes beyond gender lines to focus on the question of power, does not appear suddenly in Montero's narrative but rather has been fermenting since her first novels. In *Crónica*, Ana's scathing critique of the magazine's line of power is reiterated in *La función delta* and Lucía's comments about the manipulative and non-collaborative work style of her boss, as well as in Antonio's tyrannical abuse of his subordinate Benigno in *Te trataré como a una reina*. This critique of hierarchies and power however comes to full flower in *Amado amo* (1988). In this novel Montero makes a direct assault on western-style, specifically American, corporate capitalism through the relations of the protagonist César to the advertising firm for which he works, the American-owned Golden Line. The novel dramatically illustrates the destructive effects of the complex orchestration of power and domination symptomatic of these types of corporations on a variety of individuals, turning some into what is commonly thought of as "losers", and others into "winners".[2] Moreover, the very effective ending of *Amado amo*, in which the tactics employed by the firm to pressure César to betray a female colleague who has brought a discrimination suit against the firm are likened to those of the famous "survival of the fittest" American land runs of the nineteenth century, makes clear that Montero considers power a corruptive force capable of destroying individuals through its exertion as well as its pursuit, ultimately merging both "winners" and "losers" into the same category, losers.

Lastly, in *Temblor* Montero also makes ultimately clear that the eradication of these two destructive forces in order to create a non-sexist and non-hierarchical society is a utopian dream. Both of the egalitarian societies depicted in the novel are ultimately destroyed by issues of power. Moreover, the destruction of the matriarchal regime in Magenta, achieved through the cooperation of individuals, is replaced by another regime that appears will be hierarchical in nature as well, albeit of a different manner.

Thus, as Montero's concept of sexism evolves from one of primarily female-centered denouncement to one that considers gender parity to be but one part of the obstacles that humankind must overcome, what importance will it exert in her future narrative? Part of the answer can be found in her 1993 novel *Bella y oscura* in which the topic of sexism does not hold center stage, but does forcefully reappear. This time however, the issue of sexism leaves the public domain to re-enter the private one of the family; echoing once again the contemporary concerns of many feminists that gains in the public sphere are unsustainable without similar advances in this crucial battlefield.

Works Cited

Alborg, Concha. "Metaficción y feminismo en Rosa Montero." *Revista de estudios hispánicos* 22.1 (1988): 67-76.

Amell, Alma. *Rosa Montero's Odyssey*. Lanham MD: UP of America, 1994.

Ciplijauskaité, Biruté. *La novela femenina contemporánea (1970-1985)*. Barcelona: Anthropos, 1988.

Davies, Catherine. *Contemporary Feminist Fiction in Spain*. Oxford UK: Berg, 1994.

Folguera, Pilar, ed. *El feminismo en España: Dos siglos de historia*. Madrid: Fundación Pablo Iglesias, 1988.

Gazarian-Gautier, Marie-Lise. "Rosa Montero." *Interviews with Spanish Writers*. Elmwood Park IL: Dalkey Archive P, 1991. 208-15.

Kaplan, Gisela. *Contemporary Western European Feminism*. NY: New York UP, 1992.

Moreno, Amparo. *Mujeres en lucha*. Barcelona: Anagrama, 1977.

Montero, Rosa. *Amado amo.* Madrid: Debate, 1988.

—-. "Autorretrato." *El Urugallo* (1990): 51.

—-. *Bella y oscura.* Barcelona: Seix Barral, 1993.

—-. *Crónica del desamor.* Madrid: Debate, 1979.

—-. *La función delta.* Madrid: Debate, 1981.

—-. *Te trataré como a una reina.* Barcelona: Seix Barral, 1983.

—-. *Temblor.* Barcelona: Seix Barral, 1990.

Scanlon, Geraldine M. *La polémica feminista en la España contemporánea (1868-1974)*. Madrid: Siglo XXI, 1976.

Notas

1 * For an interesting discussion on the limited development of radical feminism in Spain see the "Introduction" in Davies' *Contemporary Feminist Fiction in Spain*, 1-21.

2 * For further information on the concept of winners and losers in Montero's novel, see chapter one, "Winners and Losers," of Amell's *Rosa Montero's Odyssey*,

Lourdes Ortiz: la alegoría erótica del Génesis

L. Teresa Valdivieso
Arizona State University

Al iniciar este trabajo la primera pregunta que nos hacemos es qué sabemos sobre el papel de Eros, qué entendemos por erotismo. Georges Bataille da comienzo a su libro *L'érotisme* diciendo que se podría considerar el erotismo como la aprobación de la vida hasta la muerte. Por su parte, Octavio Paz en *Los signos en rotación*, incluye un capítulo titulado "El más allá erótico" (181-203) y establece una diferencia entre erotismo y sexualidad, de modo que un mismo acto puede ser erótico o sexual según lo realice un hombre o un animal, ya que el erotismo posee una complejidad de la que la sexualidad carece. La sexualidad es simple, es la que gobierna el instinto del animal en pos de perpetuar la especie; el erotismo es complejo y exclusivamente humano. Erotismo es sexualidad socializada y transfigurada por la imaginación. No hay pueblo ni civilización que no posea poemas, leyendas, es decir, mitos que se refieran al encuentro de dos personas, a su atracción mutua, atracción que nace de un magnetismo secreto y todopoderoso. De ahí que el erotismo sea algo parecido a la magia, es magia al alcance de todos.

Lourdes Ortiz ha hecho de su colección de relatos *Los motivos de Circe*, tema de este estudio, una relación de mitos antiguos y modernos encarnados por mujeres—Eva, Circe, Penélope, Betsabé, Salomé, Gioconda—con el objeto de hacer de lo erótico el vehículo que lleve a una visión existencial del individuo y del mundo en general. Este trabajo se centrará en uno de ellos: "Eva". Como ya sabemos los viejos mitos tienen su correspondencia poética e histórica en la Antigüedad y ahora aparecen ante nosotros como hojas secas a la espera de la lluvia; un viejo mito tiene mucho de grieta, de ruina, de polvo. Sin embargo, Lourdes Ortiz basándose en estos mitos ha creado sus propios mitos para que este momento histórico de "la mujer" no sea borrado por el olvido de la Historia.

No pretendo exponer una teoría epistemológica total; sin embargo, y en línea de principio, no dudaría en decir que la lección del relato "Eva" es una sofisticada estrategia epistemológica que revitaliza el más consistente de los mitos universales: el mito adánico.

Si se me permite abusar del esquematismo, nuestra hipótesis será, pues, la consideración de los factores siguientes: 1) este relato se sitúa entre dos espacios, el conocido y cercano y el desconocido y lejano; 2) se sitúa también entre dos tiempos: el de después de la caída y el del nostálgico pasado; y 3) entre dos etapas: la vida y la muerte, Eros y Tánatos.

Se trataría, según eso, de un retorno a un espacio imaginativo que evoque el concepto de intrahistoria, espacio que Ortiz contrapone implícitamente a la historia personal. Por otra parte, no cabe duda de que la escritora elabora una especie de concentración de espacio y tiempo, un pequeño infinito con posibilidades de crecer, una figura espiral con invencible necesidad de expansión.

El texto del relato "Eva" sigue el patrón religioso conocido; pero Ortiz se toma la libertad de recrearlo dentro de un contexto presidido por la guerra de los sexos. El texto no sólo percibe la historia de la humanidad sino que, desde una perspectiva actual, rechaza la categorización cronológica de los acontecimientos. El argumento se reduce a una especie de lucha entre los sexos, en la cual cada uno trata de defender su propia posición de superioridad sexual dando como resultado un relato que tiene mucho de ejercicio sicológico abstracto, cuyo fin es explorar la incomprensión entre los dos sexos.

La disposición del relato en segmentos antitéticos conduce a problemas especiales del modelo estructural, tal es el caso del narrador. ¿Quién cuenta la historia? La verdad es que nos hallamos ante una superposición de narrador y autora. Es decir, a Lourdes Ortiz pertenecen las reflexiones de un "yo" con un "tú" encarnado por Eva. Pero, alternativamente, Adán es sujeto de enunciación; es decir, una conciencia externa se inserta en el mundo narrado, lo cual hace que el relato se vea gobernado por un poder externo. Esta estructura destruye el mito como historia contada por una sola persona y la desdobla en otro discurso que opera significativamente en la constitución del mundo representado.

Al principio del relato, la autora nos presenta las figuras de Adán y Eva habitando el Paraíso edénico en feliz desnudez:

> Hasta entonces no había la mirada. Luego sí: aquel destello, algo de la serpiente en los ojos de Adán que ponía chispas y te erizaba los cabellos. (11)

Tres líneas le han bastado a la escritora para diseñar el primer encuentro erótico; ha bastado la "mirada" para que el cuerpo se convierta en una presencia, una forma que por un instante es todas las formas del mundo. Ortiz nos presenta a Adán y Eva en un punto cero en donde se comparte la doble experiencia divina y humana que pertenece respectivamente a los momentos anteriores y posteriores a la caída. Y la autora continúa describiendo el momento erótico: "Fue un estremecimiento, un desafío y tu piel convertida en vestido, en límite, hoja de parra: celada y trampa del deseo (11).

Lourdes Ortiz da comienzo a su relato cuando él, Adán—que todavía no tenía nombre—"jugaba con las palabras y nombraba las cosas"; "no había distancia entre el nombre y lo nombrado, entre el sonido y el eco: caballo, elefante, gallina, mirlo" (11). Y entre todas estas aves, sus ojos se posaron en el pato. A Adán le gustaba distinguir, clasificar, y así dice: "vuela, pero también nada" (12). Y aquel día, él comenzó a envidiar:

> El viaja lejos, remonta el aire, él, pájaro, y yo hombre que me desplazo con torpeza a pequeños pasitos; yo caminando inseguro sobre estas dos piernas con estos brazos poderosos, pero inertes, yo implume, yo desnudo, incapaz de remontar el vuelo. (12)

En realidad estamos presenciando el primer albor del mundo en el que se nos revela la existencia adánica de las cosas, el momento que acompaña al despertar y al ver con más luz. Esta metáfora fotográfica capta muy bien esa experiencia de Adán como recién nacido a la vida, como hombre erótico recién creado o despertado a la realidad sensual infundida por la luz, por la mirada. La descripción que el narrador, en este caso narradora, nos ofrece de la escena revela la iluminación de las tinieblas de la inconsciencia, al presentarnos un Adán que se miraba los brazos y los movía una y otra vez como si fueran aspas, escalaba los árboles más elevados del jardín y miraba hacia un horizonte que marcaba un mas allá, un lejos, un afuera. Adán nota la presencia de las cosas bañadas por la luz de la vida, siente el deseo de asirlas, pero cae en la tiniebla cuando la presencia reniega de su forma. Este planteamiento conflictivo que señala una filosofía erótico-existencial se ve interrumpido por una frase:

> Y de pronto aquella tristeza, esa melancolía para la que tampoco existía palabra...fue por entonces cuando la piel del leopardo, esa piel de pelo largo y amarillo, sedoso y suave, o incluso la piel áspera y rizada del oso pardo se convirtieron en carencia. (13)

Teniendo presente que el erotismo es la historia de una carencia (Roland Barthes, cit. por Durigan), ese sentimiento de radical impotencia no sólo produce tristeza sino que se convierte en la primera manifestación de una conciencia existencial, a la vez que señala el comienzo de lo que Unamuno llamaría "el sentimiento trágico de la vida". Y así vemos cómo la humanidad desde la creación del mundo está sujeta a deseos intensos aunque no sepa precisamente por qué. La razón es que desea ser, desea algo que a ella le falta y que otros seres parecen tener.

El mensaje fundamental que se presenta al lector es la visión del hombre desgarrado por dos postulaciones: la naturaleza y la moral natural, el ser humano atrapado en un perpetuo e inevitable ciclo erótico. El leopardo, el oso, el animal en general no quiere ser más de lo que es (Paz 186), pero Adán anhelaba salir de sí mismo y quería ser leopardo, oso, o al menos, tener su piel, pero sin dejar de ser hombre; o sea, un hombre que se porta como si fuera un leopardo o como un oso. Y la palabra **como** pone de manifiesto el juego erótico, según Paz, la cifra del erotismo.

En este punto del relato se diría que el concepto de posmodernidad dirige la pluma de la escritora. Por primera vez en la historia, el hombre es consciente de su desolación. Lo que había comenzado con la fiebre del deseo queda sumido en una aparente decepción y tedio. Y llega el día en que Adán no siente siquiera la represión de lo prohibido; la conjunción erótica implica una transgresión querida, es una acción deliberada. Y así, el poseer la piel del leopardo se convierte para él en su única meta: "Si pudiera conseguir..." dice. Aquí el discurso referencial acentúa la referencia, al decir el narrador:

> Y tú Eva [...] pudiste ver aquel fulgor desconocido, cuando agarró la piedra y observaste cómo durante noches y noches, hosco y en silencio, pasaba la mano una y otra vez sobre el borde caliente y afilado [...] y cómo después sigiloso y ya dispuesto acechaba al leopardo. (14)

Pero lo más sorprendente para el lector es la constatación, por vez primera, de un "yo" y un "tú". "Tú ya no tendrás frío", dijo él y un furor guerrero, una codicia inusitada parecía desprenderse de su sudor de hombre (14).

Dentro de este contexto, la alegoría erótica del Génesis se vuelve más explícita. Eva existe, deseada como algo externo y ajeno, como continuidad del ser implícito, lo que para Bataille constituye la esencia del erotismo, la raíz del desasosiego y la angustia vital del hombre. Es decir, dentro de la cosmogonía erótica de Ortiz, la aparición de Eva señala la aparición del hombre erótico, es el tránsito del placer al sufrimiento, de lo edénico a lo terrenal, de lo eterno a lo temporal, de la vida a la muerte. Es el paso del Adán-sin-Eva al Adán-con-Eva, de la inocencia del niño a la experiencia del hombre. Eva, la mujer, está allí, y en ella el deseo de la piel del leopardo se ha convertido en deseo morboso, y el deseo plasma la mortalidad: "Esa piel para mí", dice mientras va adonde estaba Adán y le azuza: "Y él, ufano—nos dice el relato—enarboló la piedra y marchó tras la presa" (14).

Y la narradora nos describe el ataque al animal, el derribar de la fiera, el machacar de su cabeza a golpes y, con las manos, que se asemejan en este momento a las garras del leopardo, desgarrar la piel, separarla de la carne sanguinolenta del animal, para brindársela a ella, a Eva:

> El había traído aquella piel que ahora depositaba ante ti, y al dártela, al brindártela, algo se había transformado. Tú diminuta de pronto, sumisa y agradecida, lamiendo casi la sangre de sus heridas, tú ya no igual a él, sino regalada y protegida por él que además te contemplaba de manera diferente. (16)

¿Cómo llamar a esta distancia repentina entre los dos? Adán se hizo amoroso, inesperado: "tú, [Eva] eras el leopardo que él desvestía, animal que resistías a su ataque, fiera que debía ser domada" (17). Y fue una noche larga y extraña y al despertarse Eva notó las huellas de los dientes de Adán sobre sus hombros mientras él reposaba a su lado satisfecho, cubierto con la piel "parda, tiznada por la sangre de la mujer y la sangre ya seca del animal". Es tal el choque que la narradora no puede menos de hacer el comentario siguiente: "¡Fueron tantas cosas las que sucedieron casi al mismo tiempo!" (16).

Hasta ese momento, la sensualidad de la pareja se había cifrado en la exuberancia del mundo sensorial. Eva resumía para Adán todas las flores, la sombra refrescante que invita al descanso. Sin embargo, ahora, después de la piel del leopardo,la conciencia de ambos respecto a la trascendencia de sus actos ha crecido y la atracción erótica se alza por encima del plano instintivo. Los deseos, las ansias, todo parece humanizarse y cobrar voz para tentarlos:

> Era como un afán, como un destino inexorable y maldito, un trabajarás y ganarás el pan que le excitaba y le impedía ver los árboles, el río, el pequeño lago junto al valle [...], sus ojos se habían vuelto incisivos y parecían ver un más allá, traspasar la sencillez de la hoja, del animal, del roble. (18)

Hasta este punto no hemos visto en el relato la secuencia adánica del paraíso: tentación y caída—si bien el relato se refiere a "antes de la manzana". Por el contrario, la obra consiste en un ejercicio sicológico donde se debaten dilemas universales en el espacio de "después de la manzana".

Adán es trabajador y emprendedor, "se tumbaba sobre la roca junto al manantial [...] y mientras contemplaba el agua, veía canales, vergeles, vegetación domada [...] y máquinas degollando las espigas maduras (17). La lógica secularizada es indispensable para dar sentido al relato. Siguiendo el patrón doctrinal, esa visión de Adán queda plasmada en sus dos hijos Caín y Abel. Caín obstinado y belicoso, representa la fuerza de la guerra; Abel se vale de su inteligencia y su arte para triunfar sobre sus enemigos. Caín, temerario, desafiante, cual hijo de la escisión; Abel dulce y sereno, perdido en los sueños del arte y la cultura. Caín erótico, movido por el deseo y la imaginación; Caín queriendo ser Adán, obsesionado por ocupar su puesto: "Yo padre quiero ser, estar ahí donde tú estás, yo padre como tú padre y en tu sitio para poseer a la madre, para ..."(19). Y la narradora continúa diciendo:

> Al anochecer, junto a la hoguera sentías el calor húmedo de su aliento que te alertaba sobre su deseo y te impedía despojarte de aquel manto con que tenías que cubrirte desde aquel día; cuerpo más deseable cuanto más encubierto y vedado a la mirada. (19)
>
> Caín que se consideraba el seguidor del código patriarcal de Adán, sentía celos desmedidos de su hermano ante sus pinturas, ante sus bisontes rojos y pardos que nacían del afán creador de Abel que como Dios, antes de la caída, dibujaba las cosas, las daba forma (21).

Y llegó el día del crimen: "La quijada en manos de Caín puso cruces en el cielo y abrió el triángulo de miedo, el ojo acechante de la vergüenza y de la culpa" (22). La escritora nos presenta ahora a un Caín desterrado de la presencia de Dios después del fratricidio. Pero al darse cuenta de que el hombre no puede vivir sin un dios, lo suplanta con un ídolo hecho a la imagen y semejanza de su desesperación: el progreso. Por eso, mientras Eva enmarañaba sus cabellos y pintaba su rostro de negro en señal de duelo, a lo lejos, "se continuaba oyendo el hacha de Adán que proseguía derribando árboles, mientras Caín en infatigable fuga cruzaba montes, atravesaba valles, creaba imperios y domeñaba naciones" (23).

Se diría que la tentación provocada por los elementos del jardín edénico es simbólicamente sinónimo de la invitación de la serpiente a ser como Dios. El lector no debe pasar por alto el plano que Lourdes Ortiz quiere destacar: la conceptualización del relato en general. Estos nuevos primeros padres y sus hijos se mueven sobre una presentación literaria que recrea un mundo contemporáneo y de esta manera el lector se identifica con ellos. El relato no pierde validez en el mundo real, es decir, va mucho más allá del texto porque cada uno de los lectores es un Adán, una Eva y sobre todo , todos somos un Caín.

No cabe duda de que Lourdes Ortiz deconstruye un tanto la historia bíblica y la reescribe a su manera, es decir, se aproxima a las Escrituras desde una perspectiva sociológica y no sagrada. De esta manera, el relato desmitificado juega un papel importante en la trayectoria total del feminismo. Nos hallamos ante una conceptualización político-social la cual forma parte de la ideología de la escritora. Lo que le interesa al lector son las innovaciones sobre el tema bíblico y no la redundancia de los hechos. De este modo, la respuesta a la que llega el lector tiene muy presente que el ser humano no ha dejado nunca de odiarse y matarse, aniquilándose los unos a los otros.

Técnicamente hablando se podría decir que el dialogismo establecido por los personajes en conjunción con la voz de la autora/narradora nos ha facilitado la comprensión de la obra atendiendo a dos lenguajes: el lenguaje centrípeto del texto, o sea, la narrativización, y el lenguaje que se dispara centrífugamente en pos de una ideología. En este punto, el texto del relato está celebrándose, recontando su historia a través de textos ya existentes. Al final del relato la voz de la narradora cede el paso a la del texto, un texto universal que se compone de todos los textos individuales a lo largo de la historia humana.

A simple vista parecería que el hombre había ganado la partida; pero no cabe duda que Ortiz ha hecho de su relato "Eva" una exploración. A nosotros, los hijos de la caída, la luz negra—como diría Paz—sólo nos queda cerrar los ojos y volver a ver aquellos patos del principio del relato, "cuando el verbo era verbo, antes de la manzana". Esta vuelta al principio, aunque utópica, era necesaria para superar la distancia, aquella distancia, entre el hombre y la mujer, que se abrió la noche del leopardo.

Obras citadas

Bataille, Georges. *L'erotisme*. Paris: Gallimard, 1957.

Durigan, Jesus Antônio. *Erotismo e literatura*. Sao Paulo: Atica, 1986.

Ortiz, Lourdes. *Los motivos de Circe*. Madrid: Ediciones del Dragón, 1988.

Paz, Octavio. *Los signos en rotación y otros ensayos*. Madrid: Alianza Editorial, 1971.

La mujer djudía en el kuento popular djudeo-espanyol

Matilda Koén-Sarano

Asta ayer el kuento popular djudeo-espanyol no era konosido, si no de ken lo kontava, sin tener el mas chiko sospecho de yevar adientro de sí un tezoro, dinyo de ser konservado i tramandado. Los kuentos vinían kontados oralmente durante la vida kotidiana, de padre en ijo, entre vizinos i amigos, en la kaye i en el merkado, en djudeo-espanyol, la lingua ke muestros padres konservaron kon fidelidad, através los siglos,desde sus ekspulsión de la Espanya. Esta lingua, ke eyos avlavan en sus kazas i en sus echos, konservó el son de la lingua espanyola del siglo XV, i se enrekesió, durante las jenerasiones de la diáspora espanyola, de palavras turkas, gregas, slavas, italianas i fransezes en l'area del Impero Otomano, de palavras árabas en el Maroko Espanyol (árabo marokano) i en Yerushaláyim (árabo palestiniano) i de palavras ebreas en la tierra de Israel, antes i después de la fondasión del estado djidió. En esta lingua pasaron del uno al otro, de paíz en paíz, de jenerasión en jenerasión konsejas (del latino: consilia), ambientadas en un mundo májiko i ireal, ke envitavan a sonyar; lejendas ke tinían komo portagonistas al rey Shelomó (Salomón) i al profeta Elía; kuentos morales ke tomavan exemplos de la vida real a fin edukativo; kuentos morístikos ke tinían el buto de azer riyir, para liberarse de las frustrasiones individuales i sosiales, i munchas vezes vían komo sus protagonista a Djohá, el klásiko burlón de todo el basino del Mediteráneo; i kuentos familiares ke imortalavan epizodios kómikos o emblemátikos, gravados en la memoria familiar.

Por mezo de estos kuentos pasaron dunke de una jenerasión a la otra valores, figuras istórikas i imajinarias, evenimientos, maneras de pensar, uzos I kostumbres, vistimientas i kumidas. Ansí ke en el kuento popular djudeo-espanyol se refleta, en manera a vezes realístika i a vezes idealizada, un mundo riko de istoria, de tradisiónes djudias i no-djudías, i yeno de saviduría i de umor, ke tiene deynda su valor en muestra sosiedad en búshkeda de identidad i de valores turables.

Por medio del kuento popular djudeo-espanyol se puede ver el kamino, echo por los sefaradís en la istoria. Komo de fakto topamos la enfluensa del mundo árabo en los kuentos ke tienen sus orijín en las *Mil i una noche*. La Espanya dio su lingua i algunas de sus sivdades, komo teatros de sus kuentos, komo Saragoza, Cranada, Makeda. De la Turkía en kuento popular djudeo-espanyol tomó la figura del sultán i los kuentos de Nasr-a-dín Hodja, ke vinieron a azersen kuentos de Djohá. I el kuento evropeo kontribuyó kon sus elementos májikos a la formasión de siertos ramos del kuento djudeo-espanyol.

Oy la kadena del kuento oral se rompió, a kavza de los trokamientos ke se produizieron en la sosiedad, ke pedrió las kondisiónes ke permetían al kuento popular de enfloreser, ma en los últimos tiempos ay ken se está apersiviendo de la piédrita de este emportante mezo de komunikasión i de edukasión, i el kuento popular judeo-espanyol vino rekonosido komo veíkolo de valores edukativas, komo fuente de notisias antropolójikas i komo depózito de valores sentimentales. Ansí ke para poder tornar a deskuvrir estos kuentos i kitar a la luz todo akel mundo ke estava eskondido en eyos, tuvimos de bushkar los narradores entre las personas aedadas, konosiendo bien la lingua djudeo-espanyola i sus dialektos, enkorajando los enformantes a avlar i liberándolos del predjudisio ke les aze pensar ke estos kuentos ya no tienen mas emportansa en la sosiedad moderna.

La figura de la mujer djudía

Antes de entrar en el sujeto ke deskojí para mi relasión, vo premeter ke vo avlar, bazándome sovre un "corpus" de mas de 1.100 kuentos orales, ke arrekojí yo mizma, entervistando mas de 100 enformantes de los dos seksos, en Israel, en Turkía, en Italia, en Espanya, en los Estados Unidos i en Arjentina, del 1979 asta oy día, en parte individulamente, i en parte en el sírkolo de kontaderas ke dirijgo yo mizma en Yerushaláyim, del 1988 asta oy, en djudeo-espanyol. Kuaje 700 de eyos ya fueron o están para ser publikados; los otros están deynda inéditos. Deskojí, para bazar mi relasión, akeyos kuentos ke tienen konotasiones tipíkamente djudías, komo figuras istórikas o lejendarias, nombres, situasiones i konsepsiones.

No ay duda ke la mujer es la figura sentral de los kuentos populares de todos los puevlos, porké reprezenta la eterna konkista del ombre i es la depozitaria de la vida, de la kontinuasión de la spesia umana. I la mujer djudia en el kuento djudeo-espanyol no aze eksepsión a esta regla, i es la figura la mas fasil de individuar i karakterizar, porké tiene un lugar muy emportante, ke se kolega derechamente a las fuentes mas profundas del djudaízmo: los tekstos de la Biblia, del Talmud i del Midrásh (el "corpus" de la lejenda oral djudía). Esto no afitó a kavzo, si se konsidera ke "En la tradisión djudía, desde los primeros siglos de la era kristiana, en el ámbito de la literatura ezejétika i moral se dezvelopó una rikísima produksión de kuentos; en époka medieval esta tradisión fue mantenida i dezvelopada en rekoltas de total o prevalente kontenido narrativo", dize Riccardo Di Segni (1). Kere dizir ke una grande parte de los kuentos ke mos vienen kontados oralmente ya aparesió por eskrito. Kon el tiempo i el pasaje, antes a la Espanya i despues al Impero Otomano, la fantazia kolektiva les adjuntó otros motivos, los ancheó, los trokó en maneras de azerlos pareser a las vezes diferentes.

Ansí ke no tenemos sólo figuras de mujeres djudías, ma i situasines klasíkas: bíblikas o midráshikas, en las kualas se topavan orijinariamente los prototipos de estas figuras mizmas, i ke pasaron a akonteser en los paízes ke nombrí. Vamos a konsiderar la mujer sigún los atributos ke le vienen jeneralmente dados. Las primeras dos mujeres pasivas ke keremos tomar en konsiderasión, están atadas derechamente al rey Shelomó (Salomón). Una es la ermoza Shulamit, i la otra es la ija k`el rey mizmo enserra en una torre, para empidir al mazal (suerte) de arivar asta eya. La primera mos aparese en la konseja "El rey Shelomó i el pishkado de oro", kontado por Moshé Ibn Ezra de Izmir (2), en veste de la última ija de un prove peshkador, padre de siete ijas a las kualas él no puede dar la dota. Shulamit, ke no alevanta el ojo sovre el rey, se desha trankilmente deshkojer, i se va azer su mujer la mas amada, sólo después ke él vendrá a bushkar konsolasión ande el pishkado de oro, es ségito a la traisión de su mujer ejipsiana, Tantanhís, ija del Faraón. Shulamit aparese akí dunke komo una "buena ijika", en kontrasto a la fogoza mujer ke konosemos del "Kántiko de los Kántikos" (3). Ma a bien ver fue Shulamit mizma ke mandó a su padre a peshkarle el pishkado de oro, ke reprezenta su mazal. La figura de la ija enserrada por su padre en la torre, ke kontiene motivos edipikos muy klaros, proviene derechamente del Midrash (4) i tendrá una suerte de larga difuzión en los kuentos populares evropeos. A vezes eya es ermoza i a vezes es fea, komo en la konseja, kontada por Rahel Levy de Estanbol (5). Pero nada no ayudará al padre ke vota su ija a kedar soltera. Si la ija tiene el mazal de kazarse, será la ágila ke le traerá el marido asta la ventana de su torre, i eya lo ara entrar a su kamareta. Al rey no keda ke konstatar i akseptar su yerno kon su inyeto.

Otra mujer djudía, ermoza i pasiva, es Sara, la mujer oriunda de Salonik de un non-identifikado rey de Aragón, ke se topa en el kuento "Saragoza" (6), ke me kontó Benyamín Molko de Barselona. Sigún esta konseja será eya a dar el nombre "Saragoza" a la sivdad, kuando el rey, yeno de alegría, irá a liberarla de la kamareta ande la enserró, para ke no deskuvra a los djidiós ke los kere meter a la prova, gritando "Sara, goza tu libertad!". Akí, aún ke mos topemos en la konseja, estamos ovligados a referarmos a la Megillá de Purim (7) i a la reyna Ester, ke salva su puevlo de las manos de Amán el malo, i malgrado ke esta Sara no apareska ni en la Megillá de los saragustís (8), ke es para mozotros una referensia eskrita de este kuento. Si la mujer akí es pasiva, no lo es en el kuento "El rabino i el gato maraviyozo" (9), ke me kontó también Moshé Ibn Ezra, ande será la ija del rabino, ke savrá dar el konsejo ke salvará toda la komunidad djudía de Estanbol de la emposivle prova, empozada por el papás al rabino su padre. Esta es la verdadera Ester, kon además la astusia de la mujer djudía, ke aki save ayudar a su padre, ma ke en otros kuentos savrá salvar a su marido, aziéndolo salir de las situasiónes komplikadas, en las kualas entró el mizmo, komo Rifkula, ke aviza el vizino a media noche ke su marido no le podrá pagar la devda, para ke su marido Moshón durma en paz (10).

Entre las mujeres hahamás (savias) topamos la mujer de Ham Avram (el sinyor Avram), doktor de mata-sanos (11), komo me kontó Pinhas Tokatly de Yerushaláyim. Este modesto doktor se aze médiko del rey, por mérito de su mujer, ke supo arrepusharlo al momento djusto. I topamos además la mujer de otro Avram (típiko nombre sefaradí) ke manda su marido a prezentarse delantre del sultán i a ganar una tinaja de dukados, operando sigún su furbo konsejo, en la konsejika "El sultán i la tinaja de dukados", kontado por Morís Pichón de Estanbol (12). I no mos ulvidaremos de la mujer enstruída, ke melda la Agadá[a] en lugar de su marido i de su envitado, todos los dos analfabetas, aziendo azer a los dos la parte de gameos, en el kuento "Pésah i el gameo", kontado por Alfredo Sarano de Milano (13). Todas estas figuras de mujeres sovresalin en el kuento umorístiko, ke establese un ekilibrio entre dezeos i realidad, i esto no es un kavzo, porké sin entelijensia i pikardía no ay umor.

Mizmo el rey Shelomó,ke no tiene una buena opinión de la mujer, komo se vee en munchos de sus kuentos, tendrá ke renderse a su mujer entelijente, ke uza mesklarse en sus djuzgos, i a la fin, kuando él la manda de kaza, diziéndole ke puede tomar kon sí la koza mas presioza, eya lo aze emburrachar i se lo yeva kon sí, ganándoselo por toda la vida kon una fraza de amor: "Tú sos para mí la koza mas presioza del mundo", en el kuento kontado por Sara Benrey de Estanbol (14). Este motivo aparese en el Midrásh, en un kuento atado a Raby Shimón Bar-Yohay (15).

La mujer djudía ermoza i aktiva se identífika en la muier fiyel, ke, siendo persegida por el ombre, ke no es su marido, save salir de las situasiones mas difisiles, kedando pura, mizmo si este ombre es el rey, komo vemos, entre otras, en la konseja "Al lado del pozo", kontada por Ester Ventura de Izmir (16),ande la mujer save uzar mizmo armas májikas, para aleshar al ombre ke atenta a su virtud. El kulmen se ayega en el kuento "La roza i el león", (17), kontado por Alisia Ben-Dayán de Tetuán, en el kual la ermoza mujer del rabino no sólo reushe a no kayer en las manos del rey, ke tiene la manya de insidiar la vertud de sus súditas, ma lo aze arrepintir i tornar sovre el djudsto kamino, dándole a meldar un teksto sakro, mientres ke él está asperando ke eya torne del banyo. En este kuento mos topamos deklaradamente en Espanya, porké esto mos viene dicho en el kuento "II Bracciere di mano manca", ke se topa en una rekolta de kuentos populares italianos de Italo Calvino (18), i del kual el kuento djudeo-espanyol es klaramente una oykotipifikasión (19) djudía.

Otro djénero de fidelidad es la fidelidad a la promesa echa: la djoven, salvada del pozo, promete al mansevo ke la salvó de kazarse kon él. Los dos se djuran de tomarsen, ma el ombre se olvida de la djura i se kaza kon otra. Eya, tornada a su kaza, ariva asta a azerse pasar por loka, para mantener su djura. Será la muerte estranya de sus dos ijos a akodrar al ombre el pekado ke izo, i lo ará tornar a la ija ke lo asperó, a kosto de pedrer toda su vida. Este kuento, ke se topa en el "Meam Loez" (20), me vino kontado en manera muncho mas ancha, ma igual en su esensia por Levana Sasson de Yerushaláyim (21).

La mujer ermoza i aktiva, ke yeva su fidelidad asta la muerte es Solika—Sol Hatchwell—la dozea djudía de Tanjer, ke fue dekapitada en Fez en el 1834 a katorze anyos, porké refuzó de konvertirse al musulmanizmo. Esta es una figura del mundo real, ke entró a azer parte de la lejenda djudeo-espanyola, porké su storia viene kontada asta oy día en varias diferentes versiones, demonstrando ke ya se izo mítika (22).

No ay demenester ke la mujer sea ermoza, ni djoven, para ke venga imortalada por el kuento djudeo-espanyol. Lo emportante es ke sea relijioza, i sepa konservar las reglas de la Biblia sovre la kasherut,[b] vemos en el kuento "El sultán i la viejizika", kontado por Issahar Avzaradel de Rodes (23). En este kuento moral vemos ke la viejizika, echando por la ventana el guevo ke tiene adientro una gota de sangre, salvará su puevlo de la kalomnía del omisidio ritual. Komo de fakto el sultán turko se konvenserá ke un puevlo ke no kome un guevo, ke kontiene una sola gota de sangre, no puede siertamente matar a una kriatura, para tomar su sangre, para azer el pan ázimo.

La mujer djudía del kuento djudeo-espanyol no tiene demenester también de ser ermoza, para ser tsadiká (djusta): para dar la karidad ke la salvará de la muerte ke estava fiksada para eya en la ora ke eya tinía de parir, komo se vee en las varias versiones del kuento moral "La sedaká (karidad abalda la gezerá (sentensia)" (24), ke mos trae derechamente al kuento talmúdiko sovre la ija de Raby Akivá, la kual, dando la karidad la noche de su boda, se vee salvada del modrisko mortal de una kulevra (25).

I es siempre el profeta Elía, travistido en varias formas, ma kuaje siempre sedakero (mendikante), ke mete a la prova la mujer djudía en el kuento moral, i la salva de la sterilidad, ke es la koza ke la mujer teme mas de todas. Será el profeta Elía, ke premiará la mujer ospital kon el nasimiento de dos djemelos, i kuando eyos mueren, será él a azerlos arrebivir, porké eya supo respektar la paz i la serenidad del shabat (sábado), en el kuento kontado por Strea Koén de Izmir (26). De este kuento es fasil pasar al kuento "El préstimo", kontado por Rashel Perera de Izmir (27), onde topamos la figura de la rubisa ke vee murir en un akcsidente de otomobil a sus dos ijikas, tadre de Rosh Ashaná (Kapodanyo), i save avlar al rabino, su marido kon palavras de enkreívles saviduría i fey en el Dio, en manera de azerle akseptar la muerte de sus kriaturas. En este kuento rekonosemos la figura midráshika de Bruriá, mujer de Raby Meír, ke es el protótipo de la figura de la kual avlimos (28).

Otra rubisa ke entró en la lejenda, es la mujer sefaradía de Yerushaláyim, konsorte de un rabino shefe de yeshivá (eskola rabínika), a la kual se manifesta el profeta Elía, ke estudia kada noche kon su marido, sin aparesérsele. Esto le vale el títolo de "Nevoná" (savia), ke pasará después a toda su desendensia, ke tomará la alkunya "Navón", sigún el kuento kontado por Simha Meyuhás de Yerushaláyim (29).

No ay mujeres feas en el kuento popular djudeo-espanyol? Sí! Pero la mujer fea se yama Grasia, i la grasia del mundo entero está enriva d'eya, dize el rabino al marido ke kere divorsiar de eya, en el kuento umorístiko "Kompensasión", kontado por Malka Levy de Yerushaláyim (30).

Entre las figuras de mujeres djudías en el kuento popular djudeo-espanyol es emportante enkluir la mujer konvertida al djudaízmo por amor: la prenseza ke tomó el nombre de Sara, para kazarse kon el ijo de un rabino, en el kuento "Tehiat ametim" (La resurreksión de los muertos), kontado por Rebeka Koén-Ariel de Yerushaláyim (31). La fey de esta Sara, ke está pronta a salir del jardino de su palasio, para bushkar a su amor pedrido, es tanto fuerte ke riushe a arrebivir este último, kuando ya superó el límito de la vida. Este kuento se topa por eskrito en el livro *Osé Pele* de Yosef Shabetay Farhi (32), ke tinía una grande difuzión en el mundo sefaradí, i ke mos ambeza ke parte del kuento ke tomimos en konsiderasión se pasa en Espanya.

Otra figura de mujer djudía, ke no podía mankar en el kuento popular djudeo-espanyol, es la mujer ke tiene nostajía de Sión. La topamos en dos aspektos: uno es el de la mujer djoven, ke kere bivir para Sión, pariendo ayí akel ijo ke le es niegado en Salonik, komo mos viene kontado en el memorato de su bizinyeta Ester Levy de Yerushaláyim (33). Este kuento, mizmo si tiene munchos elementos lejendarios, komo la aparisión del profeta Elía, es en realidad un kuento verdadero, porké esta mujer arivó realmente de

Salonik a Yerushaláyim i parió akí un ijo, ke fue un grande rabino sefaradí, el Rav Bentsión Kuenka. El sigundo aspekto de la mujer ke tiene nostaljía de Sión es el de la mujer vieja, ke bive en la diáspora i ya save ke no podrá arivar nunka a la tierra de Sión. Eya va asperar a murir, sólo kuando va riushir a obtener un punyado de esta tierra, para meter en su tomba. Sólo entonses podrá murir en paz, mos dize el kuento moral, kontado por Ester Ventura (34).

La ultima figura de mujer, ke me parese enteresante de tomar en konsiderasión, es la mujer ke tiene una kualidad típika de la mujer sefaradía: la luzior (laboriozidad). La mujer luzia es fea i ermoza, pasiva i aktiva, i se kontrapoza a su detrimento, a la mujer haragana, en el kuento "El mazal de Sultana", kontado por Miriam Koén de Yerushaláyim (35), ke las madres sefaradías uzavan kontar a sus ijas novias, antes ke se kazaran. Este kuento, al kual no mankan motivos erótikos, tiene un final grandemente sorprendente i kontrastante kon el final de kada kuento popular de su djénero, ke deve ser orozo. La mujer, arrondjada por su marido, porké en lugar de kurar su persona, da todo de sí a la kura de la kaza, tornando a ser ermoza i amada por su marido, ke la kreye otra mujer, toma sus kriaturas, antes de entrar a la hupá (baldakino nusial), i se va, deshando al marido por siempre, kuando éste demonstra de no ser dinyo de eya.

Vimos dunke ke la mujer djudía ke sovresali del kuento popular djudeo-espanyol, puede ser ermoza, ma la ermozura no le es endispensable, komo lo es a la mujer evropea del kuento popular. A la kontra, en munchísimos kuentos la ermozura no viene ni tomada en konsiderasión. Esto se adapta perfektamente a la máksima djudía "Shéker ahén veével ayofi" (La grasia es mintira i la ermozura vanidad) (36).

Lo emportante es ke eya sea entelijente, savia i enstruída, i sepa ayudar al ombre, kuando es nesesario. Eya es el "ézer kenegdó" (el ayudo ke está enfrente de él) (37): la ke lo save, sí, ayudar, ma lo save kritikar pozitivamente también, si es nesesario. Eya es dunke el komplemento del ombre. Su máksima aspirasión es el matrimonio, la famiya i el tener kriaturas. Esto kere dizir ke es una mujer de kaza, i ke de una parte responde a la máksima djudía "Kol kvodá bat-méleh pnima" (Toda la onor de la ija del rey está adientro) (38), ma de otra parte eya es la patrona de su marido, de su kaza i de su famiya, i mizmo de su kuerpo, porké lo da a ken kere eya. Kuando kere a un ombre, eya save ir asta la fin del mundo i de la vida, para konsegirlo. I si no lo kere, save reskapar de él, mizmo si es rey. Ma si su marido se demontra endinyo del su amor, eya es kapache de desharlo, preferando la maternidad.

Eya tiene la fey instinktiva en el Dio, i no tiene demenester de estudio i de orasión, para konsegirla i mantenerla, komo las tiene demenester el ombre, ke es mas shéptiko por natura. Eya es dunke una persona, por lo mas aktiva, orgolyoza i endipendiente, ke save kualo es bien i kualo mal, i deskoje el bien. Es la "éshet háyil" (la mujer fuerte) de la tradisión djudía (39). Esta figura reprezenta el ideal de la mujer sefaradía, ke tomó kon sí de sus primeras orijines las mas sovresalientes figuras de mujeres de la tradisión djudía, las yevó kon sí através su período de vida en Espanya, i después en la diáspora espanyola, aziéndolas entrar en su vida kotidiana por medio del kuento popular, adaptándolas a las konsepsiones, a las nesesidades i a las sirkonstansias de su tiempo, i bushkando de mantener sus karakteres prinsipales. Lo ke rezulta es una figura de mujer, ke tiene en la sosiedad un lugar distinto del lugar tenido por el ombre, ma no por esto manko valído i onorable.

Notas

1 * Ver: Riccardo Di Segni, Prefazione, en mi livro: (en italiano)Matilde Cohen Sarano, *Le storie del re Salomone*, Samsoni, Firenze, 1993, paj., VIII

2 * Matilda Koén-Sarano, *King Solomon and the Golden Fish*, Wayne State University: Detroit, Michigan (está para salir a la luz).

3 * Biblia, Cántico de los Cánticas.

4 * Ver: Hayim Nahman Bialik, Kol Kitvé Bialik, Meagadot Shlomó Améleh, Otzaat Dvir, Tel-Aviv, 5728, *Agadat Shloshá Vearbaá*, paj. 729-31.

5 * Ver nota n. 1, paj. 22.

6 * Matilda Koén-Serano, *Konsejas i konseiikas del mundo djudeo-espanyol*, Kana, Yerushaláyim, 1994, paj. 267-69.

7 * Biblia, Ester.

8 * Saloniki, Ir Vaem Beisrael, 5727, *Purim Saragusis*, paj. 167.

9 * Matilda Koén-Sarano, *Lejendas de la tradisión djudeo-espanyola* (en preparasión).

10* Matilda Koén-Sarano, *Kuentos del folklor de la famiya djudeo-espanyola*, Kana, Yerushaláyim, 1986, paj. 97.

11* Matilda Koén-Sarano, *De Saragoza a Yerushaláyim*, Ed. Ibercaja, Zaragoza (está para salir a la luz).

12* Ver nota n. 6, paj. 301.

13* Ver nota n.10, paj. 77.

14* Ver nota n. 9.

15* Shir Ashirim Rabá, Parashá alef, Piska lamed-alef.

16* Ver nota n. 6, paj. 67-69.

17* Ver: Matilda Koén-Sarano, "El elemento español en el cuento popular judeo-español", en *Ariel* n. 87, Jerusalen, paj. 95-96.

18* Italo Calvino, Fiabe Italiane, Vol. II, Einaudi, Torino, 1956, paj. 669-71.

19* Ver: C. W. Von Sydow, "*Folktales Studies and Philology, Some Points of View*", in A. Dundes (ed.), *The Study of Folklore*, Englewood Cliffs (N.Y.) 1965, paj. 219-243.

20* Meam Loéz, komento de Yaakov Hulli, VI ed., Izmir 1864, folio 187 c-d.

21* Ver nota n. 9.

22* Ver nota n. 6, paj. 397-399 por exemplo.

23* Ver nota n. 11.

24* Ver nota n. 10, paj. 227, por exemplo.

25* Talmud Bavlí, Maséhet Shabat, folio 156 b.

26* Ver nota n. 24, paj. 31.

27* Matilda Koén-Sarano, Sipuré Am Mimaréshet Yeudé Sfarad, Midrashiat Amalia, Yerushaláyim, 1990, paj. 98.

28* Midrásh Mishlé, kap. 31, v. 10.

29* Matilda Koén-Sarano, Sipure Eliau Anaví Mimoreshet Yeude Sfarad, Midrashiat Amalia, Yerushaláyim, 1993-94, paj. 81.

30* Matilda Koén-Sarano, *Kuentos i konsejas djudeo-espanyoles*, Editorial Shalom, Buenos Aires (en preparasión).

31* Ver nota n. 6, paj. 281-85.

32* Yoef Shabetay Farhi, Osé Pele Ashalem, helek II, Yerushaláyim, Otsaat Bakal 5719, paj. 160-73.

33* Ver nota n. 29, paj. 65.

34* Ver nota n. 9.

35* Ver nota n. 10, paj. 213-15.

36* Biblia, Proverbios, kap. 31, v. 10-31.

37* Biblia, Génesis, kap. 2, v. 18.

38* Biblia, Salmos, Icap. 45, v. 14.

39* Ver nota n. 36.

[a] "Agadá" (en ebreo): el kuento de la salida de los djudíos de Ejipto, ke se melda la primera noche de Pésah (la Paskua djudía) en tierra de Israel, i las dos primeras noches afuera de eya.

[b] "kasherut" (en ebreo: kashrut): el komplekxo de las reglas de puridad de las kozas de komer, sigún la Ley djudía.

V

ESCENARIO Y PANTALLA: ALEGORIAS DE "EL SER MUJER"

Contribuciones de mujeres a la escena española (1900-1936)

Montserrat Alás-Brun
Louisiana State University

El propósito de este estudio es resaltar las contribuciones hechas por distinguidas mujeres en todos los aspectos de la producción teatral, durante el primer tercio del siglo XX en España; es decir, desde principios del siglo XX hasta el comienzo de la guerra civil.[1] Me propongo ofrecer un panorama general y, dentro de los límites de mi artículo, destacar el papel que muchas de ellas desempeñaron en la recepción de las obras estrenadas en las primeras décadas de nuestro siglo. Especial mención recibirán algunas primeras actrices, debido a la importancia de la interpretación y al patronazgo de la actriz principal en la aceptación del autor y el éxito de la obra. El concentrar mi atención en las mujeres de ese período, se debe a que es, a mi juicio, la parcela más abandonada por los investigadores del teatro español contemporáneo.

Además de pasar revista al estado actual de la crítica al respecto, a fin de mostrar la importancia del tema que nos ocupa y la necesidad de su estudio, quiero presentar algunas posibles líneas de investigación. Concretamente, considero fundamental para la comprensión del teatro español de preguerra, el estudio de la relación autor/primera actriz y el papel de ésta en la recepción de las obras teatrales; y, en menor medida la relación autor/directora.

Debe tenerse en cuenta que para las compañías de actores profesionales, la figura del director de escena profesional no se introdujo en España hasta los años cuarenta, aunque existía ya en los grupos de teatro de cámara. En 1941 Luis Escobar fue nombrado director de la Compañía Nacional del Teatro María Guerrero. El y Felipe Lluch (por entonces director del teatro Español, dependiente del Ayuntamiento de Madrid) fueron, según Mariscal, quienes consiguieron dotar a la labor de dirección teatral de una categoría profesional (40).

Hasta entonces, eran a menudo los primeros actores o las primeras actrices quienes desempeñaban funciones similares a las del director escénico, en un papel equivalente al "actor-manager" anglosajón; salvo en los casos en que el mismo autor (como Jardiel o Mihura) prefería realizar esa labor, para lo cual encontraban fuertes obstáculos, empezando por la resistencia de los primeros actores, según se desprende de las quejas de los dramaturgos citados y de otros, como el mismo García Lorca.

Las dificultades con los actores por las que atravesaron dichos autores se ven reflejadas en los prólogos de varias de sus obras. Jardiel, por ejemplo, se vio forzado a hacer cambios importantes en varias de sus comedias, como recoge Carmen Escudero en su estudio (126-30). Mihura se queja en el prólogo de *Tres sombreros de copa* de las imposiciones ridículas de algunas actrices. En una entrevista de 1936, Lorca lamentaba la situación de crisis del teatro y opinaba que "en parte tienen la culpa los actores" con sus imposiciones, al exigir a los dramaturgos que creen papeles a su medida (72). Los autores se quejan con frecuencia del divismo de algunos primeros actores y, en especial, algunas primeras actrices, que resulta en imposiciones arbitrarias a los dramaturgos. Esta es la contrapartida de la gran influencia y poder ejercidos por ciertas estrellas del teatro, capaces de consagrar a un autor como favorito del público. Cito el testimonio de Nuria Espert, actriz y directora ella misma, sobre la doble función tradicional de los primeros actores y primeras actrices como protagonistas y directores de escena al mismo tiempo:

> Todos los grandes actores del pasado han dirigido. No existía el director y el que ponía orden en el escenario, con más o menos fortuna, era el primer actor o la primera actriz. Eso se ha hecho en todas partes [...], desde Tina Gascó [...] a Margarita Xirgu, Lola Membrives [...]. Hay una larga tradición.[2]

Una constante en la escasa crítica sobre la materia que nos ocupa, además de su parquedad o silencio hasta fechas muy recientes, es que tiende a resaltar en general, solamente los aspectos negativos del sistema de estrellato y que minimiza o ignora completamente el papel de las mujeres como directoras o actrices en el éxito de una obra y la acogida o consagración de un autor.

La falta de atención crítica seria a las directoras y actrices del período corre pareja con la casi total ausencia de estudios sobre dramaturgas españolas de las primeras décadas del siglo, paliado parcialmente en los años noventa por la publicación de varios artículos sobre algunas de las autoras más señaladas, además de una notable contribución[3]—el libro de Pilar Nieva, dedicado a las escritoras de teatro de 1918 a 1936.[4] Sin embargo, los estudios que al respecto existen son todavía escasos y se concentran casi exclusivamente en unas pocas dramaturgas, dejando de lado a las autoras menos conocidas y a las contribuciones de mujeres en otras áreas relacionadas con el teatro.

Uno de los obstáculos principales que ha impedido tradicionalmente el reconocimiento de las aportaciones de las mujeres al teatro español, como señala muy acertadamente Patricia O'Connor, es la existencia solapada de una censura, ejercida en la práctica por numerosos historiadores de la literatura dramática ("Las dramaturgas..." 110). Estos investigadores, a menudo investidos de gran prestigio, han creado un canon literario, aceptado por casi todos los especialistas sin discusión y difundido desde las cátedras y los manuales de literatura, prácticamente sin cuestionamiento. En la lista canónica de dramaturgos españoles contemporáneos, las autoras han sido reducidas a una brevísima mención, cuando no excluídas completamente, hasta el punto de poder referirnos, como hace la investigadora Mª Francisca Vilches de Frutos, a la "historia 'silenciada' del teatro español de este período [los años veinte y treinta]" (Prólogo 16).

Pilar Nieva, autora del único estudio extenso que existe hasta la fecha sobre las dramaturgas de entreguerras, se sorprende por la "ausencia de nombres de mujer entre los escritores de teatro que han pasado a formar parte del canon dramático de nuestro siglo" (20). Entre los escritores de libros de referencia que "han pasado por alto a las dramaturgas" (110), O'Connor menciona a Torrente Ballester, Díaz Plaja, Valbuena Prat, Sainz de Robles, García Pavón, Molero Manglano, Monleón, Domenech y Ruiz Ramón. Esta lista podría alargarse, por desgracia. Estas son las palabras de la mencionada investigadora:

> La censura sobre la mujer que quiere escribir o en el momento de presentar o ensayar la obra, no la ejercen sólo los críticos de prensa después del estreno; también la ejercen pasiva pero enérgicamente los historiadores al echar un tupido velo sobre la existencia y producción de las escritoras teatrales. (110)

María-José Ragué, crítica teatral y dramaturga, había señalado ya esta carencia:

> En la historia del teatro español, hay escasas lagunas en cuanto a autores, pero existen muchas omisiones en cuanto a autoras. Para estudiar el teatro de la mujer, aun tratándose de la época contemporánea, una de las dificultades es precisamente la de las fuentes de documentación. (13)

Si son escasos los estudios o aun las menciones a autoras dramáticas, especialmente de las primeras décadas del siglo XX, más parcos resultan todavía los que tratan de la labor de directoras de escena y primeras actrices de ese período. Los pocos libros y artículos que las mencionan generalmente lo hacen de pasada, o bien tienden a ser bastante anecdóticos, concentrados en unos pocos nombres conocidos.[5]

No hay hasta la fecha un solo estudio que trate el tema de una manera global y que intente presentar algunas conclusiones sobre el impacto de las mujeres en este campo. Los numerosos estudios sobre los principales dramaturgos del período, como García Lorca, Valle-Inclán o el Premio Nobel Jacinto Benavente, normalmente minimizan o simplemente ignoran el importante papel desempeñado por varias primeras actrices y algunas directoras de escena en el acceso de estos autores a los escenarios, así como su éxito con el público y los críticos.

El mismo Ruiz Ramón, considerado por la mayoría de los especialistas del teatro y los estudiosos de la literatura española durante las dos últimas décadas como la máxima autoridad en la historia del teatro español del siglo XX, se limita a mencionar de pasada a Concha Méndez (reconociendo que sólo ha leído el primer acto de una de sus obras)[6] y a María Lejárraga. Sólo incluye a otra dramaturga en su extenso estudio, Julia Maura, a la que descarta rápidamente como autora de comedias sentimentales y cultivadora del subgénero de la "pequeña comedia de tesis de la escuela benaventina" (318); y ni tan siquiera menciona en todo su libro (*Historia del teatro español. Siglo XX*) a la directora Pura Ucelay, fundadora y directora del Club Teatral Anfistora en los años treinta y una de las figuras clave en el desarrollo de un teatro alternativo.

Ruiz Ramón nombra de pasada a algunas importantes actrices que fueron también directoras (Margarita Xirgu, por ejemplo) y, en ciertos casos, incluso empresarias, como la legendaria María Guerrero, y que estuvieron íntimamente ligadas a la aceptación y al éxito de autores innovadores que, de otra forma, no habrían tenido acceso al teatro comercial.[7] En mi opinión, merecen algo más de reconocimiento que una breve nota a pie de página.

No todos los estudios generales sobre el teatro español del siglo XX pasan por alto las contribuciones de actrices-directoras. Ana Mariscal (ilustre actriz y directora ella misma) llega a afirmar en su libro:

> La base de lo que ha sido nuestro teatro en treinta años, desde 1940 hasta 1970 [...] fue el teatro que hicieron María Guerrero antes y Margarita Xirgu después; y las obras que eligieron y los autores que dieron a conocer (50).

La escasa atención a los logros y al influjo de las mujeres en el teatro de preguerra ha pervivido hasta hoy día, con raras excepciones. En un volumen de 1992 dedicado al teatro español de 1918 a 1939 (Dougherty y Vilches de Frutos, *El teatro en España*), que incluye cuarenta y dos artículos de diversos autores, sólo dos de ellos tratan de dramaturgas del período;[8] hay además otro dedicado a Pura Ucelay, escrito por su hija (Ucelay, Margarita, "El Club Teatral Anfistora").

A pesar de la amplia variedad de temas cubiertos, ningún artículo del volumen mencionado trata específicamente de las importantes consecuencias del mecenazgo ejercido por muchas actrices profesionales (que eran directoras, al mismo tiempo) a favor de autores noveles y de los dramaturgos innovadores, así como la enorme influencia que estas famosas actrices ejercieron, tanto en el público como en los críticos. Esta seria carencia es compartida por la mayoría de los estudios tradicionales del teatro, que tienden a aislar el texto dramático de la realidad teatral, de la representación y de su recepción por el público y los críticos.

Los datos exhumados recientemente por los investigadores Dru Dougherty y Mª Francisca Vilches de Frutos contrastan abiertamente con la notable falta de atención crítica a las dramaturgas del siglo XX de producción anterior a la guerra civil (*La escena madrileña*). Dougherty y Vilches han documentado la existencia de más de sesenta autoras, casi veinte traductoras o adaptadoras y noventa obras teatrales en el período de 1918 a 1936;[9] sólo en Madrid se estrenaron más de setenta obras escritas por dramaturgas en ese período.[10] Sin embargo, estas cifras son sensiblemente inferiores a las de los dramaturgos varones, que dominaron completamente los teatros comerciales del mismo período.[11] La desproporción entre el número de dramaturgos y el de autoras que consiguen llevar sus obras a escena es todavía mayor en el teatro de posguerra, según hace notar O'Connor en "Spain's 'Other' Post-War Dramatists: The Women" (98).

Las autoras de la primera mitad del siglo son comparativamente escasas y poco reconocidas, considerando la abrumadora abundancia de dramaturgos y la extraordinaria popularidad de algunos de ellos. Entre ellas ha merecido atención especial (sobre todo por parte de O'Connor) un caso ejemplar de dramaturga injustamente ignorada, el de María de la O Lejárraga, la esposa y colaboradora secreta de Gregorio Martínez Sierra.[12] Lejárraga (más conocida bajo su nombre de casada, María Martínez Sierra) fue además una gran promotora de la causa feminista en España y de diversas asociaciones para fomentar la educación de la mujer. Escribió numerosas obras teatrales en las primeras décadas del siglo XX en colaboración secreta con su marido, el dramaturgo y director escénico Gregorio Martínez Sierra, que firmó y estrenó todas ellas como único autor.[13]

Ruiz Ramón no se extiende en explicar la naturaleza de esta peculiar colaboración, que ha sido ampliamente estudiada por O'Connor, quien reivindica en dos libros y varios artículos la importancia que, como autora dramática, tiene María Lejárraga. Los trabajos pioneros de O'Connor a fines de los años setenta y en los años ochenta se han centrado, con la excepción de los dedicados a la citada autora, en dramaturgas contemporáneas.[14] Los últimos artículos y ponencias sobre autoras teatrales españolas están dedicados principalmente a las de los años setenta y ochenta.[15] Este es el caso de varios artículos publicados en 1993 en la revista *Estreno*, dedicados al teatro de Concha Romero y otras autoras contemporáneas;[16] del volumen titulado *Entre actos* (publicado por *Estreno* en 1999), que dedica la segunda parte (con nueve artículos) a las dramaturgas de las últimas décadas del siglo XX;[17] o de algunos artículos sueltos, publicados principalmente en la década de los noventa en revistas especializadas, como *Estreno* y *Primer Acto*.[18]

Algunos estudios, publicados ya en los años noventa, se ocupan también de dramaturgas cuya reputación como autoras ha sido ensombrecida en varios casos por la de sus cónyuges o compañeros, que alcanzaron mayor fama en el mundo de las letras. Así ha ocurrido con Concha Méndez, esposa del poeta Manuel Altolaguirre, ignorada como autora teatral hasta fechas muy recientes,[19] y con algunas más, como María Teresa León (compañera de Rafael Alberti), Zenobia Campubrí (mujer de Juan Ramón Jiménez) o Pilar de Valderrama, más conocida como Guiomar, la musa de Antonio Machado. Otras dramaturgas a las que últimamente se ha prestado atención son Pilar Millán Astray y Halma Angélico (seudónimo de María Francisca Clar Margarit); ambas son estudiadas en un artículo de Pilar Nieva de 1992 ("Tradición y vanguardia") y en su libro, donde además se recuperan muchas otras autoras dramáticas que habían caído en el olvido.[20]

A pesar de los mencionados esfuerzos críticos en los últimos años, las principales contribuciones de las mujeres al teatro español contemporáneo permanecen, en mi opinión, sin explorar. Esta situación justifica que Nieva llegue a hablar del "absoluto vacío crítico existente respecto a la participación de la mujer en la vida escénica española"(22). Por contraste con esta ausencia de atención crítica, considero necesario reivindicar la labor pionera de numerosas actrices, directoras e incluso empresarias teatrales. Su compromiso de promover un teatro de alta calidad y de representar obras arriesgadas (en muchos casos, de autores entonces desconocidos) tanto en los circuitos comerciales como en grupos de aficionados, ha sido fundamental para consagrar a autores innovadores, ampliar los horizontes de muchos críticos y educar al público en general.

Entre los directores de grupos teatrales de aficionados (teatro de cámara) de los años treinta destaca Pura Ucelay, fundadora y directora del Club Anfistora (1933-36), cuyas contribuciones han sido injustamente ignoradas durante mucho tiempo, por contraste con las de los directores varones de la misma época, a quienes la crítica ha dedicado asiduamente su atención. Ucelay fue miembro del Lyceum Club Femenino, fundó con

María Martínez Sierra la Asociación Femenina de Cultura Cívica, cuyo objetivo era la educación de la mujer de la clase obrera, y dirigió el Club Teatral de Cultura, embrión del Club Anfistora.

Ucelay mantuvo una estrecha colaboración con Lorca hasta la muerte de éste, en 1936.[21] Ella rescató de la censura la obra de *Don Perlimplín*, de Lorca, que había sido incautada por la Dirección General de Seguridad en 1929 bajo acusaciones de inmoralidad y subversión, y consiguió por su tenacidad el permiso para estrenarla. Dirigió y produjo el montaje de esta pieza, colaborando estrechamente con su autor, y consiguió estrenarla en un teatro importante, el Español de Madrid, en 1933.

También en 1933 Ucelay había dirigido una nueva producción de *La zapatera prodigiosa*, también de Lorca, en la que el mismo autor, curiosamente, desempeñó el papel del Autor ficticio, que presenta su supuesta obra. Lorca quedó tan satisfecho con los resultados que, justo después del estreno de *Don Perlimplín*, se nombró a sí mismo co-director del grupo de aficionados, que recibió entonces el nombre de Club Teatral Anfistora.

Ucelay dirigió también otras obras de tendencia vanguardista, como *Así que pasen cinco años*, una de las obras más complejas de Lorca, que iba a representarse cuando estalló la guerra civil y Lorca fue asesinado. Sobre su importante labor de formación de actores y actrices, Ana Mariscal, famosa en la posguerra como actriz, además de directora de cine y escritora, afirma haberlo aprendido todo como actriz de Pura Ucelay (Mariscal 34). Precisamente Mariscal empezó su carrera de actriz en el Club Anfistora, representando un papel secundario en *Así que pasen cinco años* cuando todavía era una adolescente. El comienzo de la guerra civil y el asesinato de Lorca ese verano en Granada marcaron trágicamente el final de la fructífera colaboración entre éste y Ucelay y el de uno de los intentos más interesantes de introducir el teatro experimental en España.

Hubo también otras mujeres estrechamente involucradas en la representación teatral en circuitos no comerciales, sobre todo en los años de la II República y durante la guerra civil, en el sector republicano. Un ejemplo destacado es el de la esposa del poeta y dramaturgo Rafael Alberti, María Teresa León, muy activa en el ámbito teatral, que organizó la representación de *Los cuernos de Don Friolera*, de Valle-Inclán, y fue también dramaturga, además de directora teatral.

León dirigió el Teatro de Arte y Propaganda en Madrid durante la guerra y colaboró en la revista artística y literaria *El Mono Azul*, destinada a los soldados republicanos en el frente y a mantener la moral de la población civil en la retaguardia. En uno de sus ensayos de tema teatral, "Gato por liebre", publicado en *El Mono Azul* en 1937, justifica la utilización del teatro "como vehículo de propaganda y de cultura" y defiende su concepción del teatro como "el arte colectivo por excelencia", en la que basa su gestión al frente del Teatro de Arte y Propaganda. Desde 1995 se han publicado dos libros sobre la obra literaria de León: el de Estébanez Gil (1995) y el de Torres Nebrera (1996). El énfasis predominante al estudiar a León continúa centrado en su obra de creación literaria no dramática, además de sus ensayos y memorias, y no en sus contribuciones en el campo teatral (aparte de sus obras). Torres dedica sólo un capítulo a sus obras teatrales y ensayos, por ejemplo.

La esposa de otro poeta de la llamada "generación del 27", Concha Méndez, poeta y dramaturga, merece también mayor atención que la que se le ha dedicado tradicionalmente. Miró ha estudiado en un artículo de 1992 las obras dramáticas publicadas de Concha Méndez; sin embargo, no hace mención a su labor como impulsora del teatro en España antes de 1939. Méndez estuvo casada con el también poeta Manuel Altolaguirre, con quien compartía un gran interés por el teatro. Desempeñó una importante labor de educación de la mujer y promoción de nuevas tendencias teatrales desde su puesto en el Lyceum Club Femenino, centro de reunión para las feministas de la época, fundado en Madrid en 1926, cuya importante labor de difusión cultural se mantuvo ininterrumpida hasta 1936. Mantuvo una intensa actividad literaria y de difusión cultural (orientada a la mujer) en los años treinta; se exilió después de la guerra civil.

Para mantenernos en los límites propuestos, quiero finalizar con algunos comentarios sobre el papel de las actrices que asumieron tareas de dirección. No nos detendremos en analizar sus muchas contribuciones, ni tampoco ofreceremos un catálogo de las muchas obras importantes cuya representación y éxito hicieron posible; sólo quiero recordar que en la etapa de preguerra las primeras actrices (a menudo co-directoras de compañías teatrales, con derecho a elegir o rechazar las obras representadas, y en varios casos co-propietarias de teatros, en papel de empresarias)[22] fueron muy importantes en su labor de impulsoras del teatro. Con su prestigio y buenas dotes interpretativas respaldaron a autores como Galdós, Unamuno, Valle-Inclán, Lorca o Casona,[23] que de otra forma difícilmente hubieran podido estrenar en el teatro comercial y ser acogidos por el público.

Por citar a algunas de las primeras actrices más conocidas en el primer tercio del siglo, mencionaremos a María Guerrero y a Margarita Xirgu. Guerrero dio a conocer a Galdós, Benavente, Marquina y los hermanos Machado, entre otros, y fue considerada en su tiempo tan valiosa como Sarah Bernhart. Invirtió toda su fortuna (hasta arruinarse) en la adquisición y remodelación de teatros y en la puesta en escena de numerosas obras (Mariscal 40-42).

Xirgu estuvo encargada durante tres años del Teatro Español y fue responsable de estrenos de obras clave de Unamuno y Alberti, entre otros, aunque está más unida en el recuerdo colectivo con el teatro lorquiano. Durante la II República representó obras de Lorca y Valle-Inclán, además de los autores citados y otros dramaturgos, y dio a conocer a Casona. Continuó en el exilio su labor de divulgación del teatro español, desde su puesto de directora del Teatro Nacional de Montevideo.

Podríamos mencionar a muchas otras primeras actrices, de gran impacto en la escena española de las primeras décadas del siglo XX pero de escaso reconocimiento posterior, como Catalina Bárcena, asociada con el director y empresario Martínez Sierra y exiliada, como Xirgu. Bárcena regresó diez años después, en 1949, mientras que Xirgu murió en el exilio. Bárcena estrenó la primera obra de Lorca y sendas piezas de Azorín y Jacinto Grau, además de muchas obras del matrimonio Martínez Sierra y de otros autores. A su regreso del exilio sufrió represalias políticas: su nombre no podía mencionarse en la prensa, en las reseñas de los estrenos teatrales (como en un principio ocurrió con Benavente, que en su momento había expresado su apoyo a la II República).[24]

En conclusión, es hora de reconocer las sobresalientes contribuciones de un excelente grupo de actrices profesionales, a menudo en el papel de directoras e incluso empresarias, así como la dedicación infatigable al teatro de muchas otras mujeres, que trabajaron como voluntarias en compañías de aficionados y representaron obras de teatro experimental fuera de los circuitos comerciales. Gracias a sus esfuerzos y a los riesgos que asumieron, hicieron posible el florecimiento del teatro en España durante las primeras décadas del siglo XX y el reconocimiento de muchos autores innovadores que de otra forma serían desconocidos.

Deseo terminar con una cita de Cristina Alberdi referida a la situación actual de la mujer española en el teatro, pero igualmente aplicable al periodo que nos ocupa:

> Parece como si [en el teatro] sólo la figura de la actriz fuera socialmente admitida; todo lo que comporta otras formas de creación [...] sigue generando, en la práctica, la exclusión de las mujeres. Por ello necesitamos aún de acciones específicas, que legitimen las funciones creativas de las mujeres, que permitan su acceso a todos los foros públicos. Días vendrán en que [...] la igualdad sea un hecho, en que la diferencia ya no sea desigualdad. Mientras, seguiremos caminando hacia este futuro (8).[25]

Obras citadas

Alás-Brun, Montserrat. "Contribuciones de la mujer a la escena española (1900-1936)". First International Conference on the Spanish and Latin-American Women, congreso patrocinado por Hispanic Association for the Humanities. Madrid, 31 julio-6 agosto de 1995.

—-. "Women in Contemporary Spanish Theatre". Work in Progress V (Conference on Feminist Scholarship), congreso patrocinado por Old Dominion University. Norfolk (Virginia), mayo de 1994.

Alberdi, Cristina. "Un premio para mujeres". *Cocinando con Elisa* y *Lugar común*. Por Lucía Laragione y Lucía Sánchez. Madrid: Publicaciones de la ADE (Asociación de Directores de Escena de España), 1994. 7-8.

Toro, Alfonso de y Wilfried Floeck, eds. *Teatro español contemporáneo. Autores y tendencias.* Kassel: Edition Reichenberger, 1995.

Bruner, Jeffrey. "Glorias y miserias de la dramaturgia de María Manuela Reina". *Estreno* 19.2 (1993): 48-50.

Dougherty, Dru y Mª Francisca Vilches de Frutos. *La escena madrileña entre 1918 y 1926. Análisis y documentación.* Madrid: Fundamentos, 1990.

—-. *La escena madrileña entre 1926 y 1931. Un lustro de transición.* Madrid: Fundamentos, 1997.

Dougherty, Dru y Mª Francisca Vilches de Frutos, eds. *El teatro en España. Entre la tradición y la vanguardia. 1918-1939.* Madrid: CSIC, 1992.

—-. *Texto, sociedad y política en la España del siglo XX*. Número especial de *Boletín de la Fundación Federico García Lorca* 19- 20 (1996).

Escudero, Carmen. *Nueva aproximación a la dramaturgia de Jardiel Poncela*. Murcia: Cuadernos de la Cátedra de Teatro de la Universidad de Murcia, 1981.

Espert, Nuria. Entrevista por Carlos Rodríguez. *ADE-Teatro* 43-44 (1995): 102.

Estébanez Gil, Juan Carlos. *Mª Teresa León: estudio de su obra literaria*. Burgos: Editorial La Olmeda, 1995.

Ferrero, Carmen. "Imágenes del exilio en la dramaturgia femenina". *Entre actos: Diálogos sobre teatro español entre siglos*. Ed. Martha T. Halsey y Phyllis Zatlin. State College, PA: Estreno, 1999. 49-54.

Floeck, Wilfried. "Entre el drama histórico y la comedia actual: El subtexto femenino en el teatro de Concha Romero". *Estreno* 23.1 (1997): 33-38.

García Lorca, Federico. *Amor de Don Perlimplín con Belisa en su jardín*. Ed. Margarita Ucelay. Madrid: Cátedra, 1990.

—-. "La poesía es algo que anda por la calle". Entrevista por Felipe Morales. *Lorca por Lorca*. La Habana: Editorial de Arte y Literatura, 1974. 69-74.

García Templado, José. *El teatro anterior a 1939*. Barcelona: Editoria Cincel, 1980.

Gies, David. *The Theatre in Nineteen Century Spain*. Cambridge: Cambridge UP, 1994.

Goodnough, Robin. "Voces femeninas y discursos patriarcales en *No moleste, calle y pague, señora*". *Estreno* 23.1 (1997): 39-42.

Halsey, Martha T. y Phyllis Zatlin, ed. *Entre actos: Diálogos sobre teatro español entre siglos*. State College, PA: Estreno, 1999.

Harper, Sandra N. "Manuela Reina's *Reflejos con cenizas*: A Conflation of Generation". *Estreno* 23.1 (1997): 43-47.

Harris, Carolyn J. "Concha Romero y Paloma Pedrero hablan de sus obras". *Estreno* 19:2 (1993): 29-35.

Hormigón, Juan Antonio, ed. *Autoras en la historia del teatro español (1500-1994). Siglo XX (1900-1975)*. Vol. 2. Madrid: ADE, 1997.

Johnson, Anita. "Dramaturgas españolas: presencia y condición en la escena española contemporánea" [versión abreviada de una mesa redonda]. *Estreno* 19.1 (1993): 17-20.

Laragione, Lucía y Lucía Sánchez. *Cocinando con Elisa* y *Lugar común*. Madrid: Publicaciones de la Asociación de Directores de Escena de España, 1994.

León, María Teresa. "Gato por liebre". *El Mono Azul* 36 (14 oct. 1937): s. n.

Mariscal, Ana. *Cincuenta años de teatro en Madrid.* Madrid: Avapiés, 1984.

Mihura, Miguel. *Tres sombreros de copa. Maribel y la extraña familia.* Ed. Miguel Mihura. Madrid: Castalia, 1977.

Miró, Emilio. "La contribución teatral de Concha Méndez". *El teatro en España. Entre la tradición y la vanguardia. 1918-1939.* Eds. Dru Dougherty y Mª Francisca Vilches de Frutos. Madrid: CSIC, 1992. 439-51.

Nieva, Pilar. *Autoras dramáticas españolas entre 1918 y 1936.* Madrid: CSIC, 1993.

—-. "Mujer, sociedad y política en el teatro de las escritoras españolas del primer tercio de siglo (1900-1936)". *Texto, sociedad y política en la España del siglo XX.* Eds. Dru Dougherty y Mª Francisca Vilches de Frutos. Número especial de *Boletín de la Fundación Federico García Lorca* 19-20 (1996): 87-105.

—-. "Tradición y vanguardia en las autoras teatrales de preguerra: Pilar Millán Astray y Halma Angélico". *El teatro en España. Entre la tradición y la vanguardia. 1918-1939.* Eds. Dru Dougherty y Mª Francisca Vilches de Frutos. Madrid: CSIC, 1992. 429-38.

—-. "El teatro de María Teresa Barragán: una contribución al feminismo reformista de preguerra". *Estreno* 23.2 (1997): 27- 29, 41.

O'Connor, Patricia W. "Buen momento para las dramaturgas españolas". *Estreno* 25.1 (1999): 2.

—-. "Death of Martínez Sierra's Co-author". *Hispania* 58 (1975): 210-11.

—-. *Dramaturgas españolas de hoy.* Madrid: Fundamentos, 1988.

—-. "Las dramaturgas españolas y la 'otra censura'". *Diálogos hispánicos de Amsterdam* 5 (1987): 99-117.

—-. *Gregorio and María Martínez Sierra.* Boston: Twayne Publi shers, 1977.

—-. *Gregorio y María Martínez Sierra. Crónica de una colaboración.* Madrid: La Avispa, 1987.

—-. "Postmodern Tendencies in the Theater of Marisa Ares and Paloma Pedrero". *Letras peninsulares* 4.3 (1991): 307-18.

—-. "¿Quiénes son las dramaturgas contemporáneas y qué han escrito?". *Estreno* 10.2 (1984): 9-12.

—-. "Six 'Dramaturgas' in Search of a Stage". *Gestos* 3.5 (1988): 116-20.

—-. "Spain's First Successful Woman Dramatist: María Martínez Sierra". *Hispanófila* 66 (1979): 87-108.

—-. "Spain's 'Other' Post-War Dramatists: The Women". *Letras peninsulares* 1.1 (1988): 97-107.

Perkowska-Alvarez, Magdalena. "Representación del espacio y del tiempo en *Usted también podrá disfrutar de ella*, de Ana Diosdado". *Explicación de textos literarios* 24.1-2 (1995-96): 173-84.

Ragué, María-José. "La mujer como autora en el teatro español contemporáneo". *Estreno* 19.1 (1993): 13-16.

Ramírez, José. *Catalina Bárcena*. Caracas: [s.e.], 1928.

Ruiz Ramón, Francisco. *Historia del teatro español. Siglo XX*. 4ª ed. Madrid: Cátedra, 1980.

Serrano, Virtudes. *Cuadernos de dramaturgia. Taller de escritura con Paloma Pedrero*. Murcia: Escuela Superior de Arte Dramático, 1996.

—-. "La personal dramaturgia de Paloma Pedrero". *Primer acto* 258.2 (1995): 62-66.

Torres Nebrera, Gregorio. *Los espacios de la memoria (La obra literaria de María Teresa León)*. Madrid: De la Torre, 1996.

Ucelay, Margarita. "El Club Teatral Anfistora". *El teatro en España. Entre la tradición y la vanguardia. 1918-1939*. Eds. Dru Dougherty y Mª Francisca Vilches de Frutos. Madrid: CSIC, 1992. 453-67.

—-. Introducción. *Amor de Don Perlimplín con Belisa en su jardín*. Por Federico García Lorca. Ed. Margarita Ucelay. Madrid: Cátedra, 1990. 11-250.

Vilches de Frutos, Mª Francisca. Prólogo. *Autoras dramáticas españolas entre 1918 y 1936*. 15-16.

Zatlin, Phyllis. "El teatro de Ana Diosdado: ¿conformista?" *Teatro español contemporáneo. Autores y tendencias*. Eds. Alfonso de Toro y Wilfried Floeck. Kassel: Edition Reichenberger, 1995. 125-46.

Zaza, Wendy-Llyn. "Imágenes del exilio en la dramaturgia femenina". *Entre actos: Diálogos sobre teatro español entre siglos*. Ed. Martha T. Halsey y Phyllis Zatlin. State College, PA: Estreno, 1999. 39-47.

Notas

1 * La investigación básica del material primario para este artículo fue posible gracias a una beca de la Universidad de Old Dominion (Virginia) en el otoño de 1994. He revisado, completado y actualizado dicha investigación gracias a una beca de la Universidad Estatal de Louisiana para el verano de 1999 (*Manship Grant*), complementada con una beca del Programa de Cooperación Cultural entre el Ministerio de Cultura de España y las Universidades de los Estados Unidos. Adelanté las conclusiones principales de la primera fase de mi investigación en mi ponencia "Contribuciones de la mujer a la escena española (1900-1936)" en agosto de 1995. Anteriormente presenté en otra ponencia un estudio preliminar sobre este tema, con mis conclusiones provisionales, en mayo de 1994, bajo el título "Women in Contemporary Spanish Theatre".

2 * Véase la entrevista por Carlos Rodríguez, *ADE - Teatro*, 43- 44 (1995), 102.

3 * Un hito importante en los estudios sobre las contribuciones de las mujeres españolas al teatro de todas las épocas fue la celebración de un congreso en Estados Unidos, organizado por la Universidad de Cincinnati, en octubre de 1994, bajo el lema "Un escenario propio", sobre las aportaciones de las mujeres españolas y latinoamericanas al teatro en general. Posteriormente se anunció la publicación de las actas de dicho congreso, patrocinada por la revista *Estreno*. Lamentablemente, no me ha sido posible localizar dicho volu-

men, que no consta en la bibliografía anual sobre teatro publicada por la revista *Estreno* (he consultado las de los años 1995-98, publicadas de 1996 a 1999) y que tampoco aparece en otras fuentes bibliográficas y bases de datos consultadas, como la de la Biblioteca del Congreso de los Estados Unidos.

4 * *Autoras dramáticas españolas entre 1918 y 1936.* Posteriormente ha publicado también un artículo sobre el mismo tema general, titulado "Mujer, sociedad y política en el teatro de las escritoras españolas del primer tercio de siglo (1900-1936)" y otro sobre la dramaturga Mª Teresa Barragán.

5 * García Templado, por ejemplo, menciona sin más elaboración los nombres de Margarita Xirgu y Josefina Díaz como pioneras por su participación en las "campañas de orientación dramática moderna"(28). Un ejemplo paradigmático de las limitaciones de algunas monografías sobre las primeras actrices más célebres, escritas en su mayor parte en la primera mitad del siglo XX, es la que dedica José Ramírez a Catalina Bárcena, en la que se limita a encadenar desmesurados elogios con lugares comunes de una cursilería tan insufrible como difícil de justificar en un crítico, aun tratándose de un ferviente admirador de la actriz.

6 * Ruiz Ramón afirma en su descargo, en su *Historia del teatro español* 295, n. 34, que no había otros textos disponibles de la autora.

7 * Ruiz Ramón justifica la exclusión de otras dramaturgas, como Ana Diosdado, surgida en los años setenta, por los límites de su estudio (Prólogo a la tercera edición, *Historia del teatro español* 18)

8 * Concretamente, el artículo de Miró sobre Concha Méndez y el de Nieva sobre Pilar Millán Astray y Halma Angélico.

9 * Los mismos investigadores concluyen en la introducción (15- 348) al segundo volumen de su serie sobre *La escena madrileña*, sobre los años 1926 a 1931, que el feminismo es, además, uno de los temas frecuentes en el teatro del momento.

10 * Según Gies, también fueron muy numerosas las dramaturgas españolas del siglo XIX, a pesar de que no alcanzaron la fama ni el reconocimiento disfrutado por muchos dramaturgos.

11 * Dougherty y Vilches proporcionan en su estudio citado datos sobre casi tres mil obras estrenadas sólo en Madrid entre 1918 y 1926.

12 * Véase O'Connor, *Gregorio y María Martínez Sierra. Crónica de una colaboración* y *Gregorio and María Martínez Sierra*. Véanse también los siguentes artículos de la misma autora: "Death of Gregorio Martínez Sierra's Co-author", y "Spain's First Successful Woman Dramatist: María Martínez Sierra".

13 * Como muestra de la pervivencia del olvido colectivo sobre las contribuciones de Lejárraga, en la versión cinematográfica de su más famosa obra, *Canción de cuna* (dirigida por José Luis Garci en 1994), que alcanzó gran éxito de público y crítica, ni siquiera se le da crédito como autora de la obra teatral en que se basa la película, sino que se atribuye enteramente a su esposo.

14 * Véase especialmente su extensa introducción a la antología *Dramaturgas españolas de hoy* y sus artículos "Six 'Dramaturgas' in Search of a Stage" y "¿Quiénes son las dramaturgas contemporáneas y qué han escrito?", además de los artículos ya citados, "Las dramaturgas españolas y la 'otra censura'" y "Spain's 'Other' Post-War Dramatists: The Women" y su reseña en *Estreno* sobre la actividad teatral reciente en España, "Buen momento para las dramaturgas españolas".

15* Una excepción a la tendencia actual de centrarse sólo en dramaturgas contemporáneas, por su esfuerzo de cubrir etapas menos estudiadas del siglo XX, es el último volumen de la historia del teatro editada por Hormigón.

16* El número de primavera de 1993 contiene, entre otras contribuciones, un artículo de Jeffrey Bruner sobre el teatro de María Manuela Reina, sendas entrevistas a Paloma Pedrero y Concha Romero, por C. J. Harris, y la transcripción de una mesa redonda de dramaturgas presidida por Anita Johnson.

17* Casi todos los artículos de esta parte, titulada "De la dramaturgia femenina", se dedican a autoras que han estrenado sus obras en la etapa del post-franquismo, excepto los artículos de Zaza (sobre las imágenes del exilio de la posguerra) y de Ferrero, sobre una obra de Ana Diosdado de 1973.

18* Por ejemplo, el artículo de Serrano sobre Paloma Pedrero, aparecido en 1995 en *Primer Acto*, y su libro sobre la misma autora. En *Estreno* se han publicado posteriormente otros artículos sobre dramaturgas contemporáneas, como Concha Romero (estudiada por Floeck), Lidia Falcón (por Goodnough) o Manuela Reina (por Harper). También han aparecido en los últimos cinco años más ensayos sobre Ana Diosdado y otras dramaturgas más recientes (como Pilar Pombo o Carmen Resino) en otras publicaciones; véanse los estudios de Perkowska-Álvarez y de Zatlin sobre Diosdado, por ejemplo. En el mismo volumen donde está este último se encuentra también un ensayo de Floeck sobre varias dramaturgas de posguerra (Diosdado) y posteriores (Reina, Pedrero y Maribel Lázaro). O'Connor había publicado anteriormente un estudio sobre el teatro de Pedrero y Marisa Ares en *Letras Peninsulares* (1991).

19* Véase el artículo de Emilio Miró, "La contribución teatral de Concha Méndez".

20* La precursora remota de estas dramaturgas fue, en el siglo XIX, la cubana Gertrudis Gómez de Avellaneda, afincada en España, donde estrenó y publicó sus obras teatrales.

21* Véanse el artículo de su hija, Margarita Ucelay, "El club teatral Anfistora" y la introducción de la misma a su edición crítica de *Don Perlimplín*, de Lorca (especialmente, 159-76).

22* En una época en que no existía en España la figura del director teatral, introducida ya en los años cuarenta, como recuerda Ana Mariscal (39-40).

23* Ambos en los años treinta, principalmente; también Benavente, al principio; y, a fines de los treinta y en los cuarenta, Jardiel y Mihura.

24* Cuando algún crítico teatral mencionaba por descuido su nombre en un periódico o revista, la reseña en cuestión era censurada.

25* Alberdi, Ministra de Asuntos Sociales, en la introducción de *Cocinando con Elisa* y *Lugar común*. Ambas obras (de Lucía Laragione y Lucía Sánchez, respectivamente) fueron ganadoras del Premio María Teresa León, dedicado estrictamente a las dramaturgas, bajo el patrocinio del Gobierno Español (Instituto de la Mujer, del Ministerio de Asuntos Sociales) y la ADE (Asociación de Directores de Escena de España).

Calderón y Sor Juana Inés de la Cruz

James Agustín Castañeda
Rice University

En la primavera de mi primer año de estudios posgraduados en Yale (y hay que confesar que hablo del año 1955), en una clase dictada por José Juan Arrom, puse un asterisco en una página de mis apuntes: la página documentaba una comparación que el profesor Arrom había hecho aquel día entre dos comedias, una de Calderón y la otra de Sor Juana; el asterisco significaba que el tema de Calderón y Sor Juana me había fascinado y que algún día pensaba tratarlo profesionalmente yo mismo. Doce años más tarde, en 1967, publiqué un artículo titulado: "*Los empeños de un acaso* y *Los empeños de una casa*: Calderón y Sor Juana—la diferencia de un fonema" (Castañeda 107-16) y empecé a soñar con el proyecto de preparar una edición crítica de la comedia de Sor Juana, proyecto que va camino de realizarse en estos días.

Cuando se me habló de colaborar con un ensayo en la publicación de este volumen sobre la mujer española y latinoamericana, me apresuré a apuntarme, con la idea de ofrecer un muy merecido homenaje a la mujer tan excepcional que fue Sor Juana Inés de la Cruz. Así pues, en este estudio, después de ofrecer una breve orientación biográfica, examinaré la influencia calderoniana en la poesía lírica y en el teatro de Sor Juana.

Nota biográfica:

En San Miguel Nepantla, una alquería cerca de la corte virreinal de México, nace Juana Ramírez de Asbaje en 1648 (Salceda 5-29), hija natural de un caballero vizcaíno, Pedro Manuel de Asbaje y Vargas Machuca y de la criolla Isabel Ramírez de Santillana.

Hubo muy tempranos indicios de su gran inteligencia: a los tres años consiguió que la maestra de una de sus hermanas mayores le diese lecciones; a los seis o siete años ya sabía leer y escribir y poco después le pidió a su madre que le enviase a la universidad vestida de hombre para que pudiera estudiar. Luego, para aprender gramática, se cortaba cinco o seis dedos de pelo y se los volvía a cortar si, en un plazo que ella misma se fijaba, no había[1] aprendido la lección. Y a los diez años , eran conocidas sus composiciones poéticas.

Tras la separación de sus padres, la aparición de un nuevo amante de la madre, y después de la muerte de su querido abuelo en cuya biblioteca se saciaba de leer, Juana Inés fue enviada a México a vivir en casa de su hermana casada cuando tenía sólo cinco o seis años.

En agosto de 1667, a los diez y nueve años de edad, entró en el convento de San José, el de las Carmelitas Descalzas. Parece que no le sentó bien la dura disciplina de las Carmelitas, y tuvo que salir por enfermedad. En febrero de 1669 entró al convento de San Jerónimo, debido en parte a lo que llamaría ella más tarde "la total negación que tenía al matrimonio" (*O.C.* 4: *Comedias, sainetes y prosa* 446) y allí fue donde tomó definitivamente el velo.

En el convento, Sor Juana era un prodigio de inteligencia. Un día el Marqués de Mancera, virrey de México, para poner a prueba su fama intelectual, invitó al palacio a unos cuarenta sabios, los más renombrados teólogos, filósofos, matemáticos, historiadores, poetas y humanistas de la corte... y las palabras del Marqués no dejan la menor duda sobre la manera en que se defendió Sor Juana en tal ambiente: "Que a la maera que un galeón real se defendiera de pocas chalupas que le embistieran, así se desembarazaba Sor Juana de las preguntas, argumentos y réplicas que tantos, cada uno en su clase, la propusieron" (Calleja 7).

La influencia calderoniana

Si analizamos cuidadosamente los escritos de Sor Juana encontraremos algunas obras en las cuales parece evidente la influencia de Calderón. Como lo indicaba al principio, mi estudio se limitará al examen de la influencia calderoniana en la poesía y en el teatro de Sor Juana Inés de la Cruz.

La poesía

Con frecuencia, cuando se trata de temas tan trillados como el "Carpe diem", tenemos que limitarnos a sugerir paralelos temáticos y estilísticos sin atrevernos a afirmar influencias directas. Sin embargo, en este caso de Sor Juana, notamos con gran interés el parecido entre dos sonetos sobre la poca duración de la rosa, en los que se pueden detectar reminiscencias calderonianas. El soneto de Sor Juana es "Rosa divina que en gentil cultura",[2] y el de Calderón, engastado en su comedia *El príncipe constante*, "Estas que fueron pompa y alegría" (Calderón, *El príncipe...* 254). Con las palabras "cuan altiva en tu pompa", el primer terceto de Sor Juana recuerda el primer verso del soneto de Calderón, y también hay paralelos en los versos: "la cuna alegre y triste sepultura" (Sor Juana) y "cuna y sepulcro en botón hallaron" (Calderón), así como en los versos finales sobre el desengaño: "con que con docta muerte y necia vida, / viviendo engañas y muriendo enseñas" (Sor Juana) y "En un día nacieron y expiraron / que, pasados los siglos, horas fueron" (Calderón).

El teatro

El teatro de Sor Juana, si no incluimos sus muchas loas y sus villancicos, consiste en sólo tres autos y una comedia.

Uno de los autos, *El divino Narciso*, y la comedia, *Los empeños de una casa*, han sido, y con mucha justicia, muy alabados. Méndez Plancarte, editor de las obras completas de Sor Juana, dice de *El divino Narciso* que es superior a *El divino Orfeo*, uno de los mejores autos mitológicos de Calderón, e incluso lo considera el más logrado y bello de todos los autos mitológicos en lengua española (*O.C.* 3: *Autos y loas* lxxi- lxxvii). El mismo Menéndez Pelayo, tan poco amigo del barroco, ha sugerido que de las obras de Sor Juana, un "muy interesante volumen podría formarse con dos docenas de [sus] poesías líricas, algún auto sacramental como *El divino Narciso*, la linda comedia de *Los empeños de una casa*, y la carta al Obispo de Puebla" (Menéndez y Pelayo 73). Como queremos subrayar:

es precisamente en estas dos obras teatrales, *El divino Narciso* y *Los empeños de una casa*, donde más claramente se vislumbra la influencia de Calderón.

En *El divino Narciso* (*O.C.* 3: 21-97), Sor Juana transforma la historia mitológica de Eco y Narciso en un auto eucarístico en el que el protagonista, Narciso, representa a Jesucritso, y la bella Eco, rechazada por Narciso, representa al diablo. Aunque la Condesa de Paredes le pidió a Sor Juana que escribiera el auto para ser representado en Madrid, parece que nunca se representó, ni en Madrid ni en México (Parker 257-74).

El erudito alemán, Ludwig Pfandl, aunque considera que *El divino Narciso* es la obra maestra de Sor Juana, se empeña en estudiar este auto bajo un enfoque freudiano, por lo cual concluye que Sor Juana sufre una neurosis narcisista (151-68). Varios críticos, entre ellos Pfandl, critican lo que consideran una profanación de la Pasión de Cristo en el simbolismo de la muerte de Narciso, que en el auto se enamora de su imagen y se suicida.

Pero dejando a un lado tales controversias sobre detalles del auto de Sor Juana, volvamos a la influencia calderoniana. Méndez Plancarte y muchos críticos e historiadores de Sor Juana han afirmado que la comedia de Calderón, *Eco y Narciso*, había sido la inspiración y fuente de Sor Juana; sin embargo, Alexander Parker, en un estudio muy convincente, rectifica esta teoría. Según Parker, aunque el título de la comedia de Calderón podía haber atraído el interés inicial de Sor Juana, no hay nada en la comedia que pudiera haber servido de fuente a Sor Juana para identificar al pagano Narciso mitológico con Jesucristo.

Pero lejos de negar una influencia calderoniana, Parker demuestra que hay mucha relación entre *El divino Narciso* y el tomo de doce autos de Calderón que fue publicado en 1677 y que, sin duda, conocía Sor Juana. Este crítico cita como las fuentes más importantes, tanto temática como estilísticamente hablando, dos autos calderonianos, *El nuevo hospicio de los pobres* y *La viña del Señor*.

Calderón escribió, probablement en 1639, una comedia de capa y espada titulada *Los empeños de un acaso* (*Biblioteca de Autores Españoles* 193-213). Everett Hesse confirma el hecho de que la comedia calderoniana fue representada en la ciudad de México en noviembre de 1679 (15), y parece normal pensar que tal evento teatral, la representación de una comedia de uno de los poetas peninsulares más leídos y más admirados por nuestra monja, no pasaría desapercibido. Sólo unos cuatro años después de la representación de la obra de Calderón, el día 4 de octubre de 1683, la obra de Sor Juana, *Los empeños de una casa* (*O.C.* 4: *Comedias, sainetes y prosa* 3-184) se representó, también en México, en la casa del contador don Fernando Deza, con motivo de un festejo ofrecido a los virreyes Condes de Paredes y en la fecha de la toma de posesión del nuevo arzobispo, don Francisco de Aguiar y Seijas.

Puesto que el género de la comedia de capa y espada contaba con tantísimas obras que temáticamente eran muchas veces calcos casi exactos de un prototipo hipotético, es casi imposible probar con seguridad una teórica influencia de una de estas obras sobre otra. Además, en el caso presente, hay muchos elementos que Sor Juana claramente no pudo haber derivado de Calderón, los cuales matizan a la comedia mexicana de pasajes generalmente aceptados como autobiográficos y de alusiones sobre hechos ocurridos en la capital del virreino.

Mucho se ha escrito sobre la pasión de Sor Juana por la lectura, pasión a la cual pudo dar rienda suelta primero en la biblioteca de su abuelo y después en la suya propia que consistía en unos cuatro mil tomos. Entre estos libros había un buen número de obras de los clásicos peninsulares de la Edad de Oro, y se ha afirmado, con pruebas más que suficientes, que existen muchas correspondencias poéticas entre Sor Juana y autores como Góngora, Lope Y Calderón. Por consiguiente, además de la importancia general concedida a las convenciones del amor y a los celos patentes en las dos obras, hay que convenir que existen también muchas semejanzas con respecto a los repartos y los argumentos. También, a pesar de las muchas referencias que al Nuevo Mundo se hacen en la obra de Sor Juana, la acción de ambas comedias tiene lugar en España: Calderón la sitúa en Madrid, y Sor Juana en Toledo. Existen varios paralelos en el reparto, donde el número de personajes principales es idéntico. Hay dos damas y tres galanes, de los cuales uno es el hermano de una de las damas principales, y además figura el padre de la protagonista en las dos obras.

En cuanto a la acción de las dos comedias, hay que señalar que existen las siguientes correspondencias:

- Galán A festeja a Dama A, que se llama Leonor en las dos obras.

- Galán B, que se llama Juan en las dos obras, festeja a Dama B, que es hermana de Galán C.

- Galán C festeja a Dama A. Es, en muchos sentidos, una figura ridícula, y cuando se alinean las parejas y se anuncian las bodas inminentes en el desenlace, el pobre hermano, Galán C, es el único que recibe calabazas.

- En las dos obras figura el padre de Dama A.

- En las dos obras hay un criado llamado Hernando.

La pieza de Sor Juana incluso tiene una referencia directa al autor de *Los empeños de un acaso*. En la jornada tercera, el gracioso, Castaño, exclama:

> ¡[...] inspírame alguna traza
> que de Calderón parezca,
> con que salir de este empeño!
> (III: vv 303-05)

Nos parece significativo hacer notar también que Sor Juana utiliza la palabra **acaso** catorce veces en su comedia, mereciendo citarse tres pasajes en los que la palabra figura dentro de un paralelismo temático con relación a la obra calderoniana.

En el primer acto, Leonor, evocando el recuerdo del nacimiento de su amor por Carlos, exclama:

(¡Ay cielos!
¿Cómo permitís, tiranos,
que un afecto tan preciso
se forjase de un acaso?)
(I: vv. 389-392)

En el segundo acto, formula Carlos una pregunta que contiene el segundo término del título de cada una de las dos obras:

Mas, cielos, ¿Leonor no pudo
Venir por algún acaso
A esta casa?
(II: vv. 609-611)

Y, el tercer ejemplo, hablando para sí en un intento de entender una acción de Carlos, pregunta Leonor:

Mas, ¿si acaso conoció
Que dejaba en el empeño
a su dama, y a librarla
viene ahora?
(III: vv. 1055-1059)

Además del uso repetido de la palabra **acaso** en un contexto claramente evocador de la comedia de Calderón, hay otra reminiscencia más en la Loa que precede a *Los empeños de una casa*. De las cinco figuras alegóricas que integran el reparto una es "El Acaso".

La diferencia de enfoque en las dos obras se indica claramente en los títulos. En la comedia de Calderón, son literalmente dos "acasos" (dos casualidades, dos sucesos imprevistos) que afectan la vida de uno de los galanes y que, por extensión, orientan el hilo central de la acción. Sin embargo, por accidentales y artificialses que sean, estos "acasos" son pretextos suficientes para montar otra manifiestación de la fórmula calderoniana del honor, cifrada en las palabras del don Juan de Calderón cerca del fin del primer acto:

[...] a hombres como yo obligan
Los empeños de un acaso.
(*BAE* 9: 201)

Sor Juana, posiblemente con el intento de parodiar el tratamiento serio de un tema de honor, mantiene el marco general de la acción, pero retoca el enfoque y el tono de su matización del argumento. Sustituye las preocupaciones de honor por una intriga basada en errores, mentiras y equívocos y reúne a casi todos los personajes de importancia en la misma **casa** durante la mayor parte de la comedia. Este amontonamiento de personajes y situacioines cómicas llega, a veces, a producir momentos cómicos que son verdaderamente barrocos. Barroca también parece la risa que le dirige Sor Juana al pobre hermano, el único que no tiene éxito en sus pretensiones amorosas cuando, delante de todos, hace que se declare don Pedro, ya rechazado por Leonor, al criado Castaño que, disfrazado, lleva la ropa de la dama principal. Y así, con esta nota cómica, terminan los **empeños** que han sido engendrados...y resueltos...en una **casa**.

En la forma externa y en las pasiones que estallan, Sor Juana no se ha desviado mucho de la estructura de la comedia de Calderón. Sin embargo, es facilísimo ver en los detalles y en el tono general su gran originalidad.

Se ve claramente que un tono alegre y juguetón predomina en la obra. Sor Juana manifiesta una evidente alegría en la matización americana y personal que le da a su comedia. Incluye en ella tres o cuatro referencias autobiográficas, mereciendo citarse entre ellas los primeros versos del pasaje autobiográfico más largo, versos que no dejan duda ninguna sobre la identificación de la protagonista Leonor, con Sor Juana. Describiéndose a sí misma, dice Leonor en el primer acto:

> Inclinéme a los estudios
> desde mis primeros años
> con tan ardientes desvelos,
> con tan ansiosos cuidados,
> que reduje a tiempo breve
> fatigas de mucho espacio.
> Conmuté el tiempo, industriosa,
> a lo intenso del trabajo,
> de modo que en breve tiempo
> era admirable blanco
> de todas las atenciones,
> de tal modo, que llegaron
> a venerar como infuso
> lo que fue adquirido lauro.
> Era de mi patria toda
> el objeto venerado
> de aquellas adoraciones
> que forma el común aplauso.
> (I: vv. 307-24)

Posiblemente lo que más llame la atención después de haber leído esta deliciosa comedia de Sor Juana es el sorprendente dominio que ella muestra del género de la comedia de capa y espada. Decimos "sorprendente" porque de la mano de Sor Juana, aparte de *Los empeños de una casa*, conocemos sólo dos actos más de una comedia, los actos I y III de *Amor es más laberinto* (el acto II fue escrito por el licenciado Juan de Guevara, primo de Sor Juana) (*O.C.* 4: 185-352). Incluso para los que consideran que *Los empeños de una casa* no representa una superación de su fuente calderoniana, sería imposible negarle el lugar importante concedido a esta comedia dentro de un género que su autora parece dominar a fondo, sin haberlo cultivado más que en esta única ocasión.

Aunque nuestras palabras se han limitado a una consideración de la influencia de Calderón en la obra de Sor Juana Inés de la Cruz, las investigaciones a las que nos hemos entregado desde hace tiempo nos han revelado en esta maravillosa monja mexicana un talento asombroso. No hemos comentado aquí el impresionante caudal de sus demás obras, que llenan cuatro tomos en la magistral edición de Méndez Plancarte, entre las que destaca el magnífico monumento barroco del *Primero sueño*, considerado por muchos eruditos como la verdadera obra maestra de Sor Juana.

Calderón inspiró a muchos seguidores y discípulos cuya obra, desprovista de los talentos literarios de su maestro, o nunca llamaron la atención o muy pronto se olvidaron. Pero los talentos portentosos de la décima musa, Sor Juana Inés de la Cruz, permitieron no sólo que asimilara y con frecuencia superara la influencia de Calderón y de otros gigantes literarios de la Edad de Oro, sino que le han asegurado el merecidísimo puesto de último gran poeta de la Edad de Oro y primer poeta eminente de México.

Obras citadas

Calderón de la Barca, Pedro. *Los empeños de un acaso. Biblioteca de Autores Españoles*, vol. 9. 193-213.

—-. *El príncipe constante. Biblioteca de Autores Españoles*, vol. 7.

Calleja, Diego. *Fama y obras póstumas del Fénix de México, Décima Musa, poetisa americana, Sor Juana Inés de la Cruz*. Madrid: Manuel Ruiz de Murga, 1700.

Castañeda, James Agustín. "*Los empeños de un ocaso* y *Los empeños de una casa*: Calderón y Sor Juana—la diferencia de un fonema". *Revista de estudios hispánicos* 1.1 (1967): 107-16.

Hesse, Everett. "Calderón's Popularity in the Spanish Indies". *Hispanic Review* 23.1 (1955):15

Juana Inés de la Cruz. *Respuesta de la poetisa a la muy ilustre Sor Filotea de la Cruz. Obras completas* 4: *Comedias, sainetes y prosa*. Ed. Alfonso Méndez Plancarte. México: Fondo de Cultura Económica, 1951.

Menéndez y Pelayo, Marcelino. *Historia de la poesía hispanoamericana. Obras completas*, vol. 2. Madrid: Victoriano Suárez, 1911)

Pfandl, Ludwig. *Sor Juana Inés de la Cruz, la Décima Musa de México. Su vida, su poesía, su psique*. Munich 1946. Trad. Juan Antonio Ortega y Medina. México: Instituto de Investigaciones Estéticas, 1963)

Parker, Alexander A. "The Calderonian Sources of *El divino Narciso* by Sor Juana Inés de la Cruz". *Roman istisches Jahrbuch* 19 (1968): 257-74.

Salceda, Alberto G. "El acta de bautismo de Sor Juana Inés de la Cruz", *Abside* 14 (1962): 5-29

Notas

1 * La fuente básica de noticias biográficas de Sor Juana es Diego Calleja, *Fama y obras póstumas del Fénix de México, Décima Musa, poetisa americana, Sor Juana Inés de la Cruz* (Madrid: Manuel Ruiz de Murga, 1700). Su "Aprobación", de 21 páginas sin numerar, sigue siendo la versión más contemporánea y más fidedigna de la biografía de Sor Juana.

2 * Alfonso Méndez Plancarte, *Obras completas de Sor Juana Inés de la Cruz*, vol.1: *Lírica personal* (México: Fondo de Cultura Económica, 1951. Todos los pasajes de obras de Sor Juana serán citados por esta edición cuyo cuarto y último tomo fue preparado por Alberto G. Salceda y publicado en 1957.

Pilar Miró y Rosa Montero: transición, democracia, medios de difusión, novela y cine

María Cristina C. Mabrey
The University of South Carolina

Al producirse la Transición tras la reestructuración política española, desde el final de la Dictadura en 1975, la posición de la mujer intelectual española ante la sociedad queda definida por el papel que se le asigna en la nueva democracia y que se diferencia del que tuvo bajo el franquismo. La mujer empieza a ganar ciertos derechos, sobre todo el de adueñarse de un terreno vedado, haciéndose oír en los medios de difusión, en la novela y en el cine. Sin embargo, el papel de la mujer no ha quedado todavía lo suficientemente claro o entendido.

Esta ganancia, rodeada de cierta ambigüedad, comunica que, por un lado, la mujer es más independiente y segura de sí misma, y por otro, que tiene que enfrentarse a situaciones como la maternidad, la vejez o la enfermedad en soledad. Puede incluso faltarle el apoyo familiar, ya que en muchos casos la emancipación significa también desconectarse, bien sea por desplazamiento geográfico, bien sea por confrontación con las ideas familiares. La participación activa de Pilar Miró y Rosa Montero en la escena pública en los últimos veinticinco años, aunque define una nueva era de la intervención femenina en la vida intelectual, atestigua a su vez, que todavía quedan terrenos no conquistados. Ambas autoras utilizan con facilidad los medios de difusión: Miró el cine y la televisión, Montero el periodismo y la novela. Ambas exponen en su quehacer artístico primero el cometido tradicional asignado a la mujer y después el que han ganado para sí mismas, sin imposiciones falocentristas. Estas autoras intentan dar al gran público una imagen femenina más en consonancia con los nuevos tiempos. Debido a esto, su obra trasciende más allá de la librería o del mundo académico, mientras ellas se afianzan en la escena pública desafiando el papel tradicional de la mujer. Ambas manifiestan en sus obras tanto lo que significa para la mujer la ruptura con los mitos patriarcales como la adaptación a un nuevo modelo de vida.

No hay lugar a dudas que el advenimiento de una nueva actitud política en los años setenta y la apertura a la expresión de todo tipo, producto de la incipiente democracia, han permitido que la sociedad española sea receptiva a figuras como Pilar Miró o Rosa Montero, agentes de un profesionalismo no reconocido anteriormente en la mujer, aunque indudablemente existía. Tanto Miró como Montero se mantuvieron en la línea de fuego de la transición y de la democracia. Miró, desde el medio cambiante de la televisión y como directora de cine, levantó las cabezas del sistema al hacer la película más controversial de la Transición, *El crimen de Cuenca*. Ambas comparten el haberse insertado en la ideología del nuevo gobierno como intelectuales. No obstante, ambas han puesto por delante de cualquier ideología su sentido femenino de identidad en contra de un sistema al cual le falta mucho todavía por comprender y atender en cuanto a las necesidades intrínsecamente femeninas.[1]

Rosa Montero escribe para *El País* la publicación más representativa de la nueva actitud de la prensa española, en los años clave de la transición (1976-1980), cuando la prensa recuperó su **status** de "cuarto poder". Como periodista, Montero ha recibido varios premios; entre ellos se encuentran el Premio Mundo en 1978 y el Premio Nacional de Periodismo en 1980 (Glenn 351). También ha sido galardonada, en 1989, por apoyo a los "Derechos Humanos" (Davies 95). Según Joan L. Brown, Montero practica el "nuevo periodismo", que se originó en los Estados Unidos y que proclama una forma periodística donde el reportero imprime en la noticia su personalidad crítica, en vez de constituirse únicamente en observador desde la barrera. Prueba de este quehacer periodístico son los dos libros de entrevistas de Montero, *España para ti para siempre* (1976) y *Cinco años de País* (1982) que sirven de crónica a los años tras la muerte de Franco (241). Comenzando a escribir en este medio, Montero quiso experimentar con la ficción; y al reportaje y al comentario se une, a partir de 1979, su labor como novelista, como cuentista y como dramaturga al escribir el guión televisivo, *Media Naranja*; todo esto nos muestra a Montero como una narradora incansable. Sus dos primeras novelas, *Crónica del desamor* y *La función Delta*, se dirigen, precisamente, a situaciones en ciernes para la mujer española moderna que ha prescindido del mundo del varón. Estas son educar a los hijos por sí misma y afrontar sola la vejez. Su obra narrativa ha seguido siendo prolija y se ha dirigido a la situación femenina.[2]

También Pilar Miró trata el mismo tema en su largometraje, *Gary Cooper que estás en los cielos*, donde pueden observarse ciertos paralelos entre la vida de Andrea, su protagonista, y la de Lucía de *La función Delta*. Andrea tiene que tomar decisiones claves para su futuro, faltándole la solidaridad del amante responsable de su situación y sin el apoyo familiar. El papel que la mujer juega en la sociedad y la cultura actuales, según Miró y Montero, no le da un sitio preferente y ni siquiera igual. Por esta razón, subvirtiendo el papel que la misma Democracia ha querido asignar a la mujer, ambas sugieren en sus obras que no se han llevado a cabo las necesarias previsiones para sustituir el discurso fálico tradicional por un nuevo discurso que incluya a la mujer y que le permita realizarse integralmente, como ser humano.[3]

Es extraordinaria la audacia de ambas autoras en cuanto a su obra, ya que ésta las define como mujeres que han asumido su identidad. Desde ella, toman una posición que, sin dejar de mostrar sensibilidad hacia el mundo del hombre, les permite desplegarse como feministas, como escritoras y como seres humanos.

Desde el siglo XVIII, en la literatura particularmente, se ha propagado una cultura en torno a la mujer que perpetúa la domesticidad, su rol tradicional, y que ayuda a solidificar los valores de la clase dominante y la supremacía del varón. Debe entenderse que "domesticidad" comporta tanto la idea de entregarse a las tareas domésticas como la de ser domesticada. Para ello la gran abundancia de literatura que Nancy Armstrong define como "domestic fiction" sirvió como agente político para mantener al hombre en posiciones claves y a la mujer relegada a las labores propias de su sexo (3-5). Por otro lado, el fenómeno de la narrativa producida por mujeres en el siguiente siglo, según Gilbert y Gubar en *The Madwoman in the Attic*, tiene por objeto lo contrario. Es decir, trata de desmontar el mito de la domesticidad, sustituyéndolo con una literatura que escamotea el orden fálico desde una aparente posición conformista (cit. por Armstrong 6).

Con el advenimiento del siglo XIX, las escritoras se movían en un terreno de arenas movedizas. ¿Cómo desvirtuar la imagen tradicional de la mujer y crear una nueva basada en su individualidad? Armstrong, rastreando la historia del ideal femenino de las sociedades dieciochescas y novecentistas, expresado en novelas y manuales de conducta escritos por mujeres, dice que era precisamente este discurso el que les permitía contradecir "the dominant notion of sexuality that understood desirability in terms of the woman's claims to fortune and family name". Para la mitad del siglo XIX, las escritoras toman estos valores de clase (la importancia de la domesticidad) y los hacen subsidiarios a la virtud de las mujeres de clase trabajadora (8). El caso en España sería Emilia Pardo Bazán y, concretamente, *Los Pazos de Ulloa*, donde Don Pedro aparece como un indeseable en sus transacciones amorosas. La autora reivindica al personaje femenino y a la feminidad, mostrándola no en términos de las tareas domésticas, sino más bien como emblemática de los valores prístinos del ser humano, ajenos a lo esperado de ella por la cultura dominante (falocéntrica). Nucha, la esposa del Marqués de Ulloa, detesta el manejo del hogar y expresa, con gran susto, que quería ser "vencedora en la lucha cuerpo a cuerpo con el caserón que la asustaba" (197). Nunca lo consigue y su fracaso puede interpretarse como el rechazo del cometido que le es asignado por su condición: el de "ama de casa".

Partiendo de este modelo configuracional de lo femenino, las mujeres de la sociedad actual tratan de liberarse de esta invención y terminan consiguiéndolo, aunque pagando ciertas cuotas. En *Crónica del desamor*, Ana Antón ha podido escapar de Juan acompañada de su hijo Curro aceptando la soltería, lo cual supone gran esfuerzo para combinar hijo, trabajo y relaciones con otros adultos. Montero no deja de poner énfasis en el hecho de que Ana, si quiere preservar su integridad humana, no puede seguir en una relación de usura. Juan, antiguo militante de la clandestinidad antifranquista, a pesar de que se congratula de ser un liberal en ideas políticas no lo es en cuanto a su forma de tratar a Ana o a su propia hermana, Teresa:

> El caso es que era la época ya tardía de la relación en que Juan quería marcharse, y necesitaba un dinero inexistente para empezar otra vida allá en el nuevo mundo. Con el sueldo de Ana se mantenían y pagaban el alquiler, hasta que la despidieron del banco por su tripa. Entonces Teresa se contrató en la barra americana, "por unos meses nada más, con mil al día más las propinas puedo sacar bastante", y durante semanas ahorró para su hermano pequeño, haciendo como siempre de madre para él. (23)

Así nos anuncia Montero un caso prototípico. Las amigas de quienes se rodea Ana tienen también que compaginar su soledad interior con las demandas sociales que les piden sonreír y adaptarse a las circunstancias.

En *La función Delta*, Lucía, por haber decidido ser célibe al creer que "toda pareja estable era una rutina deleznable" (288), baraja a un mismo tiempo varias relaciones amorosas. Finalmente, al escribir los recuerdos de una semana significativa en su vida, enferma de cáncer en un hospital, treinta años más tarde se lamenta de su soledad y de su vida pasada, siempre dibujada en torno al capricho masculino, aunque interiormente su determinación femenina pugnaba por no dejarse moldear:

> Creo ... creo que esta noche le voy a proponer a Miguel que vivamos juntos. Lo dije sin pensar, y al escuchar mis propias palabras me di cuenta de lo que encerraban y desmayé de miedo y de deseo. Deseo de compartir y convivir, miedo a perder mi identidad, mi territorio, la frágil libertad que encierran estas cuatro paredes de mi casa. (363)

Rosa Montero nos muestra a sus heroínas debatiéndose en un mundo que ella misma ha experimentado en los años de la transición y la principiante democracia. En estos años, Rosa Montero se encuentra haciendo entrevistas con gran atrevimiento y sin amilanarse ante las negativas de sus entrevistados. En *Cinco años de País*, Montero recoge aquéllas que le parecen de mayor interés, y todas corresponden a su época cuando editaba el suplemento semanal de *El País*, periódico en cuya redacción se sintió "más cómoda" (8). Son entrevistas del "parlamentarismo recién estrenado, desde 1977 a 1981" con personajes como López Bravo o Felipe González, presidente en ciernes del partido más poderoso de la estrenada democracia. Lo interesante es que para Montero estas entrevistas muestran, desde el presente, que "los mitos no sobreviven y ... el pasado está definitivamente muerto" (9).

Pero hay mitos que sí sobreviven, en tanto que sean creídos. El mito de la mujer doméstica es un mito nutrido por las mismas mujeres, al ser ellas las que creen en ello. Hasta que la mujer no se liberalice a sí misma no hay caso para que el hombre le conceda los derechos que se merece y deje de idealizarla para considerarla un ser igual o, en muchos casos, superior. Hay que reconocer que todavía el varón no ha podido concebir, parir o amamantar; por lo tanto, existe una superioridad física que la protagonista de *Crónica* tiende a poner de relieve. La mujer debe ser consciente de este poder fisiológico para reclamar el lugar que le corresponde. En el texto narrativo de *Crónica*, donde Montero no abandona en ningún momento la focalización de Ana Antón, la situación de la mujer moderna en España, que forma el núcleo de la obra, es un elemento extratextual. En realidad esta situación se inició en un tiempo pasado, fue confabulada por una sociedad que mimó al varón, y que con este mimo ha perpetrado su inutilidad. Los personajes masculinos de *Crónica* dependen totalmente de las mujeres, su vulnerabilidad queda plasmada por la autora al enfatizar el papel construido para la mujer, el de salvadora:

> —Oye, Ana, ¿puedes hacer los pies de estas fotos?
> —Ni hablar, guapo, que son las diez de la noche, que está esperándome el Curro, hombre. (5)

A pesar de esta negativa, Ana termina haciendo estos pies. De esta manera aclara Montero que Mateo no podría haber terminado las fotos sin Ana y que la mujer, a pesar de querer demostrar su independencia, accede a las demandas del hombre. Lo hace no por placer sino por deber, una construcción social superimpuesta por la cultura, muy difícil de desvirtuar, a menos que se haga desde una radicalización pertinaz, es decir, por medio de la creación de un nuevo discurso o construcción social que subvierta o reemplace el orden establecido.

En el caso de Miró esta subversión viene dada por la propia figura de Miró, quien se sitúa en una posición conflictiva respecto a los papeles asignados a la mujer. Es verdad que se le permite llegar a los puestos claves tradicionalmente regidos por los hombres, pero siempre bajo la suposición de que existe una línea divisoria que no se debe cruzar. El director Manuel Gutiérrez Aragón dice que "Un cierto amazonismo ha hecho de Pilar Miró un equívoco permanente. Pero a mí no me disgusta—el equívoco—desde un punto de vista de biografía posible, de ficción de época, de testimonio artístico. Lo quiera ella o no, lo sufra o lo asuma, Pilar Miró quedará de referencia histórica" (Pérez Millán 10).[4]

La ficha artística de Pilar Miró es la siguiente: ocho películas de largo metraje, cerca de doscientas realizaciones de televisión, tres montajes teatrales, uno de ópera, algunos *spots* publicitarios, más de dos etapas al frente de los organismos más directamente implicados en el desarrollo de los medios audiovisuales dentro de la administración española. A lo que hay que añadir dos operaciones de corazón y dos procesos judiciales (Pérez Millán 15). Los procesos judiciales se refieren primero a *El crimen de Cuenca*, que lo inició el Ejército Español al considerar que la película acusaba de tortura, falsamente, al cuerpo de la Guardia Civil (Pérez Millán 148-52). En el segundo se le imputó la malversación de fondos del Estado cuando ejercía el cargo de Directora de Radio y Televisión Española. De esta segunda acusación se defendió indicando que había gastado el dinero en cuestión en indumentaria, ya que en actos oficiales una mujer no puede llevar el mismo atavío repetidas veces, mientras que los hombres se visten el mismo esmoquin sin que se ponga en entredicho su elegancia (Kinder 497-98). El primer cargo fue retirado y Miró ganó en juicio el segundo.

La petición, su primera película resultó ser una experiencia chocante para el público, los críticos y la censura que, aunque liberalizada tras la reciente muerte del dictador (la película apareció en 1976), no estaba preparada para recibir un producto artístico que pretendía acabar con las expectativas que la sociedad tenía del comportamiento de una mujer: "una rica joven simultáneamente involucrada en sadísticas y, al fin, fatales relaciones sexuales con tres hombres" [a wealthy young girl, simultaneously involved in sadistic and ultimately fatal sexual relationships with three men] (Schwartz 126). Los censores, ocultos tras el eufemismo de Junta de Apreciación de Películas, retiraron el film de circulación.

Toda la conmoción se debió a que la escena de cama no es una más de aquéllas de destape que abundaban, sino de gran "crudeza", mezclando sexo y muerte y además, según Pérez Millán, al tabú arraigado en el cine de que el hombre no debe mostrar "su hermano pequeño", aunque la autora no cree que el contenido de las escenas fuera tan explícito como se pretendió (108). La película fue finalmente presentada al hacer presión otros directores amigos de Miró (126). *La petición*, para desilusión de la directora, no tuvo el éxito que ella deseaba ya que el público se encontraba coaccionado por los medios de comunicación y anticipadamente consideraba a Miró una directora escandalosa.

Tendría que esperar a *El crimen de Cuenca*, la película de más taquilla en la historia del cine español, para que se le considerara una mujer dura, firme y atrevida directora cinematográfica. Sin embargo, la misma Miró indica que el escándalo provocado por esta obra, que tocó al Congreso de los Diputados, convirtiéndose en un caso político, desvirtuó por completo el mensaje que ella originalmente proyectó como lo más interesante del film: la destrucción de dos vidas, de dos amistades entrañables por haber sido víctimas de la injusticia social y política. En sus declaraciones mientras se llevaba a cabo el proceso militar dijo Miró:

> Me he sentido lógicamente manipulada, con la impresión de convertirme en una especie de cruce entre héroe y víctima. [...] Que nadie, ni un bando ni otro, utilice la película para sus propios fines. Tan sólo el espectador tiene derecho a criticarla. (Pérez Millán 151)

Para alejarse del ojo público y para desentenderse de los malos ratos que le acaecieron, los cuales quizá se debieron a ser mujer, Miró se dedicó al rodaje de *Gary Cooper que estás en los cielos*, un proyecto que llevaba años madurando. En cierto modo como Montero, Miró hace frente a la situación de la mujer profesional haciendo distinción entre ésta y la del profesional masculino. Andrea, que ha hecho de su profesión como realizadora de televisión una muralla con la que trata de proteger su intimidad ante los acosos del mundo machista, descubre la abrumadora soledad que la rodea. Como Lucía de *La función Delta*, Andrea es también realizadora y, también como ella, se cree la manipuladora de su realidad . Enfrentándose sola a una incurable enfermedad, ve su mundo desvanecerse y empieza a cuestionar el trayecto que ha seguido. Esta reflexión, permite ver los hilos del pasado y la vía dolorosa que se trató de ignorar en aras de la premeditación calculada para triunfar en el mundo profesional. Esta reflexión revela que todo no ha sido más que un hacerse como el hombre, una imitación, un alinearse con el éxito labrado por otros y no una afirmación del poder y la capacidad femeninas.

Con sarcasmo y honda pena que, no obstante, trata de ocultar, Andrea le dice a su jefe de producción que siempre ha tratado que sus abortos coincidieran con los finales de rodaje. Actuando siempre con la determinación de que su cuerpo femenino no interfiera en su trabajo y manteniendo relaciones amorosas que le permitan mostrar su fuerza y dominio, ha tenido que recurrir al impedimento del embarazo para seguir adelante su marcha. Por su parte, Lucía de *La función Delta*, en vías de estrenar su primera película, se congratula a sí misma de no haber cedido del todo ni a los deseos de Hipólito, uno de sus amantes, ni a los de sus padres, en cuanto a llevar una vida programada para ella por la sociedad. Sin embargo, su verdad interior la contradice, tal y como tiene que admitir ante su amigo Ricardo cuando éste le recuerda:

> Tal y como tú te obcecas en clasificar las relaciones, en el amor pasión tú adquieres las cualidades que tradicionalmente se llamaban "masculinas", es decir, que te mantienes centrada en ti misma, segura, activa, batalladora, independiente, libre. Y en el amor cómplice asumes el papel tradicionalmente femenino, de mujer necesitada de cobijo, de amparo, de protección. En realidad ese absurdo problema que te planteas entre esas dos inexistentes categorías amorosas no es más que una sublimación de tu problema de identidad como mujer: entre la mujer independiente que querías y creías ser, y la mujer "esposa de" que llevas dentro de ti y para lo que fuiste educada. (213)

Ambas protagonistas (Andrea/Lucía) han heredado el mundo real de sus creadoras. Miró en televisión y Montero en el periodismo han persistido en defender su integridad desde una posición feminista. Lucía y Andrea padecen de cáncer, un símbolo si se quiere del montaje de la inferioridad atribuida a la mujer. Andrea descubre esta enfermedad cuando está a punto de terminar su último embarazo. La decisión de abortar la toma sin consultar con Mario, su amante, que detesta las complicaciones; la quiere como siempre, incambiable y sin problemas "femeninos". Este egoísmo, sin embargo, se representa en la película en la cuerda floja donde también se tambalea el estoicismo profesional de Andrea y su amor propio. Miró nos la muestra dando órdenes por doquier, sin ceder ante las exigencias de su trabajo: el de una realizadora de televisión que acaba de recibir una condecoración como culminación a su éxito.

Tanto Miró como Montero calibran, desde su posición de figuras públicas y aprovechando los medios de difusión, la realidad más actual de la mujer española, desde la transición hasta nuestros días. Ambas han cosechado grandes éxitos, no sin ser objeto de controversia. Las dos han buscado el marco retórico del arte para reflexionar sobre las realidades que les atañen personalmente como mujeres, como ciudadanas españolas y como individuos dentro de una sociedad en transición. Nos revelan que los nuevos roles, ansiados durante tantos años por muchas mujeres, deben ser meditados y deben ser objeto de planteamientos muy distintos a los que se pensaba, ya que la mujer no está defendiendo su terreno sino que pone por delante quién es verdaderamente en vez de tratar de conquistar el profesionalismo del otro. Ante todo rechazan una nueva "domesticidad": aquélla de identificarse con lo masculino queriendo poseerlo, y preconizan que es necesario establecer un discurso propio de la mujer, uno que se identifique con lo femenino.

Obras citadas

Armstrong, Nancy. *Desire and Domestic Fiction: A Political History of the Novel.* New York: Oxford UP, 1987.

Davies, C. *Contemporary Feminist Fiction in Spain: The Work of Montserrat Roig and Rosa Montero.* Oxford: Berg, 1994.

Gilbert, Sandra M. and Susan Gubar. *The Madwoman in the Attic: The Woman Writer and the Nineteenth-Century Literary Imagination.* New Haven; London: Yale UP, 1979.

Glenn, Kathleen. "Rosa Montero". *Spanish Women Writers: A Bio-Bibliographical Source Book*. Westport, CT: Greenwood P, 1993. 350-57.

Kinder, Marsha. *Blood Cinema: The Reconstruction of National Identity in Spain*. Berkeley: U of California P, 1993.

Montero, Rosa. *Cinco años de País*. Madrid: Debate, 1982.

—-. *Crónica del desamor*. Madrid: Debate, 1979.

—-. *España para ti para siempre*. Madrid: Debate, 1976.

—-. *La función Delta*. 2ª ed. Madrid: Debate, 1981.

Pardo Bazán, Emilia. *Los pazos de Ulloa*. 4ª ed. Madrid: Alianza, 1974.

Pérez Millán, Juan Antonio. "Pilar Miró: Directora de cine". Valladolid: Semana Internacional del Cine, 1992.

Schwartz, Ronald. *Spanish Film Directors (1950-1985): 21 Profiles*. Metechen, N.J. & London: Scarecrow Press, 1986.

Notas

1 * La ausencia de Miró de la escena pública es tan reciente (falleció en septiembre de 1997), que permite todavía seguir hablando de ella en tiempo presente.

2 * A *La Función Delta* le siguien *Te trataré como a una reina*, *Amado Amo*, *Temblor*, *Bella y oscura* y *La hija del caníbal*.

3 * A Montero se la incluye en el tipo de feminismo de la diferencia (o feminismo radical), "un feminismo heterogéneo, político y social". Es la misma filosofía feminista que defiende Montserrat Roig, que intenta que se le considere a la mujer como persona, igual al hombre-persona (Davies 10).

4 * Estas proféticas palabras de M. Gutiérrez Aragón tienen hoy una certera resonancia cuando ha sido evaluada la magnífica obra fílmica de Miró tras su prematuro fallecimiento. Al éxito alcanzado con *Beltenebros*, incisiva adaptación de la novela de Antonio Muñoz Molina del mismo título, y con *El pájaro de la felicidad*, se añade su última película, *El perro del hortelano*. Esta obra atestigua su gran habilidad para manejar la adaptación al cine de obras literarias. Esta última producción fue reconocida con siete Premios Goya y otros galardones recibidos en festivales de cine.

Las dramaturgas españolas y el reto de la aldea global

Patricia W. O'Connor
Universidad de Cincinnati

¿Qué posibilidades internacionales tienen las dramaturgas españolas en lo que va siendo cada día más, según dicen, una aldea global? Tal reflexión trae a la memoria el libro de Guillermo de Torre, *La difícil universalidad española*, en el que asevera el autor que para el reconocimiento internacional, es enormemente útil que un escritor sea de un país de poder político, económico, militar y cultural y que tenga además un control estimable de los medios de comunicación; es importante que su idioma sea de prestigio universal con numerosos habitantes cultos; y es conveniente que el escritor o escritora comparta el punto de vista de los poderosos (23). Quien no reúna tales condiciones difícilmente pasará al mercado mundial.

El primer nivel del poder en el teatro, casi siempre masculino y hostil, está constituido por empresarios, directores, críticos, dueños de teatros, etc. y esto es una barrera aún más sólida para las dramaturgas españolas, ya que antes de estrenar en el extranjero, se suele estrenar y triunfar en casa para poder llamar la atención. Las obras se internacionalizan al ser traducidas, publicadas y estrenadas en otros países y, especialmente, al pasar a películas exportadas; pasan al sagrado canon al ser incluidas en antologías de literatura mundial y al ser estudiadas en clases de literatura comparada; y fomenta el proceso al ser tratadas en clases, en conferencias y en simposios.

El país de máximo poder de momento es Estados Unidos. Por eso, el signo de máximo prestigio teatral es estrenar *on* u *off* Broadway, simplemente en Nueva York o en otra ciudad de Estados Unidos, ya que tal atención implica el reconocimiento de los poderosos. Las dramaturgas norteamericanas, como Lillian Hellman, Marsha Norman, Wendy Wasserstein, Tina Howe y Beth Henley, cuyas obras se estrenan *on* y *off* Broadway, se representan en los teatros principales de Londres, París, Madrid, Tokio y otras capitales de la cultura. Sus obras de más éxito pasan luego a ser películas vistas en salas en todas partes y finalmente invaden los rincones más remotos del orbe por medio de la poderosa pequeña pantalla del vídeo.

Como es importante compartir los valores de quienes están en el poder—y dejando aparte las múltiples cuestiones que tal realidad evoca—una pregunta inmediata es: ¿comparten valores las dramaturgas españoles con las norteamericanas? Me limito a obras estrenadas y publicadas en el siglo XX, porque estos textos son asequibles y comparables. En líneas generales, las obras españolas siguen la misma trayectoria ideológica que las norteamericanas, pero con retraso.

Las piezas norteamericanas más audaces, las de "Performance Art" (que empezó en los revolucionarios sesenta), no tienen ningún equivalente en el teatro femenino español por razones que en seguida serán obvias. Escritas por autoras posmodernamente escandalosas, sus obras no han sido, hasta ahora, publicadas. Consisten, típicamente, en piezas *one-woman shows* representadas por sus autoras en espacios alternativos y cuyo propósito es provocar, chocar, enfurecer, inspirar la acción, etc. Una de las pioneras de este grupo, Carolee Schneemann, hacía sus pequeños espectáculos sin anunciarlos, en la calle o en un autobús. Por ejemplo, en uno de ellos, iba amordazada para protestar por las limitaciones de expresión de la mujer; en otro, extraía de su vagina un rollo de pergamino para ilustrar gráficamente que el sexo y la escritura son inseparables (Zimmer 78). Karen Finley, famosa como "One of the NEA 4", continúa hoy en esta tradición alternativa. Conocida es la obra suya en que se cubre de chocolate para aludir al excremento que, según ella, cae como la lluvia sobre muchas mujeres.

Las obras que sí se estrenan en teatros y se publican en España y Estados Unidos con frecuencia giran en torno a un tema común: la necesidad de la mujer de actuar como "mujer" sin dejarse circunscribir por las trampas sociales. Norteamericanas y españolas documentan la soledad y la búsqueda de un interlocutor comprensivo, con más aislamiento entre las españolas. Los personajes femeninos españoles veneran más al hombre y siguen aguantando al compañero, rechazado hace tiempo por las norteamericanas, como por ejemplo el hombre inepto, débil, egoísta, arrogante, mujeriego, tiránico, brutal o simplemente poco comunicativo. En comparación, las protagonistas españolas siguen siendo mártires, cargando con una tradición literaria de mujeres arrodilladas que besan manos y piden perdón delante de padres, hermanos y maridos que, con espeluznante frecuencia, las matan. Aunque ahora son "matadas" más figurativa que realmente, este sacrificio pagano no evoca reacción adversa en un sector nada despreciable del público español.[1]

En las obras norteamericanas, las mujeres pisan fuerte; no sólo reaccionan con decisión, sino que buscan y asumen el control. Recurren incluso al suicidio, una forma de negarle el dominio al otro. Y al revés de lo que pasa en España, estas mujeres a menudo matan a sus agresores, casi siempre sus maridos. La violencia, en efecto, es un sello distintivo del teatro femenino norteamericano (Gussow 1), reflejo, a su vez, de la realidad nacional. Ejemplo de esta agresividad, y específicamente del asesinato presentado como una ejecución, aparece ya en 1916 en *A Jury of Her Peers*, de Susan Glaspell, continúa con *The Little Foxes* ("Las pequeñas raposas") de Lillian Hellman y con *Crimes of the Heart* ("Crímenes del corazón") de Beth Henley, entre aquellas obras que, como éstas han pasado al cine como notables películas. En los noventa, es de señalar en el cine la presencia de mujeres hartas de ser víctimas. Paradigmática ha sido la película *Thelma and Louise* (guión ganador del Oscar en 1991 de Callie Khouri), gran éxito en Estados Unidos y en España, como también *Fried Green Tomatoes* ("Tomates verdes fritos") de Fanny Flag y *The First Wives' Club* ("Club de primeras esposas") de Olivia Goldsmith, en que las mujeres ejecutan o castigan severamente al marido o al compañero abusivo.

Por supuesto que es mucho más fácil pisar fuerte y ser dramaturga en Estados Unidos que en España. En comparación, la escritora yanqui ha gozado de una situación privilegiada de igualdad desde las colonias, cuando las pioneras trabajaban al lado de los hombres para construir casas y guiar ganado. Con una educación formal siempre obligatoria y mixta, tenían ya en el siglo diecinueve una tradición universitaria: eran maestras de escuela, enfermeras, periodistas y, dato importante para el teatro femenino, eran críticas teatrales. Si para triunfar en el ámbito masculino del teatro es útil tener (no necesariamente en este orden) una formación literaria, unas precursoras de éxito, el respaldo de los poderosos y unas buenas agallas, no sorprenderá la relativa ausencia de dramaturgas de éxito comercial en España.

En todo el siglo XX, la única dramaturga española que ha triunfado en el mercado internacional es María Lejárraga, mejor conocida como María Martínez Sierra, cuyo trabajo lleva desgraciadamente la firma de su marido, Gregorio Martínez Sierra. Obras escritas por ella están traducidas y publicadas en las lenguas más prestigiosas, se han representado en Europa y las Américas y han alcanzado el cenit de la canonización internacional al estrenarse *on* Broadway. Me refiero a las versiones en inglés de: *Canción de cuna*, *Rosas de otoño*, *Sueño de una noche de agosto* y *El reino de Dios*, que forman un currículum aún más impresionante que el de Benavente o el de Lorca, dramaturgos españoles que también han llegado a Broadway en el siglo XX con un par de obras cada uno.

En 1995, el conocido cineasta español, José Luis Garci, ya ganador del Oscar por *Volver a empezar*, hizo una excelente versión de *Canción de cuna* que fue la candidata de España a ese certamen. Yo me pregunto, alucinada, cómo Garci se ha atrevido a nadar tan a contracorriente de los gustos de hoy, éstos tan aparentes en la película ganadora del Oscar ese año para el mejor guión, *Pulp Fiction*. En *Canción de cuna*, no hay violencia, ni violación, ni sangre, ni sexo, ni cuerpos desnudos; no hay ni *gays*, ni travestís, ni yonkis, ni gamberros, ni terroristas; no hay asesinatos, pistolas, metralletas, navajas; como tampoco hay atracos, carreras de automóviles o aparatosas explosiones; y por si todo eso no fuera suficiente, ni siquiera hay una sola palabrota.

Garci ha sido muy respetuoso con el texto de esta obra de 1910 que simplemente levanta las tapias de un convento de monjas de clausura en donde sólo hay bondad, ternura, un delicado sentido del humor y—¡milagro!—diálogo. Molesta, sin embargo, que los créditos anuncien que la película se basa en la obra teatral de Gregorio Martínez Sierra sin mencionar a María. Además de saber pocos que María fue la autora, menos aún saben que Gregorio y María firmaron un acuerdo al separarse: que en España, él figuraría como autor exclusivo, mientras que en el extranjero, figurarían los dos.[2] Queda por ver si ese crédito cambia al exportarse la película; lo que dudo.

Pero vamos a ver la situación de las dramaturgas españolas de ahora que no tienen las ventajas del nombre masculino y del poderoso marido empresario. Las obras de las únicas españolas que estrenan habitualmente a nivel comercial, Ana Diosdado y María Manuela Reina, pasan poco las fronteras. La comedia más conocida de Diosdado, *Usted también podrá disfrutar de ella*, se hizo en "Estudio Uno" en televisión española en los setenta y se estrenó *off-off* Broadway en la misma época. Se representó dignamente en inglés en el marco del simposio "Un espacio propio", dedicado a la labor teatral de las mujeres españolas, hispanoamericanas y latinas de USA en octubre de 1994 y la traducción, *Yours for the Asking*, se publicó [serie de *Estreno*, 1995]. Pero la clave del masivo reconocimiento internacional sigue siendo el cine, y ni las obras de Diosdado ni las de Reina han pasado al cine aun en España, a pesar de que las dos evitan temas y planteamientos considerados femeninos o, peor aún, feministas.

Aunque actualmente las dramaturgas de ambos países centran su interés en la protagonista femenina (incluida Ana Diosdado en su última obra, *Cristal de Bohemia*), las norteamericanas demuestran especial interés por la relación madre-hija, como lo vemos en diversas obras de Marsha Norman, Wendy Wasserstein, Tina Howe y Beth Henley. Las españolas, en cambio, marcadas como sus textos por la autoridad del padre y un deseo conflictivo por él, tratan con más frecuencia la relación padre-hija. Este fenómeno es aparente en *Los ochenta son nuestros* y *Camino de Plata* de Ana Diosdado, *Besos de lobo* y *Una estrella* de Paloma Pedrero y especialmente *La cinta dorada* de María Manuela Reina. Esta última obra, uno de los grandes éxitos de 1989, es paradigmática no sólo de la adoración irracional al padre sino de la ambivalencia femenina expresada en su discurso.

Al revés de lo que suele pasar, obras de las españolas más jóvenes, de punto de vista más avanzado, que estrenan en condiciones más marginales, llaman la atención de la gente joven de otros países. La nota abiertamente subversiva se percibe, por ejemplo, en obras de Paloma Pedrero, Lidia Falcón, Maribel Lázaro, Concha Romero, Carmen Resino y Pilar Pombo, autoras con menos acceso al teatro comercial. Lidia Falcón es un caso especial, ya que es conocida—es decir, tiene poder—por ser importante en el Partido Feminista, por ser periodista y novelista y por ser realmente la única dramaturga agresivamente feminista. Obras suyas y de Paloma Pedrero se han representado en universidades y festivales internacionales. Las de Pedrero se han hecho en producciones bilingües—español y francés en Francia y España. En Avignon, una compañía francesa representó *El color de agosto* y *Noches de amor efímero* en 1995. Se ha hecho también *El color de agosto* en Costa Rica, y en París *La llamada de Lauren*, gran favorita esta obra de los aficionados universitarios en Estados Unidos.[3]

Obras de Carmen Resino—*Auditorio*, *La bella Margarita*, *Personal e intransferible*, *Mamá, el niño no llora*, *La sed*—se han representado en francés en Bruselas y Holanda, y compañías francesas han hecho varias obras suyas breves en esos "espectáculos para beber". *Personal e intransferible* se representó en televisión española, se hizo en Cincinnati en 1994 y Raúl Esparza, actor cubano-americano y empresario, ha preparado un espectáculo bilingüe para Miami, Nueva York, Chicago y Santa Fe compuesto de *Personal e intransferible* en español y *Pop y patatas fritas*, traducida ésta al inglés como "French Fries and Rock and Roll". De Concha Romero, se ha hecho en Inglaterra y Francia *Un olor a ámbar*, en Alemania se han hecho lecturas dramatizadas de *¿Tengo razón o no?* y dos obras suyas acaban de salir en edición bilingüe.[4]

A pesar de diferencias de cultura, las mujeres de todos los países se entenderían si pudieran hablarse. Lo malo es que pocas mujeres hablan a nivel internacional. Como observó en 1995 desde Pekín la Primer Dama de Estados Unidos, Hillary Clinton, en un viaje mundial con su hija para ver las condiciones de las mujeres: "Demasiadas mujeres en demasiados países hablan la misma lengua: el silencio".[5]

¿Encontrarán su voz las españolas? ¿Pasarán a ocupar un lugar digno en el mercado global? No soy nada optimista por las razones antes esbozadas. Pero los lectores podrán aumentar las posibilidades de acabar con este silencio no sólo al incluir obras de las dramaturgas en sus clases sino en sus trabajos leídos y publicados; podrán traducirlas; podrán animar a los alumnos a hacer lecturas o representaciones de ellas; en fin, podrán mencionarlas a personas que podrían hacerlas llegar a algún escenario. Como dice la sabiduría popular, una semilla muy pequeña es capaz de producir un árbol muy grande.

Obras citadas

Glassow, Mel. "Plays by Women, Most about Violence". *New York Times* 24 marzo de 1993, late edition, sec. B: 1.

Torre, Guillermo de. *La difícil universalidad española*. Madrid: Gredos, 1965.

Zimmer, Elizabeth. "Has Performance Art Lost its Edge?" *Ms*. March/April 1995: 78-80.

Notas

1 * Ejemplos se pueden encontrar en las obras de Julia Maura, excelente dramaturga de la época franquista y merecedora de más atención.

2 * Véase mi libro, *Gregorio y María Martínez Sierra: Crónica de una colaboración* (Madrid: La Avispa, 1987) 55.

3 * Obra representada en pulidos montajes universitarios en Nueva York, Arizona y Ohio.

4 * En mi edición bilingüe, *Mujeres sobre mujeres teatro breve español/One-Act Spanish Plays By and About Women* (Madrid: Fundamentos, 1998), hay obras en inglés y en español de Paloma Pedrero, Lidia Falcón, Concha Romero, Carmen Resino y María José Ragué Arias. Traducciones al inglés de una obra de Ana Diosdado y varias obras de Paloma Pedrero están publicadas en la serie de *Estreno*.

5 * Comentario emitido por radio en marzo de 1995.

Las monjas yermas en Canción de cuna *de María Martínez Sierra: oscuros hábitos de deseo*

Ignacio Prado
Manhattanville College

> *La gran mayoría de imágenes visuales y literarias de la maternidad nos vienen filtradas a través de la conciencia masculina individual y colectiva.*
> (Adrienne Rich, *Of Woman Born*)
> *Dejar a un cuerpo salir de su escondrijo. Dar una oportunidad con significado bajo un velo de palabras. Palabra, carne.*
> (Julia Kristeva, "Stabat Mater")

Canción de cuna (1911)—la obra que le dio la voz a María de la O Lejárraga y fama a su esposo y colaborador Gregorio Martínez Sierra—se aparta del discurso a doble voz (masculina y femenina) y se inicia precisamente con una reflexión sobre la autoría literaria y el encuentro de la voz propia de la mujer, la voz que rompe el velo de la laringe y se hace verbo:

> SOR SAGRARIO. ¡Sí, sí que los diga!
> PRIORA: Dígalos, dígalos, ya que los ha compuesto.
> SOR JUANA: Me da mucha vergüenza.
> MAESTRA: Esas son tentaciones de amor propio, hija mía.

La obra comienza con una pulsión del deseo de decir y sacar a la luz versos ocultos, prohibidas palabras de amor de una mujer a otra, referidas a otra mujer, la priora: "a nuestra amadísima madre en el día de su santa patrona". Aquí no existe la palabra paterna, todo está escrito en minúsculas; se trata de versos sentidos que se recrean en lo cursi, sin reparos, como parte del discurso femenino: "ovejuelas somos que bajo su guía buscamos del cielo la senda escondida". Este grupo de mujeres dicharacheras y de conversación aparentemente banal se rebelan contra el verbo patriarcal y como dice la maestra: "Aquí no estamos en ninguna academia". Ellas elaboran una forma de comunicación privada, surgida de la necesidad de resistir al silencio impuesto por su insignificancia en la vida pública. Como en ciertas religiones extáticas y primitivas, el discurso femenino es a veces ininteligible y mal articulado, es decir, anti-académico.

Cuando Sor Juana termina de recitar su poema, las demás monjas estallan en gritos de gozo ("Viva nuestra madre") y risitas ("tentaciones de risa"), algo que el psicoanálisis de raíz patriarcal llamaría histeria, pero que en realidad se trata de un coro de voces femeninas cotilleando y chismorreando sin vergüenza ni reparo en los "ratitos de parleta" que les permite la madre superiora. Esta expresión de la oralidad, así como la imagen de las novicias sacándose la lengua, ridiculizada frecuentemente por los críticos, ponen de manifiesto la intención de la autora de dar la palabra a mujeres que históricamente han tenido sus órganos vocales inmovilizados. Se trata de las "palabras disipadas" que la vicaria representante del orden y la moral les prohibirá continuamente. La vicaria Sor Crucifixión, recreándose sado-masoquísticamente en los silencios, traspasará los estigmas de sus manos a los labios de las novicias para sellarlos, y así citará las reglas de la orden y del apóstol Santiago ("el que dice bien"): "Aquel que diga que por la lengua no delinquió, miente".

La madre priora les advierte:

> ¿Me prometen no ofender al Señor con murmuraciones ni palabras disipadas?
> NOVICIAS. Lo prometemos.
> PRIORA. Siendo así, hablen cuanto gusten hasta la hora del rezo.

Se pone en escena el deseo reprimido de hablar frente al rezar como repetición de las palabras del padre; el hablar como ofensa al Señor y a su verbo. La priora, madre santa, al igual que la madre-monstruo — Bernarda Alba de la obra de García Lorca — reprime las palabras de sus hijas con una admonición constante: "Silencio, silencio, ¿aún no tienen bastante con lo que esta mañana llevan hablado?". Se trata de una amenaza de castración oral paralela a la inmovilización de sus órganos sexuales por el voto de castidad, que marca a las novicias con el término "yermas". De hecho la obra de Lorca del mismo título presenta una temática y una escritura femenina que también encontramos en el teatro de Maria Martínez Sierra.

Como indica la vicaria "el apetito siempre pide más" y el deseo de parleta se convierte en verborrea desenfrenada de unas monjas que hablan por los codos y cubren con su chorreo de palabras, rezos y cantos, un deseo frustrado: el deseo de que el verbo se haga carne, de que los labios vaginales se abran y se expulse el sustantivo más secreto oculto en la oscuridad de sus entrañas: la palabra HIJO.

Estas son monjas que se rebelan dulcemente contra la clausura de sus labios y sus cuerpos. Así, en el espacio que habitan, la puerta del convento como claustro materno también se abrirá para recibir cuerpos extraños. El primer objeto cubierto no identificado que traspasa el torno, será una jaula cubierta por un velo que contiene un canario regalo de la alcaldesa. El canario se convierte en el primer objeto de deseo de las monjas, fetiche "de seda". Ellas le rodean, le hablan, le acarician: "qué lindo, qué bonito! si parece de seda, ¿cantará?". Este pájaro no es el falo freudiano envidiado por las hermanas; aquí no hay regresión neurótica; es pura voz melódica, puro canto. Más adelante la identificación con el animal se hará evidente tras un intento frustrado de liberarlo de su breve cárcel, cuando no comprenden que no quiera acercarse al sol (lo masculino) y cuando comprenden que "le gusta ser un encarceladito como sus monjas". Este término es usado frecuentemente por Teresa de Jesús en sus obras, cuya "elegancia desafeitada" (Fray Luis de León) aparece también en esta pieza que también presenta el tema teresiano del afán del alma prisionera en la cárcel del cuerpo.

Es la visión del canario-Espíritu Santo, no la del Padre ni la del Hijo, la que las lleva a exclamar: "¡Ay madre mía, quién fuera pájaro!". Aquí estalla su deseo de volar como imagen sexual de liberación, siempre referida al sueño. Ellas escenificarán a viva voz sus fantasías oníricas: "Ir por el aire sin tener alas, correr de prisa sin tocar con los pies en el suelo". En definitiva, un deseo de fuga sin seguir las rutas establecidas por la territorialidad falocéntrica, escapando hacia las márgenes del principio (el huerto del portal de Belén) y del fin (el calvario), pero nunca hacia el centro. Pese a las apariencias de normalidad doméstica, esta comunidad de mujeres es descentrada y de feminidad desviada; se trata de mujeres-chamanes que rechazan el papel de madres y esposas impuesto por la sociedad androcéntrica, permaneciendo ociosas en un lugar ajeno y recreándose en el derroche de rituales y actividades no productivas (engarzando rosarios). Nos encontramos ante monjas ventaneras, por utilizar el término de Carmen Martín Gaite,[1] mujeres que convierten las jaulas y celosías en ventanas: y cuya mirada es siempre desde el interior.

El segundo intruso en el convento, tras el pájaro, es el médico Don José, el padre y esposo bíblico que institucionaliza su entrada en el espacio femenino y provoca el inmediato cubrimiento de órganos: "Cúbranse, las monjas se echan los velos por la cara y desaparecen como fantasmas". Se produce una mutación en sus cuerpos, pasan a ser espectros invisibles como autodefensa ante la presencia impuesta del hombre en su espacio propio. El médico, dotado de la prerrogativa de levantar velos y tocar órganos, irrumpe en el convento con un derroche de insinuaciones eróticas y sentencias sexistas, que cubrirán su propia impotencia y su estado célibe: él también es 'yermo'. Tras proclamar la santidad de las monjas, empieza a violar verbalmente a sus víctimas pacientes con epítetos como "a carne fresca me huele, blancas corderas. No ha tenido mal gusto el señor, palidita pero torneada,...". Su terapéutica no dejará lugar a dudas sobre sus intenciones represoras, cuando Sor María Jesús muestra síntomas de "melancolía, suspiros a deshora y desgana", Don José le recomienda "o ducha fría o matrimonio". También Sor María de la Consolación presenta una prognosis de pulsión sexual reprimida:

> PRIORA. No ha pegado los ojos en toda la noche, ¿ se acuerda usted que ayer dijo que le mordía un perro en el estómago? Pues hoy dice que se le ha atravesado un sapo en la garganta.
> DON JOSE: Cuanta guerra les da el diablo a estas pobres señoras.

Entre bromas de doble sentido se pone de manifiesto que no es casta pureza lo que se esconde tras los velos y que en las entrañas de estos ángeles se esconden perros rabiosos y diabólicos furores desatados: las sensaciones vaginales se sienten también en sus gargantas. La autora corre un tupido velo blanco de ingenuidad, sentimentalismo y humor tierno sobre estas escenas para no escandalizar al bienpensante público burgués de su marido, el mismo público que le reía las gracias a Benavente y a los Quintero y que generó como reacción la obra maestra del mismo título de García Lorca.

Esta estética de dorada y contenida mesura es la que utiliza José Luis Garci y su guionista Horacio Valcárcel en la más reciente versión de *Cancion de cuna* (1994). El film se recrea en el intimismo y el interiorismo, oscureciendo el colorismo folklórico y el exceso melodramático de la anterior versión dirigida por José María Elorrieta en 1961, película delirante repleta de monjas cantoras maquilladas en tecnicolor y moralismo opusdeista. Garci, quien paradójicamente nos trajo los primeros destapes con su *Asignatura pendiente*, se recrea ahora en el cubrimiento púdico de órganos y excesos, como reacción antialmodovariana y con claras referencias a la obra de cineastas como Bergman o Bresson.

María Martínez Sierra, educada en un convento, llegó a introducirse en este espacio para trasladarlo a su obra *El reino de Dios* (1915) permaneciendo enclaustrada junto a su hermana monja. Todas sus obras de temática religiosa, tanto las pobladas por monjas como *Lirio entre espinas* (1915) o por la madre-virgen *Navidad* (1916) muestran, bajo un manto de piadosa caridad cristiana, una dura crítica social fundada en el socialismo utópico y en los principios feministas que guiaron su trayectoria personal y política. Su obra está escrita desde el interior de una habitación propia cuya balconada se abre hacia ideales de liberación femenina y justicia social. Y es este espacio ambiguo, cerrado y abierto a la vez, el que Garci (en su afán preciosista y recreándose en los chiaroscuros del convento) no consigue plasmar a nivel de contenido con una cámara que siempre se desplaza hacia el exterior como queriendo escapar del "locus" que retrata.

Martínez Sierra en sus memorias *Gregorio y yo* (1950), título aún marcado por el nombre del "pater familias" ya fallecido, describe la génesis de esta obra: tras un viaje a Italia e inspirada por la visión de las madonas de Rafael y por la lectura de una noticia sobre un bebé abandonado en una pila bautismal, decide dar a luz a su obra más íntima, titulada originalmente *Maternidad*. El deseo de ser madre, nunca satisfecho por la autora, es lo que oculta la uterina oscuridad del convento. La maternidad se escenifica con un parto en forma invertida, desde afuera hacia adentro, convirtiendo el dar a luz en un entrar en sombra. Por el orificio del torno penetra el cuerpo del hijo concebido por una mujer "perdida", criada a su vez en la inclusa, es decir un hijo sin raiz fálica. La carta en la que se especifica este origen se omite en las dos versiones cinematográficas, pasando por alto el hecho de que este es un hijo sin padre que debe ser criado fuera del ámbito patriarcal, entre mujeres. Ellas serán las que pondrán en práctica una maternidad colectiva guiada por una de las hermanas, Sor Juana, la misma que ha protagonizado el dar a luz al verbo en la primera escena. Sor Juana no le dará de mamar a la recién nacida porque su cuerpo permanece cerrado, pero será ella quien ejerza los demás rituales de la maternidad. La escena en la que las novicias rodean el canasto de la niña con sus cuerpos excitados al ver esa "cosa tan pequeña y tan colorada", supone un dar a luz con sus miradas que, como cordón umbilical, conectan con el objeto de deseo. Esta escena se anticipa en una visión de regresión maternal que experimenta Sor Juana. Así describe la novicia la "llamada sagrada" (Adrienne Rich)[2] a ser madre:

> Yo siempre que comulgo me figuro que recibo al señor en forma de niño, y así lo aprieto contra el corazón y me parece que como es tan pequeño y desvalido, no me puede negar cosa que le pida y luego se me antoja que llora y le pido a la virgen que me ayude a callarlo.

La mujer recibe al hijo por la boca, en parto invertido, lo envuelve con su cuerpo contagiándolo de feminidad y acalla su llanto con la ayuda de la madre; estamos ante una visión de la maternidad como experiencia entre mujeres y no como institución social controlada por el patriarcado. Como en las sociedades matriarcales primitivas, en el convento todas las hermanas son madres pero no sienten en su cuerpo el placer masoquista del violento y doloroso parto, los "poderes del horror de la madre abyecta" (Kristeva). Sor Juana es como la madre virgen de la tradición occidental; su cuerpo inmaculado no presenta ningún desdoblamiento del otro; no hay encarnación de un cuerpo dividido como en la mujer embarazada; su blanco hábito carece de dobleces, de pliegues en los que se oculta la represión primal. El cuerpo cubierto rezuma *jouissance* y el dolor sólo aparecerá en el segundo acto cuando el hábito blanco se torna oscuro y la madre pierde a su hija a manos del patriarcado.

La obra incluye los dos discursos comunes sobre la maternidad: el de la ciencia (representada por el médico y su control del cuerpo) y el de la religión (el subtexto del culto mariano, paralelos a éstos). Como alternativa, la autora presenta un tercer discurso de tintes feministas que integra el ámbito semiótico del cuerpo materno rompiendo con las tradicionales concepciones de madre biológica y madre-esposa. A diferencia de los dos primeros, éste no se centra en la figura del hijo y no deja de lado el dolor y el placer de la madre en su experiencia de maternidad.

El apellido de Don José se otorga a esta hija de madre, de la misma manera que el título de autor se le ortogaba a don Gregorio en las páginas escritas por su esposa. De allí que el representante de la autoridad territorial las marque con el adjetivo contra-natura de "yermas": "legalmente no tienen ustedes derecho a la maternidad". Las monjas aceptarán esta imposición como estrategia para conservar a la niña, a quien otorgarán el nombre de la madre superiora, Teresa. Será ella en definitiva quien ejerciendo el matriarcado, dé la última palabra: "la niña vivirá a nuestra sombra" y así la entrega a Sor Juana. Mientras las demás hermanas se retiran invocando el nombre del padre en sus cánticos (*in nomine patri...*), la nueva madre toma a la niña en sus brazos y se dirige a ella de mujer a mujer, en un nuevo lenguaje: "vida, vidita, a quién quieres".

En ambos films se producen algunas alteraciones sustanciales en detrimento de la lectura femenina de la obra; en ambos se impone la visión falocéntrica ya desde los títulos de crédito reafirmando la autoría de Gregorio Martínez Sierra, ya sobrevalorando el papel protagonista de Don José (Antonio Garisa y Alfredo Landa). En la versión de Garci se inventa una supuesta relación platónica entre éste, de quien se omiten las referencias sexistas antes citadas, y la madre superiora (Fiorella Faltoyano) aquí enferma terminal. La endulzada figura del médico (le regala caramelos a la tornera) se presenta como hermano benefactor de estas "monjas suicidas", amante resignado en su estado célibe y padre protector y adoctrinador que le regala a su amada libros de Luis Vives. El film enfatiza los tintes melodramáticos de la obra y se ponen discursos de ciertos personajes en boca de otros. Por ejemplo el fundamental soliloquio sobre el pájaro encarceladito perteneciente a la figura-madre de Sor Juana, lo pronuncia Don José, enfatizando la raiz patriarcal. Garci identifica al espectador con este personaje, voyeur recalcitrante, y así en la escena principal del primer acto la cámara desvelará a la criatura ante su mirada y la del espectador, y no ante la de las monjas. El ve primero a "su hija" y celebra un supuesto pacto con la priora aquí convertida en madre-esposa, obligándola a brindar con el vino de misa, la sangre del hijo. La escena final de madres despojadas también se trastroca al situar a la hija en el plano de luz junto a los representantes de la territorialidad, padre y esposo, enfatizando el voyeurismo de Don José que se apodera de las palabras de la madre priora ya fallecida: "saber mirar es saber amar", palabras pertenecientes al discurso académico-patriarcal de Vives, que la mujer hace suyas pero que finalmente salen de los labios del hombre.

En el caso del film de Elorrieta, la alteración argumental es mucho más disparatada y absurda. El encalado convento rodeado de palmeras, se sitúa en la costa mediterránea y se convierte en escenario de interludios folklóricos propios de la versión cinematográfica de *La Hermana San Sulpicio* con una intriga amorosa digna de los folletines más desaforados. En una de las varias escenas en el exterior, espacio ajeno a la obra de la autora, Teresa aparece subida en un naranjo derramando frutos y deseo mientras canta coplas "alegre como un cascabel y olé": aquí conocerá al galán Antonio, convertido en centro de un triángulo sexual. El es ingeniero y quiere construir el ferrocarril en la región introduciendo su máquina (la modernidad) en la zona virgen del convento que según la moral reaccionaria del film representa la tradición. Para ello se ganará la amistad de la hija del terrateniente, vampiresa fatal que se interpondrá entre los dos y cuyos celos llevarán a Teresa a abandonar la vida mundana y profesar. En una de las escenas, propia de la novela rosa, Teresa aparece con su vestido blanco como la Cenicienta en un baile de gala; alli verá a Antonio y su rival besándose y desesperada huirá entre barrizales manchando su pulcro hábito. Los protectores brazos de Sor Juana le darán cobijo en una escena de involuntarios toques lésbicos en la que los labios de rojo carmín de la monja sellarán las lágrimas de la joven. El film combina elementos de puro kitsch con referencias a films como *Sonrisas y lágrimas* de Robert Wise y a productos de la factoría Disney con el más retrógrado moralismo de la época. Quizás Elorrieta conociera que la autora había enviado varios guiones a la compañía de Walt Disney—de hecho, uno de ellos sirvió como base para *The Lady and the Tramp*—pero obviamente desconocía la trayectoria ideológica de la autora y el contenido esencialmente progresista de la obra: no una reflexión sobre el amor de hombre sino sobre el amor de madre.

Probablemente la parte de la obra original que más corresponde estéticamente al espíritu del film de Elorrieta es el remilgado poema del entreacto, "se hacen saltar las tapias del convento" y que aparentemente se exalte la maternidad tradicional; pero aun así se insiste claramente en el concepto de cuerpo cerrado de la madre, no como esposa sino como hermana y amante ajena a la raíz: "Ya si por ser mujeres monjitas, sois amantes.

Y a pesar del escudo cerrado por diamantes de la virginidad que guarda vuestras rosas, habéis sabido ser madres sin ser esposas". Si el velo cubre sus rostros ante la mirada fálica, y el cinturón de castidad cubierto de diamantes especulares proteje sus órganos sexuales, sólo les resta el placer autoerótico ante el espejo. Es precisamente el espejo,[3] el siguiente objeto escondido que sale a la luz en la obra. La represora madre vicaria lo descubre oculto en la celda de una de las novicias, Sor Marcela, y la delata ante la priora. Esta desdramatiza su condición de objeto "raíz de perdición y origen de infinitos deslices" y se muestra comprensiva considerando este objeto como consolador de "tentaciones de melancolía". Así describe la neófita hermana sus pulsiones de deseo orgásmico:

> Cuando a servidora le aprietan demasiado, le dan ideas de subirse a los árboles y trepar por las paredes, y de saltar las tapias de la huerta y de tirarse al agua del estanque y como servidora comprende que no está bien en una religiosa esa, esas... (Vicaria: extravagancias)... servidora coge un rayo de sol en el espejo y le pasea por entre las ramas y por el techo de la celda y con eso se consuela pensando que es una mariposa o un pájaro y que va donde el pensamiento se le antoja.

Con el espejo como detonante, la asfixia sexual del cuerpo cerrado (el apretar) pasa a ser sensación de liberación de un cuerpo ya dromocrático que como línea de fuga trepará árboles patriarcales y saltará tapias de jardines prohibidos, jugando con el fálico rayo solar (*le soleil noir* de Kristeva) sin entrar en los dominios del orden simbólico, sin movimiento físico, "desde mi celda". Estamos ante la expresión del deseo de volverse cuerpo alado, pájaro , mariposa o ángel y ejercer la práctica del sueño y de la imaginación abierta por la reduplicación especular.

En el film de Garci se duplica esta importante escena del espejo poniendo por protagonista en la segunda ocasión a Sor Marcela (Amparo Larrañaga) convertida ahora en priora que repite las misma líneas de diálogo que ella había escuchado años antes dirigiéndose a una novicia caída en la tentación especular. Este cambio respecto al original, enfatiza acertadamente la inserción del tema del espejo dentro del discurso sobre la maternidad. Este tema lo encontramos en la obra de Julia Kristeva *Stabat Mater: paradoja, madre o narcisismo primario*, donde la autora francesa reescribe la cuestión freudiana ¿qué es lo que quiere la mujer? en un ¿qué es lo que quiere la madre? discutiendo si es el deseo del falo del padre imaginario—el rayo solar—o algo indeterminado—la luz lunar que envuelve el convento. En definitiva, la madre desea un amor fuera de la ley del padre, el amor a su hija como amor a sí misma junto a una autorenuncia como base de una nueva ética. Kristeva sugiere escuchar a la madre y su música y eso es lo que hace precisamente la autora de *Canción de cuna*, obra rebosante de cantos, nanas y voces melodiosas. Los "soliloquios del alma afligida" que abren el segundo acto y el oficio cantado que cierra la obra con sus "pausas y colas marcadas", componen el fondo musical de esta cantata para voces blancas cuyo tempo es el moderato cantabile. La maternidad, que según Kristeva, siempre necesita del apoyo de la madre, se concreta aquí en la vía matrilineal que va de Teresa a Sor Juana, de ésta a la priora y de ésta a su vez a la Virgen totémica que les sirve de modelo.

En la escena inicial del segundo acto, las monjas aparecen preparando el ajuar de Teresa ya que la joven va a contraer matrimonio fuera de las paredes del convento y va a partir con su marido a Cuba. Con prendas íntimas bordadas por sus manos van llenando el baúl, vientre artificial, que contiene el legado femenino que se llevará la hija consigo en su largo viaje hacia el nuevo mundo, la territorialidad exterior no femenina. La hija marcada desde su nacimiento por el apellido paterno, se va a sentir atraída por las mundanas tentaciones extramuros, abandona la condición de ventanera, salta el muro y pisa la territorialidad que "le tira": "si supieran ustedes la tierra que se ve desde lo alto de la acacia grande, me tira la tierra". El discurso de la hija es de clara sumisión y exhaltación falocéntrica; primero expresa el deseo de ser hombre con una envidia de patriarcado que hace enmudecer a sus madres: "No han tenido ustedes nunca pena por no ser hombre, capitán, general, arzobispo, Papa". A continuación horrorizará a Sor Juana quien sentirá el convertirse en madre abyecta ante una hija que se entrega humillada y sin condiciones a los pies del esposo, interpretando así el voto de humildad practicado en el convento:

> Si yo soy una pobre ignorante, él es un sabio, si yo valgo poco, él vale mucho y en vez de darme envidia me da gusto. No me importa si no me quiere; lo importante es quererle yo a él. Sentada en el suelo a sus pies... oyéndole hablar...porque es la VOZ, yo no me sé explicar, una voz que parece que le está hablando a una desde que ha nacido, ¡Hay madre! el primer día que me dijo Teresa, me parecía que no me había llamado nadie nunca.

De esta manera, el nombre otorgado por las madres sólo cobra sentido en boca del esposo y el canto femenino, la canción de cuna, queda silenciado por la VOZ con mayúsculas. Sor Juana tan sólo responderá: "¡Hija, me das miedo!" y su único consuelo será la repetición como en una letanía de la palabra madre: "Mi madre, mi madre, mi madre".

En la escena final, Teresa aparece junto a la reja en el lado de la sombra rodeada por las madres, cogiéndole la mano a la priora y no al futuro esposo; ella corre la cortina ante los ojos de los dos hombres, protegiendo la clausura de los cuerpos cerrados (propiciando la no-visión). Será el joven Antonio el que siguiendo la condición de voyeur de Don José exigirá su derecho a verlas, a desvelarlas y desvelar el secreto de la maternidad oculto tras las rejas. Como el médico, su valedor, él también querrá desvelar velos reafirmándose en su condición de sujeto de la mirada y convirtiendo a las monjas en objetos de visión y exhibición, despojándolas de su intimidad y finalmente llevándose el fruto de su vientre. El rayo solar habrá conseguido penetrar por las hendiduras de la celosía y por unos segundos sus cuerpos dejarán de ser cerrados y se abrirán a la mirada del otro. La visión que se produce fascina ("no la olvidaré mientras viva") y aterroriza a la vez ("detrás de esa reja casi me da miedo quererte") sabiendo que su futura esposa ha surgido de ese espacio. Antonio siente terror al ver a Teresa como madre rodeada de madres en un orden prepatriarcal y presimbólico al que él no tiene acceso y que le es incomprensible. De esta manera, divididos en dos planos diferenciados de luz ("a un lado las rosas, al otro las espinas") Teresa deberá cruzar el fino borde lumínico, despojarse del velo y otorgarse.

Teresa padecerá el dolor y la dificultad de una hija que aún se siente parte del cuerpo materno, la prolongada simbiosis e identificación primaria. La "asimetría edípica",[4] según Nancy Chodorow (*The Reproduction of Mothering*) se verá truncada, todo su aprendizaje frustrado ("yo no me sé marchar, perdónenme"). Esta no es sólo una separación de la madre, necesaria para el desarrollo psicológico de la hija, sino que se trata de separación de la hermana y de la amante: "madre si eres amante, madre si eres hermana, madre por pura esencia y madre a todas horas".

Incluso en esta escena final el médico afirmará su condición de padre-patrón que toma propiedad de un espacio femenino que ha violado repetidamente: "esto es mi casa, no hay nadie más antiguo que yo en estas paredes y las que para ti han sido madres para mi son hijas, ya delante de mí no se tapan la cara". Tras este primer plano de rostros develados, concebido en el film de Garci como un enfoque de cámara en dos direcciones, siguiendo la mirada de los boquiabiertos voyeurs, las monjas volverán a cubrirse con el velo de tinieblas del convento y a retirarse a su anonimato y a su espacio propio. Alejándose de la VOZ de su amo, volverán a su música con la admonición de la vicaria de conservar la pureza y la métrica de su canto de sirenas. Las palabras finales salen de los labios de Sor Crucifixión, el personaje más duro y resistente a la maternidad en toda la obra, feminista camuflada que considera a los hombres "exigentes, veleidosos y egoistas". Ella también se sentirá madre solidaria con sus hermanas espirituales. Al verse despojada, sacará fuerzas para guiarlas y se las llevará hacia el interior del convento dejando a Sor Juana llorando sola en escena. Este cuadro final de madona despojada se ve sustituido en el film de Garci por un enfoque que, recorriendo el interior del convento y enfocando objetos emblemáticos como los libros, las llaves y la jaula ya abierta y vacía, llegará a las rejas de la ventana como queriendo seguir el carruaje de los novios marchándose a la territorialidad exterior. Si la obra terminaba en un interior con una mujer sola lamentándose por el perdido objeto de deseo, la cámara ventanera del film parece desear salir afuera, a la luz, a la tierra de los hombres. M. Martínez Sierra escribió su obra con una luz tenue y con un tinte femenino que quizás los potentes reflectores de la patriarcal industria cinematográfica no han conseguido captar en ninguna de las versiones filmadas.

Obras citadas

Briffault, Robert. *The Mothers*. New York: Jhonson Reprint, 1969.

Chodorow, Nancy. *The reproduction of Mothering: Psychoanalysis and the Sociology of Gender*. Los Angeles: University of California Press, 1978.

García Lorca, Federico. *La casa de Bernarda Alba*. Madrid: Cátedra, 1980.

Kristeva, Julia. "Motherhood according to Giovanni Bellini". *Desire in Language*. Trad. Thomas Gora, Alice Jardine Leon Roudiez. New York: Columbia UP, 1982.

—-. *Pouvoirs de l'horreur*. Paris: Seuil, 1980.

—-. *Soleil noir: Depression et mélancolie*. Paris: Gallimard, 1987.

—-. "Stabat Mater". *Histoires d'amour*. Paris: Denoel, 1976.

Martín Gaite, Carmen. *En la ventana*. Madrid: Austral, 1987.

Martínez Sierra, Gregorio. *Obras completas*. Madrid: Saturnino Calleja, 1920.

Rich, Adrienne. *Of Woman Born: Motherhood as Experience and Institution*. New York: Norton, 1976.

Notas

1 * En su libro *Desde la ventana*, la autora salmantina analiza el papel de la ventana y de la mirada femenina en la literatura española desde los textos de Teresa de Jesús hasta su propia novela *Entre visillos*. En el convento la celosía hace el doble papel de ojo de cerradura que permite ver desde dentro hacia afuera y a la vez oculta a unos seres que se rebelan contra el papel de la mujer como objeto de la mirada fálica.

2 * Este es el título del segundo capítulo de su obra *Of Woman Born* en donde analiza su propia experiencia como mujer, poeta, feminista y madre determinada por la institución de la maternidad y su imposición social por parte del patriarcado. Su conclusión es que es el cuerpo de la mujer como madre el terreno sobre el cual se erige el patriarcado. Según la autora la "llamada sagrada" a ser madres ha tenido una realidad pragmática en la historia ya que las instituciones sociales y la religión la han impuesto a todas las mujeres como una obligación.

3 * Según el análisis lacaniano lo que sigue a la fase especular, en la que el cuerpo fragmentado ve el reflejo del otro como un deseo inalcanzable, es la apropiación del papel del otro (la imagen especular) por parte de la madre ante los ojos del niño. El niño, la novicia en este caso, sólo tendría dos opciones c aniquilar el objeto o extinguir el deseo. Según Kristeva, esta fase especular produce una ruptura-rechazo por la que el niño toma la condición de sujeto capaz de usar el lenguaje, entrar en el orden de lo simbólico.

4 * "A girl wants the penis for the powers it symbolizes and the freedom it promises from her previous sense of dependence. A girl's wish to liberate herself from her mother engenders penis envy". Chodorow 123.

Hábitos en movimiento: el kitsch religioso de Sor Intrépida a Sor Citroen

Alejandro Varderi
The City University of New York

El español es propenso a la juerga, el derroche, la sensualidad y el pitorreo, férreamente dosificados durante el franquismo por la Iglesia y el Estado, para los que el pueblo era como un niño a quien debía meterse en cintura. Esta actitud paternalista y represiva, heredada por Latinoamérica, actuó en el cine a través de la censura, haciendo de la Junta de Clasificación el tribunal legislador de lo que convenía y no convenía ver.

Por eso, durante cuarenta años, España vivió una modernidad cinemática mutilada en sus zonas más estimulantes: las maneras de amar y de pensar, de desenvolverse y mirar el mundo, implacablemente cortadas por la tijera del censor y catalogadas de acuerdo a su grado de riesgo para la tranquilidad moral de los ciudadanos bien pensantes:

> Lo primero que tenías que hacer para meterte en un cine con la conciencia tranquila y la cabeza muy alta era pasarte por la parroquia y ver las fichas con las calificaciones de las películas que estaban en cartelera. Un 1 significaba apta para todos los públicos; un 2, para jóvenes; un 3, para mayores; un 3R, mayores con reparos; y un 4, gravemente peligrosa. (Rossetti 77)

En la inmediata posguerra, España había quedado incomunicada del mundo bajo una neutralidad abiertamente inclinada hacia los países del Eje, e internamente vivía supeditada a la escasez material—que las cartillas de racionamiento se encargaban de controlar—y al opio espiritual—que las misas masivas se ocupaban de distribuir equitativamente. El cine privilegiaba lo cursi contenido en el musical, en las adaptaciones históricas y en el melodrama, tanto de los films hollywoodenses con Deanna Durbin, Mickey Rooney, Judy Garland para Metro Goldwyn Mayer, Tyrone Power para la Fox, Bette Davis para Warner Bros., como de la producción nacional bajo la dirección de Florián Rey, Benito Perojo, Juan de Orduña, José Luis Sáenz de Heredia o Rafael Gil.

A los cines de barrio llegaba la familia completa, provista de la merienda y el punto, para que el comer y el tejer constituyesen el fondo de un doble diálogo: el que se sucedía en pantalla, y el que salpicaba las conversaciones del público opinando acerca de la trama y los actores. Con ello, la oscuridad de la sala perdía en misterio barthesiano pero ganaba el ingenio de la tertulia, hasta el punto de escucharse los gritos de "¡acomodador! ¡acomodador!" cuando alguien buscaba imponer orden en el recinto.

En un país donde era pecado mortal ver películas que la censura oficial habría clasificado de "gravemente peligrosas", no resulta extraño que hasta mediados de los años sesenta el kitsch religioso sirviera para contrarrestar el anatema, la excomunión y el descenso eterno a los infiernos. Por ello las jóvenes en edad impresionable, se escudaban de las tentaciones tras su ejemplar de *La doncella cristiana* y repetían en las fiestas del Sagrado Corazón de Jesús y la Inmaculada la oración siguiente:

> Pues para no ser nosotras de ésos, que primero te sonríen y luego te apenan, nos comprometemos a no asistir a las películas de cine que la censura califica de número 3 con reparos.
> No queremos abstenernos sólo de lo gravemente peligroso, sino de lo que puede empañar una conciencia íntegramente cristiana, con peligros morales, aunque no sean graves.
> Te renovaremos con frecuencia este propósito, no sólo colectivamente, sino privado. No permitas, Señora, que el cine, que Dios hizo para recreo del hombre, se convierta en daño a una sociedad redimida por la misma sangre de Cristo. Amén. (Martínez-Bretón 74-75)

Paralelamente a los films "edificantes" que el Estado financiaba y clasificaba como de "Interés Nacional"—*La Señora de Fátima* (1951), *Sor Intrépida* (1952), *Marcelino pan y vino* (1954), *El canto del gallo* (1955)—hechos con la intención de atacar el pecado desde adentro y reclutar almas para el cielo, se multiplicaban las versiones de películas folklórico-religiosas como *La hermana san Súlpicio* (1952), y se añadían nuevas a la lista—*La hermana Alegría* (1954)—a fin de inculcar la religión con gracia y redimir por bulerías a las pecadoras. Y aquí es interesante observar cómo muchas de estas películas, o pretendían estereotipar lo intuitivo del niño ((*Marcelino pan y vino*) o buscaban disculpar el papel del machismo en la situación de marginación e inferioridad de la mujer, llevándola a resignarse y aceptar su suerte; como si la religión estuviese hecha para justificar el comportamiento masculino y castigarla a ella, pues, tal cual asegura la hermana san Sulpicio, refiriéndose al director del hospital donde presta servicios, "cuando regaña siempre tiene razón".

En este sentido *Sor Intrépida* explota la vocación de una joven, interpretada por Dominique Blanchard, quien sacrifica su carrera como cantante y se hace monja, fortalecida por la intolerancia de lo masculino, a fin de probar y probarse con mayor rigor cada vez, hasta dejar su convento de Alcalá y partir hacia las Misiones. Producido por Aspa Films—empresa creada para manufacturar películas de tema religioso, y apoyada por asociaciones como Acción Católica, el Opus Dei y las Congregaciones Marianas—el film de Rafael Gil manipula la capacidad de decisión de la mujer, dejándola a merced de los designios del hombre quien, aun condenado a muerte, se resiste a aceptar la absolución o convertirse al catolicismo; sin embargo, la perseverancia de la monja acabará por convencerlo, salvándolo así para la vida eterna.

Esa inquebrantable resolución de sor Intrépida provendrá de la kitschifización del imaginario sagrado con el cual establece una relación de dependencia y obediencia. Dicho proceso tiene lugar cuando se borra la distancia entre la imagen de un santo y lo que esa imagen representa, a través de la estrategia de hacerlo hablar. Repetidamente la cámara presentará un primer plano del santo y una voz en *off* que le dice a sor Intrépida lo que debe hacer en todo momento. Se refuerza así el valor icónico del kitsch de primer grado.[1] Por su parte Celeste Olalquiaga (*Megalópolis*) lleva a cabo una operación similar cuando considera la existencia de "tres grados" del kitsch de acuerdo con "sus medios de producción y su función cultural" (42-55). Un primer grado donde "sólo importa lo que es percibido como real" (42)—kitsch inconsciente. Un segundo grado o neo-kitsch donde "la representación es el único referente posible"—kitsch consciente—y se constituye en "una popularización de la sensibilidad camp" (45). Y un tercer grado que comporta la legitimación de sus significados y atributos visuales por parte de las instituciones de artistas"—el kitsch institucionalizado por los museos y galerías (47, trad. es mía), al tiempo que se busca reafirmar en el espectador la creencia incondicional en el poder de la religión para dirigir su vida.

La predilección de la película por un decorado donde todo es inmaculado o estudiadamente caótico, y el uso de una fotografía que enmarca con un halo luminoso los primeros planos del rostro de la actriz, contribuyeron a reforzar la apariencia de asepsia que la Iglesia pretendía mostrar, en un momento cuando el régimen franquista empezaba a contar con el apoyo de los Estados Unidos y del Vaticano. En efecto, el año anterior a su estreno había vuelto a Madrid el embajador norteamericano, y se celebraba ese año 52 el Congreso Eucarístico Internacional en Barcelona, realizándose misas masivas y suspendiéndose temporalmente las restricciones eléctricas, a fin de iluminar iglesias y monumentos, y hacer que la ciudad brillara en la noche con la luz purificadora del catolicismo.

Sor Intrépida también atacará el problema de la escasez de vocaciones para la evangelización en ultramar, "con el patrocinio de la Dirección de las Obras Misionales Pontificias" (Martínez-Bretón 66) haciendo que la monja parta hacia la India donde se dedicará a catequizar a todas las almas descarriadas que se crucen en su camino, hasta morir acribillada por las balas de las tribus enemigas. El último *close-up* del rostro "caído" de la monja, en un "valle" como imagen de efecto kitsch—al ser simulación de los rostros en éxtasis místico propios del imaginario religioso, desde Santa Teresa de Bernini hasta las representaciones en serie y con un colorido hiperrealista del órgano sangrante en las estampitas del Sagrado Corazón—sería llevado por la dictadura hasta lo grotesco en la monumentalidad de su homónimo, ubicado cerca de El Escorial.

Este film de Gil tendrá en la versión de *La hermana san Sulpicio*, rodada el mismo año por Luis Lucía, su contrapartida netamente cursi.[2] Al establecer ciertos paralelismos entre ambas, ésta terminará por kitschifizar completamente el melodrama de Gil, pues aquí la monja no será una actriz francesa con la voz doblada al español y cantando música sacra, sino la muy castiza Carmen Sevilla arrancándose por soleares y enseñándole flamenco a una novicia tirolesa quien, tras su paso por el convento, decidirá irse a las Misiones con la resolución de que "en cuanto llegue a la India me dedicaré a convertir inditos y a darles clases de sevillanas".

Los repetidos planos generales de cuadros flamencos, y los planos medios de Carmen Sevilla, monja rasgueando la guitarra o cantando en *off* mientras reza en la capilla del convento, unidos a los planos encadenados de vistas de Andalucía y Galicia, se nos presentan cargados de un exceso sentimental que pretendía hacer de España un país atractivo para el resto del mundo. De esta manera, el kitsch folklórico-religioso cumplía paralelamente la función turística de venta de una imagen de España donde se tocaban las castañuelas y se bailaban sevillanas, obliterando así la riqueza cultural de las autonomías sometidas. Prueba de ello es que la arquitectura catalana modernista, por ejemplo, no sería redescubierta y plenamente revalorizada, ni aun por los mismos españoles, hasta la llegada del socialismo.

La hermana Alegría, también de Luis Lucía, e interpretada por Lola Flores, acabará de llevar a la irrisión las películas de Aspa Films, kitschifizando completamente los principios de la religión católica mediante el exceso folklórico de su protagonista. Entre la Lola en bata de cola y la Lola con hábito, "hay un paso... hay un paso", como dice la guaracha. A diferencia de la hermana san Sulpicio, la hermana Consolación cantará abiertamente entre las jóvenes del reformatorio, a quienes intenta redimir con la costura y las tonadillas a fin de que descubran su vocación y se vayan a las Misiones o dediquen su vida a (tal cual apunta una de las muchachas) "un hombre que me quiera y un montón de chavales que todo lo revuelvan".

La iglesia buscaba, así, adoctrinar a la última generación de mujeres anterior a los movimientos feministas, en un intento final por conservar su influencia y privilegios cuando las ideas de la modernidad y sobre todo los hábitos de consumo, europeos y norteamericanos, empezaban a entrar con la televisión y el turismo en las mentes de los nuevos españoles. De ahí que desde mediados de la década, el género empezase a perder fuerza (a pesar de la "Semana de Cine Religioso" y los encendidos discursos de la "Cruzada de la Decencia") quedando en "los felices sesenta" sólo para las comedias tipo *Sor Citroen* (1967) de Pedro Lazaga, donde se cuentan las aventuras de una monja quien, a la voz de "aumentaremos la productividad" y "hay que mecanizarse", saca el carnet de conducir y se convierte en el terror de los automovilistas madrileños.

Aquí el Citroen cargado de hábitos en movimiento arrasa con los vendedores de globos, helados y melones quienes, tal cual ellos mismos indican, venden su mercancía por las calles pues "en Madrid se están acabando los parques". Esto alegoriza el proceso aún lento por el cual el país, en su afán de entrar a la modernidad, quería deshacerse de aquellos otros parques y "jardines"—"de las delicias" y los "demonios"—que Saura y Gutiérrez Aragón irónicamente diseccionarían después. Esta era una manera de exponer esa "falsa utopía del jardín hispánico" (Martí-Olivella 97) que respondía, según el mismo Martí-Olivella, a la forma cómo el aparato estatal franquista [intentaba] 'regular el juego', es decir, promocionar la imagen de España como un enorme 'jardín de infancia', un espacio idílico donde uno pudiera olvidar(se de) su conciencia histórica. (97)

La impotencia del aparato eclesiástico para seguir imponiéndose con el terror y la represión sobre un país que quería a toda costa ponerse los pantalones largos, se hizo presente en el cine de monjas y, hasta la llegada de Almodóvar con *Laberinto de pasiones*, a través de su infantilización llevada en *Sor Citroen* a la irrisión, mediante el personaje de la monja-niña interpretado por Gracita Morales. Las reiteradas escenas donde se nos la muestra buscando a los niños o entre niños, mientras con su voz infantil censura a la mujer que quiere liberarse del yugo masculino, o ataca al contribuyente harto de darle dinero a la Iglesia, con frases como "las mujeres son débiles y necesitan la comprensión de sus maridos" y "es que a la gente le cuesta mucho meterse la mano en el bolsillo"; esas escenas ejemplifican las estrategias de sobrevivencia y las formas de desaprobación que siguió el clero durante la última etapa de la dictadura.

Habrá, pues, que esperar hasta el establecimiento de la democracia para desmitificar y desconstruir el personaje de la monja y mostrarlo, como el de cualquier otro estamento, con todas sus miserias y con todos sus delirios místicos o, mejor dicho, indiscutiblemente eróticos.

Obras citadas

Camon Aznar, José. *Ramón Gómez de la Serna en sus obras*. Madrid: Espasa-Calpe, 1972.

Martí-Olivella, Jaume. "Paseo crítico e intertextual por el jardín edípico del cine español". *Letras peninsulares* (1994): 93-118.,

Juan Antonio. *Influencia de la iglesia católica en la cinematografía española* (1951-62). Madrid: Horofarma, 1987.

Olalquiaga, Celeste. *Megalopolis: Contemporary Cultural Sensibilities*. Minneapolis: University of Minnesota Press, 1992.

Rossetti, Ana. *Prendas íntimas: el tejido de la seducción*. Caracas: Planeta, 1990.

Scarpetta, Guy. *L'artifice*. París: Grasset, 1988.

Notas

1 * En este sentido Guy Scarpetta *(L'artifice)* distingue entre un segundo grado del kitsch y un primer grado: el "kitsch desviado" y el "kitsch ciego" (135), es decir, el kitsch consciente del cognoscenti o conocedor, y el kitsch inconsciente del ignorati o desconocedor. Igualmente apunta un tercer grado, netamente post-moderno, donde el kitsch es sólo un estilo más dentro del eclecticismo de la época.

2 * Ramón Gómez de la Serna en "Lo cursi" (1941) enraizó el kitsch con el Barroco, al decirnos que lo cursi arranca con éste, y se prolonga en el recargamiento de las casas y los cuerpos de finales del siglo XIX cuando "las mujeres parecían pantallas y las pantallas mujeres", definiéndolo por contraposición: "Lo cursi es la birria que no es birria. Es delicado como todo lo decadente, como esa niña de porcelana que enhebra una aguja debajo de la pantalla de una lámpara" (Camon Aznar 182).

VI

VOCES FEMENINAS: REBELDIA, REVOLUCION Y REIVINDICACION

La creciente influencia femenina dieciochesca: imágenes de la mujer en El Censor *(1781-1787)*

Linda-Jane Barnette
Ball State University

El Censor, como indica su nombre, era un periódico que criticaba las costumbres de la sociedad; en este caso, se trataba de la alta clase social. Sigue la línea del periódico inglés *El Espectador*, que salió unos 70 años antes, así como la del periódico español de Clavijo y Fajardo, *El Pensador*, que lo anticipa casi veinte años. La novedad de *El Censor*, según Sempere y Guarinos, es su enfoque sobre asuntos más serios que el de "ridiculizar las modas". Entre sus variados temas, *El Censor* "habla de los vicios de nuestra legislación, de los abusos introducidos con pretexto de religión, de los errores políticos y de otros asuntos semejantes" (191). Se publicó *El Censor* en forma de 167 Discursos,entre los años 1781 y 1787, con 2 suspensiones a causa de los censores.

Hasta 1989, faltaba una edición accesible del periódico, aunque en 1972 se publicó una antología, con 33 Discursos, editada por Elsa García-Pandavenes y prologada por José Montesinos. José Miguel Caso González, editor de la edición facsímil de 1989, fue el primer crítico que sugirió que el "Luis Cañuelo", conocido como autor principal del periódico, era "el hombre de paja de gentes que no pueden aparecer implicadas" (798) en la publicación del periódico. Es más, Caso González postula que: "*El Censor* fue un periódico promovido o apoyado directamente por Carlos III" (791) y que los verdaderos editores de *El Censor* eran varios tertulianos de la Condesa de Montijo, doña María Francisca de Sales Portocarrero y Zúñiga.

De las imágenes de la mujer presentadas en *El Censor*, la idea que resulta atrayente es la de que una mujer pudiera haber sido entre otros, la editora del periódico, aunque sólo se trate de una teoría sin prueba absoluta. Se sabe que entre los colaboradores del periódico se encontraban Gaspar Melchor de Jovellanos, Meléndez Valdés y Félix María Samaniego. En consecuencia, la teoría de Caso González de la existencia de "un colectivo" (797) de editores, y entre ellos la existencia de una mujer resulta verósimil. El fondo del argumento sobre la posible participación de la Condesa de Montijo, según Caso, es la mención de una "amazona" en un romance que escribió Jovellanos en 1787 en el cual elogia *El Censor* a través de una referencia a su anti-utopía Cosmosia (792):

Nacido allá en la Cosmosia,
junto a los quintos infiernos,
criárale una amazona
que le dio por madre el cielo,
no con leche ni papilla,
sino con hiel y veneno.
(Caso 792; Jovellanos, *Obras completas* 1: 245)

La referencia a la hiel y al veneno indica el carácter crítico del periódico, en que, según el editor, se combaten "vicios particulares a nuestra nación y a nuestra era: errores capitales e importantísimos" (137; 619). Y una de las maneras de corregir esos errores es resaltando lo negativo de la sociedad. Así es que el periódico pinta una visión bastante negativa de la sociedad de entonces. Los Discursos, que varían mucho en su tono y estructura incluyen poesía, sueños quevedescos, tratados filosóficos y religiosos, descripciones de utopía y distopía y cartas que supuestamente son de provincianos, de seis mujeres y de un marroquí. Lo que se debe recordar es que las opiniones están "filtradas" por el trabajo de varios editores, que pudieran haber sido a su vez femeninos o masculinos. En interés de la sencillez, voy a referirme al editor en forma masculina singular.

En el siglo XVIII, con la influencia francesa de los Borbones, la vida de la mujer española empieza a experimentar grandes cambios, aunque todavía conserva su enfoque hogareño. Con las costumbres del "cortejo" y de la tertulia presidida por mujeres, se advierte que el espacio privado se solapa con el público. En *El Censor* la mujer figura sólo como personaje secundario, pero sí lo hace, en un pequeño porcentaje de los Discursos. En otro artículo mío mencionado en la lista de "Obras Citadas", he analizado tres categorías del tratamiento de la mujer en *El Censor*: la vanidad (crítica a la moda y los artificios de la mujer); el matrimonio y la familia (en que se trata de controlar el movimiento de la mujer); y la conversación o el discurso. En las tres, se advierte el intento de los poderosos de limitar la libertad de la mujer, mientras se le asigna la archiconocida dicotomía de perfecta casada y pecadora. La nueva mujer española del XVIII, con su creciente libertad en el siglo ilustrado, alarmaba a los españoles conservadores. Así pues, el retrato negativo que de esa mujer afrancesada presenta *El Censor* no nos sorprende, dado el propósito didáctico del periódico de corrección de errores.

En estas líneas, me propongo estudiar la tercera categoría—la de la conversación o el discurso—porque cualquier intento de circunscribir el habla de la mujer me parece claro indicio del deseo de "contenerla", de limitar lo que hoy se conoce como su libertad, lo cual es un concepto relativamente nuevo. Sin entrar en la cuestión del anacronismo del tema, me ha interesado examinar este periódico dieciochesco con ojos de feminista del siglo veinte.

Dos costumbres nuevas que tienen que ver con la conversación en el siglo XVIII son la del cortejo y la de la tertulia. Primero vamos a considerar las referencias al cortejo que aparecen en *El Censor*. La palabra "cortejo" se usa para referirse tanto a la costumbre de "cortejar" como a la persona que lo hace. Carmen Martín Gaite ha estudiado la costumbre y la etimología de la palabra en su *Usos amorosos del dieciocho en España*, y ha mostrado que la costumbre empezó en España a mediados del siglo XVIII como medio para que la mujer casada extendiera sus temas de conversación, ya que antes su ámbito se había concentrado siempre en la familia. El cortejo era el amigo quien era admitido a la habitación, hasta entonces espacio privado de la mujer; era también compañero en los bailes y en la vida pública. El marido, que no podía molestarse por la atención prestada a su mujer, toleraba la presencia de ese compañero constante de su esposa que la acompañaba en "la complicada ceremonia de su vestido y peinado", como lo explica Paloma Fernández Quintanilla (19), en su libro *La mujer ilustrada en el siglo XVIII*. Se sospechaba que esa costumbre (originalmente platónica) había cambiado con el tiempo, y que la conversación no fuera la única relación compartida. No es raro, entonces, que los españoles tradicionales protestaran diciendo que el cortejo amenazaba la misma estructura de la sociedad. Tampoco sorprende encontrar en varios Discursos de *El Censor* una crítica a dicha costumbre. Examinemos algunos ejemplos de esta crítica.

En una carta en la que un hombre se queja irónicamente de que su mujer no tiene cortejo, diciendo que ella es "inútil e incapaz de divertir a las gentes" (95; 416), se muestra lo que representaba el cortejo para la dama dieciochesca. En un baile, por ejemplo, la dama con cortejo debe exigir "la buena crianza [de] no abandonarla en toda la noche; darle conversación en los intermedios; reír mostrando la dentadura aunque le diga las cosas más indiferentes e insulsas; hacerle levantar a menudo para que traiga la caja de vinagrillo de la dama, que está en el fondo de la sala; dejar caer con frecuencia el abanico, para que el caballerito le [sic] levante con gracia del suelo, y se le presente de rodillas" (95; 416-17). En otros Discursos se refiere al cortejo como un "mueble", y así parece ser—objeto que le servía a la mujer de algo que, como buen mueble cómodo, tenía su propósito. Otra función del cortejo era la de "acompañar [a la dama] en los paseos públicos", ya que no era costumbre que el marido hiciera esto. En la carta se pide también al editor de *El Censor* "algún método, para reducir mi mujer a que piense como las demás; y sobre todo para que se porte de modo que no me haga hacer el papel ridículo que estoy haciendo con las gentes de cierta jerarquía, viéndome acompañarla en los paseos públicos, lo que basta para que yo adquiera el título de celoso, y de enamorado de mi mujer, que son las cosas que más detestan en el día, y para que ella se acredite de ridícula, de sosa, y de una mujer para vivir en una aldea, leyendo y cuidando de la educación de sus chiquillos" (95; 418).

La idea de la mujer cuidando de la educación de sus hijos nos lleva a contemplar una curiosa paradoja: la influencia francesa que recibe la mujer al leer un libro que el corresponsal clasifica de "transpirinaico"—sin mencionar el apellido de Rousseau excepto por referencia a los "dos o tres diptongos" del nombre (95; 417)—son conceptos "nuevos" sobre la utilidad de la mujer como madre que cría a sus propios hijos. De modo que en la misma carta en que el editor satiriza la costumbre transpirenaica del cortejo (a través de la carta irónica del corresponsal), alaba otra idea francesa, la de que la dama críe a sus hijos. La diferencia es que aquella costumbre representa una ampliación del espacio para la mujer, mientras que ésta representa una disminución del círculo de la mujer, un deseo de limitarla a la familia y al hogar, donde debe ocuparse de la educación de sus niños y del cuidado de la ropa. Y en este aspecto es donde se ncuentran los pensamientos de la Condesa de Montijo, ya que publicó una versión de las "Instrucciones sobre el sacramento del matrimonio" del jansenista francés el Abbé Nicolas Letourneux. En su vida, la Condesa de Montijo parece haber combinado los papeles de perfecta madre, esposa y anfitriona de tertulia.

Sea editora la Condesa o no, en *El Censor* se ridiculiza bastante al cortejo. En una carta supuestamente de un gallego, parodiando esa lengua, se queja el corresponsal de los cortejos que "le están [. . .] parolando sagretamente al oído a las suyas cortegas a la vista de los suyos hombres" (121; 547), y lo que parece preocupar a este provinciano es que hablan en secreto y delante de sus maridos. Además critica el lenguaje que usan esas mujeres. Dice que aunque no sabe de qué hablan, "le digo que oí decir pubricamente a algunas madamas moy aqueladas, algunos termenos y astrevilos, que me le hacían poner todo colorado; y mas no me las decían a mí" (121; 547). Aunque por el tono de la carta el editor parece burlarse del corresponsal gallego, también se nota en ella, como en otras, la crítica a la mujer que se atreve a conversar con un hombre que no sea su marido, señalando además el vocabulario que no debe usar. La idea del corresponsal es que la mujer mejor pudiera pasar su tiempo en actividades más apropiadas como hilar, cocinar o cuidar de sus hijos (547). Le parece inquietante no enterarse del tema de sus conversaciones (o sea, su carácter secreto) tanto como su vocabulario obsceno.

Esta no es la única referencia al habla indecente. En otro Discurso un corresponsal, el cortejo D. Narciso Pintado, se queja de la conducta de la dama que corteja, Doña Flora Zorrilla: "Su ninguna crianza, su libertad y su conducta la adquirieron unos modales tan bajos, tal desemboltura [sic], y sobre todo un lenguaje, expresiones y estribillos tan indecentes, soeces, y picarescos, que a mí mismo, que nada tengo de delicado, me empalagan muchas veces" (83; 357), usa "el lenguaje de las tabernas y burdeles en los más altos estrados" (357).

Pero si el hombre se queja de la conversación de la dama, ésta también tiene su decir en *El Censor*. Cierta Eulogia, a quien el editor llama "honesta", escribe una carta en la que protesta contra los "hombres entretenidos" y quiere comunicarles "que una conversación puede ser festiva e ingeniosa sin ser por eso indecente: y que esta especie de sales, muy lejos de probar agudeza en quien los usa, son al contrario el recurso de aquellos a quienes faltan o el talento o la instrucción necesaria para entretener agradablemente a un corro de gentes" (103; 454).

En la sociedad del siglo XVIII, empezaban ya a borrarse los límites entre las clases sociales, y las damas adoptaron tanto las modas afrancesadas de las petimetras como las de la clase baja madrileña, es decir, de las majas. Y eso sí que alarmaba a los españoles tradicionales, es deir, que la mujer se encontrara "fuera de su sitio",[1] con referencia a la moda de vestir, de salir a la calle, de fumar (otra costumbre horrible que lamentaron los corresponsales de *El Censor*) o de conversar cómo y con quiénes quisieran. *El Censor* lamenta que: "Las Damas y hasta las Señoras más encumbradas están convertidas en otras tantas majas, confundiéndose de modo en su traje, en su conversación y en sus modales con esta despreciable clase de gentes. . ." (79; 342),

No sólo se quejaban de la indecencia de su lenguaje; también en varios Discursos se encuentran referencias al carácter insulso de la conversación de la mujer y su cortejo. Martín Gaite ha comentado la ironía de que la costumbre del cortejo sirviera para atrofiar la conversación, por el uso de un vocabulario especial y un código elaborado de gestos—incluso el colocar los lunares en varias partes del cuerpo para comunicar mensajes (221-25).

En cuanto al lenguaje insulso de la mujer, se advierte en *El Censor* una paradoja, ya que se creía que la mujer ideal debía esforzarse por mantener "una conversación que podría sin bachillería no ser frívola" (6; 34). Sin embargo, se le negaba el acceso a la misma preparación escolar que disfrutaban los hombres. La enseñanza de la dama incluía la moda, el baile y el bordado, y su lectura se limitaba a la vida de los santos o la comedia. Josefa Amar y Borbón, y, en nuestro siglo, Carmen Martín Gaite han comentado esa contradicción entre lo que se esperaba de la mujer y la preparación que se le daba. Y como la nota cita, se criticaba tanto a la mujer cuya conversación se clasificaba de "bachillería" como a la de conversación "frívola".

El Censor, además de criticar el carácter secreto de la conversación en el cortejo, el lenguaje soez o demasiado erudito o demasiado frívolo, apoya el que la mujer debía también hablar en voz baja. Un corresponsal que alaba a su mujer por ser fiel (o sea, que no tiene cortejo) la critica por sus "gritos, maldiciones, juramentos," diciendo que su casa es "un verdadero infierno" (57; 242). Pero tampoco le gusta el "extremo contrario" cuando "a todo calla, y más fácil es arrancar de raíz una robusta encina que de su boca una palabra" (57; 242-43). Aquí vemos un intento de controlar tanto el privilegio del silencio como la manera de hablar. Según los hombres citados en *El Censor*, la mujer ideal ni grita ni usa lenguaje poco apropiado, ni habla demasiado (50; 215), ni chismea (121; 545) (58; 247).

Aparte de la costumbre del cortejo, otra forma en que la dama dieciochesca empezaba a entrar en el mundo público era por la tertulia presidida por mujeres. Aunque aquí claramente se nota la influencia del salón literario francés, según Fernández-Quintanilla, "los salones madrileños no tenían, en absoluto, los mismos fines que sus homólogos franceses. Eran, en general, lugares de esparcimiento y recreo más que antesalas del cambio histórico, como ocurrió en París" (34). Sin embargo, esas tertulias madrileñas eran, continúa Fernández-Quintanilla, "un fiel reflejo de lo que era nuestra propia sociedad española en el siglo XVIII" (35). O sea, la Ilustración en España llegó de un modo más atenuado, a causa de la censura. De los cinco salones más conocidos de Madrid, el de la Condesa de Montijo tenía un tono más serio, de corriente religiosa. En las otras tertulias, se discutía de la música, se leía poesía o se representaban comedias; en fin, temas más ligeros. En *El Censor*, se criticó el chismorreo de las tertulias, donde era posible que las damas "estén despedazando a sus amigos ausentes o discurriendo nuevas modas con que arruinar sus maridos, o arruinándolos actualmente al juego, u oyendo a un cortejo..." (58; 247). En varios Discursos se ridiculiza la conversación sosa de la tertulia, aunque no se la identifica únicamente con la mujer (Discursos 80, 118, 137).

En conclusión, aunque los periódicos de una época no nos den una visión completa de la sociedad, nos pueden proporcionar unas ideas sobre el papel cambiante de la mujer. El editor de *El Censor* sí critica a la mujer frívola, pero, al mismo tiempo, aparecen otros retratos de mujeres capaces de reconocer los límites que la moda les impone. Ejemplo de esa nueva mujer es la corresponsal "Clara Vera" que escribe al editor de *El Censor* cuando sale del convento, quejándose del trato estúpido que recibe. Comenta ella:

> Yo no soy coja, ni tuerta ni contrahecha: tengo ya quince años para que me traten como a inocente; y en el convento decían que nada tenía de tonta. Pues ha de saber Ud. que, como si fuera un disparate cuanto sale de mi boca, lo mismo es articular una palabra, que celebrarla todos con unos elogios y unas admiraciones, que yo conozco que son una verdadera burla [. . .] Cuanto dice la Clarita, todo es divino, todo es admirable. (150; 690)

Clara ve muy claro lo absurdo y lo paternalista de este trato. En su carta, lo que ella pide es lo que sigue siendo la esperanza de las mujeres en el Siglo XX: la igualdad.

Obras citadas

Barnette, Linda-Jane C. "Images of Women in *El Censor*." *Dieciocho* 18.1 (1995):77-89.

El Censor. Obra periódica comenzada a publicar en 1781 y terminada en 1787. Edición facsímil de José Caso González. Oviedo: Universidad/Instituto Feijoo, 1989.

El Censor (1787-1789). Prólogo de José Montesinos. Edición de Elsa García-Pandavenes. Barcelona: Labor, 1972.

Demerson, Paula de. *María Francisca de Sales Portocarrero (Condesa de Montijo): Una figura de la Ilustración*. Madrid: Editora Nacional, 1975.

Fernández-Quintanilla, Paloma. *La mujer ilustrada en la España del Siglo XVIII*. Madrid: Ministerio de Cultura, 1981.

Franklin, Elizabeth M. "Feijoo, Josefa Amar y Borbón and the Feminist Debate in Eighteenth-Century Spain." *Dieciocho* 12 (1989): 188-99.

Jovellanos, Gaspar Melchor de. *Obras completas. Tomo I: Obras literarias*. Edición de José Miguel Caso González. Oviedo: Centro de Estudios del Siglo XVIII, 1984.

Martín Gaite, Carmen. *Usos amorosos del dieciocho en España*.1972. Barcelona: Lumen, 1981.

Molina Petit, Cristina. *Dialéctica feminista de la Ilustración*.Pról. Cèlia Amorós. Madrid: Anthropos, 1994.

Sempere y Guarinos, Juan. *Ensayo de una biblioteca de los mejores escritores del reynado de Carlos III.* Vol. 4, 1787.

Facsimile. Madrid: Gredos 1969. 6 vols. 1785-89.

Sullivan, Constance A. "Josefa Amar y Borbón and the Royal Aragonese Economic Society (With Documents)." *Dieciocho* 15 (1992): 95-148.

Notas

1 * Después de escribir este estudio, encontré en la Librería de Mujeres un libro de Cristina Molina Petit, titulado *Dialéctica feminista de la Ilustración* (Madrid: Anthropos, 1994) 113-64+ en donde se menciona el concepto de "la ideologia del 'sitio' de la mujer" presentando además algunas ideas sobre "la mujer en la esfera pública" y "la mujer apartada de lo público".

Anita Malfatti and Tarsila do Amaral: Leaders in the Brazilian Modernist (Vanguard) Artistic Revolution

Joyce Carlson-Leavitt
The University of New Mexico

As Brazil entered the Twentieth Century the country was provincial and backward. "Culture" was to be found in Europe, especially France. Conservative academic training and mentoring was predominant in the plastic arts and poetry. Parnassian poetry and neoclassical copies of foreign classical masters were the acceptable modes of artistic expression. At the same time the artistic world of Europe was in ferment, first, with the daring innovations of the symbolists and decadents in poetry and the impressionists in painting, and secondly, with the Cubists' and the German Expressionists' startling vision of reality. Brazilian artists entered this exciting artistic world, so different from the staid old-fashioned one of their own country.

Just before World War I some of these artist brought this fresh air to Brazil, thus initiating the Brazilian Modernist (Vanguard) movement. They wanted to do more than just copy the European artistic innovations in that they strove to use and transform these for their own Brazilian purposes. In this context the goal of the principal Brazilian thinkers, writers, musicians, and artists was to explore the nature of an authentic Brazilian identity and to create works which expressed Brazil's multi-racial and multi-ethnic identity. Even this concept was innovative since it represented a departure from the false identity imposed by European cultural models, which was based on the notion that Blacks and Indians were "inferior" people and thus subjects for art. Although the most known artists–painters, sculptors, and writers–of this Brazilian Modernist movement were men, the contributions of pioneering women who were influential in this Brazilian artistic and cultural revolution should not be ignored. In fact, in painting, it was women who were the principal innovators (Lombardi 4)[1] Anita Malfatti (1869-1964) is credited with providing the initial stimulus for the Sao Paulo Week of Modern Art (1922) which scandalized the public and propelled Sao Paulo artists forward in their search for a truly modern and national artist expression. Tarsila do Amaral (1896-1973) was the first to successfully integrate the foreign innovations with authentically Brazilian art. Furthermore, in a time when divisions between the arts were blurred, Amaral's art lay behind some of the principal Modernist literary manifestos.

Malfatti returned to Sao Paulo from Europe and New York inspired by the artistic innovations she had found there. German Expressionism and Cubism were especially important to her. On her return to Sao Paulo from Germany in 1914, she put on a show which was generally well received as the promising work of a talented student. Although some criticized her use of color and modern techniques, this criticism was not taken seriously at the time. Her second show was a completely different story. After the 1914 show, she studied in New York where she added Cubism to her expressionist techniques, especially developing her non-realistic use of color.[2] On her return to Brazil in 1917, her family was scandalized by her new paintings but, on the advice of her artistic friends, she decided to have a show, to put in front of the public and the critics, the fruit of years of study and application, of love and perseverance. All the result, in sum, of her artistic and human experience in Germany and North America. (Lombardi 77)

Thus, in 1917 she had her own show of fifty-four paintings. Although many of the works shown were realistic enough to satisfy conservative Brazilian taste,[3] she included paintings which, although representational, were clearly influenced by the colorful techniques of the German expressionists and the geometric abstraction of form of the Cubists. Examples of these were *The Yellow Man*, *The Russian Student*, *The Fool*, *The Green Haired Woman*, and *The Japanese Man*. Despite the positive (although puzzled) initial reaction, one of Brazil's foremost writers and literary critics (but not of art!), Monteiro Lobato, condemned the show. This negative judgement caused everyone else —except Oswald de Andrade—to reject her work too.[4] Buyers even returned paintings they had already bought. The ensuing scandal over her work so devastated the young, inexperienced woman—who had put on the show with self-confidence, never imagining the possibility of the forthcoming harsh criticism—that her later works lost the intense innovative creativity shown in the paintings of the 1917 exhibition.

Lobato's criticism was cruel, reviling her art and the style her works represented. He called the new styles the products of "sadism and decadence." The supposedly new art was really old, "an abnormal art or teratology" (the study of monstrosities, serious malformations, or deviations from the normal structure, especially in humans), "paranoia and deception," "a caricature of color, of form, without any aim" (Lombardi 77-80). The young modernists-to-be rallied and joined her rebellion, in the process coming to appreciate her innovations. The attack on her caused her to become the sacrificial lamb of the movement and symbol of all that was backward in the arts in Brazil (Lombardi 81).

These same artists and writers organized the Week of Modern Art in Sao Paulo in 1922[5] a series of artistic, literary, and musical presentations which "shocked and outraged the complacent public" (Day and Sturges 66). Malfatti was active in planning and participating in this festival, whose purpose was to expose Brazilians to modern art in all its forms and to stimulate authentic Brazilian plastic arts, literature, and music. Malfatti's paintings in this show were the most daring and innovative of the eclectic selections in the show.[6] Later, as the modernists consolidated their program, Malfatti continued supporting their work, even if her own paintings had lost the daring and originality shown in her ill-fated 1917 show.

Although the usual presentations of Malfatti's life and works speak of Malfatti as the "sacrificial lamb of modernism" who contributed little original of her own after the early shows, Marta Rossetti Batista's 1985 biography reveals a serious professional who continued creating excellent art throughout her long life and who consciously used certain artistic techniques and styles. For example, when she won a coveted São Paulo State scholarship for a five year stay in France and Italy, she used this time to refine her techniques and explore new forms of expression, but not to use radical innovations for innovation's sake. While other Brazilians like Tarsila do Amaral and Oswald de Andrade, who were in Europe with her, concentrated on the search for the most radical advanced techniques in modern art, Malfatti was looking for "re-structuralization," a gentler, more refined art which avoided "the excesses of her earlier period" (105).

Malfatti's search was fruitful for her since she successfully participated in the Paris salon exhibitions of 1924 and 1926,[7] and she had her own show in São Paulo in 1929. In this latter show, she presented fifty six oil paintings, fifteen oil paintings, drawings, and three copies of famous works from her "heroic period" (works from the 1917 show): *Monhegan Island, Tropical*, and *The Russian Student*. Also included were still lives, nudes, and European and Brazilian scenery. This time they were accepted rather than rejected, indicating that the São Paulo public had matured, thanks largely to the effort of the Modernists, Malfatti included (Batista 122).[8]

Batista considers the first post-modernist years "The Difficult Years," but these are followed by "Peace," "New Coordinates" and "I Took the Liberty to Paint in My Own Way." Her work during these years led her to create more portraits and more importantly, scenes of Brazilian rural life and folklore. Representative works of her period of "complete liberty" are *Procession in the Countryside* (1940/43), *Samba* (1943/45), *Poppies* (1945), *Itanhaém* (1948/49), *Noah's Ark* (1950s), and *Blessed are the Pure in Heart* (1954). Many of these reveal the free use of color which Malfatti found liberating so many years earlier. Furthermore, *Noah's Ark* and *Blessed are the Peacemakers* are extraordinary symbolic works which combine brilliant coloration and stylistic forms with folkloric motifs. Obviously, this was an artist who did not die artistically after her early mortification, as is claimed by so many critics, but rather, one who worked to find her own way within her own self-imposed limits.

Tarsila de Amaral too did not understand or accept Malfatti's work despite her friendship with the younger woman. Only later after she left her husband from an arranged marriage and her serious artistic studies in France exposed her to the foremost artists of the continent, did Amaral appreciate what Malfatti was doing. Influenced especially by the French cubist, Fernand Léger, and by French artistic fascination with "primitive" art, Amaral incorporated these ideas in her artistic support of the Modernists on her return to Brazil shortly after the Week of Modern Art. Despite missing the excitement of those expositions, she arrived in time to participate fully in the search of Oswald de Andrade, Mario de Andrade, and others for an authentic modern Brazilian art.

Although she was in Europe at the time of the Week of Modern Art, Amaral quickly came to be not only a principal advocate of Modernism, but also more importantly, the best artistic representation of its goals. After a brief stay in Brazil where, through Malfatti, she had come to know the young Brazilian artists such as Mario de Andrade and Oswald de Andrade (who later became her second husband), she returned to Europe (where she was joined later by Oswald de Andrade). Her stated goals for this return to France were "to make direct contact with the avant-gard" and to assimilate this in her work. There she learned to have a disciplined handling of geometric forms and to be concerned with the "internal logic of compositional structure" (Day and Sturges 68).

In her 1926 individual show in Paris she exhibited her startling painting, *The Negro Woman* (1923),[9] which combined Léger's use of monumental cylindrical forms, the recent interest in "primitive" art, and an awareness of Brazil's population of African descent. No Brazilian had created this type of art before. Furthermore, she felt free to use the "primitive barbaric" colors she so loved as a child growing up on a farm in rural Brazil, sensual colors which others had condemned as unfit for true art. Two other paintings from this period which also combine brilliant colors, geometric forms, and (to a lesser extent) "primitive" features are *Model* and the *Country Girl* (1923). According to Aracy, the Parisian viewers loved "the magical element, the relationship with the surreal," and "the soft sensuality of the round forms of fantastic vegetables," the "exotic" in combination with a cerebral composition (205). (Trans. Mine)

On her return to Brazil with Oswald de Andrade, her nativist art came to represent the modernist nativist movement called, "Pau Brasil" (Brazil wood). In his manifest of the same name, Oswald de Andrade called the "dual base" of Brazil the industrialized, scientific urban areas and the picturesque rural simplicity of traditional rural life. Tropical colors and vegetation were an important part of this mix (Sá Rego 7). Trips taken with Oswald de Andrade and the French poet Blais Cenders to Minas Gerais and Carnival in Rio stimulated a more profound look at the customs and culture of the "other Brazil." All aspects of the history of Brazil, the recent industrialization in some cities, values from the past, products from the land, the multi-racial people—all became suitable subjects for painting and literature (Brito xvii-iii). Amaral's paintings of this period, such as *Shantytown* (1924), *Central Railroad* (1924), *São Paulo* (1924), *Scenery with a Bull* (1925), and *Carnival in Madureira* (1924), all combine formal composition of geometric forms, brilliant colors, and folkloric elements taken from real life. Both rural scenes and cityscapes are depicted. For example, in *Holy Lake* (1925), which is included in Day and Sturges' book on Latin American fantastic art, a typical village scene of houses, trees, and a church is given a surreal quality by the foreground of sinuous tree trunks which are strongly phallic and alive with movement (67). *São Paulo* is a cityscape based on the careful ordering of circles, rectangles, and cylinders, with the only suggestion of life and nature being a lone palm tree in the background.

More obviously scenes are paintings of fairs, fruit vendors, and family altars—all carefully structured geometrically and reveling in the countryfolk's vivid use of color. Examples of this folkloric painting are: *Romance* (1925), *Fruit Vendor* (1925), *Angels*

(1924), and *Brazilian Religion I and II* (1927,1928). Despite this folk emphasis Amaral continued her interest in conveying the surreal and in creating careful organization of geometric forms. For example in *The Fair II* (1925) the artist combined colorful fruits, flowers, trees, and homes are lined up in strange geometric linear patterns[10], while in *Postcard* (1928) surreal bare trees with strange jungle cats in the branches foreground a placid village scene. In both of these paintings, abstract compositional form and surreal coloration take precedence over the folkloric content.

Later, when Amaral created the first of her mythical figures who are closely rooted to the land, Oswald named the painting *Abaporú* (1928), the Tupi[11] word for "one who eats." It portrays a huge figure with enormous feet and a very tiny head against a background of a brilliant green cactus, deep blue sky, and a yellow sun with an orange center. The huge feet convey primitive power and strong attachment to the earth. This image inspired Oswald de Andrade to create his aggressively nationalistic Anthropophagic Movement and the Manifesto of the same name.[12] Playing ironically with the European vision of Latin America as exotic savages and cannibals and with Europe's cannibalization (exploitation) of Latin America (Baddeley 19, 20),[13] Oswald de Andrade said that authentic Brazilian art should absorb, even cannibalize, European traditions without being subject to them. Because the colonial mentality was passé, Brazilian artists should take what they need from Europe and transform it according to their Brazilian requirements. They did not have to look outside of their own country for the "primitive" imagery and themes which reflect the basic nature of man, and in this case, of the Brazilian man.

Another powerful anthropophagic painting is Amaral's *Anthropophagy* (1928) where two huge figures with tiny heads are shown against a background of abstract, simplified banana trees, cacti, and the sun. Once again huge feet pull the figures into the earth. The planes are flat, the forms geometric, and the colors brilliant. Thus, through these striking paintings which combine Léger-like Cubism with Brazilian "primitive" images and colors Tarsila de Amaral is revealed as especially powerful and innovative in her fulfillment of the Modernist Anthropophagic goals.[14] In 1929 Amaral had a second individual show in Paris where she revealed her mastery of the techniques necessary for achieving these goals.[15] Aracy summarizes well these technical achievements:

> [...] reduction of colors, gigantism, intensification of tones substituting the chromatic exoticism which also so pleased the French critics in 1926, and a oneiric and surreal density emerging from significant form. (Trans mine, 261)

In this period Amaral, always the innovator, moved from the gigantesque figures of *Abaporú* and *Anthropophagy* to greater abstraction. *Urutu* (Tupi for snake) (The Egg) symbolically reveals a snake coming out of a huge egg to encircle a narrow, pointed phallic vertical form. *The Forest* (1929) becomes an eerie presentation of brilliant pink eggs on a green background surrounded by outlines of swaying tree trunks and trees. In others, such as *Distance* (1928), *The Moon* (1928), *The Bull* (1928), *The Setting Sun* (1929), *The Calm* (1929), and *The Dream* (1928), Brazilian nature is stripped down to a surrealistic presentation of brilliantly colored geometric forms. Here, although pure artistic creation of forms predominates, essential Brazil is still the basis for the paintings in which Amaral intelligently combined her appreciation of pure geometric forms with the Brazilian natural elements so loved by Amaral since her childhood in the countryside. For example, in *The Setting Sun*, huge rocks, like those in her rural childhood,[16] become oval forms of seal-like animals; the setting sun becomes large semicircles of brilliant color, and the trees and cacti of the Brazilian countryside become odd forms with curved heads in the shape of question marks. *The Calm* goes even further in that the shapes of nature become towering rectangles, cylinders, and triangular prisms.

In the 1930s Amaral's appreciation of popular culture and imagery led her to support the oppressed both in her painting and in political leftist activities. With the crash of 1929, Amaral lost her financial independence and her husband. Along with other intellectuals such as Oswald de Andrade and Patricia Galvao, Amaral became a communist and even made a trip to the Soviet Union. Upon her return she painted "social realist" paintings with a more overt social message, while still keeping her carefully structured geometric organization of forms. *Second class* (1931), *Workers* (1933), and the late *Seamstresses* (1956) all combine Amaral's love of abstract form with her social concern. Stripped-down figures stand before the mere suggestion of a train and simplified heads of workers are painted in geometric rows, thus combining the abstraction of Cubism with the Social Realism of the communism.

During the Vargas dictatorship, she was one of the first women imprisoned for her political activities. This was a devastating experience for her which, some say, made her lose some of her artistic intensity. Still, she kept active artistically until the end of her life, often returning to the old themes and occasionally revealing the old powerful artistic charge for which she was famous. Four interesting examples of this late return to old styles are *Composition* (1950), where a cylindrical jar marches across a barren landscape streaming wavy yellow lines behind, *Spring* (1946), a barren scene where huge earth-textured feet in the foreground are attached to legs which recede in the distance, *Passage of Level II*, a colorful cityscape based on circles, diagonals, and rectangles, and *Port* (1953), a seascape based on simplified colorful forms which represent the ships, the trees, plants and tall hills of Rio de Janeiro.

In sum, imprisonment, the loss of her husband, and the movement of artistic styles away from Modernism were ultimately too much for her. The creative spark of the effervescent apogee of modernism in the 1920s appears only occasionally and principally in the reworking of old styles. Even so, Tarsil do Amaral had already won her place as one of Brazil's most important artists, as "the oneiric poet of the elemental forces of nature" and as an artist able "to project a lyrical mix of primordial, folkloric and modernist elements." (Day and Sturges 72).[17] Finally, Oswald de Andrade's remarks made in 1929, "on the occasion of her first one-person exhibition in Brazil" sum up the essence of her contributions to Brazilian art. He proclaimed her as the most important painter Brazil had produced:

> No one has penetrated as well as she did the wildness of our land, the barbarian which is each of us, the true Brazilians who are eating with all possible ferocity the old culture of importation, the old unusable art, all the prejudices. (Quoted by Bercht 58)

Work Cited

Almeida, Paulo Mendes de. *De Anita ao Museu.* Sao Paulo: Conselho Estadual de Cultura, Comissão de Literatura, 1961.

Amaral, Aracy A. *Tarsila Sua Obra e Seu Tempo.* Vol. 2. Sao Paulo: Editora Perspectiva, 1975.

Andrade, Mário de. *Cartas a Anita Malfatti.* Ed. Marta Rossetti Batista. Rio de Janeiro: Forense Universitária, 1989.

—-. "O Movimento Modernista." *Aspectors da Literatura Brasileira.* São Paulo: Livraria Martins.

Ashton, Dore. "Surrealism and Latin America." *Latin American Artists of the Twentieth Century.* Ed. Rasmussen, Bercht, and Ferrer. New York: Museum of Modern Art, 1993.

Baddeley, Oriana and Valerie Fraser. *Drawing the Line: Art and Cultural Identity in Contemporary Latin America.* New York: Verso, 1989.

Batista, Marta Rossetti, Telê Porto Acona Lopez, and Yone Soares de Lima. *Brasil: Primeiro tempo Modernista 1917–29 Documentâçao.* São Paulo: Instituto de Estudos Brasileiros da Universidade de São Paulo, 1972.

Bercht, Fatima. "Tarsila do Amaral." *Latin American Artists of the Twentieth Century.* Ed. Rasmussen, Bercht, and Ferrer. New York: Museum of Modern Art, 1993.

Brito, Mário da Silva. *Panorama da Poesia Brasileira.* Vol VI. *O Modernismo.* Rio de Janeiro: Civilização Brasileira, 1959.

Day, Holliday T. and Hollister Sturges. *Art of the Fantastic: Latin America. 1920-1987.* Indianapolis: Indianapolis Museum of Art, 1987.

Lemos, Carlos, José Roberto Teiseira Leite and Pedro Manual Gismonti. *The Art of Brasil.* Trans. Jennifer Clay. New York: Harper and Row, 1983.

Lima, Marcelo Guimaraes da Silva. *From Pau, Brazil to Antropogagia: The Paintings of Tarsila de Amaral.* Unpublished Dissertation. Albuquerque: University of New Mexico, 1988.

Lombardi, Mary. "Women in the Modern Art Movement in Brazil: Salon Leaders, Artists, and Musicians, 1917-1930." Unpublished dissertation. Los Angeles: University of California, 1977.

Marcondes, Marcos A. *Grandes Artistas Brasileiros: Tarsila*. São Paulo: Círculo do Livro, 1983.

Martins, Wilson. *The Modernist Idea: A Survey of the Brazilian Writing of the Twentieth Century*. Trans. Jack E. Tomlins. New York: New York University Press, 1970.

Pontual, Roberto. *Arte Brasileira Contemporânea*. Rio de Janeiro: Jornal do Brasil e Girlberto Chateaubriand, 1976.

Rasmussen, Waldo, Fatima Bercht, and Elizabeth Ferrer. *Latin American Artists of the Twentieth Century*. New York: Museum of Modern Art, 1993.

Rego, Estela de Sá and Marguerite Itamar Harrison. *Modern Brazilian Painting*. Albuquerque: Latin American Institute University of New Mexico.

Robb, David M. *The Harper History of Painting: The Occidental Tradition*. New York: Harper and Brothers, 1951.

Sullivan, Edward J. "Notes on the Birth of Modernity in Latin American Art." *Latin American Artists of the Twentieth Century*. Rasmussen, Bercht, and Ferrer. New York: Museum of Modern Art, 1993.

Teles, Gilberto Mendonça. *Vanguarda Européia e Modernismo Brasileiro: Apresentação e Crítica dos Principais Manifestos Vanguardistas*. 7th ed. Petrópolis: Vozes, 1983.

Wright, Eileen, Wright Communications, and Polly Scott. *Latin American Women Artists 1915-1995*. Trans. Liliana Hermosilla Rosenthal, Spanish Language Services, Ilona Katzew, and Claire E. Fox. Milwaukee: Milwaukee Art Museum, 1995.

Notes

1 * Lombardi points out that women were also associated with the Brazilian modernist movement in music and in the support of the arts through the artistic salons which flourished during the period (4).

2 * This interest reinforced the excitement she felt about the German artists' "new" use of color.

3 * Some of these more representational paintings are: *Tropical, Indian, The Ship, and The Wind Storm*. The latter reveals the influence of Van Gogh. It must be pointed out that even the paintings which caused such a scandal were representational, even if distorted in color and form.

4 * Even Mario de Andrade at first made fun of her paintings.

5 * Sao Paulo was the most "modern" city in Brazil since it was becoming industrialized and it served as a center for coffee export.

6 * The works Malfatti presented in the show were: *The Russian Student* (1915), *The Yellow Man* (1915/16), *The Japanese Man* (1915/16), *The Woman with Green Hair* (1915/16), *The Wave* (1915/16), *Wind Storm* (1915/16), *Rocks* (1915), *Tea House, Precious Stones, Boulders*, and *The Yellow Flowers.* (Batista Insert). I am uncertain of the exact dates of the latter four paintings since these are not included in the Batista book.

7 * The 1926 show included the works from her three years of activity in Paris with the exception of *The Russian Student* and *Tropical* (from her "historical phase"). They included interior compositions like *Church Interior, The Blue Bedroom*, and *Monaco Interior*, two paintings of nudes, still lives like *Lemons, Roses, Still Life*, and *Flowerpots*, scenery like *The Small Canal, Lake Maggiore, Pyrenees Scenery*, and *Port Monaco* (Batista 116, 117). Many of these are reproduced in the Batista book.

8 * Feminist awareness of the importance of women's art has led to Malfatti's increasing acceptance throughout the world. Recently two of her paintings, *The Lighthouse* (1915) and *Portrait of Mario de Andrade* (1921/22) were included in the Milwaukee Art Museum 1995 exhibition of Latin American Women Artists (1915-1995). These works will also be shown in Denver, Phoenix, and Washington D.C. The catalog for the exhibition was edited by Eileen Wright, Wright Communications, and Polly Scott (98-90).

9 * The seventeen paintings in this individual exhibition were *Sao Paulo, Négresse, Passage à niveau, Paysage # 1, Paysage # 2, Lagoa santa, Le nègre du Saint-Esprit, Barra do Pirahy, Potrait de l'artiste, La foire, La gare, Paysage # 3, Marchand de fruits, Les anges, A cuca, Les enfantes au sanctuaire*, and *Morro da favela* (Aracy 204-05).

10* This painting is also included in the Day and Sturges book on Latin American Fantastic Art.

11* Tupi (Tupi Guarani) was one of the indigenous languages and is often used by Brazilian artists and intellectuals when they want to connect with the Brazilian indigenous past. These coastal peoples were eliminated in the colonization.

12* According to Aracy Amaral, in reference to *Anthropophagy*, Sergio Miliet said that "this was the first time in Brazil that a literary movement in the plastic arts" (Trans. mine 259). Omitted is the fact that it was a WOMAN show was the principal initiator, at a time when women were not active in literary Modernism.

13* Baddeley also points out that Amaral's use of enormous feet (and tiny heads) in *Abaporu* and other paintings of this phase, like *Anthropophagia*, could have been influenced by Pliny's *Natural History* and subsequent European recreations of these myths. For example, the Sciapod from *The Voyage and Travaile of Sir John Maudeville*, which shows a reclining male figure with an enormous foot as a shelter from the rain and the sun, bears remarkable resemblance to some of Amaral's "primitive" figures. These mythical figures were real to many Europeans at the time of explorations because many envisioned monstrous races population the unknown areas beyond the Mediterranean (19,20).

14* According to Aracy Amaral, Oswald de Andrade's Anthropophagy movement was related to the Mexican "desire for discovery of an ancestral civilization" (Trans. Mine 261). These comments were inspired by an exposition of Pre-Colombian art which took place in Paris in 1929. At that time Amaral had her second Paris individual which included her anthropophagic paintings. On the occasion of this exhibition, Waldemar George's comments reinforce the aforementioned connection: "le Brésil, à suite du Mexique, s'insurge contre la domination de l'Occident dans le domaine de l'esprit" ("Tarsila el l'Antropophagie," quoted by A. Amaral 261).

15✴ The show included two illustrations in black and white of *Nu* and *Abaporu* and twelve canvasses: *Paisagem, Manacá, Barcos, Pastoral, O Sono, O Parque, A Abóbodo, Nu, Marinha, O Ovo, As Colunas,* and *O Lago* (A. Amaral 261).

16✴ Aracy Amaral has a photo of boulders near Amaral"s childhood farm, Santa Teresa do Alto, which are remarkably similar to the stones/animals of this painting (16).

17✴ Tarsila do Amaral is also represented in the Milwaukee Art Museum 1995 exhibition of Latin American Women Artists (1915-1995) by two paintings, *The Egg* (1928) and *Holy Lagoon* (100-01).

Bosquejo de una autobiografía novelada: una mujer vasca en el mundo

Gloria Castresana-Waid

Digo del mundo, porque el mundo es mi casa, con un rincón favorito que es el País Vasco, Euskadi. Ciertamente, el mundo me ha hecho apreciar aún más a mi querida patria chica... Por eso quisiera compartir con ustedes algunas de las etapas y de los episodios de mi vida que más retos, oportunidades y lecciones me han proporcionado.

Nací en Vitoria después de que terminara la guerra civil. Allí crecí y fui educada en un ambiente de posguerra del que poco recuerdo porque era demasiado pequeña y porque en el seno de mi familia muy poco o nada fue jamás dicho al respecto. Con el paso de los años fui comprendiendo la razón del silencio furtivo que me rodeaba: una parte de la familia había luchado en un lado de la contienda y la otra en el opuesto; habían ocurrido atrocidades en ambas partes, y los miembros de la familia debían tropezarse a diario con parientes que quizá habían sido los delatores que habían causado la muerte de seres queridos. En un ambiente de esa naturaleza, supongo que la única posición viable era la de callar y de llevar cada cual su cruz en silencio.

El recuerdo más devastador de esos años de mi niñez es el de una noche en la que todos dormíamos. De pronto nos despertamos sobresaltados por los ruidos y gemidos de un hombre que subió rastreándose hasta el tercer piso en que vivíamos y que golpeaba frenético a la puerta. Todos nos levantamos y mi padre la abrió... Allí estaba mi tío desangrándose; sus ojos reflejaban un terror que nunca más he vuelto a ver. Mi madre nos separó a mi hermana y a mí de la escena y nos llevó a nuestro cuarto. No volví a verlo. Años después, cuando ya era mayorcita, otro tío me contó que aquel pariente había sido encarcelado en Nanclares de la Oca donde murió. Dada mi corta edad, no saqué ninguna conclusión y hubiese jurado que este episodio siniestro no influyó en mí de manera ninguna. Sólo la experiencia de los años ha hecho patente cuan profunda e indeleble fue la impresión que me dejó.

Mi actividad internacional comenzó verdaderamente en el Africa, aunque ya antes había vivido y estudiado en París, Londres, Frankfurt y Roma. Quise ir a estudiar a Moscú, pero me negaron el visado una y otra vez. Así pues, llegué al Sahara contratada por Tidewater Oil Co. de Texas, un poco de "bonne a tout faire", en el mejor sentido de la palabra; o sea, asistente del director, encargada de relaciones públicas, traductora, mediadora en las negociaciones entre las autoridades territoriales y nuestra compañía a la que surtían otras compañías: una francesa, otra de Mauritania y, por supuesto, algunas peninsulares.

Era la única mujer entre los 200 hombres que la componían, y la persona más joven de todo el personal que había ido al desierto atraído por los indicios de yacimientos petrolíferos que se habían detectado. Sin duda alguna, las experiencias de estos años fueron las más intensas de mi vida, y tantas, que temo que esta selección no sirva sino para crear en la mente de algunos lectores una nebulosa inconexa e incomprensible. La historia total vendrá más tarde, cuando escriba una especie de autobiografía novelada en la que el velo de la ficción protejerá la identidad de los personajes y que, al ser narrada "a lo Forest Gump", romperá tensiones y hará más plausible lo inverosímil.

Uno de los sucesos más espeluznantes ocurrió a los diez meses de comenzar el sondeo. El aparejo de lo alto de la torre se rompió y cayó, sepultando a dos hombres, uno español y el otro francés. Según práctica de la compañía, cada hombre trabajaba en el desierto cuatro semanas seguidas, doce horas diarias, siete días por semana, y se lo enviaba a su casa a descansar por dos semanas. Venían de toda Europa, y yo me ocupaba de su desplazamiento: billetes, visados, hoteles, comidas, pagos de nóminas, etc. El único medio de comunicación del que disponíamos era una radio con la que nos comunicábamos con Las Palmas a una hora fijada de antemano, pues si no, tampoco había forma de establecer contacto.

Cuando presencié la muerte de estos dos hombres, el mecanismo del horror que experimenté de pequeña con lo de mi tío, se puso en marcha: sentí la necesidad de algo así como una expiación, y la encontré. Esta vez no tenía que permanecer pasiva: podía hacer mucho para aliviar el dolor de todos los que me rodeaban, especialmente de los familiares de las víctimas... Y lo hice, volcándome por completo. Organicé el viaje para los que deseaban ir a Canarias; me encargué de solucionar los problemas legales surgidos con las autoridades de El Aaiun y de Las Palmas y conseguí las actas de levantamiento de los cadáveres; fleté un DC-3 para que fuese al desierto a recogerlos; preparé el funeral en Las Palmas; obtuve los permisos de los países respectivos para que las esposas pudiesen llevarse los cadáveres; y solucioné los conflictos de tipo laboral. Para que el resto del grupo se repusiera del mal trago, convencí a la gerencia de que se cambiara el equipo al que pertenecieron los muertos.

Y ... ¿para qué seguir? En nueve días no reposé ni de noche ni de día; echaba una cabezada en un sofá cuando no podía más, y continuaba. Cuando por fin regresé a Las Palmas, fui directamente a mi apartamento, cogí una toalla y me fui a la playa de Las Canteras, me tumbé boca abajo y,... sólo entonces me sentí exhausta. Hacia las once de la noche, el médico de la compañía me despertó para llevarme a casa a dormir... Al parecer, había sido la atracción turística del día y, por la noche, al ver que seguía tendida en la playa sin dar señales de vida, alguien avisó a mi buen amigo, el médico, que algo pasaba.

Estos hombres, mis compañeros, que vivían en un ambiente despiadado, no podían haberme tratado con mayor respeto y cariño. No puedo decir, aunque parezca imposible (también a mí me lo parece hoy en día), que hubiese habido por parte de ellos el menor incidente que pudiese ser interpretado como acoso por ser mujer. Yo me ocupaba de su bienestar y el de sus familias, y ellos me pagaban con la misma moneda. Incluso me sentía protegida cuando estaba entre ellos. Por desgracia, esto cambió radicalmente al llegar el nuevo jefe de París, un despreciable señorito que vino a Las Palmas acompañado de Martine, su mujer, una "Catherine Deneuve" encantadora, inteligente y buena que tenía cinco meses de embarazo, y de un querubín de dos años. Nos hicimos muy buenas amigas.

Al Monsieur le traían sin cuidado su esposa, su hijo, mi familia, la compañía y la sociedad. El iba a lo suyo: varios meses de un acoso constante. Los problemas, los disgustos y el dolor que causó a diestra y siniestra no le serán perdonados ni en la eternidad. No pudiendo resistir por más tiempo el malestar, el acoso, la tensión y la imposibilidad de hacer nada positivo en aquel ambiente, tomé un avión y me marché a Madrid, para entrevistarme con el segundo gran jefe (después del de Houston) y exponerle el caso durante tres días de reuniones, explicaciones, preguntas y repreguntas. Todo fue estupendamente bien, o al menos esa fue la impresión que me llevé.

Poco antes de salir de Las Palmas a Madrid, Monsieur, "el seductor", se presentó en el aeropuerto de Gando para advertirme de algo que yo oía por primera vez y que he tenido muy en cuenta porque resultó ser algo profético... Con una mueca y un acento dignos de un Molière (hablábamos siempre en francés) me dijo: "Recuerda, Gloria, todos somos necesarios; nadie es imprescindible". Estaba segura de que se equivocaba. Yo llevaba prácticamente la administración de la compañía desde que Mr. Larsen había regresado a Houston. Ahora, este monigote que no se había molestado en aprender nada de nada, ¿pensaba prevalecer ante mis superiores? Me darían crédito a mí...¡Me eligirían a mí—pensaba yo—antes que a él, aunque sólo fuera porque no tenían otra opción!... ¡Bendita inocencia! A las dos semanas recibía un sobre grande con un cheque muy generoso, unas cartas de recomendación insuperables y ... una corta y correcta carta de despido.

Lo que aún me revuelve las entrañas cuando pienso en ello es la traición cometida, no hacia mí, sino hacia todos aquellos hombres que habían sabido salvaguardar la dignidad y el ambiente de camaradería intachable en circunstancias despiadadas. Y la cruda realidad: que este irresponsable se mofase de nuestra disciplina e integridad. Existen diversas clases de traición, pero los resultados son, no obstante, los mismos: dignidad resquebrajada por quien lo hace, y perjuicio material y moral, a veces permanente, para quien es objeto de esa traición. De los dos polos, prefiero ser el segundo, aunque me indigne constatar que casi siempre la víctima es el perdedor.

La famosa "agresividad", convenientemente cargada de positivismo, tan preconizada hoy en día en los Estados Unidos, no es sino la aceptación de que "todo vale con tal de conseguir el fin", o lo que es lo mismo "el fin justifica los medios". Esta actitud disfraza, en muchos casos, toda una serie de pequeñas o grandes traiciones cometidas contra compañeros, amigos o familiares para triunfar. Tal vez por no comulgar con este principio y por decir siempre las cosas como las veo, no he salido a flote, y muchas veces he pagado un precio alto por mi sinceridad.

Pero volvamos a Canarias y a otro acontecimiento del que tanto aprendí. Cuando ocurrió mi despido, Bob y yo llevábamos meses intentando obtener la dispensa sin la cual el obispo de Las Palmas, un vasco como yo, decía que no podían casarnos. Habían transcurrido meses de reuniones con los jesuitas que le rodeaban, contestando preguntas, prometiendo que nuestros hijos serían criados en la religión católica, firmando papeles y más papeles que iban y venían de Roma y erogando considerables sumas de dinero para pagar esos trámites.

La pérdida del trabajo que me encantaba y de las excelentes condiciones económicas que me reportaba, la infamia del francés y el agravio de nuestra situación personal hicieron que cayera en un estado de gran depresión y, para colmo, que quedara en cinta... Me quedaba un mes para dar a luz, y el jesuita encargado de nuestro caso, otro vasco, seguía diciéndome que por qué me empecinaba en casarme con este hombre. Mi respuesta era enseñarle mi estado de gravidez que era ya obvio. Ante mis ruegos y súplicas, nos reunieron una vez más y nos dijeron que había sólo una solución: que Bob renunciara al protestantismo y se hiciera católico. Al oír la categórica respuesta afirmativa de Bob, salieron todos de la sala y nos dejaron solos. Al cabo de media hora, el jesuita regresó para decirnos que la Iglesia no aceptaba a un hombre que se hacía católico solamente por una mujer. Nos marchamos y esa misma noche viajamos a Algeciras en un barco de carga, pasamos a Gibraltar y, un dos de enero, nos casamos bajo la ley inglesa. El 17 del mismo mes nacía nuestra hija Susan.

Más divertidas han sido siempre mis correrías como piloto de coches de carrera. Cuando conocí a mi marido en el Africa, él era ya corredor internacional en un mudo automovilístico que apenas se parece al de hoy. Era un mundo mucho más humano y emocionante, en el que el hombre y la máquina compartían a partes iguales el papel a desempeñar. Hoy es diferente: más impersonal, mecánico (en todos los sentidos de la palabra) y rutinario. El elemento humano tiene ahora un papel muy limitado, y los únicos verdaderos ganadores son los coches y las casas a los que petenecen. Si alguna vez tienen curiosidad por saber cómo era antes, permítanme recomendarles la película *Grand Prix* de los 60, protagonizada por Ives Montand, Eve-Marie Saint y James Gardner.

Corrí para Lancia, Alfa-Romeo, Austin Cooper y Lotus y, cuando me trasladé a los Estados Unidos, para Lotus y sobre todo para Porsche. Tuve el gran honor y la suerte de correr con los ases del automovilismo de aquellos años, todos hombres. Participé en 1965 en la carrera de inauguración del Circuito del Jarama, en Madrid, donde también fui la única mujer. De todos los "rallyes", circuitos cerrados, subidas en cuesta y "gimkhanas" en los que he participado durante mis dieciocho años de corredora, guardo un recuerdo especial de esa carrera en la que el número uno del automovilismo mundial (para muchos el mejor corredor de todos los tiempos), el inglés Jim Clark que corría para la casa Lotus, me dio el espaldarazo como corredora profesional con la presentación que me hizo durante la gala oficial de ese día, rompiendo así todos los tabús y chauvinismos y colocándome a la altura de los grandes ases, cuando yo no había cumplido los veinticinco años.

Jim Clark murió poco después, en el Circuito de Nurbergring, Alemania; y nuestro común amigo y compañero, el también inglés Graham Hill, segundo en el mundo, se mataba en su avión particular cuando regresaba a su casa al terminar una carrera. El año anterior me habían concedido el título de la mejor deportista española en automovilismo. Ese año me declararon deportista absoluta. Sin duda, algo tuvo que ver con esto el afable Jim.

Además de perder, aprendí mucho de este deporte y del medio en que se actúa. Gané reflejos, destreza y autocontrol físico y mental; pero sobre todo, aprendí que si haces tu trabajo bien y perseveras, la gente termina por respetarte. Esto precisamente era lo que sucedía con algunos de aquellos "mucho-machos" con los que me codeaba. La risita de incredulidad y sorna desaparecía a medida que ganaba carreras y me clasificaba siempre en posiciones muy respetables. Baste un ejemplo: había un madrileño que me tenía entre cejas y transparentaba siempre un constante "¿qué pinta esta mujer aquí entre todos nosotros, hombres?" Era 1967, también en el Circuito del Jarama; me hizo una pasada considerada ilegal entre los profesionales del volante que pudo costarme la vida. Dios me protegió. Por mi parte, después de que logré controlar el coche, me picó la curiosidad de ver cómo la sortearía él. Aceleré, lo alcancé y pegué mi Cooper a su Renault hasta llegar a la misma curba, donde ejecuté la pasada al centímetro de como la había trazado él. Ocurrió lo previsto: se salió de la pista, dio dos vueltas de campana y destrozó el coche ante el regocijo y los aplausos ensordecedores del público, hombres y mujeres, que lo consideraron de justicia. A partir de entonces, y una vez recuperado de los muchos pero superficiales rasguños, todo marchó como la seda entre Antonio y yo.

Dos son las satisfacciones que todavía siento cuando pienso en mi carrera automovilística por Europa, Africa y América: que una mujer, no precisamente Gloria, sino una mujer, estuviese a la altura de lo que hasta entonces había sido el bastión masculino por excelencia; y las caras de asombro de aquellos gigantones de doscientas libras para arriba que venían a la pista a tomar clases y que, al preguntar quién era el instructor, yo les contestaba: "la estás viendo"—una mujer que entonces apenas pesaba unas cien libras.

En diciembre de 1969 fuimos a vivir a los Estados Unidos en condiciones que no se las deseo a mi peor enemigo. La aventura petrolífera había terminado en bancarrota para las tres compañías privadas que fuimos al Sahara. El petróleo lució por su ausencia a pesar de una década de trabajo y de inversiones de cientos de millones de dólares. Las grandes compañías arriaron velas, descontabilizaron las pérdidas, desgravaron otras operaciones y se fueron al nuevo foco de esperanza, Kuwait, donde se resarcieron en muy poco tiempo de las pérdidas del Sahara con los raudales de petróleo que encontraron.

Tan pronto llegué a Nueva York, Porsche me ofreció un trabajo para probar y hacer demostraciones de sus automóviles. Esperaban capitalizar en lo que tenía de novedoso—el ser mujer. Era la primera vez que una compañía probaba tal estrategia, y les resultó. Yo estaba también encantada porque el deporte me apasiona, la recompensa era más que adecuada y siempre me dejaban disponer de una unidad del último modelo para mi uso personal. Al mismo tiempo decidí continuar mis estudios y sacar un "Masters". Los niños se estaban haciendo mayores y veía que me iban a necesitar a diario, lo cual me impediría continuar desplazándome constantemente de carrera en carrera y de estado en estado.

Terminado el "Masters" en la SUNY-Stony Brook, decidí continuar con el doctorado en New York University-Manhattan, donde me dieron una "Teaching Assistantship". Puedo decir, sin exagerar, que hice el doctorado en el coche. Los niños eran boy scouts; practicaban baseball, football y soccer; recibían clases de ballet, equitación, natación y piano; y estaban involucrados en tantas actividades que ni siquiera recuerdo. Los tres eran de edades tan distintas que no coincidían en nada. Me pasaba la vida de chofer, llevándolos de un lado a otro y de pueblo en pueblo. Quienes hayan vivido esta experiencia típica de las familias americanas, sabrán de qué estoy hablando.

En junio de 1979 nos fuimos a vivir en California, pues había sido contratada por la Universidad de Santa Clara. Se puede decir que en ese año empezó mi periplo por el mundo académico en general y el vasco en particular. También diré que, con raras excepciones, los desengaños de este mundo, irónicamente denominado "educativo", han superado todas las marcas. Puedo tolerar, y hasta lo espero, vilezas y traiciones en el mundo político, industrial o empresarial; pero el engaño y la alevosía cada día más abundantes en la vida académica son para mí inexcusables y sorprendentes. No puedo aceptarlo: o somos o no somos educadores; o vamos a educar con el ejemplo y con la verdad, o deberíamos buscar otra profesión a fin de que no prospere el cinismo que es fuente y raíz de muchos males.

En 1979 se realizó en Connecticut la que podríamos llamar "Primera Reunión Oficial sobre lo Vasco". Allí decidimos formar una Sociedad para la difusión de los estudios y la cultura vascos en los Estados Unidos. En diciembre de ese mismo año volvimos a reunirnos en San Francisco y creamos la Society of Basque Studies in America. El Basque Studies Program de la Univesidad de Nevada en Reno envió al bibliógrafo Jon Bilbao como representante, quien fue el que más insistió en la necesidad de crear una sociedad activa que, a diferencia del Programa de Reno, abarcara todo el territorio estadounidense y estuviera abierta al mundo académico y a cualesquiera otras personas interesadas en lo vasco. Jon Bilbao fue pues uno de los fundadores de la Society of Basque Studies; yo fui elegida presidente, y Juan Cruz Mendizábal secretario general y editor de la revista *Journal of Basque Studies*.

A los diez días de haberse fundado la Sociedad, recibimos un comunicado de Reno diciéndonos que el Director no estaba de acuerdo ni podía admitir la formación de nuestra Sociedad ni la publicación de nuestro *Journal*, pues ellos eran los únicos con el derecho a existir. Al día siguiente me presenté en Reno para aclararles lo que diplomáticamente califiqué de "malentendido" y para transmitirles el mensaje inequívoco de todos los miembros: "Si querían trabajar con nosotros y añadir la dimensión del programa de Reno a la expansión de lo vasco en los Estados Unidos como nos lo había confirmado Jon Bilbao, nosotros lo aceptábamos; si no, la Society of Basque Studies continuaría adelante con lo que se había propuesto". Los de Reno afirmaron entonces que, efectivamente todo había sido un malentendido y que aceptaban seguir juntos el camino que habíamos trazado.

No había transcurrido una semana cuando recibimos una nueva misiva reiterando que no teníamos derecho a existir y que además ellos, por su cuenta, acababan de fundar la Anglo-American Basque Studies que suplantaba a nuestra Sociedad, adoptando todos los proyectos diseñados por nosotros. ¡Traición! ¡Alevosía! ¡Falta de respeto total a nuestro grupo de profesores, socios e instituciones con las que nos habíamos puesto en contacto para desarrollar nuestro cometido! Con lo que no contó Reno fue con mi perseverancia o, si prefieren, mi cabezonería vasca. Renuncié y dejé mi puesto de la univesidad para dedicarme por completo al desarrollo de nuestra cultura en este continente.

A pesar del ánimo monopolista del grupo de Reno, nuestra Sociedad marchó con éxito y estableció capítulos en cada uno de los estados donde residíamos; participó en las actividades de los clubs vascos; organizó simposios y conferencias por todo el país; estableció un intercambio de estudiantes y profesores; publicó un boletín informativo, además del *Journal of Basque Studies* (única revista erudita sobre temas vascos en los Estados Unidos); celebró un "Hall of Fame" anual para honrar a las personas más sobresalientes del mundo vasco; y estableció la "Basque Translation Series" con obras vascas traducidas y publicadas en inglés.

En agosto de 1982 celebramos la "First International Basque Conference in America" en Fresno, con asistencia internacional y en un marco de neutralidad política y social que permitió el diálogo. Conseguimos reunir y que conviviesen en armonía representantes tan dispares como el "cerebro" de la ETA original, los académicos más distinguidos de Euskaltzaindia (Real Sociedad de la Lengua Vasca), representantes de la Universidad del País Vasco, conferenciantes de todas las ramas políticas, religiosos, periodistas, en fin un nutrido y distinguido grupo de amigos.

Pero la semilla de la discordia implantada por el "señor exclaustrado" no tardó en dar su fruto. Un industrial de Chicago de origen vasco prometió el oro y el moro para proteger a la Sociedad contra ataques como el del ex-cura, a condición de que yo renunciara a la presidencia y se la diésemos a él. ¿Qué pasaría con nuestra Sociedad al ser encabezada y dirigida por alguien tan extraño como este improvisado dirigente? Pensando algunos que era cuestión de poco tiempo, le entregaron la Sociedad en bandeja de plata, por un año... Trece años depués, el industrial de Chicago continúa distribuyendo tarjetas de visita (miles y miles) con el rótulo: "X. X., Presidente, Society of Basque Studies in America". ¡Misión cumplida!

Los que no quisimos resignarnos a la suerte que el industrial marcaría para la institución fundamos la Basque American Foundation, continuando con los proyectos existentes en aquellos momentos: la publicación de *The Journal of Basque Studies*; el establecimiento de un convenio con el Gobierno Vasco para la continuación de la Basque Translation Series; a más del ambicioso proyecto ya iniciado en 1979 con Juan Cruz Mendizábal de la creación de una cátedra de estudios vascos en los Estados Unidos. A esta idea se unió el distinguido humanista Juan Bautista Avalle-Arce que acababa de llegar a la Univesidad de California en Santa Bárbara. Fue éste el comienzo de lo que por mucho tiempo consideré una gran amistad.

Al mismo tiempo que preparaba el terreno para lo que es hoy la Cátedra y Centro de Estudios Vascos José Miguel de Barandiarán, en Santa Bárbara, fui elegida Presidente de la Asociación de Licenciados y Doctores Españoles en los Estados Unidos (ALDEEU), cuyo fundador fue el distinguido profesor Enrique Ruiz-Fornells. Primera mujer en ese cargo, dirigí la Asamblea General en los Angeles en 1988 y, como Presidente de la Comisión Quinto Centenario de ALDEEU, organicé y presidí con total éxito el Encuentro Internacional Quinto Centenario en Puerto Rico en 1990.

En el terreno personal, cambié los coches por el avión y saqué la licencia de piloto para ayudar a mi esposo en la Escuela de Aviación que había abierto en Fresno para los estudiantes europeos, asiáticos y latinoamericanos. Entre 1980 y 1992 alojamos, alimentamos, aconsejamos, gratis, en nuestra propia casa, a 67 estudiantes de todas las nacionalidades. El Cónsul de España en San Francisco insistía en enviarme formularios de inscripción para los jóvenes porque, según él, yo tenía más presencia de españoles en mi casa que ellos en el Consulado.

Las andanzas de Mendizábal y mías de 1982 a 1992 para establecer la cátedra y centro de estudios vascos, será uno de los capítulos del extenso libro que estoy escribiendo. En él narraré en detalle los innumerables viajes nacionales e internacionales, las reuniones a los más altos niveles políticos y sociales, las luchas enconadas entre y con los que se oponían al proyecto, los sacrificios personales, la sangría constante a nuestros recursos personales (docenas de miles de dólares). Mientras Avalle-Arce esperaba en su "torre de marfil", Mendizábal, yo misma y personas de alcurnia como Ignacio de Larramendi, presidente de MAPFRE-Vida, habíamos de mendigar dinero por diez años sin pensar en que por hacerlo en pro de nuestra causa significara ninguna afrenta.

Tan pronto como conseguí (gracias a las gestiones que hice durante mi enésimo viaje a Vitoria, pagado de mi propio peculio) que la última de las tres transferencias bancarias llegara a su destino—la Universidad de Santa Bárbara—se prescindió para siempre de nosotros y se nos dio con las puertas en las narices. Sólo los íntimos amigos saben el bochorno que hubimos de sufrir ante nuestros patrocinadores y simpatizantes al quedar aniquilados, sin fuerza moral para llamar otra vez a su puerta, con una Basque American Foundation herida de muerte, con un *Journal of Basque Studies* desaparecido y ante el pulpo de la Universidad de Santa Bárbara que iba absorviendo paulatinamente todos nuestros proyectos.

En cuanto a la Cátedra José Miguel de Barandiarán de Estudios Vascos, los meros rumores de la posibilidad de que un argentino que desconocía la lengua vasca fuera a ocuparla desencadenó una avalancha de protestas y gritos de "¡traición!" en Euskadi. El Consejero de Cultura del Gobierno Vasco, Joseba Arregui, se trasladó a Santa Bárbara para evitar que semejante desaguisado se cometiera y entre los dos hicimos todo lo posible por evitarlo. Como no tuvimos éxito, al día siguiente de la inauguración de la Cátedra, decidí archivar la correspondencia y dejar pasar el tiempo. Tomé esta decisión por tres razones: para no poner en peligro la vida de la "criatura"—la cátedra, producto de catorce años de desvelos; para proteger a las personas que hicieron posible ese sueño; y porque para mí, lo vasco y su difusión están muy por encima de todo lo demás.

Mi venganza es proclamar la verdad sin miedo ni falsa modestia. La proclamo aquí y luego lo haré con mayor detalle en mi libro en el que denunciaré la hipocresía y el cinismo rampantes, amén de la idolatría desmesurada que se enseñorea en el alma de muchos. No tengo una cátedra, ni estabilidad de empleo en ninguna universidad, ni un cheque quincenal. Lo que tengo, y a mucha honra, son los resultados a mi tesón y a mis esfuerzos: mis obras, mis éxitos, mis logros personales y profesionales, mi conciencia tranquila. Quienes me brindan su afecto y su comprensión, los comprenden y saben justipreciarlos.

Ahora vivo en una playa idílica de Méjico, sin teléfono, sin FAX, esperando la correspondencia de amigos y seres queridos que llega cuando no se pierde..., con paz y tranquilidad de espíritu..., probando suerte en mi nueva aventura—la pluma—y tomando fuerzas para emprender y salir airosa del próximo reto al que deba enfrentarme.

¡Eskerrik asko! ¡Muchas gracias!

La Mujer: del Siglo de Oro a las nuevas tecnologías

Laura García-Vitoria de Montesinos

En el Renacimiento y el Siglo de Oro comenzaron y se multiplicaron los discursos sobre las condiciones de la mujer perfecta. Luis Vives en *De Institutione Feminae Christianae* y Fray Luis de León (de estirpe hebrea) en *La perfecta casada* formulan sus célebres conceptos de la mujer perfecta. El modelo femenino de estos siglos, y que perdurará hasta la España Franquista, es el de *La perfecta casada*, una de las obras más leída y considerada como modelo de análisis de la "psicología femenina". Fray Luis de León, religioso de la orden de San Agustín, escribe esta obra comentando el capítulo 16 y último de Los Proverbios de Salomón (García Vitoria).

ESQUEMA DEL PAPEL ASIGNADO POR FRAY LUIS DE LEÓN A LA CASADA
La mujer y el buey son los fundamentos económicos de las casas: el buey para que are y la mujer para que guarde. La gestión empresarial y la solución de los conflictos intrafamiliares en la casa corresponden a la casada. La división del trabajo entre los sexos ha sido dispuesta por el Espíritu Santo, la naturaleza y la razón. La funcionalidad productiva y reproductiva de la mujer es la causa de su creación por Dios. El estado de casada equivale a un oficio, la casada tiene obligación moral grave de dedicarse a él y no puede delegarlo. La restricción del consumo personal obliga moralmente, especialmente en el vestido, la alimentación y descanso, a la casada. Negación del esfuerzo económico de la mujer. Su trabajo debe hacerse sin parecer que se hace. Legitimidad de la participación formal de la casada en la propiedad de los productos de su trabajo, pero no para disposición del capital familiar. Obligatoriedad moral de la ampliación del capital familiar.

En el siglo XVI las violaciones eran numerosas y estaban secundadas por el estilo brutal y violento de la época. Los violadores solían quedar librados con el pago de una multa que se añadía a la dote de la mujer. En el siglo XVII, "Una sospecha les basta (a los hombres) para herir de muerte a una esposa o una manceba" (García Vitoria 59-60).

Sin embargo, viajeros y constumbristas nos hablan del habitual adulterio en los maridos, que guardan a la mujer en el hogar. Durante algunos años (en el romanticismo) la palabra "mujer" y el adjetivo "femenino" van a evocar lo bueno, lo dulce, lo sensible, lo suave. Las mujeres se ven precipitadas en esta idiología con un cierto deleite para econtrarse, enseguida, prisioneras. En efecto, el siglo XIX detestaba el romanticismo. El negociante burgués no podía parecer una mujercita, el hombre debía encerrarse en su virilidad. La sociedad del siglo era una sociedad viril o pretendidamente viril, que favorecía la mitología de la virilidad, la fuerza productiva.

En el transcurso de los siglos anteriores, se le atribuían a la mujer excesivos apetitos sexuales, en el XIX se empieza a hablar de la frigidez de la mujer. Los hombres harán, incluso, de la frigidez una virtud, una seguridad para ellos y un amargo reproche para ellas. En realidad el hombre impedía el deseo a la mujer (la mujer que deseaba y compartía el deseo no era buena). La gran expresión patológica del siglo, la histeria, es interpretada como la maldad del cuerpo de la mujer. La mujer es designada como responsable, transmisora de enfermedades venéreas. La histeria, la sífilis que ella transmite y la frigidez serán las tres enfermedades femeninas del siglo.

En el campo de la biología se asimila a la mujer con lo blando, al mismo tiempo que los hombres dejan a las mujeres trabajar en las minas, pero no en la imprenta; las dejan trabajar en las fábricas de clavos, pero ellas mismas deben luchar contra los hombres para poder infiltrarse en la confección y la costura. La idea de lo blando y de lo duro es un magnífico ejemplo de la representación binaria sexual que parece ser constante de este animal cultural que es el hombre, siempre con la necesidad interior y social de organizar los sexos en dos polos opuestos e inversos. Freud, más tarde, va a imponer una nueva visión binaria con la preeminencia masculina y el vacío femenino; el hombre que tiene y la mujer que no tiene y desea tener, y va a sistematizar esta visión con tanta virtuosidad y convicción como los Padres de la Iglesia.

El descubrimiento de las nuevas técnicas hizo evolucionar la distribución de roles. Mientras que éstas se introducían, la división de tareas se producía: cuando una tarea se mecanizaba mejorando la productividad, pasaba a manos masculinas, incluso cuando aquélla era tradicionalmente femenina.

Lejos de marchar con el progreso social, la mujer se empequeñece a lo largo de los siglos: "en el Renacimiento, la mujer española desempeña cátedras de retórica y latín como Isabel Galindo, o es filósofa como Olivia Sabuco" (Pardo Bazán). En el XVIII se juzga peligroso enseñar el alfabeto a las muchachas. Las mujeres de los siglos XVIII y XIX se quedan atrás, sin más papel que custodiar las virtudes familiares, mientras que el hombre gana derechos, libertades políticas y posibilidades de acceso a la cultura.

En la Constitución de 1869 se decía que "todos los españoles tienen derecho al voto y ejercer empleos públicos", pero refiriéndose sólo a los españoles varones. En 1876 se especifica que "todos los españoles varones, mayores de 25" tenían derecho al voto (el voto femenino no llegó hasta 1932). En 1882 se discutió en el Congreso si las mujeres eran aptas para enseñar en los Jardines de Infancia. Diez años después se discute si debe darse a la mujer la cultura necesaria para el desempeño de todas las profesiones con el resultado siguiente: 260 votos a favor, 293 en contra y 89 abstenciones. España no se adhirió al Convenio sobre Derechos Políticos de la Mujer de 1952 hasta el año 1973, y no fue publicado en el *BOE* del Estado hasta 1974. Lo ratificó con reservas y se concedía los derechos políticos a la mujer sin perjuicio de las peculiaridades de la legislación española.

El resultado de tal evolución se encuentra en las formulaciones de los grandes hombres de nuestro siglo: Ortega y Gassett defendía que "la mujer es más bien género que un individuo" y opinaba que "la mujer demasiado racional huele a hombre".

Miguel de Unamuno (durante el siglo XX) cayó en la creencia de la función de la mujer, puramente vegetativa que consiste en "concebir parir y amamantar" ("La dignidad humana").

Y Antonio Machado exteriorizó su valoración a la inteligencia femenina diciendo: "Todo es tan clavo pasado que hasta las señoras pueden entenderlo".

La Pardo Bazán nos dice:

> Para el español más avanzado y liberal, el ideal femenino no está en el porvenir, ni aun en el presente, sino en el pasado [...] Para el español todo puede y debe trasformarse; sólo la mujer ha de mantenerse inmutable y fija [...] Preguntadle al español más liberal qué condiciones tiene que tener una mujer y os trazará un diseño muy poco diferente del que delineó Fr. Luis de León en *La perfecta casada*.

En 1884, Concepción Arenal especifica: "Los únicos puestos oficiales que una mujer puede ocupar son: maestra de niñas, telegrafista y telefonista y estanquera; reina puede ser también" (cit. en Bile). Se sabe que sólo a partir de 1910 la mujer puede matricularse libremente en la universidad. En 1930 Victoria Kent es la primera mujer del mundo que actúa ante un tribunal supremo defendiendo a Álvaro de Albornoz, procesado por ser republicano ante el Consejo Supremo. Hasta 1912 las mujeres no pudieron participar en los Juegos Olímpicos modernos, exceptuando pequeñas exhibiciones de tenis y patinaje sobre hielo. En 1921 fue organizada una Olimpiada femenina en Montecarlo como protesta. Dicha Olimpiada no fue reconocida por el Comité Olímpico Internacional. Fue repetida en 1922 y 1923, consiguiendo que se generalizara la presencia de las mujeres en los Juegos Olímpicos a partir de 1928. El 5 de noviembre de 1936 se contó con la primera mujer Ministro en la historia de España. Entre 1900 y 1914 se produce un cambio en el discurso del mundo de la medicina: de golpe se ocupa del aborto, los fraudes conyugales, la mortalidad de los niños de pecho... La maternidad se transforma en deber y se pone el acento sobre la despoblación y el peligro que representa la armada para las fuerzas vivas de la nación...

Durante las dos últimas guerras mundiales, y debido a que la guerra moderna exige una producción industrial intensa, las mujeres pudieron tomar los papeles normalmente asignados a los hombres. Convulsiones violentas como una guerra o una revolución permiten dar a las mujeres responsabilidades y posibilidades nuevas. Las crisis sociales operando del interior (como una grave crisis económica que desorganiza en cadena todo un edificio social, o una grave crisis demográfica que amenaza la supervivencia) desempeñan el papel inverso y se vuelven contra la mujer, haciéndolas responsables de la caída del antiguo orden, al haber abandonado sus papeles tradicionales. Las crisis muestran la fragilidad de los progresos realizados. Bajo la presión de las dificultades, se operan prioridades que arriesgan no sólo detener las evoluciones, sino provocar una vuelta atrás.

Desde el final de la Segunda Guerra Mundial, la ideología de igualdad de derechos está presente en las diferentes constituciones europeas. No obstante, observamos un retroceso del feminismo en la sociedad, un recorte de las ventajas sociales en materia de derecho laboral y de seguridad social, con las consiguientes consecuencias para la mujer. La mujer es lo que el hombre ha querido que sea: esta dependencia e inferioridad le quita responsabilidad. No obstante, la mujer es inferior al hombre en derechos civiles pero igual al hombre frente al castigo penal. A pesar de que las leyes civiles consideran a la mujer como nenor si está casada, las mismas leyes la igualan al hombre en el campo criminal.

En los últimos 12 años la sociedad española ha vivido un gran proceso de transformación social protagonizado por las mujeres. El reconocimiento del principio de igualdad en la Constitución y la creación del Instituto de la Mujer en 1983 marcan el punto de inflexión: 1.500.000 mujeres se han incorporado desde 1982 al mercado laboral, y en el ámbito de la educación, más del 50% de las matrículas universitarias corresponden hoy a mujeres. El 54% de licenciados y doctores son mujeres.

Hoy en día, es corriente pensar que la igualdad entre los hombres y las mujeres se acrecienta. No obstante, el problema no es simple y la identidad de roles no se traduce por la igualdad de estatuto y de poder. Teniendo en cuenta que desde su nacimiento la mujer es diferente al hombre, que la crianza y educación de ambos es distinta y que una vez criados y educados hombres y mujeres tienen problemas para acceder a un puesto de trabajo, ¿hay realmente igualdad en el mercado laboral? ¿Se cumplen las normas especificadas en nuestra Constitución?

Al abrir el periódico cada día, por la sección de anuncios por palabras nos percatamos de ello: "Se solicita mujer joven para [...] o señorita con experiencia para atender recepción (imprescindible buena presencia)". Y las estadísticas nos lo confirman:

- En la construcción, los varones representan el 13,2% de la población ocupada, las mujeres el 1%.

- En el sector servicios representan las mujeres el 77,7% y los hombres el 50%.
  Sólo el 15,9% de las empresas están dirigidas por mujeres.

- En España trabajan 12 millones de personas: 7.7 millones son hombres y sólo 3.9 millones son mujeres.

Entramos en el siglo XXI y aún se tienen reticencias para contratar a las mujeres. ¿Y si se queda embarazada?. Sin embargo, el desarrollo científico, cultural y socioeconómico ha hecho posible un reconocimiento y un parecido entre los sexos, y una aspiración hacia la igualdad entre los roles masculino y femenino. Pero la mujer española sigue planchando camisas y haciendo la cena, aunque trabaje fuera de casa. Claro está, la mujer puede pedir al marido que vaya a buscar a los hijos al colegio, que pase la aspiradora o que friegue los platos.

Observemos, así mismo, la imagen y el estatuto de la mujer en el seno de la Iglesia. Señalamos, a guisa de ejemplo, los datos siguientes: "La iglesia de Inglaterra consagró el 12 de marzo de 1994 a 32 mujeres sacerdotes en Bristol. La medida de ordenar mujeres sacerdotes ha provocado deserciones entre clérigos y fieles desde la Iglesia anglicana hacia la Iglesia Católica" *(Anuario)*. Las estadísticas sobre las comunidades religiosas católicas señalan un total de 199.664 de religiosos en el mundo y un total de 238.345 de religiosas en el mundo. A pesar de esta mayoría de mujeres en el seno de la Iglesia Católica, esta última continúa rechazando la igualdad de derechos entre los sexos. Una mujer puede llegar a la más alta dignidad: madre de Dios, mártir, santa; y el hombre que la venera sobre el altar y la implora, la cree indigna de llenar las funciones del sacerdocio. ¡Atrevimiento impío sería si aspirara a la categoría de sacristán!

Y, ¿cómo intrerpretar la frase de Felipe González a propósito del teletrabajo?: "Trabajar desde casa va a ser algo que se puede convertir en habitual, sobre todo para las mujeres [...]" (Tizón 260). Igualmente reveladora es la imagen de la página de cubierta de la revista de prensa sobre el teletrabajo de febrero 1995 de Ctcom del Grupo France Télécom. En ella contemplamos a una sonriente, bella y compuesta secretaria delante de una máquina de escribir.

A título de ejemplo, observemos los textos de dos artículos aparecidos en los *Cahier Multimedia* del periódico *Liberation* del viernes 2 y 30 de junio escritos, bien entendido, por hombres. Los títulos son reveladores: "Femmes, je vous aime: y "La vieille dame et Internet". En el primer artículo se trata del poco interés de las mujeres por los videojuegos y la posibilidad de crear y desarrollarlos con miras a un mayor consumo de éstos por las mujeres, hasta ahora reticentes. En el segundo, se pone el acento en el fácil manejo y las numerosas posiblidades que ofrece Internet y su utilización desde el hogar.

Los mensajes son evidentes: en el primer caso, aunque el artículo no informa sobre una experiencia piloto americana que se refiere a toda una población entera (hombres y mujeres), el título del artículo es "La vieja dama e Internet" ¡Qué curioso! En el artículo sólo se hace alusión a la experiencia de una mujer, el resto de los ejemplos son protagonizados por hombres. ¡Eureka!, la astucia consumista de la publicidad y el márquetin, a través de este único ejemplo femenino, nos envían el siguiente mensage: internet es de tan fácil manejo que hasta el sexo débil y entrado en años lo utiliza. ¡Hasta una mujer y por ende mayor puede utilizar Internet! ¿Por qué no usted?. Además, podrá usted trabajar desde casa.

Evidentemente..., el ejemplo que se señala sobre la creacción de empresas es el de un hombre, y un hombre (que no tiene ordenador en casa) consulta cada día en la biblioteca municipal los mensajes de sus amigos. Todos los ejemplos que no conciernen al hogar, son ejemplos de hombres, y hombres son quienes dan su opinón sobre el asunto. Por otro lado, en las fotografías del artículo vemos a los hombres utlizando o dominando el ordenador. Como imagen femenina econtramos sólo a una espectadora con aire distraído y divertido mirando cómo un hombre utiliza el Web además de la viejecita. La "Vielle Dame" a través del correo electrónico, se sirve del internet; sentadita en el sillón de sus casa viaja por todo el mundo. En realidad, lo que hace es leer su correo, los mensajes de la liga de electoras o de la Iglesia Presbiteriana, corresponder con su hija, pero..., utiliza raramente el Web porque prefiere ir ella misma a hacer las compras y sólo lo utiliza para consultar los precios del supermercado.

En el segundo, el artículo revela que las mujeres también utilizan los videojuegos a pesar de que pocos contenidos se interesan por ellas, sus gustos y preocupaciones. En consecuencia, los conceptores de videojuegos empiezan a pensar en crear videojuegos unisexo para aumentar su consumo. El mensaje y el argumento (del articulista hombre) para incitar a las mujeres al consumo es el amor: los videojuegos aman a las mujeres...ergo ¡comprad videojuegos! ¿Y si las mujeres no se intersaran por los videojuegos porque les falta la creatividad necesaria que las mujeres exigen de éstos, y porque no desean limitarse a las simples aventuras y violencia que contienen?

En contrapartida, Claire Charpy en el artículo de la revista *CD-Media* de julio/agosto 1995 nos da una preciosa información sobre las mujeres del siglo XX y sus relaciones con la informática. Los porcentages y argumentos que encontramos nos permitirán esbozar una visión más realista e imparcial sobre la mujer y las NT. Claire Charpy nos dice que: el 10% de mujeres están conectadas con Internet; el 5% compran CD-ROM Apple. No obstante, detrás de cada comprador masculino se esconde a menudo una mujer que es la que aconseja. Los CD-ROM que se dirigen a mujeres son, hoy en día, inexistentes.

Las mujeres tienen poco tiempo para jugar con el ordenador ya que trabajan o tienen que ocuparse de la casa y de los niños. Por otro lado, la mayor parte de mujeres que trabajan con ordenador efectúan tareas administrativas que no necesitan creatividad. Estas no tienen ganas de sentarse de nuevo detrás de una pantalla por la noche. Para ellas la informática es un rollo.

¿Por qué hay tan pocas mujeres responsables en el campo de las NT, de la política, en el terreno sindical, o en cualquier otra responsabilidad pública o privada, cuando el 51.5% de la población activa española es femenina?. La respuesta no es simple. Tal vez podamos a través de estas páginas entrever la respuesta y afirmar que hay que ligar las revindicaciones de la mujer a una transformación de la sociedad, concientizando a las mujeres para que abandonen la actitud dimisionaria a la cual tienen tendencia buen número de ellas. Al mismo tiempo, podemos señalar lo siguiente:

- Hasta hace muy poco los dogmas religiosos, la imagen religiosa, los imperativos religiosos recubrían toda la expresión de la vida.

- Resulta difícil encontrar documentos históricos sobre el hecho femenino. Pero encontrar las aptitudes femeninas frente a él, frente a la dominación masculina, la necesidad de los repetidos partos, los roles esperados de la mujer en la familia, es casi imposible.

- Los escritos sobre la feminidad son, esencialmente, escritos de hombres. La masa de la población femenina de los pasados siglos no sabía ni leer ni escribir. "Los puntos de vista y comportamientos de la gran mayoría de mujeres sólo los conocemos por las ocasionales observaciones que los superiores sociales hacen a otros superiores sociales, con intenciones edificantes sobre las clases sociales inferiores" (Sullerot 452).

- La civilización científica, técnica y humanista europea tiene como cuna el mediterráneo patriarcal; y el cristianismo, procedente también del mediterráneo patriarcal, dio a Europea una cultura común.

Obras citadas

Anuario *El mundo*, 1995.

Bile. Vol. XIX, 1895.

García Vitoria, Laura. *La visión de la mujer en La perfecta casada.* Universidad de Paris VIII: Instituto de Estudios Hispánicos e Hispanoamericanos, 1984.

Pardo Bazán, Emilia. *La mujer española.* Madrid: Editora Nacional, 1966.

Sullerot, Evelyne. *Le fait feminin.* Paris: Fayard, 1978.

Tizón, Alvar. "El gran negocio del siglo XXI". Anuario *El mundo.*

Elena Mederos: una voz cubana en una lid universal

Juana Amelia Hernández
Hood College

La trayectoria cívica de Elena Mederos está íntimamente unida al progreso social y cultural de Cuba al que contribuyó con clara visión de los problemas que confrontaba la joven república. Nació el 13 de enero de 1900, al regresar su familia a Cuba después de varios años de destierro en Cayo Hueso y Nueva York. Durante esos años, su padre, Leopoldo Mederos, había sido tesorero de uno de los clubes del Partido Revolucionario Cubano, fundado por José Martí para lograr la independencia de Cuba.

Recibió la educación propia de una muchacha de clase acomodada. En la universidad, según testimonio propio, siguió la carrera de Farmacia con el fin de investigar las propiedades curativas de las plantas aromáticas cubanas, porque "soñaba con cultivar las plantas que curarían a la humanidad" (Aroza F1). Aunque nunca ejerció la carrera, su vocación de servicio está patente en la elección de sus estudios universitarios.

Casada en 1924 con el joven abogado Hilario González Arrieta, descendiente de hacendados como ella, se incorpora al movimiento sufragista cubano en 1927 de la mano de su tía Rafaela Mederos, dirigente feminista. En 1923 la Federación Nacional de Organizaciones Femeninas, creada con el objetivo de lograr la reforma del artículo 38 de la Constitución de Cuba que otorgaba el sufragio únicamente a los hombres, convocó el Primer Congreso Nacional de Mujeres "no sólo primero en Cuba sino primero en Hispanoamérica" (Guerrero 46).[1] Más tarde, en 1928, sus líderes colaboraron con las sufragistas norteamericanas en el Comité Pro Igualdad de Derechos, para presentar sus peticiones ante los Ministros de Relaciones Exteriores reunidos en La Habana en ocasión de la Sexta Conferencia Panamericana. De esos esfuerzos a favor del voto de la mujer en el continente americano surgió la Comisión Interamericana de Mujeres,[2] hoy Organismo Especializado de la Organización de Estados Americanos.

La reforma de la Constitución cubana, promovida por el entonces presidente de la República, Gerardo Machado y Morales, para lograr la prórroga de su mandato, estimuló la renovación de la lucha en pro del sufragio femenino. Se constituyó la Alianza Nacional Feminista, organismo independiente que reunía a mujeres de muy diversas extracciones: profesionales, obreras y miembros de la más alta burguesía; católicas y marxistas; radicales y conservadoras, unidas en la lucha por el derecho al voto de la mujer. Elena Mederos fue la primera secretaria de la Alianza, por elección de sus conciudadanas. Realizó una labor de organización y liderazgo tan encomiable que la Alianza logró su designación como delegada, en representación de Cuba ante la Primera Conferencia de la Comisión Interamericana de Mujeres, que se reunió en La Habana del 17 al 24 de febrero de 1930.[3]

Elena Mederos fue la delegada de Cuba ante la CIM desde esa primera Conferencia de 1930 hasta el año 1953, en que la dictadura de Fulgencio Batista hizo imposible que representara oficialmente a su país ante el prestigioso organismo internacional. Continuó, sin embargo, trabajando calladamente, sin perder nunca contacto con la CIM. En el programa conmemorativo del cincuentenario de la CIM se reconoció de viva voz su condición de "fundadora [...] que con su gran capacidad, inquietud e interés en la igualdad jurídica de la mujer [...] participa al lado de otras precursoras del Organismo [...] identificada con las acciones que éste realiza para lograr la participación de la mujer en el desarrollo" (Organización 7). En esa ocasión, el Secretario General de la OEA, Alejandro Orfila, le hizo entrega de un diploma "en agradecimiento por su meritoria labor" (Organización 14).

Después de la Primera Conferencia de la CIM, en 1930, las feministas cubanas se dedicaron con más ahínco a la reivindicación de sus derechos. La reforma de la Constitución concedió al Presidente Machado la prórroga de poderes, pero no incluyó entre sus enmiendas el sufragio femenino.[4] El presidente Machado puso de manifiesto sus tendencias dictatoriales y se abrió un triste período de represión y asesinatos políticos en los que las sufragistas equipararon la lucha por sus derechos con la activa oposición al régimen. Fueron cuatro años difíciles de riesgosa oposición. A la caída del dictador, el tercer gobierno provisional, presidido por el profesor Ramón Grau San Martín, concedió por decreto el derecho al sufragio a la mujer cubana en 1933.

En 1931 Elena Mederos comienza la etapa más estimulante y creadora de su vida con su incorporación a la directiva del Lyceum como una de sus tres vicepresidentas. Esta Institución se había fundado en 1929 con el fin de "fomentar en la mujer el espíritu colectivo, alentando y encauzando toda clase de actividades de orden cultural, social y filantrópico" (cit. por Guerrero 67). Diez años después de fundado, el Lyceum se unió al Lawn Tennis Club para apoyarse mutuamente y promover el desarrollo integral de la mujer. Se levantó un edificio moderno y de carácter funcional en el que, además de la labor de divulgación cultural, se abrió una biblioteca pública circulante (la primera que hubo en Cuba) y una Escuela Nocturna para superación de mujeres y hombres en la que se impartían clases de alfabetización, idiomas, entrenamiento y especialización en diversos oficios y campos. En la mejor tradición humanística, nada era ajeno al Lyceum: exposiciones artísticas, conciertos, conferencias, festivales, cursillos.[5] Por su salón de conferencias pasaron intelectuales y artistas nacionales y extranjeros de marcado renombre, tales como Jorge Mañach, Juan Marinello, María de Maeztu, Teresa de la Parra, Neruda, García Lorca, Rómulo Gallegos, Fernando de los Ríos, Gabriela Mistral, María Zambrano, Alberti, David Alfaro Siqueiros, Juan Ramón Jiménez. "Todo intelectual de valía que pasó por Cuba pudo ocupar su podio, colaborar en su *Revista* o exponer en sus salones" (Guerrero 73). El poeta Eugenio Florit pondera "la total ausencia de prejuicios que valoriza esta obra. Intelectuales del más opuesto credo, desde el apasionado marxista al católico acérrimo; todo el que en los últimos años ha tenido algo que decir, lo ha podido decir desde la tribuna del Lyceum" (Florit 43).

Las mujeres del Lyceum siempre hicieron hincapié en el esfuerzo colectivo, renunciando a todo protagonismo individual. A pesar de esta práctica altruista, la labor de Elena Mederos desde su directiva (varias veces vicepresidenta, secretaria, consejera y presidenta) fue tan entusiasta, ardua y constante que compañeras y amigos coincidieron siempre en considerarla "la máxima líder del Lyceum" (Arocena 8).

La labor del Lyceum satisfizo la honda necesidad de sus socias de sentirse útiles. Elena lo manifestó claramente en un artículo sobre sus experiencias lyceístas:

> [...] un grupo de mujeres [...] con una sincera preocupación social y un ansia de superación individual y colectiva. [...] allí hallaban una vía para satisfacer su anhelo de expresión y servicio. (Mederos, E. 77)

Desde su fundación, el Lyceum había comprendido su obligación moral con los desvalidos y los humildes. Al principio, la respuesta fue la tradicionalmente caritativa en la forma de reparto de juguetes el Día de Reyes, canastillas para los niños nacidos en el hospital municipal, ayuda a los damnificados por desastres naturales. Elena Mederos introdujo el concepto profesional de la asistencia social, basado en los avances de esa nueva disciplina como obligación fundamental de toda la sociedad. De este modo, el Lyceum se propuso "laborar en pro de reformas sustanciales tendientes a mejorar su nivel de vida y el medio ambiente en general" (L. Mederos 95).

La Sección de Asistencia Social del Lyceum, bajo el liderazgo de Elena Mederos, intercedió con los ministros de Gobernación, de Sanidad y de Beneficencia para introducir nuevos programas de mejoramiento en la Cárcel de Mujeres, en el Asilo Correccional y en la Escuela Reformatoria. Quizás resulte ilustrativa la serie de reformas llevadas a cabo en la prisión: se designó a una maestra de economía doméstica para enseñarles a las reclusas oficios útiles con que abrirse paso en el futuro; se obtuvieron los servicios de una enfermera que les instruyera en la higiene doméstica y en el tratamiento y prevención de las enfermedades venéreas; por último, se contrató a una maestra de kindergarten para impartir educación a los hijos pequeños que estaban con las presas.

Las actividades de la Sección de Asistencia Social se extendieron a los hospitales públicos, en los que se crearon, entre otros organismos, la Bolsa del Trabajo, el Ropero y el Botiquín, donde se dispensaban medicinas a los pobres. Por otro lado, la Escuela Nocturna creada por el Lyceum amplió sus servicios hasta convertirse en una escuela que funcionaba en colaboración con el Ministerio de Educación para ofrecer instrucción y entrenamiento vocacional a la población adulta carente de recursos, pero interesada en superarse.

Tal cúmulo de proyectos dependía de la colaboración de "voluntarias". Elena Mederos consideró que era necesario entrenarlas profesionalmente. Se organizaron cursillos y conferencias sobre el trabajo social profesional, que culminaron con la fundación en 1936 del Patronato de Servicio Social, cuyo comité gestor estuvo presidido por el educador Joaquín Añorga y bajo la vicepresidencia de Elena Mederos. Este nuevo organismo independiente se dio a la tarea de convertir en realidad el sueño de Elena: la creación de una Escuela de Servicio Social a nivel universitario. Siete años más tarde, en 1943, abrió sus puertas la Escuela de Servicio Social, anexa a la Facultad de Educación de la Universidad de la Habana. El Patronato y el Lyceum mantuvieron su decidido apoyo a esta Escuela y auspiciaron la invitación de varios especialistas del trabajo social de Puerto Rico y del Buró del Niño de Washington.

Comenzaron así a graduarse los profesionales que tanto se necesitaban. El gobierno del presidente Ramón Grau San Martín creó la Corporación de Asistencia Pública, adscrita al Ministerio de Salubridad y Asistencia Pública. Elena Mederos formó parte de su primera Junta Directiva en condición de vocal. "A partir de 1945, la Corporación y el Centro de Orientación Infantil organizaron los primeros departamentos técnicos de servicio social con personal graduado de la Escuela de Servicio Social" (Guerrero 110).

A través de todos estos años de proyectos lyceístas, de promoción del servicio social, de representación en la CIM, Elena Mederos se ganó el respeto de sus conciudadanos. Se recabó su intervención en infinidad de proyectos, como dirigente del Fondo Cubano Americano de Ayuda a los Aliados durante la Segunda Guerra Mundial; miembro de la Delegación de Cuba al IX Congreso del Niño celebrado en Venezuela en 1948; vicesecretaria y vocal de la Junta Directiva de la Fundación de Investigaciones Médicas.

En 1952 ocurrió el golpe de estado de Fulgencio Batista y los cubanos amantes de la democracia volvieron a movilizarse para derrocar la dictadura. Elena Mederos fue una de las voces valientes que en múltiples ocasiones reafirmaron los principios de libertad y democracia. Participó activamente en las históricas conversaciones, presididas por el ilustre patricio don Cosme de la Torriente, encaminadas a facilitar el retorno pacífico a la democracia. Asimismo formó parte de la Junta Directiva de la Sociedad de Amigos de la República, que tanto abogó por el restablecimiento de la Constitución de 1940 y por la celebración de elecciones. Batista cerró todas las puertas a la sensatez, dando lugar a que se desatara la lucha armada en las montañas y se propagara la riesgosa oposición subversiva en las zonas urbanas de todo el país.[6]

El grupo opositor al que se unió Elena Mederos fue el Movimiento de Resistencia Cívica, considerado la rama civil del Movimiento 26 de Julio. La lucha clandestina y las actividades guerrilleras lograron la caída del régimen el 1 de enero de 1959. Se instauró entonces el primer gobierno revolucionario con los más brillantes y prestigiosos líderes cívicos de la nación, presidido por el juez Manuel Urrutia, con el profesor José Miró Cardona de primer ministro. Elena Mederos fue la única mujer que formó parte del primer Gabinete revolucionario al frente del nuevo Ministerio de Bienestar Social. Se le presentaba la gran oportunidad de estructurar la maquinaria oficial que llevara a cabo, de manera profesional, la fundamental tarea de asistir a los necesitados y desvalidos, de velar por la infancia desamparada, de prevenir muchos males sociales derivados de la miseria y de la ignorancia. Su noble sueño de contribuir activamente a mejorar la sociedad le pareció en ese momento encaminado hacia una feliz realización, pero su esperanza no iba a durar mucho. El ideal revolucionario de tantos cubanos se vería pronto traicionado. Fidel Castro se nombró a sí mismo primer ministro y dio comienzo a su gobierno unipersonal y autoritario.

El historiador inglés Hugh Thomas resume así el final de su experiencia como ministro:

> The day after the U.S. Note on Agrarian Reform, a cabinet meeting was held. Castro took a long time to come to the point and only indeed came into the open when Elena Mederos challenged him. She was succeeded as Minister of Social Welfare. (1224)

Dos años después, asfixiada por un ambiente en que sus principios y convicciones democráticos resultaban sospechosos, tomó el camino del exilio en 1961.[7]

Durante tres décadas Elena Mederos se había dado a conocer ante prestigiosos organismos internacionales. El primero, como hemos visto, la Comisión Interamericana de Mujeres de la OEA;[8] posteriormente, en 1948, en su condición de vicepresidenta de la Asociación Cubana de las Naciones Unidas, se involucró con el "Llamamiento de las Naciones Unidas en pro de la niñez desvalida", y en 1950 asistió, como delegada del Lyceum, al Congreso del Comité Nacional de la Unesco. De 1951 a 1954 fue delegada de Cuba ante la Comisión sobre la Condición Jurídica y Social de la Mujer, organismo del Consejo Económico y Social de las Naciones Unidas, para el cual redactó en 1951 un informe sobre " [...] el Estado Legal y Tratamiento de la Mujer" en la República de Cuba.

Admirada y respetada en la comunidad internacional, en cuanto se supo su salida de Cuba, el director ejecutivo de UNICEF, Maurice Pate, la nombró en 1961 consejera de Servicio Social en la Oficina de la UNICEF de Bogotá, Colombia, y más tarde Oficial de Programas del Area Norte de la América del Sur, hasta que en 1965 se recabaron sus servicios en la Oficina Central de la UNICEF, con sede en el edificio de las Naciones Unidas de Nueva York, para desempeñar el importante cargo de Oficial de Enlace de la UNICEF con las Organizaciones No Gubernamentales (ONG). Se entregó a esta nueva tarea, tan afín a sus intereses y conocimientos, con el mismo entusiasmo y dinamismo de siempre. Su labor consistía en coordinar el trabajo de 77 organizaciones que representaban otras 4.000 afiliadas, privadas y no lucrativas, que trabajaban en más de cien países para mejorar la educación, la salud y la nutrición; promover actividades recreativas para los niños; abogar por leyes laborales justas; estimular la preparación y el progreso de la mujer; proteger a la niñez desvalida y mejorar las condiciones de vida en los países subdesarrollados. La labor de Elena Mederos era obtener la cooperación de todas estas organizaciones voluntarias para lograr que tanto los gobiernos como el público comprendieran la función y los objetivos de la UNICEF, con el fin de obtener el apoyo moral y material que esta generosa organización requiere.

Trabajó ocho años para la ONG, y durante ese tiempo viajó extensamente por Africa y Latinoamérica. Promovió y organizó personalmente la importante Conferencia de América Latina de 1965 y los Seminarios de la ONG en Addis Abeba, Africa y en Santiago de Chile para estudiar y proponer soluciones a los problemas de la infancia y la juventud en los países en vías de desarrollo de estas dos regiones. Representó, además, a la UNICEF en numerosos foros internacionales y compareció varias veces ante el Comité de Prevención, Discriminación y Protección de Menores de la Comisión de Derechos Humanos de la ONU.

Jubilada en 1969, se trasladó con su hija María Elena a Washington, D.C., donde dedicó los últimos años de su vida a denunciar ante el mundo las violaciones de los derechos humanos en Cuba y a reclamar la libertad de los presos de conciencia en su patria. La situación política y social de Cuba había permanecido como preocupación constante durante todos los años de su trabajo con la UNICEF y había disertado con frecuencia en reuniones, congresos y conferencias destinados a denunciar los horrores de la dictadura castrista. Sin embargo, su dedicación total y sistemática a esta ingente empresa tuvo lugar cuando fundó, en 1976, *Of Human Rights* con la colaboración de Frank Calzón, entonces presidente de la Asociación de Estudiantes Cubanos de la Universidad de Georgetown. En una entrevista que le hiciera Gerardo Canet en 1981 declaró:

> Queríamos dar una visión fiel de la realidad de Cuba, [...] de la vida de la población, de sus dificultades, necesidades más sentidas [...] y, sobre todo, de la situación de los presos políticos. (6)

La nueva organización se dio a la incansable labor de recaudar fondos para editar una publicación que revelara ante la opinión pública de Estados Unidos y del resto del mundo la opresión en que vivía Cuba. Los escasos recursos obligaron a una cuidadosa distribución de la limitada tirada entre aquellos que forman la opinión pública y contribuyen en alguna forma a crear conciencia de los males sociales: periodistas, políticos e intelectuales.

El impacto de *Of Human Rights* se hizo sentir de inmediato en la prensa norteamericana y la europea, entre políticos e intelectuales. La publicación ha sido fuente de información de Amnesty International, que, en abril de 1975, declaró "preso del mes" a Hubert Matos, uno de los prisioneros más vejados y torturados en las cárceles cubanas. Con su bien ganado prestigio y su don de persuasión, Mederos llegó a las más altas esferas del gobierno en Europa y Estados Unidos; concedió entrevistas y publicó artículos en los más prestigiosos periódicos; e intervino en asambleas y congresos internacionales. Realizó giras por Europa, comparecencias ante la Comisión Interamericana de Derechos Humanos de la OEA y la de las Naciones Unidas; participación en seminarios y debates en la televisión norteamericana. Su ingente labor dio por resultado la liberación de destacados presos políticos, como Hubert Matos, Armando Valladares, Miguel Sales, Andrés Vargas Gómez y tantísimos otros. Ya octogenaria, según destacó la politóloga norteamericana Jeane Kirkpatrick, impresionaba el contraste entre "su cuerpo frágil y su espíritu fuerte" y su "admirable combinación de dedicación, determinación y generosidad" (Guerrero 237).

Su muerte en 1981 constituyó un duelo para todos los cubanos. Su labor infatigable en diversas organizaciones cívicas y políticas, así como en instituciones culturales y educacionales, ha quedado como un alto ejemplo de servicio público a los mejores intereses de su patria y de la humanidad. Su nombre permanecerá por siempre en los anales de la Historia de Cuba, entre sus hijos más valiosos y esclarecidos.

Obras citadas

Arocena, Berta. *Los veinte años del Lyceum.* La Habana: Editorial Lex, 1949.

Arosemena de Tejeira, Otilia. *La mujer en América Latina: Pasado, presente y futuro.* Washington: Organización de Estados Americanos, 1975.

Aroza, Ileana. Entrevista. "Elena Mederos: Una defensora de los derechos humanos". *The Miami Herald* 23 febrero 1980.

Canet, Gerardo. "Con los comunistas no es posible el diálogo, dice Elena Mederos". *¡Bravo!* Miami 23 abril 1981.

Comisión Interamericana de Mujeres 1928-1973. Washington: Organización de los Estados Americanos, 1974

—-. Informe de la Comisión Interamericana de Mujeres a la Asamblea General. OEA/Ser. P., AG/doc. 1094/1979.

—-. *Libro de Oro.* Washington: Secretaría General de la Organización de los Estados Americanos, 1982.

Florit, Eugenio. "El Lyceum y la cultura cubana". *Revista Lyceum* 1.3 (1936).

Guerrero, María Luisa. *Elena Mederos: Una mujer con perfil para la historia.* Washington: Of Human Rights, 1991.

Mederos, Elena. "El Lyceum y su mundo interior". *Revista Lyceum* 9.37 (1954).

Mederos, Lillian. *Memoria*, Lyceum. La Habana: Editorial Hermes, 1933-1934.

Organización de los Estados Americanos, Secretaría General. *Noticiero* 32 (1979).

Szulc, Tad. *Fidel: A Critical Portrait.* New York: William Morrow and Company, 1986.

Thomas, Hugh. *Cuba: The Pursuit of Freedom.* New York: Harper & Row Publishers, 1971.

Votaw, Carmen Delgado. "Women in Development". Comisión Interamericana de Mujeres. Reprint from *Américas* 31.5 (1979).

Notas

1 * Este trabajo basa la mayor parte de su información en la excelente biografía de Elena Mederos que escribiera su gran amiga y colaboradora María Luisa Guerrero, bajo el título *Elena Mederos: Una mujer con perfil para la historia.* La Dra. Guerrero perteneció a la Directiva del Lyceun en Cuba, fue Jefa de Despacho de Mederos en el Ministerio de Bienestar Social y, más tarde, trabajó con ella en UNICEF. En el exilio mantuvieron una correspondencia constante, que constituyó una valiosa fuente de información para la biografía.

2 ✶ El documento aprobado en 1928 estipulaba claramente que se creaba la CIM para "preparar la información jurídica y de cualquier otra naturaleza que pueda considerarse conveniente para que la Séptima Conferencia Internacional Americana, pueda abordar el estudio de la igualdad civil y política de la mujer en el Continente" (Informe de la CIM 1). La CIM fue el primer organismo inter-gubernamental creado en defensa de los derechos humanos.

3 ✶ El tema seleccionado para la conferencia fue el de la nacionalidad. Se estudiaron los derechos de la mujer con respecto a las leyes de nacionalidad en las legislaciones de 84 países. Y, al final, se aprobó por unanimidad el tratado de nacionalidad, que fue suscrito y ratificado en la Séptima Conferencia Internacional Americana, celebrada en Montevideo en 1933. Se conoce como Convención sobre Nacionalidad de la Mujer, y su Artículo I determina: "No se hará distinción alguna, basada en sexo, en materia de nacionalidad, ni en la legislación ni en la práctica" (CIM 1928-1973 10).

4 ✶ La reforma de la Constitución se limitó a suprimir la palabra "varones" del artículo 38, que concedía el derecho al voto a los ciudadanos mayores de 21 años, estipulando que las leyes determinarían en el futuro cuándo se concedería a la mujer el derecho al sufragio.

5 ✶ Estas mujeres cubanas cumplían así los objetivos de la Comisión Interamericana de Mujeres encaminados a: "proporcionar, en cada comunidad, las condiciones necesarias que permitan a la mujer disfrutar los derechos fundamentales para lograr su integración completa en el proceso del desarrollo económico, social, cívico, educacional y cultural" (Arosemena 12).

6 ✶ Fidel Castro, al frente de 81 guerrilleros, desembarcó en la provincia de Oriente el 2 de diciembre de 1956. La Guardia Rural atacó a los rebeldes tres días más tarde en un lugar conocido como Alegría de Pío, en las estribaciones de la Sierra Maestra. Solamente 16 guerrilleros sobrevivieron el encuentro con las fuerzas militares. Los restantes cayeron en batalla, fueron ejecutados inmediatamente o cayeron prisioneros. Según Tad Szulc: "José Miró Cardona, the president of the Cuban Bar Association, and Elena Mederos, a liberal member of the Society of Friends of the Republic, had met with Batista's prime minister, Jorge García Montes, to demand decent and humanitarian treatment for the *Fidelista* rebels captured after Alegría de Pío" (392).

7 ✶ Siete años después de la salida de Elena, el 16 de marzo de 1968, el gobierno comunista decretó la intervención del Lyceum. Amparado por Vicentina Antuña, mientras estuvo a cargo de la Dirección de Cultura del Ministerio de Educación, el Lyceum fue una de las últimas instituciones culturales independientes en desaparecer.

8 ✶ Carmen Delgado Votaw, Presidenta de la CIM en 1980, la menciona entre las siete "Pioneers of Latin America's Women's Movement" y agrega "A true believer in the advancement of equal rights for women in the Americas [...] Mederos de González promoted civil, social, and political rights in her own country as well as abroad..." (6).

La mujer: familia o profesión

Coral López-Gómez
The University of Alabama at Birmingham

Llevamos varias décadas oyendo lo de "la lucha por la igualdad de la mujer, por sus derechos, por su incorporación a la fuerza laboral" y de todas esas causas con las que las activistas feministas vienen machacando incansablemente en sus declaraciones sociales. Y como era de esperar, muchos de nosotros dejamos de prestar atención a este tipo de crítica, que llegó a saciarnos y a minar nuestra paciencia. "Después de todo... no hay más que echar un vistazo a los grandes cambios experimentados por la mujer en la esfera laboral, educativa, política y social". Esto pensaba yo, como participante de la primera generación de mujeres españolas que decidió salir de su casa para integrarse al mundo del trabajo, "inocentemente" orgullosa de las posibilidades que le ofrecía la nueva situación laboral.

Desgraciadamente, esta manera de pensar, compartida por otras muchas mujeres, y no hace falta decir por cuantos hombres, sólo puede responder a la "ignorancia" que existe en general sobre la realidad de la mujer, así como a la falsa demagogia de aquellos que intentan perpetuar el "status quo" y quieren convencernos de la importancia de los avances conseguidos.

Aprovecho, pues, esta oportunidad para exponer algunas de las "realidades" de las mujeres de países tan variados como EE.UU., Japón, Rusia o los de la Unión Europea, y demostrar con un amplio número de estudios que la mujer tiene que responder a sus éxitos enfrentándose a los nuevos retos que le prepara la sociedad actual. Para ello abordaré tres aspectos decisivos en la vida de cualquier ser humano, y que están íntimamente relacionados entre sí: el educativo, el laboral y el familiar.

Aspecto educativo

Según un estudio realizado por el National Center for Eucation Statistics en EE.UU., las mujeres recibieron un 55% del total de títulos universitarios otorgados en el año escolar 1992-1993.[1] Esta información, puede fácilmente equivocar al lector medio y llevarle a creer que las mujeres de aquel país han alcanzado una posición de igualdad frente a los hombres. Sin embargo no es así, porque si observamos detalladamente los resultados y nos fijamos concretamente en los títulos superiores y doctorales, veremos entonces que sólo un 40% y un 38%, respectivamente, corresponde a las mujeres. Pero además existen grandes diferencias entre las diversas razas y grupos étnicos, siendo probablemente las hispanas las que tienen menor representación en el sector universitario.[2]

Otro factor importante y diferenciador en el estudio de la educación de la mujer es que ésta continúa orientando sus intereses hacia carreras reconocidas como tradicionalmente femeninas. Hace tan sólo unos días se publicó la noticia de que en la Unión Europea, las mujeres son una mayoría de los estudiantes de humanidades y medicina.[3]

Esta actitud, como todos sabemos, responde a una serie de circunstancias diversas, entre las que podrían destacarse:

—La influencia ejercida por los estereotipos familiares y sociales en la formación de las mujeres.[4]

—La persistencia de un sistema educativo que todavía contiene marcadas diferencias por razón del sexo.[5]

—Y por último, la escasez y poca variedad de modelos cotidianos que sirvan de ejemplo a las niñas, cuyas madres siguen formando parte de una estructura familiar tradicional, cuyas maestras se sienten discriminadas al recibir un salario inferior al de sus colegas masculinos, y cuyas profesoras obtienen un escaso número de cátedras (Instituto de la mujer).

Pero antes de cerrar este breve apunte sobre la educación, no puedo dejar de señalar que aquellas mujeres que finalizan sus estudios superiores van a verse discriminadas por una realidad laboral que no reconoce con justicia su esfuerzo. Está documentado que los hombres obtienen una mayor rentabilidad por su titulación académica que las mujeres. Es decir, que éstas reciben menos a cambio, a pesar de haber hecho el mismo tipo de inversión que aquéllos—me refiero tanto a la económica, como al esfuerzo académico y de tiempo (Jiménez Mañas).

Aspecto laboral

En cuanto a la esfera laboral, no hay duda de que ha habido una incorporación masiva de la mujer al trabajo, especialmente en los países industrializados, aunque entre unos y otros varíen los períodos en los que se ha producido tal incorporación,[6] y aunque el nivel de participación sea diferente entre ellos. En España, por ejemplo, el nivel de incorporación al trabajo todavía se encuentra por debajo de la mayoría de los países de la Unión Europea, mientras que en el Japón la mujer representa casi un 50% de la fuerza laboral (Masuda). Pero no nos engañemos, el cuadro no es tan bonito como nos lo pintan. Veamos en detalle de qué tipo de mundo laboral se está hablando y cuáles han sido los "grandes" avances conseguidos.

En un estudio publicado en 1989 por la entonces denominada Comunidad Europea, se puso de manifiesto la evidente desigualdad de oportunidades a las que se enfrentaban las mujeres europeas, quienes seguían ocupando la mayoría de los puestos de trabajo de bajo nivel, así como los tradicionalmente considerados como femeninos (CCE).

Esto, evidentemente no tiene que sorprendernos si recordamos que las mujeres cuentan, en general, con una preparación inferior a la de los hombres, careciendo muchas de ellas de carrera o profesión específica, por lo que están poco cualificadas para competir dentro de las exigencias del mercado actual y para responder a los continuos cambios de producción y tecnología. Como consecuencia de ello, y ante la imposibilidad de participar bajo la misma base de igualdad, la mujer se ve relegada a aceptar empleos que ofrecen pocos beneficios, salarios bajos, inseguridad económica y mayor vulnerabilidad ante las fluctuaciones laborales en períodos de crisis. Pero es más, la participación de la mujer en el mundo laboral durante los útimos años ha estado directamente relacionada con el crecimiento del empleo "atípico" (Sarfati; García) del que también participan los jóvenes, las personas de edad avanzada y personas incapacitadas. No debe de extrañarnos por lo tanto, que en 1990 un 85% de las trabajadoras de la Unión Europea estuviera funcionando exclusivamente con contratos parciales (CCE/Seminar 183-84). Y desgraciadamente, estos patrones laborales no son exclusivos de los países de Europa, sino que se dan también en los EE.UU. donde un creciente número de empleos "atípicos" son desempeñados por mujeres hispanas que, como he apuntado anteriormente, se encuentran en situación menos privilegiada que la denominada "mujer blanca" (McLafferty).

Otro aspecto discriminatorio, que no puedo dejar de mencionar, es la división sexual del mercado laboral, que continúa siendo una práctica generalizada. Ya se ha señalado que la participación de la mujer sólo se hace evidente en los sectores tradicionales relacionados con el servicio, la sanidad, la enseñanza, las ventas, etc. (Vázquez; Vilches). Pero incluso en estos sectores, a la mujer se le sigue negando la oportunidad de formar parte de la esfera del poder, ocupando aún hoy mayoritariamente los puestos de menor importancia, tanto en organismos públicos como en privados.

Quiero traer aquí los resultados de un estudio realizado en el año 1990 en los EE.UU. En él se confirma que las mujeres no ocupan ni tan siquiera un 1% de los cargos de responsabilidad en las 799 empresas estudiadas (de las 1.000 más importantes del país). Y esto ocurre, a pesar de las nuevas regulaciones en favor de las minorías, en las que también se incluye a la mujer (Fierman). Es más, incluso en aquellas empresas denominadas "amistosas", porque supuestamente facilitan a las mujeres el acceso a puestos importantes, su participación sigue siendo notablemente inferior a la del hombre. Además, muchas mujeres muestran su descontento por la dominación masculina del ambiente laboral, así como por la discriminación que sufren. En esto coinciden con aquellas mujeres que ocupan puestos no tradicionales como las camioneras, obreras de construcción, electricistas, etc. quienes también se quejan de la frecuente incidencia del acoso sexual en el ámbito laboral (Connelly y otros autores).

Aspecto familiar

Por lo que respecta a la esfera familiar, quizás uno de los conflictos personales que tiene la mujer actual, como todos sabemos, es el mantener un punto de equilibrio entre su participación en el mercado laboral y el rol que representa en la familia, especialmente cuando se trata de mujeres con hijos menores.

La maternidad es un estado que tradicionalmente se incluye en la formación básica de la mujer, a pesar de que su naturaleza esté siendo cuestionada por muchos en la actualidad. La mayoría de las mujeres presentes no podrán negar que han sido instruídas (en mayor o menor grado) y orientadas socialmente para cumplir en determinado momento de su vida con esta gratificante faceta, que lo sería mucho más si la sociedad en la que vivimos nos permitiera disfrutar de ella sin perjuicio o detrimento de nuestra profesión o situación laboral, del mismo modo que ocurre con la "paternidad" de los hombres.

La mujer con demandas familiares está en una situación de desventaja evidente al competir con el hombre en el mercado laboral. Tanto sus obligaciones naturales, como aquellas que le están siendo impuestas tradicionalmente por la sociedad, fuerzan a la mujer a reorganizar sus prioridades, obligándola a asumir responsabilidades que son ajenas a su propio desarrollo educativo o profesional; a olvidarse de intereses personales para dedicarse al cuidado de las necesidades de los demás miembros de la familia; y a aceptar condiciones discriminatorias con relación al resto de los trabajadores.

El rol que tradicionalmente representa la mujer dentro de la familia es un factor que juega un papel decisivo en su desarrollo educativo. En numerosos casos, la maternidad e incluso el matrimonio son causas directamente relacionadas con la interrupción de los estudios académicos de mujeres, que por razones diversas se ven forzadas a responder a nuevas obligaciones y a postergar, a veces definitivamente, su educación.

En los EE.UU. ya puede hablarse de un verdadero descontrol de la situación, debido al alto número de casos de maternidad en adolescentes, quienes, sin duda alguna se ven abrumadas por las responsabilidades de su nuevo estado. Como consecuencia, estas jóvenes relegan sus propios intereses a un segundo lugar, y empiezan de este modo a formar parte de ese grupo de mujeres no cualificadas de las que hablábamos antes.

Pero además, debido a que todavía hoy la mayoría de las mujeres tienen un puesto peor remunerado que sus maridos, aquéllas ven su posición laboral tan sólo como una aportación económica adicional, más o menos necesaria para el bienestar de la familia, y no como una actividad que puede contribuir a su desarrollo personal, profesional y/o su independencia económica.[7] Podría decirse que la mujer casada y, especialmente la mujer con hijos, es el grupo más claramente castigado por la desigualdad de oportunidades educativas y laborales.

Posiblemente un factor importante para llegar al entendimiento de la posición de la mujer en la sociedad actual, sea el hecho de que todavía hoy la mujer es la principal encargada de realizar las tareas domésticas en todos los países donde se han realizado estudios al respecto: en España, un 91% del trabajo doméstico diario es realizado por mujeres (Chinchetru); en el Japón, la tradición que envuelve a la sociedad ni siquiera permite afrontar libremente la crítica en este sentido; en Alemania, el gobierno se ha visto forzado a realizar recientemente una campaña publicitaria para educar a los hombres en la participación de las tareas domésticas, así como para sensibilizar a empresarios y público en general de las necesidades particulares de la familia (Bonn); Hungría y Rusia son un ejemplo claro del fracasado intento de socialización de las tareas familiares (Lado; Fraser); mientras que en EE.UU. y en los países pertenecientes a la Unión Europea se confirma la desigualdad de la doble carga, laboral y doméstica, de la mujer.[8]

Para terminar, creo que es imperativo tratar aquí de un nuevo aspecto social que puede contribuir a ser una de las mayores injusticias cometidas contra la mujer en la actualidad. Los periódicos, la televisión y demás medios de comunicación de EE.UU. han prestado especial atención en los últimos años a una serie de casos, en los que a las madres de niños menores se les ha cuestionado su capacidad para cuidar de sus hijos, basándose en una supuesta incompatibilidad con su alto grado de dedicación profesional. Los casos de Jennifer Ireland, Sharon Prost y recientemente Marcia Clark son ejemplos claros y evidentes de esta "silenciosa campaña" en contra de la mujer profesional.

Como bien indica Roberta Cooper, presidenta de la American Bar Association, nos encontramos en una situación de criterios ambivalentes, donde se está reconociendo el esfuerzo de los padres que trabajan "duro" y en cambio se castiga a las madres que actúan de este modo con el riesgo de perder la custodia de su hijos (Regan).

No puede dejar de sorprendernos el hecho de que en caso de divorcio, los hombres estén ganando la custodia de sus hijos, cada vez con más frecuencia, apoyándose en una nueva actitud de los tribunales en los que supuestamente se busca el beneficio de los hijos, sin prestar demasiada atención a lo que era perfectamente válido hasta ahora, es decir, que los niños necesitan en sus primeros años de vida el cuidado específico de la madre, por lo que quedaban siempre a su custodia (salvo en casos excepcionales). Las tensiones que esta nueva actitud de los tribunales está creando en las mujeres es tan grande, que incluso está documentado el hecho de que algunas madres acceden a la petición de sus maridos de recibir una pensión menor, antes que arriesgarse a perder a sus hijos (*Newsweek* 57).

Y si yo traigo el tema a colación, no es sólo porque afecte exclusivamente a las mujeres españolas o latinoamericanas que viven en EE.UU., sino porque también aquí en España se ha preparado el camino para facilitar esta misma trayectoria. La modificación del artículo 159 del Código Civil por la ley 11/90 de 15 de octubre, ha introducido en las leyes españolas un cambio esencial relativo a los casos de custodia.

La redacción anterior del artículo 159 estipulaba que los hijos e hijas menores de siete años quedaban al cuidado de la madre, debido al reconocimiento de la doctrina de la "tierna edad", según la cual los niños tenían una necesidad mayor de la presencia de la figura materna que de la paterna.[9] Sin embargo, la nueva redacción cambió los conceptos sobre los que se hizo el artículo, modificándolo del siguiente modo: "Si los padres viven separados y no decidieren de común acuerdo, el Juez decidirá, siempre en beneficio de los hijos, al cuidado de qué progenitor quedarán los hijos menores de edad".

Esta modificación del artículo 159 ha otorgado al juez la capacidad de decidir a su discreción en los casos conflictivos de custodia. En tal deliberación, el juez puede tomar en consideración una serie de determinantes que, a su vez, ya son discriminatorios para la mujer, como pueden ser el nivel social, educativo o profesional.[10]

Esta disposición, efectuada curiosamente bajo la idea de una "no discriminación del hombre", no tomó en consideración el hecho de que la discriminada tradicionalmente por su género es la mujer, y que en el único contexto en el que se le hacía justicia era en el de la maternidad. Una maternidad para la que ha sido instruida y socializada tradicionalmente. Una maternidad que todavía sigue siendo la prioridad esencial en la vida de muchas mujeres, aunque ello suponga, como he señalado anteriormente, la interrupción o el retraso de su propia educación, e incluso un perjuicio de sus funciones laborales y profesionales.

A pesar de que la realidad estructural de la familia ha relegado la responsabilidad exclusiva de la maternidad a la mujer, y de que la sociedad ha legitimizado este derecho a partir de la tradición, me temo que en un futuro próximo las mujeres españolas, en especial aquellas que están obteniendo mayores éxitos profesionales o que sencillamente están demostrando una dedicación responsable a su profesión, van a ser también cuestionadas, en casos de separación o divorcio, con respecto a su capacidad para criar a sus hijos, del mismo modo que está ocurriendo en los EE.UU. No dudo que aquí también se llevará a cabo esta doble discriminación de la mujer, que no vendrá sino a acrecentar aún más la distancia que la separa de un estado de igualdad.

Sirva esto como un anuncio de lo que puede ser el nuevo 'reto' al que se verá enfrentada la mujer de la sociedad actual.

Obras citadas

Bonn. Bundesministerium fuer Jugend, Familie, Frauen und Gesundheit. *Beruf und Familie* 1 (1990).

CCE. Dirección general V. "Women's Wmployment". *Employment in Europe*. Luxemburgo: CCE, 1989. 85-92.

Chinchetru, F. "El trabajo doméstico como trabajo productivo". *Emakunde* 4 (1991): 35-37.

Connelly, J. "How Dual-Income Couples Cope". *Fortune International* 122.7 (1990):87-92; Konrad, W. "Welcome to the Woman-Friendly Company: Where Talent is Valued and Reward". *Business Week* 6 (1990): 48-55; Martin , M. *Hard-Hatted Women. Stories of Struggle and Success in Trades*. Washington: Seal Press, 1988.

Fierman, J. "Why Women Still Don't Hit the Top". *Fortune International* 16 (1990): 114-21.

Fraser, C. "Las mujeres trabajadoras: catalizadoras de la conmoción soviética". *Poder y libertad* 15 (1991): 12-15.

Instituto de la mujer. "Educación". *La mujer en España: situación social*. Madrid: Instituto de la mujer, 1990.

Jiménez Mañas, C. "La actividad económica de las mujeres en relación con su educación". *Revista de educación* 290 (1989): 173-76.

Lado, M. "Cambios en el trabajo: ¿Promesa o amenaza para la mujer?" *Seminario sobre las mujeres ante los cambios producidos en los países del Este y la Unión Soviética*. Santander, 1990.

McLafferty, S Y V. Preston. "Spatial Mismatch and Labor Market Segmentation for African-American and Latina Women". *Economic Geography* 68 (1992): 406-31.

Masuda, R. "Mujeres y trabajo: Ley de igualdad de oportunidades de empleo, un buen intento, pero...". *Look Japan* (1990): 2- 5.

Regan, J. "Putting Working Moms in Custody". *Newsweek* 13 March 1995: 54-58.

Sarfati, H. "Atypical Employment Differentiated Forms of Employment: Issues and Prospects". *CCE/Seminar on Women and the Completion of the Internal Market: Report and Conclusions*. vol.3. Dublin, 1990; García, A.M. y P. Kelly. "The Making of an Underground Economy: Hispanic Women, Home Work, and the Advanced Capitalist State". *Urban Anthropology and Studies of Cultural Systems and World Economic Development* 14 (1985): 59-60.

Vázquez, M. "Las mujeres ante el mercado interior europeo". *Capital humano: integración y desarrollo de los recursos humanos* 24 (1990): 19-21.

Vilches, M.J. y C. Muriana. "Paro femenino y nueva pobreza". *Tribunal sobre mujeres y pobreza en la comunidad europea*. Madrid: 1990. 31-44.

Notas

1 * U.S. Department of Education, National Center for Education Statistics, *Degrees and Other Awards Conferred by Institutions of Higher Education: 1992-93*.

2 * Se estima que un 21 por ciento de ellas abandona los estudios universitarios antes de cumplir los 17 años. A. Vincent y L. Orum, *Selected Statistics on the Education of Hispanics* (Washington, DC: National Council of La Raza, 1984).

3 * Más numerosas que los hombres en los estudios de medicina (67 por 100) y humanidades (65 por 100)". "Aumenta el número de mujeres con estudios superiores". *Diario 16* 26 Julio 1995: 5.

4 * Para mayor información en este sentido: D. Cardoza, "College Attendance and Persistence Among Hispanic Women: An Examination of Some Contributing Factors", *Sex Roles* 24 (1991): 133-47; A. Hernandez, L. Vargas-Lew y C. Martínez, "Intergenerational Academic Aspirations of Mexican-American Females: An Examination of Mother, Daughter, and Grandmother Triads", *Hispanic Journal of Behavioral Sciences* 16 (1994): 195- 204; F.I. Ortiz, "Hispanic American Women in Higher Education: A Consideration of the Socialization Process" *Aztlan* 17 (1986): 125-52.

5 * Donde, por ejemplo, los libros de texto todavía manifiestan ser el producto de una cultura masculina dominante, según demuestra Marina Subirats, "De la discriminación legal a la discriminación de facto: mujer y educación en España" (1982) y "El modelo de educación femenina en la etapa de formación de la escuela moderna", *Sociedad, cultura y educación: homenaje a la memoria de Carlos Lerena Aleson* (Madrid: CIDE/Universidad Complutense de Madrid, 1991) 209-18; Asociación pro derechos humanos, "Los derechos específicos de las mujeres", *Informe anual derechos humanos en España* 16 (1990): 81-85.

6 * Sobre la situación en España, véase: A. Espina, "La mujer en el nuevo mercado de trabajo", *Economía y sociología del trabajo* 6 (1989): 19-38.

7 * Ver en este sentido los estudios de J. Cañada Vicinay, "Efectos del IRPF en la oferta laboral de las mujeres casadas y su evolución (1978-1986)", *Documentos de trabajo* 9003 (Las Palmas de Gran Canaria: Universidad de las Palmas de Gran Canaria, 1990); J.M. Kraft, y J.E. Coverdill, "Employment and the Use of Birth Control by Sexually Active Single Hispanic, Black, and White Women", *Demography* 31 nov. (1984): 593-602; L. Napholz, "Dysphoria Among Hispanic Working Women: A Research note", *Hispanic Journal of Behavioral Sciences* 16 (1994): 500-09; M. Tienda, y H. Stier, "Family, Work and Women: the Labor Supply of Hispanic Inmigrant Wives," *International Migration Review* 26 (1992): 1291-313; Y. Yoon, y L. Waite, "Converging Employment Patterns of Black, White, and Hispanic Women: Return to work After First Birth," *Journal of Marriage and the Family* 56 (1994): 209-17.

8 * Consúltese *CCE/Seminar* (179-80); OIT, "Empleo y responsabilidades familiares", *OIT/Coloquio tripartito sobre la igualdad de oportunidades y de trato para los trabajadores y trbajadoras de los países industrializados* (Ginebra: SEEIC.1, 1990) 58-76; H. Amaro, N. Russo y J. Johnson, "Family and Work Predictors of Psychological Well-Being Among Hispanic Women Professionals", *Psychology of Women Quarterly* 11 (1987): 505-21; J. Golding, "Division of Household Labor, Strain, and Depressive Symptoms Among Mexican Amaricans and Non-Hispanic Whites", *Psychology of Women Quarterly* 14 (1990): 103-17; Instituto de la mujer, "Oportunidades y obstáculos en el desarrollo profesional de las mujeres: informe elaborado a partir del estudio realizado por Studia S.A.", *Estudios y encuestas* (Madrid: Instituto de la mujer, 1990).

9 * Véase M. Delás, *Divorcio. Separación y nulidad* (Barcelona: Planeta, 1992).

10* Para mayor información: *Seguimiento y evaluación de la modificación del artículo 159 del Código Civil, por la ley 11/1990 en aplicación del principio de no discriminación por razón de sexo* (Madrid: THEMIS Asociación de mujeres juristas, 1992).

Mercedes Fórmica: mujer de su tiempo, conciencia legal, realidad vital

David J. Suárez-Torres
Georgetown University

El domicilio conyugal es la casa de la familia, y no "la casa del marido", como dice la ley.
Fórmica, "El domicilio conyugal"

Este trabajo de teorizar (sobre la novela) lo cambio a quien quiera por la satisfacción y hasta por la angustia de realizar una novela.
Fórmica, "Reflexiones sobre la novela"

¿Por qué se nos da este trato, precisamente a nosotros, las mujeres que pertenecemos a la generación de la guerra...? ¿Es así como se nos paga nuestra aportación a la victoria?
Fórmica, "Situación jurídica..."

Estas tres citas, entresacadas de obras de mediados de siglo, son heraldo de uno de los valores femeninos de la España contemporánea, Mercedes Fórmica, mujer que al cerrarse la década de los cuarenta, se recibe de abogado con la mira puesta en su nuevo compromiso: la liberación de la mujer. Desde entonces, la lucha interna que en ella se hace oleaje, la lleva a cierto distanciamiento de la Sección Femenina de Falange para poder dedicar sus talentos y energía a la defensa de la mujer, no sólo como esposa, madre y ama de casa, sino como profesional.

Mercedes sueña en una mujer profesional que viva y actúe en la España que ha surgido de la Guerra Civil; mujer que ha de desenvolverse en un mundo que tiene frescas las heridas de la Guerra Mundial, y que comienza a experimentar tensiones y distensiones bajo nuevos cuerpos de control: Naciones Unidas, OTAN, poderío ruso, expansión comunista, cohetes y, muy pronto, bases aéreas y navales norteamericanas en el propio suelo patrio.

Esta es la mujer sobre cuya obra y personalidad quiero atraer vuestra atención. Sé que tanto su persona como su labor han sido objeto de controversia; pero, como decía alguien, "Sólo a los árboles que dan fruto se les tiran piedras". Y ahora, respetando el título de nuestro estudio, procedamos a desglosarlo.

Mercedes Fórmica: mujer de su tiempo

Nace en Cádiz al silenciarse las baterías de la Primera Guerra Mundial; crece en medio de los altibajos de la Dictadura de Primo de Rivera. Su vida como estudiante no es nada fácil pues, más tarde confesará: "el hecho de ser la primera alumna del colegio que estudiaba bachillerato me hizo vivir como una apestada" (*Visto*... 12). Instalada ya la República, inicia estudios universitarios en Sevilla; ingresa en Falange cuando la República experimenta su poder con el instrumento que ha logrado configurar—la Constitución del 31—y cuando la lucha ya se avisora tenaz e implacable.

Pero ella corre tras su ídolo, José Antonio Primo de Rivera, de quien admira sobre todo su postura ecléctica, anunciada en aquellas palabras: "No somos un partido de izquierda que, por destruirlo todo, destruye hasta lo bueno; ni de derechas que, por conservarlo todo, conserva hasta lo injusto". Palabras pronunciadas precisamente en un momento en el que las fuerzas se polarizaban; fuerzas que representaban para unos y otros patrimonio propio y de las generaciones venideras. Más tarde, Mercedes abandona sus estudios de leyes para entregarse en cuerpo y alma a las exigencias de la Sección Femenina, tanto durante la Guerra como una vez terminada ésta. Antes de cumplir sus 30 años, inicia su carrera literaria con una novela corta, *Bodoque* (1945) sin descuidar su labor benéfico-social.

Durante sus años de formación, la vida de Mercedes se ve impulsada por las fuerzas alentadoras de la cultura en la que se ve sumergida, aunque por otra parte la frene la vigilancia de una sociedad que ve corrupción en todo progreso y que condena a quienes tratan de encontrar en el estudio una tabla de salvación. Afortunadamente para la joven y atrevida universitaria, su madre es su apoyo y aliento; además, da con amigas como Carmen Carvajal que contribuyen a secundar sus esfuerzos por cimentar su cultura sobre bases sólidas, logrando así una formación liberada de las constricciones clasistas de la sociedad andaluza que la rodea.

A todas luces, nos encontramos frente a una joven inquieta y audaz, más preocupada por el interés general que por su comodidad personal. Con ojo avisor escudriña una profesión que le permita romper lanzas en favor de la mujer, a la vez que se realiza como esposa y madre y miembro de la sociedad. Asimismo se siente responsable de los destinos de una España que ha declarado la República, que ha concedido a la mujer el derecho al voto y que se va debatiendo en una lucha fratricida y sangrienta.

Mercedes no pretende ser observadora, sino participante activa en la conformación del puesto que ha de ocupar la mujer en la sociedad. Precisamente, en medio de las luchas civiles, a sus 28 años de edad, Mercedes contrae matrimonio con Eduardo Llosent, formando una pareja capaz de prestar nuevos servicios a una España que tanto lo necesitaba. Porque para nadie es secreto que España es epítome de contradicción en su concreción humana, y por ende, en sus manifestaciones culturales. Nuestra autora no sólo no es excepción, sino que se sitúa dentro de lo modélico. Ella misma se encarga de darnos un ejemplo de su conducta ambivalente y de sus reacciones antagónicas:

> Si por un lado frecuentaba la universidad, por otro asistía a "los jueves" del Llorens, a "los lunes" del Pathé, a los "tes" del Alfonso XIII, que había cambiado su nombre por el de Andalucía Palace. A estas diversiones se sumaban el carnaval, la Semana Santa, las dos ferias—de abril y septiembre—aparte de la romería del Rocío. Pasaba sin transición del Becerro de las Behetrías, a torear al alimón un eral morubeño con Enrique Herrera, en su cortijo de Jaime Pérez. (*Visto* 52)

Sus cambios y aversiones no fueron siempre producto de superficialidad. Obedecieron muchas veces a razones bien maduradas. Por ejemplo, su detestación de la extrema derecha fue neutralizada por la conducta de la República, pues "se había pasado de imponer creencias religiosas a burlarse de ellas. Se quemaban conventos porque sí y se asesinaba sin otro delito que la pertenencia a un estamento determinado, en una explosión de intolerancia" (*Visto* 133). Asimismo, tras la muerte de José Antonio, Mercedes pide la abolición de Falange porque había pasado "de la palabra a la palabrería" (*Visto* 133).

Mercedes Fórmica: conciencia legal

En los días que vivimos, un autor—hombre o mujer—que defienda los derechos de la mujer, pisa terreno trillado. No así en la España que se aboca a la más cruenta de sus guerras civiles en defensa, para unos, de la tradición, de privilegios ancestrales y de valores religiosos y familiares; para otros, de la reforma, el progreso, la equiparación de los derechos, la eliminación de clases sociales, la implantación de nuevos sistemas de valores. Durante la década de los 30, España es teatro del estallido constitucional de la liberación femenina, para luego retornar al control estatal de las manifestaciones públicas de la vida social. A todo ello está alerta la joven Fórmica y, tanto en el debatir de ideas como en el ejecutar proyectos, ella se coloca en línea de acción con generosidad y decisión.

El hogar familiar fue para Mercedes el primer terreno de observación, debido a lo que aludirá más tarde como "el atormentado matrimonio" de sus padres. Las fuerzas antagónicas que paralizaban la vida social sevillana estaban representadas en dicho hogar: la tradición, por el padre; por la madre, la liberación. Las tensiones concluyen con el divorcio, cuando la chica cuenta sólo quince años y cursa su primer año de universidad. Desde entonces, una nueva inquietud atormenta su vida: ayudar a su madre a resolver los problemas económicos de la familia, problemas surgidos de injusticias todavía perpetradas contra la mujer y amparadas por el Código Civil.

Superados los primeros choques desagradables de experiencias infantiles y adolescentes, la vida y obra de esta mujer notable se perfilan ancladas en los sufrimientos de su propia madre, en influencias indirectas de la Institución Libre de Enseñanza, en resonancias de un Congreso Pedagógico celebrado en 1899 y, específicamente, de la ponencia de Concepción Arenal, llegada a oídos de su madre en conversación informal con una amiga, profesora de la Escuela Normal de Granada. Entre los párrafos de la ponencia figuran líneas admirables, tanto por lo temprano de su redacción (1899) como por la cornucopia de promesas que traen para la mujer española que se acerca al nuevo siglo con ansiedad y expectación. María Elena Bravo, en el prólogo a la novela de Mercedes, *A instancia de parte*, recoge estas líneas:

> Lo primero que necesita la mujer es afirmar su personalidad, independiente de su estado, y persuadirse de que, soltera, casada o viuda, tiene deberes que cumplir, derechos que reclamar, dignidad que no depende de nadie, un trabajo que realizar, e idea de que la vida es una cosa seria, grave, y que si la toma como juego, ella será indefectiblemente, juguete. (*Visto* 52)

Estas palabras suenan agradables, aunque casi inoperantes pronunciadas en un Congreso de Pedagogía. Otra cosa sería en un Congreso de Jurisconsultos, o ante las Cortes Legislativas. Por eso Mercedes se recibe de abogado a los 30 años para poder hablar con conocimiento de causa y, tal vez confiar en el respaldo de la profesión. Valga la oportunidad para hacer notar que, ya para los años 20, la mujer española podía ingresar en la carrera de derecho.

Muy pronto, y antes de sus publicaciones, Mercedes se ve catalogada como "feminista". Sí lo es; pero su feminismo es de gran equilibrio humano, pues dicta a la mujer un planteamiento envolvente que no deja resquicios para el egoísmo sentimental femenino, pero tampoco para los abusos machistas que tanto han degradado y aún degradan la condición de la mujer. Mercedes no es iconoclasta ciega y aventurada. Su mecanismo activo parece regido por un esquema mental que ella misma formula así: "Guardar lo útil y respetable. Desechar lo injusto y corrompido".

Concluidos sus estudios de abogacía, Fórmica pretende realizar metas: ayudar a su madre, hacerse económicamente independiente y trabajar mediante el instrumento legal en defensa de la mujer. Lamentablemente, para el año 1950 las condiciones no son las más favorables para el tercero de sus proyectos. Sin desalentarse, obtiene una colaboración en el *ABC* que le permite publicar el artículo "El domicilio conyugal" que abre paso a una serie de publicaciones y comentarios nacionales e internacionales, y que prepara el camino para su novela, *A instancia de parte* (1955). El artículo de *ABC* se atrevía nada menos que a cuestionar la justicia de la legislación española vigente y a propugnar la reforma de dicha ley, situación que "produjo una encuesta en la que tuvieron ocasión de manifestarse las más relevantes figuras de nuestro Foro" (*Situación jurídica de la mujer* 166).

Para el año 1954, el tomo V de *Argensola* publica "Situación jurídica de la mujer española", ocasión que permite a Mercedes exponer sus reacciones ante la polémica sucitada por su conferencia del mismo título. Allí sale al paso de "los que pretenden que intento una campaña feminista inspirada por el rencor hacia los hombres, en la que se lucha por una exacerbada igualdad de derechos, quién sabe si por la destrucción de la familia, tal vez por la implantación en España del divorcio vincular" (*Situación* 165). Tras rechazar dichas acusaciones con firmeza y hasta con un toque de humor, Mercedes declara: "Me interesa, sí, la defensa del ser humano ante el hecho de la vida, independientemente de que sea un hombre o una mujer". A renglón seguido, ataca la injusticia legislativa, producto de que el hombre se haya dado sus proprias leyes, mientras que la mujer carezca de instrumento de defensa, por los que Fórmica promete: "Lucho, y lucharé, para que se aumenten las medidas defensivas del más débil, en este caso, la mujer" (*Situación* 165).

Con valor y abnegación, Mercedes reafirma "el sentido profundamente católico que siempre ha presidido mi vida", para agregar con determinación incuestionable que acepta los sacrificios que le impone su misión de defensa de la mujer, a pesar de lo que ella tiene de ingrata por su impopularidad entre determinados sectores, cuya resitencia e intereses creados habrán de quebrarse si queremos que el equilibrio se restablezca, es decir, que la justicia impere. Y concluye desafiante: "Acepto esta impopularidad y la cargo sobre mis hombros" (*Situación* 166).

Sin dar descanso a su pluma, la joven escritora se enfrenta al problema, discutido entonces, del trabajo de la mujer. Tras evidenciar la incongruencia de la legislación universal sobre el tema que, si protege a la madre y a la familia, también regula el trabajo de la mujer, Mercedes se adentra con mimucioso detalle en la legislación española vigente. Alude al Fuero del Trabajo, Fuero de los Españoles, Seguros Obligatorios de Enfermedad, Maternidad, Vejez, Pluses de Familia, etc., para concluir preguntando que, si la mujer española se ve forzada a trabajar, "¿podrá tener acceso a todos aquellos puestos a donde su inteligencia pueda llevarla? ¿O deberá [...] quedar relegada a cargos secundarios?" Es, en la intención de Fórmica, el planteamiento escueto y desafiante de la situación jurídica de la mujer española frente al Derecho Público (*Situación* 169). Para Mercedes, los derechos logrados o en proceso de conquista legal, no son simples juegos académicos o malabarismos de comisiones legislativas. Muy al contrario, su labor en pro de la mujer, es tesonera y sacrificada.

Como resultado de la campaña abierta y diligente, llevada a cabo por nuestra autora en favor de la mujer, se produjo un hecho de amplias consecuencias, pero no libre de controversia y hasta de mala interpretación. Se le permitió exponer ante Franco un proyecto de reforma de 66 artículos del Código Civil y Ley de Enjuiciamiento que respondería a los reclamos de la mujer española. Un clérigo jurista, Honorio Alonso, la acompaña, quizá para avalar la ortodoxia religiosa de las reformas. Cuatro años más tarde—1958—se realiza la reforma del Código que incluye la modificación de los 66 artículos, modificación encarrilada a asegurar la designación del domicilio conyugal y la patria potestad de los hijos.

A pesar de la recta intención de la joven jurista, de su ausencia de ambiciones políticas, de su abierta oposición a que Falange siga en manos de Franco una vez desaparecido José Antonio, y de las consecuencias positivas de tal reforma para la mujer, se acusa despiadadamente a Mercedes de hipócrita connivencia con el régimen para aparentar una reforma del Código y lograr ante las naciones una fingida reputación de modernidad. He aquí las palabras de Géraldine Scalon:

> El peor aspecto de este sacrificio de la pureza ideológica en aras de la conveniencia económica es que, en su preocupación por mantener una fachada hipócrita de consistencia, el Estado ha dado una seudo-libertad a la mujer que le permite explotar su potencial económico al mismo tiempo que le niega toda libertad real, y preserva de este modo la base fundamental del Estado: la familia. (Cit. en Bravo)

Tanto en este caso como en la participación de Mercedes en la elaboación de una ponencia para el Congreso Hispanoamericano-Filipino que debía haberse celebrado en 1951, y que sólo diez años más tarde llegó a hacerse pública, María Elena Bravo parece reconocer la rectitud de intenciones de Mercedes, así como su sincera dedicación a la defensa de los intereses de la mujer española.

Mercedes Fórmica: realidad vital

El clima político, la violencia callejera, los abusos y atrocidades de las turbas exacerbadas contribuyeron a empujar a Mercedes hacia Falange, cuyos dos líderes principales, José Antonio y Dionisio Ridruejo arrebataron su mente y su corazón, a pesar de su inequívoca proclividad libertaria. José Antonio consagra a Mercedes como líder nacional, ascendiéndola de Delegada del SEU de la Facultad de Derecho a Delegada Nacioinal del SEU Femenino. Con el tiempo, la devoción política de Fórmica se va canalizando hacia una dedicación depurada, más humanitaria y menos politizada, encaminada a aliviar la suerte de heridos y prisioneros de guerra. Su labor, circunscrita por las normas de Auxilio Social, se extiende además a las mujeres campesinas y, por ende, a los niños acogidos en los Hogares para Huérfanos de la guerra. Esta actividad que parece llenar su corazón compasivo y cristiano, la lleva a consignar una reflexión totalmente encuadrada en lo que se llama "mentalidad moderna" al hablar de los beneficiarios: "Vivienda y comida no serían nunca más limosnas de los grupos privilegiados, sino derechos nacidos con la persona".

La trayectoria política, además de dibujar una línea zigzagueante, catalogada por María Elena Bravo de "incomodidad intelectual" y "debate", de "plenitud y maduración en un ambiente ambiguo", representa un molino de ideas, influencias e intereses antagónicos que se entrechocan en la España de preguerra, guerra y pos-guerra. Esta lucha interna, agravada por las exigencias exteriores de un período agitado y traumatizante, se jalona en hechos como su ingreso en Falange a sus quince años de edad, su insistencia en la abolición de la misma una vez muerto José Antonio, su renuncia a la dirección de la revista *Medina*, su jira por Buenos Aires con una exposición de pintura española contemporánea, la culminación de sus estudios de Derecho, profesión que le servirá para entroncar con los logros de la mujer española legalizados por la República entre los años 31 y 36.

Mercedes se lanza a la acción, desafiando la oposición y hasta el fracaso. A los veintisiete años publica en las prensas de *Revista de Occidente*, su primera novela, *Bodoque* (1945). En alguna ocasión nos asegura que su vocación de escritora no es "de nacimiento tardío". "Mi vocación—afirma—es hija, como en todos los escritores, de una irrefrenable curiosidad, de un inquieto sentimiento ante la poesía y la angustia de la vida". Para ella, como se puede deducir de su afirmación anterior, el ambiente juega un papel determinante, tanto en la vocación de escritor como en el desarrollo de su carrera como tal. "La adversidad— insiste—para el escritor es el acicate, la depuración". Pero, agrega: "su permanencia, lo destructivo" (Reflexiones sobre la novela" (Scanlon, cit. en Bravo).

Cuatro novelas más y un cuento salen de la pluma de Meredes. Prueba también sus posibilidades con dos ensayos: *La hija de Don Juan de Austria*, 1973 y *María de Mendoza*, 1979. A ficción y ensayo, Mercedes agrega un breve esfuerzo de crítica literaria, "Reflexiones sobre la novela" que aparece en *Cuadernos de literatura* en 1950. Más que teorizar sobre los valores o las técnicas del género, Fórmica se vale de tres ejemplos de posibles tramas novelescas para evidenciar que lo que vale en una novela no es la trama más o menos compleja o atiborrada de peripecias, sino el impacto que los hechos producen en protagonistas y agonistas y, aún más, la capacidad del novelista para hacer de los personajes expresión viviente de ideas, sentimientos y emociones. Esto determina la originalidad de la obra y justifica su éxito con el lector.

Sin presiones bibliográficas ni compromisos con la imaginación creativa, Mercedes dedica sus solaces de los primeros años de los 80 a recoger sus memorias. Les da título y las reúne en libros separados: *Visto y vivido* (1982), *Escucho el silencio* (1984), ambos de Editorial Planeta. Un tercer volumen, *Espejo roto y espejuelos* está todavía inédito. En ellos, más que en sus novelas, su estilo se torna ágil y chispeante, enriquecido de metáforas, vaporoso al empuje de galanuras del idioma, regocijado con saltos delicados dentro del relato. En ellos, la autora se ingenia para conservar la unidad de la trama, al par que perdona detalles superfluos, regalando al lector con reencuentros sorpresivos.

Como conclusión de este rápido y pálido recuento de la vida de Mercedes Fórmica, quisiera volver a repetir las palabras de María Elena Bravo en esta especie de cita-síntesis:

> Así, entre la lucidez y la protesta, la aceptación y la inserción, sistema y reforma, va a configurarse la enigmática y ambigua personalidad de una mujer inteligente y sagaz, irritante y seductora, contestataria y conservadora. (*A instancia*, Prólogo)

Obras citadas

Bravo, María Elena. Introducción. *A instancia de parte*. De Mercedes Fórmica. Madrid: Castalia, 1991.

Fórmica, Mercedes. "El domicilio conyugal". *ABC* 7 de noviembre de 1953.

—-. *Escucho el silencio*. Baarcelona: Planeta, 1984.

—-. *Espejo roto y espejuelos*. (Inédito)

—-. *A instancia de parte*. Madrid: Castalia, 1991.

—-. "Reflexiones sobre la novela". *Cuadernos de literatura* 19-21 (1950): 249-66.

—-."Situación jurídica de la mujer española". *Argensola*. Tomo 5. Número 18. Huesca, 1954.

—-. *Visto y vivido, 1931-1937: Pequeña historia de ayer*. Barcelona: Planeta, 1982.

Scanlon, Géraldine. *La polémica feminista en la España contemporánea*. Trad. Rafael Mazarrasa. Madrid: Akal, 1986.

La Libertadora del Libertador de América: Manuelita Sáenz

Jorge H. Valdivieso
American Graduate School of International Management

Al pasar revista a las varias tendencias por las que se ha enrumbado el humanismo hispánico, parece necesario reiterar una vez más el concepto en el que este trabajo se asienta. Es el concepto que en el siglo V a.C. Sócrates y Protágoras establecieron, al apartarse del estudio de la naturaleza física como medio de lograr el conocimiento, para incursionar en la metafísica: es decir, el estudio del hombre constituido en centro y medida de todas las cosas.

Petrarca y Erasmo en el siglo XIV de nuestra era; William James y John Dewey, a principios del siglo XX; Martin Heideger y Jacques Maritain, en la mitad de este siglo; así como los humanistas contemporáneos; todos coinciden en la idea primordial de que el humanismo o los humanistas buscan enriquecer y ennoblecer la vida terrenal de la raza humana por medio de la liberación de todas y cada una de las potencialidades latentes en la naturaleza humana.

Por eso *La mujer hispana en el mundo*, volumen de ensayos dedicados a la historia de los éxitos y los retos de la mujer hispana, es foro apropiado para este estudio. En él se investiga la personalidad de una gran mujer, Manuela Sáenz Aizpuru, cuya contribución a las auténticas reivindicaciones femeninas del siglo XIX constituye la mejor demostración de humanismo. Como se demostrará en este ensayo, Manuela Sáenz enriqueció y ennobleció a la sociedad en la que le tocó actuar, liberando las grandes potencialidades que adornaban su naturaleza femenina, hasta dejar una impronta perdurable en la historia de su tiempo y en la posteridad.

Para lograr mi objetivo utilizaré, entre otros documentos, la correspondencia de Simón Bolívar y Manuelita Sáenz que data desde 1822 hasta 1830, así como los diarios que ella escribió, el uno en Quito y el otro en Paita donde murió el 23 de noviembre de 1856. Muchos de estos documentos se consideraban perdidos, ya que las autoridades sanitarias de Paita ordenaron la incineración de la residencia de Manuelita para detener la epidemia de difteria que estaba diezmando a la población. Por fortuna, el General Antonio de la Guerra acudió a la semicalcinada casa de Manuelita y rescató algunas pertenencias de esa gran mujer. He aquí un fragmento de la carta que le envió a su esposa desde Paita, el 28 de diciembre de 1856:

> Sobre Manuela ya sabrás su suerte para cuando te llegue ésta; en la que te comento pormenores de la desdicha.[...] Te confieso [...] que acompañado de dos negros a mi servicio [...] nos introdujimos en la parte posterior que aún quedaba en pie [...] pudiendo rescatar algunos objetos que no lograron todavía consumirse por el fuego de la canalla: un arcón de madera con sus cantos en cuero repujado; quemado en el frente y costado que contiene [...] documentos y cartas confidenciales de S.E. el Libertador Simón Bolívar, así como del Mariscal Sucre y otros documentos. (Alvarez Saá 146-47)

Para justipreciar debidamente las grandes dotes humanísticas de Manuela Sáenz Aizpuru, es necesario hacer una muy breve semblanza del Libertador Simón Bolívar, el héroe legendario de la independencia sudamericana, una de las figuras más fascinantes de la historia de América. En doce años escasos (de 1812 a 1824) logró la emancipación de seis países: Colombia, Venezuela, el Ecuador, el Perú, Bolivia y Panamá.

Simón José de la Santísima Trinidad Bolívar y Palacios nació en Caracas el 24 de julio de 1783, en el seno de una familia de ricos y nobles criollos venezolanos. A temprana edad perdió a sus padres, quedando bajo la tutela de su abuelo. Sus maestros fueron tres ilustres venezolanos: el padre Andújar de la orden de los capuchinos; Andrés Bello, el gran hombre de letras; y Simón Rodríguez, a quien el profesor J.B. Trend califica como "one of the most original men and unorthodox teachers who could possibly have been found" (25).

En 1799 se embarcó por primera vez para España y en Madrid se enamoró de María Teresa Rodríguez del Toro, con quien se casó en 1802. De regreso en Venezuela se establecieron en la hacienda San Mateo para gozar de su felicidad de recién casados. Pero ésta duró muy poco pues María Teresa murió en enero de 1803. El amor y devoción que sintió por su esposa se manifiestan en las palabras pronunciadas por Bolívar 25 años después de la muerte de su esposa:

> I loved my wife. When she died I swore that I would never marry again and I have kept my word. If I had not lost her, my whole life might have been different. I should not have been General Bolívar or the Liberator. (Trend 32)

Muerta su esposa, Bolívar regresó a Europa para prepararse para su gran misión. En Roma, como lo narra José A. Figueroa, hizo su famoso juramento del monte Aventino:

> Juro por mi honor y por mi patria, que no daré descanso a mi brazo ni reposo a mi alma, hasta no romper las cadenas de la esclavitud de América. (35)

Ese juramento se hizo realidad cuando el 15 de junio de 1822 la ciudad de Quito celebraba la apoteosis de la batalla de Pichincha que selló la libertad del Ecuador. El ejército libertador desfiló por las calles de la ciudad en triunfo, mientras se echaban a vuelo las campanas y el Libertador Bolívar entraba bajo palio en la catedral para el gran Te Deum.

La escena se repitió el 6 de agosto de 1824 con la victoria de Junín, y el 9 de diciembre con el triunfo de Ayacucho, lográndose así la emancipación del Perú gracias a la espada de Bolívar. Como lo asevera Guillermo A. Sherwell en su obra *Simón Bolívar*: "The battle of Ayacucho practically put an end to the War of Independence of America, which began with the battle of Lexington, April 19, 1775" (172).

La vida de Manuelita Sáenz y la de Simón Bolívar se cruzaron cuando el Libertador llegaba al cenit de su gloria. La consolidación de la Gran Colombia, el sueño dorado de Bolívar, se hizo realidad con el triunfo de los ejércitos sudamericanos sobre las fuerzas españolas en las faldas del volcán Pichincha el 24 de mayo de 1822. Es Manuela la que ha dejado constancia de este hecho en su diario:

> S.E. el Libertador, gallardo jinete, engalanado con uniforme de parada, en el que los hilos de oro se veían como evaporándose en el brillo del sol [...iba] montado en un precioso caballo blanco, al que enjaezaron con lo más precioso de monturas y arreos.[...] Desde todos los balcones, al pasar, llovían los pétalos deshojados de las rosas, flores y ramos para ir formando una alfombra fragante y colorida.[...] Cuando se acercaba al paso de nuestro balcón, tomé la corona de rosas y ramitas de laureles y la arrojé para que cayera al frente del caballo... Me ruboricé de la vergüenza, pues el Libertador alzó su mirada y me descubrió aún con los brazos estirados de tal acto; pero S.E. se sonrió y me hizo un saludo con el sombrero pavonado que traía a la mano, y justo eso fue para mí el delirio y la alegría de que S.E. me distinguiera de entre todas, que casi me desmayo. (Alvarez Saá 17-18)

A Manuelita le tocó vivir en una época de libertades, en la que las mujeres se sentían con derecho a seducir, a disfrutar de los goces de la vida, a divertirse, con boato y dispendio. Pero reinaba al mismo tiempo la mojigatería y las limitaciones más severas en la elección de carreras y en el aprovechamiento de las dotes humanas que las adornaban.

Manuela fue hija de Simón Sáenz, hombre rico y poderoso, y de Joaquina Aizpuru, "la joven más bella de la ciudad" de Quito, rica y de alto abolengo. Según algunos historiadores, Manuelita fue el fruto de la pasión ilegítima que encendió los deseos de Simón y Joaquina; según otros, ella fue la hija de las primeras nupcias de Simón Sáenz y Joaquina Aizpuru, la cual murió el 25 de enero de 1796 cuando Manuela tenía tres años de edad.

Educada por religiosos y religiosas, como correspondía a una niña de alcurnia, vivió desde temprana edad en casa de su padre con su madrastra y sus medio-hermanos. La familia ocupaba una de las mansiones de la calle principal de Quito, de acuerdo a la condición social, económica y política de su padre, Alcalde Ordinario y Regidor. Uno de los primeros regalos que recibió la niña fueron dos esclavas negras—Jonatán y Natán—quienes serían compañeras, amigas y confidentes hasta la muerte. Las tres murieron en Paita a causa de la epidemia de difteria de 1856.

En 1816 don Simón Sáenz concierta el matrimonio de su hija con James Thorne, un médico inglés, con quien se casa el 27 de junio de 1817. Los recién-casados se radican en Lima en donde Manuela se relaciona con los partidarios de la independencia del Perú. Entre ellos está la ecuatoriana Rosa Campuzano, por medio de quien conoce al General José de San Martín de quien Rosa era amiga íntima. Las dos ecuatorianas se entregaron de lleno a la causa de la independencia, tanto que San Martín les otorgó la más alta condecoración del Perú: "La Orden del Sol".

En 1822, con autorización de su marido, Manuelita regresó al Ecuador en donde el torbellino de la independencia era ya incontenible. El General Antonio José de Sucre triunfa en el Pichincha, y el Libertador Simón Bolívar entra victorioso en Quito el 15 de junio de 1822. Allí se encontraron por primera vez Bolívar y Manuelita, y desde ese día sus vidas seguirán unidas aun más allá de la muerte, pues Manuela siguió abrigando en su pecho el mismo amor y la misma veneración que cuando él vivía. Así lo confiesa en su diario de Paita:

> Sí, su amor sigue aquí en mi corazón, y mis pensamientos y mi amor están con él en la eternidad. Qué señor mío este Simón para robar todos mis pensamientos, mis deseos, mis pasiones.[...] Lo amé en vida con locura; pero ahora que está muerto, lo respeto y lo venero. (Alvarez Saá 31)

Humanismo, dijimos al empezar este estudio, es la búsqueda constante por enriquecer y ennoblecer la vida del hombre, liberando todas las potencialidades latentes en la naturaleza humana. La vida de Manuelita constituyó en todo momento esa búsqueda constante de enriquecimiento y nobleza de espíritu. Sus logros como mujer de letras, como consejera política, como valiente guerrera y como compañera y amiga predilecta del Libertador, demuestran cómo esta dama del siglo XIX supo liberarse a sí misma de las ataduras de su época, hasta hacer lucir las bellas cualidades que adornaban a su persona.

Manuelita, mujer de letras

La formación intelectual de Manuela Sáenz fue el producto de las enseñanzas que recibió de sus maestros y de la educación que adquirió como autodidacta. No cabe duda que conocía a los clásicos castellanos, pues en sus cartas los cita y en sus diarios hace comentarios como el que sigue: "He vuelto a leer con favorito empeño `Los Pastores de Belén', prosas y versos divinos de Lope de Vega Carpio" (Alvarez Saá 22).

Pero sus conocimientos iban más allá. En la gran recepción ofrecida a Bolívar en su entrada triunfal a Quito, Manuelita y el Libertador formaron la más distinguida y afectuosa pareja, bailando y conversando alegremente; pero se comportaron también como dos seres inteligentes y exquisitamente cultos. He aquí el testimonio que Manuela dejó en su diario:

> [Su Excelencia el Libertador...] empezó a recitarme en perfecto latín a Virgilio y Horacio. Hablaba de los clásicos como si los hubiera conocido. Yo lo miraba y escuchaba entusiasmada, y cuando tuve por fin la oportunidad, le respondí dándole citas de Tácito y Plutarco, cosa que le llamó mucho la atención, quedándose casi como mudo y asintiendo de mis pobres conocimientos, con la cabeza. (Alvarez Saá 22)

De su producción literaria sólo han llegado hasta nosotros sus diarios mutilados y las pocas cartas que se conservan, dirigidas a Bolívar, a Sucre, a Olmedo y a sus parientes y amigos. Sin embargo, es de suponer que como secretaria y archivera general de la Campaña del Perú escribiera documentos que no llevan su firma. En todo caso, su correspondencia constituye un modelo admirable del género epistolar. Sus cartas son concisas, expresivas, directas. Si el propósito es informar, pocas líneas bastan para que el destinatario sepa de lo que se trata; si el fin es transmitir sentimientos, el estilo expresa pasión, afecto u odio.

Las cartas a Bolívar son ciertamente joyas del epistolario de una mujer inteligente, culta y apasionada. Pero nada demuestra mejor su talento que las cartas que le dirigió a su esposo. He aquí un fragmento de una de ellas, en traducción inglesa:

> No, no, no! No more, man; for God's sake! Why do you force me to write and break my resolution? [...] I know quite well that nothing can unite me to [Bolívar] under the auspices of what you call honour. Do you think me less honoured because he is my lover and not my husband? Oh, I do not live under the social preoccupations invented for people to torment one another! Leave me alone, my dear Englishman! (Trend 187)

Manuelita, consejera política del Libertador

Los acontecimientos más cruciales en la vida política del Libertador fueron su entrevista con el General José de San Martín en Guayaquil el 25 de julio de 1822 y su decisión de desmembrar del Virreinato de Lima el Alto Perú para formar en 1825 una nueva república, Bolivia.

La entrevista de Guayaquil revestía tantas implicaciones, que su resultado podía producir acontecimientos catastróficos para la causa de la independencia y para el futuro de la América Hispana. Si San Martín se negaba a dejar su cargo de Protector del Perú, la independencia del Virreinato de Lima se habría por lo menos retrasado. Si finalmente lograba San Martín la independencia, el Perú, convertido en una monarquía regida por un príncipe europeo como lo quería él, habría atacado a la Gran Colombia para anexarse el departamento de Guayaquil que el Perú tanto ambicionaba.

En tales circunstancias nadie mejor que Manuelita Sáenz podía darle a conocer a Bolívar la idiosincracia del Protector del Perú. Como indicamos antes, Rosa Campuzano, la "amiga íntima" de San Martín conoció muy de cerca a Manuelita cuando ésta vivió en Lima. Entre las dos ecuatorianas nació tan grande afecto y tan sincera amistad que Rosa hizo de Manuela la depositaria de sus confidencias.

No queda constancia escrita de todo cuanto Manuela le dijo a Bolívar sobre la manera de ser del General San Martín. Sin embargo, es posible deducir cuánto ascendiente tuvo ella y cuán importante papel desempeñó en la manera de proceder de Bolívar en la entrevista de Guayaquil, por lo poco que encontramos en su diario:

> Cuando surgió el asunto de Guayaquil, yo ya conocía bien al General San Martín, y usé mi amistad con algunos de sus devotos, especialmente con Rosita, para averiguar cosas necesarias a la causa de la anexión de Guayaquil a Colombia. [...Yo] conocía muy bien las debilidades del señor General San Martín, que me había condecorado como "Caballeresa del Sol". [...San Martín] es ceñudo. [...] Es flemático. [...] es ególatra y le encanta la monarquía, y es mojigato. (Alvarez Saá 39-40)

En el espinoso asunto de la creación de Bolivia, el escollo principal era que la Argentina y el Perú se disputaban la anexión del Alto Perú porque éste originalmente había pertenecido al Virreinato de Lima y posteriormente había estado bajo la jurisdicción del Virreinato del Río de la Plata. Constituir una república separada ofendía a peruanos y argentinos.

Parece que la creación de la "República de Bolívar" fue idea de Manuela Sáenz. Ella se lo sugirió; ella lo alentó, y cuando este sueño se convirtió en realidad, el mismo Bolívar hubo de reconocerlo. He aquí una carta de Manuelita en la que le insinúa diplomáticamente la creación de la "República de Bolívar" y la carta del Libertador en la que se refiere a este delicado asunto. Manuelita escribe:

> Crear esa nueva República tanta falta hace como equilibrio a la organización política del Sur, dando lugar a establecer un orden y principio, regulando al Perú y la Argentina el espacio de sus territorios. (Alvarez Saá 97)

Y el Libertador, con la generosidad y nobleza que le caracterizaban, hace el siguiente comentario:

> Mi adorada Manuelita:
> Añoro que en estas tierras no estés a mi lado, disfrutando de encuentros gloriosos con quienes premiaron al genio de mi Proyecto de Constitución Política del 16 de mayo, sobre la creación de la nación Bolívar [...] una quinta república. [...] Sé, mi amor, que en esto no hay otra cosa que los ensueños de tu maravillosa imaginación. (Alvarez Saá 99-100)

Manuelita, soldado valiente del ejército libertador

La feminidad y la belleza física de Manuelita eran por todos reconocidas. Dos retratos, obras del famoso pintor Antonio Salas—uno de cuando tenía 19 años y el otro a la edad de 35— nos dejan ver a una adolescente grácil y gentil y a una mujer bella y distinguida. Sin embargo, Manuelita supo unir a esas cualidades naturales el valor y la energía de un valiente soldado.

Ya el 24 de mayo de 1822 la encontramos en Quito entre aquellos que colaboraban con el General Sucre para lograr el triunfo de las fuerzas libertadoras en las faldas del Pichincha. Por medio de sus dos esclavas recogía información sobre las fortificaciones españolas y se las enviaba al comandante de las fuerzas patriotas. Durante la batalla auxilió a los heridos y más tarde envió desde su hacienda las vituallas adquiridas por ella misma. Pero sólo cuando conoce a Bolívar se entrega en cuerpo y alma a la causa de la independencia. Las palabras del Libertador, transcritas por De Lacroix, son las que mejor sintetizan el valor de esta mujer como soldado del ejército libertador:

> Nuestras almas siempre fueron indómitas como para permitirnos la tranquilidad de los esposos. Nuestras relaciones fueron cada vez más profundas. ¿No ve usted? [...] de mujer casada a Húzar, secretaria y guardián celoso de los archivos y correspondencia confidencial personal mía. De batalla en batalla, a teniente, capitán y por último, se lo gana con el arrojo de su valentía que mis generales atónitos veían, !coronel! (Alvarez Saá 53)

Se refería Bolívar a la batalla de Ayacucho. El vencedor, Mariscal Antonio José de Sucre, al darle a Bolívar el parte oficial de la victoria le escribió:

> Mi General:
> Tengo la satisfacción de participar a S.E. de los combates librados en Ayacucho.[...] Se ha destacado particularmente Doña Manuela Sáenz por su valentía; incorporándose desde el primer momento a la división de Húzares y luego a la de Vencedores, organizando y proporcionando el avituallamiento de las tropas, atendiendo a los soldados heridos, batiéndose a tiro limpio bajo los fuegos enemigos.[...] Doña Manuela merece un homenaje en particular por su conducta; por lo que ruego a S.E. le otorgue el Grado de Coronel del Ejército colombiano. (Alvarez Saá 85)

Los grandes exponentes de la humanidad despiertan grandes pasiones—amor, odio, envidia. Bolívar y Manuelita Sáenz no fueron la excepción. El Vicepresidente de la Gran Colombia, encargado del poder, General Francisco de Paula Santander se opuso rotundamente al ascenso de Manuelita; pero Bolívar supo responderle a la altura de su genio:

> ¿Qué quiere Ud. que yo haga? Sucre me lo pide por oficio, el batallón de Húzares la proclama; la oficialidad se reunió para proponerla, y yo, empalagado por el triunfo y su audacia le doy ascenso, sólo con el propósito de hacer justicia. Yo le pregunto a Ud.,[...] ¿Que la degrade? ¿Me cree Ud. tonto? Un ejército se hace con héroes (en este caso heroínas), y éstos son el símbolo del ímpetu con el que los guerreros arrasan a su paso en las contiendas, llevando el estandarte de su valor. (Alvarez Saá 91)

La muerte de Simón Bolívar en 1830 y la de Manuela Sáenz en 1856 les abrió las puertas de la inmortalidad. Al cruzarse en el camino de la vida, la belleza y el esplendor de Manuelita cautivaron a Bolívar y despertaron en él sentimientos imperecederos. La gracia, el donaire y la juventud vibrante de la quiteña, su magnetismo y elegancia causaron tal impacto, que el genio de la independencia sudamericana se rindió ante esta mujer excepcional. Simón José Antonio de la Santísima Trinidad Bolívar y Palacios y Manuela Sáenz Aizpuru trascienden su existencia terrena, entran en la historia y por último, se convierten en mitos. Los dos seguirán creciendo con el correr de los años porque aspiraron a la consecución cabal del humanismo.

En verdad, la vida de estos dos héroes constituyó un esfuerzo constante por hacer realidad el acerbo inmenso de cualidades que encerraban en su alma. Bolívar no sólo cumplió su juramento del Monte Aventino, sino que sentó las bases en las que los pueblos hispanoamericanos deberán edificar su futuro, si quieren ser grandes. Manuelita se realizó como mujer y, al hacerlo, todas sus virtudes adquirieron el brillo que aún es antorcha que alumbra el camino de la mujer hispana.

No debe sorprender, pues, que el Libertador y Manuelita hayan trascendido los linderos de la historia para entrar al mito grandioso de la literatura. Ya en vida la humilde casa que Manuelita habitó en Paita se volvió lugar de peregrinación de egregias personalidades: el General O'Leary que escribiría más tarde las primeras memorias del Libertador; Simón Rodríguez, el sin par maestro de Bolívar; Giuseppe Garibaldi, el unificador de Italia; Don Ricardo Palma; Herman Melville, el autor de *Moby Dick*.

Y en nuestros días, la volvemos a encontrar en las páginas de nuestra literatura: en *La Caballeresa del Sol* de Jorge Aguilera Malta; en los ensayos de Manuel Benjamín

Carrión; en los sentidos versos de Pablo Neruda; y en las hojas mágicas de *El General en su laberinto* de Gabriel García Márquez.

Cerremos esta semblanza recordando que como mujer de letras, mentora política, valiente guerrera, dilecta amiga y amante ferviente del Libertador, Manuelita Sáenz señaló el camino para que la mujer latinoamericana sepa enfrentar retos y lograr triunfos liberando las potencialidades inherentes a su naturaleza de mujer.

Obras citadas

Alvarez Saá, Carlos. *Manuela*. 2ª ed. S.l.: Imprenta Mariscal, 1995.

Figueroa S., José A. *Manuelita Sáenz, la Libertadora del Libertador Bolívar*. Loja, Ecuador: Gráficas Cosmos, 1994.

Sherwell, Guillermo A. *Bolívar-A Sketch of his Life and his Work*. Clinton, Massachusetts: The Colonial Press, 1951.

Trend, J. B. *Bolívar and the Independence of Spanish America*. Clinton, Massachusetts: The Colonial Press, 1951.

FIN

INDICE TEMATICO

LA MUJER HISPANA EN EL MUNDO: SUS TRIUNFOS Y SUS RETOS. HISPANIC WOMEN IN THE WORLD: ACCOMPLISHMENTS AND CHALLENGES. Se terminó de imprimir en julio del año 2000. El cuidado de la edición estuvo a cargo del Doctor Manuel Murrieta Saldívar, Presidente y Editor General de *Editorial Orbis Press*

Oficinas:
919 . N. First St.
Phoenix,Arizona,
85004. Dirección Postal:
P.O.Box 1525. Phoenix,
Arizona,85001 U.S.A. Teléfonos
(602) 625-3311 Fax (419) 821-5046 E-mail: cultura@goodnet.com
página internet: www.orbispress.com
Tiraje: 500 ejemplares. Impreso en los talleres gráficos e imprentas de la Universidad de Sonora, Hermosillo, México. Diseño de textos de Jay Parco, Omar Soto Tapia y Editorial Orbis Press.